Dr. Margit Brinke
Dr. Peter Kränzle
Dirk Kruse-Etzbach

USA-Nordwesten

IWANOWSKI'S REISEBUCHVERLAG

Im Internet:

www.iwanowski.de

Hier finden Sie aktuelle Infos zu allen Titeln, interessante Links – und vieles mehr!

Einfach anklicken!

Schreiben Sie uns, wenn sich etwas verändert hat. Wir sind bei der Aktualisierung unserer Bücher auf Ihre Mithilfe angewiesen: **info@iwanowski.de**

USA-Nordwesten
9. Auflage 2014

Salm-Reifferscheidt-Allee 37 • 41540 Dormagen
Telefon 0 21 33/26 03 11 • Fax 0 21 33/26 03 33
info@iwanowski.de
www.iwanowski.de

Titelfoto: Grand Teton National Park, Wyoming; Christian Heeb / laif
Alle anderen Farbabbildungen: s. Seite 574
Lektorat: Anja Lehner, München
Bearbeitung: Monika Golombek, Köln
Karten: Astrid Fischer-Leitl, München; Hans Palsa, Lohmar
Reisekarte: Astrid Fischer-Leitl, München
Titelgestaltung sowie Layout-Konzeption: Point of Media, www.pom-online.de
Redaktionelles Copyright, Konzeption und deren
ständige Überarbeitung: Michael Iwanowski

Gesamtherstellung: Werbedruck GmbH Horst Schreckhase, Spangenberg
Printed in Germany

ISBN: 978-3-86197-099-6

Alle Karten zum Gratis-Download – so funktioniert's
In diesem Reisehandbuch sind alle Detailpläne mit sogenannten **QR-Codes** versehen, die per Smartphone oder Tablet-PC gescannt und bei einer bestehenden Internet-Verbindung auf das eigene Gerät geladen werden konnen. Alle Karten sind im PDF-Format angelegt, das nahezu jedes Gerät darstellen kann. Für den Stadtbummel oder die Besichtigung unterwegs hat man so die Karte mit besuchenswerten Zielen und Restaurants auf dem Telefon, Tablet-PC, Reader oder als praktischen DIN-A-4-Ausdruck dabei. Mit anderen Worten – der „gewichtige" Reiseführer kann im Auto oder im Hotel bleiben und die Basis-Infos sind immer und überall ohne Roaming-Gebühren abrufbar.

Reiseinformationen

Journey
Through Time
Oregon Scenic
Byway

7. VOM YELLOWSTONE NATIONAL PARK NACH DENVER

Reiserouten

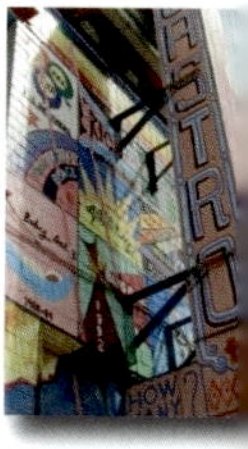

ANHANG

Wahrzeichen San Franciscos: die Golden Gate Bridge

Weiterführende Informationen zu folgenden Themen

Interessantes

Karten und Grafiken

Interessantes

Interessantes

Umschlagkarten:

Vordere Umschlagklappe: USA Nordwesten Highlights
Hintere Umschlagklappe: San Francisco

Legende

Kirche
Denkmal
Information
Camping
Pass
Aussichtspunkt
Sehenswürdigkeit
Krankenhaus
Rangerstation
Schloss
Bahnhof
Bibliothek
Bus/Busbahnhof
Fähre
Leuchtturm
Museum
Theater
Übernachten
Essen
Einkaufen
Reiten

I. EINLEITUNG

Geschützte Landschaften: Blick auf den Grand Teton im gleichnamigen Nationalpark in Wyoming.

Vorwort

Eastward I go only by force; but westward I go free …
We go eastward to realize history and study the works of art and literature, …
we go westward as into the future, with a spirit of enterprise and adventure.

Der große amerikanische Naturphilosoph und Dichter **Henry David Thoreau** (1803–62) brachte die Faszination des Westens auf den Punkt ebenso wie der Fotograf **Ansel Adams** (1902–84) mit seinen beeindruckend scharfen Schwarzweiß-Landschaftspanoramen von unendlicher Würde und Größe. Obwohl die Zeiten längst vorbei sind, als Adams noch menschenleere Nationalparks fotografieren konnte, und inzwischen alles touristisch erschlossen ist, erfasst auch heute noch jeden Besucher ein Hauch von Abenteuer und Aufbruchstimmung. Es sind die Weite – die **Wide Open Spaces** – und die **unberührte Natur** von Landschaften wie dem Yellowstone, dem Hells Canyon oder den Badlands, die beeindrucken.

Für den Nordwesten war 1803 ein **Schicksalsjahr**: Damals erwarb US-Präsident *Thomas Jefferson* für nur $ 15 Mio. von Frankreichs Kaiser *Napoleon* den riesigen Landstrich zwischen Mississippi und Rocky Mountains. Das **Corps of Discovery**, eine von *Meriwether Lewis* und *William Clark* angeführte Militärexpedition, machte sich zwischen 1804 und 1806 daran, das neue Land zu erkunden. Ihre Entdeckungen trugen dazu bei, dass sich die **Frontier** – die Grenze zwischen europäisch-„zivilisierter" und indianisch-„unzivilisierter" Welt – weiter nach Westen verschob. Rasch entwickelte sich „**Go West, young man**" – eine von *Horace Greeley*, dem Gründer der „New York Tribune", geprägte Parole – zum Lockruf für Abenteurer, Händler und Siedler. Sie fielen in Scharen und von überallher ins „Gelobte Land" ein, um zu siedeln und sich den Boden „untertan zu machen" – auf Kosten der einst hier im Einklang mit der Natur lebenden Indianer.

Es sind die unermessliche Weite des Westens, seine relativ dünne Besiedlung, die abwechslungsreichen Landschaften, die atemberaubenden Naturparks und vieles mehr, die den Horizont enorm erweitern. Es ist eines der großen Geheimnisse dieser Region, die vom Pazifik im Westen bis zu den Great Plains im Osten und von der kanadischen Grenze im Norden bis zum Canyonland im Süden reicht, dass sie bei jedem Besucher einen **nachhaltigen und intensiven Eindruck** hinterlässt.

Das **Angebot an Attraktionen und Eindrücken** ist beinahe unerschöpflich und ungeheuer vielfältig. Es reicht beispielsweise von der rauen Pazifikküste mit Regenwäldern, Nebelschwaden und wildromantischen Stränden über die gigantische Bergwelt der Rocky Mountains und die mächtigen, stets rauchenden Vulkane der Cascade Range bis hin zu den endlosen Weiten der Great Plains, die wiederum unvermittelt von den abweisend erscheinenden und doch faszinierenden Badlands unterbrochen werden.

Man fühlt sich hin- und hergerissen zwischen faszinierenden Großstädten wie San Francisco, Seattle, Denver oder Portland, beschaulich-sehenswerten Städtchen wie Spokane, Redding oder Cheyenne und auf den ersten Blick verschlafenen, jedoch durchaus reizvollen „Provinznestern" wie Bismarck, Missoula oder Boise. Cowboys werden einem auf der Reise genauso begegnen wie Indianer, die stolz auf ihre Traditionen sind und Besucher wie schon zu Zeiten von Lewis und Clark gastfreundlich willkommen heißen. Riesige Rinder- und und inzwischen auch wieder Büffelherden tragen zum **Mythos Wilder Westen** bei, der nicht nur in Museen, Saloons, in historischen Orten oder Ghosttowns, auf Guest Ranches und bei Wildwest-Shows am Leben erhalten wird, sondern der auch bei Festen und Rodeos, Powwows und Viehtrieben zum Tragen kommt.

Unvergesslich bleiben nicht nur die Nationalparks und die anderen großen Sights, sondern auch Erlebnisse wie ein Wildwassertrip, eine Wanderung, ein Ausritt, eine Bootsfahrt zur Walbeobachtung, die Überquerung der sich mächtig auftürmenden Rockies oder die traumhaften Sonnenuntergänge an der Westküste. Ebenso erinnerungswürdig sind Steaks und das BBQ, aber auch frisches Obst und Gemüse lokaler Herkunft, Lachs und Meeresfrüchte, süffige Biere von Klein(st)brauereien und edle Tropfen von kleineren Weingütern in Kalifornien, Oregon oder Washington.

Zum Aufbau des Buches

Dieses Reise-Handbuch kann nur einen (unvollständigen und subjektiven) Ausschnitt bieten, soll nur Anregungen geben und als Leitfaden dienen. Es ist nicht als „Nordwest-Enzyklopädie" zu verstehen, sondern soll individuelles Reisen und Erkunden ermöglichen und Anleitung zum bewussten Erleben und Kennenlernen einer riesigen Region geben. Wer genügend Zeit und Offenheit mitbringt, wird von der landschaftlichen Vielfalt und den gastfreundlichen Menschen des Nordwestens begeistert sein. Wichtig auf der Reise ist dabei, sich von der Philosophie des „**Weniger ist Mehr**" leiten zu lassen und nicht zu versuchen, in wenigen Tagen den gesamten Nordwesten zu erkunden.

Dieser Band ist so aufgebaut, dass erst nach einer **allgemeinen Vorstellung** der Reiseregion, von „Land und Leuten" unter verschiedenen Aspekten – Geschichte, Geografie, Wirtschaft, Gesellschaft und nicht zuletzt dem „Mythos Westen" – die eigentlichen Routen vorgestellt werden. Farblich abgesetzt ist der **Reisepraktische Teil** (Gelbe Seiten) mit „Allgemeinen Reisetipps von A–Z" zur Planung und Ausführung einer Reise, zum anderen Spezialtipps zu den einzelnen Orten. Dazu kommen „**Grüne Seiten**" mit Anhaltspunkten zu den Kosten einer solchen Reise.

In den **Spezialtipps** zu den einzelnen Orten oder Regionen, jeweils am Kapitelende, finden sich dann nützliche Hinweise zu Unterkunft, Essen & Trinken, Touren und anderen Aspekten. Bei den Übernachtungs- und Restaurant-Tipps musste eine Auswahl getroffen werden, die zwangsläufig auf persönlichen Erfahrungen beruht. Es wurde versucht, eher ungewöhnliche Plätze auszuwählen bzw. solche, bei denen Preis und Leistung stimmen. Auf die bekannten Kettenhotels und -motels sowie gängige Fastfoodketten wurde weitgehend verzichtet. Größtmögliche Aktualität ist angestrebt, allerdings kann angesichts der Fülle an Informationen und der Schnelllebigkeit touristischer Angebote keine Gewähr für Korrektheit übernommen werden.

Die getroffene Auswahl der im Buch beschriebenen **Ziele und Routen** basiert auf eigenen Reiseerfahrungen – wobei aufgrund des zur Verfügung stehenden Platzes Verkürzungen und Weglassungen nötig waren und eine Auswahl getroffen werden musste. Die Karte auf der rückwärtigen Buchklappe gibt eine Übersicht über Haupt- und Nebenrouten, und im Text hervorgehobene Hinweise geben ggf. Alternativstrecken an. Eingeschobene Exkurse („**INFO**") dienen dazu, das Hintergrundwissen zu vertiefen und fakultative Zusatzinformationen zu geben.

Nicht versäumen möchten wir, uns an dieser Stelle für die vielfältige Hilfe und Unterstützung bei der Planung bzw. auf unseren zahlreichen Reisen zu bedanken: bei den jeweiligen staatlichen Fremdenverkehrsämtern und lokalen Tourismusbüros – v. a. Petra Hackworth (OR Tourism), Fred Walker (ND), Barbara Stafford (RMI/ND) und Maureen Droz (SD) –, bei den deutschen PR-Vertretungen der verschiedenen Bundesstaaten sowie – von RMI und Oregon (Wiechmann Tourism) bzw. von Utah (Get-it-across, Kathrin Berns) – und nicht zuletzt bei den vielen sonstigen hilfsbereiten Einzelpersonen, mittlerweile Freunde, die unsere zahlreichen Aufenthalte im Nordwesten stets zum unvergesslichen Erlebnis werden ließen.

Augsburg, im Frühjahr 2014

Margit Brinke – Peter Kränzle

Die USA im Überblick

Fläche:	9.826.675 km² inkl. Alaska, Hawaii und Wasserflächen (664.709 km²); Weltrang: Nr. 3
Staatsland (Public Land):	ca. 32 % = etwa 2,6 Mio. km²
Nationalpark-Land:	ca. 320.000 km²
Höchster Punkt:	Mt. McKinley (Alaska) 6.200 m
Niedrigster Punkt:	Death Valley (California) 85 m (unter Meeresspiegel)
Längster Fluss:	Mississippi (zusammen mit Missouri) 6.420 km
Einwohner:	ca. 317 Mio. (Schätzung 2013), etwa 81 % städtische Bevölkerung, 289 Städte mit mehr als 100.000 EW, neun mit über 1 Mio. EW
Besiedlungsdichte:	ca. 34 EW/km² (vgl. D: 225 EW/km²)
Ethnien:	ca. 73 % Weiße (davon 16 % Hispanics), 12,6 % Afroamerikaner, 4,8 % Asiaten, 1,1 % Indianer, Inuit, Hawaiianer, die restliche Bevölkerung ist verschiedenen anderen Ethnien zuzurechnen
Herkunft:	ca. 80 % aller Amerikaner haben europäische Wurzeln: ca. 16 % sind deutscher, 11 % irischer, 9 % englischer, 5 % italienischer, 4 % skandinavischer Herkunft
Sprachen:	82 % Englisch, 11 % Spanisch, 4 % andere europäische Sprachen, 3 % asiatische und indianische Sprachen
Hauptstadt:	Washington, D.C.
Religionen:	ca. 77 % Christen; rund 51 % Protestanten (ca. 17 % Baptisten, 7 % Methodisten, 5 % Lutheraner, 3 % Presbyterianer), ca. 24 % Katholiken, 1,6 % andere christliche Glaubensrichtungen; 1,7 % Mormonen, 1,7 % Juden, 0,7 % Buddhisten, 0,6 % Muslime, 16 % gehören keiner Glaubensgemeinschaft an.
Flagge:	13 waagrechte abwechselnd rote und weiße Streifen für die 13 Gründerstaaten, in der oberen, blauen Ecke 50 weiße Sterne, die die Bundesstaaten repräsentieren
Nationalfeiertag:	4. Juli (Independence Day, Tag der Unterzeichnung der Unabhängigkeitserklärung 1776)
Staats- und Regierungsform:	Präsidialrepublik mit bundesstaatlicher Verfassung, wobei der Präsident Kabinettsmitglieder ernennen und entlassen kann. Zwei-Kammer-Parlament aus Senat und Repräsentantenhaus.

Die Staaten des Reisegebiets im Überblick

Staat	Abk.	Hauptstadt	Staat seit	Fläche (km²)	Einwohner (Stand 2013)
California	CA	Sacramento	9. Sept. 1850 (31. Staat)	423.970	38,33 Mio.
Colorado	CO	Denver	1. Aug. 1876 (38. Staat)	269.837	5,18 Mio.
Idaho	ID	Boise	3. Juli 1890 (43. Staat)	216.632	1,59 Mio.
Montana	MT	Helena	8. Nov. 1889 (41. Staat)	381.156	1 Mio.
Nevada	NV	Carson City	31. Okt. 1864 (36. Staat)	286.367	2,75 Mio.
North Dakota	ND	Bismarck	2. Nov. 1889 (39. Staat)	183.272	723.400
Oregon	OR	Salem	14. Feb. 1859 (33. Staat)	255.026	3,89 Mio.
South Dakota	SD	Pierre	2. Nov. 1889 (40. Staat)	199.905	844.900
Utah	UT	Salt Lake City	4. Jan. 1896 (45. Staat)	219.887	2,90 Mio.
Washington	WA	Olympia	11. Nov. 1889 (42. Staat)	184.827	6,97 Mio.
Wyoming	WY	Cheyenne	10. Juli 1890 (44. Staat)	253.348	582.700

2. DER NORDWESTEN: LAND UND LEUTE

Rodeos gehören in den Städten und Ortschaften des Nordwestens zwischen Frühjahr und Herbst zum Alltag

Allgemeiner Überblick

Historisch gesehen beginnt der Nordwesten der USA in den Rocky Mountains und dehnt sich bis zum Pazifik hin aus. Heute gehören zum „**Northwest**" nach Einteilung des für die Demografie zuständigen US Census Bureaus die Bundesstaaten Oregon, Washington, Idaho, Montana und Wyoming. In diesem Reisehandbuch wird die Region – auch aus reisetechnischen Gründen – um Nord-Kalifornien sowie Teile benachbarter Bundesstaaten – Nevada, Utah, Colorado sowie South und North Dakota – ergänzt. Geografisch umfasst der Nordwesten neben der Pazifik-Küstenregion die Rocky Mountains und die sich dazwischen ausbreitenden gebirgigen Plateaus sowie Teile der Great Plains.

Topografisch wird der Nordwesten durch mehrere in Nord-Süd-Richtung verlaufende Gebirgszüge (Coastal Ranges, Cascades, Sierra Nevada und Rocky Mountains) sowie dazwischen liegende Becken und Plateaus (Columbia Plateau, Great Basin, Colorado Plateau) gegliedert. In den küstenabgewandten, regenarmen Regionen gibt es ausgedehnte Wüsten und herrschen extreme Temperaturgegensätze vor. Die Niederschlagsmengen variieren aufgrund der hohen Gebirge ebenfalls stark.

Die **historische Entwicklung** des Nordwestens ist niemals geradlinig verlaufen, sondern war immer von unterschiedlichen Gruppen und Mächten bestimmt. Schon die Ureinwohner, die Indianer, hatten das Gebiet in mehreren Wellen besiedelt und Gesellschaften unterschiedlicher Kulturstufen entstanden. Ihre Stammesverbände zerbrachen großteils während der europäischen Vorstöße: Ab dem frühen 16. Jh. waren es die Spanier, später dann Engländer, Franzosen und Russen, die zu wirtschaftlich, militärisch oder politisch bestimmenden Mächten aufstiegen. Die Emanzipation von den Kolonialmächten – die Unabhängigkeitserklärung der USA 1776 oder die Loslösung Mexikos von Spanien 1821 – führte zu eigenen amerikanischen Staaten (USA, Mexiko), die in der Folge den westlichen Teil des Subkontinents unter ihre Kontrolle bringen konnten, andererseits aber auch gegeneinander kämpften (Mexikanisch-Amerikanischer Krieg 1846–48). Erst um die Mitte des 19. Jh., zuletzt 1867 durch den Kauf Alaskas, erhielt das staatliche Gebilde der USA durch Kriege, Annektionen, Verhandlungen und Landkäufe seine heutigen Konturen.

Wirtschaftlich gesehen war der Nordwesten lange von den hoch entwickelten Oststaaten abgekoppelt. Industrialisierung, landwirtschaftlicher Fortschritt durch ehrgeizige Staudamm- und Bewässerungsprojekte, Innovationen auf dem Gebiet der Energieerzeugung, Technologie und Gen-Technologie sowie Computer-Forschungszentren haben allerdings im Laufe des 20. Jh. einen gegenläufigen Prozess in Gang gesetzt. Viele der westlichen Regionen verfügen heute über einen höheren Lebensstandard als andere US-Staaten und zudem über ein überdurchschnittlich hohes Pro-Kopf-Einkommen.

Zuwachsraten konnte in den letzten Jahrzehnten der **Fremdenverkehr** verzeichnen, der im Nordwesten wie im gesamten Westen vor allem von der Magnetwirkung der Naturlandschaften lebt. Die damit verbundenen Gefahren für die Umwelt, z. B. überlaufene Nationalparks wie der Yellowstone, sind nicht zu übersehen. Genauso problematisch sind Umweltschäden wie Abholzung oder Brände, die in den letzten Jahrzehnten besonders Alaska und den Yellowstone-Nationalpark betroffen haben. Dass ökologisches Bewusstsein manchmal mit den Bedürfnissen des Arbeitsmarktes und der Einwohner kollidiert, zeigen u.a. die Auseinandersetzungen zwischen Naturschützern und Holzfällern in Oregon.

Bevölkerungsmosaik

Der **Bevölkerung** setzt sich aus vielen Mosaiksteinen zusammen, wobei Weiße den größten Anteil bilden, Nachfahren der nord- und mitteleuropäischen Einwanderer. Stark zugenommen hat das spanisch-mexikanische Element, das traditionell in den ehemaligen spanischen Kolonien im Südwesten besonders ausgeprägt ist. Außer in den Großstädten gibt es im Westen relativ wenige Afroamerikaner, aber vergleichsweise viele Ureinwohner: Meist in Reservaten leben hier drei Viertel aller US-amerikanischen Indianer. Die Nachfahren der chinesischen Eisenbahnarbeiter und ostasiatische Immigranten jüngerer Zeit bilden in den Großstädten am Pazifik größere Enklaven.

Indianer – die ersten Amerikaner

Die Geschichte Nordamerikas ist gar nicht so kurz, wie Europäer gerne behaupten, aus indianischer Sicht ist Nordamerika vielmehr ein „Alter Kontinent“. Wann die Ahnen der Indianer den nordamerikanischen Subkontinent erstmals betreten haben, ist bislang unklar. Archäologische Funde sowie Radiocarbon-Untersuchungen haben ergeben, dass Einwanderer aus dem fernen Asien eine während der Eiszeiten bestehende Landbrücke nutzten, um den Bereich der Beringstraße trockenen Fußes überqueren und auf den amerikanischen Kontinent gelangen zu können. Dies geschah vor mindestens 10.000, nach neuestem Forschungsstand wohl eher schon vor 30.000 Jahren.

Kolumbus, so lernt man in der Schule, habe 1492 Amerika „entdeckt“, als er auf der Suche nach einem Seeweg von Spanien nach Indien in der Karibik landete. Er war es auch, der die Ureinwohner „Indianer“ nannte. Die ersten Europäer, die seit dem 16. Jh. Nordamerika erkundeten – zunächst spanische Abenteurer, dann britische Religionsflüchtlinge –, trafen jedoch nicht nur auf „Wilde“, sondern fanden auch **Reste indianischer Hochkulturen** vor.

Indianische Hochkulturen

Um etwa 1.000 v. Chr. sollen die umherziehenden Gruppen von Ureinwohnern sesshaft geworden sein. Es bildete sich eine sehr differenzierte Gesellschaft von Ackerbauern, Jägern und Sammlern heraus – **Woodland Tradition** genannt –, deren Siedlungsgebiet zwischen Atlantik, Mississippi und den Großen Seen lag. Um 900 n. Chr. entstand dagegen in den Tälern des Mississippi und seiner Zuflüsse eine indianische Hochkultur, die **Mississippian Tradition** – Ackerbauern, für die Mais, Kürbis, Bohnen, Süßkartoffeln und Tabak die wichtigsten Kulturpflanzen waren. Die Gesellschaft war hierarchisch gegliedert, man lebte in großen Siedlungen, von Holzpalisaden umschlossen und mit charakteristischen *mounds* im Zentrum. Auf diesen pyramidalen Erdaufschüttungen befanden sich die kultischen und weltlichen Machtzentren – Tempel, Fürstensitze und Versammlungsplätze. Das Ende dieser Kultur fiel mit der Ankunft der ersten Europäer zusammen, und Mitte des 16. Jh. waren viele der Siedlungen aufgegeben. Kriege und von den Spaniern eingeschleppte Krankheiten und Seuchen hatten die Indianer zu Tausenden getötet.

Es folgte die Zeit der **historischen Indianerstämme** – Irokesen, Cherokee, Apachen, Mandan, Sioux oder Nez Percé sind die bekanntesten Gruppen. So unterschiedlich die Völker waren, so verschieden verhielten sie sich gegenüber den Neuankömmlingen aus Europa: Die einen halfen und waren gastfreundlich, andere zeigten sich abweisend und feindselig. Das Resultat war jedoch in beiden Fällen prinzipiell dasselbe: Dezimiert durch eingeschleppte Krankheiten, vertrieben, verfolgt und abgeschlachtet, überlebten nur wenige Indianer in abgelegenen Regionen.

Historische Indianerstämme

Unrühmlicher Höhepunkt im Osten war eine Umsiedlungsaktion zu Beginn des 19. Jh. Mit dem Removal Act von 1830 zwang Präsident Andrew Jackson über 16.000 Indianer zur Umsiedlung in das Indianer-Territorium westlich des Mississippi (heute Oklahoma). Dieser **Trail of Tears** kostete zahllose Indianer der „Fünf zivilisierten Stämme", der Creek, Cherokee, Chickawa, Choctaw und Seminole, das Leben.

Die Indianer des Nordwestens

Die Indianer-Kulturen im Nordwesten waren erst mit dem Louisiana Purchase 1803 ins Blickfeld der USA geraten, erlitten aber ein ähnliches Schicksal der Unterdrückung, Vertreibung und Einweisung in Reservate wie ihre östlichen Nachbarn. Für das in diesem Reise-Handbuch beschriebene Gebiet kann man drei von den unterschiedlichen Lebensräumen geprägte Kulturgruppen unterscheiden: **Küsten-, Plateau- und Prärie-Indianer**. Als einschneidendes Ereignis entpuppte sich hier die Übernahme des Pferdes aus dem Südwesten im Lauf des 18. Jh.; es sollte das Leben der Indianer im Nordwesten grundlegend ändern.

Auf die wechselvolle Geschichte der indianischen Völker wird man während einer Reise durch den Nordwesten immer wieder stoßen. Auf einzelne Stämme, Reservate, Persönlichkeiten und Ereignisse wird an passender Stelle auf der Reiseroute näher eingegangen.

Indianer gehören zum Bild des Nordwestens

Küsten-Indianer

Die Küsten-Indianer besiedelten den Küstenstreifen zwischen der Cascade Range bzw. der Sierra Nevada und der Pazifikküste. Diese Stämme erlangten bis zur Ankunft der Weißen einen gewissen Wohlstand: Die Flüsse und der Pazifik boten reichlich Fisch, das mild-feuchte Klima sorgte für holzreiche Wälder mit dichtem Wildbestand, und auch die Bedingungen für Ackerbau und das Sammeln von Früchten waren gut. Zum Norden hin, im Küstenstreifen der heutigen Staaten Oregon, Washington und British Columbia war damals zwar aus klimatischen Gründen Ackerbau nur in begrenztem Umfang möglich, doch lebten auch diese Stämme in Wohlstand. Das zeigte sich an ihrer Bauweise (Holzhäuser), ihrer von einer Adelsschicht dominierten Gesellschaftsordnung und dem hoch entwickelten Kunsthandwerk. Zu den wichtigsten Völkern gehörten Tlingit, Haida, Tsimshian, Makah, Chinook, Tillamook, Kwakiutl, Bella Bella, Bella Coola oder Nootka.

Indianisches Handwerk

Typisch für die **Kunst der Nordwestküsten-Indianer** war ihre Meisterschaft in der **Holzbearbeitung**. Ihre oft figurativen Werke, wie Holzmasken, die von Schamanen und kultischen Tänzern getragen wurden, oder ihre monumentalen Totempfähle hatten meist religiöse Bedeutung. Bei Letzteren handelt es sich um Wappenpfähle, die übereinander angeordnet Familien- und Clan-Embleme tragen und die Geschichte einer bestimmten Sippe erzählen. Daneben wurden Kisten, Truhen, Zeremonienstäbe, Löffel, Schöpfkellen und Rasseln nicht nur für kultische Zwecke, sondern auch für den täglichen Gebrauch geschnitzt.

Daneben verstanden sich die genannten Stämme auf die **Flechtkunst** – als berühmteste Beispiele sei an die konischen Hüte der Tlingit und Kwakiutl erinnert. Einzigartig ist auch das Textilgewerbe: Basierend auf Baumwolle, Rindenbast und Haaren von Wildtieren entstanden Schürzen, Leggins (Beinkleider), Hemden und Chilkast-Decken, die im 19. Jh. zum wertvollsten Besitz der Stämme zählten. Wenn Personen oder Familien ihr Ansehen vergrößern wollten, verschenkten sie große Teile ihres Besitzes im Rahmen von *Potlatch*-Festen, die allein in diesem Raum bekannt sind.

Im Küstenstreifen weiter südlich, im heutigen Kalifornien, war das Sammeln von Eicheln ein wirtschaftlich wichtiger Faktor, da die dortigen Stämme (u. a. Wintun, Maidu, Miwok, Costano, Yokuts, Pomo, Salina, Chumash, Gabrielino, Diegueno und Luiseno) daraus Mehl herstellten. Für das Sammeln von Lebensmitteln wurde in diesem Raum die Herstellung von Körben (Flechtwerk) zur Meisterschaft getrieben.

Prärie- und Plateau-Indianer

In den kargen Hochebenen zwischen den Küstengebirgen und den Rocky Mountains sowie in den Great Plains, dem schier endlosen Grasland östlich der Rockies bis hin zum Tal des Mississippi, siedelten nur verhältnismäßig kleine Gruppen von Sammlern und Jägern. Trotzdem prägten und prägen diese **nomadischen Stämme** das Bild der Weißen vom „typischen Indianer".

Bild des „typischen" Indianers

Die Tatsache, dass in Hollywood-Produktionen oder in der Abenteuerliteratur eines Karl May immer wieder Stammesnamen wie Arapaho, Assiniboin, Blackfoot, Cheyenne, Comanche, Crow, Kiowa, Mandan, Nez Percé, Omaha, Pawnee, Shoshone oder Sioux auftauchen, mag daran liegen, dass deren Alltag in besonderem Maße dem Klischee vom freien, kämpferischen und – je nach Perspektive – grausamen oder edlen „Wilden" entsprach. Immerhin waren es die Sioux, die sich unter Führern wie *Crazy Horse* oder *Sitting Bull* am heftigsten gegen die weiße Landnahme wehrten.

Erst die **Einführung des Pferdes**, Mitte des 18. Jh., sorgte für die Entstehung der bis heute bekannten Prärie-Indianer-Kultur. Dabei bildeten sich zwei Gruppen heraus: die nomadischen Stämme im Westen – die „typischen" Prärie-Indianer –, die sich fast ausschließlich von der Bisonjagd ernährten, und die östlichen Stämme wie Mandan oder Hidatsa, die sowohl von der Jagd als auch von der Landwirtschaft lebten und in Flusstälern, wie dem des Missouri oder Knive River, feste Siedlungen anlegten. In ihrer Lebensweise bildeten Mandan und Hidatsa das Bindeglied zwischen der Prärie- und der Waldland-Kultur des Ostens, als Händler brachten sie zudem diese beiden Kulturen zusammen.

Stämme im Westen und Osten

Zur Terminologie des Wortes „Indianer"

info

Beim Wort „Indianer/Indians" denken die meisten sofort an federgeschmückte Reiter. Doch derart aufgemacht liefen lediglich die Mitglieder eines bestimmten Kulturkreises, nämlich der Prärie-Indianer, zu denen die berühmten Sioux oder Comanchen gehören, herum. In Wirklichkeit weisen die meisten indianischen Völker – allein in den USA gibt es über 500 – kaum Gemeinsamkeiten auf, was auch ihre zahlreichen Namen belegen.

Als „politically correct" wird die Bezeichnung „**Native Americans**" oder „**Native People**" empfunden – im Deutschen unzureichend mit „Ureinwohner" wiedergegeben. Allerdings ist diese Bezeichnung bei den damit Gemeinten wenig beliebt. Wie einmal der indianische Chef der Abteilung der *Smithsonian Institution* in Washington meinte: „Jeder, der in Nordamerika geboren ist, ist ein ‚Native American', ein gebürtiger Amerikaner. Ich persönlich bin ein Hopi, wer das aber nicht weiß, für den bin ich eben ein ‚Indianer'." In der Tat ziehen die meisten Indianer, ob *Apachen, Navajo, Nez Percé, Hopi* oder *Ute*, „**American Indian**" **oder** „**Indian**" als Bezeichnung vor, sofern sie die genaue Stammeszugehörigkeit nicht kennen. Von „Indianer" zu sprechen, ist also durchaus in Ordnung – besser jedoch, man verwendet den Namen des jeweiligen Volkes.

Im Gebiet des oberen Missouri (Montana) lebten die Stämme der Blackfoot-Konföderation, während die Sioux sprechenden Crow im Gebiet zwischen Yellowstone und Missouri River sowie im Gebiet des Wind und des Bighorn River (Wyoming) zu finden waren. Als **dominante Macht** der nördlichen Prärie etablierten sich aber die Sioux. Sie bestanden aus drei Gruppen: den Dakota im Osten, den Lakota oder Teton im Westen und den dazwischen lebenden Nakota. Im Südosten Wyomings waren schließlich Algonquin sprechende Cheyenne zu finden.

Die Stämme lebten relativ autonom. Innerhalb des Stammes waren die Mitglieder einem strengen **Ehrenkodex** unterworfen, der auf festen Moralvorstellungen beruhte und bei schwereren Vergehen den Ausschluss aus dem Stamm vorsah. Die Anführer wurden in der Regel situationsgebunden nach Leistung und Lebenserfahrung ausge-

Unvergessliches Erlebnis im Nordwesten der USA: der Besuch eines Powwows

wählt und übernahmen die Funktion kluger Ratgeber. Zwischen den einzelnen Stämmen kam es häufig zu Auseinandersetzungen (die eher den Charakter von Wettkämpfen hatten) um Jagdrechte oder um wertvolle Zuchtpferde, die man sich gegenseitig „auslieh". Die Kleidung der Mitglieder der Kriegergesellschaften war gemäß dem Ruhm, den sie im Kampf erworben hatten, mit Haaren oder Federn geschmückt, ebenso konnte der Kopfputz mit Adlerfedern verziert werden.

Plateau-Indianer

Eine **Zwischenstellung** zwischen Prärie- und Küsten-Indianern nehmen die **Bewohner der Hochebenen** zwischen Coastal Range und Rockies ein. Einerseits wohnten sie einen Großteil des Jahres in festen Siedlungen, lebten vom Fischfang, sammelten Feldfrüchte und betrieben vereinzelt Ackerbau. Im Sommer jedoch zogen sie über die Rockies in die Prärie, um auf die Bisonjagd zu gehen. Als berühmtester dieser Stämme gelten die Nez Percé, die zudem bis heute als Pferdezüchter berühmt sind. Zu den Plateau-Indianern gehören aber auch Völker wie die Shoshone, die im südöstlichen Oregon und im südlichen Idaho, in Nevada und Utah ein eher karges Dasein als Sammler und Jäger fristeten.

Powwows

Powwows sind in den letzten Jahren zum **Ausdruck eines neu erwachten Selbstbewusstseins** der nordamerikanischen Ureinwohner geworden. Der Begriff *„Powwow"* oder *„Pow ow"* leitet sich vom Wort *„Powwaw"* – *„Spiritual Leader"* – aus der Sprache der Narragansett-Indianer aus Rhode Island (Ostküste) ab. Wieso und wann genau der Begriff seine moderne Bedeutung erhielt, ist unklar. Spricht man heute von Powwow meint man zweierlei: einerseits die **traditionelle Form des Zusammentreffens** von Stämmen bzw. Familienverbänden im Spätsommer an einem zentralen Ort, andererseits einen mit Geld- bzw. Sachpreisen dotierten **Tanz-**, **Trommel-** und **Gesangswettbewerb**.

In der Regel sind beide Bedeutungen nicht exakt zu trennen: Auch ein traditionelles Treffen war ohne Tänze nicht vorstellbar und die Wettbewerbe heutzutage sind immer noch eng verknüpft mit Familientreffen und alten Bräuchen. Von Nah und Fern kommen die Clans meist in einer Reservation einmal im Jahr zusammen, Zelte werden aufgeschlagen, Wohnwagen abgestellt und Picknicks veranstaltet; man hilft sich gegenseitig beim Anlegen der „Regalia", der wertvollen Kostüme, Kinder werden gemeinschaftlich beaufsichtigt und Familienbande gepflegt. Rings um die Tanzarena gibt es eine „Budenstadt" mit Imbiss- und sonstigen Verkaufsständen, es finden Begleitveranstaltungen wie ein großer Umzug, die Wahl einer „Miss Indian" und gelegentlich auch Rodeos oder Sportturniere statt.

Rückbesinnung auf die eigene Kultur

Mehrere Tage ertönen Trommeln und Gesänge, hängt BBQ-Duft in der Luft und beleben farbig gekleideten Tänzer und Tänzerinnen das Areal. In der Tanzarena treten die Teilnehmer **unterteilt nach Geschlecht und Alter** zu verschiedenen Tänzen an: Senioren und -innen (über 50 Jahre), Männer und Frauen (18 bis 49 Jahre), Teens (13 bis 17 Jahre), Boys und Girls (6 bis 12 Jahre); Jede/r darf nur in einer Tanzkategorie teilnehmen (siehe Kasten).

Untermalt werden die Tänze von wechselnden „**Drums**", wie die Gruppen von mindestens fünf Sängern, darunter ein Vorsänger, genannt werden. Sie sitzen am Rand des Tanzrunds um eine große, wertvolle Trommel und begleiten ihren kehligen Gesang mit rhythmischen Schlägen. Die dargebrachten Lieder sind ebenfalls in Kategorien, passend zu den Tänzen, eingeteilt, ihre Interpretation wird reihum gleichfalls von einer Jury bewertet.

Powwow-Etiquette

info

Auch wenn es bei einem Powwow zugeht wie auch einem Rummelplatz – es ist eine ernste und für die Indianer heilige Sache und es gibt durchaus Regeln. Der **Master of Ceremonies** ist der Leiter der Veranstaltung, die stets in einem runden Stadion – der Tanzarena – stattfindet; schließlich hat der Kreis eine elementare Bedeutung in der Gedankenwelt der Indianer. Um den Tanzkreis sind Sitzgelegenheiten angebracht, manchmal überdacht. Sind Stühle oder Bänke um die Tanzarena mit Decken abgedeckt, sind diese für Teilnehmer reserviert.

Werden die Fahnen, egal ob die der USA oder die Stammesflaggen, präsentiert werden, erhebt man sich und nimmt die Kopfbedeckung ab. Aufstehen ist auch dann angesagt, wenn der Zeremonienmeister zu Anfang oder Ende des Powwows zum Gebet auffordert. Dazu wird oft noch ein spezielles Lied gesungen. Kündigt der **Master of Ceremonies** hingegen einen *intertribal dance* an, dürfen auch Zuschauer mittanzen. Dabei müssen Frauen jedoch einen Schal tragen (den man sich leihen kann).

info

Fotografieren ist in der Regel erlaubt, aber niemals während eines Wettbewerbs mit Blitz. Auch sollte man bei Einzelaufnahmen und Porträts um Erlaubnis fragen. Videoaufzeichnungen sind in der Regel untersagt. Teile der „Regalia", des Tanzkostüms, sollte man nie anfassen. Sie wurden mit viel Liebe, Mühe und Geld hergestellt und haben nicht nur persönliche, sondern oft auch spirituelle Bedeutung. Verliert ein Tänzer eine Adlerfeder, wird der Tanz unterbrochen und ein spezielles Gebet gesprochen. Die Zuschauer sind angehalten, sich dabei von ihren Plätzen zu erheben.

Powwow-Tänze für Männer/Buben (Auswahl)

Traditional Dance: Komplizierte Bewegungen, die einst zur Vorbereitung eines Kriegers auf den Kampf dienten. Sehenswert sind besonders die Senioren, die nur an diesem einen Tanz teilnehmen.

Grass Dance: Die Tanzbewegungen ahmen sich im Wind wiegendes Präriegras nach und müssen symmetrisch nach links und rechts ausgeführt werden.

Fancy (Feather) Dance: Bei den Jugendlichen sehr beliebt, da er Raum zur Selbstdarstellung bietet und ausgefallene, individuelle Kostüme zulässt. Spezielle Lieder *(trick songs)* begleiten den Tanz.

Chicken Dance: Die Kleidung ist dem *Traditional Dance* ähnlich. Die Bewegungen gleichen denen eines balzenden Präriehuhns.

Powwow-Tänze für Frauen/Mädchen (Auswahl)

Traditional Dance: Fließende Bewegungen, bei denen die Füsse nie ganz den Boden verlassen. Auf diese Weise soll die enge Verbindung mit Mutter Erde symbolisiert werden.

Jingle Dress Dance *(Prayer Dance)*: Nach den Ojibwa, die in den 1920er-Jahren den Tanz entwickelt haben; das Tanzkleid zieren etwa 400 bis 700 Glöckchen und klingeln im Takt zu den Trommeln.

Fancy Shawl Dance *(Butterfly Dance)*: Wie Schmetterlinge scheinen die Tänzerinnen zu schweben, auf jede Bewegung in eine Richtung muss die Gegenbewegung folgen.

Sonstige Veranstaltungen

Drum/Singing Contest: Eine Gruppe von mindestens fünf Sängern trommelt und singt unter Anleitung des *Lead Singers* nach Aufruf durch den *Master of Ceremonies* einen speziellen Song zu einem der Tanzwettbewerbe und wird dafür bewertet.

Infos zu Veranstaltungen: www.powwow-power.com und www.powwows.com.

Historischer Überblick

Der europäische Vorstoß

Die geschriebene Geschichte Amerikas beginnt mit den Fahrten von **Christoph Kolumbus** (1451–1506). Der in Genua geborene Seefahrer stand in spanischen Diensten und wollte im Glauben an die Kugelgestalt der Erde eine **Westroute nach Indien** finden. Als er 1492 auf der Bahamas-Insel *San Salvador* landete, nannte er ihre Einwohner „Indianer", da er glaubte, sich in Indien zu befinden.

Zu den **frühen europäischen Entdeckern** zählte auch *Giovanni Caboto* (1450–98). Er stand als Venezianer in britischen Diensten und erkundete als „John Cabot" 1497/98 den Nordosten des Kontinents. Der Florentiner *Amerigo Vespucci* (1451–1512) vertrat erstmals die Ansicht, dass das von *Kolumbus* betretene Land ein bislang den Europäern unbekannter Erdteil sei. Der deutsche Kartograf *Martin Waldseemüller* nannte deshalb zu Ehren *Vespuccis* 1507 den Kontinent nach dessen Vornamen *Amerigo* „**America**". 1513 erreichte der spanische Konquistador *Vasco Núñez* die Landenge von Panama und stellte fest, dass westlich davon ein neues Weltmeer, der Stille Ozean, beginnt. Er lieferte somit den Beleg für *Vespuccis* These.

Westweg nach Indien

Der „neue" Kontinent rückte schnell in die Interessenssphäre der europäischen Mächte. Anfangs konnten sich die **Spanier** alle Gebiete, die rund 600 km westlich einer von Pol zu Pol über die Azoren verlaufenden Linie lagen, unter den Nagel reißen: Im **Vertrag von Tordesillas** von 1494 hatten sie sich mit Portugal, damals die zweite bedeutende Seemacht, auf diese Aufteilung der Interessensphären geeinigt. Der Vertrag wurde sogar vom Papst, der damals völkerrechtlich bindenden Autorität, bestätigt. Als sich jedoch zu Beginn des 16. Jh. der Reformationsgedanke verbreitete und der Machteinfluss Spaniens nach der Niederlage gegen England (1588) schwand, änderte sich die Ausgangslage und **mehrere europäische Nationen** rangen fortan um Einfluss auf dem amerikanischen Kontinent.

Vertrag von Tordesillas

In **Frankreich** vernahm man die Geschichten von den Schätzen in Mittel- und Südamerika mit Interesse, zunächst jedoch ohne einen Vorstoß ins spanische Einflussgebiet zu wagen. Man wandte sich vielmehr dem **Nordosten des neuen Kontinents** zu: 1524 erreichte der Florentiner *Giovanni da Verrazano* (1480–1527) unter französischer Flagge die Hudson-River-Mündung. *Jacques Cartier* (1491–1557) war 1534 noch weiter nordöstlich unterwegs und segelte ins Mündungsgebiet des St. Lorenz-Stroms. Nach ersten Erkundungen fasste Frankreich dann allmählich auch auf dem nordamerikanischen Kontinent Fuß. Die Besiedlung blieb allerdings dünn, denn die beanspruchten Gebiete waren riesig. Nur ein Netz verstreuter Stützpunkte – wie das im Jahr 1608 von *Samuel de Champlain* gegründete Québec City – hielt **Neu-Frankreich**, dessen Zentrum in der heutigen kanadischen Provinz Québec lag, zusammen.

Französische Siedler

Französische Pelzhändler drangen aber auch über das Gebiet der Großen Seen hinaus weiter nach Westen vor. Aufgrund der europäischen Verwicklungen war Frankreich nicht in der Lage, langfristig seine Gebietsansprüche gegen die sich von der

Eine erste Expedition in den Westen unternahm das Corps of Discovery 1804–1806

Küste aus langsam ausbreitenden Engländer zu verteidigen. Im **Frieden von Utrecht** 1713 erhielt England beispielsweise die Gebiete um die Hudson Bay, Neuschottland und Neufundland zugesprochen. Nach dem **King George's War** (1744–48) sowie dem **French and Indian War** (1754–63) übernahm England die kanadischen Gebiete sowie das Territorium östlich des Mississippi. Anders als Spanier und Franzosen zeigten die **Briten** kein großes Interesse am Westen.

Unabhängigkeit der USA

Einstweilen hatten die 13 einstigen englischen Kolonien an der Ostküste im **Unabhängigkeitskrieg** gegen England (1776–83) die staatliche Autonomie erkämpft und die Basis für die heutigen **Vereinigten Staaten** gelegt. Von Anfang an ließ der neue Staat keinen Zweifel daran, dass er den gesamten Subkontinent vom Atlantik bis zum Pazifik als seine alleinige Interessensphäre betrachtete.

Im Jahr 1803 verschwand deshalb Frankreich in Amerika ganz von der Bildfläche: Die USA hatten im Rahmen des **Louisiana Purchase** das vormals französische Gebiet zwischen Mississippi und Rocky Mountains für gerade einmal $ 15 Mio. erworben. Da *Napoleon* das Geld dringend für seine Expansionspläne in Europa benötigte, machten die USA das größte **Immobilienschnäppchen** in der Geschichte und verdoppelten ihr Staatsgebiet auf einen Schlag.

Erschließung und Besiedlung des Westens

Nach einer Forschungsreise (1804–06) der beiden Offiziere *Meriwether Lewis* und *William Clark* mit dem **Corps of Discovery** im Auftrag von Präsident *Thomas Jefferson* begann die **Erschließung und Besiedlung des Westens** (s. INFO S. 206). Die **Frontier,** die Grenze zwischen Zivilisation und Wildnis, verschob sich seit Entstehung der ersten Kolonien konstant weiter westwärts. Der große Zug gen Westen, über den Mississippi, setzte zu Anfang des 19. Jh. ein: Hohe Geburtenraten in den Ostküstenstaaten sowie ein nicht abreißender Einwandererstrom aus Europa – 1825 waren über 10.000, 1854 bereits über 4 Mio. Menschen zugewandert – förderten die Besiedlung der Gebiete im mittleren und pazifischen Westen. Die Annexion des Indianerlandes erfolgte dabei in mehreren Phasen: Auf Forscher, Pelzhändler, Trapper und Händler folgten Holzfäller, Landvermesser, Viehzüchter, Bergleute und schließlich Farmer, „normale" Siedler, deren Pioniergeist beispielhaft war: „*The cowards didn't start and the weak didn't make it*".

Verdrängung der Indianer

Die Weiten des Westens wurden ursprünglich von der US-Regierung als **Jagd- und Indianerland** angesehen, doch musste man sich mehr und mehr dem Druck der Abenteurer, Unternehmer und Kolonisten beugen. Ab 1841 zogen Tausende auf der Suche nach einer neuen Zukunft auf Routen wie dem *Oregon* oder *California Trail* westwärts ins „Gelobte Land". Entlang der Strecke wurde in kürzester Zeit jedes Stück fruchtbarer Boden vereinnahmt, alles vermessen und jegliches Großwild abgeschossen.

Die Besiedlung des Westens war in zunehmendem Maße von **Auseinandersetzungen mit den Indianern** begleitet. Ihre Lebensbedingungen verschlechterten sich zusehens, sie waren dezimiert durch eingeschleppte Krankheiten und erschöpft vom verzweifelt geleisteten militärischen Widerstand. Mit der Ausrottung der vormals riesigen Büffelherden hatte man die einst stolzen „Herren der Prärie" ihrer Lebensgrundlagen beraubt; sie wurden in Reservate gepfercht bzw. zwangsumgesiedelt.

Der Westen wird Teil der USA

Der amerikanische Vorstoß in den Westen ging einher mit politischer Schwäche und organisatorischer Unfähigkeit der europäischen Kolonialmächte. In Kalifornien herrschte, so *Stefan Zweig* in seinen „Sternstunden der Menschheit" spanische Unordnung, gesteigert durch das Fehlen jeglicher Autorität, durch Revolten, Mangel an Arbeitstieren und Menschen sowie „zupackender Energie". Als 1821 Mexiko die Unabhängigkeit vom spanischen Mutterland erklärte, sollte sich an diesem Zustand im Wesentlichen nichts verändern.

Weitere Stationen auf dem Weg zur staatlichen Einheit war die Loslösung der **Republik Texas** von Mexiko im Jahre 1836 und die Integration in den Staatenbund der USA im Jahre 1845. Die daraus resultierenden Auseinandersetzungen mit Mexiko führten 1846 zum **amerikanisch-mexikanischen Krieg**. Im gleichen Jahr traten die

Engländer das **Oregon-Territorium** an die USA ab, weil das Gebiet im Nordwesten wegen seiner Entlegenheit und spärlichen Besiedelung für sie schwer zu verwalten war. 1847 besiedelten die aus Illinois vertriebenen Mormonen Teile des Staates **Utah** und gründeten Salt Lake City.

1848 endete der amerikanisch-mexikanische Krieg mit dem **Frieden von Guadelupe**, in dem Mexiko riesige Gebiete im Südwesten an die USA verlor – die heutigen Staaten Kalifornien, Nevada, Utah, New Mexico und den größten Teil Arizonas. Mit dem **Gadsden Purchase,** bei dem die Amerikaner 1853 für $ 10 Mio. Teile von Süd-Arizona und Südwest-New Mexico von Mexiko erwarben, war der Westen der USA komplett.

Der Goldrausch und seine Folgen

Zu jener Zeit, als im Südwesten der amerikanisch-mexikanische Krieg endete und die größten Gebiete der heutigen Bundesstaaten Kalifornien, Nevada, Utah, Arizona und New Mexico an die USA fielen, ging die Kunde von einem weiteren Ereignis wie ein

Lauffeuer um die Welt: „**Gold in Kalifornien**!" Aus aller Welt machten sich Tausende von Glücksrittern auf den Weg und 1848–51 zog der **California Gold Rush** rund 300.000 Menschen auf dem See- und Landweg an. Die meisten nutzten San Francisco als Ausgangspunkt auf ihrem Weg zum Sacramento River.

Für die passenden Hosen, die den Anforderungen des harten Schürferalltags gewachsen waren, sorgte *Levi Strauss*, ein 20-jähriger Immigrant aus Bayern. Er steht symbolisch für die Riege der **Nutznießer des Goldrauschs**: Es waren nicht die Goldgräber selbst, sondern Unternehmer wie er, Bankiers, Händler und Ladenbesitzer, die die Preise für Unterkunft, Lebensmittel, Ausrüstungsgegenstände und Dienstleistungen nach Belieben diktieren konnten.

Glücksritter im Westen

1852 wurde die *Wells Fargo & Company* gegründet, die mit Schiffen und Kutschen Postgut bis nach New York transportierte. Das Jahr stellte gleichzeitig den Höhe- und Wendepunkt des Goldrausches dar. Eine Rekordsumme von $ 81 Mio. wurde aus den Minen geholt. Spätestens 1854 waren dann die Schürfgründe erschöpft, und die Euphorie verflog fast ebenso schnell wie sie gekommen war. Einige der Glücksritter zogen weiter nach Colorado, Nevada, Alaska oder Kanada, Montana oder in die Black Hills (South Dakota), um weiter nach Edelmetallen zu suchen. Viele blieben und trugen so zur weiteren **Besiedlung des Westens** bei.

Den Abenteurern folgten Händler und Rancher und aus chaotischen Verhältnissen entstand langsam ein **zivilisiertes Gemeinwesen**. Man installierte Postkutschenlinien und baute Straßen, Städte und Dörfer entstanden. Der Indianergefahr begegnete man mit drastischen Maßnahmen und verbannte beispielsweise 1864 die *Navajo* für vier Jahre aus ihrer Heimat, zerstörte in dieser Zeit ihre Felder und Wohnstätten, schlachtete ihr Vieh ab und vernichtete so ihre Existenzgrundlagen.

Die Bedeutung der Eisenbahn

Bald schon benötigten die neuen Siedlungsräume eine bessere **Verkehrsanbindung,** um mit der Zivilisation des Ostens in Verbindung bleiben zu können. Um 1850 war die Ostküste großenteils durch Eisenbahnlinien erschlossen und man begann den Westen für erste Überlandlinien zu vermessen. Als am 10. Mai 1869 die **erste Transkontinentalverbindung** mit dem symbolischen Zusammentreffen der Bautrupps von *Union* und *Central* (später *Southern) Pacific Railroad* bei Promontory, Utah, gefeiert wurde, war ein weiterer entscheidender Schritt zur Besiedlung des Westens getan. Es folgten weitere transkontinentale Strecken im Norden und im Süden und auch im Zentrum der USA erschlossen mehr und mehr Eisenbahnlinien das vormals „wilde" Land.

Bedeutung der Infrastruktur

Für die immensen Bauvorhaben griff man auf chinesische Arbeiter zurück, von denen viele im Lande blieben, geballt z.B. in San Franciscos Chinatown. **Tausende von Einwanderern** aus Europa und den Staaten östlich des Mississippi, auf der Suche nach einem neuen Leben, Arbeit und Land, brachten die neu gebauten Eisenbahnlinien in den Westen. An den Verkehrsknotenpunkten der Bahnlinien entstanden neue Orte, die wiederum neue Immigranten anzogen. Landvermesser, die der ständig vorrückenden *frontier* folgten, teilten das Land in ein regelmäßiges, den Himmelsrichtungen entsprechendes Raster auf. Die Straßengitter vieler amerikanischer Städte gehen ebenso wie die schnurgeraden Straßen über Land darauf zurück.

Das Ende der Frontier

Vom **Bürgerkrieg** (1861–65), bei dem Kalifornien und Oregon auf Seiten der siegreichen Nordstaaten kämpften, waren die Staaten des Westens weit weniger betroffen als die Staaten auf der Ostseite des Kontinents. Zwei Jahre nach Kriegsende konnte an der Pazifikküste das amerikanische Territorium erheblich erweitert werden, indem man Russland für $ 7,2 Mio. **Alaska** abkaufte. Und während im Norden Pelztierjäger, Goldsucher, Kartografen und Fischer die subarktische Landschaft erforschten, gelang es im Südwesten *John Wesley Powell* mit der erstmaligen Erkundung des Colorado River (1869) die letzten weißen Flecken auf der Landkarte zu eliminieren.

Kauf von Alaska

Wie eine Bombe schlug 1893 der anlässlich des jährlichen Treffens der American Historical Association während der Weltausstellung in Chicago publizierte Aufsatz „The Significance of the Frontier in American History" eines bis dato unbekannten jungen Historikers namens *Frederick Jackson Turner* (1861–1932) ein. Er äußerte die Meinung, dass die Besonderheit der USA auf die kontinuierliche **Interaktion von Zivilisation und Wildnis** an der „Frontier" zurückzuführen sei. *„Die Existenz freier Landflächen, ihr steter Rückzug und das Vorrücken amerikanischer Siedlungen nach Westen erklärt die Entwicklung Amerikas"*, schrieb er damals.

Nur dieser stete Kampf mit der Natur habe den USA *„eine Position außerhalb der üblichen Regeln und Gesetze der menschlichen Geschichte verliehen"*. Zudem hatte seiner Ansicht nach die *frontier* zugleich als soziales Ventil gedient: Sobald sich die Bedingungen im Osten verschlechterten, blieb die Aussicht auf einen Neuanfang im Westen. Zudem war *Turner* davon überzeugt, dass der Prozess zu Ende des 19. Jh. abgeschlossen und die *frontier* damit Geschichte geworden war.

Der moderne Nordwesten

Noch gegen Ende des 19. Jh. war der Unterschied zwischen europanahem Osten und fernem Westen gewaltig – was sich u. a. daran zeigte, dass von den 17 amerikanischen Großstädten, die es 1890 gab, nur eine im Westen lag: **San Francisco**. Um 1900 strebte man im Westen verstärkt den **Anschluss an den entwickelteren Osten** an. Neue Städte wie **Seattle** entwickelten sich in atemberaubender Geschwindigkeit und liefen schon nach wenigen Jahrzehnten z. B. San Francisco den Rang ab. Entscheidend waren dabei an der Küste die Verkehrsverhältnisse und die Existenz eines Hafens, die einen Ort für den transpazifischen Handel prädestinierte.

Atemberaubende Entwicklung

Im Hinterland lebte (und lebt) man hauptsächlich von der **Landwirtschaft**, die allerdings einen mehrfachen Strukturwandel durchmachte. Noch um 1870 zählte

Kalifornien zu den weltweit führenden Weizenproduzenten. Die Eisenbahn und die Einführung von Kühlwaggons (1880) ermöglichte es dann, auf bewässerten Feldern Zitrusfrüchte und anderes Obst zu kultivieren und in den Osten zu exportieren. Bis heute ist der Bundesstaat einer der größten Exporteure von Gemüse, Obst und Früchten in der Welt. Daneben wurde im Napa und Sonoma Valley der Weinanbau ein führender Wirtschaftszweig. Auch die Fischerei – Sardinen-Konserven in Monterey, heute besonders Tunfisch in San Diego und Lachs in Seattle – war und ist ein Wirtschaftsfaktor. Seit den 1920er-Jahren kamen immer mehr Industriebetriebe hinzu und Ölfunde in Südkalifornien; Automobilindustrie, Flugzeugbau und Rüstungsindustrie wurden insbesondere nach dem Zweiten Weltkrieg zu bestimmenden Wirtschaftszweigen.

Landwirtschaft und Fischerei

Ab den 1920er-Jahren drängten immer mehr **Industriebetriebe** in den Vordergrund. Ölfunde in Kalifornien, Automobilindustrie, Flugzeugbau und Rüstungsindustrie wurden insbesondere nach dem Zweiten Weltkrieg zu bestimmenden Wirtschaftszweigen. Noch mehr Arbeitsplätze wurden allerdings in der **Verwaltung** und im **Dienstleistungssektor** geschaffen. Der **Tourismus** entwickelte sich von bescheidenen Anfängen im 19. Jh., auch dank des infrastrukturellen Ausbaus der Nationalparks in den 1930er-Jahren, in einigen Staaten zum prosperierendsten Wirtschaftszweig überhaupt.

Seattle – moderne Metropole des Nordwestens

Die Landwirtschaft, besonders die Viehzucht, spielt im Nordwesten noch immer eine bedeutende Rolle

War seit den Gold- und Silberfunden im späten 19. Jh. v.a. der Südwesten mit Wohlstand gesegnet, geriet der **Nordwesten** erst relativ spät in den Genuss umwälzender Veränderungen. Die Verbesserung der Infrastruktur, der Aufbau einer zukunftsorientierten Industrie und städtebauliche Maßnahmen rückten spätestens mit der Weltausstellung 1962 in Seattle den Bundesstaat Washington ins Rampenlicht. Die einst alles beherrschende **Holzindustrie** hat zwar auch heute noch großes Gewicht, verliert aber nach und nach an Bedeutung; sie ist außerdem in den letzten Jahren wiederholt durch die massive Kritik von Umweltschützern in die Schlagzeilen geraten. Das Wirtschaftsleben der Ballungszentren Portland und Seattle wird längst von Industrie, Dienstleistungssektor und Handel bestimmt.

Wirtschaftliche Entwicklung

Als im Jahr 1980 der Republikaner und ehemalige Gouverneur von Kalifornien, *Ronald Reagan*, Präsident der Vereinigten Staaten wurde, konnte man daran eine Verschiebung der regionalen Kräfte innerhalb der USA ablesen. Auf einmal war es nicht mehr der europa-affine Osten mit seinen Eliteuniversitäten und dem Beziehungsgeflecht aus Banken, Politik und Wirtschaft, der die Führung Amerikas repräsentierte. Unterstützt wurde das **neue politische Selbstbewusstsein** des Westens durch wirtschaftliche Entwicklungen seit den 1970er-Jahren. Hightech, Microchips und Computer fanden ihr Forschungs- und Fertigungszentrum im **Silicon Valley** in der Nähe San Franciscos, während Bill Gates' Weltkonzern *Microsoft* seinen Stammsitz in Seattle einrichtete. Zuletzt sorgte ein neuerlicher Ölboom für einen Aufschwung in den Staaten Montana und North Dakota. Mittels dem umstrittenen Fracking wird aus der Tiefe Öl und Erdgas gewonnen. Auch wenn die Anfangseuphorie bereits wieder abklingt, werden die entsprechenden Anlagen und die entstandene Infrastruktur noch einige Zeit das Bild prägen.

In der **Bevölkerungsentwicklung** liegt der Staat Kalifornien seit 1960 vor New York, mit großem Abstand. Besonders der pazifische Küstenstreifen gilt als hochentwickeltes Ballungszentrum, doch Zuwächse verzeichneten auch andere Staaten des Westens. Östlich des Kaskadengebirges gilt der Westen noch immer als „Provinz". So haben selbst die Großräume von Seattle oder Portland mehr Einwohner als beispielsweise die Bundesstaaten Wyoming, Montana, Idaho oder Nevada. Gerade dieses **Nebeneinander** von boomenden Großstädten und hochentwickelten Wirtschaftsregionen einerseits und Weite, Menschenleere und ursprünglichen Naturlandschaften andererseits ist es jedoch, was jährlich unzählige Besucher in den Westen lockt. Abseits der Metropolen und insbesondere östlich des Küstengebirges, mit Ausnahme des Großraums Denver, ist der Nordwesten jedoch bis heute ländlich – und damit ein faszinierendes Paradies für Naturfreunde – geblieben.

Die politischen Staatsorgane und ihre Aufgaben

Die **Verfassung** der Vereinigten Staaten von Amerika wurde 1787 vom Verfassungskonvent in Philadelphia verabschiedet und zwei Jahre später als rechtsgültig erklärt. Die Frage, ob der Staat zentralistisch oder föderalistisch organisiert werden solle, führte zu einer Kompromisslösung, einer **Interessen- und Machtteilung zwischen Zentralregierung und Bundesstaaten**. Diese führt bis heute oft zu Diskussionen und wird vielfach außerhalb den USA nicht verstanden.

Mit der Einführung der **Gewaltenteilung** in *Exekutive, Legislative* und *Jurisdiktion*, d.h. der Trennung von ausführender, gesetzgebender und Recht sprechender Macht, ist die amerikanische Verfassung **Wegbereiter der modernen Demokratie**. Darüber hinaus führte sie die **Trennung von Kirche und Staat** ein und das Prinzip der **Volkssouveränität**, die durch die demokratischen **Grundrechte** *(Bill of Rights)* gewährleistet ist.

Der Präsident – Exekutive

Der Präsident wird auf vier Jahre über Wahlmänner *(Electoral Delegates)* und nicht direkt vom Volk gewählt. Eine Wiederwahl ist nur einmal möglich und bei seinem Tod rückt der Vizepräsident automatisch nach. Der US-Präsident ist **gleichzeitig Staats- und Ministerpräsident**. Er ist für die **Bildung der Regierung** verantwortlich und kann dabei auch auf qualifizierte Personen anderer Parteien oder Parteilose zurückgreifen. Der Präsident ist zudem **Oberbefehlshaber des Militärs**, allerdings ist eine eventuelle Kriegserklärung Sache des Kongresses.

Die beiden großen Parteien, Demokraten und Republikaner, bestimmen auf den Nationalkonventen im Sommer des Wahljahres ihre Präsidentschaftskandidaten. Die Bundesstaaten schicken ihre Wahlmänner, die zuvor durch Wahlen *(Primaries)* oder Parteitreffen *(Caucuses)* bestimmt und auf einen Kandidaten eingeschworen wurden. Ihre Zahl hängt von der Größe des jeweiligen Bundesstaates (insgesamt 50) ab.

info

Der Kongress – Legislative

Der Kongress setzt sich aus Senat *(Senate)* und Repräsentantenhaus *(House of Representatives)* zusammen. Unabhängig von seiner Größe entsendet jeder Bundesstaat für jeweils sechs Jahre zwei Senatoren in den **Senat**, insgesamt also 100. Alle zwei Jahre wird jeweils ein Drittel der Senatoren direkt vom Volk neu gewählt. Der Senat hat insbesondere in **außenpolitischen Fragen** eine starke Stellung. Der US-Präsident benötigt eine Zweidrittelmehrheit im Senat, um internationale Verträge abschließen zu können, und auch die Benennung hoher Beamte sowie Richter bedarf der Senatszustimmung.

Im **Repräsentantenhaus** werden die Bundesstaaten proportional zu ihrer Bevölkerungsgröße vertreten. Die Zahl von 435 Abgeordneten ist seit 1912 konstant. Gewählt werden die Abgeordneten jeweils für zwei Jahre. Die Wahlen finden stets am ersten Dienstag im November eines Jahres mit gerader Zahl statt. Das Repräsentantenhaus hält aufgrund seiner Stimmenmehrheit insbesondere bei **Budget-Verhandlungen** eine Schlüsselstellung inne.

Die Amerikaner lieben ihr Land – an vielen Privathäusern und auf öffentlichen Plätzen zeigt der Patriotismus Flagge.

Das Gerichtswesen – Jurisdiktion

Dem unabhängigen Gerichtswesen steht der **Oberste Gerichtshof** *(Supreme Court)* vor. Er kann im Bedarfsfall die Verfassungsmäßigkeit aller politischen Entscheidungen überprüfen und ist damit die **Kontrollinstanz** gegenüber Präsident und Kongress. Der Präsident benennt die Richter des Obersten Gerichtshofes in Beratung und mit Zustimmung des Senats.

info

Präsidenten der Vereinigten Staaten von Amerika

Nr.	Name	Lebenszeit	Amtszeit	Partei
1	George Washington	1732–1799	1789–1797	Föd.
2	John Adams	1735–1826	1797–1801	Föd.
3	Thomas Jefferson	1743–1826	1801–1809	Dem.-Rep.
4	James Madison	1751–1836	1809–1817	Dem.-Rep.
5	James Monroe	1758–1831	1817–1825	Dem.-Rep.
6	John Quincy Adams	1767–1848	1825–1829	Dem.-Rep.
7	Andrew Jackson	1767–1845	1829–1837	Dem.
8	Martin van Buren	1782–1862	1837–1841	Dem.
9	William H. Harrison	1773–1841	1841	Whig
10	John Tyler	1790–1862	1841–1845	Whig
11	James K. Polk	1795–1849	1845–1849	Dem.
12	Zachary Taylor	1784–1850	1849–1850	Whig
13	Millard Fillmore	1800–1874	1850–1853	Whig
14	Franklin Pierce	1804–1869	1853–1857	Dem.
15	James Buchanan	1791–1868	1857–1861	Dem.
16	Abraham Lincoln	1809–1865	1861–1865	Rep.
17	Andrew Johnson	1808–1875	1865–1869	Dem.
18	Ulysses S. Grant	1822–1885	1869–1877	Rep.
19	Rutherford B. Hayes	1822–1893	1877–1881	Rep.
20	James A. Garfield	1831–1881	1881	Rep.
21	Chester A. Arthur	1830–1886	1881–1885	Rep.
22	Stephen G. Cleveland	1837–1908	1885–1889	Dem.
23	Benjamin Harrison	1833–1901	1889–1893	Rep.
24	Stephen G. Cleveland	1837–1908	1893–1897	Dem.
25	William McKinley	1843–1901	1897–1901	Rep.
26	Theodore Roosevelt	1858–1919	1901–1909	Rep.
27	William H. Taft	1857–1930	1909–1913	Rep.
28	Thomas Woodrow Wilson	1856–1924	1913–1921	Dem.
29	Warren G. Harding	1865–1923	1921–1923	Rep.
30	Calvin Coolidge	1872–1933	1923–1929	Rep.
31	Herbert C. Hoover	1874–1964	1929–1933	Rep.
32	Franklin Delano Roosevelt	1882–1945	1933–1945	Dem.
33	Harry S. Truman	1884–1972	1945–1953	Dem.
34	Dwight D. Eisenhower	1890–1969	1953–1961	Rep.
35	John F. Kennedy	1917–1963	1961–1963	Dem.
36	Lyndon B. Johnson	1908–1973	1963–1969	Dem.
37	Richard M. Nixon	1913–1994	1969–1974	Rep.
38	Gerald R. Ford	1913–2006	1974–1977	Rep.
39	James E. Carter	*1925	1977–1981	Dem.
40	Ronald W. Reagan	1911–2004	1981–1989	Rep.
41	George H. W. Bush	*1924	1989–1993	Rep.
42	Bill J. Clinton	*1946	1993–2001	Dem.
43	George W. Bush	*1946	2001–2009	Rep.
44	Barack H. Obama	*1961	2009–2017	Dem.

Abk.: Föd. = Föderalisten; Dem.-Rep. = Demokratische Republikaner; Dem. = Demokraten; Rep. = Republikaner; Whig = Partei der Gegner des Demokraten *Andrew Jackson*.

Geografischer Überblick

Allgemeiner Überblick

Geografisch lässt sich das Gebiet der USA in acht markante Regionen gliedern:

- die **Atlantische Küstenebene,** die sich vom Cape Cod im Nordosten bis nach Florida im Südosten zieht. Sie erreicht kaum Höhen über 100 m über NN.

Acht geografische Regionen

- das **Appalachengebirge**, das sich parallel zur Atlantischen Küstenebene von Kanada im Nordosten bis nach Alabama im Süden über 4.000 km erstreckt. Es gliedert sich in mehrere unterschiedlich hohe Gebirgszüge, deren Gipfel kaum 2.000 m erreichen. Die höchsten sind Mt. Mitchell nordöstlich von Asheville/NC (2.037 m) und Mt. Washington in New Hampshire (1.916 m).

- das **Zentrale Tiefland,** das sich um die Großen Seen *(Great Lakes)* ausdehnt und im Süden und Westen unmerklich zunächst in das Oak Woodland und dann in die Prärien, das Mississippi-Delta und die Golfküstenebene übergeht. Im Osten wird es durch die Appalachen begrenzt. Dieses Gebiet ist in verschiedenen Eiszeiten durch Gletscher geformt worden, weshalb es kaum Berge, dafür aber abgeschliffene Hügel und eine Vielzahl von Seen gibt.

- die **Golfküstenebene/Coastal Plains:** Diese Region umfasst den Unterlauf des Mississippi vom Zusammenfluss mit dem Missouri bei St. Louis bis zum Golf. Das Mississippi-Tal ist über 1.000 km lang und zwischen 40 und 200 km breit. Im Laufe der Zeit haben der Mississippi und seine Nebenflüsse das Tal mit fruchtbaren Sedimenten bedeckt. Nach St. Louis noch recht schmal, weitet sich die Talebene Richtung Golfküste und erstreckt sich von der mexikanischen Küste über Texas bis nach Florida.

- die **Great Plains:** Sie bestehen aus endlos erscheinenden, leicht gewellten Ebenen westlich des Mississippi. Das Gebiet steigt von Osten her langsam von 400 m auf 1.800 m unterhalb der westlich angrenzenden Rocky Mountains an. Der Anbau von Monokulturen auf riesigen Feldern hat seit der zweiten Hälfte des 19. Jh. die Entstehung eines z. T. sehr kargen Landschaftsbildes mit sich gebracht.

Prärie, Berge und Meer

- die **Rocky Mountains,** die den Ostteil der Nordamerikanischen Kordilleren einnehmen und Höhen von bis zu 4.400 m (am Mt. Elbert) erreichen. Sie ziehen sich auf nordamerikanischem Gebiet auf einer Länge von 4.800 km von Nordwesten nach Südosten. Wie die Alpen sind die „Rockies" relativ jungen Ursprungs und erst vor etwa 100 Mio. Jahren entstanden. Tertiäre Hebungen und Aufwölbungen sowie Brüche und Aufschiebungen haben sie geformt. Flüsse, z. B. der Colorado, haben sich in das Gestein eingeschnitten und Canyons gebildet.

- die **intermontanen Becken/Great Basin,** die zwischen den Rocky Mountains und dem pazifischen Gebirgssystem liegen. Diese Beckenlandschaft ist nahezu abflusslos, und viele der Flüsse, die sie durchqueren, trocknen fast vollständig aus. Es gibt eine Reihe von Salztonebenen, die davon zeugen, dass sich früher hier einmal Seen befanden, die inzwischen ausgetrocknet sind – ein Schicksal, das langfristig auch dem *Great Salt Lake* droht.

➤ das **pazifische Gebirgssystem,** das sich in zwei Hauptketten gliedert: die Gebirgszüge der **Cascade Range** und der **Sierra Nevada** im Osten sowie der Küstenbergketten/**Coast Ranges** im Westen. Dazwischen zieht sich das kalifornische Längstal/**Central Valley** hin, das nach Norden zu ins Willamette Valley und den Puget Sound übergeht.

Geografie und Geologie des Nordwestens

Der Nordwesten umfasst das Gebiet zwischen dem Pazifischen Ozean im Westen, den Dakotas im Osten, der kanadischen Grenze im Norden und einer gedachten Linie zwischen San Francisco und Denver im Süden. Würde man das Gebiet mit Europa vergleichen, würde es sich in etwa von Südengland bis nach Sizilien, etwa vom 50. bis zum 37. Grad nördlicher Breite erstrecken. Kein Wunder, dass auf der Fläche von etwa 2,66 Mio. km² – siebeneinhalbmal zu groß wie Deutschland – eine ernorme **Vielfalt an Landschaftsformen, Klima- und Vegetationszonen** zu finden ist.

„Knautschzonen“ in der Erdkruste

Entstehung der Ozeane und Kontinente

Auch wenn Coast Ranges und Cascade Range, die das pazifische Gebirgssystem bilden, und die Rocky Mountains heute ein sehr uneinheitliches Erscheinungsbild aufweisen und ihre Auffaltung nicht gleichzeitig geschah, verdanken sie ihre Entstehung doch dem gleichen geologischen Vorgang. Die Grundlagen für die Erklärung der **Gebirgsentstehung** am Westrand Nordamerikas wurden erst Anfang des 20. Jh. mit der Publikation „Die Entstehung der Ozeane und Kontinente“ von dem deutschen Geophysiker *Alfred Wegener* (1888–1930) gelegt. Er hatte beobachtet, dass die Kontinente der Erde an vielen Stellen wie Puzzlesteine ineinanderpassen, und daraus die Theorie entwickelt, dass die Kontinente erst im Laufe der Jahrmillionen in ihre heutige Position gedriftet sind.

Die Theorie der Kontinent-Wanderung wurde in den 1960er-Jahren zur **Theorie der Plattentektonik** weiterentwickelt. Danach ist die äußerste Schicht der Erde, die Lithosphäre, keine starre Schale, sondern setzt sich aus ungefähr einem Dutzend großer und zahlreichen kleinen Platten zusammen, die sich ständig gegeneinander verschieben. Dass die Platten beweglich sind, rührt daher, dass sie auf dem flüssigen Material des Erdmantels schwimmen. Das heiße, geschmolzene Gesteinsmaterial im Erdinneren, das wie heißes Wasser in einem Kochtopf aufsteigt, setzt die Platten in Bewegung, und stoßen zwei aufeinander, wird das Plattenmaterial „geknautscht“.

An der Westseite Nordamerikas stoßen drei Platten aufeinander: Die pazifische taucht unter die nordamerikanische Platte und vor der Pazifikküste schiebt sich noch die relativ kleine Juan-de-Fuca-Platte zwischen die beiden großen. Dabei kam es zu

Der Lassen Peak ist einer der Vulkane des „Ring of Fire"

Stauchungen, durch die die Gebirge, die den Westrand des nordamerikanischen Kontinents säumen, aufgefaltet wurden.

Die **Auftürmung der Gebirge** hat erst in erdgeschichtlich jüngerer Zeit, nämlich vor etwa 150 Mio. Jahren, begonnen; vorher waren die Gebiete von Meeren bedeckt. Die Ablagerungen der damaligen Meeresböden – Sand und Geröll sowie Fossilien – wurden zusammengepresst, zu Gestein verdichtet und durch die Erdplattenbewegung angehoben. Man kann sie heute in vielen Teilen der Gebirge noch als helle oder graue, mit Fossilien durchsetzte Schichten erkennen.

Allerdings ging die Aufwölbung der alten Meeresböden nicht ungestört vor sich. Durch die enormen Kräfte, die beim Aufeinanderprallen der amerikanischen und pazifischen Platten frei wurden, verbogen sich die Gesteinspakete oder barsten: Es entstanden Spalten und Risse, durch die glutflüssiges Magma (geschmolzenes Gestein) aus dem Erdinneren aufsteigen konnte. Dieses Material gelangte an die Oberfläche, floss aus oder explodierte in gewaltigen Ausbrüchen und bildete Vulkane. So ist es auch zu erklären, dass die Pazifikküste von einer **Kette von Vulkanen**, die teilweise heute noch aktiv sind – wie Mt. Rainier oder Mt. St. Helens –, gesäumt wird. Dieser sogenannte **Ring of Fire** zieht sich um den gesamten Pazifikraum und deutet an, dass das Wachstum der Gebirge am Westrand des nordamerikanischen Kontinents bis dato nicht abgeschlossen ist.

Ring of Fire

Das pazifische Gebirgssystem

Der jüngste Teil der Gebirge im Westen sind die **Coast Ranges**, die erst vor etwa 15 Mio. Jahren entstanden sind. Sie erheben sich an vielen Stellen direkt steil aus dem Pazifik; ihre Höhe schwankt zwischen 600 und 1.500 m. Der Columbia River, der nordwestlich von Portland in den Pazifik mündet, hat sich tief in die Gesteinsschichten der Küstenketten eingegraben.

Direkt östlich der Coast Ranges erhebt sich die Bergkette der **Cascade Range**, in der Vulkanismus bis heute eine große Rolle spielt. Sie wird von einer Kette oft schneebedeckter Vulkankegel markiert, deren höchster mit 4.400 m der Mt. Rainier ist. In den zentralen Abschnitten wird diese Gebirgskette vom Columbia River bestimmt, der sich während der Auffaltung der Gebirge seinen Weg durch die Gesteinsschichten gegraben hat.

Spuren der Eiszeiten

Auch die Eiszeiten haben Spuren im pazifischen Gebirgssystem hinterlassen. So wurde z. B. der Columbia River vor wenigen Millionen Jahren durch einen riesigen Eisdamm gestaut und aus seinem ursprünglichen Bett gedrängt. Er änderte seinen Lauf und bildete über einem Basaltsims einen Wasserfall, der 40-mal höher als die Niagarafälle war. Als gegen Ende der Eiszeiten das Eis schmolz, kehrte der Fluss in sein altes Bett zurück und hinterließ eine riesige Schlucht (Grand Coulee), an deren Rand sich (bei Coulee City) die Dry Falls befinden, ein etwa 5 km breiter, trocken gefallener Wasserfall.

Die **Sierra Nevada**, die in Nordkalifornien, südlich dem Lassen Peak, die Cascade Range ablöst, besteht in der Hauptsache aus Ablagerungen aus dem Erdmittelalter, in die riesige Mengen vulkanischen Materials eingedrungen sind. In den alten Ablagerungen befinden sich auch Goldlagerstätten, die im 19. Jh. während des Goldrauschs ausgebeutet wurden. Die Sierra Nevada zieht sich rund 640 km entlang der Ostgrenze Kaliforniens und gipfelt im **Mt. Whitney** (4.417 m), der von fünf anderen über 4.200 m hohen Bergen umgeben wird. Am Ostabhang, in 1.898 m Höhe, liegt **Lake Tahoe**, rund 35 km lang, 16 km breit und bis zu 513 m tief.

Das Great Basin

Ursprünglich wurde das Gebiet zwischen dem pazifischen Gebirgssystem im Westen und den Rocky Mountains im Osten einfach das „**Große Becken**" *(Great Basin)* genannt. Dieser Name ist insofern irreführend, als das Gelände eigentlich eher aus einer Vielzahl von kleinen Becken (*Basins*) besteht, die jeweils durch niedrige Höhenzüge *(Ranges)* voneinander getrennt sind. Neben der alten Bezeichnung *Great Basin* wird das Gebiet heute daher vielfach auch als **Basin Ranges** bezeichnet. Die höchsten Erhebungen erreichen etwa 3.000 m, während die Becken zwischen 900 und 1.500 m hoch liegen.

Ausgetrocknetes Meer

Geologisch hat sich im Great Basin ursprünglich ein großes Meer befunden, das später ausgetrocknet ist. Zu den Basin Ranges gehört das **Columbia-Plateau** in Nord-Oregon, Idaho und Washington. Es ist mehr oder weniger eben und wird vom Columbia River und Snake River modelliert. In Washington erreicht es nur eine Höhe von 300 m, während es in Idaho bis zu 1.800 m hoch liegt. Im Osten Oregons fraß sich der Snake River parallel zur Hebung des Geländes immer tiefer in die Gesteinspakete des Plateaus und bildete den **Hells Canyon**, der mit 1.600 m der tiefste Canyon Nordamerikas ist.

Die **Entstehung der Höhenzüge** und der dazwischen liegenden Becken hat ihren Ursprung in Kräften, die mit der Auffaltung der Gebirge die Erdkruste aufbrachen und in einzelne Schollen zerlegten. Entlang der Bruchlinien wurden durch den hohen Druck Teile der Schollen zu Höhenzügen angehoben, während die Becken dazwischen als Gräben stehen blieben. An einigen Stellen finden sich Lavadecken, die entlang der Bruchlinien ausfließen konnten. Besonders gut kann man diese Beckenlandschaften und die Höhenzüge dazwischen entlang dem US Hwy. 50 in Nevada beobachten. Die Becken zwischen den Bergzügen besitzen vielfach keinen Abfluss, sodass sich an ihrer tiefsten Stelle oft Seen bilden. Diese sind entweder permanent vorhanden – wenn genügend Niederschlag fällt – oder treten nur nach Regenfällen auf und verdunsten im Laufe der Zeit wieder. Dabei lagern sich die im Wasser gelösten Salze und feinen Schwebstoffe ab, und es entstehen Salztonebenen.

Die Rocky Mountains

Für die Indianer, die östlich der Rocky Mountains in den Ebenen lebten, waren die majestätische Bergwelt der Rockies, die Vulkane und die heißen Quellen als Orte, an denen die Geister wohnten, heilig. Die nach Westen drängenden Siedler kannten eine solche Ehrerbietung nicht, für sie stellten die Rockies nur ein weiteres zu überwindendes Hindernis auf dem Weg ins „Gelobte Land" dar.

Bergkulisse in den Rocky Mountains

In den Rocky Mountains zeigen die Kräfte, die zur Entstehung der Gebirge an der Westseite des amerikanischen Kontinents geführt haben, ihre Auswirkungen besonders deutlich. Am offensichtlichsten werden sie im Gebiet des **Yellowstone National Park**. Hier ist die äußere Haut der Erde so dünn, dass an vielen Stellen kleine Schlammvulkane, heiße Quellen und Dampffontänen an die Oberfläche treten.

Die Rocky Mountains lassen sich im Nordwesten in vier Teilabschnitte untergliedern, nämlich in

- die **Lewis Range** um den Glacier National Park im Norden, deren Gipfel Höhen von über 3.000 m erreichen und teilweise vergletschert sind;

- das **Yellowstone-Plateau** als Grenze zwischen dem nördlichen und dem mittleren Teil der Rocky Mountains mit den eindrucksvollen Bergketten der Absaroka Range, der Wind River Range und der Teton Range (alle in Nordwest-Wyoming); die höchsten Berge in diesem Gebiet erreichen über 4.000 m Höhe;

➤ das **Wyoming-Becken**, das sich zwischen Yellowstone Plateau und den südlichen Abschnitt schiebt und das seinem geologischen Aufbau nach Teil der Great Plains ist;

➤ den **südlichsten Abschnitt** der Rockies, der sich über Colorado bis nach New Mexico fortsetzt und im Wesentlichen aus Laramie, Front und Sangre de Cristo Range besteht.

Die Vegetation des Nordwestens

Die Vegetation einer Landschaft ist von zahlreichen Faktoren abhängig, die wichtigsten sind Klima und Böden. Die Vegetation lässt aber auch Rückschlüsse auf die Höhe der Niederschläge und die Temperaturen zu. Dort, wo die Niederschläge reich und die Temperaturen angenehm sind (küstennah), kann sich die Fauna voll entfalten, wo es an Wasser mangelt (östlich der Cascade Range), sind besondere Anpassungsstrategien nötig.

Die Küstenregion

An der Pazifikküste lässt sich besonders gut der Einfluss des Klimas auf die Vegetation erkennen. Hier regnet es zwar während der Sommermonate eher selten, dafür herrscht aber häufig Nebel, der mit den Westwinden landeinwärts getrieben wird. Nur in solchen Nebelgebieten wachsen die **Mammutbäume** (Küstensequoien) –

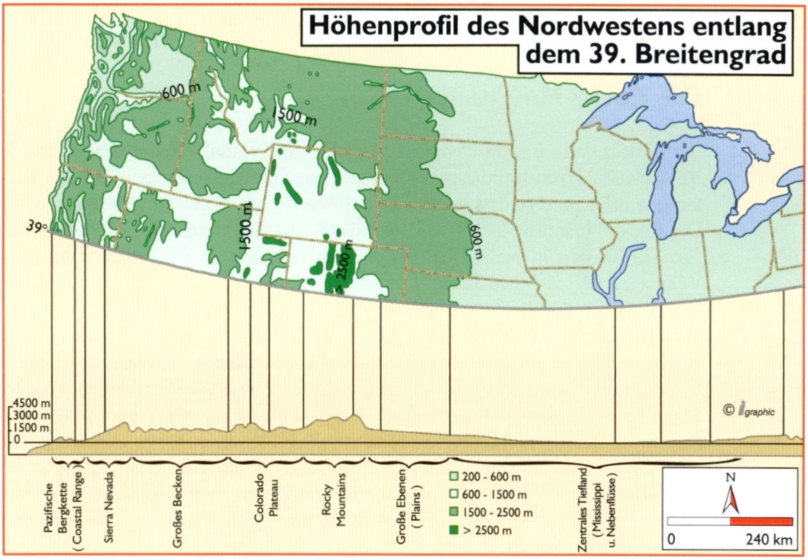

jenseits davon finden sie keine geeigneten Lebensbedingungen. Als guter Nutzholzlieferant wurden die Mammutbäume allerdings an vielen Stellen abgeholzt und sind häufig bereits ganz verschwunden.

Ausreichend Niederschlag

An der Westseite der Küstengebirge ist die Gesamtmenge an Niederschlägen trotz der relativ trockenen Sommer immer noch so hoch, dass es **Regenwälder** gibt, die mit tropischen Wäldern nicht viel gemeinsam haben. Auch wenn sie nicht den gleichen Artenreichtum besitzen, sind sie doch eindrucksvoll: Die Bäume stehen dicht inmitten von üppigem Grün – Farnen und anderem niedrigen Bewuchs – und an vielen Stellen bildet eine Unterart des *Spanish Moss* (Epiphyt) dichte Vorhänge. An der Wetterseite der Stämme wachsen zudem Flechten und Moose.

Weit verbreitet sind entlang der Küste und an den westlichen Gebirgshängen von Kanada bis Kalifornien **Nadelwälder**, deren Zusammensetzung sich mit den Breitengraden und in Abhängigkeit von den Niederschlagsmengen ändert.

Das Great Basin

Der Übergang zwischen den niederschlagsreichen Gebieten der Küstengebirge und den trockenen Regionen des Great Basin bzw. der Basin Ranges ist an einigen Stellen sehr abrupt und spiegelt sich in der Vegetation wider. Da die Höhenzüge der Basin Ranges etwas mehr Niederschlag erhalten als die Becken, ist hier die Vegetation üppiger und es gibt sogar Wälder, deren **Laubbaumbestand** im Herbst für einen bunten „Indian Summer" sorgt. Ihre Ausbreitung wird durch zwei Faktoren begrenzt: Zum einen durch die Tatsache, dass erst ab einer bestimmten Höhe genügend Niederschläge fallen, um Baumwuchs zu ermöglichen *(Dry-Timer-Line)*, zum anderen durch die mit der Höhe abnehmenden Temperaturen *(Cold-Timer-Line)*.

Die Rocky Mountains

Die Rockies sind vornehmlich mit **Laubmisch– und Nadelwäldern** besetzt. Durch die Ausweisung von Nationalparks und anderen Schutzgebieten hat der Staat mittlerweile dafür gesorgt, dass weite Teile des Areals auch in Zukunft erhalten bleiben. Die Rocky Mountains bilden wie auch die Küstenbergketten eine Niederschlagsbarriere, so dass in zahlreichen Beckenlandschaften (z. B. Zentral-Montana, Ost-Wyoming) nur spärlicher Bewuchs zu finden ist.

Nadelwälder

In den nördlichen Rocky Mountains herrschen **Gelbkiefernwälder** *(Ponderosa pine)* vor, deren Erscheinungsbild eher gleichförmig ist. Darüber hinaus findet man andere **Trockennadelwald**-Formationen mit Douglasien und Weißkiefern, in den höheren Lagen herrschen **Berg-Nadelwälder** mit Tannen und hochwüchsigen Engelmann-Fichten vor. Weiter südlich dominieren ebenfalls Nadelwälder, deren prägende Arten aber von niedrigerem Wuchs sind. Charakteristisch für die gesamten Rockies ist die **Drehkiefer** *(Pinus contora)*, deren Fortbestand durch Feuer begünstigt wird. Erst durch Hitzeeinwirkung öffnen sich ihre häufig durch Harz verschlossene Zapfen und die Samen fallen heraus.

Indian Summer im Nordwesten

info

Auch im Nordwesten bietet der „Indian Summer" im Herbst ein farbenprächtiges Bild. Die Zeit der Laubfärbung beginnt Anfang September nach den ersten Kälteeinbrüchen und setzt sich von Norden nach Süden fort. Dabei bewirkt der Gegensatz zwischen sonnigen Tagen und kühlen Nächten eine besonders lebhafte Färbung.

Während in Europa aufgrund der ungünstigeren topografischen Verhältnisse im Verlauf der Eiszeit viele Baumarten ausgestorben sind, konnten in Nordamerika die meisten nach Zurückweichen des Eises ihre frühere Heimat wieder besiedeln. So überlebten zahlreiche, in Europa ausgestorbene Ahorn- und Eichenarten. Viele bilden in ihren Blättern den Farbstoff *Anthocyan*, der wesentlich an der intensiven Rottönung beteiligt ist. Die Wirkung der Laubfärbung wird verstärkt durch die Ausdehnung der Waldbestände und häufig auch durch den Kontrast zum strahlend blauen Himmel in dieser Jahreszeit.

Die schönsten Gebiete für einen Besuch im „Altweibersommer" liegen in den Rockies, in Idaho, West-Montana und West-Wyoming sowie in Nord-Utah und Colorado. Seinen Höhepunkt erlebt das einducksvolle Naturschauspiel in Washington, Nord-Idaho und Montana ab Mitte September, in Wyoming, Nord-Utah, Kalifornien ab Ende September bis Mitte Oktober, und weiter südlich etwa von Anfang/Mitte Oktober an.

Great Plains

Während der Osten der Vereinigten Staaten ursprünglich von ausgedehntem Waldgebiet bedeckt war, geht der Wald im Westen der Appalachen allmählich in **offenes Grasland** über. Dabei ist entscheidend, dass die Niederschläge in diesen Gebieten hauptsächlich während der Vegetationsperiode (also im Frühjahr und Sommer) fallen. Der Boden wird tief durchfeuchtet, und die hochwüchsigen Präriegräser erhalten genügend Wasser für ihre Entwicklung. Im Herbst ist dann der Wasservorrat des Bodens erschöpft, die Pflanzen trocknen aus, und ein Blitzschlag oder ein von Menschen gelegtes Feuer kann verheerende Folgen haben.

Im Regenschatten der Rockies

Von Osten nach Westen nehmen die Niederschläge ab, und besonders die Gebiete, die im Regenschatten der Rocky Mountains liegen, bekommen kaum bzw. sehr unregelmäßig Regen. Hier werden nur die obersten Bodenschichten durchnässt, und es können nur niedrigwüchsige Pflanzen wie **Kakteen** und **Sagebrush** sowie **Gräser** gedeihen.

„**Prärie**" ist der übergeordnete Begriff für die weiten Grasebenen zwischen Rockies und Mississippi-Tal, die sogenannten **Great Plains**,. Aufgrund des ursprünglichen Bewuchses mit unterschiedlichsten Gräsern spricht man auch von **Grassland(s)** oder **Grassland Prairies**. Dabei ist dieses „Meer aus Gräsern" keineswegs einheitlich, auch wenn es auf den ersten Blick so erscheinen mag. Die relativ feuchte **Tallgrass Prairie** (auch *Central Plains* genannt) ist im Umfeld von Mississippi und Missouri und deren Zuflüssen zu finden, die trockene **Shortgrass Prairie** im Regenschatten der Rockies und die **Mixed-Grass Prairie** dazwischen, im Zentrum.

Von riesigem See bedeckt

Vor etwa 70 Mio. Jahren waren weite Teile des Kernlandes noch von einem riesigen See bedeckt. Das **Klima** war warm und feucht, es war die Zeit der Dinosaurier, deren Überreste noch heute an vielen Stellen in der Prärie zu Tage treten. Mit dem Aussterben der Urtiere vor 65 Mio. Jahren verschwand langsam auch der See, die Rocky Mountains entstanden und das Klima wurde trockener. Damals tauchten die ersten **Gräser** auf, die zu **Leitpflanzen der Prärie** werden sollten. Nachdem die Gletscher der letzten Eiszeit vor etwa 15.000 bis 12.000 Jahren abgeschmolzen waren, kamen die ersten Menschen in die Prärie und die Gräser verdrängten allmählich die Wälder in Flusstäler und Bergregionen.

Die Tierwelt des Nordwestens

Da bis in erdgeschichtlich jüngere Zeit eine Verbindung zwischen Nordamerika und Asien über die Beringstraße bestanden hat, gibt es eine große Übereinstimmung zwischen der nordasiatischen und der nordamerikanischen Tierwelt. Allerdings konnten sich im Laufe der Zeit viele endemische Tierarten ausbilden. „Endemisch" werden Arten genannt, die sich an die Verhältnisse einer bestimmten Gegend angepasst haben und nur an dieser einen Stelle auftreten.

Bison/Buffalo

Der **Bison** *(Bison bison*, amerikanisch: *Buffalo)* ist das bekannteste Tier des nordamerikanischen Kontinents und eine endemische Art. Er ist mit dem europäischen Wisent verwandt und sein Lebensraum reichte zu Beginn des 19. Jh. noch von den Appalachen bis zu den intermontanen Ebenen der westlichen Gebirgsketten und vom Norden Kanadas bis in den Norden Mexikos. Damals gab es schätzungsweise 50 bis 60 Mio. Bisons; um 1900 zählte man dann nur noch wenige hundert Tiere!

Instrument zur Unterwerfung der Indianer

Für die **Vernichtung der riesigen Bisonbestände** durch die Weißen gab es verschiedene Gründe: Einerseits galten sie als Nahrungskonkurrenten für das Vieh (zumeist Rinder und Schafe) und gefährdeten die Getreideernte, andererseits waren sie Instrument zur Unterwerfung der Indianer. Um sie zu schwächen, wurde ihre wirtschaftliche Lebensgrundlage fast ausgerottet. Seit 1870 stieg zudem die Nachfrage nach Bisonfellen, da man aus ihnen haltbare Riemen für Industriemaschinen fertigen konnte. Heute ist die Zahl der Tiere dank Schutzmaßnahmen und Zuchtfarmen wieder auf fast eine halbe Million angestiegen.

Der Bison ist das **größte Landsäugetier Nordamerikas** – Bullen können ein Gewicht von über 1.000 kg erreichen. Einst weideten die Bisons in kleinen Trupps von 20 bis 200 Tieren und fanden sich nur zu ihren Wanderungen zu riesigen Herden von

Symboltier der Prärie: der Bison

bis zu einer Million Tieren zusammen. Im Frühjahr, wenn die Great Plains von Süden nach Norden zu grünen begannen, zogen auch die Bisonherden auf Nahrungssuche nordwärts und kehrten mit den ersten Schneefällen wieder nach Süden, bis nach Texas, zurück.

Es entstanden **Buffalo Trails** – Pfade, auf denen die Bisons den Leittieren folgten und die als unübersehbare Furchen die Landschaft prägten. Eine weitere Eigenart der Bisons formte das Land: Da sie wegen ihres dichten Fells die Sommerhitze nicht mochten, nutzten sie jede Gelegenheit, sich zur Erfrischung auf feuchten Böden zu wälzen und diese mit ihren Hörnern umzuwühlen. Nach und nach entstanden „Wannen" oder Suhlen – **Buffalo Wallows** –, in denen sich das in den trockenen Sommermonaten das lebensnotwendige Wasser sammelte.

Kojote und Wolf

Enge Begleiter der Bisonherden waren die **Kojoten** *(Canis latrans)*, die sich von altersschwachen und kranken Bisons ernährten. Heute gelten sie vielfach als Plage, da sie sich in die Städte vorwagen und Müllcontainer plündern. Für die Indianer haben die Tiere hingegen **besondere Bedeutung**: In ihrer Mythologie erlebt der Kojote als Schlitzohr und „Trickster" zahllose Abenteuer und teilt seine Lebensweisheiten dem Menschen mit.

Schrumpfende Population

Der **Wolf** *(Lupus lupus)* ist in ganz Nordamerika von Alaska bis Nord-Mexiko verbreitet. Da er vor allem in ausgedehnten Waldgebieten lebte, die heute großteils zerstört sind, ist sein Bestand stark zurückgegangen. Wölfe leben in Rudeln und können Tiere bis zur Größe von Rentieren erlegen. Der Hauptteil ihrer Nahrung besteht jedoch aus kleineren Tieren, und sogar Obst und Beeren werden nicht verschmäht. Wölfe außerhalb von Schutzgebieten zu sehen, ist heute absolute Glückssache.

Präriehunde

Der Präriehund *(Arctomys ludivicianus)* oder *Prairie Dog* – ein Verwandter des Murmeltiers – lebte in vielen hundert Millionen Exemplaren in Kolonien, **Prairie Dog Towns**, auf weiten Flächen der Prärien. Die aufgeworfenen Hügel der neugierigen Nager waren und sind charakteristisch für diese Landschaft.Die ersten Siedler sahen jedoch nur den Schaden, den sie angeblich anrichteten. Die Tiere durchwühlten den Boden und schufen mit ihren Löchern Gefahrenquellen für Kälber; zudem vermutete man, dass 260 Präriehunde so viel Nahrung zu sich nähmen wie ein Rind. Ein rücksichtsloser Vernichtungsfeldzug gegen die Tiere setzte ein und beinahe zu spät erkannte man die nützliche Funktion der Tiere: Sie lockern nämlich nicht nur den Boden, sondern fressen auch tierische Schädlinge. Forscher fanden weiterhin heraus, dass ihr Futter zu 70 % aus Unkräutern und Samen giftiger Pflanzen besteht, die das Vieh ohnehin verweigert.

Nützliche Funktionen

Bären

In den westlichen Gebirgsketten heimisch ist der **Grizzly**. Er ist der bekannteste aus der Gruppe der amerikanischen Braunbären und war früher auch am weitesten verbreitet. Sein Lebensraum erstreckte sich ursprünglich von Alaska bis Nord-Mexiko, war aber auf den westlichen Teil des Kontinents beschränkt. Seinen Namen hat er von den vereinzelten grauen Haaren, die sein Fell teilweise grau erscheinen lassen (englisch *grizzle*). Ein Grizzly wird bis zu 2,30 m groß und bis zu 400 kg schwer. Er ernährt sich sowohl von pflanzlicher als auch von tierischer Nahrung (Reh- und Elchkälber), und menschlicher Abfall zieht ihn magisch an.
Der lateinische Name des Grizzly, *Ursus horibilis*, deutet schon an, wie er vom Menschen vielfach gesehen wurde und wird: als „blutrünstige Bestie". Dieses Bild stimmt aber nur für den Fall, dass ein Grizzly gereizt wird. Allerdings ist er leicht in Erregung zu versetzen. Eine in der Nähe befindliche Nahrungsquelle kann einen Grizzly aggressiv werden lassen. Besonders gefährlich aber sind Weibchen, die ihren Nachwuchs bei sich haben.

Black Bears (*Ursus americanus*) sind im Nordwesten, anders als der Grizzly, sehr häufig. Schwarzbären sind prinzipiell für den Menschen ungefährlich. Allerdings kann es in bestimmten Fällen Probleme geben, da die Bären mittlerweile gelernt haben, dass Futter und Menschen eng zusammenhängen. Die schwarzen bis zimtfarbenen Tiere, die oft einen weißen Fleck auf der Brust tragen, werden im Schnitt etwa 1,30 m (auf allen vieren) groß und 90 kg schwer – die Männchen sind größer und wiegen bis zu 200 kg. Schwarzbären sind nicht nur gute Schwimmer und Kletterer, sondern auch sehr schnell (bis zu 50 km/h). Sie leben in Wäldern und bewaldeten Bergregionen und halten in Schlafhöhlen Winterschlaf, ehe die erwachsenen Weibchen im Januar/Februar Junge zur Welt bringen, die bis zu 20 Monate bei der Mutter bleiben. Wenn die Bären im Frühjahr aus ihren Höhlen herauskommen, haben sie zunächst nur eines im Sinn: fressen. Bären sind Allesfresser, ernähren sich jedoch überwiegend vegetarisch. Da sie von ihrem extrem feinen Geruchssinn geleitet werden und mit großer Intelligenz ausgestattet sind, beginnen hier oft die Konflikte, denn auf Futtersuche sind sie komplett auf ihr Ziel fixiert und entwickeln ungeahnte Kräfte.

Schwarzbären

Vorsicht Bär!

info

Die Parkverwaltungen propagieren die Einhaltung gewisser Grundregeln für Besucher, besonders für Camper. Bei einer Begegnung mit „Meister Petz" lautet die Devise „Ruhe bewahren". Panisches Wegrennen würde lediglich den Jagdinstikt wecken. Sichere Verhaltensregeln gibt es angesichts der Unberechenbarkeit der Tiere trotzdem nicht. Blickkontakt suchen, langsam rückwärts gehen und beruhigend auf das Tier einreden – das könnte sinnvoll sein, im Notfall sind jedoch Drohgebärden, laute Rufe oder Steinewerfen vielleicht eher angebracht. Totstellen hilft bei Schwarzbären nicht, da sie auch Aas fressen – bei Grizzlies wiederum eher.

Grundsätzlich gelten für Camper und Wanderer folgende Regeln:

- Bären niemals füttern!
- Alle Nahrungsmittel, auch Toilettenartikel (geruchs-)sicher und außer Reichweite aufbewahren!
- Zeltplätze peinlich sauber halten! In den Naturparks gibt es bärensichere Abfalleimer.

Elche

Der **Elch** *(Alces americanus)* – in Nordamerika als *Moose* bekannt– ist der größte und auch einer der auffälligsten Hirsche der Welt. Mit dem englischen Wort *Elk* bezeichnet man hingegen den Wapitihirsch *(Cervus canadensis)*. Ein *Moose* wird etwa pferdegroß und wiegt über 500 kg, manchmal bis 800 kg. Er ist leicht zu erkennen an seinem riesigen Geweih, das Spannweiten bis zu 160 cm und ein Gewicht von 20 kg erreichen kann. Das Geweih wird im Winter abgeworfen und wächst im Frühjahr neu.

Der Elch kann 20 bis 25 Jahre alt werden und ernährt sich hauptsächlich von saftrindigen Ästen, Sumpf- und Wasserpflanzen, Gräsern, Moor- und Heidekräutern. Da Wasserpflanzen einen großen Teil seiner Nahrung ausmachen können, hält er sich oft in der Nähe stehender Gewässer auf und kann hervorragend schwimmen. Als Einzelgänger streift er oft ziellos in seinem weiten Revier herum. Elche verhalten sich unter Umständen sehr aggressiv, vor allem wenn sie Nachwuchs haben.

Achtung Klapperschlange!

Schlangen

Schlangen sind auch im Nordwesten verbreitet, aber überwiegend harmlos und außerdem menschenscheu und nachtaktiv. Zwischen November und März/April halten Schlangen Winterschlaf, zumeist in Scharen in warmen Höhlen. Die giftigen Arten gehören der Gattung der **Klapperschlange** *(Rattlesnake)* an, die den Vorteil haben, dass sie durch Rasseln auf sich aufmerksam machen. Unfälle mit Klapperschlangen sind zu 90 % vermeidbar, wenn man ihnen nicht zu nahe kommt und ihnen einen Fluchtweg offen lässt. Vorsicht ist in felsigem Gelände geboten, wo man, z. B. zum Klettern, Hände und Füße einsetzt. Ein Biss ist dennoch für gesunde Erwachsene selten tödlich, da in der Hälfte der Fälle wenig oder gar kein Gift injiziert wird.

Giftige Schlangen

Zu den bekannten Klapperschlangen gehören der **Seitenwinder** *(Sidewinder, Crotalus cerastes,* Wüstenregionen), die **Westliche Klapperschlange** (*Western Rattlesnake, Crotalus Viridis)* oder die **Westliche Diamant-Klapperschlange** *(Western Diamondback, Crotalus Atrox,* in der Region am Colorado River). Schlangen, deren Bisse schmerzhaft, aber nicht giftig sind, sind **Kiefernnatter** *(Gopher Snake, Pituophis melanoleucus)* – sie ahmt die Klapperschlange nach und gilt als deren natürlicher Feind –, **Kettennatter** *(Common Kingsnake, Lampropeltis getulus)* – von Farmern als Mäusefänger sehr geschätzt –, **Ringhalsnatter** *(Ringneck Snake, Diadophis punctatus)* oder **Schwarznatter** *(Racer, Coluber constrictor).*

Adler

Die mächtigen Adler sind die majestätischsten Vertreter einer vielfältigen Vogelwelt. Der **Weißkopfseeadler** *(Bald Eagle, Haliaeetus leucocephalus)* – ist das nationale Wappentier der USA. Obwohl er inzwischen unter strengem Schutz steht, ist er selten geworden. Erkennbar ist der *Bald Eagle* an seinem weißen Kopf, ansonsten ist das Gefieder braun. Der **Steinadler** (Golden Eagle) dagegen ist ganz braun mit goldfarbenem Schnabel. Weitere Greifvögel ziehen ihre Kreise über dem endlosem Himmel: Habichte *(Hawks)*, Falken *(Falcons)* oder Eulen *(Owls)*.

Der Weißkopfseeadler gilt als Wappentier der USA

Wale

Wale (s. INFO S. 481) sind vor der Pazifikküste häufiger zu beobachten. Die bis zu 15 m langen **Grauwale** *(Gray Wale, Eschrichtius robustus)* ziehen zweimal jährlich an Kalifornien vorbei, pendeln zwischen arktischen Regionen (Frühjahr) und Baja California (Herbst), wo sie kalben. Wie alle Bartenwale ernähren sie sich von Plankton, Krebsen, Meeresschnecken und Borstenwürmern, die mit Hilfe von Barten (vom Gaumen herabhängenden Hornplatten) aus dem Meerwasser gefiltert werden.

Blauwale *(Blue Wale, Balaenoptera musculus)* sichtet man zwischen Juni und November, besonders um Monterey und weiter nördlich, in Oregon und Washington. **Finnwale** *(Fin Wale, Balenoptera physalus)* sind um die gleiche Zeit vor der Küste zu sehen, eher südlich von Monterey. Die vierte verbreitete Walart ist der **Buckelwal** *(Humpback Wale, Megaptera novaeangliae)*, der zwischen Dezember und April mit gebührendem Abstand an der Küste vorbeizieht.

Wale vor der Pazifikküste

Zu den verbreitetsten **Delfin-Arten** gehören neben dem bekannten Schwertwal oder *Killer Wale (Orca, Orcinus orca)* der *Bottle-nosed Dolphin (Tursiops truncatus)*. Der **Schwertwal** ist der größte Delfin der Erde. Er ernährt sich vorwiegend von Fischen und Kopffüßlern, auf seinem Speiseplan stehen aber auch Schweinswale, Narwale, Delfine, Seelöwe und Seehunde. *Orcas* gehen häufig gemeinschaftlich auf Jagd und greifen sogar große Wale an, doch niemals Menschen. Im Gegenteil, die Tiere lassen sich, wie andere Delfine, dressieren.

Lachse

Pazifische Lachse leben in den Küstengewässern des Nordwestens. Ihre ersten Lebensjahre verbringen sie in dem Süßwasser, in dem sie geboren wurden, dann ziehen sie ins Meer und kehren nach einigen Jahren in ihren Geburtsfluss zurück, um dort zu laichen. Auf ihrer Wanderung, die meist im März beginnt und sich je nach Art bis in den Spätherbst hineinzieht, nehmen sie im Süßwasser keinerlei Nahrung zu sich, nach dem Ablaichen sterben sie.

Ein Weibchen presst rund 4.000 Eier in eine ausgehobene Laichgrube und das Männchen ergießt seinen milchigen Samen über den Fischlaich. Nach Ablaichen und Befruchtung deckt das Weibchen die Eier ab und verteidigt seine Brut noch mehrere Tage, bis es erschöpft verendet. Nur aus knapp einem Drittel der abgelegten Eier entwickeln sich auch Fische. Ein Großteil der heute in Flüssen gefangenen Lachse stammt aus Zuchtfarmen und ist markiert.

Die fünf im Nordwesten verbreiteten **Lachsarten** sind: **Buckellachs** *(Pink Salmon)*, **Ketalachs** *(Dog* oder *Chum Salmon)*, Quinnat oder **Königslachs** *(Chinook, King* oder *Pacific Salmon)*, **Blaurückenlachs** *(Sockeye Salmon)* und Kisutch oder **Silberlachs** *(Silver* oder *Coho Salmon)*. Der *Steelhead* – eine Wanderform der Regenbogenforelle – ist ebenfalls eine Lachsart, kommt aber nur regional begrenzt vor.

Fünf Lachsarten

Seeotter

Der **Seeotter** hat sein Leben, im Gegensatz zum Fischotter, ganz dem Meer angepasst. Im Unterschied zu Robben, Seekühen und Walen verfügt der Seeotter über keine vor Kälte schützende Speckschicht. Der Wärmeverlust wird bei ihm durch ein isolierendes Fell begrenzt. Dieser ungewöhnlich dichte, rötliche bis schwarze Pelz weckte im 19. Jh. das Interesse der Pelzhändler, die enorme Preise dafür erzielten und das putzige Tier an den Rand der Ausrottung brachten, ehe man es 1911 unter Schutz stellte.

Wenn der Seeotter die Nacht schwimmend verbringt, wickelt er sich häufig in Tang ein, der, Kraft sparend und Auftrieb gebend, wie ein Schwimmgürtel wirkt. Seine Nahrung besteht aus Seeigeln, Seewalzen, Krebsen und Fischen sowie Miesmuscheln, Napfschnecken und anderen Weichtieren, die er tauchend erbeutet. Er benutzt zur Nahrungsbeschaffung Werkzeuge, schabt mit Hilfe eines Steins Napfschnecken, Miesmuscheln und Austern unter Wasser vom Felsengrund und öffnet damit auch die Schalen. Wenn der große Otter nicht mit Nahrungssuche oder -aufnahme beschäftigt ist, treibt er auf höchst possierliche Art, gern auf dem Rücken liegend und sich mit den flossenartigen Hinterfüßen abstoßend, auf der Wasseroberfläche herum.

Schwimmgürtel aus Tang

Robben und Seelöwen

Zu den im Pazifik vorkommenden Robben-Arten gehören **Pelzrobbe** *(Northern Fur Seal, Callorhinus ursinus)*, **See-Elefant** *(Northern Elephant Seal, Mirounga angustirostris)* und **Seehund** *(Harbor Seal, Phoca vitulina)*. Seelöwen-Arten sind *Northern Sea Lion (Eumetopias jubatus)* und *California Sea Lion* (kalifornischer Seelöwe, *Zalophus californianus)*. Man unterscheidet die Tiere danach, ob sie Ohren haben *(Fur Seal, Northern* und *California Sea Lion)* oder nicht *(Harbor Seal* und *Northern Elephant Seal)*.

info

Die National Parks

1872 wurde mit dem Yellowstone der **erste Nationalpark der Welt** eingerichtet, inzwischen gibt es 59 Nationalparks und insgesamt 401 „Units", unter Schutz gestellte Landschaften und Denkmäler. Von den etwa 9,8 Mio. km² US-Landfläche sind immerhin fast 2,6 Mio. km² als „Public Land" ausgewiesen; über ein Viertel der USA ist damit öffentliches Land, im Westen sind es sogar fast zwei Drittel der Landfläche. Allerdings unterstehen davon nur rund 338.000 km² dem *National Park Service (NPS)*, der 1916 als Staatsbehörde (dem Innenministerium unterstehend) eingerichtet wurde. Die meisten Nationalparks konzentrieren sich auf den Westen der USA, doch auch im Zentrum und im Osten steht eine Reihe sehenswerter Landschaften bzw. historischer Orte unter Schutz.

Zusätzlich zu den benannten Nationalparks wurden nämlich **weitere Kategorien von Schutzgebieten** geschaffen: Es gibt z. B. *National Sea-* und *Lakeshores, National Monuments, National Wildlife Refuges, National Historic Sites* bzw. *Battlefields*. Bei *National Forests* handelt es sich um große Natur- und Waldgebiete im Umkreis eines Nationalparks, in denen in begrenztem Umfang kommerzielle Nutzung (wie Holzwirtschaft oder Fischfang) erlaubt ist; über 150 gibt es in den USA. Sie unterstehen dem *United States National Forest Service* (USFS) oder dem *Bureau of Land Management* (BLM).

Weitere **Schutzzonen** sind *National Preserves*, meist große besiedelte Regionen, in denen geregelte wirtschaftliche Aktivitäten erlaubt sind. *National Recreation Areas* sind Naturregionen, die der Öffentlichkeit unter strengen Regeln zur Erholung dienen. *National Historic Sites* sind meist einzelne Häuser oder Monumente, die unter Denkmalschutz gestellt wurden, und *National Heritage Areas* dienen dem Schutz ungewöhnlicher geografisch und historisch geschlossener

Regionen und den Hinterlassenschaften ihrer Bewohner. Nach dem Zweiten Weltkrieg entstand darüber hinaus das *National Wilderness Preservation System*, das etwa 600 Areale mit über 420.000 km² umfasst. Verwaltet werden diese zumeist vom *United States Fish & Wildlife Service*, dem auch die *National Wildlife Refuges* unterstellt sind.

Informationen und Hinweise

NPS Headquarters: www.nps.gov (mit Links zu allen Units).

Weite Landstriche unberührter Natur stehen als Nationalparks unter Schutz

In jedem NP befindet sich in der Nähe der Zufahrt ein **Visitor Center**. Dort erhält man zusätzlich zu einem übersichtlichen Faltblatt mit Plan bei Bezahlung des Eintritts Auskünfte. Meist gehören eine kleine Ausstellung und/oder Film/Dia-Show zu Flora und Fauna, Landschaft bzw. Geschichte dazu, manchmal gibt es einen Verkaufsstand (Bücher, Karten, Souvenirs etc.). In den Parks sind *Park Ranger* für alle Belange zuständig. Sie üben Polizeigewalt aus, stellen die nötigen *permits* (Erlaubnisscheine) für Wanderungen und Zelten im Hinterland aus, überwachen Campingplätze und organisieren vielerlei Aktivitäten wie Touren oder Vorträge. Der Eintritt kann frei sein oder kostet pro Pkw inklusive Insassen $ 5–25 (Ticket mehrere Tage gültig). Wer mehrere Parks besuchen möchte, sollte den Kauf eines *National Park Pass* (12 Monate freier Eintritt in alle Parks) erwägen (derzeit $ 80 pro PkW).

Klima im Nordwesten

Nebelbänke an der Küste

Der Nordwesten liegt wie Mitteleuropa im Bereich der **Westwindzone**. In Nordamerika ist das Aléuten-Tief für teilweise reichliche Niederschläge verantwortlich, besonders an der Küste, in Washington und Oregon. Dass es gerade hier so viel regnet, hängt mit der Lage direkt am Pazifik zusammen. Die mit Meerwasser geschwängerte Luft wird durch die Westwinde (z.T. als Nebel) auf den Kontinent zugetrieben. Durch die Küstenkordillere ist sie gezwungen, aufzusteigen und kühlt dabei ab. Da kalte Luft weniger Feuchtigkeit aufnimmt als warme, bilden sich Wolken und es beginnt zu regnen.

An der Pazifikküste sind besonders im Frühjahr, Sommer und Frühherbst ausgeprägte **Nebelbänke** zu beobachten. In diesen Jahreszeiten fließt ein südwärts gerichteter kalter Meeresstrom die Küste entlang und sorgt dafür, dass sich die Luft schon über dem Wasser abkühlt und sich Nebel bildet. Das Wasser kann besonders gut kondensieren, weil die Luft mit Salzkristallen durchsetzt ist.

Dürrekatastrophen

In den weiter östlich gelegenen Regionen sind die Niederschläge weniger ergiebig, da der größte Teil des Wassers schon in den westlichen Landesteilen abgeregnet ist. Besonders die intermontanen Ebenen und die Gebiete östlich der Rocky Mountains liegen im **Regenschatten** und bekommen sehr wenig Niederschläge. So ist es auch zu erklären, dass sich in Nordamerika schon wenige hundert Kilometer landeinwärts ausgedehnte Halbwüsten erstrecken und es in den Ebenen des Mittleren Westens immer wieder zu Dürrekatastrophen kommt.

Im Winter können **Blizzards** (Schnee- und Eisstürme) infolge von plötzlichen Kaltlufteinbrüchen aus dem Norden auftreten. Die in Nord-Süd-Richtung verlaufenden Bergketten verhindern das Vordringen der Kaltluft nicht. Eine weitere Erscheinung, die man im Mittleren Westen, besonders im Tal des Mississippi, antreffen kann, sind Windhosen oder **Tornados**. Das sind örtlich begrenzte Luftwirbel, die aus der Wolkendecke absinken und an der Basis einen Durchmesser von mehreren hundert Metern erreichen können.

Die Erwärmung von Wasser und Land

Abgesehen von der Anordnung der Gebirge in Nord-Süd-Richtung spielt der Pazifik eine wichtige Rolle für das Klima im Nordwesten. Genauer gesagt sind es zwei Faktoren, die mit den Begriffen **Ozeanität** und **Kontinentalität** beschrieben werden. Ersterer bezieht sich auf die Wassertemperaturen. Da sie im Sommer langsamer steigen als jene zu Lande, bleiben die Temperaturen insgesamt ganzjährig gemäßigt bis kühl. Ein warmes Bad ist in dem hier beschriebenen Pazifikabschnitt kaum denkbar. Im Winter dagegen wirkt das Meer als Wärmespeicher; es gibt die Wärme langsamer ab als Landflächen. Die Winter sind also mild und niederschlagsreich.

Heiße Sommer, frostige Winter

Weiter landeinwärts kommt hingegen die **Kontinentalität** zum Tragen. Wo der Einfluss des Pazifik kaum noch eine Rolle spielt, heizt sich das Land im Sommer stark auf, während im Winter die Wärme speichernde Wirkung des Ozeans fehlt. Die Sommer sind geprägt von stabilen Hochdrucklagen und sehr trocken und heiß. In den zentralen Ebenen treten Hitzewellen auf, die weit nach Norden vordringen können. Im Winter fallen die meisten Niederschläge. In zentralen Landesteilen kommt es zu Kälteeinbrüchen, die für viel Schnee und lange Frostperioden sorgen.

Chinook oder „Snow-Eater"

Das bayerische **Phänomen des Föhns** tritt auch im Nordwesten auf – hier spricht man aber von „Chinook" oder „Snow-Eater". Föhn entsteht, wenn eine Luftmasse durch ein Gebirge zum Auf- und Absteigen gezwungen wird. Beim Aufsteigen kühlt sich die Luft ab, die enthaltene Feuchtigkeit kondensiert, Wolken bilden sich und es regnet. Dann überquert die Luft das Gebirge und sinkt auf der anderen Seite wieder ab. Die Luft hat beim Aufstieg ihre Feuchtigkeit verloren und erwärmt sich deshalb beim Absinken stärker, als sie sich beim Aufstieg abgekühlt hat (trocken-adiabatische Erwärmung). Der Chinook (oder Föhn) ist deshalb ein trockener, warmer Wind, der Schnee zum Schmelzen bringen (deshalb „Snow-Eater") – oder eben Kopfschmerzen verursacht.

Phänomen des Föhns

Wirtschaftlicher Überblick

Lange galten die USA als **Wirtschaftsmacht Nummer eins** und war der amerikanische Lebensstandard der höchste der Welt. Im Zuge der Wirtschafts- und Finanzkrise sind die USA in den letzten Jahren auf den Ranglisten abgerutscht. Die militärischen Aktionen von Präsident *George W. Bush* nach dem 11. September 2001 haben das Haushaltsdefizit, das unter Präsident *Bill Clinton* fast abgebaut worden war, wieder in astronomische Höhen schnellen lassen. Großstädte sind hoch verschuldet und Arbeitslosigkeit, Immobilienkrise und Bankensterben, Börsencrash und Rezension in aller Munde. Doch Resignation ist unbekannt und wie *Barack Obama* in seiner Antrittsrede versicherte: Man wird auch weiterhin alles daran setzen, die wohlhabendste und mächtigste Nation der Welt zu bleiben.

Wer das erste Mal in den USA einkaufen geht, wird **einige Besonderheiten** bemerken. Dazu gehört das **fast unüberschaubare Angebot** an Waren aller Art in Supermärkten, in Malls (Einkaufszentren), auf Märkten oder in Spezialgeschäften. Größere Shops stehen in einem gnadenlosem Konkurrenzkampf, werben aggressiv und überall, überbieten sich mit Rabatten und Dienstleistungen. Auffällig ist aber auch die große **Kundenfreundlichkeit** und das wesentlich ausgeprägtere **Service-Bewusstsein**. Der Kunde ist hier tatsächlich noch König und wird entsprechend hofiert.

Riesiges Güterangebot

Wirtschaftsmentalität und -bedingungen

Der Amerikabesucher wird schnell bemerken, dass sich nicht nur Wirtschaftsstruktur oder gewisse Einzelaspekte von europäischen Verhältnissen unterscheiden, sondern in hohem Maße auch die zugrundeliegende **Mentalität**. Gilt es in vielen europäischen Ländern als verpöhnt, über Verdienst oder Gewinne zu reden, ist es in Amerika wichtig zu wissen, wieviel Geld jemand macht. Während man in Europa Spitzenverdienern oft ambivalent, wenn nicht unverhohlen neidisch gegenüber steht, zollt man ihnen in Amerika öffentliche Anerkennung und Bewunderung.

Warum **wirtschaftlicher Erfolg** einen solch hohen Stellenwert hat, kann mit dem historischen Erbe der frühen puritanischen Siedler erklärt werden, mit der Pionierzeit, in der alle materiellen Werte aus eigener Kraft geschaffen wurden. Deswegen ist der Respekt auch für diejenigen am höchsten, die ohne Beziehungen

Teamwork und Disziplin

Cowboys und Pferde gehören noch heute zum Bild des Westens

und einen Cent in der Tasche aufgestiegen sind und die klassische „Vom-Tellerwäscher-zum-Millionär"-Karriere durchlaufen haben.

Auch die **Einstellung zum Job** unterscheidet sich signifikant. Anders als in der „Alten Welt" gab und gibt es kaum sichere Arbeitsplätze. Nach dem Prinzip des *Hire and Fire* können Kandidaten für nahezu jeden Job kurzfristig eingestellt und genauso schnell wieder entlassen werden, so etwas wie ein Kündigungsschutz existiert nicht. Es zählen der aktuelle wirtschaftliche Erfolg und der persönliche Einsatz, weniger Loyalität oder Verantwortung den Mitarbeitern gegenüber. Sehr viel schneller als in Europa werden in den USA selbst hochrangige Manager oder ganze Spezialabteilungen entlassen. Jeder Mitarbeiter ist zudem **Repräsentant seiner Firma** und deshalb werden strenge Arbeitsdisziplin, korrekte Kleidung und höfliche Umgangsformen erwartet.

Das **Qualifikationsniveau** ist niedriger, der **Spezialisierungsgrad** höher. Komplexe Arbeitsvorgänge, die bei uns zum Repertoire eines bestimmten Berufsstandes gehören, werden in den USA aufgeteilt und delegiert. Der Vorteil liegt in der schnelleren Beherrschung der Handgriffe – nur einzelne Arbeitsschritte sind zu erlernen. Ein Nachteil ist hingegen das fehlende berufsspezifische umfassende Allgemeinwissen.

Der **Prestigewert** bestimmter Arbeiten ist **unerheblich**. Es gibt keine „guten" oder „schlechten", angesehene oder verpönte Berufe an sich, sondern nur Jobs, die Erfolg bringen oder nicht. Deswegen ist das gesellschaftliche Ansehen eines Lehrers oder Piloten nicht größer als das einer Fabriknäherin oder eines Lastwagenfahrers. Dementsprechend bunt kann die Palette der Arbeiten sein, die ein und dieselbe Person im Laufe ihres Lebens ausführt. Zwei- oder dreimal im Leben einen völlig neuen Berug zu ergreifen ist in den USA nichts Ungewöhnliches.

Mobilität im Berufsleben

Die **Fluktuation** ist entsprechend groß. Da der Verlust des Arbeitsplatzes keine Seltenheit ist, Prestige eine geringere Rolle spielt als Erfolg, und man bei lukrativen Angeboten sofort zugreift, wechseln Amerikaner ihren Arbeitsplatz viel häufiger als europäische Berufstätige. Dabei spielt wiederum **größere Mobilität** eine Rolle. Von ihren Firmen auf einen Außenposten versetzt oder auf der Suche nach besser bezahlten Jobs ziehen Familien quer durch die USA. Der Besitz bzw. Verlust von Land oder Wohnraum spielt dabei keine Rolle: Amerikaner sind bereit, wenn nötig, ihr Eigenheim kurzfristig aufzugeben und sich eine neue Bleibe zu suchen.

Landwirtschaft

Die US-Landwirtschaft hat in den vergangenen Jahrzehnten einen **rapiden Wandel** durchgemacht. Während sich die Zahl der Farmen halbierte, stieg die durchschnittliche Größe auf beinahe das Doppelte an. Heute wird die Landwirtschaft von Großbetrieben, vom „Agrobusiness", beherrscht. Amerika ist nicht nur **weitgehend Selbstversorger**, sondern auch einer der **größten Exporteure der Welt** in Bezug auf Getreide und Grundnahrungsmittel. Gesunkene Weltmarktpreise, Überproduktion sowie der allgemeine Wertverfall der entsprechenden Betriebe hatten in den letzten Jahrzehnten allerdings zahlreiche Konkurse sowie eine zunehmende Abwanderung und Verarmung zur Folge.

Sinkende Erlöse aus Nahrungsmittelexport

Schon die ersten weißen Siedler hatten vor 300 Jahren die natürlichen Grundlagen für eine **ertragreiche Landwirtschaft** vorgefunden: In den zentralen Landesteilen gab es für den Getreideanbau geeignete Böden große Anbauflächen. Im Nordwesten der USA ist die Landwirtschaft heute der **primäre Wirtschaftssektor** und in den Staaten an der Pazifikküste von überragender Bedeutung. Amerika verdankt die Tatsache, dass es weitgehend autark ist, in hohem Maße den Obstplantagen und Gemüsefeldern Kaliforniens, den Viehweiden des Westens und den Getreidefeldern im Nordwesten. Doch auch andere Regionen sind an der landwirtschaftlich glänzenden Stellung der USA beteiligt: Von den diesbezüglich 20 wichtigsten Staaten liegen allein 13 westlich des Mississippi!

Forstwirtschaft

Von der Kolonialzeit bis zum Jahr 1920 wurden zur Schaffung von Agrarflächen etwa 130 Mio. ha Wald gerodet, was der dreieinhalbfachen Fläche Deutschlands entspricht. Seit in den 1930er-Jahren ein staatliches Konservierungsprogramm aufgelegt wurde, konnten weitere **Rodungen** und, damit verbunden, Erosionsschäden verhindert werden. Die Bundesstaaten mit der größten forstwirtschaftlichen Bedeutung sind Kalifornien, Oregon und Washington. Die pazifischen Wälder bedecken knapp 87 Mio. ha und stellen so mit fast 30 % den Löwenanteil aller forstwirtschaftlichen Nutzflächen in den USA. Da hier außerdem die Bäume besonders hoch wachsen und voluminös sind, bergen diese Wälder ein **Drittel der gesamten Holzvorräte** des Landes. Andererseits wird dieses Potenzial wegen der schwierigen topografischen Bedingungen nur zu 15 % genutzt. Im Gegensatz zum Osten, dessen Laubwälder vorwiegend harte Nutzhölzer für die Bau- und Möbelindustrie liefern, wandern die Nadelhölzer des Westens hauptsächlich in die Zellulose- und Papierindustrie. Neben den pazifischen sind die Wälder der Rocky Mountains ein bedeutender Wirtschaftsfaktor. Beide Gebiete haben wesentlichen Anteil daran, dass der Bedarf zu etwa 90 % gedeckt werden kann; der Rest wird hauptsächlich aus Kanada importiert.

Bedeutender Wirtschaftsfaktor

Einer Ausweitung des Holzeinschlages stehen im Westen einige Faktoren entgegen: Im Gegensatz zum Osten sind die Wälder nur selten in privater Hand, dafür fast ausschließlich Staatswald oder Naturschutzgebiet. Außerdem haben vulkanische Aktivitäten und verheerende Waldbrände in den 1980er- bis 2000er-Jahren, besonders in Washington und Wyoming, schon sehr viel an Substanz vernichtet. Und schließlich verhindern Auseinandersetzungen mit Naturschützern in Oregon und Nordkalifornien einen noch weiter reichenden Kahlschlag. Insgesamt sind die **Aktivitäten der Holzindustrie** in den genannten Bundesstaaten rückläufig.

Fischfang

Wichtige Fischfangnation

Mit ihren Tausenden von Küstenkilometern sind die USA eine der wichtigsten Fischfangnationen der Welt und nehmen derzeit mit etwa 5 % den vierten Platz ein. Dabei hat es innerhalb der drei klassischen Fanggebiete (Atlantik, Golfküste, Pazifik) Verschiebungen gegeben. Die Quoten am Atlantik und Pazifik sind größer geworden, die am Golf geringer – wie sich der *Oil Spill* vom Sommer 2010 auswirkt ist dabei noch gar nicht abzusehen. In Kalifornien, Washington und Alaska ist der Fang von Lachs, Garnelen, Hummer und Krabben vorherrschend. Demgegenüber ist die Bedeutung anderer Fischarten zurückgegangen. Die einstmals übermächtige Sardinenfischerei (v. a. Monterey/CA) wurde durch das Ausbleiben der Sardinenschwärme beendet; Heilbutt und Makrelen litten erheblich an der Überfischung der nordpazifischen Gewässer. Eine Gesundung der Bestände erhofft man sich durch stark herabgesetzte Fangquoten.

Bergbau, Industrie und Energiegewinnung

In den Staaten des Nordwestens befinden sich viele **hochentwickelte Industriestandorte** mit langer Tradition. Bereits die Indianer kannten Metallverarbeitung und wussten von Bodenschätzen in den verschiedensten Landesteilen. Diese wurden von den weißen Pionieren schon im 19. Jh. intensiv ausgebeutet. Vorteilhaft war, dass die großen Wälder für das nötige Baumaterial sorgten und die Flüsse nicht nur vorzügliche Transportwege boten, sondern auch ein hohes Energiepotenzial für den Betrieb von Mühlen und später zur Stromerzeugung besaßen.

Was die Spanier erfolglos gesucht hatten, fanden Abenteurer ab Mitte des 19. Jh. in den Bergregionen des Westens: reiche Lagerstätten an Gold, später auch Silber und andere Mineralien und Metalle. In den Gebirgszügen der Kordilleren erinnern viele *ghosttowns* an die turbulente Vergangenheit, aber immer noch kommen 70 % des amerikanischen Goldes und 50 % des Silbers aus den Rocky-Mountain-Staaten. Das **Zeitalter der Schwerindustrie** begann mit der Erschließung von Kohle, Eisenerz und anderen Metallen. Kein Land der Erde verfügte zu Ende des 19. Jh. über eine solche Vielfalt an (bekannten) Rohstoffen.

Reiche Vorkommen

Inzwischen sind etliche **andere Bodenschätze** entdeckt und gefördert worden, viele davon im Westen der USA. Weltweit führend sind die Vereinigten Staaten z. B. in der Produktion von Uran, Kupfer, Kohle, Blei und Phosphat, und auch bei der Förderung von Erdöl, Schwefel, Gold und Silber nehmen sie einen vorderen Platz ein. Die genannten Bodenschätze werden in regional sehr unterschiedlicher Intensität in den Staaten Arizona, Colorado, Idaho, Kalifornien, Montana, Nevada, New Mexico und Wyoming abgebaut. Das Kupferbergwerk bei Salt Lake City (Kennecott Copper Mine) ist das bedeutendste der USA und der hier durch den Tagebau geschaffene Krater eine der größten von Menschenhand geschaffenen Gruben der Welt. *Riesige Krater*

In dem Maße, in dem die Industriezweige **Elektronik und Feinmechanik** wuchsen, wurde der Nordwesten für das Bruttoinlandsprodukt immer wichtiger. Gerade im kalifornischen *Silicon Valley* entstand die bedeutendsten Konzentration von **Hightechfirmen** weltweit. Krisen wurden durch Gesundschrumpfen gemeistert, Fertigungsstätten nach Arizona, Colorado, New Mexico, Oregon, Utah und Washington verlagert.

Nach wie vor sind die USA der mit Abstand größte **Energieproduzent** der Welt und können ihren Bedarf zu mehr als 80 % aus eigenen Ressourcen decken. Wichtigster Energieträger ist **Erdöl**, obwohl unter dem Schock der Ölkrise von 1973/74, der Beinahekatastrophe im Kernkraftwerk Harrisburg und des BP Oil Spill vor der Golfküste 2010 die ausreichend vorhandene **Kohle** wieder in den Blickpunkt des Interesses geriet. Für den Westen ist das insofern von Belang, als an der Westflanke der Rocky Mountains (Montana, Wyoming) etwa die Hälfte der amerikanischen Kohlereserven lagert und z.T. im Tagebau abgebaut wird. Zudem lagern in der sogenannten *Bakken Formation* unter den Great Plains (Montana, North Dakota) riesige **Erdöl-** und **Erdgasvorkommen**. In den letzten Jahren hat man begonnen, diese mithilfe des Fracking-Verfahrens in großem Stil abzubauen.

Bei der Nutzung der verschiedenen Energieträger gibt es große Unterschiede in den einzelnen Landesteilen. Trotz des hohen Industrialisierungsgrads ist der Verbrauch von Erdöl, Erdgas, Kohle und Kernkraft im Westen deutlich geringer als im Süden, Nordosten oder Mittelwesten der USA. Dafür machen Produktion und Verbrauch von **Wasserkraftenergie** im Westen erheblich mehr als 50 % der amerikanischen Gesamtmenge aus! Andererseits wird Erdöl (CA, WY, ID, UT, CO, ND) und Erdgas (ID, UT, CO, ND) zu einem beträchtlichen Teil im Westen (und in Alaska) gefördert.

Tourismus

Der Tourismus besitzt **bedeutenden Stellenwert** für die USA. Seitens internationaler Besucher steht Kalifornien an dritter Stelle in der Beliebtheitsskala, nach New York und Florida. Wie der Südwesten zählt die pazifische Küstenregion in ihrer Gesamtheit reisetechnisch zu den Spitzenreitern (Infos: ITA Office of Travel & Tourism Industries, http://travel.trade.gov). Unter den West-Städten haben **Los Angeles und San Francisco** die Nase vorn. In Zeiten der Wirtschaftskrise und der wachsenden Arbeitslosigkeit gelang es der Tourismusbranche zuzulegen, da sie von einem relativ niedrigen Dollarkurs profitiert. Neben dem grenzüberschreitenden „Nahverkehr" von Kanadiern und Mexikanern sind es besonders Briten, Japaner und Deutsche, die den Löwenanteil an Besuchern stellen. *Steigende Besucherzahlen*

Gerade die Nationalparks, Seen und Berge üben die größte **Anziehungskraft** auf Besucher aus. Der inneramerikanische Tourismus, der seinen Höhepunkt in den Sommerferien und in Form von Kurztrips zu Naherholungszielen und Wochenendausflügen erlebt, erhielt seit den 1950er-Jahren neue Impulse durch den **Wintersport**. Der amerikanische Westen konnte sich 2002 durch die Ausrichtung der Olympischen Winterspiele in Salt Lake City als Wintersportdestination etablieren.

Beeindruckende Natur

Auch wenn es im Nordwesten durchaus sehenswerte Städte gibt, ist und bleibt die **Hauptattraktion die Natur**. Von Vorteil ist dabei, dass sich fast zwei Drittel des Landes in staatlichem Besitz befinden und daher viele Regionen unter Naturschutz gestellt werden konnten.

Umweltschutz und Umweltbewusstsein

Nicht nur in Sachen Energiegewinnung nehmen die USA eine Spitzenstellung ein, sie rangieren auch weit oben, was den Pro-Kopf-Energiekonsum betrifft. Trotz eines sich allmählich verändernden Bewusstseins geht ein Viertel des globalen Energieverbrauchs auf Rechnung der Amerikaner, obwohl ihr Anteil an der Weltbevölkerung vergleichsweise gering ist.

Andererseits spielen **Umweltschutz** in Vergangenheit und Gegenwart eine große Rolle in den USA, insbesondere an der Westküste, in den Staaten Washington, Oregon und Kalifornien. Der Nordwesten konnte auf verschiedenen Feldern der **alternativen Energiegewinnung** eine globale Spitzenstellung erlangen: Nirgendwo sonst in der Welt drehen sich so viele Windmühlen zur Energiegewinnung oder gibt es so viele „Sonnenfarmen". Das *Electric Power Research Institute* (EPRI) in Palo Alto ist das innovativste Energie-Forschungsinstitut der Welt, das geothermische Kraftwerk *The Geysers* bei San Francisco das größte und das Kohlekraftwerk *Cool Water* in der Mojave-Wüste eines der modernsten und umweltfreundlichsten.

Bio-Ware gibt es auf den Märkten im Westen in großer Auswahl, hier im Ferry Building in San Francisco

Es waren v.a. die anfangs belächelten Aussteiger in der Bay Area, die die Richtung in Sachen Umweltschutz vorgaben und das immer noch tun. Der Ausbau des öffentlichen Nahverkehrs, die Unterschutzstellung neuer bzw. die Vergrößerung existierender Naturareale, die Einrichtung von Umwelt- und Naturschutzbehörden, Recycling und Energiesparprogramme – all das sind Schritte in Richtung einer besseren Zukunft.

In den USA ist der Staat – sowohl *Federal* als auch *State Government* – durch die Einrichtung von Naturparks eine der wichtigsten **Umweltschutzorganisationen**. Daneben betreiben Millionen Bürger aktiv Umweltschutz, sind Mitglied einer Umweltschutzorganisation oder unterstützen diese finanziell oder ehrenamtlich. Die sogenannten ***Big Ten*,** die zehn größten Umweltschutzorganisiationen – darunter *National Audubon Society, National Wildlife Federation, Wilderness Society, American Hiking Society, National Parks and Conservation Association* oder *National Park Foundation* – zählen teilweise mehrere Millionen Mitglieder. Unzählige weitere Gruppen widmen sich speziellen Themen – Flüssen, Robben, Lachsen bzew Naturarealen oder Pflanzen –, so z.B. *Sierra Club, California Wilderness Coalition* oder *Save-the-Redwoods League.*

Wachsendes Umweltbewusstsein

Ein **Wandel in der Lebenskultur** macht sich unter anderem in einem veränderten Essverhalten und der wachsenden Beliebtheit der „Farm to Table"-Bewegung, v.a. in den Küstenstaaten, bemerkbar. Man sträubt sich gegen transport- und verpackungsaufwendiges Fastfood und Supermarkt-Gefrierkost und setzt auf saisonale Produkte aus lokaler, biologischer Produktion von Kleinbetrieben. **„Buy local and organic"** heißt das Motto, das längst nicht mehr auf Nordkalifornien und Oregon beschränkt ist. In lokalen Kleinbrauereien und Weingütern wurde erfolgreich der Kampf gegen Dosen und Massenprodukte geführt und derzeit ist man in der Bay Area dabei, ein **Umdenken in der Agrarwirtschaft** einzuleiten.

Aus den für den Eigenbedarf produzierenden Kleinbauern und Gärtnern, die früher auf Festivals und Märkten ihre Waren verkauften, ist inzwischen eine beträchtliche Gewinne erwirtschaftende Bewegung geworden, die dem *Agrobusiness* Konkurrenz macht. Der Begriff des *Organic Farming* wurde 1973 geprägt, als sich 90 Bauern zur *California Certified Organic Farmers Association* zusammenschlossen. 1979 erhob das *Organic Food Law* die Richtlinien dieser Gruppe zum Gesetz und so gilt Kalifornien als der erste Staat der Welt, der Bio-Richtlinien schriftlich fixierte. Inzwischen ist die **Akzeptanz in der Bevölkerung** stark gestiegen, Bio-Produkte sind beliebt geworden und fast 80% der Küchenchefs der Bay Area setzen sie auf ihre Speisezettel. *Natural Foods* sind in den USA die am stärksten wachsende Sparte im Einzelhandel.

Gesellschaftlicher Überblick

Unterschiede zu Europa

Trotz der engen historischen und kulturellen Verwandtschaft mit Europa fallen in den USA Unterschiede auf, die sich im alltäglichen zwischenmenschlichen Umgang äußern und nicht selten einem anderen Lebensgefühl entspringen. Aus der Tradition der „Frontier"-Ära stammt beispielsweise der **Freiheitsdrang**, ein Grundpfeiler des *American Way of Life*. Das Gefühl für **Selbstverantwortlichkeit**, das **Vertrauen auf die eigene Kraft** und die **ablehnende Haltung gegenüber staatlichen Eingriffen** sind damit gekoppelt. Es war gerade diese **Toleranz**, das Zugeständnis von **Individualität** und persönlichem Glück, das den Westen der USA vor einigen Jahrzehnten zum Mekka für Hippies und Alternative werden ließ. Ab

Mitte der 1960er-Jahre zogen Heerscharen von Jugendlichen an die kalifornische Küste, um ihre Vorstellung von Freiheit auszuleben und noch heute zieht es unzählige Freigeister in den Nordwesten.

Puritanisches Erbe

Dem gegenüber steht eine oft überraschend **puritanische Mentalität** und eine **restriktive Gesetzgebung**. Nicht nur im Mormonenstaat Utah, sondern allgemein in den USA (also auch in Kalifornien) äußert sich das Erbe der streng-religiösen Pioniere auf vielfältige Weise: So sind Amerikaner im Durchschnitt **weit prüder** als Mitteleuropäer.

Zwar kann man den Führerschein mit 15 oder 16 Jahren machen *(Legal Driving Age)* und in jungen Jahren auch der Armee beitreten, eine **Volljährigkeit** wie bei uns gibt es aber nicht, man unterscheidet zwischen *Legal Drinking Age* (21), *Legal Marriage Age, Legal Gambling Age* etc. und diese liegen, je nach Staat, zwischen 18 und 21 Jahren.

Zwar geben sich die Amerikaner meist sehr leger, aber dennoch gilt oft ein strenger **Dress Code**. So ist in besseren Restaurants, Clubs oder bei Events *Formal Attire,* d. h. Sakko und Krawatte, gefragt.

Die Mär vom Schmelztiegel

Oft wird die amerikanische Gesellschaft als **Schmelztiegel** oder *Melting Pot* bezeichnet – von den über 308 Mio. Menschen gehören rund ein Drittel einer Minderheit an: Rund 50 Mio. sind *Hispanics*, knapp 39 Mio. Afroamerikaner, gut 14 Mio. Asiaten, 3 Mio. Indianer/Alaskans und knapp eine halbe Mio. Hawaiianer und Inselbewohner. Doch genau genommen kann von einer Verschmelzung nicht die Rede sein. Vielmehr setzt sich die amerikanische Nation aus einer **Vielzahl von Ethnien** zusammen, die ihre kulturellen Eigenarten beibehalten haben. Der Dichter *Walt Whitman* (1819–92) sprach schon Mitte des 19. Jh. von einer „**Nation of Nations**".

Einzigartiges Kulturgemisch

Resultat von fast 400 Jahren Siedlungsgeschichte in Nordamerika ist ein einzigartiges **Kulturgemisch**, das besonders in den Großstädten lebendig ist: Einmal glaubt man sich ins ferne China versetzt, dann mitten in eine pulsierende mexikanische Metropole oder eine süditalienische Kleinstadt. Und wenige Straßen weiter steht man in einem typisch modernen Geschäftszentrum.

Die einzelnen Ethnien – allen voran Afroamerikaner, Latinos und Asiaten, aber auch Südeuropäer – bildeten **eigene Enklaven**, verfügen über eigene Infrastrukturen und Traditionen, pflegen ihre Sprache – Spanisch ist nach Englisch die am häufigsten gesprochene Sprache der USA –, ihre Feiertage, Feste, Bräuche und ihre Religionen. Eines haben sie jedoch alle **gemeinsam**: die Liebe und den Stolz auf ihre neue Heimat. Obwohl nämlich die Weigerung, die eigene Identität abzulegen, kulturübergreifend ist und **kulturelle Differenzierung** wichtiger ist als oberflächliche Integration, sind die amerikanische Flagge, die Hymne und die Verfassung **verbindende Symbole**. So gesehen handelt es sich um einen **bunten Flickenteppich** aus vielen Einzelteilen, die zwar für sich stehen, in der Gesamtschau aber eine Einheit bilden.

Indianer und Inuit

Powwows tragen dazu bei, die kulturelle Identität der Indianer zu stärken

Die Ureinwohner des Landes, Indianer und Inuit, bilden heute die **kleinste ethnische Gruppe**. Durch die Indianerpolitik der Kolonialmächte, Kriege und eingeschleppte Krankheiten war ihre Zahl seit dem Auftreten der Europäer rapide gesunken. Ihre Anzahl, die ursprünglich bei 1 bis 2 Mio. gelegen haben muss, erreichte den tiefsten Stand zu Ende des 19. Jh. Im Jahr 1900 wies die amtliche US-Statistik nur noch 237.196 Indianer aus.

Die Angaben darüber, wie viele Indianer es in den USA heute gibt, variieren stark, abhängig davon, wer als „Indianer" gezählt wird bzw. sich als solcher registrieren ließ. Fasst man jene zusammen, die sich selbst so bezeichnen und entsprechend bei den Behörden gemeldet sind, leben rund 2,9 Mio. – einschließlich etwa 45.000 Inuit – in den USA. 566 Stämme sind offiziell als unabhängige Nationen von der Bundesregierung in Washington D.C. anerkannt (Stand 2013) – insgesamt gibt es über 1.200 indianische Völker in ganz Nordamerika. Ungefähr die Hälfte der Indianer lebt in Reservaten, die z.T. autonom verwaltet werden und dem *Bureau of Indian Affairs*, einer Behörde des Innenministeriums, unterstehen.

Die überwiegende Mehrzahl der Indianer lebt im Westen der USA. Da in den Reservaten zumeist der Boden unfruchtbar, die Infrastruktur schlecht ist und Bodenschätze fehlen, kann das Land weder landwirtschaftlich noch industriell in großem Stile genutzt werden. Obwohl die Reservate mit staatlichen Mitteln gefördert werden, ist die wirtschaftliche, soziale und gesundheitliche Lage häufig alles andere als erfreulich: Arbeitslosigkeit, Drogen, Alkoholismus, Diabetes, frühe Sterblichkeit und hohe Selbstmordraten machen viele Reservate zu „**Entwicklungsländern**".

Soziale Probleme

Nachdem 1988 durch ein Gesetz *(Indian Gaming Regulatory Act)* die **Eröffnung von Spielcasinos** auf dem Gebiet von Indianerreservaten legalisiert wurde, versuchen viele indianische Nationen, diese Geldquelle zu nutzen. Inwieweit die Einnahmen jedoch dazu beitragen, die Situation der Indianer zu verbessern, ist lokal unterschiedlich. Es gibt Stämme, die die Erträge für Schulen, Straßenbau, Kultur-, Sprach- und Fortbildungsprogramme verwenden, bei anderen hingegen profitiert in erster Linie das Individuum selbst, manchmal durch einen Arbeitsplatz im Casino – wo er/sie das verdiente Geld vielfach gleich wieder selbst verspielt.

Lateinamerikaner

Von den geschätzt fast 53 Mio. Menschen aus Lateinamerika, die in den Vereinigten Staaten leben, sind fast ein Drittel **Mexican Americans**. Sie leben hauptsächlich in Texas, im Südwesten und in Kalifornien, während die Lateinamerikaner, die **Latinos,** angeführt von der Gruppe der Puerto-Ricaner und der Exil-Kubaner, sich eher im Osten (New York) und um Chicago angesiedelt haben. **Spanisch** ist deshalb in vielen Regionen der USA neben Englisch allein schon aus historischen Gründen die **zweitwichtigste Sprache**.

Hohe Einwandererzahlen

Bedingt durch die schlechten wirtschaftlichen Verhältnisse im Heimatland sehen viele Mexikaner in einem illegalen Grenzübertritt eine Chance, ihre Lebensqualität zu verbessern. Diejenigen, die es geschafft haben, die über 3.000 km lange Grenze zu überwinden, suchen bei Landsleuten Unterschlupf, um sich dann eine (schlecht bezahlte und selten versicherte) Arbeit zu suchen. Über 6 Mio. illegale Einwanderer, vor allem aus Mexiko, leben in den USA. Kein Wunder, dass eine neue Einwanderungspolitik heftig diskutiert wird und das Problem mit den Illegalen in aller Munde ist. Sicher ist, dass man gerade in der Landwirtschaft nicht mehr auf die Mexikaner verzichten kann.

Da der Strom dieser **Wirtschaftsflüchtlinge** aus Mexiko und Lateinamerika in absehbarer Zeit nicht abreißen wird und die Geburtenrate weit über dem amerikanischen Durchschnitt liegt, nimmt die spanischsprachige Volksgruppe in den USA deutlich zu und wird bald ein Viertel der Gesamtbevölkerung ausmachen. Eine **gewaltige gesellschaftliche** und **politische Veränderung** zeichnet sich ab, wobei die *Latinos* inzwischen eine von Politikern umworbene Bürgergruppe sind, deren Stimmen eine Wahl entscheiden können. Zudem drängen sie in höhere Posten und übernehmen immer häufiger auch wichtige politische Ämter. Im Kulturbereich – Kunst, Literatur und Musik – spielen sie schon lange eine wichtige Rolle.

Afroamerikaner

Die **„Afro(-)Americans“**, wie die schwarze Bevölkerung politisch korrekt genannt wird, waren nicht freiwillig in die „Neue Welt“ gekommen: 1638 konnte man in Boston die ersten „Leibeigenen“ bestaunen, die auf den *West Indies* (Karibikinseln) gefangen und auf Schiffen hertransportiert worden waren. Der **organisierte Sklavenhandel** blühte nach 1660 auf und erlebte im 18. Jh. seinen unrühmlichen Höhepunkt. Die Schwarzen arbeiteten vor allem auf den Plantagen des Südens, wo sie bald die Bevölkerungsmehrheit bildeten.

Abschaffung der Sklaverei

Gegen Ende des 18. Jh. initiierte Neuengland die **Befreiung der Afroamerikaner** aus der Leibeigenschaft: Der Bundesstaat **Massachusetts** war Mitte des 19. Jh. Vorkämpfer in der Frage der Sklavenbefreiung. Bereits im **Bürgerkrieg** und besonders nach der Abschaffung der Leibeigenschaft durch Präsident *Abraham Lincoln* 1865 zog, wer immer konnte, in den Norden oder Westen. Dort gab es nicht nur schwarze Militäreinheiten – die legendären *Buffalo Soldiers* –, sondern auch zahllose dunkelhäutige Cowboys.

In Zeiten wirtschaftlicher Flauten waren und sind die Afroamerikaner immer als Erste und am härtesten betroffen. Bis heute liegt ihr Lebensstandard unter dem der Weißen, während die Arbeitslosenquote im Vergleich höher ist. Oberflächlich betrachtet, scheint sich die **Situation der Afroamerikaner** verbessert zu haben: Statistiken sprechen von mehr gemischt-ethnischen Ehen, von Gleichberechtigung am Arbeitsplatz und im gesellschaftlichen Leben, aber nach wie vor gelingt es vielen nicht, den Teufelskreis zu durchbrechen: Farbige Frauen bekommen oft sehr jung und unverheiratet Kinder, dadurch sinken die Chancen auf eine Berufsausbildung, auf einen guten Arbeitsplatz und eine annehmbare Wohnung – der soziale Abstieg ist vorprogrammiert, auch für die Kinder. Noch immer sind schwarze Wohnviertel isoliert, gibt es rein schwarze Schulen, Kneipen und Kirchen, und wer den Aufstieg geschafft hat, zieht in die Nobelviertel und vergisst oft seine Herkunft. Vereinzelt können **erste Erfolge** verbucht werden, verbesserten sich die Lebensumstände und sozialen Bedingungen, was vielfach auf die Initiativen kirchlicher Institutionen, von Gemeindezentren und Selbsthilfeaktionen der Anwohner zurückgeht. Und nicht zuletzt hat die Wahl von *Barack Obama* zum **ersten afroamerikanischen Präsidenten** die Afroamerikaner dazu ermuntert, den Kampf um Gleichberechtigung fortzusetzen.

Langsame Verbesserung

Im Nordwesten der USA sind die Afroamerikaner nur in Ballungszentren wie Denver, San Francisco Bay (besonders Oakland) oder Seattle in höheren Anteilen vertreten, während sie im ländlichen Hinterland nur kleine Minderheiten bilden.

Asiaten

Amerikaner asiatischer Herkunft stellen einen Bevölkerungsanteil von über 4%, allein in Kalifornien und Hawaii lebt die Hälfte aller eingebürgerten Asiaten. In den letzten Jahren stellte die Immigration aus dem asiatischen Raum eines der größten Kon-

San Franciscos Chinatown gibt einen faszinierenden Einblick in eine andere Welt

Chinesische Arbeitskräfte

tingente. Die älteste und größte Gruppe stellen die **Chinesen**, deren Vorfahren im 19. Jh. in den amerikanischen Westen kamen, wo sie am Goldrausch Anteil nahmen – Spuren finden sich überall im Nordwesten. Sogar im abgelegenen John Day in Oregon, wo sie in den 1860er- bis 1870er-Jahren beim Bau der transkontinentalen Eisenbahn Arbeit fanden und sich niederließen.

Als der Zustrom der Chinesen auch nach der Fertigstellung der Eisenbahn nicht abebbte und in den 1870er-Jahren durchschnittlich 15.000 jährlich nach Kalifornien einwanderten, kam der Begriff der „gelben Gefahr" auf. 1882 beugte sich der Kongress der öffentlichen Meinung und erließ den *Chinese Exclusion Act*, der der chinesischen Einwanderung zunächst ein Ende setzte.

Erst während des Zweiten Weltkrieges wurde auf Veranlassung von Präsident *Theodore Roosevelt* das Gesetz wieder aufgehoben. Ab 1947 wurde Chinesen gestattet, auch außerhalb der Chinatowns Grund und Boden zu erwerben, 1948 hob Kalifornien das Verbot von Mischehen zwischen Chinesen und Weißen auf. In der Nachkriegszeit kamen, auch wegen der Ereignisse in der Volksrepublik China und in Hongkong, wieder sehr viele Chinesen ins Land. Hinsichtlich Bildung und Einkommen liegen sie über dem nationalen Durchschnitt, und gelten wegen ihres Fleißes und ihrer Strebsamkeit als **Model Minority.**

Die **Japaner** folgten in der zweiten Einwanderungsphase und haben sich zu gut einem Drittel in Hawaii und Kalifornien niedergelassen. Wie die Chinesen hatten auch sie lange Zeit unter Rassismus zu leiden, der in Sondergesetze und ein Einwanderungsverbot mündete. Erst nach dem Zweiten Weltkrieg wurde diesen Gruppen wieder der Zuzug in die Vereinigten Staaten erlaubt.

Weiße Amerikaner

Mit etwa zwei Dritteln stellen die **White Americans** – nicht-hispanische Weiße, v.a. Einwanderer aus Europa und dem mittleren Osten, die entweder als **Anglos** oder als **Caucasians** bezeichnet werden – die mit Abstand größte Gesellschaftsgruppe dar,obwohl ihr Anteil stetig sinkt. Die Immigration der europäischen Weißen, die von der Pionierzeit bis in die 1930er-Jahre in mehreren Schüben und im Laufe der Zeit stärker werdend verlief, brachte zunächst vorwiegend Briten, Iren, Deutsche, Skandinavier und Franzosen auf den Subkontinent. In der zweiten Phase folgten Einwanderer aus Süd- und Osteuropa, vielfach Juden. Insgesamt sind die europäischen Weißen diejenigen, die sich am schnellsten und nachhaltigsten assimiliert haben. Trotzdem gibt es auch hier große ethnische und religiöse Unterschiede.

Deutsche Wurzeln

Noch heute stellen die **deutschstämmigen Amerikaner** mit fast 17 % die größte Gruppe unter den *White Americans*, gefolgt von Iren (12 %), Engländern (9 %), Italienern (6 %), Polen und Franzosen (jeweils ca. 3 %). Zwischen dem 17. und 19. Jh. hatten zahlreiche Deutsche Zuflucht in der Neuen Welt gesucht und nach neuesten, aus dem *US Census 2010* resultierenden Statistiken gibt es über 50 Mio. US-Bürger, die **deutschsprachige Wurzeln** aufweisen. Damit bilden die **German-Americans** die **größte ethnische Gruppe** der USA.

Soziale Situation

Ausländischen Besuchern erscheinen die USA auf den ersten Blick als reiches Land. Erst auf den zweiten Blick nimmt man die *Homeless People* in den Innenstädten oder die verarmten Farmer auf dem Land wahr, sieht die Baracken- und Wohnwagensiedlungen und bemerkt die missliche Lage in den Indianerreservaten. Auch hinsichtlich der sozialen Situation sind die USA nämlich **ein Land der Kontraste**.

Wachsende Armut

Immer mehr Menschen in den USA geht es statistisch schlechter als Ende der 1970er-Jahre. Von den Amerikanern lebten im Jahre 1970 insgesamt 12,6% unter der **Armutsgrenze** *(Poverty Line)*, 1982 waren es über 10% und 2011 etwa 15%. Die Zahl der sozial Schwachen hat sich dabei in allen ethnischen Gruppen vergrößert, allerdings am stärksten bei Hispanics und Afroamerikanern. Die Kluft zwischen Arm und Reich wächst und die zunehmend ungleiche Verteilung der Einkommen sorgt für Unfrieden: Das wohlhabendste 1 % der Bevölkerung konnte in 20 Jahren sein Einkommen im Schnitt um 120% steigern, während die Reallöhne des Großteils der Arbeitnehmer im gleichen Zeitraum um 20% sanken.

Krankenversicherung

Während des Arbeitslebens sind, zumindest derzeit noch, die meisten Amerikaner gezwungen, sich selbst, d.h. privat, zu versichern. Nicht jeder kann sich das leisten, und da bis dato **keine Versicherungspflicht** wie hierzulande besteht, nehmen viele das Risiko einer Krankheit und die damit verbundenen Kosten in Kauf. Arbeitgebern ist immer noch freigestellt, ob und in welcher Höhe sie sich an der Krankenversicherung beteiligen. Mehr und mehr größere Firmen kümmern sich heute verstärkt um die soziale und gesundheitliche Absicherung ihrer Mitarbeiter, wohingegen die meisten Staats- und städtische Bedienstete schon immer dieses Privileg genießen.

Der Staat gewährt Sozialhilfeempfängern und Rentnern eine **Krankengrundversorgung,** die Medicaid bzw. Medicare genannt wird. Diese Versicherung wird wie die Sozialversicherungsbeiträge zur Hälfte von Arbeitgeber und Arbeitnehmer finanziert. Allerdings müssen die Patienten – mit Ausnahme der Medicaid-Versicherten – einen Eigenanteil an Krankenhaus-, Arzt- und Behandlungskosten leisten.

Holpriger Start für staatliche Krankenversicherung

2013 wurde gegen heftigen Widerstand der Republikaner, die von einer „Bevormundung durch den Staat" sprachen, mit der sogenannten „Obamacare" eine günstige staatliche Krankenversicherung eingeführt. Diese trat am 1. Januar 2014 in Kraft. Nach anfänglichen Problemen sollen im Laufe des Jahres 2014 etwa 7 Mio. Amerikaner über den „Affordable Care Act" versorgt werden. Dabei sind u.a. Kinder unter 25 bei den Eltern mitversichert, zudem sind Vorerkrankungen kein Ausschlussgrund. Bis dahin hatten die USA trotz der vielen Unversicherten eines der teuersten Gesundheitssysteme weltweit.

Rentenversicherung

1935 war mit dem **Social Security Act** die Rentenversicherung, ein Sozialhilfeprogramm und einzelstaatliche Arbeitslosenversicherungen in den USA eingeführt worden. Heute sind die meisten Arbeitnehmer rentenversichert. Die **Altersbezüge** sind jedoch gering, da auch die Beiträge niedrig sind – ein Grund dafür, dass viele *Retirees* (Rentner) auch im hohen Alter noch Nebenjobs annehmen. Die Rente, weniger als die Hälfte des letzten Nettoeinkommens, wird über die *Social Security* finanziert, in die anteilig Arbeitnehmer und Arbeitgeber einzahlen.

Niedrige Rente

Im Gegensatz zur deutschen Rentenversicherung basiert die amerikanische Sozialversicherung auf einem stetig wachsenden Rentenfonds. Das **Rentenalter** liegt je nach Zahl der Einzahlungsjahre zwischen 63 und 67 Jahren, es besteht allerdings die Möglichkeit, unter Inkaufnahme von Abschlägen früher in Rente zu gehen. Diejenigen, die finanziell dazu in der Lage sind, haben meist zusätzlich private Rentenversicherungen bzw. Lebensversicherungen abgeschlossen um im Alter ihren Lebensstandard halten zu können.

Arbeitslosen- und Sozialhilfe

Lange Jahre lag die **Arbeitslosenquote** in den USA unter 4%, während der letzten Wirtschaftskrise stieg die Zahl stark an; zuletzt sank die Zahl wieder auf unter 7 % (Anfang 2014). Arbeitslose werden in den USA weniger großzügig unterstützt als hierzulande. Es gibt 26 bis maximal 39 Wochen lang finanzielle **Unterstützung**, die zwischen 30 und 50% des letzten Arbeitslohnes beträgt. Genau wie bei der Arbeitslosenversicherung variieren die Leistungen der Sozialhilfeprogramme von Staat zu Staat jedoch gravierend.

Sozialhilfe *(Workfare)* wird jenen gewährt, deren Einkommen unter der offiziellen Armutsgrenze liegt, dazu gehören etwa ein Drittel der Afroamerikaner und ein Viertel der Latinos. Neben *Medicaid* erhalten die Bedürftigen *Food Stamps* (Lebensmittelmarken), Kostenbefreiung für Kindergarten- und Schulbesuch und Mietzuschuss. Kein Bürger darf länger als fünf Jahre Sozialhilfe aus Bundesmitteln empfangen und jeder Empfänger ist verpflichtet, nach zwei Jahren mindestens 20 Wochenstunden zu arbeiten. Immerhin verfügen die USA über ein Mindestlohngesetz, das staatlich bei $ 7,25 liegt.

Sozialhilfeprogramme

Bildungswesen

Die Wurzeln des amerikanischen Bildungswesens liegen in Neuengland. Die erste höhere Schule – die **Boston Latin School** – wurde 1635 in Boston gegründet. 1637 eröffnete das Newtowne College, das ein Jahr später in **Harvard University** umbenannt wurde und heute als eine der renommiertesten Hochschulen der Welt gilt. Nach den großen Universitäten an der Ostküste folgten Ende des 19. Jh. die University of California (1871, in Berkeley), Stanford University (1885), University of Washington (1861) und Brigham Young Academy (später University, 1875).

Das amerikanische Bildungssystem war von Anfang an auf **Pragmatik** ausgerichtet, man hing weit weniger einem abstrakten, akademischem Bildungsideal nach als in Europa und erhob nie Anspruch auf eine humanistisch geprägte Allgemeinbildung. Den Siedlern und Pionieren genügten sogar noch die **Three R**: **r**eading, w**r**iting, a**r**ithmetic (Lesen, Schreiben und Rechnen).

Die „Three R"

Schulen

Das Schulwesen lag von Anfang an in den Händen der Stadt oder der Gemeinde, was erklärt, wie es zu der immensen Zersplitterung in etwa 16.000 **Schuldistrikte** kam. Hinzu kommt, dass Eltern auf Antrag ihre Kinder selbst unterrichten dürfen *(Homeschooling)*, und dass dies gerade in abgeschiedenen ländlichen Regionen mit wenigen bzw. schlecht ausgestatteten Schulen ziemlich häufig praktiziert wird.

Die **Qualität der Schulen** hängt in erster Linie von der sie umgebenden Sozialstruktur und dem Wirtschaftsgefüge ab. Da Schulen aus der Grundsteuer finanziert werden, sind solche in „guten Wohngegenden" besser ausgestattet, verfügen über qualifiziertere (und höher bezahlte) Lehrer als solche in armen Vierteln mit geringem Steueraufkommen. Die großen Qualitätsunterschiede im Bildungsangebot haben in Amerika zu einer **Bildungsmisere** geführt, die sich in **geringer Allgemeinbildung** und Wissensdefiziten äußert.

Qualitätsunterschiede im Bildungssystem

Positiv zu bewerten ist hingegen, dass während der Schulzeit die **Förderung des Sozialverhaltens** vorrangig ist, naheliegend in einem Einwanderungsland wie den USA, wo von Anfang an vielerlei Nationalitäten und Kulturen miteinander auskommen mussten. Außerdem wird in den Ganztagsschulen **außerschulischen Aktivitäten** wie Sport, Musik, Moral- und Benimmkursen oder Verkehrserziehung eine weit größere Bedeutung zugemessen als hierzulande.

Aufgrund der Größe des Landes konzentrieren sich die Lerninhalte logischerweise überwiegend auf den eigenen Kontinent und die eigene Sprache. Das **Schuljahr** umfasst nur rund 180 Tage (es gibt jedoch zusätzliche Sommerkurse) und statt des deutschen dreigliedrigen Systems mit Grund/Hauptschule, Realschule und Gymnasium herrscht ein **einheitliches Zwölf-Klassen-System**, das Chancengleichheit gewährleisten soll. Mit sechs Jahren besucht ein Kind die sechsklassige **Elementary (Primary) School**. Die *grades* 7 bis 9 werden **Middle School** und 10 bis 12 **High School** genannt. Im Alter von ca. 18 Jahren geht es dann weiter auf ein *College* oder eine *University*, für normalerweise vier Jahre bis zum ersten Abschluss.

Universitäten

In den USA gibt es über **4.400** miteinander konkurrierende **höhere Bildungseinrichtungen**. Der Großteil davon sind *Junior Colleges* und *Colleges*, an denen *Bachelor Degrees* die höchsten möglichen Abschlüsse sind sind. Es herrscht **akademische Selbstverwaltung** und die Aufnahmebedingungen seitens der Unis unterscheiden sich ebenso wie ihr Niveau. Aufnahmetests spielen meist eine gerin-

Bewerbungsverfahren

gere Rolle als das persönliche Vorstellungsgespräch; Noten sind oft weniger wichtig als Charakterstärke, Engagement und Neigungen, und Vermögen wird weniger Bedeutung zugemessen als beispielsweise der Frage, ob ein Bewerber ehemalige Studenten *(Alumni)* in der Familie hat. Eine Pflicht zur Aufnahme besteht generell nicht.

Die Universität in Berkeley gehört zu den angesehensten Hochschulen des Landes

Rund 40 % aller *Colleges* und *Universities* befinden sich in öffentlicher Hand, erhalten somit Zuschüsse von Bundesstaaten, Gemeinden oder Städten. Die Mehrzahl stellen **private Hochschulen**, die meist einen besseren Ruf als die staatlichen genießen, jedoch auch um einiges höhere **Studiengebühren** *(Tuition)* erheben. Unterschiede werden dabei auch nach dem Herkunftsort gemacht: Studenten aus dem gleichen Bundesstaat zahlen weniger als Ortsfremde. Angesichts der hohen Studienkosten wird verständlich, dass amerikanische Uni- versitäten seit jeher als Wirtschaftsunternehmen nach dem Prinzip „Leistung – Gegenleistung" und „Der Kunde ist König" arbeiten.

Nicht-staatliche Unis werden komplett **privatwirtschaftlich als Dienstleistungsunternehmen** betrieben. Sie finanzieren sich in erster Linie aus Studiengebühren, Stiftungsvermögen, Spenden und Einnahmen – z. B. aus TV-Übertragungsrechten für Sportveranstaltungen – und verfügen in der Regel über ansehnliche Etats, die eine gute personelle und materielle Ausstattung erlauben. Die Hochschulen konkurrieren um die besten Professoren, die begabtesten Studenten und die großzügigsten Sponsoren. Dies führte zur Herausbildung sogenannter **Eliteuniversitäten** wie Yale, Harvard, Brown, Princeton oder Stanford.

Mit der Aufnahme in eine Universität wird ein **Finanzierungsplan** erarbeitet. Abgesehen von den angebotenen zinsgünstigen Krediten gibt es eine Vielzahl verschiedenster **Stipendien** *(Scholarships)*, um die man sich bewerben kann, außerdem eine breite Palette an **Nebenjobs**. Anders als hierzulande befinden sich z. B. Verwaltung, Bibliotheken oder Dienstleistungsbetriebe in studentischer Hand.

Rundum-versorgung

Die Universität bzw. der Campus stellt eine **eigene Stadt** dar, mit kompletter Infrastruktur und einem breiten Angebot im akademischen und nichtakademischen Bereich; dazu gehören z. B. Sport- und Freizeiteinrichtungen, Kurse und Veranstaltungen. Der Campus bietet zugleich **Rundum-Versorgung** – z. B. ein Gesundheitszentrum, Job-Service, Kinderbetreuung, Beratungsstellen und Finanzhilfe – und fördert so zweifellos die Konzentration aufs Studium.

Studieren in den USA

Normalerweise schließt sich an die *High School* ein **College-Studium** in einem der klassischen Ausbildungsgänge an. Die Einrichtungen unterscheiden sich hinsichtlich Studiendauer, -angebot und Spezialisierungsgrad, wobei viele Universitäten ein College-Studium und viele Colleges *Master*-Studiengänge wie an Universitäten anbieten. Das College-Studium wird auch als **Undergraduate Studies** bezeichnet und dauert zwei oder vier Jahre. Über 1.600 *Community (Junior) Colleges* sind von den Kommunen betriebene öffentliche Einrichtungen, die eine zweijährige, praxisorientierte Ausbildung ermöglichen. *College-Studium*

Während dieser Zeit – die Ausbildung gleicht vom Niveau her etwa der deutschen gymnasialen Oberstufe – wird der Student auf den Berufseinstieg vorbereitet. Der **Abschluss** ist der *Associate of Arts (A.A.)* bzw. *Associate of Science (A.S.)*. Oft werden die ersten beiden Jahre an einem dem Wohnort nahegelegenen, preiswerten *Community College* absolviert und der erlangte *Associate/Transfer Degree* genutzt, um nach zwei weiteren Studienjahren an einem *College* oder einer *University* das insgesamt vierjährige *Undergraduate*-Studium mit einem ***Bachelor*-Abschluss** zu beenden.

An einem „regulären" oder **Four-Year College** können Studenten aus verschiedenen *Undergraduate Programs* wählen und durchlaufen die vier Stufen **Freshman, Bachelor, Junior** und **Senior.** Die ersten beiden Jahre der *Lower Division* dienen dem **Allgemeinstudium** (*General Studies*) in Naturwissenschaften, Englisch und Sozialwissenschaften. Hinzu kommen Grundkurse im selbst gewählten Fachbereich *(Major)*. Die *Upper Division* geht dann mit einer Spezialisierung im gewählten Fachbereich einher. Der Abschluss nach vier Jahren – der erste *College Degree* – ist der **Bachelor**, je nach Richtung ein B.A. *(Bachelor of Arts)* in den Geisteswissenschaften, ein B.S. *(Bachelor of Science)* in naturwissenschaftlichen Fächern, B.B.A. *(Bachelor of Business Administration)* in Wirtschaftswissenschaften, ein B.Ed. *(Bachelor of Education)* in Erziehungswissenschaften oder ein B.A.A.S. *(Bachelor of Applied Arts and Sciences)* für den Einstieg ins Berufsleben.

Die Mehrzahl der amerikanischen Studenten steigt nach dem *Undergraduate*-Studium ins Berufsleben ein, nur knapp ein Fünftel setzt die Ausbildung mit einem *(**Post**-)* ***Graduate*-Studium** fort, meist an der *Graduate School* einer Universität. Absolviert wird hier ein vertieftes, wissenschaftlich ausgerichtetes Studium in einer bestimmten Fachrichtung. Dieses Studium endet in der Regel nach zwei zusätzlichen Jahren mit dem Verfassen einer *Thesis* und bringt einen ***Master's* Degree**, einen Magisterabschluss, abgekürzt M.A. *(Master of Arts)* oder M.S. *(Master of Science)*. *Abschlüsse*

Der dritte Studienabschnitt wäre ein **Doctorate Program**, das sich, je nach Uni, auch unmittelbar an den Bachelor anschließen kann. Nach mindestens dreijährigem *Postgraduate*-Studium und Verfassen einer Doktorarbeit wird der Titel eines *Doctor of Philosophy* (Ph.D.), *Doctor of Science* (D.Sc.), *Doctor of Education* (D.Ed.) oder *Doctor of Music* (D.Mus.) verliehen. Eine **Habilitation** ist in den USA nicht vorgesehen – bei entsprechender Leistung und hoher jährlicher Punkte-Bewertung durch die Studenten steigt man vom *Assistant Docent* zum *Professor* auf.

Religion – God's own Country

Mit der Verankerung der **Religionsfreiheit** und der **Trennung zwischen Staat und Kirche** in der Verfassung wurden die USA zu „**God's own country**", zu einem Land, in dem jeder seinen Glauben ausleben kann, solange er nicht der Gesellschaft oder dem Staat schadet. Dieses *Disestablishment*, als erster **Verfassungszusatz** *(Amendment I)* 1791 in der Verfassung verankert, führte zu mehr Mobilität und Konkurrenz. Im 19. Jh. erreichte die **Vielfalt an Glaubensgruppen** bzw. Sekten in den USA ihren Höhepunkt und bis heute ist die religiöse Zersplitterung nirgendwo sonst so stark wie hier.

Trennung Staat–Kirche

Trotz der strikten **Trennung von Kirche und Staat** ist das Leben der Amerikaner vom Glauben bzw. der Kirchengemeinde geprägt – was hierzulande oft unterschätzt wird. So gilt in vielen Teilen der USA der Sonntag immer noch als heiliger Tag, an dem man sich gut gekleidet und in feierlicher Stimmung in der Kirche trifft. Und die Bibel ist weiterhin das meistgelesene Buch.

Religiöse Vielfalt

Die ersten europäischen Siedlungen in Nordamerika wurden von verschiedenen Gruppen **religiöser Flüchtlinge** aus dem damals intoleranten Europa gegründet. Als Erste träumten die Anhänger des in den 1560er-Jahren in Großbritannien aufgekommenen **Puritanismus** den Traum vom „Gelobten Land". Sie sahen sich als *The Chosen People*, als Auserwählte, die von Gott den Auftrag erhalten hatten, ein „neues Jerusalem" zu schaffen. 1620 segelten die ersten Puritaner, die Pilgerväter, mit der „Mayflower" nach Amerika und siedelten sich im heutigen Neuengland an.

Religiöse Freiheit

Motiviert durch die erfolgreichen Koloniegründungen in Nordamerika zu Beginn des 17. Jh. stieg die Zahl religiös motivierter Auswanderer stetig an. Zu den meistbeachteten Versuchen, ein neues „Gelobtes Land" zu schaffen, gehört das von *William Penn* gegründete **Pennsylvania**. Als Mitglied der in den 1650er-Jahren in England entstandenen *Religious Society of Friends*, besser bekannt als **Quäker**, schlug *Penn* auf der Suche nach Freiheit den Weg nach Nordamerika ein und legte die Regeln des Zusammenlebens in der 1701 von ihm verfassten *Charter of Privileges* fest. Gerade Pennsylvania wurde fortan zum Zufluchtsort vieler religiöser Gruppen aus Europa, darunter eine Gruppe um den Schweizer Prediger *Jacob Amman*, die **Amischen** *(Amish People)*, eine Splittergruppe der **Mennoniten**, die 1536 unter Führung des charismatischen Niederländers *Menno Simons* entstanden waren.

Catholic, Baptist, Methodist, Presbyterian, Pentecostal, Episcopalian, Latter-Day Saints, AME/African Methodist Episcopal, Church of Christ, Jehovah's Witness, Jewish, Muslims, Seventh-Day Adventist – die Liste der Glaubensgruppen und Kirchen in den USA zeigt eine **einzigartige Vielfalt**. Die meisten davon sind, streng genommen, protestantische Gruppen, hierzulande auch unter dem Begriff „Evangelische Freikirchen" firmierend, und die größte unter ihnen bilden die **Baptisten**. Die 1845 gegründete *Sout-*

hern Baptist Convention gilt als rigoros fundamentalistische Organisation, die die Allmacht der Bibel, einen traditionellen Moralbegriff sowie eine eher informelle Art der Gottesverehrung – man denke an Gospelmessen – vertritt. Als fortschrittlicher gelten die **Presbyterianer** und die **Methodisten**, quantitativ ebenfalls stark sind **Pentecostal** und **Episcopal Church**, **Lutherans** und die **Churches of Christ**.

Religiöse Vielfalt zeichnet die USA aus – hier der Mormon Temple in Salt Lake City

Ein Amerikaner gehört nicht unbedingt sein ganzes Leben lang ein und derselben Religionsgemeinschaft an: Bei einem Umzug kann es durchaus sein, dass ein Episkopaler zum Methodisten wird, sofern diese Gemeinde näher zur Wohnung liegt oder das Angebot an Kinderbetreuung, Alten- und Krankenpflege, Familienprogrammen oder Veranstaltungen ihn mehr anspricht. Da es **weder Steuern noch Kirchengeld** gibt und auch der Pfarrer nicht beamtet ist, lässt sich die Kirche diese Art von Service natürlich bezahlen. Grundlage ist der *Blessing Pact:* Gott liefert den Segen, der Besucher das Geld – und darf dafür in „God's own Country" nach eigenem Gusto glücklich werden.

Wiedererweckungs-Bewegungen

Religiöse **Wiedererweckungs-Bewegungen** *(Great Awakenings)* spielten in den USA eine zentrale Rolle. Das **erste Great Awakening** griff zwischen 1720 und 1750 auf die englischen Kolonien in Nordamerika über. Zu den damals herausragenden Figuren zählte der Prediger *George Whitefield*, der zum Führer der calvinistisch-protestantischen Gemeinschaft der **Methodisten** aufstieg. Erstmals rückte dabei die individuelle religiöse Erfahrung statt des Gemeinschaftserlebnisses in den Mittelpunkt. Auf fruchtbaren Boden fiel diese Bewegung auch im Mutterland England: 1747 gründete sich in Manchester die *United Society of Believers*, die als **Shaker** nach ihrer Flucht 1774 in Nordamerika regen Zulauf verzeichneten.

Zwischen 1795 und den 1840er Jahren kam es zu einem **zweiten Great Awakening**. Evangelisten wie *Charles G. Finney* propagierten den freien Willen jedes Menschen und die Vergebung der Sünden für alle. Als besonders folgenreich erwiesen sich jedoch die Visionen des *Joseph Smith* (1805–44) im September 1823, die sieben Jahre später die Basis des *Book of Mormon* bildeten und in der Gründung der **Church of Jesus Christ of Latter-Day Saints** mündeten. Wachsende Ablehnung trieb die **Mormonen** jedoch immer weiter nach Westen, bis Ende der 1840er-Jahre *Brigham Young* die damals rund 17.000 Gemeindemitglieder in ihre neue Heimat am Great Salt Lake führte, wo der Mormonenstaat **Deseret** (Biene), das heutige Utah, entstand.

Mormonenstaat

Gibt es den American Way of Life?

Hot Dogs und Hamburger, Jeans und Cowboystiefel, Turnschuhe und Kaugummi, anonyme Vorortsiedlungen und vielspurige Autobahnen, Shopping Malls und Outlet Center, „*How are You*" und Duzen, Oberflächlichkeit und Smalltalk, Macht des Geldes und Jagd nach ewiger Jugend – was ist es eigentlich, was den **American Way of Life** ausmacht?

„Typisch amerikanisch"

Natürlich lassen sich die alten Vorurteile über Amerika und die Amerikaner nicht so schnell ausrotten – Gleiches gilt umgekehrt z. B. in Bezug auf die Verbindung zwischen Deutschen und Sauerkraut, Autobahnen, Königsschlössern oder Kuckucksuhren. Doch der aufmerksame Beobachter wird eine derart vielfältige und oft gegensätzliche Welt vorfinden, dass er in Zukunft nicht mehr von einen universellen American Way of Life sprechen wird. Er wird begreifen, dass es das **Klischeebild vom typischen Amerikaner** nicht wirklich gibt, sondern lediglich spezifische Züge und Gemeinsamkeiten, aber auch grundlegende Unterschiede zum europäischen Lebensstil. Im Folgenden sollen zwei Aspekte des vielschichtigen American Way of Life herausgegriffen werden, die besonders deutlich die Verschiedenheiten aufzeigen.

Aus dem Vollen schöpfen

Fast Food ist zwar keine amerikanische Erfindung – schon im alten Rom gab es Garküchen an jeder Ecke –, doch in den USA wurde die „schnelle Küche" zum lukrativen Geschäft. Andererseits findet man heute kaum ein Land mit einer derart **kreativen und vielfältigen Küche**, die von frischen, lokalen Ingredienzien und variablen, einfallsreichen Kombinationen und Zubereitungsweisen lebt. Eine multiethnische Bevölkerungsstruktur, wachsendes Gesundheitsbewusstsein, Fantasie und Innovationsgeist haben dazu beigetragen, dass sich die amerikanische Küche zu etwas Besonderem entwickeln konnte und dass viele Restaurants mit den Gourmettempeln der französischen *Haute Cuisine* leicht konkurrieren können. Wochenmärkte schießen aus dem Boden und selbst Supermärkte bieten eine breite Palette an Obst- und Gemüsesorten, Fisch und Meeresfrüchten an.

Kreativität und Vielfalt der Küche

Die **Küche der USA** – im Reiseteil wird auf lokale Besonderheiten hingewiesen – kann man mit einem Eintopf vergleichen, in den die unterschiedlichsten Zutaten geworfen werden, um zu einem leckeren Gericht zu verkochen. So verdankt man den **Indianern** die Verwendung einer Vielfalt von lokalen Gemüse- und Obstsorten, das Wild und den Fisch, das Maismehl für die Tortillas und nicht zuletzt Chilis und Bohnen. Die **Zuwanderer** aus anderen Teilen der Welt führten Pflanzen wie Oliven, Trauben (Wein), Datteln, Nüsse oder Zitrusfrüchte ein, trieben den Fischfang zur Perfektion und entwickelten sich zu Meistern in der Viehzucht und -haltung. Schon in den 1970er-Jahren begann mit der kulturellen auch eine **kulinarische Revolution**. Neben Kalifornien avancierte speziell der Nordwesten (Washington und Oregon) zur kulinarischen Hochburg.

Die angeblich schönste Nebensache der Welt

Eine Nebensache ist der **Sport** in den USA keineswegs, er spielt im Alltag der Amerikaner eine **zentrale Rolle**. Ausgehend von Amerika ist Sport außerdem zu einem **wichtigen Wirtschaftsfaktor** und einem bedeutenden **Teil des Showgeschäfts** geworden. Seit über 100 Jahren gilt das passive Miterleben sportlicher Wettkämpfe als **Bestandteil des Kulturlebens** einer Stadt oder Region. Man kleidet sich entsprechend, zahlt einen hohen Preis für ein Ticket und erwartet eine mehrstündige Rundum-Unterhaltung für die ganze Familie.

Baseball ist Amerikas Nationalsport

Neben American Football, Baseball, Basketball und Eishockey, gewinnen NASCAR-Autorennen und Fußball (Soccer) immer mehr Fans. Sport ist fest verankert in Geschichte, Kulturleben und sogar im Kalender. Kein Wunder, reichen die Wurzeln vieler Sportarten doch ins 19. Jh. zurück. Selbst Profiligen und -teams können häufig auf eine **jahrhundertelange Tradition** verweisen. So interessiert beispielsweise niemanden der kalendarische Frühlingsbeginn, wenn jedoch der US-Präsident Anfang April, am „Opening Day", die Baseballsaison eröffnet, dann ist für die Amerikaner das **Frühjahr** da. Bis in den Herbst hinein sind nun das Schlagspiel mit dem kleinen Lederball und die *Boys of Summer* Gesprächsthema Nummer eins. **Baseball** ist nicht einfach nur ein Sport – das *National Game* ist Teil der amerikanischen Geschichte, Kultur, Lebensphilosophie und des Alltags.

Zentrale Rolle des Sports

Werden die Tage kürzer, hört man überall die Blechinstrumente und Trommeln der *Marching Bands*: Der **Herbst** ist die Jahreszeit des **American Football**. Gerade die Profi-Football-Liga **NFL** (*National Football League*) ist die florierendste Sportliga der Welt. Daneben ziehen auf dem „flachen Land", wo die meisten Universitäten angesiedelt sind, die *American Football*-Mannschaften der Hochschulen Millionen von Fans in ihren Bann: **College Football** lockt auch im Nordwesten in Hochburgen wie Berkeley, Stanford, Oregon, Idaho oder Washington genauso viele Zuschauer in die Stadien wie die NFL. Sportstudenten, mit Stipendien versehen, stellen vier Semester lang die Kader der Uniteams, um danach – sofern gut genug – ins Profisportgeschäft zu wechseln. Kommen Kälte und Schnee, dann pilgert man in die Hallen, um **Eishockey** der **NHL** *(National Hockey League)* oder **Basketball** zu sehen. Neben der weltberühmten **NBA** *(National Basketball Association)* ist auch **College Basketball** beliebt.

In den letzten Jahren hat sich eine weitere Sportart zum Volkssport entwickelt: **Fußball**, in den USA **Soccer** genannt. Haben einst nur Zuwanderer aus Hochburgen wie Südamerika und Südeuropa dem Fußball gehuldigt, kickt heute in den USA fast jedes Kind und die Bedeutung der **Profiliga MLS** *(Major League Soccer)* wächst stetig. Besonders die Teams in Seattle und Portland füllen große Stadien.

Der Westen – Mythos und Legende

Summe von Minderheiten

Nirgendwo stellt sich die **Frage nach einer einheitlichen Kultur** stärker als in den USA. Zwar hat seit der Gründung der Vereinigten Staaten die angloamerikanische Mehrheit ihre Normen zu setzen versucht, doch andererseits definieren sich die USA bis heute als **Summe von Minderheiten.** Ungeachtet allen Wandels und aller Vielschichtigkeit gibt es **kulturelle Konstanten**, die sich seit der Kolonialzeit herauskristallisiert haben: der Glaube, im „Gelobten Land" zu leben, Tugenden wie Unabhängigkeit, Optimismus, Selbstvertrauen, Fortschrittsglaube, Individualismus, Toleranz, Erfolgsstreben, Mobilität und schließlich die Sehnsucht nach *Wide Open Spaces*.

Ein prägendes Element der gesamten Region ist das **Phänomen „Westen"**. Bereits unter den ersten Siedlern, die sich im 17. Jh. an der Ostküste niederließen, befanden sich Unruhegeister, die neugierig Richtung Westen blickten. Ihnen ist es zu verdanken, dass sich die *Frontier* – die Grenze zwischen europäisch-„zivilisierter" und indianisch-„unzivilisierter" Welt –, allmählich westwärts verschob und sich der Mythos vom „Gelobten Land" im **Wilden Westen** verbreitete. 1845 subsummierte der New Yorker Verleger *John L. O'Sullivan* diesen Drang, sich den nordamerikanischen Kontinent untertan zu machen, unter dem Begriff **Manifest Destiny**. *Horace Greeley* (1811–72), der Gründer der „New York Tribune", erfand dazu die bis heute zugkräftige Parole: „**Go West, young man!**".

Grandiose Landschaften, Cowboys und Indianer

Es war der Historiker *Frederick Jackson Turner*, der 1893 erstmals feststellte, dass die *Frontier*-Tage Vergangenheit waren. Seitdem begann sich jene Epoche als Mythos in den Köpfen der Menschen festzusetzen. Ein Resultat davon ist die **Western Art**. Sie hat nicht nur Indianer und Pferde, Cowboys und Ranchalltag zum Thema, sondern auch die faszinierenden Landschaften des Westens. **Thomas Moran** (1837–1926) war der erste Künstler, der die majestätische Landschaft des Yellowstone festhielt und damit nicht unerheblich dazu beitrug, dass der US-Kongress die Region zum Nationalpark erklärte. Später entdeckte er den Grand Canyon als Motiv. *Moran* war dabei nicht an einer exakten Wiedergabe der Natur interessiert, sondern wollte die ihr innewohnende Kraft zum Ausdruck bringen, ebenso wie der deutschstämmige Maler **Albert Bierstadt** (1830–1902) oder der weltberühmte Fotograf **Ansel Adams** (1902–84).

Karl Bodmers Porträt eines Indianers

Für andere Künstler, z. B. **Karl Bodmer** (1809–93), **George Catlin** (1796–1872), **Frederic Remington** (1861–1909) oder **Charles M. Russell** (1864–1926)

info

„Reise in das Innere Nord-America"

Es sind eindrucksvolle Indianerporträts, darunter als wohl bekanntestes dasjenige des Mandan-Häuptlings *Mató-Tópe*. Sie haben den in der Schweiz gebürtigen, später in Deutschland und Frankreich lebenden Maler *Karl Bodmer* (1809–93) unsterblich gemacht. 23-jährig hatte sich *Bodmer* 1832 erfolgreich bei *Prinz Maximilian von Wied* (1782–1867), früherer preußischer Militär, als Begleiter auf dessen „Reise in das innere Nordamerika" beworben. Zusammen mit seinem Diener und dem Künstler folgte *Prinz Max* in den Jahren 1833 und 1834 13 Monate lang der Route des *Corps of Discovery* von St. Louis bis Fort McKenzie bei Great Falls/Montana. Zuvor hatte man sich von keinem Geringeren als *William Clark* beraten und mit Karten ausstatten lassen.

Während der fünf Monate im Winterlager in Fort Clark, unter Mandan und Hidatsa, entstand ein Großteil jener Indianer- und Landschaftsbilder, die nach der Rückkehr in Form kolorierter Kupferstiche als gesondertes Portfolio *Maximilians* detaillierte Tagebuchaufzeichnungen illustrierten. „Reise in das Innere Nord-America" gilt heute als eines der bedeutendsten Werke der Völkerkunde und als eine der letzten authentischen Schilderungen der Prärie-Indianer und ihres Lebens. Epidemien und Siedlerzustrom hatten wenig später die indianische Lebensweise weitgehend zunichte gemacht.

---

standen dagegen Cowboys und Indianer im Vordergrund. Vor allem *Remington* pries mit seinen Werken, großteils kleinformatige Bronzeskulpturen, das heroische Leben der weißen Siedler und glorifizierte Cowboys und Indianer. „Die Zivilisation ist der größte Feind der Natur," soll *Charles M. Russell* einmal gesagt haben. Der 1864 geborene *Russell* gilt neben *Remington* als der Wildwest-Künstler schlechthin, hatte lange selbst als Cowboy gearbeitet und während der einsamen Stunden auf den Weiden seine Liebe zur Malerei entdeckt.

Die Westernliteratur geht neue Wege

Der Ursprung des Westerns und damit der Beginn der Mythologisierung des Westens liegt im Jahr 1902: Damals erschien „*The Virginian*" von **Owen Wister** (1860–1938). Wie sein Freund, der spätere Präsident, *Theodore Roosevelt*, war der Havard-Absolvent vom Westen fasziniert. Mit seinem Roman schuf er den Prototypen des Westernhelden und zugleich ein Genre, das bis heute gerade in den USA große Bedeutung hat. Zumeist spielen die Abenteuer im letzten Drittel des 19. Jh., irgendwo westlich des Mississippi, wo Gesetz und Gerechtigkeit durch Anarchie bedroht sind und nicht nur Gute gegen Böse kämpfen, sondern auch der Konflikt zwischen Individuum und Gemeinschaft immer wieder thematisiert wird.

Der erste Western

Während *Wister* sich längst einen Platz in der Rangliste wichtiger amerikanischer Schriftsteller erkämpft hat, haben auch andere Westernautoren wie **Zane Grey** (1872–1939), **Louis L'Amour** (1908–88) oder **Max Brand** (das bekannteste Pseudonym von *Frederick Shiller Faust*, 1892–1944) inzwischen ihren Ruf als „Groschenromanautoren" verloren und einige ihrer Romane werden sogar als Meilensteine der Literatur des Westens angesehen.

Moderne Impulse

In ihre Fußstapfen sind Autoren getreten, die dem Genre des Westerns neue Impulse gegeben und ihn in die Moderne geführt haben. Dazu gehören *Larry McMurtry*, *Robert Coover* oder *Elmer Kelton*. Für Furore hat zuletzt **Charles Portis** gesorgt, dessen schon 1968 erschienener Western *„True Grit"* 2010 neu verfilmt wurde. Aber auch Krimiautoren wie *Tony Hillerman*, *James Doss*, *Peter Bowen*, *C. J. Box* oder *James Lee Burke* haben dem modernen Western eine neue Dimension gegeben – wie auch **Cormac McCarthy** mit „Blood Meridian" (1985), neben *Herman Melvilles* „Moby Dick" ein Meisterwerk amerikanischer Literatur.

Der Western lebt!

Der „Mythos Cowboy" lebt noch

In *John Fords* Film „Der Mann, der Liberty Valance erschoss" gesteht ein US-Senator *(James Stewart)* einem Zeitungsredakteur, dass er vor 30 Jahren jenen Verbrecher gar nicht erschossen habe. Die Heldentat, die ihm als Sprungbrett für seine Politikerkarriere gedient hatte, sei eine Lüge gewesen. Als der Zeitungsredakteur die Geschichte gehört hatte, erklärte er nur: „Das ist der Westen, Sir, und wenn die Legende zur Wirklichkeit wird, drucken wir eben die Legende ab." Besser lässt sich der „**Mythos Westen**" nicht beschreiben.

Die Mythologisierung des Westens war bereits weit fortgeschritten, als die ersten **Westernfilme** überhaupt gedreht wurden. Noch ehe die Leinwandhelden in den Sonnenuntergang hineinreiten durften, hatten Groschenromane, Theaterstücke und Wildwest-Shows wie die legendäre Schau eines William Frederick „**Buffalo Bill" Cody** (1846–1917) die Vorstellungen geprägt. Der Film eröffnete lediglich ein neues Medium für ein bereits populäres Genre. Auch wenn der Westernfilm nach der Blüte unter Regisseuren wie *John Ford* und *Clint Eastwood* und legendären Schauspielern wie *John „The Duke" Wayne* (1907–76) nicht mehr gefragt schien und Western-TV-Serien wie „Bonanza" oder „Rauchende Colts" ausliefen, belegten in jüngerer Zeit Filme mit *Kevin Costner* wie „Der mit dem Wolf tanzt" oder „Open Range" sowie der 2005 Aufsehen erregende Film „Brokeback Mountain", dass der Western immer noch lebt. Auch die Western von 2007 „3:10 to Yuma" und „The Assassination of Jesse James" sowie die geplante Verfilmung von Cormac McCarthys Meisterwerk „Blood Meridian"und der sehenswerte Oscar-nomminierte Western *„True Grit"* legen davon beredtes Zeugnis ab.

Zwischen Countrymusic und Grunge

Längst ist **Countrymusic** zu einem weltweiten Phänomen geworden, Verkörperung des Traums von Freiheit und Abenteuer, Romantik und wahrer Liebe, harten Männern und schönen Frauen, Freundschaft und edlen Tugenden. Dabei hat die Musik ursprünglich mit dem Cowboy-Image wenig zu tun. Ihre **Wurzeln** liegen vielmehr in der englisch beeinflussten Volksmusik des Südostens, der spanisch-mexikanischen Musik des Südwestens und Texas' und im Blues der schwarzen Landbevölkerung Mississippis.

In den 1920er-Jahren wurde Countrymusic erstmals populär, dank der *Carter*-Familie aus Virginia und dem unvergessenen *Jimmy C. Rodgers* aus Mississippi. Radiosendungen, vor allem aus der legendären *Grand Ole Opry* in Nashville, waren damals Straßenfeger. In den 1930er-Jahren brachten die *Texas Playboys* nicht nur die Geige ins Spiel, sondern sorgten auch dafür, dass erstmals das Cowboy-Image in die Konzerte einfloss und zum unverwechselbaren Markenzeichen von Musikern wie *Gene Autry* oder *Roy Rogers* wurde.

Countrymetropole Nashville

Waren es in den 1950er-Jahren Namen wie *Roy Acuff, Ernest Tubb, Kitty Wells, Minnie Pearl* oder *Hank Williams*, deren Hits jedes Kind kannte, schickte sich in den 1960er- und 1970er-Jahren *Country & Western* („C&W") an, sich als Popmusik-Richtung zu etablieren. Zu den unvergessenen Legenden jener Tage gehören **Willie Nelson** und **Johnny Cash** (1932–2003), der *Country & Western* um ein gesellschaftskritisches Element bereichert hat. Unvergessen sind die Auftritte des „Man in Black" in den Gefängnissen San Quentin und Folsom oder seine Alben, die den Old West oder die Probleme der Indianer thematisierten: „Ride this Train", „Bitter Tears", „Ballads of the True West" oder „America" sind Beispiele aus seinem breiten Repertoire.

Längst ist Nashville nicht mehr das alleinige **Mekka der Countrymusic**, in zunehmendem Maße als innovativ erweisen sich Orte wie **Bakersfield** in Kalifornien oder **Austin**, die Hauptstadt von Texas. Berühmtester Vertreter des *Bakersfield Sound* ist **Merle Haggart**. Legendäre Bands aus dem Westen wie die **Eagles**, **John Fogerty** oder **Creedance Clearwater Revival** wären ohne Country nicht vorstellbar.

Auch in **Seattle** hat Musik Tradition: *Jimmy Hendrix, Quincy Jones* oder *Ray Charles* wurden hier geboren oder lebten hier, ebenso der Jazz-Musiker *Kenny J.* Bekannt ist Seattle aber vor allem wegen der alternativen Musikszene, die weltberühmte Bands wie *Nirvana* oder *Pearl Jam* hervorgebracht und den speziellen Seattle Sound, den ***Grunge***, begründet hat. In jüngerer Zeit setzen Musikgruppen wie *The Presidents of the United States* oder die *Infernal Noise Brigade* diese Tradition fort.

Nirvana und Pearl Jam

Auch **San Francisco** gibt musikalische Anstöße. Jeder denkt an *Flower Power* und *Psychedelic*, an legendäre Musiker und Bands wie *Janis Joplin* oder *Greatful Dead*. Doch San Francisco ist bzw. war auch Heimat von zwei so unterschiedlichen Musiklegenden wie *John Lee Hooker* (1917–2001) und *Carlos Santana*. Aber auch innovative junge Bands wie *Rupa & the April Fishes* oder die *Dodos* halten die musikalische Tradition San Franciscos weiter hoch.

3. ALLGEMEINE REISETIPPS VON A–Z

Bei einem Ranchurlaub im Nordwesten der USA wie auf der Willow Springs Ranch im Süden Oregons kann man ein paar Tage lang authentisches Cowboyleben inklusive Cowboyküche genießen.

Hinweis

In den **Allgemeinen Reisetipps** finden Sie reisepraktische Hinweise für die Vorbereitung Ihrer Reise und allgemeine Tipps für Ihren Aufenthalt in den USA. Die **Speziellen Reisetipps** zu einzelnen Städten oder Regionen finden sich jeweils am Ende der entsprechenden Kapitel im Reiseteil.

Das kostet Sie das Reisen im Nordwesten der USA

Abkürzungen

Abgesehen von den geläufigen Abkürzungen für Tage, Monate, Zeiten etc. sind nachfolgend einige häufig gebrauchte Abkürzungen zusammengefasst, die in den USA (z. B. in Broschüren, auf Landkarten, Straßenschildern usw.) vorkommen bzw. in diesem Buch benutzt werden:

a.m.	ante meridiem (vormittags)
A	Österreich
Ave.	Avenue
Bldg.	Building
Blvd.	Boulevard
CVB	Convention & Visitors Bureau (Tourismusamt)
D	Deutschland
Dr.	Drive
DZ	Doppelzimmer
E	East
EW	Einwohner
Frwy.	Freeway
HS	Hauptsaison – Memorial bis Labor Day, letzter Montag im Mai bis 2. Montag im Sept. (bei zwei angegebenen Öffnungszeiten bezieht sich der längere Zeitraum auf die HS)
Hwy.	Highway (US Hwy. bzw. mit Angabe des Staatskürzels State Hwy.)
I	Interstate (Autobahn)
N	North
mi	mile (Meile), 1,6 km
mph	miles per hour
Mt.	Mount
Mtn.	Mountain
NRA	National Recreation Area
NF	National Forest
NM	National Monument
NP	National Park
NS	Nebensaison – Labor Day (2. Montag im Sept.) bis Memorial Day (letzter Montag im Mai), bei zwei angegebenen Öffnungszeiten bezieht sich der kürzere Zeitraum auf die NS
Pkwy.	Parkway
Pl.	Place
p.m.	post meridiem (nachmittags)
Rd.	Road
Rte.	Route
RV	Recreational Vehicle (Wohnmobil)
S	South
Sq.	Square
SP	State Park
SR	State Road
St.	Street
VC	Visitor Center (Besucherinformationsstelle)
W	West
/	bei Adressangaben Hinweis auf eine Straßenecke
–	Hinweis auf die Straßen, zwischen denen ein Punkt liegt

Staatenabkürzungen

CA	California
CO	Colorado
ID	Idaho
MT	Montana
NV	Nevada
ND	North Dakota
OR	Oregon
SD	South Dakota
UT	Utah
WA	Washington
WY	Wyoming

Alkohol

Der Verkauf und Ausschank von Spirituosen ist bundesstaatlich geregelt. Das Mindestalter für Alkoholkonsum (*AMA – Minimum Legal Drinking Age*) liegt in allen im Buch angesprochenen Staaten bei 21 Jahren. Häufig muss man in Supermärkten oder Bars einen Ausweis bzw. Führerschein (letzterer ist in den Vereinigten Staaten das gängige Identifikationsdokument) vorzeigen.

In der Öffentlichkeit ist der Konsum von Alkoholika (einschließlich Bier) generell verboten, gekaufte Dosen und Flaschen sollten in Papiertüten (*Brown Bags*) verpackt im Kofferraum verstaut werden. Niemals geöffnete Flaschen/Dosen im Fahrgastraum transportieren!

Je nach Staat bzw. County bekommt man Alkohol (manchmal nur Bier und Wein) in Supermärkten und Tankstellen, manchmal auch nur in *Liquor Stores* (v.a. Hochprozentiges). Einfachere Lokale, insbesondere Fastfood-Restaurants, verfügen vielfach über keine Alkohollizenz. In Indianerreservaten darf nur in Casinos Alkohol ausgeschenkt werden.

Anreise

siehe Einreise S. 96 und Flüge S. 106

Auto fahren

siehe auch Mietwagen S. 116

Im Allgemeinen fährt man in den USA weniger aggressiv und rücksichtsvoller als in Europa. Man bewegt sich gemächlich vorwärts, aktiviert die *Cruise Control* und überholt wenig. Abgesehen von städtischen Ballungsgebieten ist die Verkehrsdichte geringer, und trotz einer (je nach Staat unterschiedlichen) Höchstgeschwindigkeit von 65–75 mph (ca. 105–120 km/h) kommt man über Land zügig voran. Das Fahren in und um große Städte kann hingegen Zeit und Nerven kosten, vor allem während der *Rush Hour*, d.h. etwa 7–9/10 bzw. 17–20 Uhr.

Amerikanische Wagen

Komfort und Bequemlichkeit spielen bei amerikanischen Pkws eine große Rolle. *Cruise Control* (Tempomat), Klimaanlage *(AC)*, Servolenkung und -bremsung, mehrere Airbags, Zentralverriegelung, automatisches Fahrtlicht etc. gehören meist zur Grundausstattung, ebenso **Automatikgetriebe**. Dabei ist zu beachten, dass die beiden vorhandenen Pedale für Bremse und Gas ausschließlich mit dem rechten Fuß bedient werden und dieser immer bremsbereit sein muss, da das Standgas sonst das Auto langsam in Bewegung setzt. Je nach Fahrzeugkategorie befindet sich der Schalthebel zwischen den Vordersitzen oder (seltener) rechts am Lenkrad. Die Handbremse ist im zweiten Fall als kleineres Pedal im Fußraum ganz links außen angebracht.

Die **Symbole des Automatikgetriebes** bedeuten:

P (Park)	Parken (blockiertes Getriebe, zum Starten des Wagens bzw. zum Abziehen des Schlüssels)
N (Neutral)	Leerlauf (Bremsen!)
R (Reverse)	Rückwärtsgang
D (Drive)	Fahrstufe. Ein eingerahmtes D steht für normale ebene Strecken, ein einfaches D für hügeliges bzw. ansteigendes Terrain. Um schnell zu beschleunigen: das Gaspedal durchdrücken.
2	zweiter Gang, bei mittleren Steigungen (kurzzeitig) zu empfehlen. Eine Höchstgeschwindigkeit von 50 mph sollte nicht überschritten werden.
I oder L (Low)	entspricht dem ersten Gang und wird genutzt bei steilen Steigungen und Gefällen sowie langsamer Geschwindigkeit (max. 25 mph).

Automobilclub AAA

Die **American Automobile Association – AAA** („Triple A") – ist auch für ausländische Besucher eine gute Einrichtung. Mit einem deutschen ADAC- oder AvD-, einem österreichischen ÖAMTC- oder Schweizer TCS-Ausweis erhält man vor Ort **gratis aktuelle Karten und Stadtpläne**, außerdem hilfreiche *Tour-* und *CampBooks*, in denen Sehenswürdigkeiten, Unterkünfte und Restaurants aufgelistet sind. Man kann in den Büros auch Reiseschecks tauschen und sich bei der Routenplanung helfen lassen. Jede größere Stadt verfügt über eine AAA-Niederlassung (www.aaa.com), in der man sich am besten gleich zu Reisebeginn mit allen nötigen Karten, Stadtplänen und *TourBooks* eindeckt. In Deutschland gibt es einen Teil der hilfreichen *TourBooks* auch gegen Gebühr beim ADAC.

Fahrweise

Bei Überlandfahrten passt man sich dem Verkehrsfluss an. Amerikaner wechseln die Spuren nicht häufig und selten abrupt. Ungewohnt ist das erlaubte **Rechtsüberholen** bei mehreren Spuren. Im Stadtbereich hält man sich an die zweite oder dritte Spur von rechts, auch um auf **Linksabfahrten** vorbereitet zu sein. Bei nur zwei Fahrspuren wird nur ausnahmsweise überholt; es wird erwartet, dass der Langsamere die nächste Gelegenheit zum kurzen Herausfahren wahrnimmt.

Car Pools sind speziell ausgewiesene Fahrbahnen für Fahrgemeinschaften (meist ab zwei Personen), Taxis oder Busse. Da sie weniger Abfahrten aufweisen und gelegentlich von Mauern oder Zäunen begrenzt werden, die einen Spurwechsel unmöglich machen, ist Vorsicht geboten.

Auf- und Abfahrten auf Interstates *(Exits)* sind entweder nach Meilen zur Staatsgrenze beziffert oder durchnummeriert. Sie können sich auch links befinden. Oft führen mehrere Exits in eine Stadt, wobei Ankündigungsschilder meist nur Straßennummern, keine Orte nennen. Vorheriges Kartenstudium ist erforderlich. Am Straßenrand listen blaue Schilder vor Ausfahrten zur Verfügung stehende Serviceeinrichtungen wie öffentliche WCs, Tankstelle, Imbiss, Rastplatz etc. auf.

Pannen und Notfälle

Notrufnummer ist 911. Mietwagenfirmen haben eigene Telefonnummern für den Fall einer Panne oder eines Unfalls und sollten als Erste informiert werden. Man ruft Hilfe per Mobil Phone oder an der Notrufsäule. Ein kostenloser zentraler **Notruf in deutscher Sprache (ADAC)** ist erreichbar unter **1-888-222-1373**, im Sommer rund um die Uhr, sonst von 8 bis 18 Uhr. Der **AAA-Pannendienst** *(AAA Emergency Road Service*, ☏ 1-800-222-4357) hilft ebenfalls weiter.

Bei kleineren Defekten kann ein Mietwagen unkompliziert an der nächsten Verleihstation umgetauscht werden. Als nicht beteiligter Dritter sollte man mit der Leistung von Erster Hilfe bei Unfällen vorsichtig sein, da die Gefahr besteht, wegen „nicht sachgemäßer Hilfeleistung" in einen Schadensersatzprozess verwickelt zu werden. Besser ist es, per *Mobile Phone* sofort einen Notruf abzusetzen.

Parken

Parken, vor allem in Parkhäusern, kann in Metropolen, aber auch in Hotels höherer Kategorien recht teuer werden. Auf Überlandstraßen und Autobahnen darf nur in Notfällen abseits der Fahrbahn angehalten werden; in Städten sind Hydranten und *Tow Away-* bzw. *No Parking-* Zonen ein absolutes Tabu. Auf Straßen signalisieren farbige Randsteinmarkierungen die Parkregeln:

Auf Amerikas Highways unterwegs

- **Rot**: absolutes Halteverbot
- **Gelb/Gelb-Schwarz**: Liefer-/Ladezone, über Nacht ist das Parken erlaubt
- **Grün**: 10-Minuten-Parken
- **Weiß**: Anhalten zum Ein-/Aussteigen erlaubt
- **Blau**: Behindertenparkplätze

Die Parküberwachung ist streng und Verstöße werden umgehend geahndet, auch bei Ausländern. Abschleppen kostet viel Geld, Ärger und Zeit.

Straßentypen und -nummerierung

Highway ist der übergeordnete Begriff für Straßen. Es wird unterschieden zwischen autobahnähnlichen Interstates, übergeordneten bundesstaatlichen, oft vierspurigen ***US Highways*** und untergeordneten **State** oder **County Highways,** die meist zweispurig sind und in manchen Staaten auch *Route* (Rte.) genannt werden. State-Highway-Schilder zeigen meist außer der Nummer die jeweilige Staatskontur, **County Highways** werden durch kleinere Schilder, meist mit Nennung des County (Landkreises), markiert. **Gravel Roads** oder **Unpaved Roads** sollten möglichst gemieden werden, erst recht **Dirt Roads** (fast Feldwege).

Interstate Highways werden durch rot-blaue Schilder angekündigt. Ungerade ein- oder zweistellige Straßennummern signalisieren N-S-, gerade O-W-Verlauf. Zubringer oder Nebenstrecken tragen korrespondierende dreistellige Nummern (z. B. I-280 als Zubringer zur I-80). Bei gerader erster Ziffer handelt es sich um eine Stadtumgehung, bei ungerader um eine Stichstraße. Interstates heißen im städischen Großraum gelegentlich auch **Freeway** oder **Expressway** und sind mindestens vierspurig. Gelegentlich werden Interstates im Stadtgebiet bzw. als Umfahrung zu gebührenpflichtigen **Toll Roads** oder **Turnpikes.**

Tanken

Eine Gallone (3,8 l) des für die meisten Mietwagen ausreichenden Normalbenzins *(gas)* kostet im Nordwesten der USA zwischen $ 3,30 und 3,70 (Stand: Frühjahr 2014). Üblich ist *Selfservice*, gezahlt wird bar *(Cash)* oder mit Kreditkarte *(Credit)* direkt an der Zapfsäule. Gelegentlich muss, vor allem nachts, vor dem Tanken bezahlt werden *(Pay Cashier First)*, manchmal kann die nötige Eingabe einer Postleitzahl bei Kartenzahlung an der Zapfsäule Probleme bereiten.

• Die aktuellen Benzinpreise in einer bestimmten Region/Stadt finden Sie online auf **www.gasbuddy.com.** Hier kann man sich auch ein entsprechendes App für das *Mobile Phone* herunterladen.

Verkehrsschilder

Häufiger tragen Schilder Worte als Symbole und Farben signalisieren zudem, um welche Art von Regel es sich grundsätzlich handelt. Dabei bedeutet
Gelb: Warnung (Kurvengeschwindigkeit, Kreuzung etc.)
Weiß: Gebot (Höchstgeschwindigkeit, vorgeschriebene Fahrtrichtung, Abbiegeverbot etc.)
Braun: Hinweise (Sehenswürdigkeiten, Naturparks etc.)
Grün: Hinweise (z. B. nächste Ausfahrten oder Entfernungen)
Blau: Hinweis auf offizielle und Serviceeinrichtungen (Rastplätze, Tankstellen etc.)

Vielfach erfolgen Warnungen nicht in Symbol-, sondern in Schriftform:
Yield – Vorfahrt achten
Stop – Halt
Speed Limit/Maximum Speed – Höchstgeschwindigkeit
MPH – Miles per hour (Meilen pro Stunde; 1 mi = 1,6 km)
Dead End – Sackgasse
Merge – Einfädeln, die Spuren laufen zusammen
No U-Turn – Wenden verboten
No Passing/Do not pass – Überholverbot
Road Construction *(next … miles)* oder **Men working** – Baustelle auf den nächsten … km
Detour – Umleitung
Alt Route – *Alternative Route* oder Umleitungsstrecke
RV – Recreation Van (alle Arten von Wohnmobilen, Campern)
Railroad X-ing (= Crossing) – Bahnübergang
Ped X-ing – Fußgängerüberweg

Besondere Verkehrsregeln und Tipps

- **Ampeln** hängen ungewohnt hoch, mitten über der Kreuzung und schalten unmittelbar von Rot auf Grün.
- „Rechts vor links" ist in den USA prinzipiell unbekannt, stattdessen gibt es in Ortschaften, wenn Ampeln fehlen, **Four-way Stops** – d.h. Stoppschilder in allen Fahrtrichtungen. Wer zuerst kommt, fährt zuerst – und das wird auch genau befolgt, falls nötig, mit Handzeichen geregelt.
- **Rechtsabbiegen** bei roter Ampel ist erlaubt, sofern gefahrlos möglich und falls kein Schild *„No turn on red"* vorhanden ist.
- Auf mehrspurigen Straßen darf **rechts überholt** werden.
- Orangefarbene **Schulbusse** dürfen, wenn sie Zeichen (Blinklicht/Kelle) geben, nicht überholt werden, auch nicht in Gegenrichtung. In Schulnähe gilt bei Blinklicht verringerte Höchstgeschwindigkeit.
- Die **Höchstgeschwindigkeit** variiert je nach Bundesstaat, in der Reiseregion liegt sie zwischen 75 und 65 mi/h (120/104 km/h) auf Autobahnen *(Interstates)*, bei meist 55–65 mph (88–104 km/h) auf Landstraßen *(US/State Hwy.)*, im Stadtgebiet bei 30 mph (48 km/h). Auf die (eher seltenen) Schilder achten!
- **Rasen** *(Speeding)* wird schärfer überwacht und härter bestraft als hierzulande. Kontrollen erfolgen durch geschickt am Straßenrand oder auf dem Mittelstreifen verborgene Polizeiwagen mit Radargeräten, die sich hinter einem Verkehrssünder einreihen und ihn per Signal zum Halten zwingen. Ggf. sofort halten, im Auto sitzen bleiben, Papiere bereithalten, den Strafzettel widerspruchslos hinnehmen und (bar) bezahlen.
- Wer einen **Strafzettel** bekommen hat, z.B. wegen Falschparkens, kommt auch bei einem Mietwagen nicht umhin, diesen zu bezahlen. Meist ist dies über die Seite der Stadtverwaltung im Internet möglich.
- **Alkohol** immer im Kofferraum transportieren. Gesetzlich gelten 0,5 Promille und Verstöße werden streng geahndet.
- Nie den Tank komplett leer fahren, in ländlichen Regionen können die **Tankstellen** weit auseinander liegen.
- Achtung bei **Nachtfahrten** bzw. bei Dämmerung: Wildwechsel!

Besondere Gesellschaftsgruppen

Behinderte

Insgesamt gelten die USA als sehr behindertenfreundlich. Rampen an Zugängen, abgesenkte Bordsteinkanten, Fahrstühle, eigene Parkplätze, Telefonzellen und WCs, spezielle Motelzimmer und Leihwagen, Blindeneinrichtungen, kostenlos zur Verfügung

gestellte Rollstühle sowie ein „Helping-Hand-Service" erleichtern *Handicapped People* das Reisen. In Detailfragen helfen die regelmäßig aktualisierten Handbücher **„Handicapped Driver's Mobility Guide"** vom Automobilclub AAA oder die Stadtverwaltungen weiter.
• Infos erteilt außerdem **SATH** *(Society for Accessible Travel & Hospitality)* unter der Webadresse www.sath.org
• Ebenfalls hilfreich ist die Seite www.usatourist.com/english/traveltips/handicapped-travel-tips.html

Senioren

Meist ab 65 Jahren, gelegentlich auch schon früher, genießt man in den USA gegen Vorlage von Führerschein oder Pass als *Senior (Citizen)* **Sonderkonditionen**. Abgesehen von zuvorkommender Behandlung, z. B. an Flughäfen, gibt es zahlreiche Rabatte, z. B. bei Fluggesellschaften, bei der Eisenbahn, bei Tourveranstaltern, in Motels und Hotels oder auch in Museen und Sights.

Kinder

Amerika ist **kinder- und familienfreundlich**. Es gibt vielerlei **Vergünstigungen**, sei es im Flugzeug, in der Bahn oder in öffentlichen Verkehrsmitteln. In vielen Unterkünften übernachten Jugendliche bis 18 Jahre kostenlos im Zimmer der Eltern. Restaurants bieten Kindersitze und -menüs an, in Fast-Food-Lokalen oder Parks gibt es Spielplätze. Neben Swimmingpools für Erwachsene sind Planschbecken die Regel. Größere Sights und Parks stellen oft Kinderwagen zur kostenlosen Benutzung bereit. Öffentliche Picknickplätze sind verbreitet, ebenso Toiletten mit Wickeltischen.

Botschaften und diplomatische Vertretungen

siehe auch Einreise und Visum S. 96

Die ausländischen Botschaften und Konsulate im Heimatland sind in erster Linie für die Erteilung von Visa zuständig, nämlich

in Deutschland:

- Amerikanische Botschaft, Pariser Platz 2, 14191 Berlin, ☏ (030) 83050; Konsularabteilung (Visa): Clayallee 170, 14191 Berlin, Terminabsprachen: ☏ 0900-1-850055 (Mo–Fr 7–20 Uhr, 1,86 €/Min.), http://germany.usembassy.gov
- US-Generalkonsulat Frankfurt, Gießener Str. 30, 60435 Frankfurt/Main, ☏ (069) 7535-0, http://german.frankfurt.usconsulate.gov
- US-Generalkonsulat München, Königinstr. 5, 80539 München, ☏ (089) 2888-0, http://german.munich.usconsulate.gov

in Österreich:

- Amerikanische Botschaft, Boltzmanngasse 16, A-1090 Wien, ☏ (01) 31339-0, http://austria.usembassy.gov, Visaabteilung: Parkring 12a, A-1010 Wien, ☏ 0900-510300 (2,17 €/Min.)

Visa-Informationen im Internet

- Hilfreiche Informationen der US-Botschaft in englischer Sprache: http://germany.usembassy.gov/visa
- http://travel.state.gov/visa/visa_1750.html

in der Schweiz:
- Amerikanische Botschaft, Sulgeneckstr. 19, 3007 Bern, ☏ (031) 357-7011, Visa-Terminabsprachen: ☏ 0900-878472 (CHF 2,50/Min.), http://bern.usembassy.gov

Botschaften in den USA
- **Embassy of the Federal Republic of Germany**, 4645 Reservoir Rd. NW, Washington, D.C. 20007-1998, ☏ (202) 298-4000, www.germany.info
- **Austrian Embassy**, 3524 International Court NW, Washington, D.C. 20008, ☏ (202) 895-6700, www.austria.org
- **Embassy of Switzerland**, 2900 Cathedral Ave. NW, Washington, D.C. 20008-3499, ☏ (202) 745-7900, www.eda.admin.ch/eda/en/home/reps/nameri/vusa/wasemb.html

Die wichtigsten Konsulate für deutsche Staatsbürger:
- Generalkonsulat San Francisco, 1960 Jackson St., San Francisco/CA, ☏ (415) 775-1061, www.germany.info/Vertretung/usa/en/03__Consulates/San__Francisco/00/__Home.html
- Honorarkonsulat Oregon/Idaho, 200 SW Market St., Suite 1695, Portland/OR, ☏ (503) 222-0490
- Honorarkonsulat Washington/Montana, 7853 S. E. 27th St., Suite 180, Mercer Island/WA, ☏ (206) 715-5677
- Honorarkonsulat Colorado/Wyoming, 425 S. Cherry St., Denver/CO, ☏ (303) 279-1551
- Honorarkonsulat Utah, c/o. Kirton & Mc Conkie, 60 East South Temple, Salt Lake City/UT, ☏ (801) 350-7608

Eine Liste aller Auslandsvertretungen findet sich unter:
www.auswaertiges-amt.de, Link „Reise und Sicherheit – Auslandsvertretungen" (D) www.germany.info, Link „Consulates General" bzw. „Visa, Passport & Legal", Link „Honorary Consuls A–Z" (Honorarkonsulate).

Die wichtigsten Konsulate für österreichische Staatsbürger:
- Honorarkonsulat San Francisco, 580 California St., Suite 1500, San Francisco/CA, ☏ (415) 765-9576
- Honorarkonsulat Salt Lake City, 240 Edison St., Salt Lake City/UT, ☏ (801) 364-1045
- Honorarkonsulat Portland, c/o. Stoel Rives LLP, 900 SW 5th Ave., Suite 2600, Portland/OR, ☏ (503) 552-9733

Eine Liste aller Vertretungen (auch Honorarkonsulate) findet sich unter:
www.bmaa.gv.at, Link „Bürgerservice – Österreichische Vertretungen"

Die wichtigsten Konsulate für Schweizer Staatsbürger:

- Generalkonsulat San Francisco, 456 Montgomery St., Suite 1500, ☏ (415) 788-2272
- Honorarkonsulat Denver, c/o. University of Colorado, Campus Box 217, Boulder/CO, ☏ (303) 735-2426
- Honorarkonsulat Salt Lake City, 2782 Durban Rd., Sandy/UT, ☏ (801) 804-6727
- Honorarkonsulat Seattle, 6920 94th Ave. SE, Mercer Island/WA, ☏ (206) 228-8110

Eine Liste aller Vertretungen findet sich unter: www.eda.admin.ch, Link „Vertretungen"

Busse

Zwar etwas billiger, aber weniger bequem als mit der Eisenbahn gelangt man mit den Bussen der führenden amerikanischen Busgesellschaft **Greyhound** ans Ziel. Die Überlandbusse galten früher als preiswertes, alternatives Transportmittel für Aussteiger und Weltenbummler, inzwischen sind die Preise jedoch deutlich gestiegen und die Klientel hat sich verändert. Die Busbahnhöfe liegen selten zentral und in guten Vierteln. Vor allem bei nächtlicher Ankunft ist es ratsam, ein Taxi zu nehmen und eine Unterkunft im Voraus zu arrangieren. Die früher günstige Netzkarte Greyhound Discovery Pass USA gibt es nicht mehr.

- **Greyhound USA**: ☏ 1-800-231-2222, www.greyhound.com

Camping und Camper

siehe auch Nationalparks S. 120

Der Nordwesten der USA ist ein ideales Reisegebiet für Camper

Camping ist ein Stück Weltanschauung, der eine mag es, der andere nicht. Grundsätzlich sind die **Bedingungen für einen Wohnmobilurlaub in den USA sehr gut**. Für eine Tour durch das amerikanische Zentrum kann ein Camper, auch *Motorhome* oder übergreifend „RV" *(Recreational Vehicle)* genannt, als Transportmittel durchaus eine Alternative sein. Die Beweglichkeit ist zwar gegenüber dem Pkw eingeschränkt (vor allem in Städten), die Reisegeschwindigkeit ist insgesamt niedriger und die Kosten sind höher. Dennoch kann ein Camper **für Kleingruppen oder Familien mit Kindern,** die sich die ständige Hotelsuche sparen, sich selbst verpflegen und dem Naturerlebnis den Vorrang geben möchten, ideal sein.

Bei der Entscheidung zu bedenken sind die wesentlich **höheren Kosten**, selbst in Vergleich zu Mietwagen plus Unterkunft: Zu den Mietkosten addiert sich der hohe Benzinverbrauch und die Stellplatzkosten. Ein kleiner *Van Camper* kostet pro Tag inkl. 100 Freimeilen ca.60–90 €, hinzu kommen Übergabe-, Endreinigungsgebühren, evtl. Kosten für Wartung, Zubehör, Zusatzversicherungen und ggf. Wochenendgebühren. Ebenfalls nicht jedermanns Sache sind die konstant anstehenden **Wartungsarbeiten** (wie Wassertanks füllen, Abwasser entsorgen etc.) und die nötige strategische Vorausplanung (wie das Finden geeigneter, schöner Campingplätze und deren rechtzeitige Reservierung in der HS).

Buchung im Voraus ist immer sinnvoll, in der HS unabdingbar, wobei die Camper-Preise Mitte Oktober bis Anfang April am günstigsten sind. Noch mehr als beim Mietwagen ist es aufgrund der komplizierten Miet-, Versicherungs- und Haftungskonditionen sinnvoll, einen Camper bereits zu Hause, z. B. im Reisebüro, zu buchen. **Größte Anbieter** sind *El Monte RV*, *Cruise America* oder *Moturis*. Auf dem Buchungs-Portal www.cu-camper.com gibt es das größte Online-Angebot an Wohnmobilreisen und können Fahrzeuge über ein Online-Reservierungssystem mit Bestpreisgarantie direkt gebucht werden.

Bei den **Fahrzeugtypen** wird unterschieden zwischen *Camper Van*, *Motorhome* (die Busgröße erreichen können) und *Pick-up-* bzw. *Truck-Campern* (Kleinlastwagen mit Campingaufsatz). Die zuletzt genannten beiden Typen verfügen über ein Doppelbett über der Fahrerkabine und meist eine tragbare Chemie-Toilette. Je größer das Fahrzeug, umso komfortabler ist es, umso höher ist jedoch auch der Benzinverbrauch, umso mehr Technik und damit Wartung und Anfälligkeit sind im Spiel und umso eher sind entlegene (romantische) Plätze, aber auch Großstädte tabu. Erfahrung mit dem Fahren eines solchen Fahrzeugs ist nicht unbedingt erforderlich; man gewöhnt sich relativ schnell an Dimensionen und Fahrweise.

Bei **Übernahme vor Ort** – im Allgemeinen am Tag nach der Ankunft, d. h. es ist eine Übernachtung nötig – genügt die Vorlage eines normalen Pkw-Führerscheins und der Kreditkarte für die Stellung einer Kaution. Im Normalfall beträgt das Mindestalter 21 Jahre. Camper-Verleiher holen ihre Kunden in der Regel im Hotel (selten am Flughafen) ab und geben zunächst eine mehr oder weniger gründliche **Einweisung**; zusätzlich gibt es unterschiedlich umfangreiche Bedienungsanleitungen. Sinnvoll ist es, vor Abfahrt das gesamte Fahrzeug auf Schäden bzw. Verschmutzungen hin zu prüfen und diese protokollieren zu lassen.

Bei der Übernahme des Fahrzeugs ist es üblich, ein **Ausrüstungspaket** *(Convenience Kit)*, erhältlich ab $ 50 pro Person, zu erwerben. Es besteht im Wesentlichen aus Bettwäsche oder Schlafsack und Handtüchern sowie Kochutensilien und Geschirr, ergänzt durch weitere nützliche Utensilien wie Taschenlampe, Flaschenöffner, Grillbesteck etc. Hinzu kommen die Kosten für für die erste Gasfüllung und Toilettenreinigung (ca. $ 50–150) sowie eine per Kreditkarte zu stellende **Kaution** in Höhe von ca. $ 500. Um hohe Endreinigungskosten zu vermeiden, sollte der Camper besenrein, mit entleerten Abwassertanks und gefülltem Frischwassertank in äußerlich ordentlichem Zustand an den Vermieter zurückgegeben werden.

Campingplätze

Campingplätze sind meist leicht zu finden, unterscheiden sich aber in Ausstattung, Lage, Preis und Größe. Allen gemeinsam ist, dass sie **meist sauber, gepflegt und großzügig proportioniert** sind. Man unterscheidet grundsätzlich zwischen kommerziellen und privaten bzw. staatlichen Plätzen, wobei jene in den Nationalparks besonders begehrt und nicht unbedingt preiswert sind. In den meisten State Parks, National oder State Forests gibt es einfache *Campgrounds (Campsites)* in landschaftlich reizvoller Lage. Oft besteht auch die Möglichkeit zu kostenlosem *Backcountry Camping* nach Einholen einer Erlaubnis *(Permit)* in einer Ranger Station.

Relativ teuer, aber in der Regel gut ausgestattet sind die **kommerziell betriebenen Plätze**, speziell jene von *KOA* – mit sogenannten *hook-ups*, d. h. Wasser-, Stromanschluss und Abwasserentsorgung *(dump station)* sowie Luxus Sanitäreinrichtungen, Laden und anderen Gemeinschaftseinrichtungen. Sie liegen meist in Straßennähe, allerdings oft wenig idyllisch. Bei **privaten Plätzen** ist der Standard höchst unterschiedlich. Die Preise beginnen ungefähr bei $ 25–30.

☞ Tipps für Camper

Hilfreich bei der Campingplanung sind die *AAA CampBooks* für die verschiedenen Regionen und der *Rand McNally Campground&Trailer Park Guide*, ansonsten helfen zur **Vorabinformation** über Modelle, Angebote, Saisonzeiten:
www.adventuretouring.com, www.cruiseamerica.com, www.elmonterv.com, www.rvamerica.com
www.recreation.gov, ☏ 1-877-444-6777 oder (518) 885-3639 – Seite des *National Recreation Reservation Service* (NRRS); hier können Campingplätze aller Art und überall reserviert werden. Es gibt ein Suchprogramm nach dem passenden Platz mit weiteren touristischen Infos.
www.reserveamerica.com – *Campground Directory* für Park- und private Campgrounds, die dem Reservierungssystem angeschlossen sind.
http://koa.com, ☏ (406) 248-7444, 1-888-562-0000 – KOA-Campingplätze mit Reservierungsmöglichkeit.
www.camping-usa.com – ein hilfreicher *Campgrounds Directory*, der über 12.000 Campingplätze in Parks, privat u. a. verzeichnet.

Einkaufen

Es gibt in den USA zwar **kein verbindliches Ladenschlussgesetz**, aber dennoch stimmt das Märchen von endlos geöffneten Läden nicht. Die meisten „normalen" Geschäfte, v. a. auf dem Land, sind auch in den Vereinigten Staaten nur zwischen etwa 9 und 18 Uhr geöffnet. In ländlichen Regionen werden abends die Gehsteige besonders früh hochgeklappt. Kaufhäuser, Einkaufszentren und Supermärkte/Drugstores haben **verlängerte Öffnungszeiten**, erstere v. a. an Wochenenden. Supermärkte sind gelegentlich auch rund um die Uhr geöffnet, Buchläden oft bis 22 Uhr.

Größere Läden öffnen meist auch sonntags, allerdings erst ab 11 oder 12 Uhr und nur bis etwa 17 Uhr.

Viele Artikel sind beim derzeitigen Dollarstand **preiswerter als zu Hause**, vor allem Freizeitkleidung und -zubehör, Jeans, Sportschuhe und -artikel und, für den, der sich auskennt, technische Geräte wie Laptops, Kameras, I-Pods etc. Zu beachten ist bei solchen Einkäufen, ob die Garantie weltweit gilt, dass bei Computern z. B. die Tastaturbelegung anders ist und dass Elektrogeräte auf 110 V laufen und Adapter bzw. andere Stecker nötig sind.

Vieles ist in den USA preiswerter als hierzulande

Am günstigsten bekommt man vieles in sogenannten **Factory Outlet Centers** oder **Outlet Malls**, einer Ansammlung von Shops, in denen Markenartikel bestimmter renommierter Firmen zu enorm reduzierten Preisen angeboten werden. Sie befinden sich häufig weit außerhalb von Städten günstig an einer Interstate oder einem viel befahrenen Highway. Die größten Betreiber, auf deren Webpages sich die einzelnen Standorte finden lassen, sind:

- **Premium Outlets** – www.premiumoutlets.com
- **Tanger** – www.tangeroutlet.com
- **VF Outlets** – http://vfoutlet.com

Achtung: Sales Tax

Auf die angegebenen Preise wird in den USA noch die **Sales Tax** aufgeschlagen, eine Art Mehrwertsteuer, die jedoch in jeder Stadt bzw. jedem Staat unterschiedlich hoch ist. Sie schwankt im beschriebenen Reisegebiet zwischen etwa 6 und 8 %. Die Bundesstaaten Oregon und Montana gelten als Shoppingparadiese, da es hier keine *Sales Tax* gibt.

Shopping Malls oder **Centers** sind im Normalfall Mega-Einkaufs- und Kommunikationszentren mit verschiedenen, oft stark spezialisierten Läden, großen **Department Stores** (Bekleidungsgeschäften) und Kaufhäusern – wie *Macy's*, *Neiman Marcus*, *Nordstrom* oder *JC Penney* unter einem Dach. Außerdem verfügen sie über andere Einrichtungen wie Friseur, Kinos, *Food Court* bzw. *Eatery* (Imbissstände) und Restaurants. **Strip Malls** hingegen befinden sich meist am Stadtrand und sind lose Konglomerate verschiedener Shops, meist mit einem großen wie *Wal-Mart* oder *Safeway* im Zentrum, und Serviceeinrichtungen wie Banken, Schlüsseldienst, Reinigung, manchmal auch mit Tankstelle und immer mit großem gemeinsamen Parkplatz.

Supermärkte – wie *Albertsons* oder *Safeway* oder der **Bio-Supermarkt** *Whole Foods* – und **Drugstores** – z. B. *Walgreen* oder *Duane Reade* – befinden sich meist an Ausfallstraßen am Stadtrand im Rahmen von *Malls* und sind umgeben von großen Parkplätzen. Die meisten Supermärkte führen Zeitungen, Schreib- und Haushaltswaren, Drogerieartikel und je nach County/Region auch alkoholische Getränke (ab 21 Jahren, oft kein Verkauf am Sonntag), in Drugstores gibt es außer Drogerieartikeln auch Reformkost, Snacks, Softdrinks, Schreib-, manchmal Haushaltswaren und dazu einen Schalter für ärztliche Verordnungen.

In Stadtzentren finden sich häufiger kleinere **Lebensmittelgeschäfte** – *Convenience, General Stores* oder *Delis*. Große Tankstellen bieten ebenfalls ein breites Lebensmittelangebot, allerdings keine Frischprodukte. *Sears, Kmart, (Super)Target* oder *Wal-Mart (Superstore)* sind **Kaufhäuser**, die preiswert Kleidung, Haushaltswaren, Möbel etc., in letztgenannten drei Fällen auch Lebensmittel führen. Große **Baumärkte** sind *Home Depot* und *Lowe's*; *Office Depot* oder *Staples* führen **Schreibwaren** und Büroartikel. Zu den großen **Buchläden** mit vielen Filialen zählt *Barnes & Nobles*. Meist gehören ein Café und eine Zeitschriftenabteilung dazu, manchmal auch eine Musikabteilung.

Größentabelle Kleidung

Herrenbekleidung:
Die deutsche Größe (z.B. 50) minus 10 ergibt die amerikanische Größe (40)

Herrenhemden:

D	36	37	38	39	40/41	42	43
USA	14	14,5	15	15,5	16	16,5	17

Herrenschuhe:

D	39	40	41	42	43	44	45
USA	7	7,5	8	8,5/9	9,5/10	10,5	11,5

Damenbekleidung:

D	36	38	40	42	44	46
USA	6	8	10	12	14	16

Damenschuhe:

D	36	37	38	39	40	41	42
USA	5,5	6/6,5	7/7,5	8	9	9,5	10

Kinderbekleidung:

D	98	104	110	116	122
USA	3	4	5	6	6x

Einreise und Visum

siehe auch Botschaften und diplomatische Vertretungen S. 92

27 Staaten, darunter Deutschland, Österreich und die Schweiz, sind am **Visa Waiver Program (VWP)** beteiligt, was bedeutet, dass es bei einer Aufenthaltsdauer bis 90 Tage keine Visumspflicht gibt. Außer einem Rückflugticket muss der maschinenlesbare, bordeauxrote **Europapass** vorgelegt werden, mindestens für die gesamte Aufenthaltsdauer gültig. Alte Kinderausweise und Einträge in den Reisepass der

Eltern sind nicht mehr gültig. Die neuen **ePässe** (10 Jahre Gültigkeit) enthalten biometrische Daten wie die digitale Speicherung des Gesichts und Fingerabdrücke.

Nur wer keinen neuen Europapass besitzt bzw. länger als 90 Tage im Land bleiben möchte (z. B. als Schüler, Student oder Mitglied bestimmter Berufsgruppen) oder aber Staatsbürger eines Landes ist, das nicht am VWP teilnimmt, muss sich der aufwändigen und teuren Prozedur der **Visumsbeschaffung** unterziehen. Dazu ist persönliche Vorsprache in den Konsulaten (siehe Botschaften und Diplomatische Vertretungen S. 92) nach vorheriger Terminvereinbarung nötig. Über das aktuelle Prozedere informiert die Botschaft ausführlich unter:

- **http://german.germany.usembassy.gov/visa**

Gepäckregeln

Auf Linienflügen nach und von Nordamerika dürfen Economy-Class-Passagiere nur **ein Gepäckstück bis 23 kg** als Freigepäck aufgeben. Ein zweites Gepäckstück kostet mind. 75 €, meist mehr, zusätzlich. Außerdem darf ein **Handgepäckstück** von begrenztem Gewicht (meist 6–8 kg) und genau definierter Größe (je nach Fluggesellschaft variabel und unterschiedlich streng kontrolliert) mit an Bord genommen werden, dazu eine Hand-, Foto- oder Laptoptasche.

So die Theorie, allerdings wird das Handgepäck derzeit eher wenig kontrolliert und wegen der neuen Gepäckregeln immer umfangreicher. Dadurch kommt es immer wieder zu Problemen mit dem Fassungsvermögen der Gepäckfächer und damit zu Verzögerungen beim Einsteigen.

ESTA und Secure Flight

Seit Januar 2009 müssen sich Bürger jeden Alters, die ohne Visum einreisen, spätestens 72 Stunden vor Abflug online bei **ESTA**, dem *Electronic System for Travel Authorization* registrieren. Dieser Vorgang kostet einmalig $ 14 (kursabhängig umgerechnet in Euro) und kann bereits im Reisebüro oder aber im Internet auf folgender Website erfolgen:

- https://esta.cbp.dhs.gov (Antrag) bzw.
  http://german.germany.usembassy.gov/visa/vwp/esta (deutsche Erläuterungen und Link)

Erfragt werden dabei prinzipiell dieselben **Angaben** wie auf dem früher im Flugzeug ausgeteilten grünen I–94 W-Formular zur Befreiung von der Visumspflicht: Name, Geburtsdatum, Adresse, Nationalität, Geschlecht, Passdetails, Anschrift des ersten Hotel, Zweck und Dauer der Reise etc. Wer einmal registriert ist, kann innerhalb von zwei Jahren ohne Extrakosten mehrfach einreisen, sofern der Pass solange gültig ist. Für Besitzer eines Visums ist keine ESTA-Anmeldung erforderlich, im Flugzeug muss aber weiterhin ein weißes I-94-Formular ausgefüllt werden.

Seit dem 1. November 2010 müssen die Fluggesellschaften im Rahmen von **Secure Flight** 72 Stunden vor Abflug alle maßgeblichen Passagierdaten zur Weiterleitung an

die *TSA* (*Transportation Security Administration*) vorliegen haben: voller Name gemäß Reisepass, Geburtsdatum und Geschlecht. Normalerweise werden diese Angaben bereits bei Flugbuchung gefordert. Die erste Adresse in den USA mit Postleitzahl kann beim Check-in nachgereicht werden.
• **Infos**: www.tsa.gov/stakeholders/secure-flight-program

Sicherheit

Seit September 2001 sind **verschärfte Kontrollen** an den Abflughäfen in Deutschland und in den USA üblich. Reisende sollten daher genügend Zeit für den Check-in bzw. das Umsteigen einplanen. Abgesehen von gelegentlichen Handdurchsuchungen des Gepäcks (Koffer nicht abschließen!) und Körperinspektionen (per Hand oder Körperscanner) wird häufig das Ausziehen der Schuhe und das Aktivieren von Laptops und Kameras verlangt.

Alle Art von **spitzen und gefährlichen Gegenständen**, auch Taschenmesser, Pinzetten, Nagelscheren etc. müssen in den Koffer gepackt werden. Die Mitnahme von Waffen, Gaskartuschen, Feuerzeugen und ähnlichen als gefährlich eingestuften Objekten ist streng untersagt. **Gels und Flüssigkeiten** (Getränke, Shampoo, Zahnpasta, Cremes etc.) dürfen nur in Kleinbehältern bis 100 ml in einer durchsichtigen und wieder verschließbaren Ein-Liter-Plastik-Ziptüte im Handgepäck mitgeführt werden und müssen separat aufs Gepäckband. Von dieser Regelung ausgenommen sind dringend benötigte Medikamente und Babynahrung.
• **Auskünfte** erteilen die Fluggesellschaften bzw. gibt es im Internet unter: www.tsa.gov/traveler-information (englisch)

Immigration (Einreisekontrolle)

Bei Ankunft am ersten Flughafen in den USA muss der Reisende zunächst durch die Immigration, was je nach Flughafen mehr oder weniger langes Schlange stehen bedeutet. An einem der Schalter werden dann von einem *Immigration Officer* der Pass geprüft, elektronische Fingerabdrücke (beide Daumen und die vier Finger jeder Hand) genommen und ein digitales Foto gemacht. Dies alles geschieht, während der Pass gescannt wird und der Officer Fragen zu Reiseroute, Zweck der Reise, Beruf, Bekannten oder Freunden in den USA, gelegentlich auch zu den Finanzen stellt. Daraufhin wird die **Aufenthaltsdauer** auf normalerweise drei Monate festgelegt und in den Pass eingestempelt.
• Infos zu den **aktuellen Einreisebestimmungen** findet man im Internet unter http://travel.state.gov/visa/temp/without/without_1990.html

Zollerklärung

Zusätzlich muss pro Familie bereits im Flugzeug ein weißes Zollformular – die sogenannte **Customs Declaration** – ausgefüllt werden. Auf diesem Formblatt sind ggf. über die Richtwerte hinaus eingeführte Waren und Devisen anzugeben. Streng verboten ist u.a. die Einfuhr von Frischprodukten aller Art (Obst, Gemüse, Wurst etc.), Samen, Drogen/Medikamenten (zum Nachweis benötigter Arzneimittel ggf. Rezept mitführen), Waffen, Tieren etc. (siehe auch Zoll S. 139).

Gepäck und Zollabfertigung

Danach geht es Richtung **Gepäckband** *(Baggage Claim)*, auch wenn ei gebucht ist. Letzte Station ist der **Zoll** *(Customs)*. Beim Ausgang mit d „*Nothing to declare*" wird die Zollkarte abgegeben und abgestempelt; gelegen den schon vorher, am Band, Kontrollen mit Hunden oder Stichproben statt. Bei inneramerikanischem Anschlussflug muss anschließend das **Gepäck neu eingecheckt** werden. Sobald man am Endflughafen angelangt ist, sieht man sich entweder nach dem Schalter der Autovermietung *(Car Rental)*, öffentlichen Verkehrsmitteln *(Ground Transportation/Public Transport)* oder nach einem Taxi um. Alles ist im Ankunftsgebäude im Allgemeinen gut ausgeschildert und leicht zu finden.

Eintritt

Je nach Art (staatlich/städtisch/privat) und Größe der Einrichtung unterscheiden sich die Eintrittspreise, wobei sie in der Reiseregion meist moderat sind. Wenige **Museen** sind gratis, meist handelt es sich dabei um staatliche. Einige, v. a. in Städten, gewähren an bestimmten Tagen oder zu bestimmten Zeiten freien Eintritt. Manchmal wird eine freiwillige Spende in einer bestimmten Höhe *(Suggested Donation)* vorgeschlagen, die Amerikaner in der Regel auch genau bezahlen. In Städten mit zahlreichen Sights gibt es manchmal Kombitickets bzw. einen *CityPass* zum vergünstigten Preis.

Für häufige Nationalparkbesuche lohnt sich der Erwerb eines ***National Park Pass*** („America the Beautiful " oder „Interagency Annual Pass") für derzeit $ 80. Er gilt für ein ganzes Jahr in allen amerikanischen Nationalparks u. a. staatlichen Naturschutzgebieten für drei Insassen eines Fahrzeugs über 16 Jahren; Kinder unter 15 sind gratis. Der Pass kann im Internet unter **http://store.usgs.gov/pass** gekauft werden.

Eisenbahn

Das Reisen mit der halbstaatlichen US-Eisenbahngesellschaft **Amtrak** ist eine bequeme und gesellige Art, große Strecken z.T. im Schlaf und überaus bequem zurückzulegen und dabei unterschiedlichste Landschaften und Staaten sowie Menschen kennenzulernen. Im Unterschied zum Flugzeug besteht die Möglichkeit, die Reise beliebig oft gratis zu unterbrechen und so *CityHopping* zu praktizieren. Im Vergleich zum Mietwagen bietet die Bahn den Vorteil, **lange Wege stressfrei** und unter Einsparung evtl. fälliger Rückführgebühren zurücklegen zu können. Der Preisunterschied zwischen Bahn und Flugzeug ist auf längeren Strecken nicht sehr groß, allerdings kommt man bei frühzeitigem Ticketkauf (im Internet) preiswerter weg.

Wer den Zug mehrmals und über den Nordosten hinaus benutzen möchte, für den ist Bahnfahren mit einem **Bahnpass** *(Rail Pass)*, den ausschließlich Nichtamerikaner über deutsche Reisebüros (s. unten) bekommen, preiswerter. Der Pass gilt im „Sitzwagen" *(Coach)*, Aufpreise fallen für Schlafwagenabteile an. Maximal zwei Kinder von

2–15 Jahren zahlen den halben Preis, ein jüngeres Kind fährt kostenlos mit. Da in den Fernzügen Reservierungspflicht besteht und täglich bzw. sogar wöchentlich nur ein oder zwei Züge bestimmte Strecken frequentieren, ist genaue **Vorausplanung und Vorreservierung** nötig. Die eigentlichen Tickets holt man sich unter Vorlage von Reisepass und Reservierungsschein am ersten Bahnhof in den USA ab. *Metroliner, Acela Express* u.ä. Züge können mit einem solchen Pass nicht benutzt werden.

- Allgemeine Informationen:
  www.amtrak.com bzw. in Kalifornien: **www.amtrakcalifornia.com**

Zugverbindungen für die beschriebenen Reisegebiete:
- **California Corridors:** verschiedene Routen zu Zielen innerhalb Kaliforniens
- **California Zephyr**: von Chicago über Omaha und Denver nach San Francisco
- **Coast Starlight:** von Seattle über Portland, Klamath Falls, Sacramento, San Francisco und Santa Barbara nach Los Angeles
- **Empire Builder:** von Chicago über Minneapolis und North Dakota nach Seattle bzw. Portland
- **Pacific Northwest Corridor:** von Vancouver über Seattle und Portland nach Eugene/OR
- **San Joaquin:** durch das kalifornische Central Valley von Sacramento zur Bay Area
- **Pacific:** entlang der Küste von San Diego bis San Luis Obispo
- **Capitol Corridor:** durch Nordkalifornien – Verbindung Sacramento mit San Francisco-Oakland Bay und weiter südwärts nach San Jose.

☞ Preise Rail Pass (Stand Frühjahr 2014)

Seit 2009 gibt es ein vereinfachtes Passsystem auf dem Gesamtstreckennetz mit Segmenten. Ein Segment entspricht dabei einer zurückgelegten Bahnstrecke (ohne Zwischenstopp, vom Einsteigen bis zum Aussteigen).
- 15 Tage/8 Abschnitte: $ 439/ca. 320 €
- 30 Tage/12 Abschnitte: $ 669/ca. 494 €
- 45 Tage/18 Abschnitte: $ 859/ca. 633 €

Erworben werden können die Tickets z. B. bei:
- **Meso-Amerika-Canada Reisebüro**
  Wilmersdorfer Str. 94, 10629 Berlin, ☏ (030) 212-34190,
  http://www.meso-berlin.de/usa-reisen/usa-zug-bahnreisen
- **North America Travelhouse/CRD International**
  Stadthausbrücke 1–3, 20355 Hamburg, ☏ (040) 300-6160

Essen und Trinken

Gleich vorweg: Die Amerikaner ernähren sich nicht ausschließlich von Tiefkühlfertigkost, von Hamburgern, Hot Dogs, Budweiser und Coke. In den letzten Jahren hat sich das kulinarische Angebot in den USA enorm zum Positiven gewandelt und gerade

Amtrak: Entspannt im Zug durchs Land reisen

die Westküste zeichnet sich durch ihr breites kulinarisches Spektrum aus. In den regionalen Reisetipps wird auf besondere Spezialitäten und Lokale hingewiesen.

Schnelle Küche

Fastfood ist nichts typisch Amerikanisches, sondern ein weltweites Phänomen seit der Antike. Garküchen waren schon damals verbreitet, ebenso wie heute Stände mit Döner, Asia-Snacks, Pizzaschnitten oder Bratwurstsemmeln. Die Palette an Fastfood in den USA ist groß und man überbietet sich mit **Sonderangeboten und Werbeaktionen**. Die meisten Fastfood-Restaurants sind von frühmorgens bis Mitternacht oder sogar rund um die Uhr geöffnet. Alkohol gibt es hier nicht, dafür preiswerte Softdrinks, die manchmal sogar gratis nachgefüllt werden können *(Free Refill)*. ***Diners*** servieren in der Regel das „bessere Fastfood", z. B. „richtige" Hamburger, Sandwiches oder Pommes, die zwar etwas mehr kosten, dafür aber auch besser schmecken. ***Food Trucks*** schließlich, Imbissfahrzeuge, wie es sie vor allem in Städten gibt, sind bekannt für Gourmetkost und ethnische Gerichte.

Food Courts oder **Eateries** in Einkaufszentren umfassen Imbissstände verschiedenster Küchen mit einem gemeinsamen Essbereich. Es gibt internationale Gerichte (Pizza, Asiatisches, BBQ, Hühnchen, Sandwiches, Gyros), Salate, und Sandwiches, aber auch Kaffee, Gebäck oder „Pretzels" zum gleich Essen oder Mitnehmen.

Selbstversorgung ist ebenso kein Problem. Supermärkte sind meist hervorragend sortiert und verfügen häufig über Salatbars und Imbisstheken. Auch die Obst- und Gemüseabteilungen bieten eine breite Palette und die Auswahl an Naturkost *(Health Food)* ist mittlerweile ordentlich, erstklassig in Biomärkten wie „Whole Foods" oder bei „Trader Joe's". Auch *Mini Marts* in Tankstellen führen Lebensmittel. Wochenmärkte und Bauernstände an den Straßen sind perfekt zum Einkauf von Gemüse und Obst, aber auch von Olivenöl, Eingemachtem oder sonstigen Leckereien.

Hinweis

In den Reisepraktischen Informationen am Ende der jeweiligen Textkapitel wurde bei Lokalen immer dort die Telefonnummer angegeben, wo es sinnvoll sein könnte einen Tisch zu reservieren (v.a. abends bzw. an Wochenenden).

Essen im Restaurant

Selbst im Hinterland wird man immer wieder überrascht von kleinen, oft unscheinbaren Lokalen, die bodenständige Küche in **anständiger Qualität und großen Portionen** oder sogar *Haute Cuisine* zu vernünftigen Preisen bieten. Zum Lunch gibt es in vielen Lokalen spezielle, preiswerte Mittagskarten und *Lunch Specials* mit leichten Gerichten – in erster Linie Salate, Sandwiches oder Suppen. Teurer ist meist ein *Dinner* à la carte am Abend.

In besseren Restaurants ist es, speziell an Wochenenden, ratsam, einen **Tisch zu reservieren**. Die Amerikaner sind bekannt für ihre stoische Geduld beim Schlangestehen vor einem bestimmten Lokal, doch ist das nicht jedermanns Sache, und wer reserviert hat, ist im Vorteil. Essen in einem Lokal der gehobenen Kategorie (ggf. nach Kleidervorschriften erkundigen!) ist verhältnismäßig teuer, dafür sind Service und Qualität des Essens hervorragend und die Portionen im Allgemeinen groß.

Nach dem **Prinzip „wait to be seated"** wird dem Gast ein eigener Tisch zugewiesen und die Speisekarte *(Menu)* überreicht. Die Bedienung *(Server)* stellt sich am Tisch vor und zählt die Tagesgerichte *(Daily Specials)* auf; Brot und Eiswasser kommen (meist vom *Busboy*) unaufgefordert auf den Tisch. Man beginnt mit der **Vorspeise** *(Appetizer)* und geht dann zum **Hauptgericht** *(Entrée)* über, wobei ein Salat, wenn er zum Menü gehört, ggf. ebenfalls als Vorspeise serviert wird. Den Abschluss bilden der **Nachtisch** *(Dessert)* und der Kaffee. Selbst ein mehrgängiges Menü wird **schnell serviert**; man sitzt nicht im Restaurant um gemütlich mit Freunden zu plaudern, dazu geht man in eine Bar oder einen Pub.

Kreative Haute Cuisine im Restaurant Garçon in San Francisco

In amerikanischen Lokalen gibt es viel **Servicepersonal**, wobei die Aufgabenbereiche streng geteilt sind. Arbeitskräfte in der Gastronomie sind in der Regel schlecht bezahlt und leben zum Großteil von Trinkgeldern. Daher sollte man nach der Schlussfrage, ob alles in Ordnung war, und nach dem unaufgeforderten Erhalt der Rechnung *(Cheque)* in einem Ledermäppchen oder auf einem Tellerchen unbedingt mindestens **15 % Trinkgeld** *(Tip* oder *Gratuity)* addieren. Selten, in einfacheren oder Familien-Restaurants, wird die Rechnung an einer Kasse *(Cashier)* beglichen.

Da die Portionen oft sehr reichlich bemessen sind, ist das Einpacken von Essensresten in eine **Doggy Bag,** heute meist eine Styropor-Box, selbst in einem Feinschmeckerrestaurant üblich. Auch isst kein Amerikaner die Pizza, ein Hähnchen oder Seafood mit Messer und Gabel.

Essenszeiten

Die amerikanischen **Essenszeiten** unterscheiden sich kaum von den unsrigen: Mittagessen *(Lunch)* gibt es zwischen 12 und 14 Uhr, Abendessen *(Dinner)* etwa von 18 bis 21 Uhr, wobei die spätere Variante auch *Supper* genannt wird. Abends isst man sogar oft noch etwas früher als hierzulande.

Getränke

Restaurants verfügen im Allgemeinen über eine **Schanklizenz** *(Liquor License)*, die meisten Fastfood-Lokale und einfache Diner oder Kneipen hingegen nicht. Sie bieten nur Softdrinks, Milchgetränke, Tee und Kaffee an. An Sonn- und Feiertagen darf in manchen Staaten generell kein **Alkohol** verkauft bzw. nur zu genau definierten Zeiten ausgeschenkt werden. In Lokalen wird am Tisch gefragt, ob etwas „von der Bar" gewünscht sei. Da jedoch **(Eis-)Wasser** automatisch zum Essen gehört und dieses auch ständig unaufgefordert nachgeschenkt wird, ist man nicht gezwungen, ein zusätzliches Getränk zu bestellen.

Ein Glas Bier oder Wein, auch ein Cocktail vorweg, sind bei einem guten Abendessen durchaus üblich, möchte man allerdings mehr, geht man in eine *Cocktail Lounge*, in eine Bar oder einen Pub, wo Cocktails, Wein und Bier die beliebtesten Getränke sind. Harte Drinks werden, mit Ausnahme von *Whiskey*, selten konsumiert. *Brew Pubs* und *Sports Bars* sind gute Alternativen, um den Abend gemütlich ausklingen zu lassen, wobei gerade Erstere oft auch gute, preiswerte Gerichte servieren und *Sports Bars* die Gelegenheit bieten, Sportübertragungen auf Großbildschirmen zu verfolgen.

Inzwischen werden in vielen Teilen der USA, auch im Osten, **hervorragende Weine** produziert. Gerade die Weine aus Kalifornien und Oregon gehören zu den edelsten Tropfen der Welt. Wie in Sachen **Kaffee** – es gibt nicht nur *Starbucks*! – hat sich auch, was das **Bier** angeht, in den letzten Jahren viel getan. Ausgehend von der Westküste schossen sogenannte *Microbreweries* überall wie Pilze aus dem Boden und produzieren Biere, die ihresgleichen suchen. Die **Kleinbrauereien** betreiben oft eigene Pubs, in denen vom Fass ausgeschenkt wird. Es gibt mittlerweile beinahe in jedem größeren Ort eine solche Kleinbrauerei und auch Supermärkte und *Liquor Stores* sind zunehmend besser sortiert. Sie bieten neben den Bieren von Großfirmen mehr und mehr auch (teurere, aber empfehlenswertere) Produkte lokaler Brauereien in pfandpflichtigen Wegwerfflaschen (0,35 l / 12 oz.) an.

Erfrischungsgetränke – *Soft Drink, Pop* oder *Soda* genannt – werden eiskalt getrunken. Gute Durstlöscher sind *Ice Tea* oder *Lemonade*, probieren sollte man das kaugummiartig schmeckende *Root Beer* (antialkoholisches Getränk, ursprünglich aus der Wurzelrinde des Sassafrasbaumes) oder *Smoothies* (Frucht-Milchmischgetränke).

Feiertage und Veranstaltungen

Da Amerikaner im Schnitt nur **zwei Wochen Jahresurlaub** bekommen und auch die Zahl der Feiertage, der *Public Holidays*, gering ist, werden einige Feiertage (Ausnahme: Weihnachten, Ostern und 4. Juli) auf einen Montag gelegt, damit ein verlängertes Wochenende entsteht. Anders als hierzulande ist an Feiertagen nicht grundsätzlich alles geschlossen; Supermärkte, Museen und andere Attraktionen sind häufig geöffnet, zumindest ab mittags.

Aktuelle **Veranstaltungskalender** finden sich im Internet bzw. sind in den CVBs oder VCs der einzelnen Städte bzw. Bundesstaaten (*Welcome Center*) erhältlich oder können regionalen Tageszeitungen und Szene-Magazinen entnommen werden. Wichtige Feste im Jahreskalender wurden in den Regionalen Reisetipps aufgeführt.

i Gesetzliche Feiertage

- 1. Januar: **New Year's Day** – Neujahr, voraus geht **New Year's Eve** – Silvester (kein eigentlicher Feiertag)
- 3. Montag im Januar: **Martin Luther King's Birthday**
- 3. Montag im Februar: **President's Day** (*George Washington's Birthday*) – Gedenktag zu Ehren aller Präsidenten
- Ende März/April: **Easter Sunday** (Ostersonntag); Karfreitag (*Good Friday*) gilt nur eingeschränkt als Feiertag, Ostermontag ist unbekannt.
- Ende Mai/Juni (50 Tage nach Ostern): **Pentecost** (Pfingstsonntag) ist kein besonderer Feiertag
- Wochenende vor dem letzten Montag im Mai: **Memorial Day Weekend** (zu Ehren aller Gefallenen) – Beginn der Ferienzeit
- 4. Juli: **Independence Day** (Tag der amerikanischen Unabhängigkeit) – Nationalfeiertag
- Wochenende vor dem 1. Montag im September: **Labor Day Weekend** (Tag der Arbeit) – Ende der Ferienzeit
- 2. Montag im Oktober: **Columbus Day** (Erinnerung an die Entdeckung Amerikas)
- 31. Oktober: **Halloween** (kein offizieller Feiertag)
- 11. November: **Veterans' Day** (Ehrentag für die Militärveteranen)
- 4. Donnerstag im November: **Thanksgiving Day** (Erntedankfest)
- 25. Dezember: **Christmas Day**. Keine Feiertage sind der Heilige Abend (*Christmas Eve, Holy Night*) und der 2. Weihnachtstag

Flüge

Es kann verwirrend sein, den passenden Flug in die USA zu finden. Eine schier unüberschaubare Zahl konkurrierender Reiseveranstalter, Internetbroker und verschiedener

Airlines stehen zur Auswahl. Dazu kommen unterschiedliche Bedingungen, Saisonzeiten, Abflugorte und Routenführungen, ein Wust an Sonder- und Spezialpreisen, Last-Minute- und Internetangeboten. Gerade deshalb ist es sinnvoll, sich vor der Buchung gründlich zu informieren. Das kann im Internet oder anhand von Reisekatalogen geschehen. Um zu Anfang eine grobe Preisvorstellung zu bekommen, hilft z. B. ein Blick ins Internet auf **www.expedia.de** oder ähnliche Seiten.

Die meisten Linienfluggesellschaften bedienen die USA täglich oder mehrmals wöchentlich und unterhalten *Codesharing*-Verträge, d. h., sie kooperieren mit anderen Gesellschaften und erweitern dadurch ihr Angebot. Die wichtigsten Allianzen im Nordamerika-Bereich sind **Sky Team** (www.skyteam.com) u. a. mit *Delta, Air-France/KLM* und *Alitalia,* **Star Alliance** (www.staralliance.com) mit *Air Canada, Austrian, Lufthansa, United/Continental, US Airways, SAS und Swiss* und **One World** (http://de.oneworld.com/) mit *Air Berlin, American Airlines, British Airways und Iberia.* Für Leute, die regelmäßig mit einer bestimmten Gesellschaft (bzw. Gruppe) fliegen, lohnt es sich, (gratis) Mitglied eines *Frequent Flyer*-Programmes zu werden.

☞ Tipp: Individuell Reisen

America Unlimited ist ein kleiner Nordamerika-Spezialist, der ungewöhnliche Mietwagenrundreisen mit oder ohne Flug anbietet. Sein besonderes Angebot besteht darin, dass die Routen individuell abgeändert werden können und der Wunsch des Kundens oberstes Gebot ist.

Das Programm enhält mehrere verschiedene Touren durch den Nordwesten, Oregon-Reisen wie *Discover The West* von Portland nach Las Vegas, *Oregon kulinarisch entdecken* oder *Best of Oregon & Washington* sowie eine *Oregon & Washington Weinreise* – jeweils mit Flug, Hotels und Mietwagen.

• **America Unlimited** (www.america-unlimited.de):
Leonhardtstr. 10, 30175 Hannover, ☏ (0511) 37444750

Hauptflughäfen

Hauptflughäfen für die im Buch beschriebene Reiseregion sind **San Francisco, Seattle, Denver, Salt Lake City** und **Portland**. Linienflüge starten in Europa meist am Vormittag oder Mittag und man erreicht am Nachmittag bzw. frühen Abend Ortszeit seinen Zielort. In der Regel beträgt die reine Flugzeit **10–12 Stunden**.

Die meisten Verbindungen von unterschiedlichen deutschen Flughäfen in den Nordwesten bieten Lufthansa/United, British Airways/Air Berlin, KLM/Delta und American Airlines. Während z. B. Lufthansa/United Seattle, San Francisco und Denver von Frankfurt/Main, San Francisco auch ab München nonstop ansteuert, ist bei allen anderen Flügen mindestens einmaliges Umsteigen nötig, sei es, wie z. B. bei British in London (nach Denver, San Francisco, Seattle) oder bei KLM in Amsterdam (Seattle, San Francisco, Denver, Portland). Bei amerikanischen Fluggesellschaften wird je nach Gesellschaft an verschiedenen Flughäfen (z. B. Atlanta, Washington, Chicago, Dallas, Houston oder Philadelphia) umgestiegen. Condor bietet in der HS auch eine Verbindung nach Seattle an.

Preise und Bedingungen

Die **Flugpreise** hängen von mehreren Faktoren ab, wobei generell Flüge in der NS, vor allem im zeitigen Frühjahr oder im Herbst, preisgünstiger sind als solche in der HS. Auch Ferienzeiten bzw. Feiertage sollte man möglichst meiden und es kann sogar Preisunterschiede je nach Reisetag geben. Als **Hauptreisezeit** gelten im Allgemeinen die Sommermonate (ab Mitte Juni/Anfang Juli bis Ende August/Anfang September), als Zwischensaison die Zeit um Pfingsten und Weihnachten sowie die Monate September und Oktober, allerdings variiert das je nach Ziel.

Zubringerflüge bzw. Bahntickets für die Anreise zum Flughafen sind nicht automatisch inklusive und die *Ticket Handling Fee* (niedriger bei Internetbuchung), die Höhe von Umbuchungs- und Stornierungskosten, bestimmten Zuschlägen sowie Service und Alter des Fluggeräts schwanken. Die **Preise für einen Flug** in den Nordwesten beginnen inklusive Steuern und Versicherungen im günstigsten Fall und in der NS bei ca. 550 €. Im Allgemeinen muss man eher mit Summen um die 600–1000 € (in der HS höher) rechnen, wobei die Unterschiede zwischen den oben genannten Hauptflughäfen eher geringfügig sind.

Fluggesellschaften unterscheiden sich nicht nur darin, von wo aus sie wohin, wann und wie oft fliegen, sondern auch darin, wie viele und welche Zwischenstopps sie einlegen. Davon abhängig ist wiederum die Höhe der Steuern und Gebühren. Unterschiedlich wird überdies gehandhabt, ob bzw. zu welchem Aufpreis **Gabelflüge und Stop-over** möglich sind – wichtig, wenn man eine Rundreise plant und auf teure Inlandsflüge verzichten möchte. Diese Möglichkeiten auszuschöpfen ist normalerweise günstiger, als **Flugcoupons** *(Air Passes)* zu kaufen. Diese werden von verschiedenen

Blick aus dem Flugzeug

Die wichtigsten Fluggesellschaften im Internet

Air France:	www.airfrance.de
Air Berlin:	www.airberlin.com
American Airlines:	www.americanairlines.de
Austrian Airlines:	www.austrian.com
British Airways:	www.britishairways.com
Delta:	de.delta.com
KLM:	www.klm.com
Lufthansa:	www.lufthansa.com
Swiss:	www.swiss.com
United Airlines:	www.united.com

Gesellschaften angeboten, umfassen eine bestimmte Anzahl an Gutscheinen (Coupons) für eine bestimmte Zielregion und Dauer und müssen außerhalb der USA, oft zusammen mit dem Transatlantikflug, erworben werden.

Sondertarife sind das ganze Jahr über zu bekommen, allerdings unterschiedlich in Kontingentierung und Bedingungen. Vor allem in der NS bieten Linienfluggesellschaften selbst im Internet bzw. über Zeitungsannoncen **Sonderkonditionen** an, die nur über einen meist kurzen Zeitraum gebucht werden können oder an bestimmte Bedingungen gekoppelt sind; oft muss z. B. die Reise bis zu einem festgelegten Datum angetreten werden und sind die Platzkapazitäten beschränkt.

Preiswerte **Last-Minute-Flüge** offerieren spezialisierte Reisebüros (s. Telefonbuch), z. B. *Travel Overland* (www.travel-overland.de) oder www.mcflight.de, im Internet bieten oft auch Broker wie www.expedia.de oder www.opodo.de günstige Tarife.

Über **Ermäßigungen** für Jugendliche und Studenten sowie über die unterschiedlich gehandhabten Bedingungen für Kinder informieren die Fluggesellschaften bzw. die Reisebüros.

Wichtige Tipps zum sicheren Abflug

- Es gibt keine Papiertickets mehr; beim Check-in genügt die Vorlage des Passes bzw. der Buchungsnummer. Immer häufiger erfolgt der Check-in an Automaten (was allerdings bei internationalen Flügen gelegentlich zu Problemen führen kann).
- Man sollte die Zeit des Rückflugs sicherheitshalber rechtzeitig prüfen, entweder im Internet oder per Anruf bei der Fluggesellschaft.
- Es wird empfohlen, bei internationalen Flügen drei Stunden vor Abflug da zu sein. Sitzplätze können im Vorfeld reserviert werden und oft kann man schon an Vortag im Internet einchecken. Dennoch muss das Gepäck, auch beim Check-in am Automaten, an einem Schalter, manchmal an Expressschaltern, abgegeben werden.
- Genügend Zeit für Check-in bzw. Umsteigen einplanen, da strenge und mehrmalige Sicherheitskontrollen üblich sind. Die von den Fluggesellschaften als hinreichend angegebenen Umsteigezeiten können sich je nach Flughafen – London und Paris sind diesbezüglich berüchtigt – als zu knapp erweisen.

Fotografieren

Kameras und Zubehör sind in den USA preiswerter als hierzulande; beim Kauf ist allerdings zu prüfen, ob die Garantie weltweit gilt und ob die Stromspannung von Netzgerät und sonstigem Zubehör passt bzw. angepasst werden kann. Zum annoncierten Preis muss noch die Steuer addiert werden, außerdem u.U. Zollgebühren am deutschen Einreiseflughafen. **Speicherkarten, Batterien und Akkus** für Digitalkameras sind in Fotoläden, Elektronikshops und mittlerweile auch in den Fotoabteilungen von Drugstores und Supermärkten zu bekommen. Dort gibt es häufig auch digitale Druckservices, *Photo Kiosks*. Mitgebrachte **Ladegeräte** müssen der anderen Stromspannung (siehe S. 128) angepasst sein, zudem ist ein Adapter für die amerikanischen Steckdosen nötig.

In Museen und anderen Sehenswürdigkeiten sowie im Umkreis von militärischen Anlagen ist das Fotografieren verboten bzw. nur zu Privatzwecken, ohne Blitz und Stativ, erlaubt. Bei Personenaufnahmen ist Respekt angesagt (ggf. vorher fragen).

Geldangelegenheiten

Bargeld

Obwohl man tatsächlich nur noch in wenigen Situationen Bargeld benötigt, sollte man einen **gewissen Dollarbetrag**, v. a. Kleingeld, in der Tasche haben, z. B. um am Flughafen eine Zeitung kaufen zu können, für den Gepäckwagen oder den Getränkeautomaten. Der Umtausch von € oder CHF in **$** ist an Flughäfen, in speziellen Wechselstellen oder Banken grundsätzlich kein Problem, allerdings sind die Kurse oft ungünstiger bzw. die Gebühren unverhältnismäßig hoch und die Prozedur kann zeitaufwändig sein. Größere Summen Bargeld kann man sich in den USA mit Reiseschecks oder (teurer) am Automaten per Karte zu beschaffen.

Währung

1 Dollar ($) = 100 Cent (c.)

An **Münzen** gibt es Penny (1 c.), Nickel (5 c.), Dime (10 c.), Quarter (25 c.); selten sind hingegen 50 c. (Half Dollar) und Dollarmünze. An **Scheinen** sind $ 1, 5, 10, 20, 50, 100 und – theoretisch – auch $ 500 und $ 1000 in Umlauf. Scheine über $ 20 sind den meisten Amerikanern suspekt, und es kann Probleme geben, wenn man mit einer $ 50-Note bar bezahlen will. Quarter (und Dollarscheine) sollte man sammeln, da sie für Automaten aller Art bzw. als Trinkgeld benötigt werden.

Tagesaktuelle Wechselkurse findet man in Internet unter **www.oanda.com,** dort unter „Currency Converter“. Unter „Currency Tools“ und „Travel Exchange Rates“ kann eine handliche Umrechnungstabelle ausgedruckt werden.

Maestro/EC-Karte und Post-Sparcard

Inzwischen kann man an über 200.000 Geldautomaten in den USA Geld abheben, wobei Voraussetzung ist, dass das **Maestro-Zeichen** am ATM, der *Automated Teller Machine,* vorhanden ist und man seine PIN-Nummer weiß. Auch an vielen Kassen mit Maestro-Zeichen ist mittlerweile Zahlung mit der **Bankkarte** möglich.

Die Gebühr für eine Automatenabhebung variiert je nach Bank, beträgt bis zu 5 € und ist abhängig von der Höhe der Abhebung (meist max. 500 € pro Tag). Die **Postbank SparCard** ist an VISA-Plus-Automaten einsetzbar, und zwar zehnmal jährlich sogar gebührenfrei. Wenn die EC-Karte abhanden kommt, sollte man sie sofort sperren lassen (Sperrnummen s. unten); dazu ist die Kontonummer nötig.

Kartensperrung

In Deutschland gibt es eine einheitliche Sperrnummer:
☏ **0049-116116**
und vom Ausland zusätzlich ☏ **0049 (30) 4050-4050**.

Sie gilt mit wenigen Ausnahmen für alle Arten von Karten (auch Maestro/EC-Karten) und Banken sowie Mobilfunkkarten (Details unter www.sperr-notruf.de).

Für Karten von bisher nicht angeschlossenen Kreditinstituten und für **österreichische** und **Schweizer Karten** sind die gültigen Notrufnummern dem mit der Karte erhaltenen Merkblatt zu entnehmen oder bei der jeweiligen Bank vor der Reise zu erfragen und zu notieren.

Kreditkarten

Als Tourist kommt man ohne Kreditkarte nicht aus, denn nur damit gilt man in den USA als kreditwürdig und kann z. B. eine verbindliche Zimmerreservierung vornehmen, Tickets via Telefon kaufen oder die nötige Kaution für einen Mietwagen stellen. *Euro/MasterCard* und *VISA* sind die **verbreitetsten Kreditkarten**, seltener werden *American Express* und *Diners Club* akzeptiert.

Die Karten müssen rechtzeitig bei Bank oder Unternehmen wie dem ADAC beantragt werden. Zweitkarten sind preiswerter, Goldkarten beinhalten oft Versicherungen und Notfallservice. Die getätigten Ausgaben werden unter Aufschlag einer Umrechnungsgebühr von meist 1 % von einem eigens eingerichteten Konto abgebucht, auf dem für Notfälle immer ein Guthaben deponiert werden sollte. Gegen Gebühr von bis zu 5,5 % oder mindestens rund 5 € lässt sich mit einer Kreditkarte an beinahe jedem Bankautomaten auch Bargeld ziehen. Mit bestimmten Karten (z.B. Gold Cards) können Abhebungen gratis getätigt werden. Vorher bei der Bank erkundigen!

Kreditkarten sind versichert und bei Verlust oder Diebstahl sorgt die Gesellschaft nach einem Anruf unter ihrer **Notfallnummer** (siehe Kartenrückseite bzw. Merkblatt – vor der Reise notieren!) für Sperrung und raschen Ersatz (Infos auch unter **www.kartensicherheit.de**).

Reiseschecks

Außer der Kreditkarte empfiehlt es sich, (ebenfalls versicherte) Reiseschecks – am besten in $ 50-Stückelung – mitzunehmen. **American Express Travel(l)ers Cheques (TC)** werden auch von *Travelex* ausgegeben. Man muss sie bei der Bank vorbestellen oder erhält sie z. B. auch beim ADAC. Schneller und unkomplizierter als in Banken, wo außer dem Reisepass manchmal ein Fingerabdruck gefordert wird und Gebühren anfallen können, lassen sich die Schecks in den USA in *American-Express-* oder *Travelex*-Agenturen eintauschen.

Am einfachsten ist es aber, im Hotel einen Scheck einzulösen („*to cash a cheque*"), wobei normalerweise maximal $ 50 pro Tag ausbezahlt werden, oder gleich damit zu bezahlen. In den meisten Läden und sogar in Supermärkten, gelten die **Schecks als Zahlungsmittel**, mit denen selbst Kleinstbeträge beglichen werden können. Restsummen werden bar herausgegeben.

Gegen Angabe der Seriennummern (vorher notieren und getrennt aufbewahren!) werden **bei Verlust oder Diebstahl** Reiseschecks innerhalb von 24 Stunden ersetzt. Dazu ist bei Verlust oder Diebstahl eine umgehende Meldung bei *American Express* bzw. *Travelex* nötig: Telefonnummern und Hinweise erhält man zusammen mit den gekauften Schecks. Ggf. wird ein Polizeiprotokoll gefordert und muss ein Rückerstattungsformular ausgefüllt werden.

- **Sperrung AmEx Reiseschecks** in D: ☏ 0800-101 2362 (kostenfrei); in A: ☏ 0043 (1) 5450120; in der CH: ☏ 0041 (1) 7454020. In den USA hilft das deutschsprachige **AmEx-Kunden-Service Center** unter ☏ 1-888-412-6945 (gratis) weiter.

Gesundheit

siehe auch Notfälle S. 121 und Versicherungen S. 137

USA-Reisende sind **keinen besonderen Gesundheitsrisiken** ausgesetzt. Ernährungsbedingte Umstellungsprobleme sind selten, das Leitungswasser kann unbesorgt getrunken werden, besondere Impfungen sind nicht nötig. Häufig sind Erkältungen aufgrund der Vollklimatisierung der Räume – *Air Conditioning (A/C)*. Eine Strickjacke oder ein Pullover in der Tasche können ganzjährig nützlich sein.

Sauberkeit wird groß geschrieben, und ein eigenes Badezimmer gehört zu jedem noch so billigen Motel, ein passables WC zu jeder Raststätte oder Tankstelle. Allerdings sollte man nie nach der *Toilet* fragen, ein WC heißt *Restroom*, *Ladies' Room* oder *Men's Room*, *Bathroom* oder *Powder Room*.

Im Krankheitsfall ist in den USA für rasche und effektive Behandlung gesorgt. An qualifizierten Ärzten *(Physicians)* bzw. Zahnärzten *(Dentists)* besteht kein Mangel; der Spezialisierungsgrad ist hoch, die Konkurrenz groß. Namen und Adressen von Ärzten können leicht an der Hotelrezeption bzw. über die Gelben Seiten des Telefonbuchs herausgefunden werden. Hausbesuche sind unüblich und meist helfen in größeren Orten bzw. Städten *Health Care* oder *Family Centers*, Gemeinschaftspraxen ohne Terminvereinbarung *(„walk-in")* weiter.

Arzt-, Medikamenten- und Krankenhauskosten sind hoch und jeder Patient wird zunächst als Privatpatient behandelt. Daher wird auch bei Besuchern der Nachweis der Zahlungsfähigkeit durch Kreditkarte vorausgesetzt und muss für jeden Arztbesuch sofort bezahlt werden. Zu Hause erstattet eine meist extra abzuschließende Auslandskrankenversicherung nach Überprüfung und gegen ausführliche Bescheinigung und Quittungen über Diagnose, Behandlungsmaßnahmen und Medikamente die Kosten zurück. Bei schweren Erkrankungen oder Unfällen sind zusätzlich der Notfallservice der Versicherung und ggf. Botschaft bzw. Konsulat zu kontaktieren.

Außer dringend benötigten (rezeptpflichtigen) **Medikamenten** (bei größeren Mengen ist eine englischsprachige Bescheinigung für den Zoll mitzuführen) sollte auch die übliche kleine Reiseapotheke mit dabei sein. **Pharmacies** (Apotheken) existieren eigentlich nur in Form von Spezialschaltern *(Prescriptions Counter)* in **Drugstores**. Dort löst man ärztliche Verordnungen ein und erhält Beratung durch einen Apotheker. Zudem gibt es, wie auch in Supermärkten, preiswert und rezeptfrei ein Grundsortiment an Arzneimitteln, Standardmedikamente gegen Schmerzen, Durchfallerkrankungen oder Erkältungen.

Notfall

Im Notfall ruft man die **Ambulanz (911)** oder fährt zur **Notaufnahme** des nächsten Hospitals (*Emergency Room*).

Es empfiehlt sich, pflegeleichte **Kleidung** mitzunehmen und diese ggf. in Schichten übereinanderzutragen. Regenschutz und festes Schuhwerk, aber auch Sonnenbrille, Mütze oder Hut gehören in den Koffer, außerdem ggf. ein Insektenschutzmittel *(Bug Revelant)* und ein Sonnenschutzmittel mit hohem Lichtschutzfaktor.

Informationen

Deutsch-Amerikanische Institute bzw. Zentren existieren derzeit in Freiburg, Hamburg, Heidelberg, Kiel, Köln, München, Nürnberg, Saarbrücken, Stuttgart und Tübingen. Daneben gibt es beim ADAC allgemeines Informationsmaterial und Karten über die verschiedenen US-Regionen. Allgemeine reisepraktische Infos finden sich auch im Internet unter **www.usa.gov/visitors/travel.shtml** oder unter der offiziellen Reise- und Tourismus-Seite der USA, **www.discoveramerica.com** (deutsch).

Alle im Reisegebiet liegenden Staaten sind durch deutsche PR-Agenturen vertreten, die im Allgemeinen auch für Österreich und für die Schweiz zuständig sind. Des Weiteren wurden nachfolgend die maßgeblichen Webseiten der einzelnen US-Bundesstaaten angegeben.

Vor Ort helfen **Visitor Information Centers, Convention & Visitor Bureaus** (CVB) oder **Chambers of Commerce** weiter, an den Staatsgrenzen (Interstates) gibt es **Welcome Center** – Besucherzentren, die Prospektmaterial, Karten etc. bereithalten, z.T. auch bei der Zimmerreservierung behilflich sind und in denen Coupon-Hefte (v.a. für Rabatte in Hotels) ausliegen. Infos und Adressen sind beim jeweiligen Ort aufgeführt. Nachfolgend die **maßgeblichen Adressen und Webseiten** der einzelnen Bundesstaaten in den USA:

RMI (Rocky Mountains International) – ID, MT, ND, SD und WY

- in D: c/o Wiechmann Tourism Services, Scheidswaldstr. 73, D-60385 Frankfurt/Main, ☏ (069) 25538-230, www.rmi-realamerica.de
- www.visitidaho.org (ID)
- www.visitmt.com (MT)
- www.ndtourism.com (ND)
- www.travelsd.com (SD)
- www.wyomingtourism.org (WY)

OR und WA

- Pacific North West – Oregon & Washington State, c/o Wiechmann Tourism Service, Scheidswaldstr. 73, D-60385 Frankfurt/Main, ☏ (069) 25538-240
- www.traveloregon.com bzw. www.traveloregon.de (OR)
- www.experiencewa.com (WA)

CO und UT

- Get it Across Marketing, Neumarkt 33, 50667 Köln, ☏ (0221) 2336-406, www.goutah.de (deutsch)
- www.colorado.com (CO)
- www.visitutah.com (UT)

CA

- Touristikdienst Truber, Schwarzwaldstr. 13, 63811 Stockstadt, ☏ (06027) 402820, TouristikdienstTruber@t-online.de, www.visitcalifornia.de (deutsch) bzw.
- www.visitcalifornia.com

NV

- Nevada Commission on Tourism, c/o AVIAREPS Tourism GmbH, Josephspitalstr. 15, 80331 München, ☏ (089) 552533 821
- www.travelnevada.de, http://travelnevada.com

Kartenmaterial

Neben der diesem Reiseführer beigelegten Reisekarte empfiehlt sich der **Rand McNally Road Atlas: United States/Canada/Mexico**, der auch hierzulande erhältlich ist, außerdem gibt es beim ADAC gratis Regionalkarten sowie allgemeine Infos (TourSets) zu Autoreisen in den USA.

Geo Center (www.geocenter.de) vertreibt topografische und geophysische Karten unterschiedlicher Maßstäbe; sie sind in gut sortierten Buchhandlungen erhältlich.
In den USA angekommen, sollte die erste Fahrt zu einem **AAA-Büro** führen (s. Auto fahren S. 87) um dort *Maps* sowie *AAA TourBooks* mit Motel- und Hotelverzeichnissen, Restaurants, Attraktionen und anderem Wissenswerten, zudem ggf. *CampBooks,* zu besorgen. Manche *TourBooks* sind auch beim ADAC gegen Gebühr erhältlich.
Überblickskarten der einzelnen Bundesstaaten bzw. einzelner Städte gibt es im Internet bzw. bei Fremdenverkehrsämtern, VCs, Welcome Centers oder CVBs.

Bei Mietwagen kann auch ein **Navi** dazugebucht werden.

Im Internet helfen bei der Planung weiter:
- https://maps.google.com
- www.mapquest.com
- www.randmcnally.com
- www.nationalatlas.gov (zahlreiche Spezialkarten)

Maßeinheiten

Größentabelle siehe Einkaufen S. 104

Hohlmaße		**Temperaturen**	
1 fluid ounce	29,57 ml	23 °F	-5 °C
1 pint (16 fl. oz.)	0,47 l	32 °F	0 °C
1 quart (2 pints)	0,95 l	41 °F	5 °C
1 gallon (4 quarts)	3,79	50 °F	10 °C
1 barrel (42 gallons)	158,97 l	59 °F	15 °C
Flächen		68 °F	20 °C
1 square inch (sq.in.)	6,45 cm²	77 °F	25 °C
1 square foot (sq.ft.)	929 cm²	86 °F	30 °C
1 square yard (sq.yd.)	0,84 m²	95 °F	35 °C
1 acre (4840 sq.yd.)	4046,8 m² o. 0,405 ha	104 °F	40 °C
1 sq.mi. (640 acres)	2,59 km²		
Längen		**Gewichte**	
1 inch (in.)	2,54 cm	1 ounce	28,35 g
1 foot (ft.)/12 in.	30,48 cm	1 pound (lb.)/16 oz.	453,59 g
1 yard (yd.)/3 ft.	0,91 m	1 ton/2000 lb	907 kg
1 mile/1760 yd.	1,61 km		

Medien

An jeder Straßenecke für $ 2 erhältlich ist die einzige wirklich überregionale Tageszeitung „**USA Today**", die vor allem nationale Geschehnisse behandelt und über einen hervorragenden Sportteil und ausführlichen Wetterbericht verfügt. Renommiert und überall zu bekommen ist auch die überregionale Tageszeitung „**New York Times**".

Große Buch- und Zeitschriftenläden in Städten, an Flughäfen und Bahnhöfen führen meist auch **deutsche Zeitungen** und Zeitschriften, meist jedoch teurer und nicht aktuell. Amerikanische Zeitungen und Zeitschriften sind günstiger und in großer Auswahl erhältlich. Beliebte überregionale Wochenmagazine sind „Time", „Newsweek" und „Fortune"; „Ebony" gibt z. B. einen Einblick in die afroamerikanische Szene und „Sports Illustrated" und „Sporting News" in die Welt des Sports.

TV und Radio

Obwohl jedes noch so billige Motelzimmer über einen **Fernseher** verfügt, unterscheiden sich Empfang und Senderzahl enorm. Gängige überregionale Sender sind *PBS, NBC, CBS, ABC* und *Fox*, darüber hinaus gibt es Kabel- und Satellitensender, die je nach gekauftem Paket unterschiedlich in Angebot und Zahl sind. Im Stundentakt laufen auf festen Programmschienen dieselben Sendungen zur selben Zeit und am selben Tag.

Viele Sender haben sich dabei auf bestimmte Genres spezialisiert haben, z. B.
- Spielfilme: *HBO, Hallmark Movie Channel, Fox Movie Channel*
- Soap Operas: *TNT, TBS, Soap*
- Sport: *ESPN*
- Nachrichten: *CNN, Bloomberg TV, ABC News*
- Wetter: *Weather Channel*
- Natur, Abenteuer & Outdoors: *Discovery Channel, National Geographic, Animal, Travel*
- Geschichte: *History*
- Kochen: *Food Network, Cooking Channel*
- Comics/Cartoons: *Disney Channel, Cartoon*
- Musik: *MTV, Great American Country*
- Kinder: *Nickelodeon*

Im **Radio** dominieren die privaten Sender. Sie sind mehr oder weniger stark spezialisiert, z. B. auf Country, Jazz, Rock, Klassik, Sport, Talkshows oder Nachrichten, und je nach Finanzlage unterschiedlich stark von Werbung abhängig. Ein überregionaler Sender mit breit gefächertem Angebot ist *National Public Radio (npr)*.

Mietwagen

siehe auch Auto fahren S. 87

Finanzielle und sicherheitstechnische Vorteile sprechen dafür, einen **Mietwagen bereits zu Hause zu buchen**, im Reisebüro oder über das Internet, besonders wenn die Mietdauer mindestens eine Woche beträgt. In der Regel sind die **Tarife**

günstiger, v.a. weil in Europa die Versicherungspauschalen und sonstigen Gebühren bereits im Preis enthalten sind. Und auch die Rechtssicherheit ist bei Abschluss des Mietvertrages im Heimatland u.U. höher.

Normalerweise muss ein Wagen an ein- und demselben Ort abgeholt und abgegeben werden, ansonsten fallen **Rückführgebühren** an, die sich je nach Veranstalter und Strecke unterscheiden. Ggf. sollte man vor Buchung prüfen, ob es am Ankunfts- bzw. Abflugsort, vor allem an Bahnhöfen bzw. in Städten, tatsächlich eine Mietstation gibt und ob diese zur betreffenden Zeit geöffnet ist. **Zahl und Verteilung der Mietstationen** unterscheiden sich je nach Firma.

In den letzten Jahren haben sich die Anbieter bezüglich der **Preise und Mietbedingungen** weitgehend angeglichen und alle sind dazu übergegangen, **Pakete** (z.B. *A/Sparpaket/Preiswert&Gut* oder *B/All/Super/Fully Inclusive)* anzubieten. Alle Pakete schließen **Vollkasko** *(CDW/LDW – Collision/Loss Damage Waiver)*, pauschale Erhöhung der Haftpflicht-Deckungssumme *(ALI – Additional Liability Insurance)*, sämtliche Steuern und Zusatzgebühren *(taxes and fees)* sowie *unlimited milage* (freie Fahrmeilen) ein.

Bei der (selten nötigen) **Super-(Luxus-)Version** sind u.a. die Kosten für einen Zusatzfahrer und oft eine Tankfüllung im Preis enthalten, zudem Zusatzversicherungen (Insassen- bzw. Gepäckversicherung, *PAI – Personal Accident Insurance* oder *PEC – Personal Effects Coverage*), die oft jedoch schon durch bestehende Versicherungen oder den Versicherungsschutz von Gold-u.ä. Kreditkarten abgedeckt sind (vorher prüfen!). Es gibt außerdem Fahrzeuge mit Navigator (GPS). **Mindest-Mietalter** ist 21 Jahre, unter 25-Jährige zahlen oft erhöhte Mietpreise.

Die gekoppelte Buchung von Flug und Mietwagen oder Camper – **Fly&Drive** – kann eine Alternative sein. Reiseveranstalter bieten oft günstige Varianten an. Man sollte jedoch speziell in der NS, wenn Flüge billig sind, das Angebot mit den Einzelpreisen vergleichen. Eine Vielfalt an **Auto-Rundreisen** wird ebenfalls in den Katalogen vieler Veranstalter angeboten, z.B. bei *America Unlimited* (s. S. 107) mit individuell veränderbaren Routen.

Fahrzeugkategorien

Die großen Vermieter verfügen über neuwertige **Fahrzeugflotten** meist spezieller Marken. Ein bestimmter Wagentyp kann nicht reserviert werden, doch geht man an vielen Flughäfen dazu über, Kunden aus einer Reihe gleich kategorisierter Autos wählen zu lassen. Alle haben Automatik, Airbags, Klimaanlage und CD-Player, meist *Cruise Control* (Tempomat), Servolenkung und -bremsung, oft auch Zentralverriegelung und automatisches Tages-Fahrlicht.

Die Palette reicht mit unterschiedlichen **Bezeichnungen** von Klein *(Economy)* über Mittel bzw. *Midsize (Compact, Intermediate* oder *Standard) bis Groß (Full Size)*, dazu gibt es eine Luxusversion *(Premium* o.ä.) und je nach Firma *Minivan* oder *Station Wagon*, *SUV/4-Wheel-Drive* oder *Cabriolet und Pick-up*. Bei der **Wahl der Kategorie** sollten vor allem Personenzahl, Art und Menge des Gepäcks und geplante Streckenlänge bzw. Fahrzeiten bedacht werden.

Im Allgemeinen dürfte für zwei bis drei Personen ein Fahrzeug der **mittleren Kategorie** genügen, zumal in amerikanischen Büros, v.a. in Stadtbüros, wesentlich pauschaler unterschieden wird und die Zahl der Türen dort beispielsweise selten eine Rolle spielt. Mit etwas Glück erhält man statt der gebuchten Kategorie ohne Aufschlag einen größeren Wagen.

Günstige Mietwagen

Abgesehen von den überregionalen großen Anbietern wie **Avis**, **Alamo** oder **Hertz**, **Budget** und **National** gibt es Mietwagen-Broker, die oft günstige Konditionen, v.a. im Internet, bieten.

Leicht vergleichen lassen sich die Preise auf: **www.mietwagen-broker.de**.

Mietwagen gibt es auch bei:

- www.adac.de/autovermietung
- www.sunnycars.de
- www.driveFTI.de
- www.dertour.de (Link „Mobil vor Ort")
- www.holidayautos.de
- www.autoeurope.de
- www.tui.com (Link „Mietwagen")

Wagenübernahme

An jedem internationalen Flughafen befinden sich Niederlassungen der großen Mietwagenfirmen, häufig gibt es nur einen Schalter im Flughafen, an dem die Formalitäten erledigt werden und von wo aus kostenlose Shuttlebusse den Kunden zum Parkplatz des Unternehmens bringen. Der *Rental Car Return* ist an allen Flughäfen gut ausgeschildert und die Rückgabe verläuft meist unkompliziert und schnell, meist direkt am Auto per Handcomputer.

Am Schalter muss außer der Reservierungsnummer bzw. dem Voucher eine Kreditkarte zur Stellung der Kaution und Begleichung sonstiger anfallender Kosten vorgelegt werden. Hinzu kommen der Führerschein (ein internationaler ist kein Muss und allein ohnehin ungültig!) und die Heimatadresse, dazu *Mobile-Phone*-Nummer und erste Adresse in den USA. Man vereinbart, sofern nötig, vor Abfahrt noch Zusatzversicherungen und mietet Sonderzubehör wie Navigator, Kindersitz oder Dachgepäckträger. Das vielfach angebotene „günstige" *Upgrading* (Buchen einer höheren Klasse) und das Angebot, eine Tankfüllung im Voraus (teuer) zu bezahlen, lehnt man besser ab und tankt stattdessen vor Abgabe noch einmal selbst.

Der **Mietvertrag** muss mehr oder weniger umständlich per Initial (z.B. Ablehnung von Zusatzversicherungen oder Tankfüllung) und/oder Unterschrift bestätigt werden. Sicherheitshalber sollte man einen Blick auf die auf dem Mietvertrag angegebene **Rückgabezeit** werfen, da sich hier gerne „Fehler" einschleichen. Jede Verspätung von mehr als einer halben Stunde geht nämlich ins Geld.

Mit Stadtplan und leider meist nur einem (bzw. zwei bombenfest miteinander verbundenen) Autoschlüssel(n) geht es **zur Abholung** zum auf dem Umschlag mit dem Mietvertrag angegebenen Stellplatz bzw. zur entsprechenden Reihe mit gleich kategorisierten Autos. Bei freier Auswahl innerhalb der Kategorie, was immer häufiger zu finden ist, sollte man auf möglichst geringen Tachostand, guten Allgemeinzustand, Ausstattung, Reifenzustand, Kofferraumkapazität und *Cruise Control* achten. Man kann sich die Wagen in Ruhe ansehen, da sie unverschlossen sind.

Ideal für eine Rundreise: ein Mini-SUV

Vor Fahrtantritt sollte man auf alle Fälle kurz den äußeren Zustand, v.a. die Reifen, die Sauberkeit (auch innen) sowie die Funktionstüchtigkeit von Lichtern, Blinker, Scheibenwischern, Gurten, Fensterhebern und Zentralverriegelung prüfen. Auch ist es sinnvoll, gleich nach Motorhauben- und Kofferraumöffner, Sitzverstellhebel sowie Tankverschluss Ausschau zu halten sowie Ersatzreifen und Tankanzeige zu prüfen. Es gibt meist nur eine sehr knapp gehaltene Bedienungsanleitung im Auto.

Direktbuchung vor Ort

Ein Leihwagen kann auch kurzfristig vor Ort, gleich am Flughafen (Servicetelefone) oder in der Stadt, gechartert werden; Mindestalter ist meist 21 Jahre (unter 25 fällt ein Aufschlag an). Direktbuchung ist im Allgemeinen teurer, wobei man trotzdem wegen Service, Sicherheit, Fahrzeugflotte und Netz die großen Anbieter kleineren, lokalen Firmen vorziehen sollte. Vor allem ist darauf zu achten, ob *Unlimited Mileage* und *CDW/LDW (Full Coverage)* im genannten Preis enthalten sind. Man sollte auf alle Fälle nach **Specials** (z. B. *Weekend/Senior/AAA Special*) fragen.

Telefonische Reservierung ist sinnvoll (1-8...-Nummern gebührenfrei in USA):
- **Alamo:** ☏ 1-877-222-9075 www.goalamo.com
- **Avis:** ☏ 1-800-230-4898 www.avis.com
- **Budget:** ☏ 1-800-527-0700 www.budget.com
- **Dollar:** ☏ 1-800-800-3665 www.dollar.com
- **Enterprise:** ☏ 1-800-261-7331 www.enterprise.com
- **Hertz:** ☏ 1-800-654-3131 www.hertz.com
- **National:** ☏ 1-877-222-9058 www.nationalcar.com

Museen und andere Sights

siehe Natur- und Nationalparks S. 120, Eintritte S. 99 und Öffnungszeiten S. 122

Museen verschiedenster Ausrichtung sind überall zu finden: Kunstmuseen, historische Museen – dazu gehören auch sogenannte *Living History* (Openair-) Museen – und naturwissenschaftliche Museen, meist mit interaktiven Ausstellungsstücken. Hinzu kommen **Spezialmuseen** wie Indianermuseen, Sports Hall of Fames, Raumfahrtmuseen, Planetarien, aber auch Geburts- und Wohnhäuser *(Historic Homes)* berühmter Persönlichkeiten (z. B. von Schriftstellern oder Politikern) und Gartenanlagen.

Nahverkehr

Der öffentliche Nahverkehr ist in Städten wie Denver, Portland, Seattle, San Francisco oder Salt Lake City gut ausgebaut und bietet sich dort an Stelle eines Autos zur Stadtbesichtigung an. Voraussetzung für die Benutzung der Busse und Bahnen ist ein Routenplan und etwas Ortskenntnis bzw. ein guter Stadtplan, außerdem Kleingeld, da Tickets meist vorher am Automaten gekauft oder der Betrag abgezählt bezahlt werden muss. Details finden sich im Anschluss an die jeweiligen Stadtbeschreibungen.

Natur- und Nationalparks

siehe auch Camping S. 94

Das amerikanische **National Park System** umfasst über 400 „Units" – *National Parks, Forests, Monuments, Battlefields, Historic Sites, Recreation Areas* u.a. geschützte Areale. Rechtzeitige **Vorausbuchung von Unterkünften bzw. Campingplätzen** ist dort v.a. in der HS (Juli/August) nötig.

In jedem Nationalpark gibt es eine oder mehrere **Zufahrten**, dort wird die Gebühr kassiert und gibt es ein Faltblatt mit Basisinfos. Zusätzlich befindet sich fast immer in der Nähe der Zufahrt ein *Visitor Center* (Besucherzentrum), dort informieren **Park Ranger** über Programme, Angebote und Besonderheiten, Unterkunfts- und Wandermöglichkeiten im Park. Zu den VCs gehören häufig **Ausstellungen** bzw. sogar **Museen mit Filmvorführung** und/oder Dia-Shows zur spezifischen Flora und Fauna, Geologie und Geografie, Geschichte oder anderen Besonderheiten des jeweiligen Parks. Meist gibt es auch einen Shop oder Verkaufsstand mit Literatur, Karten u.a. Souvenirs.

Nationalparks

www.nps.gov Offizielle Seite des National Park Service mit Links zu einzelnen Parks
www.nationalparks.org Webpage der National Park Foundation
www.ohranger.com Infos zu allen Parks und Public Lands online, eher Blog mit Fragen und Antworten, nach Staaten sortiert (☎ 212-581-3380).

Eintritt

Der Eintritt wird im Allgemeinen pro (Privat-)Fahrzeug berechnet, im Regelfall inklusive vier Insassen. Die Gebühr liegt bei $ 5–25 je nach Park und mit dem erhaltenen Kassenbon an der Windschutzscheibe darf man im Allgemeinen 7 Tage im Park bleiben bzw. beliebig ein- und ausfahren. Wer mehrere Parks besuchen möchte, sollte einen **America the Beautiful (Annual) Pass** kaufen (im Internet unter **http://store.usgs.gov/pass**). Er kostet derzeit $ 80 und gilt ein ganzes Jahr in allen amerikanischen Nationalparks u.a. staatlichen Naturschutzgebieten für drei Insassen eines Fahrzeugs über 16 Jahren; Kinder unter 15 sind gratis.

Übernachten

In den meisten *National Parks* oder *Forests* gibt es kostenpflichtige **Campgrounds oder Campsites** unterschiedlicher, meist einfacher Ausstattung in reizvoller Lage. Sie sind in der Hochsaison schnell gefüllt, zumal überwiegend das System *first come, first served* gilt und nur ein Teil der Plätze über einen zentralen Reservierungsservice (s. unten) gebucht werden kann. Darüber hinaus besteht oft die Möglichkeit zu kostenlosem *Backcountry Camping* nach Einholen einer Erlaubnis *(Permit)* in einer *Ranger Station*. Teurer und besser ausgestattet sind meist die kommerziell betriebenen Plätze, speziell jene von KOA. Sie befinden sich nie in den Parks, sondern im Umfeld.

Die **Hotels/Lodges** in den (großen) Parks werden meist wie Läden, Outfitter, Busbetreiber u. a. von Privatunternehmen wie *Xanterra Parks & Resorts* verwaltet. Bei weitem nicht alle Parks verfügen über Herbergen innerhalb des Areals, doch sofern solche oft rustikalen Unterkünfte *(Lodges)* vorhanden sind, müssen diese langfristig vorher gebucht werden. Darüber hinaus bieten sich meist preiswertere Unterkünfte in den am Parkrand gelegenen Orten.

- Infos zu Camping/Unterkunft in den Parks finden sich unter den einzelnen Parks (**www.nps.gov/...**, s. auch einzelne Kapitel)
- **www.nationalparkreservations.com**, ☏ 855-260-1738 (gratis) bzw. +1 (406) 552-1704. Viele, aber bei weitem nicht alle NPs sind diesem privaten, gebührenpflichtigen Reservierungssystem angeschlossen.
- **www.nationalparkhotelguide.com** – *Where to stay in America's National Parks?* Eine Unterkunftsliste sortiert nach Staaten und Parks, vorwiegend H/Motels in Randgemeinden. Mit Sofortbuchungsmöglichkeit, ☏ 1-866-656-7127

Notfall und Notruf

siehe auch Auto fahren S. 87, Geldangelegenheiten S,. 110, Gesundheit S. 112, Sicherheit S. 125 und Versicherungen S. 137

Im Notfall, ganz gleich welcher Art, hilft ein **Polizist** *(Cop)*, das nächste **Polizeirevier** (**Operator 0**), die gebührenfreie **Emergency Number 911** (Notrufzentrale) oder die deutschsprachige Notfall-Telefonnummer des ADAC: ☏ **1-888-222-1373**. Bei **Diebstahl oder Verbrechen** ist im nächsten Polizeirevier Anzeige zu erstatten, denn nur bei Vorlage eines Polizeiprotokolls ersetzen Versicherungen den erlittenen Verlust. Ebenfalls zu melden ist der Vorfall bei der betreffenden Stelle (bei Flugtickets z.B. bei die Airline), möglichst mit Nummern bzw. Kopien der entsprechenden Papiere. Bei Verlust der Kreditkarte oder der Reiseschecks muss umgehend die Sperrung bei der auf der Kartenrückseite oder auf dem zugehörigen Merkblatt angegebenen Notfallnummer (notierten) veranlasst werden (siehe Geldangelegenheiten S. 110).

In Deutschland gilt für alle Arten von Karten und Banken (mit wenigen Ausnahmen, siehe www.sperr-notruf.de) die **einheitliche Sperrnummer 0049-116116** bzw. im Ausland zusätzlich **0049 (30) 4050-4050**. Eine Ersatzkarte wird normalerweise innerhalb von 24 Stunden zur Verfügung gestellt. Bei Schecks sind die Vorlage des Kaufnachweises und die Nummern der ausgegebenen Schecks nötig.

Im Notfall hilft dank ihres Verfügungsrahmens und des schnellen Ersatzes die Kreditkarte weiter, wobei allerdings mit dieser wie auch mit *Maestro*-Karte pro Transaktion bzw. Woche nur ein festgelegter Höchstbetrag bar abgehoben werden kann. Je nach ausgebender Bank und Art der Karte bzw. Konditionen gilt ein Tageslimit von ca. 500 bis 1000 €, so lange, bis der vorgegebene Kreditrahmen ausgeschöpft ist.

Wer dringend größere Geldsummen benötigt, kann sich weltweit über **Western Union** Geld von zu Hause schicken lassen. Der Sender muss dazu bei einer *Western Union*-Vertretung (z. B. Postbank oder ReiseBank an vielen Bahnhöfen, Flughäfen etc.) ein Formular ausfüllen und den Code der Transaktion telefonisch oder elektronisch in die USA übermitteln. Mit dieser Nummer und dem Reisepass erhält man in einer beliebigen Vertretung von *Western Union* nach Ausfüllen eines Formulars das Geld binnen Minuten ausgezahlt (www.westernunion.de, ☏ 0800-181-1797).

Bei schwerer Erkrankung, Unfall oder schwerwiegenden Verbrechen sind außer dem **Notfallservice** der Versicherung ggf. Botschaften bzw. Konsulate zu informieren. Sie stellen bei Passverlust nach Klärung der Identität ein Ersatzdokument aus und sind auch sonst vermittelnd behilflich.

Tipp: Checkliste für die Reise

- Reiseschecks und Dollars besorgen, Notrufnummern notieren, Geld auf dem Kreditkarten-Konto deponieren
- Reiseversicherung, vor allem Auslandsreise-Krankenversicherung bzw. Reise-Notfall-Versicherung abschließen
- Einen Satz Kopien aller wichtigen Dokumente (Pass, Versicherungsscheine, Führerschein, Flugticket etc.) anfertigen und sämtliche wichtigen Nummern und Telefonnummern aufschreiben
- Originaldokumente am sichersten am Körper (Brustbeutel, Gürteltasche o. Ä.) tragen oder, wenn möglich, im Hotelsafe deponieren

Öffnungszeiten

siehe auch Einkaufen S. 104

In den USA gibt es kein verbindliches Ladenschlussgesetz und vielfach gilt sogar „24/7", d. h. Betrieb rund um die Uhr an sieben Wochentagen. Selbst an Sonn- und Feiertagen sind viele Läden, vor allem Supermärkte und Malls (Einkaufszentren), sowie touristische Shops geöffnet. Geschäfte sind je nach Art und Größe sowie Viertel von 9/10 bis mind. 18 Uhr, oft länger, geöffnet. Als Regelzeiten gelten die folgenden:
- **Läden:** meist von 9/10–18 Uhr
- **Kaufhäuser/Malls:** 10–19/20 Uhr, So. meist 11/12–17/18 Uhr
- **Restaurants:** ca. 12–15 und 18–22 Uhr warmes Essen
- **Supermärkte:** mind. 8–20 Uhr, manchmal 24 Std.
- **Bürozeiten:** Mo–Fr 9–17 Uhr
- **Banken:** werktags 10–14/15 Uhr

- **Postämter:** Mo–Fr 8/9–17, Sa oft bis 13/14 Uhr
- **Tankstellen und Fastfood-Ketten:** mind. 8–20 Uhr, oft bis Mitternacht oder sogar 24 Std.
- **Museen und Sehenswürdigkeiten:** 10–17 Uhr (oft Mo. geschlossen).

Genaue Öffnungszeiten finden sich in den jeweiligen Kapiteln im Routenteil. Dort bezieht sich bei **Angabe mehrerer Öffnungszeiten** der längere angegebene Zeitraum auf die HS von *Memorial Day* (letzter Mo. im Mai) bis *Labor Day* (1. Mo. im Sept.), der kürzere auf die NS.

Post

Postämter sind nicht immer leicht zu finden, aber man benötigst sie normalerweise auch nur einmal zum Kauf einer größeren Menge **Briefmarken**. Diese sind zwar auch an Automaten erhältlich, dort allerdings oft in ungünstigen Stückelungen und mit Preisaufschlag. Ein Brief oder eine Karte nach Europa benötigt im Schnitt eine Woche. Standardsendungen *(First-Class Mail)* sind preiswerter als die schnellere *Priority Mail* oder *Express*. Bei **amerikanischen Adressangaben** müssen Bundesstaat sowie die Postleitzahl *hinter* dem Ortsnamen angegeben werden. Briefkästen sind blau-rot mit der Aufschrift „USMAIL".
Für **Eilsendungen** gibt es eigene Kurierdienste wie *FedEx*, *UPS* oder *DHL*. Telegramme oder Geldanweisungen gibt man bei *Western Union* auf (siehe Notfälle S. 121).

Postgebühren (Stand Frühjahr 2014):
- **Europa**: Karten und Briefe bis 1 oz (28 g) $ 1,10 (jede weitere oz: 95 c.)
- **Inland** *(Standard* oder *First-Class)*: Briefe bis 1 oz (28 g) 46 c, jede zusätzliche oz kostet weitere 20 c, Karten 33 c.

Rauchen

Raucher haben in Amerika kein leichtes Leben: Das Rauchen ist auf den meisten öffentlichen Plätzen, in öffentlichen Gebäuden und Einrichtungen, in Nahverkehrsmitteln, Zügen, Taxis und Flugzeugen, in Büros, Geschäften, Theatern, Museen oder Kinos, aber auch in Restaurants und Bars verboten und unter Strafe gestellt. Selbst in offenen Sportstadien ist Rauchen, wenn überhaupt, nur in markierten Arealen *(designated areas)* erlaubt und in letzter Zeit häufiger schließen sich sogar öffentliche Parks dem Rauchverbot an. Die Mehrzahl der Hotels sind 100% *non smoking* und Inns oder B&Bs erlauben Rauchen nur im Freien. Zu finden sind – je nach Ort – noch Raucher-Lounges, Clubs oder Bars mit Patios, wo Rauchen möglich ist.

Reisezeit

siehe auch Land und Leute, Geografischer Überblick S. 42

Im Vergleich zu denselben Breitengraden in Europa herrschen in den USA extremere Temperaturunterschiede. Für die **Rocky-Mountains-Region** ist mit kühlen, schnee-

Winterlandschaft in Montana

reichen Wintern, aber auch weniger heißen Sommern zu rechnen. Da das Gebiet im Regenschatten der Berge liegt, ist die Bewölkung relativ gering. Weiter südlich herrschen (Halb-)Wüsten vor. In der **Prärieregion** sind die Winter eiskalt (Winterstürme aus Kanadas Norden), dafür die Sommer heiß. Hin und wieder werden sie von Gewitterstürmen unterbrochen, die aber nie lange andauern. Dazu weht stets ein mehr oder weniger starker Wind.

Im **Pazifischen Nordwesten** herrscht ein ähnliches Klima wie in Nordwesteuropa. An der Küste macht sich jedoch der Einfluss des Pazifiks deutlich bemerkbar. Es bestehen nur geringe Temperaturunterschiede zwischen Nacht und Tag sowie zwischen Winter und Sommer. Typisch sind entsprechend milde Winter und nur moderat warme Sommer. Viel Bewölkung und eine relativ hohe Zahl an Regentagen sowie reichlich Nebel sind charakteristisch, doch auch lange Phasen mit viel Sonnenschein sind besonders im Herbst möglich.

Im **Great Basin** herrscht im Sommer schwül-heißes Klima und die Sonne brennt erbarmungslos herunter. Von November bis März/April ist es dafür extrem kalt und es gibt viel Schnee (in den Rockies Anfang Dezember bis mindestens März) und klare Luft. Innerhalb der Rocky Mountains variieren die Niederschlagsmengen, bzw. im Winter der Schneefall, beträchtlich. Man sollte sich daher bei Reisen von Ende Oktober bis April erkundigen, ob Hotels, Naturparks und Nebenstraßen überhaupt geöffnet sind.

Angesichts der Größe des Reisegebietes können kaum pauschale Empfehlungen zur besten Reisezeit gegeben werden. In den meisten Fällen dürften das Frühjahr und ganz besondes der Herbst – speziell die Monate Mai bzw. September/Oktober – **die geeignetste Reisezeit** sein. Das Frühjahr gebärdet sich häufig launischer als der Herbst, für den längere Schönwetterperioden und höhere Wassertemperaturen sprechen, andererseits sind aber die Tageslicht-Stunden dann geringer. Je weiter man nach Norden vordringt, umso häufiger kommt es vor, dass (meist Mitte/Ende Oktober bis Ende April/Mai) viele Sehenswürdigkeiten und sogar Hotels ihre Pforten schließen.

Eine Rolle bei der **Zeitplanung** spielt auch die Art des Reisens: Wer zeltet oder im Camper unterwegs ist, wird anders planen als der Hotelgast. Gleiches gilt für sportlich Engagierte, für Wanderer und Wassersportler, Baderatten oder Golfer.

Lockere, luftige **Kleidung,** am besten aus Baumwolle oder Leinen, Hut oder Mütze gegen die Sonne, Wanderschuhe und Regenschutz, aber auch warme Kleidung, vor allem an der Küste, sind unabdingbar. Besonders nachts kann es in den Bergen und am Pazifik kühl werden, daher gehört auch eine Jacke ins Gepäck. Freizeitkleidung aller Art lässt sich jedoch auch preiswert in den USA kaufen.

Sicherheit und Verhaltensregeln

siehe auch Notfall, Notruf S. 121

Die USA sind **nicht krimineller oder gefährlicher als jede andere Reiseregion**. Locker baumelnde Handtaschen und aufwendige Fotoausrüstungen, dicke Brieftaschen oder lose Scheine in Gesäßtaschen und teurer Schmuck sowie unbeaufsichtigtes Reisegepäck stellen überall auf der Welt ein potenzielles Risiko dar. Originaldokumente sollten am sichersten am Körper (Brustbeutel, Gürteltasche o. Ä.) getragen oder, wenn möglich, im Hotelsafe deponiert werden. Es empfiehlt sich, nur eine **kleine Bargeldmenge** mit sich herumzutragen. Sinnvoll ist es, **Kopien aller wichtigen Dokumente** (Pass, Versicherungsscheine, Führerschein, Flugticket etc.) anzufertigen, getrennt aufzubewahren, und sämtliche Nummern und Telefonnummern in einer Art „Notfall-Pass" aufzuschreiben.

Bei **Massenveranstaltungen**, Menschenaufläufen oder in öffentlichen Verkehrsmitteln ist Taschendiebstahl (*Pick Pocket)* ein häufiges Delikt. Mit voll gepacktem **Mietwagen** (auf geschlossenen Kofferraum und nicht sichtbares Gepäck achten!) sollte man möglichst überwachte Parkplätze bzw. -garagen aufsuchen; bei langsamer Fahrt, speziell bei Nacht, die Türen des Wagens verriegeln und die Fenster schließen. Ein Navigator bzw. gutes Kartenmaterial und dessen Studium *vor* der Abfahrt sollten selbstverständlich sein.

In **Motels/Hotels** sollte man Spione, mehrfache Schließanlagen, verschließbare Verbindungstüren sowie das Angebot, Wertgegenstände im Safe zu deponieren, nutzen. Serviceschilder (wie *„Service, please!")* besser nicht an die Türklinke hängen, da sie lediglich anzeigen, dass niemand im Zimmer ist.

Bad neighborhoods erkennt man an leeren Straßen, verfallenen Häusern, Schrottautos und herumlungernden Gestalten. Solche Viertel sollte man ebenso meiden wie Parks, dunkle Parkgaragen und Unterführungen **nach Einbruch der Dunkelheit** (besonders allein) und lieber Umwege oder Taxikosten in Kauf nehmen.

Sport und Freizeit

Sportfans kommen im amerikanischen Westen voll auf ihre Kosten – von Wassersport aller Art, Surfen und Angeln über Wandern und Biking, Climbing und Skifahren bis hin zu Reiten, Golf und Tennis ist alles geboten. Ein besonderes Erlebnis ist der Besuch einer großen Sportveranstaltung, und da ist die Palette ebenfalls breit.

Zuschauersport

Es gibt in den Metropolen Profiteams der vier „Nationalsportarten" – American Football, Baseball, Basketball und Eishockey – außerdem *College Sport* und natürlich auch viel Fußball *(Soccer)*. Der Besuch einer Sportveranstaltung bedeutet Spaß für die ganze Familie, mehrere Stunden Unterhaltung und Show mit Wettbewerben und Verlosungen, Musik, Tanz, *Tailgate-Parties*, Hot Dogs oder BBQ.

- **American Football**: Profiteams der **NFL** *(National Football League)* spielen sonntags zwischen September und Dezember in Denver, Oakland, San Francisco und Seattle. **College Football** ist ebenfalls überaus beliebt und füllt große Stadien.

- **Baseball:** Profiteams der beiden Ligen *(**AL** – American League* und ***NL** – National League)* des **MLB** *(Major League Baseball)* tragen ihre Spiele zwischen April und Anfang Oktober in Denver, Oakland, San Francisco und Seattle aus. Außerdem lohnt ein Besuch bei einer der zahlreichen Minor League-Mannschaften (Nachwuchs-Profiteams) der drei Klassen A, AA und AAA, die es fast in jeder größeren Stadt gibt.

- **Basketball:** Profiteams der **NBA** *(National Basketball Association)* spielen zwischen Ende Oktober und April in Denver, Oakland, Portland, Sacramento und Salt Lake City. Ein Team der Frauen-Profiliga **WNBA** *(Women's National Basketball Association)* spielt zwischen Mai und September in Seattle. Auch **College Basketball** ist beliebt und füllt große Unihallen.

- **Eishockey:** Die Profiteams der weltbesten Liga **NHL** *(National Hockey League)* kann man zwischen Oktober und April in Denver und San Jose anschauen.

- **Soccer (Fußball):** Profiteams der MLS *(Major League Soccer)* spielen zwischen Mai und Oktober in Denver, Seattle, Portland und Salt Lake City. Gerade Seattle und Portland gehören zu den Mustervereinen und spielen stets in vollen Stadien.

Details zu den einzelnen **Profi-Teams** und sehenswerten **Universitätsmannschaften** finden sich in den Regionalen Reisetipps.

Sport aktiv

Angeln/Fischen ist eine beliebte Freizeitbeschäftigung der Amerikaner. Es gibt in nahezu jedem Ort Angeln und Zubehör zu kaufen. Lizenzen stellen in der Regel Parkbehörden, Ranger, Gemeindebehörden und Touristenämter aus. An der Pazifikküste werden des Öfteren (ein- bis mehrtägige) Hochseeangeltouren angeboten. Ansonsten ist das sogenannte *Fly Fishing* (Fliegenfischen) mit einer biegsameren Rute und einem künstlichen Köder besonders in den Flüssen der Rockies und in Oregon, z. B. an America's Wild River Coast (s. S. 490) populär.

Kanu-, Kajak- und **Floßfahrten** sind ebenfalls beliebte Aktivitäten. Vor allem **Wildwater Rafting** (Schlauchboot-Wildwassertouren) steht ganz oben auf der Liste. In der Nähe attraktiver Outdoorgebiete finden sich zahlreiche Outfitter, die nicht nur Ausrüstung verkaufen oder vermieten, sondern auch Touren organisieren bzw. leiten. Einige der schönsten und bekanntesten Reviere liegen in Idaho (Hells Canyon, Salmon River, Payette River, Lochsa River), andere schöne Strecken sind in Wyoming die Gewässer um Jackson Hole, in Colorado das Areal bei Estes Park, in Utah der Green River, in Washington die Umgebung von Kettle Falls und Republic und in Oregon der Rogue River. Auf ruhigeren Flussabschnitten bieten sich Kajaktouren an. Seakayaking ist besonders um die San Juan Islands und zwischen diesen und der Olympic Peninsula (Washington) beliebt. Kanutouren können auf fast allen Seen unternommen werden sowie auf den ruhigeren, aber auch weniger attraktiven Flüssen der Ebenen.

Beliebt auf den Flüssen des Nordwestens: Kajakfahrten

Strände sind im Nordwesten (OR, WA) mehr malerisch und eher für Spaziergänge *(Beachcombing)* als zum Baden geeignet, dazu ist das Wasser zu kalt. Surfen, Paragliding, Drachensteigenlassen u.Ä. sind hingegen beliebt. Attraktiv zum Baden sind hingegen die zahlreichen Binnenseen und natürlich die Flüsse.

Reiter finden im Nordwesten ebenfalls ideale Verhältnisse vor. Speziell **Guest Ranches** bieten häufig individuelle Reitprogramme an, gleichermaßen für Anfänger wie für Fortgeschrittene. Sinnvoll ist es dabei schon, bereits einmal auf einem Pferd gesessen zu haben. Empfehlenswerte Gäste-Ranches finden sich in den Regionalen Reisetipps, allgemeine Hinweise auf S. 136.

Zum **Skilaufen** bieten sich in diesem Reisegebiet vor allem die Rockies in Montana, Nord-Utah, Idaho, Colorado sowie in Nordwest-Wyoming an, außerdem die Sierra Nevada in Kalifornien (z. B. Lake Tahoe-Areal) und die Cascade Range in Washington und Oregon. Beliebt sind auch Skilanglauf, Snowmobiling und Schneeschuhwandern. Infos außer auf den State-Webpages z. B. unter:
- www.wintermt.com (MT)
- www.skiwildwest.de/wyoming.php (WY)
- www.coloradoski.com (CO)
- www.usskiing.com (USA)

Sprache und Verständigung

Es dürfte schwierig sein, in den USA ganz ohne Englisch auszukommen, doch vermutlich ist eine Verständigung dort eher möglich als an vielen anderen Orten Europas. Die Fremdsprachenkenntnisse der Amerikaner sind gering, dafür sind Geduld und Freude über selbst rudimentäre Englischkenntnisse stark ausgeprägt.

Das **Amerikanische** weicht in mehreren Punkten vom Schulenglisch ab, es gibt **Unterschiede in Wortschatz, Grammatik und Aussprache.** Auffällig ist vor allem, dass viele Substantive auf *-re* (wie *Centre* oder *Theatre*) im Amerikanischen auf *-er* enden *(Center, Theater)* und *ou* zu *o* wird *(Color, Harbor)*. Doppellaute *(Travelling)* werden im Amerikanischen vereinfacht und es heißt *Traveling*. Oft wird geschrieben wie gesprochen, z. B. *Nite* für *Night*.

Wo immer möglich, wird abgekürzt, z. B. *Xmas (Christmas)*, *Xing (Crossing)*, *u (you)* oder *4 (for)*. Außerdem unterscheiden sich bestimmte Vokabeln vom Oxford-Englisch, z. B. wird (engl.) *baggage* zu *luggage* (Gepäck), die *bill* zum *check* (Rechnung), der *policeman* zum *cop* (Polizist), *autumn* zu *fall* (Herbst), der *ground floor* zum *first floor* (Erdgeschoss), *petrol* zu *gas* (Benzin), *trousers* zu *pants* (Hosen) oder *holidays* zu *vacation* (Ferien, Urlaub).

Es gibt gewisse **Universalfloskeln**, die man sich angewöhnen sollte, da sie zum guten Ton gehören: „*How are you today?*" ist nicht nur die Frage nach dem Befinden, sondern eine **Begrüßungsformel**, auf die ein „*fine*" oder „*good*" meist genügt. Wer höflich ist, stellt die Gegenfrage. „*Have a nice day (trip)*" dient der Verabschiedung, ebenso wie „*It was a pleasure to meet/meeting you*". „*I would appreciate it*" meint **Bitte und Aufforderung** zugleich, während man sich mit „*I (really) appreciate it*" für einen Gefallen bedankt. „*See you*" ist weniger eine Einladung als ein legerer Abschiedsgruß.

Small Talk ist ein beliebter Zeitvertreib. Man beginnt eine Unterhaltung über das Wetter, über die letzten Sportergebnisse oder über Herkunft und Reisen. Europäer sind ungeachtet aller Kontroversen in den letzten Jahren beliebt, „*Good Old Europe*" ist ein (selten realisiertes) Traumziel vieler Amerikaner.

Was die **Anrede** betrifft, sind viele Amerikaner sehr altmodisch: Frau Miller verwendet meist nach der Heirat offiziell den Vor- und Nachnamen ihres Mannes und wird „Mrs. Edwin L. Miller" genannt. Dabei wird *Mrs.* (Frau) nicht prinzipiell für verheiratete Frauen verwendet, gerade bei jüngeren Frauen wird das *Miss* oder im Schriftverkehr neutral „Ms." verwendet.

Strom

Der amerikanische Haushaltsstrom hat eine Wechselspannung von **110–115 V** (60 Hz). Daher müssen mitgebrachte Geräte umstellbar sein. Die besondere Form amerikanischer Steckdosen erfordert zudem einen **Adapter**, den man am besten schon von zu Hause mitbringt. Föns und oft auch Bügeleisen werden von H/Motels zur Verfügung gestellt.

Telekommunikation

Das Telefonwesen befindet sich in den USA in den Händen privater Gesellschaften und das Telefonnetz ist das dichteste der Welt. Es gibt grundsätzlich **mehrere Möglichkeiten**, innerhalb der USA bzw. nach Europa zu telefonieren: **von öffentlichen Apparaten aus** – was sich nur für Ortsgespräche bzw. mit *Calling Card* (s. unten) anbietet, da sonst zu viel Kleingeld nötig ist –, **vom Hotel aus** (was ohne *Calling Card*, mit Ausnahme von Ortsgesprächen, teuer kommen bzw. unmöglich sein kann) oder **per Handy** (korrekt: *Mobile* oder *Cell Phone*). An Airports, Bahnhöfen oder in Malls ist es häufig auch möglich, mit Kreditkarte zu telefonieren, wobei die Preise höher liegen als mit *Calling Card*.

Local calls kosten meist 50 c., ein **internationales Gespräch** kostet im Schnitt $ 1–2 pro Minute, Anrufe von Deutschland in die USA sind vielfach günstiger. In jedem Hotelzimmer gibt es **Telefonbücher**: ein *General Directory* (Weiße Seiten) und ein *Classified Directory* (*Yellow Pages* – Gelbe Seiten). Um eine Außenleitung zu bekommen, muss im Allgemeinen eine 9 oder 8 vorgewählt werden.

Gebührenfrei, aber regional (oft auf den Bundesstaat) begrenzt, sind 1-800-, 1-866-, 1-877-, 1-888- sowie 1-855-, 1-844- und 1-833-Nummern. Diese können auch von Deutschland aus, allerdings dann kostenpflichtig, gewählt werden. Von H/Motels aus kosten diese Nummern höchstens so viel wie ein Ortsgespräch, vielfach sind letztere aber sogar frei.

Hinweis

Amerikanische Telefonnummern bestehen aus einem dreistelligen *Area Code*, der in manchen Bundesstaaten einheitlich ist, und der normalerweise siebenstelligen Rufnummer, manchmal als werbewirksame Buchstabenkombination angegeben:

2 – ABC / 3 – DEF / 4 – GHI / 5 – JKL / 6 – MNO / 7 – PRS / 8 – TUV / 9 – WXY

Telefonkarten

Telefonkarten sind bezüglich ihrer Kosten, Gültigkeit und Bedingungen schwer durchschaubar. Grundsätzlich wird zwischen *Calling Cards* und *Prepaid* oder *Phone Cards* unterschieden, bei den meisten handelt es sich um wiederaufladbare Karten. Sie können über eine Hotline – gegen Belastung der Kreditkarte – nachgeladen werden. Anbieter solcher Karten sind u. a. Telekom (www.teltarif.de/a/telekom/card.html) oder AT&T (www.fonecards.de./telefonkarte-usa.htm). Besonders günstig ist z. B. die **US-CallingCard** (www.us-callingcard.info). Mittels persönlicher Geheimnummer (PIN) und Einwahlnummer (USA: 1-800-… kostenfrei) lässt es sich einfach (auch ohne Karte) von jedem Apparat aus telefonieren.

In den USA gibt es **Telefonkarten** auch in Supermärkten oder Tankstellen zu kaufen. Bedingungen (Einwahlgebühren, Zuschläge, Gebühr, Glütigkeitsdauer) bzw. Einsatzmöglichkeiten unterscheiden sich jedoch gravierend und viele Karten sind für Überseegespräche ungeeignet.

In vielen Cafés gibt es Hotspots mit Gratis-Zugang zum Internet

Mobile Phone und Internet

Mobile oder **Cell(ular) Phones** funktionieren in der *Triband-* oder *Quadband-*Version mit dem in den USA nötigen 1900-Mhz-Band erfahrungsgemäß gut, vor allem in den Einzugsbereichen größerer Metropolen. Man sollte sich vor Reiseantritt bei seinem Provider nach Roamingpartnern erkundigen und diese durch manuelle Netzauswahl voreinstellen. Die Rufumleitung auf die Mailbox sollte aus Kostengründen auf alle Fälle deaktiviert werden. Alternativ kann man sich z.B. bei der Call Company (www.cellion.de) eine amerikanische SIM-Karte besorgen und ist so für jeden unter einer amerikansichen Nummer erreichbar.

Falls das **Mobiltelefon verloren geht** oder gestohlen wird, sollte man die Nutzung der SIM sofort beim Provider sperren lassen.

Wichtige Telefon-Vorwahlen

- **von den USA nach D:** 01149 + Ortsvorwahl (ohne 0) + Teilnehmernummer
- **nach A:** Ländervorwahl 01143 + Ortsvorwahl (ohne 0) + Teilnehmernummer
- **in die CH:** Ländervorwahl 01141 + Ortsvorwahl (ohne 0) + Teilnehmernummer
- **von D in die USA:** 001 + Ortsvorwahl (dreistellig) + Teilnehmernummer (siebenstellig)
- **Operator (Vermittlung):** 0
- **Internationale Fernsprechauskunft:** 00
- **Internationale Vermittlung:** 01

Mit dem eigenen Laptop stellt die **Internetnutzung** kein Problem dar. *WLAN/WiFi* ist in Hotels üblich, oft gratis, manchmal kostenpflichtig. Auch stehen des öfteren Gästecomputer zur Nutzung zur Verfügung oder man kann in Internetcafés gegen Gebühr, in öffentlichen Bibliotheken auch oft gratis ins Internet gehen. Gratis-WiFi für die Nutzung des eigenen Laptops ist zunehmend auf öffentlichen Plätzen, in vielen Cafés und Lokalen, in Buchläden oder Bibliotheken, Kultureinrichtungen oder Museen zu finden.

Trinkgeld

Trinkgeld – *tip* oder *gratuity* – ist in den USA nicht inklusive. Da die Löhne der Beschäftigten im Dienstleistungsgewerbe niedrig sind, sind diese auf Trinkgelder angewiesen. Amerikaner achten genau auf die korrekte Höhe von **mindestens 15 %**, die man bei Restaurantbeträgen zu der Gesamtsumme ohne *Tax* addiert.

Etwa denselben Bonus erwarten Taxifahrer, und *Bellboys* in Hotels bekommen im Schnitt $ 1 pro transportiertes Gepäckstück. Für das Bereitstellen des Pkws in Hotels ist ebenfalls ein Trinkgeld fällig, auch an der Bar oder für das Zimmermädchen (mind. $ 2 pro Tag).

Umgangsformen

siehe auch Sprache und Verständigung S. 127

Schlüsseleigenschaften der Amerikaner im Allgemeinen sind Freundlichkeit, Hilfsbereitschaft, Toleranz, Aufgeschlossenheit und Kontaktfreudigkeit. Man stellt sich in Warteschlangen ordentlich an, ist rücksichtsvoll und lässt anderen den Vortritt oder die Vorfahrt, wartet geduldig und gibt hilfsbereit Auskunft. Die Freundlichkeit und Aufmerksamkeit des Personals von Läden und Restaurants ist für Reisende aus Europa ungewohnt, aber ehrlich gemeint – in den USA ist der Kunde noch König und wenn auch ein paar freundliche Worte nur Floskeln sind, machen sie immerhin das Klima angenehmer und erleichtern den Umgang. **Händeschütteln** ist eher nicht üblich, dafür werden im Gespräch gleich die Vornamen benutzt.

Die **amerikanische Art zu Essen** unterscheidet sich von unserer: Amerikaner schneiden mit dem Messer portionsweise vor und benutzen dann nur noch die Gabel. Statt beidhändig „europäisch" zu essen, bleibt eine Hand unter dem Tisch. Andererseits würde es keinem Amerikaner einfallen, Pizza oder Meeresfrüchte mit Messer und Gabel zu essen, nicht einmal in einem Top-Restaurant, wo man zudem ohne schiefe Blick zu ernten eine *Doggy Bag* (meist eine Styroporbox) bekommt – ebenso wie Leitungswasser als einziges konsumiertes Getränk. **Alkohol in der Öffentlichkeit** zu konsumieren, und sei es auch nur eine Dose Bier, ist verpönt und im Auto darf ebenfalls nichts Alkoholisches offen herumstehen.

Bei Einladungen und in Restaurants achtet man in den USA, v. a. in den großen Städten, an sich streng auf **Kleidervorschriften** – der *Dress Code* kann *formal* (elegant), *smart/business casual* (ordentlich mit Hemd/Sakko) oder *casual* (leger) sein. So ist in besseren Restaurants, Clubs oder bei Events *formal attire* gefragt, d. h. Sakko und Krawatte, keine Jeans, Shirts oder Turnschuhe. Allgemein heißt es auch bei hohen Temperaturen: „*No shoes, no shirt – no service!*"

Strikte Vorschriften gelten auch in Bezug auf das **Trinkgeld**: Es wird, oft anhand von Tabellen, auf den Cent genau berechnet. Mindestens 15, eher 20% auf den Basispreis ohne Tax sind üblich. Gibt es in einem Museum eine *Suggested Admission* (einen vorgeschlagenen Eintrittspreis) oder eine *Suggested Donation* (vorgeschlagene Spende), würde es kaum einem Amerikaner einfallen, weniger zu bezahlen.

Unterkunft

In bestimmten Fällen kann es von Vorteil sein, ein Zimmer **im Voraus**, z.B. im Internet, **zu buchen**: bei später Ankunft in einer Stadt, während Großveranstaltungen, Messen oder an Feiertagen, im Umkreis von Top-Attraktionen und besonders in Nationalparks während der HS. Da sich zudem das Angebot der Reiseveranstalter auf Häuser der Mittelklasse bzw. der gehobenen Kategorie, mit Schwerpunkt Standard- und Kettenhotels/-motels, konzentriert, und daher die Kosten häufig höher sind, sollte man diese Alternative nur in obengenannten Fällen wählen. Preiswerter und flexibler kommt man meist bei der Buchung vor Ort weg.

Zimmersuche vor Ort

Im Normalfall gibt es kaum Probleme, auch ohne Vorausbuchung eine Unterkunft zu finden. Zum einen häufen sich an den Ausfallstraßen von Städten oder in der Nähe von Flughäfen die Leuchtreklamen und Plakate von Motels und Hotels unterschiedlichster Kategorien (das Schild „Vacancy" signalisiert, dass es noch freie Zimmer gibt), zum anderen helfen die Unterkunftslisten in den *AAA TourBooks* weiter – manche Häuser gewähren Vergünstigungen *(Special Rates)* für Mitglieder von Automilclubs oder für Senioren.
Auch in Welcome oder Visitors Centers gibt es Informationen, Hotellisten und Broschüren; manchmal wird die Reservierung auch gleich für den Besucher vorgenommen. Ideal für Sparsame sind die dort erhältlichen **Couponhefte.** Anhand dieser Hefte, nach Orten bzw. Regionen sortiert und mit Stadt- und Lageplänen versehen, kann man v.a. in der NS und an Werktagen günstige Schnäppchen, sogar in Hotels gehobener Kategorien, für eine Nacht machen. Man muss lediglich vorher telefonisch mit Hinweis auf den Coupon anfragen bzw. reservieren.
Wer **telefonisch im Voraus** ein Zimmer reservieren möchte, muss häufig die Kreditkarte bereithalten. Sie garantiert das Zimmer und dem M/Hotel das Geld. Bei Nichterscheinen wird der Zimmerpreis abgezogen. Eine späte Ankunft *(Late Arrival)* sollte man ankündigen, denn ohne Kreditkarten-Garantie verfällt eine **Reservierung** meist nach 18 Uhr.
Die **Übernachtungspreise** schwanken naturgemäß je nach Lage, Ort und Qualität der Unterkunft. Auch die saisonalen Unterschiede – lokal unterschiedlich und auch von Veranstaltungen abhängig – können enorm sein. Die Übergänge zwischen den einzelnen **Herbergstypen** sind fließend und eine Kategorisierung nach Bezeichnungen ist kaum möglich.

Unterkunfts-Know-how

Motels und Motor Inns sind im Allgemeinen preiswerter (aber schlichter) als Hotels. Zahlreiche Hotels verfügen über eigene Gastronomie und Extras wie Pool, Fitnesscenter, Wäscherei/Reinigung, Tageszeitung, eine größere Zahl von TV-Programmen, ggf. kostenlosen Flughafentransfer etc.

Zum **Grundpreis,** der sich in Motels (nicht in Hotels!) häufig auf eine Person bezieht (geringer Aufpreis für die zweite und weitere), kommt die **Tax** (Steuer). Ein Zimmer darf mit maximal vier Personen belegt werden; Kinder und Jugendliche bis zu einem gewissen Alter dürfen gratis im Elternzimmer übernachten. Bei Motels ist der **Check-in** ganztags möglich, wohingegen in Hotels die Zimmer häufig erst ab 15 Uhr freigeben und in B & Bs von etwa 16 bis 20 Uhr bezogen werden können. **Check-out** ist normalerweise am Mittag. Im Motel muss in der Regel gleich beim Einchecken, nach Ausfüllen des Anmeldebogens, bezahlt werden, im Hotel wird die Kreditkarte gespeichert und die entsprechende Summe bei Abreise inklusive eventueller Extras *(Incidentials)* abgerechnet. **Local calls** sind oft gratis, in vielen (v.a. unter- bis mittelklassigen) Hotels ist auch die Internetnutzung umsonst.

Klassifizierung der Unterkünfte

Die Preiskategorien der im Reiseteil empfohlenen Unterkünfte verstehen sich pro Standard-Doppelzimmer (DZ), sofern nicht anders angegeben, ohne Frühstück und Steuer. An Wochenenden, in der Nebensaison, mit Rabattcoupons, bei Sonderaktionen usw. können z.T. erheblich abweichende Tarife gelten.

$	unter $ 70 (einfacher Standard)
$$	$ 70–120 (Mittelklasse)
$$$	$ 120–200 (gehobene Mittelklasse)
$$$$	$ 200–300 (First-Class-Hotel)
$$$$$	über $ 300 (Luxushotel)

Für relativ wenig Geld bekommt man in den USA im Allgemeinen ein **sauberes und großes,** wenn auch (v.a. in Motels) uniformes und **funktional ausgestattetes Zimmer** mit Badezimmer (meist Dusche), genügend Handtüchern, mehr oder weniger lauter Klimaanlage, Telefon und TV sowie manchmal (kleinem) Swimmingpool. In **Motels mit Außenkorridoren** kann man zwischen *First* oder *Second Floor* wählen, wobei das Erdgeschoss weniger Gepäckschlepperei bedeutet, aber lauter ist, da sich die Parkplätze direkt vor der Tür befinden. Man bekommt meist zum gleichen Preis *One Bed* (*King Size* 1,95 m) oder *Two Beds* (zwei *Queen Size*-Betten von 1,40–1,50 m). In vielen Motels/Hotels gibt es mittlerweile ein kostenloses **Frühstück** mit Kaffee und Gebäck *(Continental Breakfast)*, manchmal sogar ein richtiges kleines Frühstücksbuffet mit *Waffles, Pancakes, Eggs, Bacon, Sausages, Toast/Bagels* etc.

Kettenmotels und -hotels

Die **Qualität** der Motels/Hotels kann selbst innerhalb derselben Kette, abhängig vom Alter des Hauses bzw. vom Ehrgeiz des Pächters, schwanken, je nach Ort und Zustand auch preislich. Im Allgemeinen sind billige Kettenhotels den unabhängigen superbilligen Einzelmotels vorzuziehen. Die **Verteilung und Dichte** von Hotels und Motels verschiedener Ketten ist ebenfalls unterschiedlich.

Traumhaft am Rogue River gelegen: die Morrison's Rogue River Lodge

Verbreitet sind z. B. Mittelklasse-Motels/-hotels wie **Days Inn** (www.daysinn.com), **Comfort Inn, EconoLodge** oder **Quality** (www.choicehotels.com), **Howard Johnson** (www.hojo.com), **Ramada** (www.ramada.com), **Best Western** (www.bestwestern.com), **Travelodge** (www.travelodge.com), **Radisson** (www.radisson.com) oder **Holiday Inn** (www.ihg.com).

Zur preiswerten Motelkategorie zu rechnen sind z. B. **Motel 6** (www.motel6.com), **Red Roof Inn** (www.redroof.com), **Sleep Inn** (www.sleepinn.com) oder **Super 8** (www.super8.com).

Eine Liste der wichtigsten Ketten mit Links findet sich im Internet unter:
- **www.us-infos.de/tourtips-motels.html**

Inns und Lodges

Historic Inns bzw. **Country Inns** sowie **Historic Hotels** (www.historichotels.org) sind Hotels bzw. ehemalige Gasthäuser mit Geschichte. **Lodges**, meist malerisch in der Natur gelegene mehrteilige Hotelanlagen oder Resorts (Ferienanlagen mit Sportmöglichkeiten), können preislich nicht pauschaliert werden. In manchen Fällen ist Halbpension oder Pension – *(Modified) American Plan* (MAP oder AP) – im Preisenthalten. Eine Übersicht gibt auch die Webseite der *Independent Innkeeper's Association,* www.selectregistry.com.

Bed & Breakfast

Bed & Breakfast (B & B) hat in den USA nichts mit „Zimmer mit Frühstück" zu tun, es ist wesentlich **komfortabler und luxuriöser**. Persönlicher Touch und oft sehr liebevolle Möblierung und Ausstattung mit Antiquitäten und vielerlei Schnickschnack sind typisch. Das **Spektrum** reicht von historischen oder modernen Privathäusern mit zwei oder drei Gästezimmern bis hin zu *B & B Inns* mit bis zu zehn Zimmern, von einfachen Häusern mit Familienanschluss bis hin zu intimen Luxus-Inns und aufwendig restaurierten *Historic Homes*.

Geschmackvolles B & B: die Lively Organic Farm in Eugene/OR

B & Bs sind **teurer als Motels**, bieten aber dafür neben individuellem Service auch persönlichen Kontakt, denn die Besitzer sind meist Vermieter aus Passion und daher sehr kontaktfreudig und ortskundig. Ein üppiges Frühstück, manchmal auch Extras wie Nachmittagstee, freie Softdrinks, Kekse, Betthupferl, Abend-Häppchen oder Sherry sind üblich, ebenso die Nutzung von Gemeinschaftseinrichtungen wie Bibliothek, Musikzimmer o. Ä. Manchmal fehlen hingegen ein Fernsehgerät und ein Telefon im Zimmer, und kleine Kinder werden vielfach nicht aufgenommen. **Infos** gibt es unter:

- www.abba.com *(American Bed & Breakfast Association)* – B & Bs nach Staaten, Orten und Zusammenschlüssen sortiert
- www.bedandbreakfast.com, www.bbexplorer.com oder www.bbonline.com – umfassende Listen nach Staaten und Regionen mit Gelegenheit zur Online-Buchung.

Hotelbroker

Am preiswertesten ist meist die Buchung im Internet z. B. über:

www.allhotels.com/browse/usa – Hotels der mittleren bis gehobenen Kategorie, auch B&Bs sowie Ketten

www.expedia.de/hotels

http://de.hotels.com – 24.000 Hotels weltweit, mit www.hoteldiscount.com kooperierend

www.hotelbook.com – Hotelreservierung in verschiedenen amerikanischen Städten

www.hrs.de – weltweite Hotelreservierungen, außerdem Auskünfte zu Airports, Fluggesellschaften etc.

www.quikbook.com – landesweite Hotel-Schnäppchen zum Sofortbuchen

www.roomsusa.com – Zimmersuche und Informationen allgemeiner Art (Restaurants, Touren, Geschichte, Sights, Pläne)

www.tripadvisor.de listet Wertungen und Beschreibungen von Hotels auf

☞ Extratipp – Ranch-Aufenthalt

Aufenthalte auf Ranches sind in der Reiseregion beliebt, in der Regel sollte man mindestens eine Woche einplanen. Man unterscheidet sogenannte **Dude** und **Working Ranches.** Erstere sind ganz auf Urlauber ausgerichtet und haben den landwirtschaftlichen Betrieb eingestellt; die Unterkünfte und Angebote sind eher luxuriös und breitgefächert und dementsprechend hoch im Preis. Noch eine Kategorie darüber stehen **Ranch Resorts.** Dementgegen sind auf **Working Ranches** handfeste Rancharbeit und Reiten kombiniert, die Unterbringung ist eher rustikal, in Cabins oder auch Zimmern, Mahlzeiten (und Familienanschluss) sind eingeschlossen.

Viele Ranches im Nordwesten sind nur von April/Mai bis Oktober/November geöffnet. Die ideale Zeit ist also der Sommer. Langfristige Vorausbuchung ist wegen der meist geringen Schlafplatzkapazitäten sinnvoll, speziell während der Ferienmonate. In der NS kann es auch Rabatte geben. Viele Ranches bieten nur wochenweise Buchung an, manche ermöglichen ein „Hineinschnuppern" bei ein- bis dreitägigem Aufenthalt.

Ranchurlaub ist auch für **Reitanfänger** geeignet. Das Programm wird im Allgemeinen an die eigenen Kenntnisse und Wünsche angepasst und es stehen meist gut trainierte Pferde zur Verfügung, die von den Ranchbetreibern mit Kennerblick individuell für den jeweiligen Gast ausgewählt werden. Besonders Guest und Dude Ranches sind auch auf wenig erfahrene Reiter eingerichtet. **Cattle Drives** sind etwas für erfahrene Reiter, da man oft mehrere Tage lang, jeweils für fünf bis acht Stunden, im Sattel sitzt und sich auch selbst um sein Pferd kümmern muss.

Das Spektrum der Unterkünfte reicht von spartanisch über rustikal bis komfortabel. Meist gehört zum Ranchurlaub-Paket die Verpflegung in Form von Vollpension und man sitzt im Allgemeinen zum Essen mit der Familie und den Cowboys am Tisch. Für Gäste werden manchmal spezielle Events veranstaltet wie *Chuckwagon Cooking* oder BBQ am Lagerfeuer, gemeinsame Rodeobesuche oder Wanderungen. Im Preis enthalten sind meist alle auf der Ranch stattfindenden Aktivitäten, Unterkunft und Essen. Bei Resorts kann es sein, dass Trailrides o. ä. Programmpunkte gesondert berechnet werden.

Einen **Ranchurlaub** kann man bei spezialisierten Reiseveranstaltern buchen, z.B. bei den folgenden :

- **America Unlimited**, ☏ (0511) 374447 50, www.america-unlimited.de
- **Argus Reisen**, ☏ (05594) 804949-0, www.argusreisen.de („Ranchurlaub und Reiterreisen")
- **Pegasus Reisen**/EQUITOUR AG, ☏ 0800-505-1801 (gratis), www.reiterreisen.com
- **Sonstige Infos** im Internet: www.ranchweb.com, www.guestranches.com, www.duderanch.org

Cowboy oder -girl auf Zeit

Jugendherbergen u. Ä.

Ein internationaler Jugendherbergsausweis, bereits vorab zu Hause zu besorgen über den *DJH* (www.jugendherberge.de) bzw. seine Pendants in Österreich (www.oejhv.or.at) und der Schweiz (www.youthhostel.ch), macht sich in *American Youth Hostels, Mitglied von Hostelling International (HI)* bezahlt. Dabei können nicht nur Jugendliche die Herbergen nützen. *YMCA* bzw. *YWCA* sind weitere Alternativen, wobei Erstere auch gemischtgeschlechtliche Gäste aufnehmen.

Eine ausführliche Liste von Hostels und sonstigen Budgetunterkünften (Hotels) mit Beschreibungen, Wertungen und Sofortbuchungsmöglichkeit findet sich unter:
- www.hostels.com
- www.hiusa.org oder www.hihostels.com/dba/country-US.de.htm (deutsch)
- www.hostelworld.com/hostels/north-america

Versicherungen

siehe auch Gesundheit S. 112

Am unkompliziertesten, wenn auch nicht am billigsten, ist es, gleich bei Reisebuchung oder übers Internet eines der angebotenen **Versicherungspakete** unterschiedlicher Gültigkeitsdauer (z. B. ein RundumSorglos- oder Vierjahreszeiten-Paket) abzuschließen, das Kranken-, Unfall-, Gepäck- und Haftpflicht-, manchmal auch Reiserücktrittsversicherungen einschließt. Für Leute, die häufig reisen, gibt es **Jahresversicherungen**, für Familien mit Kindern preiswertere **Familienvarianten**. Besitzer von Gold-Kreditkarten sollten Bedingungen und Leistungsumfang der in der Karte enthaltenen Versicherungen prüfen.

Fest steht, dass der gezielte **Abschluss einzelner Policen**, z. B. bei Banken, freien Versicherungsmaklern oder dem ADAC, meist günstiger ist. Nicht immer sind nämlich alle Versicherungen auch wirklich nötig und sinnvoll, und oft sind z. B. **Unfall- und Haftpflicht** schon durch bestehende Versicherungen abgedeckt. Eine **Gepäckversicherung** hat viele Haken, so sind z. B. „Sonderausstattung" (Laptop, Foto-, Sportgeräte etc.) oder Campinggeräte im Allgemeinen nicht versichert und eine Mitschuld beim Verlust muss ausgeschlossen sein. Auch bei **Reiserücktrittsversicherungen** gibt es viele Einschränkungen. Dazu lohnt sich eine solche meist nur bei Buchung mehrerer (teuerer) Leistungen.

Die einzige Versicherung, auf die man auf keinen Fall verzichten sollte, ist die **Reisekrankenversicherung**. Banken, vor allem aber Privatversicherer wie Debeka oder Universa bieten günstige Tarife, wobei auf Vollschutz ohne Summenbegrenzung, Verlängerung der Versicherung im Krankheitsfall und ggf. Rücktransport zu achten ist. Europäische Krankenkassen – mit Ausnahme einiger Privatversicherer – übernehmen die hohen medizinischen Kosten in den USA nicht. Krankenversicherungen erstatten hingegen gegen Vorlage ausführlicher Bescheinigungen und Quittungen (mit Datum, Namen, Bericht über Art/Umfang der Behandlung, Medikamente etc.) zu Hause die angefallenen Kosten.

Wer im Urlaub Abenteuersportarten nachgeht, der sollte sicher gehen, dass auch aus diesen resultierende Verletzungen vertraglich abgedeckt sind.

- **Tipp**: Für alle abgeschlossenen Versicherungen Notfall-Telefon- sowie Policennummern notieren und sicher verwahren!

Visum

siehe Einreise S. 96

Zeit und Zeitzonen

Im Nordwesten gibt es gleich **mehrere Zeitzonen**, die sieben bis neun Stunden Zeitverschiebung zur mitteleuropäischen Zeit MEZ (zurück) bedeuten. Ist es in Deutschland 12 Uhr mittags, ist es in Salt Lake City 4 Uhr morgens und in San Francisco 3 Uhr nachts. Auch in den USA gibt es die Umstellung auf Sommerzeit, **Daylight Saving Time (DSL),** allerdings dauert sie länger: vom 2. Sonntag im März bis zum 1. Sonntag im November.

- **Pacific Time** (CA, NV, OR, WA, Nord-ID): MEZ minus 9 Std.
- **Mountain Time** (UT, MT, WY, CO, SW-ND, W-SD): MEZ minus 8 Std.
- **Central Time** (Großteil von SD und ND): MEZ minus 7 Std.

In den USA werden die **Stunden** nicht bis 24 durchgezählt, sondern in *ante meridiem*, abgekürzt **a.m.** (vormittags), und **p.m.** – *post meridiem* (nachmittags) – unterteilt. So entspricht 6 a.m. unserer Morgenzeit 6 Uhr, dagegen entspricht 6 p.m. 18 Uhr am Abend. 12 Uhr mittags heißt *Noon* (12 p.m.), 12 Uhr Mitternacht *Midnight* (12 a.m.) Das **Datum** wird in der Reihenfolge Monat-Tag-Jahr angegeben, z. B. *July 22, 2014* oder kurz *7-22-14*.

Beim Hinflug erreicht man den Westen meist am Nachmittag oder frühen Abend und der **Jetlag** spielt kaum eine Rolle, sofern man die innere Uhr sofort an die Ortszeit anpasst. Schwieriger ist es beim Rückflug, da man nach meist durchwachter Nacht am Morgen oder Vormittag in Deutschland ankommt.

Zoll

Im Flugzeug werden weiße Zollerklärungen *(Customs Forms)* – eine pro Familie – verteilt, auf denen anzugeben ist, ob und welche Waren mitgeführt werden. Eine Devisenbeschränkung gibt es nicht, lediglich Summen über $ 10.000 müssen deklariert werden. **Einfuhrbeschränkungen** bestehen z. B. für Tiere, Pflanzen, Arzneimittel, Betäubungsmittel, explosive Materialien, Lebensmittel, Raubkopien, bestimmte Schriften (Hetzschriften, Pornografie etc.), Waffen und Munition; in Österreich auch für Rohgold und in der Schweiz für CB-Funkgeräte. Nähere Informationen liefern folgende Stellen:

- D: www.zoll.de, Zollinfocenter, ☏ (069) 46997600
- A: www.bmf.gv.at, Zollamt Villach, ☏ (04242) 33233
- CH: www.ezv.admin.ch, Zollkreisdirektion Basel, ☏ (061) 2871111

Einfuhr in die USA

Mitgebracht werden dürfen 1 Liter Alkohol bzw. 200 Zigaretten oder 100 Zigarren (keine kubanischen), dazu Geschenke im Wert bis $ 100. Verboten sind alle tierischen und pflanzlichen Frischprodukte/Lebensmittel sowie Samen und Pflanzen, außerdem Klappmesser u. a. gefährliche Objekte. Bei Medikamenten in größeren Mengen empfiehlt es sich, ein ärztliches Attest dabei zu haben, da die Einfuhr von Rauschmitteln untersagt ist.

- Weitere Details unter: www.customs.gov

Einfuhr nach D, A, CH

Bei der Rückreise nach Europa gelten folgende Bestimmungen:

- **Tabakwaren** (über 17-Jährige in EU-Länder und CH): 200 Zigaretten oder 100 Zigarillos oder 50 Zigarren oder 250 g Tabak
- **Alkohol** (über 17-Jährige in EU-Länder): 1 Liter über 22 Vol.-% oder 2 Liter bis 22 Vol.-% und zusätzlich 2 Liter nicht-schäumende Weine; in die Schweiz: 2 Liter (bis 15 Vol.-%) und 1 Liter (über 15 Vol.-%)
- **Geschenke** und **Waren** für den persönlichen Gebrauch (über 15-Jährige in EU-Länder): Waren im Wert bis zu 430 €. In die Schweiz dürfen andere Waren bis zum Wert von CHF 300 eingeführt werden.

Entfernungstabelle

Entfernungen zwischen den wichtigsten Städte im Nordwesten

Bismarck/ND (Bis), Boise/ID (Boi), Cheyenne/WY (Che), Denver/CO (Den), Helena/MT (Hel), Pierre/SD (Pie), Portland/OR (Por), Rapid City/SD (Rap), Reno/NV (Ren), Salt Lake City/UT (SLC), San Francisco/CA (SFO), Seattle/WA (Sea), Spokane/WA (Spo), Yellowstone (Old Faithful)/WY (Yel)

in mi	Bis	Boi	Che	Den	Hel	Pie	Por	Rap	Ren	SLC	SFO	Sea	Spo	Yel
Bismarck	–	1008	572	671	623	211	1265	358	1375	916	1604	1195	917	870
Boise	1008	–	732	811	486	1059	432	706	340	340	658	501	384	361
Cheyenne	572	732	–	100	685	434	1159	295	959	436	1188	1228	995	466
Denver	671	811	100	–	781	518	1238	394	1011	504	1235	1307	1089	566
Helena	623	486	685	781	–	695	658	546	869	477	1098	588	310	216
Pierre	211	1059	434	518	695	–	1353	172	1346	823	1575	1283	1005	684
Portland	1265	432	1159	1238	658	1353	–	1204	538	767	636	172	348	793
Rapid City	358	706	295	394	546	172	1204	–	1185	662	1414	1134	856	512
Reno	1375	340	959	1011	869	1346	538	1185	–	523	229	710	778	889
Salt Lake City	916	340	436	504	477	823	767	662	523	–	752	836	712	366
San Francisco	1604	658	1188	1235	1098	1575	636	1414	229	752	–	808	882	1118
Seattle	1195	501	1228	1307	588	1283	172	1134	710	836	808	–	278	862
Spokane	917	384	995	1089	310	1005	348	856	778	712	882	278	–	745
Yellowstone	870	361	466	566	216	684	793	512	889	366	1118	862	745	–

IWANOWSKI'S

Das kostet Sie das Reisen im Nordwesten der USA

• Stand Frühjahr 2014 •

Die **Grünen Seiten** sollen einen groben Anhaltspunkt für die Kosten einer Reise durch den Nordwesten der USA geben. Die Angaben sind lediglich als Orientierungshilfen zu verstehen und erheben keinerlei Anspruch auf Aktualität oder Vollständigkeit.

Der relativ günstige Dollarkurs macht die USA zu einem **erschwinglichen Reiseziel**. Unterkünfte, Restaurants, Touren und Eintritte liegen hier im Durchschnitt sogar unter europäischem Preisniveau. Im Nordwesten gibt es ein großes Preisgefälle zwischen den großen Städten und der „Provinz". Ausnahmen bilden natürlich wiederum die touristischen Zentren um große Attraktionen oder Nationalparks. Generell wird in den USA auf alle Waren und Dienstleistungen eine *Tax*, eine Mehrwertsteuer aufgeschlagen, je nach Staat zwischen 4 und 14 % – Ausnahme: In Oregon und Montana gibt es keine Steuer. Hotels können zusätzliche Steuern *(Room Tax)* erheben.

Wechselkurs (Stand Mai 2014)

Der aktuelle Kurs findet sich unter: www.oanda.com

1 €	$ 1,38	
CHF 1	$ 1,14	
$ 1	0,72 €	0,88 CHF

Beförderung

Flüge

siehe Allgemeine Tipps von A–Z/Flüge S. 106

Das Angebot an Transatlantikflügen ist nahezu unüberschaubar. Während der Hauptsaison kosten Flüge nach Denver, Seattle oder San Francisco je nach Routenführung und Zeit zwischen 600 und 1000 €. Während der Zwischensaison und besonders in der Nebensaison kann man Flüge für um bzw. unter 600 € bekommen.

Spartipp: Sondertarife sind das ganze Jahr über erhältlich. Große Unterschiede bestehen allerdings bezüglich Kontingentierung und Bedingungen. In der NS bieten Fluggesellschaften vielfach günstige Tickets schon für etwa 500 € an.

Mietwagen

siehe Allgemeine Tipps von A–Z/Mietwagen S. 116

Einen Mietwagen schon zu Hause im Internet bzw. im Reisebüro bei einem der überregionalen großen Anbieter wie *Avis, Alamo, Hertz* oder *Budget* zu buchen, ist bei einer Mietdauer von einer Woche und länger im Allgemeinen wesentlich günstiger als vor Ort, v.a., weil es zu Hause Inklusivpreise gibt. Zu prüfen sind ferner die Tarife von Mietwagen-Brokern. Direktbuchung vor Ort kann teuer kommen, da meist Versicherungen, manchmal auch Meilen, gesondert berechnet werden.

Mitunter ist es vorteilhaft, Flug und Mietwagen als Kombination *(Fly & Drive)* zu buchen. Diese Kombinationen sind jedoch genau mit den Einzelpreisen zu vergleichen und auf die Personen umzulegen – zudem gelten sie zumeist nur ab zwei Personen. Die Kombination Flug und Mittelklassewagen kostet – je nach Reiseveranstalter – pro Person ab 700 € für eine Woche.

Bucht man direkt bei den Mietwagengesellschaften, so kostet ein Mittelklassewagen (Compact/Midsize) ab etwa € 180 pro Woche im „Sparpaket". Bei Abgabe des Fahrzeugs an einem anderen Ort als dem Abholort können Rückführungsgebühren anfallen. Diese fallen von Veranstalter zu Veranstalter unterschiedlich hoch aus und sind zudem distanzabhängig. Sie liegen zwischen $ 100 und 500.

Camper

Generell sprechen die komplizierten Miet-, Versicherungs- und Haftungsbedingungen für eine **Buchung zu Hause.** Wohnmobile oder RVs kosten je nach Größe, Ausstattung und Saison zwischen etwa 60 € und 250 €/Tag. Der Preis hängt stark vom gewählten Modell bzw. dessen Größe, ein wenig auch vom Anbieter und – stärker – von der Saison ab. HS ist im Allgemeinen die Zeit von Anfang Juli bis Mitte August, am preiswertesten sind die Fahrzeuge von November bis März.

Zum Grundpreis addieren sich beachtliche Nebenkosten: für Zusatzausstattung, Endreinigung und gelegentlich Übergabe, ggf. auch für Zusatzversicherungen, Wochenendzuschläge und gefahrene Meilen (meist sind im Pauschalpreis keine oder nur wenige Meilen inklusive). Die **Campingplätze** schlagen gesondert zu Buche: Für ein Campmobil inklusive zwei Personen ist mit mindestens $ 30 für den Stellplatz zu rechnen. Eine Kostenersparnis gegenüber einem normalen Mietwagen und Übernachtungen in Motels ergibt sich damit kaum.

Eisenbahn

siehe Allgemeine Tipps A–Z/Eisenbahn S. 99

Günstige Preise erhält man bei Kauf eines **USA-Rail Pass,** der für einen Zeitraum von 15, 30 oder 45 Tagen gültig ist. Die Railpässe kosten z.B. für 15 Tage (8 Abschnitte) $ 449 oder knapp 330 € (kursabhängig), sie werden nur außerhalb den USA verkauft und vor Ort an den *AMTRAK*-Schaltern gegen Bahnfahrkarten eingetauscht. Ein Reiseabschnitt beginnt mit dem Einstieg in einen Zug und endet mit dem Aussteigen, unabhängig von der Reisedauer. Lange Strecken sollten im Voraus reserviert werden.

Bus

siehe Allgemeine Tipps von A–Z/Busse S. 94

Aufenthaltskosten

Übernachtung

siehe Allgemeine Tipps von A–Z/Unterkunft S. 131

Es ist schwer, genaue Preise anzugeben, denn vor Ort bestimmen Angebot und Nachfrage, Saison und Wochentag, Lage und Stadtnähe, Specials und gewährte Rabatte die Preise. Entlang der Highways versuchen Hotels und Motels verschiedener Kategorien mit **Specials** (Sonderangeboten) und Coupons Kunden zu ködern. Generell berechnet sich der Preis in den USA für das Zimmer, unabhängig von der Belegung bzw. bei nur geringem Aufpreis für mehr als zwei Personen.

In den großen Städten ist für ein gutes **Hotelzimmer** mit rund $ 200 und aufwärts zu rechnen. Dafür gibt es in abgelegeneren Regionen durchaus gute Unterkünfte, in denen man unter $ 150 nächtigen kann. Wer die preiswerte Kategorie bekannter **Motelketten** (wie *Budget Inn, Red Roof Inn, Comfort Inn* oder *Motel 6*) wählt, kann sogar mit circa $ 80 fürs **Doppelzimmer**, oft inklusive kleinem Frühstück, wegkommen. In der Mittelklasse (z.B. *Days Inn, Howard Johnson, Holiday Inn, Best Western, Hampton Inn*) beginnen die Preise je nach Lage bei etwa $ 100/120.

In Deutschland vorab zu buchen, sei es im Reisebüro oder im Internet, lohnt nur in Ausnahmfällen wie evtl am Ankunfts- bzw. Abflugtag sowie im Umkreis vielbesuchter Attraktionen und in den großen Metropolen.

> **Spartipp**
>
> In vielen staatlichen und städtischen Tourismusbüros, Visitor Information Centers, CVBs und vor allem in den Welcome Centern an Staatsgrenzen liegen kostenlose Couponhefte aus, mit denen Kurzentschlossene Zimmer für eine Nacht zu günstigen Preisen – oft bis zu 50 % ermäßigt – erhalten. Vorher anzurufen kann nötig sein um zu reservieren, ansonsten legt man den Coupon beim Check-in vor.

Verpflegung

Generell liegt das Preislevel für Lebensmittel in etwa auf europäischem Niveau. (Ausländische) Feinkost ist teurer, Fertigkost aller Art, Fleisch und Fisch, Softdrinks und Drogerieartikel sind großteils billiger. *Fast Food* ist erheblich preiswerter als in Europa.

Die Preise der untere und mittlere Restaurantkategorie entsprechen trotz zu addierender *Tax* (Steuer) und *Tip* (Trinkgeld) in etwa den unsrigen, wobei Qualität und Service besser und die Portionen größer sind; in ländlichen, weniger touristisch geprägten Regionen sind die Preise sogar deutlich niedriger als hierzulande. Durchschnittlich dürften in einem „normalpreisigen“ Lokal ca. $ 20–30 pro Person und Mahl anfallen – mit Getränk, alles inklusive.

Benzin

Normalbenzin *(Regular)* genügt für die meisten Mietwagen und kostet – abhängig von der Region – pro Gallone (3,8 l) zwischen $ 3,60 und 4,20 (Stand: Frühjahr 2014). Das kommt einem Literpreis von etwa 0,70–0,80 € gleich.

Eintritte

siehe Allgemeine Tipps von A–Z/Eintrittsgelder S. 99, und Natur- und Nationalparks S. 120

Wer viel herumfährt und sich viel anschauen möchte – gerade die Metropolen bieten eine breite Palette außergewöhnlicher Museen und Attraktionen –, sollte genügend Geld für Eintritte einplanen. Speziell Zoos, Aquarien, Vergüngungsparks, Filmstudios und spektakuläre Museen sind teuer.

In Einrichtungen des National Park Service wird der Eintritt im Allgemeinen pro (Privat-)Fahrzeug berechnet, im Regelfall inklusive drei Insassen. Es fallen zwischen rund $ 5–25 an. Für den Besuch mehrerer Parks lohnt der *America the Beautiful (Annual) Pass*. Er kostet derzeit $ 80 und gilt ein ganzes Jahr in allen amerikanischen Nationalparks u.a. staatlichen Naturschutzgebieten für drei Insassen eines Fahrzeugs über 16 Jahren; Kinder unter 15 Jahren sind gratis.

Auch die Parkgebühren, die häufig bei Attraktionen, aber auch in Großstädten anfallen, können sich zu einer beträchtlichen Summe addieren. So zahlt man in Stadthotels oft $ 30–50 nur fürs Parken.

Hinweis

Alle genannten Eintrittspreise im Reiseteil beziehen sich auf Erwachsene; Kinder- und Seniorenermäßigungen sind die Regel, oft gibt es auch reduzierte Familientickets.

Gesamtkostenplanung

Die Kostenplanung, die mehr oder weniger alle anfallenden Reisekosten für eine Reise zusammenfasst, ist für zwei Personen bzw. eine 3-köpfige Familie kalkuliert, die zwei bzw. drei Wochen unterwegs sind und bei den Übernachtungen auf günstige Mittelklasse-Motels zurückgreifen (Angaben in € und gerundet für 13 bzw. 20 Übernachtungen bzw. 14/21 Tage). Nicht berücksichtigt wurden hier Kosten für Versicherungen, Parken und Trinkgelder, Extragetränke und andere persönliche Zusatzausgaben und Einkäufe. Bei den Flugpreisen wurde ein Mittelwert gewählt, variieren sie doch je nach Saison erheblich.

Aufenthalt	**2 Wochen**	**3 Wochen**
2 Flugtickets	1.500	1.500
Mietwagen Standardpaket, Mittelgröße	540	720
Benzin (5.000 bzw. 7.000 km bei 8 l/100 km und $ 3/gal.	250	340
Unterkunft (Mittelklasse, durchschnittlich $ 120/DZ, 13/20 Nächte)	1.560	2.400
Verpflegung – Sparversion mit Selbstverpflegung/Fastfood (pro Tag/Pers. $ 20)	280	420
Verpflegung mit regelmäßigen Restaurantbesuchen (pro Tag/Pers. $ 40)	560	840
Eintritte (geschätzt, stark variabel)	150	250
Gesamt (2 Personen, je nach Verpflegung):	ca. 4300–4600	ca. 5600–6000

Für ein Kind im Alter von unter 11 Jahren kämen noch folgende Kosten hinzu (Übernachtung im Zimmer der Eltern):

Flugticket (65 % des Normalpreises)	900	900
Unterkunft (zusätzlich $ 20/Tag)	260	400
Verpflegung (Sparversion, halbe Summe)	140	210
Verpflegung (bessere Version, ca. 50 %)	250	400
Eintritte (geschätzt)	50	100
Gesamt (je nach Verpflegung):	ca. 1.300–1.500	ca. 1.600–1.800
Gesamt (Eltern mit Kind, je nach Verpflegung):	ca. 5.600–6.100	ca. 7.200–7.800

4. REISEN IM NORDWESTEN DER USA

Monumentalkunstwerk in den Black Hills: das Crazy Horse Memorial

Vorbemerkungen

Eine Reise durch ein so großes Gebiet wie den US-Nordwesten bedarf einiger **Vorausplanung**. Zumindest eine grobe Richtschnur sollte vorhanden sein, um die Vielfalt dieses Reisegebietes auskosten zu können.

Um die Planung zu erleichtern, nachfolgend einige **Vorschläge.** Eines ist beim Zusammenstellen einer eigenen Route unbedingt zu beachten: Man sollte die Entfernungen im Nordwesten nicht unterschätzen und zudem beachten, um welche Art von Strecken es sich handelt. Bergrouten können viel Zeit in Anspruch nehmen, während man in den weiten Ebenen meist zügig vorankommt. Wegen des geringen Verkehrsaufkommens und trotz strenger, überwachter Geschwindigkeitsbegrenzungen können solche Fahrten sogar erholsam sein, zumal man in meist traumhafter Landschaft unterwegs ist. Auf alle Fälle ist es wenig ratsam, jeden Tag riesige Distanzen zurückzulegen, denn nur wenn man sich Zeit für Pausen, Abstecher und Stopps nimmt, lernt man Land und Leute richtig kennen.

Entfernungen nicht unterschätzen

Im vorliegenden Band wurde die Definition des Nordwestens etwas weiter gefasst als üblich, neben dem „Pacific Northwest" gehören auch Teile der Rockies und der Prärie dazu. Reisetechnisch lassen sich grob **vier geografische Areale** unterscheiden, die in fünf Kapiteln zur Sprache kommen:

- die **Westküste** zwischen Pazifik und Cascade Range („Seattle und der Puget Sound", „Heart of the Rockies" und „Zwischen dem Edge of the Universe und dem Ring of Fire"),
- das **Columbia Plateau** und das sich südlich anschließende **Great Basin**, also die wüstenartigen Hochebenen zwischen Cascade Range und Rocky Mountains („Heart of the Rockies" und „Westward Ho!"),
- die **Rocky Mountains** („Heart of the Rockies", „Im Wilden Westen" und „Westward Ho!")
- und die **Great Plains** („Im Wilden Westen").

Rundreisen im Nordwesten

Die auf der Karte in der vorderen Umschlagklappe eingetragene **Hauptroute** bildet in diesem Reise-Handbuch den roten Faden für die Erkundung des Nordwestens und durchquert in insgesamt sieben Streckenabschnitten die oben aufgelisteten Areale. Diese können beliebig kombiniert werden:

Sieben Streckenabschnitte

- Route entlang der Westküste („Seattle und der Puget Sound", „Zwischen dem Edge of the Universe und dem Ring of Fire"),
- Route im Hinterland der Westküste entlang der Cascade Range („Seattle und der Puget Sound", „Zwischen dem Edge of the Universe und dem Ring of Fire"),
- südliche und nördliche Route zwischen Cascade Range und Rocky Mountains („Seattle und der Puget Sound", „Heart of the Rockies"),
- südliche und nördliche Route zwischen Rocky Mountains und Great Plains („Heart of the Rockies", „Im Wilden Westen"),
- Rundstrecke durch South und North Dakota („Im Wilden Westen").

Daneben werden – abgesehen von der **Verbindungsroute Denver–San Francisco** („Westward Ho!") – weitere **Alternativrouten** aufgeführt, die je nach individuellen Interessen und Präferenzen ausgewählt werden können.

Es ist ratsam, sich zu Anfang der Reiseplanung ein besonders interessantes Areal herauszugreifen und um dieses herum dann mit Hilfe dieses Buches die Route zu planen. Je nach Reiseschwerpunkt bieten sich verschiedene **Hauptanflughäfen**, also Anfangs- und Endpunkte der Route, an: neben Seattle, Portland und San Francisco sind dies Denver und Salt Lake City. Zu bedenken ist vor allem, dass, sofern Anflug- und Abflughafen nicht identisch sind (Gabelflug), bis auf wenige Ausnahmen (zwischen Kalifornien und Nevada sowie den Flughäfen Seattle und San Francisco) bei Mietwagen Rückführgebühren (Einwegmieten) anfallen.

Im Rahmen dieses Handbuchs können **keine im Detail ausgearbeiteten Routen** geliefert werden, es handelt sich vielmehr nachfolgend nur um **Vorschläge und Anregungen**. Es ist sicher nicht möglich, alle im Buch aufgeführten Orte und Attraktionen während einer Reise zu erkunden. Selbst der Routenvorschlag 1 ist nur dann realisierbar, wenn genügend Zeit zur Verfügung steht und lange Fahrtstrecken keine Rolle spielen. Die angegebenen Entfernungen sind lediglich als Anhaltspunkt zu verstehen.

Routenvorschlag 1

für eine 5- bis 6-wöchige klassische Rundreise durch den Nordwesten
Entfernung: ca. 4.000–5.000 mi (6.400–7.500 km)
Ausgangspunkt: Seattle oder San Francisco

Routenverlauf: Flug nach Seattle (Anmietung Pkw), über Mt. Rainier und Mt. St. Helens nach Portland, entlang dem Columbia River nach Idaho (Hells Canyon, Boise), über Sun Valley und Craters of the Moon zum Yellowstone NP, weiter durch Wyoming nach Denver, über den Rocky Mountain NP, das Dinosaur NM und das Flaming Gorge NM nach Salt Lake City, durch Nevada zum Lake Tahoe und weiter nach San Francisco – von hier Rückflug oder entlang der Pazifikküste zurück nach Seattle. Route gleichermaßen mit Startpunkt San Francisco möglich.

Routenvorschlag 2

für eine 4- bis 5-wöchige Rundreise zwischen Pazifik, Cascade Range und Rocky Mountains
Entfernung: ca. 2.500 mi (4.000 km)
Ausgangspunkt: Seattle oder Portland

Routenverlauf: Flug nach Seattle (Mietwagen), über Mt. Rainier und Mt. St. Helens nach Portland, weiter entlang dem Columbia River nach Idaho (Hells Canyon, Boise), über Sun Valley und Craters of the Moon zum Yellowstone NP, durch Montana (Virginia City, Helena, Great Falls) zum Glacier NP, dann entlang der amerikanisch-kanadischen Grenze über Coeur d'Alene, Spokane und den North Cascade NP nach Seattle (Rückflug). Dieselbe Strecke kann von Portland aus gefahren werden.

Routenvorschlag 3

für eine 3- bis 4-wöchige Rundreise entlang der nördlichen Westküste zwischen Pazifik und Cascade Range
Entfernung: ca. 2.000 mi (3.200 km)
Ausgangspunkt: Seattle (Portland oder San Francisco)

Routenverlauf: Flug nach Seattle (Mietwagen), über Mt. Rainier und Mt. St. Helens nach Portland, dann entlang dem Columbia River bis Hood River, der Cascade Range folgend nach Shasta Cascades/CA (Crater Lake NP, Lava Beds NP/Lassen Peak VNP), weiter über Sacramento nach San Francisco, durch das Wine Country und schließlich entlang der Küste (Hwy. 1, Oregon Coast) wieder nach Norden zum Olympic NP und zurück nach Seattle (Rückflug). Die Route ist ebenfalls von San Francisco oder Portland aus machbar.

Routenvorschlag 4

für eine 4- bis 5-wöchige Rundreise im Wilden Westen zwischen Rocky Mountains und Great Plains
Entfernung: ca. 2.800 mi (4.500 km)
Ausgangspunkt: Denver (oder Salt Lake City)

Routenverlauf: Flug nach Denver (hier Mietwagen), über den Rocky Mountain NP und Dinosaur NM nach Salt Lake City, weiter zum Grand Teton und Yellowstone NP (Casper, Lander/Wind River Valley), weiter durch Wyoming (Cody, Sheridan) zum Devils Tower und in die Black Hills, Dakota-Rundfahrt (Badlands NP, Pierre, Bismarck, Theodore Roosevelt NP), Ft. Laramie NHS und Cheyenne zurück nach Denver (Rückflug). Die Reise ist auch ab Salt Lake City möglich.

Routenvorschlag 5

für eine 5- bis 6-wöchige Rundreise zwischen Pazifik und Great Plains
Entfernung: ca. 3.800 mi (6.100 km)
Ausgangspunkt: Seattle (oder Portland)

Routenverlauf: Flug nach Seattle (Mietwagen), über Mt. Rainier und Mt. St. Helens nach Portland, weiter entlang dem Columbia River nach Idaho (Hells Canyon, Boise), über Sun Valley und Craters of the Moon zum Grant Teton NP, weiter durch den Süden Wyomings (Lander/Wind River Valley, Casper, Laramie) nach Denver, über Cheyenne und Ft. Laramie in die Black Hills, über den Norden Wyomings (Devils Tower, Sheridan, Cody) zum Yellowstone NP, zurück nach Seattle (Rückflug) über Montana (Virginia City, Missoula) und Idaho. Als Start- und Endpunkt ist Portland ebenfalls denkbar.

Zeiteinteilung und touristische Interessen

Gebiet	Seite	Unternehmungen/Ausflugsziele/Routen	Tage	touristische Interessen
Seattle	153	Stadtrundgänge, Museen, Nightlife, Shopping, Bootsausflüge auf die San Juan Islands, Rundfahrt zum Olympic NP	3–5	Stadtleben, Architektur, Kunst, Kultur, Einkaufen und Genießen, traumhafte Lage am Meer, Sportveranstaltungen, Island-Hopping
Seattle – Portland	152	Olympic NP, Mt. Rainier, Mt. St. Helens	3–5	Naturerlebnis (Regenwald, Vulkanlandschaften), Outdooraktivitäten
Portland	552	Stadtrundgänge, Museen, Brewpubs, Markt	2	Stadtleben, Architektur, Kunst, Kultur, kulinarische Szene (u. a. Bier, Wein)
Oregon Coast	490	Astoria, Tillamook, Lincoln City, Florence (Heceta Head, Sea Lions Cave), Newport (Oregon Coast Aquarium, Rogue Brewery), Gold Beach, Brookings	5	Naturerlebnis, Outdooraktivitäten, kleine Hafenstädte, Leuchttürme, Strände, Flüsse (wie Rogue River), kulinarische Szene (Seafood, Käse, Bier)
Southern Oregon/ Willamette Valley	538	Ashland, Medford, Valley of the Rogue, Eugene, Salem	5	Naturerlebnis (Küste, Flüsse, Wälder, Wüsten), Outdooraktivitäten, beschauliche Provinzstädte, kulinarische Szene (u. a. Bioprodukte, Wein)
Heart of the Rockies	182	Columbia River Gorge, Washington Wine Country, Pendleton (Rodeo, Tamastlikt Institute), Hells Canyon, Ghost Towns in Montana (Virginia City), Helena, Great Falls, Glacier NP, Coeur d'Alene, Spokane, North Cascades NP	21–28	Naturerlebnis (Berge, Wüsten, Hochebenen), Ranches und Leben der Cowboys, Geschichte des Westens, Indianer, Outdooraktivitäten
Yellowstone Country	213	Jackson, Grant Teton NP, Yellowstone NP	5	unvergessliches Naturerlebnis (Gebirge, Vulkantätigkeit, Schluchten, Wasserfälle, Tierwelt), Outdooraktivitäten
Wyoming	275, 334	Cody, Little Bighorn National Battlefield, Sheridan, Buffalo, Devils Tower, Casper, Ft. Laramie, Cheyenne	10–14	Geschichte des Westens, Indianer, Ranches und Leben der Cowboys, sehenswerte Westernstädtchen (Sheridan, Cody), Naturerlebnis (Berge, Wüsten, Great Plains), Dinosaurier, Outdooraktivitäten

South & North Dakota	323	Black Hills (Mt. Rushmore, Crazy Horse Memorial, Deadwood, Sturgis), Rapid City, Badlands NP, Theodore Roosevelt NP	10–14	Geschichte des Westens, Indianer (Reservate verschiedener Völker mit interessanten Museen), Westernstädtchen (Deadwood, Medora) und moderne Kleinstädte (Rapid City), Naturerlebnis (Badlands, Great Plains, Black Hills), spektakuläre Sights wie Mt. Rushmore oder das Crazy Horse Memorial, Outdooraktivitäten
Denver	352	Stadtrundgänge, Museen, Nightlife, Shopping & Dining, Ausflüge nach Golden (Buffalo Bill Grave, Coors Brewery) oder Boulder	2–3	Kunst, Kultur, Architektur, Stadtleben, Sportveranstaltungen, kulinarische Szene
Denver – Salt Lake City	372	Rocky Mountains NP, Dinosaur NM, Fort Bridger	3–5	Naturerlebnis (Bergwelt, Schluchten, Canyons, Wüstenlandschaft), Geschichte des Westens, Dinosaurier, Outdooraktivitäten
Salt Lake City	386	Stadtrundgänge, Konzertbesuch, Ausflug an den Great Salt Lake	2	Architektur, Geschichte und Leben der Mormonen, Ahnenforschung, Kunst, Kultur, Stadtleben
Salt Lake City – San Francisco	399	Great Basin NP, Reno, Carson City, Virginia City, Lake Tahoe, Gold Country, Sacramento	5–7	Naturerlebnis (Wüstenlandschaft, Berge, Seen), Geschichte des Westens, auf den Spuren der Gold- und Silbersucher
San Francisco	422	Stadtrundgänge, Museen, Lokale, Nightlife, Kultur, Radfahren, diverse Neighborhoods	3–5	Architektur, Kunst, Geschichte, ethnische Vielfalt, Flower Power, Kunst, Stadtleben, unvergleichliche kulinarische Szene, Ausblicke von den Hügeln und geografische Lage
San Francisco Bay Area	452	Oakland, Berkeley, Sausalito, Wine Country (Napa Valley, Sonoma County)	3	Architektur, Kunst, Stadt- und Studentenleben, Hausbootflair, Muss für Weinliebhaber, kulinarische Szene
California Coast	475	Point Reyes National Seashore, Mendocino, Eureka, Crescent City, Redwood NP	5–7	Naturerlebnis an der Pazifikküste und in den Redwoods, Outdooraktivitäten, kulinarische Szene (Seafood)
Shasta Cascades und Cascade Range	507	Redding, Chico, Lassen Volcanic NP, Shasta Lake, Mt. Shasta, Lava Beds NM, Klamath Falls, OR Outback, Crater Lake, Bend, Mt. Hood	7–10	Naturerlebnis (Vulkane, Wälder, Wüsten), Hausboote auf Stauseen, Outdooraktivitäten, Indianer und Cowboys, beschauliche Provinzstädte wie Redding, Chico (Sierra Nevada Brewery)

5. SEATTLE UND DER PUGET SOUND

Seattles Wahrzeichen ist die Space Needle, davor das EMP Museum

Seattle

Seattle, am Rand des Puget Sound gelegen, ist mit seiner Mischung aus Bergkulisse und seinen etwas an San Francisco erinnernden, auf Hügeln gelegenen historischen Stadtvierteln, mit seinen atemberaubenden Ausblicken auf Meer und Berge, dem Mix aus Historischem und Moderne eine der reizvollsten Metropolen Nordamerikas.

Dass sie „**Emerald City**“ genannt wird, geht darauf zurück, dass, wenn die Sonne scheint, die von Bergen, Wäldern und Meer gerahmte Stadt tatsächlich in smaragdgrünem Licht erstrahlt. Doch es gibt auch eine Kehrseite der Medaille: Bei Seattle denken viele nämlich sofort an Dauerregen und graue Tristesse. Dabei handelt es sich jedoch um eine Übertreibung, es gibt in den USA erwiesenermaßen weit schlimmere „Regenlöcher“.

Die *Seattlites* gelten als seltsames Völkchen, einerseits etwas eigenartig und schrullig, andererseits sehr sozial gesonnen und politisch engagiert, liberal und tolerant. Die Stadt steht im Ruf, anders zu sein als andere US-Metropolen, und das hat in den letzten Jahren dazu geführt, dass Seattle – und der ganze Nordwesten – einen enormen Zuwanderungsstrom erlebte und zu den Boomregionen Nordamerikas zählt. Wer hierher zieht, tut das weniger, um reich zu werden, sondern v. a. um das Leben zu genießen. Dabei ist Seattle auch eine **Stadt der Erfinder und Existenzgründer**. Die Namen reichen von *Microsoft* über *UPS* und *Boeing* bis *Starbucks*.

Musik hat in Seattle ebenfalls Tradition: *Jimmy Hendrix*, *Quincy Jones* oder *Ray Charles* wurden hier geboren oder lebten hier, ebenso Jazzmusiker *Kenny J.* Bekannt ist Seattle aber v. a. wegen der alternativen Musikszene, die weltberühmte Bands wie *Nirvana* oder *Pearl Jam* hervorgebracht und den speziellen Seattle Sound, den *Grunge*, begründet hat. In jüngerer Zeit setzen Musikgruppen wie *The Presidents of the United States* oder die *Infernal Noise Brigade* diese Tradition fort.

Redaktionstipps

Sehens- und Erlebenswertes

- Die Aussicht von der **Space Needle** (S. 159) genießen.
- Kulinarischer Spaziergang über den **Pike Place Public Market** (S. 157).
- Unvergessliches Erlebnis für **Sportfans**: Besuch eines Spiels der *Seahawks* (Football) oder der *Sounders FC* (Fußball) im CenturyLink Field (S. 167).
- Für Kunstfreunde ein Muss: das **Seattle Art Museum** (S. 157) und **Chihuly Garden & Glass** (S. 160).
- Rock 'n' Roll und der legendäre *Jimmy Hendrix* im **Experience Music Projekt** (S. 160).

Übernachten

- Ganz dem Thema Wein widmet sich das luxuriöse **Hotel Vintage Park** (S. 165).

Restaurants, Vergnügen

- Vielerlei Biere vom Fass, deftige Brotzeiten und tolle Stimmung gibt es in der **Brave Horse Tavern** (S. 166).
- Für sein Stout bekannt ist **Pike Pub & Brewery** (S. 166) im Pike Place Public Market.

Einkaufen

- Der **Pike Place Public Market** (S. 157) und Umgebung sind nicht nur ein kulinarisches Mekka, sondern auch ein Shoppingparadies.

Der **Freizeitwert** Seattles ist hoch. In der geschützten Meeresbucht, auf Seen und Flüssen gibt es Sportmöglichkeiten in Hülle und Fülle und in nächster Nähe locken einige der schönsten Nationalparks. Seattle ist attraktiv und zählt zu den beliebtesten Wohnorten in den USA, wegen der hohen Lebensqualität und der liberalen Atmosphäre. Städtebaulich viel beachtet sind die Wohnprojekte, die nah am Wasser liegen oder in Gestalt von Hausbooten eine menschenfreundliche Stadtarchitektur anstreben. Auch die **kulinarische Szene** ist vielseitig: Kaffeehäuser und Kleinbrauereien, Weingüter im Umkreis sowie ein breites Spektrum an Restaurants haben die Stadt zum Feinschmecker-Mekka und Ökoparadies gemacht. Seattle ist mit seinen heute knapp 635.000 Einwohnern (ca. 3,55 Mio. im Großraum Puget Sound) eine **lebhafte, bunte Stadt**.

Lebenswerte Metropole

Historischer Überblick

Es war im November 1851, als Siedler aus dem Osten ihre Holzhäuser nahe der Elliott Bay errichteten, den Ort nach dem lokalen Indianerhäuptling *Sealth* benannten und versuchten, sich als Versorgungsstation für Seefahrer und mit Fischerei und Holzwirtschaft am Leben zu erhalten. Doch die geografische Lage barg auch Nach-

Orientierung

Das großteils rasterförmig angelegte Straßensystem erleichtert das Zurechtfinden. Das Zentrum der Stadt liegt zwischen **Pioneer Square/International District** im Süden und **Seattle Center**, dem ehemaligen Weltaustellungsgelände, im Norden. Begrenzt wird Downtown im Osten durch die Autobahn I-5 und im Westen vom Puget Sound mit der Waterfront, Piers und dem Seattle Aquarium; daran schließen sich der **Pike Place Market** und **Belltown** an, ein beliebtes Viertel.

Der **International District** – das ehemalige Chinatown – breitet sich östlich von den Sportstadien, vom Pioneer Square und von der Union Station (Amtrak-Bahnhof) aus.

Capitol Hill liegt in den Hügeln östlich von Downtown, jenseits der I-5. Hauptachse ist der pulsierende Broadway, die Heimat der Alternativszene, der Homosexuellen, Studenten, aber auch der alteingesessenen Seattlites. Es ist eines der lebendigsten Wohnviertel der Stadt zusammen mit dem **Queen Anne District**, im Nordwesten von Downtown. Zentrum ist die Queen Anne Ave. (Blaine–McCraw St.). Sie eignet sich gut zum Einkaufen und Bummeln.

Fremont (nördlich Lake Union) ist ein weiterer Treff für Trendsetter und Ausgeflippte, mit Kneipen und Cafés sowie kuriosen Läden, und **South Lake Union** (SLU) ist derzeit „up and coming". Am **Lake Union** liegen die malerischen Hausboote. Im Norden der Stadt, am Lake Washington, liegt der **University District**, in dessen Zentrum die **University of Washington**.

teile, da Ebbe und Flut lange Zeit für Probleme durch Überschwemmungen und für unzureichende Kanalisation sorgten. Zudem zerstörte ein großer Brand 1889 große Teile des jungen Ortes. Daraufhin entschloss man sich, ein Stockwerk höher (bis zu 10 m) über den Gassen und Ruinen der zerstörten Siedlung einen Neuanfang zu wagen – diesmal allerdings mit Häusern aus Stein. Auf diese Weise blieb der „**Underground**" der Pioniersiedlung erhalten und ist heute eine beliebte Touristenattraktion.

> **Tipp**
>
> Eine lohnende Anschaffung ist der **CityPass** ($ 64, Kinder 4–12 J. $ 44) mit sechs Attraktionen – Space Needle, Seattle Aquarium, Pacific Science Center oder Museum of Flight, Woodland Park Zoo, EMP Museum sowie Argosy Cruises Harbor Tour. **Infos**: http://de.citypass.com/seattle.

Einen ersten Aufschwung brachte die **Eisenbahn**: Die *Northern Pacific Railroad* wurde im Jahr 1887 in Tacoma, südlich von Seattle, fertiggestellt und verband erstmals den Puget Sound mit dem Osten. Die *Great Northern Railroad* schloss dann fünf Jahre Seattle direkt an den Rest der USA an. Als Glücksjahr für die Entwicklung der Stadt entpuppte sich das Jahr 1897: Damals legte der Dampfer „Portland" mit einer Tonne Gold aus Alaska im Hafen an. Der daraufhin ausbrechende **Klondike-Goldrausch** sorgte dafür, dass Seattle binnen kürzester Zeit zum Wirtschafts- und Handelszentrum des Nordwestens wurde.

Boomende Wirtschaft

Seattle konnte diese Stellung nicht nur behaupten, sondern sogar ausbauen. Wichtige Triebfedern für die weitere Entwicklung waren der Zuzug der **Flugzeugindustrie**, darunter die *Boeing*-Werke, und vor allem die städtebaulich und finanziell lukrative Ausrichtung der Weltausstellung 1962. Weitere große Veränderungen brachten die 1980er-Jahre, als in Downtown Bank-, Büro- und Hotelhochhäuser gen Himmel wuchsen und eine beeindruckende Skyline entstand. Die im Vorort Redmont ansässige Softwarefirma *Microsoft*, die Café-Kette *Starbucks* – gegründet von *Howard Schultz* in den 1980er-Jahren aus einer Reihe lokaler Cafés –, die Internetbuchhandlung *Amazon* und der Outdoorartikel-Hersteller *Columbia* sorgten für wirtschaftlichen Aufschwung.

Sehenswertes in Downtown Seattle

Die Besichtigung lohnen, abgesehen vom Pioneer Square, der die ältesten Spuren der weißen Besiedlung zu bieten hat, auch der International District u. a. mit Chinatown, der Pike Place Market, der eine eigene kleine Stadt darstellt, die Waterfront, Downtown mit einer beeindruckenden Skyline und sehenswerten Museen sowie das Gelände um das Seattle Center.

Pioneer Square Historic District

Im Bereich des **Pioneer Square (1)** im Süden von Downtown, steht sozusagen die Wiege der Stadt. Im **Pioneer Square Historic District** befinden sich die ältesten Gebäude Seattles, Straßenlaternen von 1908 und im zentralen Pioneer Park ein 18 m hoher Totempfahl der Tlingit-Indianer. Die Überbleibsel der Stadt vor dem Brand von 1889 verbergen sich jedoch im „**Underground**", den man auf speziellen Touren kennenlernen kann (s. S. 155).

Unbedingt besuchen sollte man den südlich gelegenen **Klondike Gold Rush National Historic Park (2)**. Das angeschlossene Museum zeigt sehenswerte Ausstellungen und einen Film über den Goldrausch am Klondike und die Rolle der Stadt.

Das Seattle Art Museum mit dem „Hammering Man"

Entlang der 1st Ave. Richtung Norden geht es, vorbei an Geschäften und Cafés, die „den besten Kaffee Seattles" anpreisen, zum **Seattle Art Museum Downtown** – kurz **SAM (3)**. Die Skulptur des *Hammering Man* kündigt den modernen, interessanten Museumsbau von *Robert Venturi* an. Raumkonzeption – mit loftartigen, ineinander übergehenden Sälen und großzügigem Eingangsfoyer – sowie Präsentation der Objekte waren 1991 wegweisend für die moderne Museumsplanung.

Berühmt ist das SAM wegen seiner Sammlungen afrikanischer und indianischer Kunst *(Northwest Coast Native Art oder African Art Galleries)*, aber auch wegen seiner Renaissance- und impressionistischen Gemälde, griechischen Münzen und Werken lokaler Künstler. Zum SAM gehört das **Seattle Asian Art Museum/SAAM** und, auf einem ehemaligen Industriegelände am Puget Sound, im Viertel Belltown, der **Olympic Sculpture Park**. Dort geht es auf 670 m Fußweg vorbei an 21 Kunstobjekten von 16 Künstlern.

Klondike Gold Rush NHP, *117 Main St., www.nps.gov/klse, tgl. 9–17 Uhr, frei.*
SAM, *1300 1st Ave./Union St., www.seattleartmuseum.org, Mi–So 10–17, Do bis 21 Uhr, $ 19,50.*
SAAM, *1400 E. Prospect St., Volunteer Park, Mi–So 10–17, Do 10–21 Uhr, $ 7.*
Olympic Sculpture Park, *2901 Western Ave., immer frei zugänglich.*

Pike Place Market

Ältester Markt der USA

Oberhalb der Waterfront und mit dieser über den *Hillclimb Corridor* – einer Reihe von Treppen – verbunden, nur wenige Schritte nordwestlich des SAM, bildet der **Pike Place Market (4)** fast ein eigenes Stadtviertel, das sich labyrinthartig über mehrere Ebenen unter Dach und im Freien hinzieht und mit Buden, Lokalen, Shops und Veranstaltungen ein Eigenleben führt. Zu diesem ältesten kontinuierlich betriebenen Bauern- und Fischmarkt der USA aus dem Jahr 1907 gehören Marktschreier, Feinkostände, ein Blumen- und Obstmarkt sowie Kleidungs- und Souvenirstände und ein

Wochenmarkt der Spitzenklasse: der Pike Place Market

Flohmarkt sowie eine Brauerei. Eine eher skurrile Attraktion dort ist die **Gum Wall**, wo sich neben dem Market Theater seit Jahren Besucher und Einheimische per an die Mauer geklebtem Kaugummi verewigen. Der Pike Place Market ist nicht nur berühmt für seine **Fischstände**, wo Verkäufer eine Show abziehen, sondern auch für die erste Filiale von **Starbucks**; derzeit gibt es über 420 allein im Großraum Seattle! Zu den Marktständen, die besonders lohnen, gehören Daily Dozen Doughnuts, MarketSpice, die BB Ranch-Metzgerei (mit deutschen Landjägern!), Beecher's Handmade Cheese, Rachel's Ginger Beer, Pear Deli & Shoppe oder Made in WA, letzterer ein Laden mit Produkten exklusiv aus dem Bundesstaat Washington. Eine gute Einführung in die kulinarische Szene des Marktes (und Seattles überhaupt), inklusive Kostproben, geben die Guides der **Seattle Food Tours** (s. S. 167).

Pike Place Market, *1st/Pike St., www.pikeplacemarket.org, Mo–Sa 9–18, So 9–17 Uhr.*

Waterfront Park

Über Treppen bzw. per Aufzug gelangt man vom Markt hinunter zur **Waterfront (5)**. Zu Zeiten des Goldrauschs in Alaska als *The Gold Rush Strip* berühmt, reicht diese von Pier 51 im Süden bis Pier 70 im Norden. Attraktiv zum Einkaufen und Bummeln sind heute besonders die Piers 70, 57 und 54. Fähren und Boote legen von Pier 56/57 ab, Ausflugsboote und Fähren zum **Tillicum Village** (S. 164) von Pier 59, wo sich auch das Seattle Aquarium (s. u.) befindet, und ab Pier 55 starten im Sommer Hafenrundfahrten. Schade, dass die gesamte Waterfront durch den vielbefahrenen, zweigeschossigen Hwy. 99 wenig attraktiv von der Innenstadt abgetrennt ist. Doch wird derzeit dafür ein Tunnel gebaut, um die Waterfront attraktiver zu gestalten und besser an die Stadt anzubinden.

Wasserlandschaften

Im **Seattle Aquarium (6)** kann man verschiedene Wasserlandschaften (u. a. Korallenbänke) durchschreiten, Großfischen (Haien) in die Augen schauen, Ottern und Robben beim Spielen zusehen, die Flinkheit der Papageientaucher bewundern, in einem *Touch Tank* verschiedene Schalentiere anfassen oder im großzügig proportionierten, verglasten *Underwater Dome* das Geschehen von Höhe des Meeresbodens aus betrachten.
Seattle Aquarium, *Pier 59, 1483 Alaskan Way, www.seattleaquarium.org, tgl. 9.30–17 Uhr, $ 21,95.*

Downtown

Genau genommen, gehört das zuvor beschriebene Areal ebenfalls zu Downtown, doch enger gefasst ist damit nur das Banken- und Hochhausviertel gemeint, das sein Aussehen erst in den letzten Jahrzehnten erhielt. Auf dem Weg zum Einkaufszentrum **Westlake Center (7)**, an dem die *Monorail* abgeht, kommt man vom Pike Place Market an sehenswerten Wolkenkratzern wie dem *Pacific First Center* oder dem *Security Pacific Tower* vorbei. In etlichen der modernen Bauten sind Läden, teils auch mehrstöckige und über mehrere Blocks reichende Einkaufszentren wie *Rainier Square* eingezogen.

Seattle Center

Wahrzeichen der Stadt

Das **Seattle Center (8)** bezeichnet ein 30 ha großes Gelände im Nordwesten der Stadt, das für die EXPO 1962 mit modernen und für die Entstehungszeit futuristisch anmutenden Gebäuden ausgestattet wurde. Die 185 m hohe **Space Needle (9)** ist längst zum Wahrzeichen der Stadt geworden, obwohl sie zwischenzeitlich von einien Bankhochhäusern überragt wird. Der Aussichtsturm, der einem Ufo auf Stelzen gleicht, bietet vom **Observation Deck** einen grandiosen Rundumblick – an klaren Tagen bis hin zu den Gipfeln der Olympic, Mt. Rainier und North Cascade NP. Ein Aufzug befördert Besucher hinauf oder ins SkyCity, ein sich drehendes Restaurant (Lunch Mo–Fr, Dinner tgl., Brunch Sa/So).

Abgesehen von der Space Needle lohnt ein Besuch im **Pacific Science Center (10)** mit seinen Lasershows, Hologrammen, naturwissenschaftlichen IMAX-Filmen, Riesenrobotern und anderem Interessanten, v. a. für Familien.
Space Needle, *www.spaceneedle.com, Mo–Do 9.30–23, Fr/Sa 9–23.30, So 9–23 Uhr, $ 24, mit SkyCity Restaurant und Shop.*

Ungewöhnliche Glaskunst in Chihuly Garden & Glass

Pacific Science Center, 200 2nd Ave. N., *www.pacificsciencecenter.org, Mo–Fr 10–17, Sa/So 10–18 Uhr, $ 18 Mu-seum, $ 22 inkl. IMAX.*

Ein Muss für Musikfreunde ist das **Experience Music Projekt – EMP (11)**. Gestiftet von Science-Fiction- und *Hendrix*-Fan *Paul Allen*, Mitbegründer von *Microsoft*, ist hier eine Erinnerungsstätte an *Jimmy Hendrix* und den Rock 'n' Roll entstanden – erbaut von *Frank Gehry*. Man kann aber hier nicht nur viel über Musik erfahren, es gibt auch eine Konzerthalle und ein Studio, in dem Besucher selbst musizieren können. Im gleichen Bau untergebracht ist das **Science Fiction Museum and Hall of Fame**, in dem ein Blick in die Zukunft gewagt und über das Genre und seine Vertreter informiert wird. Auf dem Gelände gibt es zudem einen kleinen Vergnügungspark, ein Kindermuseum sowie verschiedene Theater- und Konzertbühnen.
EMP Museum, *325 5th Ave., www.empmuseum.org, tgl. 10–17/19 Uhr, $ 18 für beide, mit großen Shops und EMP Café, dazu Filmvorführungen und Livekonzerte im JBL Theater.*

Erst 2012 eröffnet wurde **Chihuly Garden & Glass (12)**. *Dale Chihuly*, 1941 im benachbarten Tacoma geboren, gilt als bedeutendster Glaskünstler der Welt und hat sich mit diesem Glasmuseum mit Glashaus und Garten ein sehenswertes Vermächtnis geschaffen.
Chihuly Garden & Glass, *305 Harrison St., www.chihulygardenandglass.com, So–Do 11–18, Fr/Sa 10–20 Uhr, $ 19.*

International District – Chinatown

Östlich vom Pioneer Square Historic District breitet sich der **International District (13)** aus. Die chinesische Gemeinde dort gilt nach San Francisco, Vancouver und Los Angeles als die Größte im Westen. Rund um die **Asian Plaza** leben viele Vietnamesen und Koreaner, der **Kobe Terrace Park** demonstriert die engen Verbindungen zu Japan. Für Besucher ist das Areal wegen der Grünanlagen, Souvenirgeschäfte und der asiatischen Restaurants interessant.

Ein paar Blocks weiter südwestlich erheben sich wieder zwei moderne Wahrzeichen der Stadt: **CenturyLink Field (14)** und **Safeco Field (15)**. In Ersterem – ermöglicht durch ein paar von *Paul Allens* Millionen – spielen regelmäßig vor über 70.000 Fans die America-Football-Profis der NFL, die *Seahawks*, außerdem seit 2009 die beliebten Fußballer des *Seattle Sounders FC* – vor über 35.000 begeisterten Fans. Im Safeco Field, einem der wenigen Baseballstadien mit verschließbarem Dach, treten die *Mariners*, Seattles Baseballer, an.

Baseball- und Football-Stadien

Seattle Neighborhoods

siehe Karte S. 162

Westlich der Innenstadt

Capitol Hill ist eines der lebhaftesten Viertel der Stadt und liegt direkt östlich von Downtown, jenseits der I-5. Hauptachse ist der **Broadway**, ideal zum Einkaufen und Treff der Nachtschwärmer. In seinem Zentrum liegt die private **Seattle University** mit dem *College of Arts*. Über 6000 Studenten sorgen hier für eine bunte Szene und vielerlei Kneipen, Cafés und Shops.

Seit 1994 befindet sich hier, idyllisch ins Grün des **Volunteer Park** eingebettet, das **Seattle Asian Art Museum – SAAM (1)** (1400 E. Prospect St. s. S. 157, SAM). Es beherbergt eine beachtliche Kunstsammlung aus Japan, China, Korea, Indien, der Himalaya-Region und Südostasien. Angeschlossen ist außerdem der **Kado Tea Garden** und es finden sehenswerte Wechselausstellungen statt. Gute Aussichten eröffnen sich vom nahen alten Wasserturm und im nicht weit entfernten **Greenwood Cemetery** befindet sich u.a. das Grab von *Jimi Hendrix*.

Sehenswerte Sammlung asiatischer Kunst

Nördlich der Innenstadt

Queen Anne, das Viertel mit historischen Häusern, Läden und Restaurants, liegt nur wenige Blocks nordwestlich des Seattle Center; sein Herz schlägt zwischen Queen Anne Ave. N, Blaine und McCraw St. Vom Kerry Park (W. Highland Dr.) eröffnen sich spektakuläre Ausblicke auf Space Needle und Downtown.

Um den großen **Lake Washington** im Osten gruppieren sich die begehrtesten Wohnadressen und schönsten Parks der Stadt – Madison, Washington, Denny Blaine, Madrona oder Mt. Baker Park. Hier liegt auch das **Washington Park Arboretum (2)**, eine 80 ha große Parkanlage, die zum Spaziergang einlädt, v.a. zwischen März und Juni, wenn die Rhododendren und Azaleen blühen. Sehenswert sind

Viel Grün um den Lake Washington

Seattle Metro Area
N
1,24 mi
2 km
Vancouver
LAKE CITY
NORTH SEATTLE
Carkeek Park
99
Northgate Way
Lake City Way
Sand Point Way
Holman Road
Aurora Avenue N
5
Matthews Beach
Golden Gardens Park
NW 85 St.
N 85 St.
Seaview Ave NW
15th Ave NW
Greenwood Ave
Green Lake
NE 75th Street
ROOSEVELT
Magnuson Park
NE 65th Street
BALLARD
GREEN-WOOD
GREEN-LAKE
Roosevelt Way NE
UNIVERSITY DISTRICT
Sand Point Way
NW Market St.
Discovery Park
Leary Way
N 45th St.
NE 45th St.
Fremont
FREMONT
W Emerson St.
W Nickerson St.
Pacific Street
MAGNOLIA
QUEEN ANNE
Queen Anne Avenue N
Eastlake
520
Evergreen Point Bridge
Magnolia Street
Lake Union
Broadway
Madison Park
Puget Sound
Elliott Avenue
CAPITOL HILL
W Mercer St.
Denny Way
E John St.
Madison Street
Lake Washington Blvd.
7th Avenue
Western Avenue
Lake Washington
Pike Place Market
CENTRAL AREA
22nd Ave
E Yesler Way
Elliott Bay
CHINATOWN/ INTERN. DISTRICT
MADRONA
LESCHI
Spokane
90
99
Alki Beach
Alki Ave SW
Boren Street
MT. BAKER
Beach Dr. SW
Admiral Way SW
WEST SEATTLE
Spokane Street
COLUMBIA CITY
GEORGETOWN
Columbia Way
Seward Park
SOUTHEAST SEATTLE
Airport Way S
King County International Airport
Seward Park Ave
Sea-Airport, Tacoma
Sea-Airport, Tacoma, Portland
1 Seattle Asian Art Museum
2 Washington Park Arboretum
3 Museum of History and Industry (MOHAI)
4 University of Washington Burke Museum of Natural History and Culture
5 Woodland Park Zoo
6 Ballard Locks
7 Museum of Flight
© igraphic

auch der Japanische Garten am Südende des Parks und der auf 33 Pontons gelegte *Waterway Trail* am Nordende, der zum **Museum of History and Industry (MOHAI) (3)**. Interessant in dem industriegeschichtlichen Museum ist v.a. die Ausstellung zur Stadtgeschichte; daneben erhält man einen Überblick über die wirtschaftliche Entwicklung der Region.
Washington Park Arboretum, *tgl. Sonnenauf- bis -untergang, Graham Visitors Center tgl. 9–17 Uhr, frei.*
MOHAI, *2700 24th St., McCurdy Park/Lake Washington, www.seattlehistory.org, tgl. 10–17, Do bis 20 Uhr, $ 14.*

North Seattle wird dominiert von der **University of Washington (4)** mit ihren fast 35.000 Studenten. Der Campus breitet sich malerisch am Nordwestufer des Lake Washington aus; Hauptachse des lebendigen Viertels ist der University Way. Sehenswert ist neben dem *Husky Stadium* (College Football, 72.500 Plätze) v.a. das **Burke Museum of Natural History and Culture**. Die interessantesten Abteilungen dieses naturkundlichen und kulturhistorischen Universitätsmuseums sind jene zur Geschichte der Pazifikküste und zu den einzelnen Indianerstämmen der Region.
Burke Museum of Natural History and Culture, *Uni of Washington Campus, 17th Ave./NE. 45th St., www.washington.edu/burkemuseum, tgl. 10–17 Uhr, $ 10.*

Der **Woodland Park Zoo (5)** zählt wegen seiner wegweisenden natürlichen Biotope, z.B. *African Savanna, Elephant Forest, Thai Camp, Tropical Rain Forest, Northern Trail* oder *Nocturnal House*, zu den zehn besten Tierparks der USA
Woodland Park Zoo, *5500 Phinney Ave. N, www.zoo.org, tgl. 9.30–16/18 Uhr, $ 18,75 (1. Okt.–30. April, $ 12,75).*

Lake Union, zwischen Lake Washington und Puget Sound, bzw. die am Nordostufer vertäuten Hausboote kennen Kinofans aus dem Film „Schlaflos in Seattle“ mit *Tom Hanks* und *Meg Ryan*. Am Nordufer liegt um den Kite Hill der beliebte **Gasworks Park** und das angesagte Viertel **Fremont**. Den westlichen Abfluss des Sees bildet ein 13 km langer Ship Canal. Von einer Aussichtsplattform blickt man am Ende auf die 1917 erbauten **Ballard Locks (6)**, offiziell: *Hiram M. Chittenden Locks*. Das *U.S. Army Corps of Engineers* betreibt hier ein VC (im Sommer tgl. 10–18, im Winter Do–Mo 10–16 Uhr, Gratistouren), das über die Geschichte dieser Schleusen und die eigens angelegte Fischleiter informiert.

Schlaflos in Seattle

Südlich der Innenstadt

Im Süden lohnt ein Abstecher zum **Museum of Flight (7)** gegenüber dem ehemaligen *Boeing*-Entwicklungszentrum. Es kooperiert mit der Washingtoner Smithsonian Institution und zeigt in einer riesigen Halle und auf dem Rollfeld über 150 Originalflugzeuge (u.a. die Präsidentenmaschine von *Eisenhower, Kennedy* und *Johnson*) und Raumfahrzeuge, daneben wird die Geschichte der Luft- und Raumfahrt durch Fotos, Dokumente und Filme illustriert. In der *Red Barn* begann 1916 die Erfolgsstory der *Boeing*-Werke, initiiert durch die Flugzeugpioniere *William Boeing* und *Charles Westervelt*, die zuerst mit dem Bau von Wasserflugzeugen ihr Geld machten.

Museum of Flight, *I-5, Exit 158, 9404 E. Marginal Way S, www.museumofflight.org, tgl. 10–17 Uhr, $ 19.*

Ausflug zum Boeing-Werk nach Everett

Flugzeugbauer

In Everett, knapp 50 km nördlich Downtown (I-5 Exit 189), liegt die **Zentrale des Boeing-Konzerns**. Weitere Fabrikationsstätten befinden sich in Renton (südlich Seattle) und in Wichita (Kansas), kleinere sind über das ganze Land verteilt. Die Hauptfertigungshalle – eines der größten Gebäude Nordamerikas – bedeckt eine Fläche von 39.000 m². *Boeing* ist die größte Flugzeugfabrik und zeichnet seit der Fusion mit *McDonnell-Douglas* (*MDD*) 1997 für etwa die Hälfte aller Verkehrsflugzeuge verantwortlich – *Airbus* (Frankreich-Deutschland) ist der zweite Großkonzern. Auch Hubschrauber und Militärflugzeuge gehören zur umfangreichen Produktpalette des Unternehmens.

Am Flugplatz *Paine Field* bietet das **Future of Flight Aviation Center & Boeing Tour** eine einzigartige Kombination aus futuristischem Museum und Werksbesichtigung. Neben Einblicken in Gegenwart und Zukunft des Flugzeugbaus wirft das Museum einen Blick zurück auf die Geschichte der Luftfahrt. Flugzeugfans können von einer Galerie aus bei der Fertigung der „Großen", der 747-, 777-, 767- und 787-Modelle, zuschauen. Die 90-minütige Tour umfasst zudem einen 20-minütigen Einführungsfilm zur Geschichte von *Boeing*.
Future of Flight Aviation Center, *8415 Paine Field, I-5 Exit 189 zu Hwy. 526 W, www.FutureOfFlight.org, tgl. 8.30–17.30 Uhr, $ 16–20.*

Ausflug zum Tillicum Village auf Blake Island

Herrliche Wälder

Auf **Blake Island**, nur rund 13 km vorgelagert im Puget Sound, wurde 1959 der **Blake Island State Park** eingerichtet. Trails führen durch die herrlichen Laubwälder, Maultierhirsche sind zu beobachten und vom Strand aus ist der Ausblick auf die Nachbarinseln und den schneebedeckten Mt. Rainier unschlagbar. Teil des SPs ist ein altes indianisches Fischerdorf – Häuptling *Seathl* soll auf dieser Insel geboren worden sein – , in dem lokale Indianer Besuchern ihre Kultur und Lebensweise demonstrieren.

Tillicum Village – *Tillicum* bedeutet in der *Chinook*-Sprache „freundliche Menschen" – entstand 1962 und ist Sitz von indianischen Kunsthandwerkern, die hier die alten Traditionen und Techniken pflegen und versuchen, die Indianerkultur des Nordwestens am Leben zu halten und Besuchern nahezubringen. Interessant sind vor allem die meterhohen und im ganzen Gelände aufgestellten Totempfähle. Im Rahmen eines „Pakets" kann man z. B. auf traditionelle Weise geräucherten Lachs, Muschelsuppe und Tillicum-Brot genießen.
Tillicum Village & Northwest Coast Indian Cultural Center, *www.argosycruises.com/tillicum-village, Fähren ab Seattle, Pier 55, je nach Saison mehrmals tgl. (Daten/Zeiten s. Website) nur Bootsfahrt (Black Island Cruise, an Sommerwochenenden), $ 40, im Paket mit Dinner/Show $ 80 (ca. 4 Std.).*

Reisepraktische Informationen Seattle

Infostellen

Seattle Visitor Center and Concierge Services, *7th Ave./Pike St., in der Lobby des Washington State Convention Center, ☏ (206) 461-5840 oder 1 (866) 732-2695,www.visitseattle.org, Mo–Fr, im Sommer auch am Wochenende 9–17 Uhr. Vielfältiges Informationsmaterial, Veranstaltungstickets aller Art, Hotelbuchungen u. a.*

Market Information Center, *SW-Ecke 1st Ave./Pike St. (Pike Place Market), tgl. 10–18 Uhr.*

Unterkunft

Preiswerte Motels befinden sich in Downtown an der Aurora Ave., nördlich des Seattle Center, bzw. an der 85th St. und entlang der I-5 zwischen Seattle und SEA-TAC Airport. Ansonsten empfehlen sich z. B.:

Alexis Hotel (1), *$$$$–$$$$$, 1st/Madison St., ☏ (206) 624-4844, www.alexishotel.com. Historisches Hotel (1908), toprenoviert, 91 unterschiedlich gestaltete Zimmer sowie 33 ungewöhnliche Suiten, mit empfehlenswertem Restaurant* **The Painted Table**.

Bacon Mansion B&B (2), *$$$–$$$$, 959 Broadway East, ☏ 1 (800) 240-1864, www.baconmansion.com. Eines der schönsten B&Bs der Stadt: Haus im Tudor-Stil von 1909, elegant ausgestattet mit Patio, Leseraum, Speise- und Kaminzimmer; 10 unterschiedlich gestaltete, verschieden große Zimmer.*

The Edgewater (3), *$$$–$$$$, 2411 Alaskan Way, Pier 67, ☏ (206) 728-7000, www.edgewaterhotel.com. Direkt am Wasser gelegenes First-Class-Hotel, nahe zum Stadtzentrum. Große und freundlich eingerichtete Zimmer, viele mit Blick auf die Elliot Bay, alle Annehmlichkeiten.*

Hotel Monaco Seattle (4), *$$$–$$$$, 1101 4th St., ☏ (206) 621-1770, www.monaco-seattle.com. Geschmackvolles, ausgefallenes Boutique-Hotel mit luxuriösen Zimmern (CD-Player u. a.) und zugehörigem Restaurant.*

Hotel Vintage Park (5), *$$$$,1100 5th Ave., ☏ (206) 624-8000, www.hotelvintagepark.com. Schön in der Stadtmitte, nahe Pike Place Market gelegenes kleines, gemütliches Spitzenhotel. In der Lobby mit offenem Kamin wird jeden Abend Wein serviert. Im selben Haus:* **Tulio Ristorante**.

Pan Pacific Hotel (9), *$$$$, 2125 Terry Ave., ☏ (206) 264-8111, www2.panpacific.com/en/Seattle/Overview.html. Dieses Hotel, zentral gelegen, bietet obersten Luxus und hervorragenden Service. Große Zimmer und Bäder, dazu von den oberen Etagen grandioser Ausblick.*

Restaurants

Fangfrischer Fisch und Meeresfrüchte sind die Spezialitäten der Stadt, doch zusätzlich gibt es dank der ethnisch bunt gemischten Bevölkerung eine vielseitige internationale Küche. Auch für den schmalen Geldbeutel steht steht abwechslungsreiches Essen zur Verfügung: die Imbissstände im Pike Place Market oder an der Waterfront sind einen Besuch wert.

Flying Fish (6), *300 Westlake Ave. N., ☏ (206) 728-8595, Reservierung nötig. Trendig und energiegeladen wie das Stadtviertel Belltown, auf Seafood spezialisiert; riesige Auswahl lokaler Weine.*
Ivar's Salmon House, *401 NE. Northlake Way, ☏ (206) 632-0767. Seit 1938 existierendes Restaurant im Nachbau eines indianischen Langhauses, mit offenem Grill, auf dem v. a. Lachsspezialitäten zubereitet werden.*
The Pike Pub & Brewery (7), *1415 1st Ave., Pike Place Market, www.pikebrewing.com. Legendär sind die dunklen Biere wie das Pike Street XXXXX Stout, dazu leckere Pub-Gerichte.*
Queen City Grill (8), *2201 1st Ave., ☏ (206) 443-0975, www.queencitygrill.com. Rustikales Restaurant mit gutem Essen, ungewöhnlicher Weinliste und Fassbieren.*
Brave Horse Tavern (10), *310 Terry Ave. N. Teil des Imperiums des bekannten Chefkochs Tom Douglas (www.tomdouglas.com), mit grandioser Bierauswahl und schmackhaften Gerichten mit „bavarian touch".*

Einkaufen

Northgate Mall, *555 Northgate Mall, www.simon.com/mall/northgate-mall. Im Norden der Stadt mit Nordstrom und JC Penny sowie über 150 verschiedenen Läden.*
Southcenter Mall, *633 Southcenter Blvd., Kreuzung I-5/I-405, www.westfield.com/southcenter; größte Mall Seattles, mit Kaufhäusern und insgesamt rund 180 Läden.*
University Village, *2623 NE. University Village St., University District, www.uvillage.com. Über 100 Shops, Lokale etc., nördlich des Husky Stadium gelegen.*
Westlake Center, *400 Pine St., Downtown, www.westlakecenter.com. 80 Läden, Food Court.*

Nightlife

Allgemeine Infos zur Musikszene der Stadt finden sich unter: **www.seattle.gov/music**
Besonders attraktive Viertel sind:
- **Belltown** *(www.belltown.org), die Region um die Bell Street gilt als Seattles „Soho" mit Musikclubs, Boutiquen, Galerien und Restaurants – hier spielt die Musik!*
- *Rund um den* **Pioneer Square** *(www.pioneersquare.org) gibt es zahlreiche Clubs mit Livemusik wie* **New Orleans** *(114 1st Ave. S., www.neworleanscreolerestaurant.com).*
- *Auf* **Capitol Hill, Queen Anne Hill** *und im* **Uni District** *sind ebenfalls eine ganze Reihe kleiner Cafés und Bars mit Livemusik (v. a. Grunge) zu finden.*

Dimitriou's Jazz Alley, *2033 6th Ave./Lenora (NW), www.jazzalley.com. Top-Jazzclub von Seattle mit Live-Auftritten großer Jazz- und Blueskünstler; Restaurant zugehörig.*
Highway 99 Blues Club, *1414 Alaskan Way (nahe Pike Place Market), http://highway99blues.com. Live-Blues und große Bar.*

Touren

Bill Speidel's Underground Tour, *608 1st Ave./Pioneer Sq., ☏ (206) 682-4646, www.undergroundtour.com. Tgl. mehrere Führungen ab 10/11 bis mind. 16 Uhr, $ 17, im Sommer Reservierung empfohlen; 90-minütiger Spaziergang durch die alte Stadt unter dem Pioneer Sq., Startpunkt ist Doc Maynard's Bar.*

Kulinarische Touren *bietet z.B. www.seattlefoodtours.com oder www.savorseattle tours.com (empfehlenswerte Pike Place Market-Touren!).*

Zuschauersport

Seattle Mariners *(MLB – Baseball), Safeco Field, Infos und Tickets: http://seattle.mariners.mlb.com.*
Seattle Seahawks *(NFL – American Football), CenturyLink Field, www.sea hawks.com, gewann zur Freude der Stadt im Februar 2014 erstmals den Super Bowl!*
Seattle Storm *(WNBA – Frauen-Profibasketball), Key Arena, www.wnba.com/ storm.*
Seattle Sounders FC, *(MLS – Fußball), CenturyLink Field, www.soundersfc.com.*
University of Washington Huskies *(College Football und Basketball), www. gohuskies.com.*

Veranstaltungen

Details sind zu finden unter: **www.visitseattle.org/Visitors/Events**. *Mehrere kulinarische und kulturelle Events finden auf dem* **Pike Place Market-***Areal statt (www.pikeplacemarket.org).*
Juni: **Seattle International Film Festival**, *400 Filme aus über 60 Ländern im SIFF Cinema Theatre, 321 3rd Ave. (www.siff.net/festival/index.aspx).*
Mitte Juli: **Bite of Seattle** *im Seattle Center, große „Fressmesse" (www.biteof seattle.com).*
Ende Juli/Anfang Aug.: **Seafair Festival**, *zwei Wochen lang Veranstaltungen am Wasser (www.seafair.com).*

Flughafen

Der **Seattle-Tacoma International Airport**/*SEA-TAC (www.port seattle.org), liegt rund 30 km südlich der Innenstadt und ist via WA 518 bis I-5 Exit 154 angeschlossen. Es ist sehr übersichtlich und besucherfreundlich.*
Neben **Shuttle-Bussen** *fahren reguläre* **Metro-Busse** *Nr. 174 und 194 in die Stadt. Beste Verbindung in die Stadt ist jedoch* **Seatac Link Light Rail**, *die Schnellbahn (s.u.), das Ticket kostet $ 2,75. Infos: www.portseattle.org/Sea-Tac/Parking-and-Transportation/Ground-Transportation/Pages/default.aspx.*

Eisenbahn

Am **Amtrak-Bahnhof** *(www.amtrak.com),* **King Street Station** *(303 S. Jackson St.), halten die Züge aus/nach Portland, San Francisco und Spokane/Chicago sowie Vancouver (Kanada).*

Nahverkehr

Seattle ist eine fußgängerfreundliche Stadt mit vorbildlichem öffentlichem Nahverkehrssystem. Busse, Straßenbahnen, Hochbahn/Monorail und Fährboote unterstehen **King County Metro Transit**. *Die Preise sind nach Zonen gestaffelt. Empfehlenswert sind besonders:*

- *die* **Monorail** *(Hochbahn). Verkehrt zwischen Downtown (Westlake Center, 5th Ave./Pine St.) und Seattle Center. Infos: www.seattlemonorail.com, Mo–Fr 7.30–23, Sa/So 8.30–23 Uhr, $ 2,25.*

- **Link Light Rail** (**Central Link**). *So heißt die neue Schnellbahn in Downtown (u. a. Stopps University St., Pioneer Square, International District/Chinatown und Stadium), südlich bis zum Flughafen (SeaTac) reichend. Ein Ausbau nach Norden ist in Planung. Es gibt eine weitere Linie in Tacoma sowie S-Bahnzüge (Sounder Train) ins Umland. Infos: www.soundtransit.org, Einzelfahrt innerhalb Downtown $ 2.*
- **Seattle Streetcar**: *Neueste Errungenschaft sind Straßenbahnlinien, die die Innenstadt mit South Lake und First Hill verbinden. Ein weiterer Ausbau ist geplant, Infos: http://seattlestreetcar.com, Ticket $ 2,50.*

Infos für den gesamten Nahverkehr: *http://metro.kingcounty.gov.*

Fährverbindungen

Ab dem **Seattle Ferry Terminal** (**Pier 52**) *geht es z. B. mit Fähren durch den Puget Sound nach Bremerton (Olympic Peninsula, ca. 1 Std. Fahrt), nach Bainbridge Island (35 Min.) oder nach Vashon (25 Min.). Infos:* **Washington Ferries**, *www.wsdot.wa.gov/ferries.*

Nach Vancouver Island (Victoria/BC, Kanada) und auf die San Juan Islands verkehren teils Autofähren, teils Fußgängerschiffe oder Schnellboote, ab Pier 69. Auskünfte: **Victoria Clipper**, *www.clippervacations.com/ferry.*

Argosy Cruises *(www.argosycruises.com) veranstaltet ab Pier 55/6 verschiedene Rundfahrten, u. a. zur Blake Island mit Tillicum Indian Village.*

Ausflüge auf die Inseln im Puget Sound

Überblick

Der **Puget Sound** ist ein tief ins westliche Washington eingreifender Fjord des Pazifik. Er wurde von *George Vancouver* nach *Peter Puget*, einem seiner Offiziere, benannt. Die langgestreckte Bucht reicht vom *Strait of Juan de Fuca* an der amerikanisch-kanadischen Grenze im Norden weit nach Süden, bis nach Olympia, der Hauptstadt des Bundesstaates Washington. Im Osten liegt die Metropole Seattle, im Westen die Kitsap-Halbinsel, die selbst Teil der Olympic Peninsula ist. Tiefseehäfen gibt es in Olympia, Tacoma und Seattle, außerdem einen Navy-Stützpunkt in Bremerton. Der Puget Sound ist zugleich der südlichste Teil der Inside Passage, jenem legendären Seeweg zwischen Festland und Inseln hinauf nach Alaska.

Zauberhafte Inselwelt

Im Puget Sound liegen unzählige Inseln und Inselchen, allein die am Übergang zwischen Sound und Strait of Juan de Fuca gelegenen **San Juan Islands** sollen aus über 500 bestehen. Nur etwa 200 sind benannt und nicht einmal drei Dutzend besiedelt. Die lokalen Indianer hielten diese Inseln für die Geburtsstätte der Menschheit – erlebt man den tiefblauen Puget Sound an einem strahlenden Sonnentag mit der mächtigen, schneebedeckten Bergkette der Cascades im Hintergrund, versteht man die Ehrfurcht der Ureinwohner vor diesem traumhaften Stück Erde. Mit den regelmäßig verkehrenden Fähren von Seattle kann man mühelos die eine oder andere Insel erreichen.

San Juan Islands

Die **Inselgruppe** zwischen Vancouver Island und dem Nordwesten von Washington zählt etwa 180 benannte, bis auf etwa 60 unbewohnte Inseln und gut 500 weitere kleine und kleinste Inselchen, die wohl nur selten ein Mensch betreten hat, besonders weil viele davon zeitweise unter den Wassern der Flut verschwinden. Die vier meistbesuchten und größten Inseln sind San Juan, Orcas, Shaw und Lopez Island. Letztere liegt nur etwa 50 km nördlich Seattle und ist per Fähre von Anacortes am schnellsten erreichbar. Bekannt sind die Inseln vor allem für ihre unberührte Natur und die Outdoorangebote (Kajak- und Radtouren). Schon vor hundert Jahren haben die Inseln dank ihrer Fruchtbarkeit die Bevölkerung des Festlands versorgt. Milchprodukte, Gemüse, Getreide und sogar Wein haben einen guten Ruf.

Washington State Ferries

An die 30 Fähren der staatlichen Washington State Ferries bedienen rund 20 Anlegestellen im Puget Sound zwischen Seattle, den Inseln, den Olympic- und Kitsap-Halbinseln sowie dem kanadischen Sidney. Grundsätzlich gilt, besonders an Sommerwochenenden: Autofahrer sollten ein bis zwei Stunden vor Abfahrt der Fähre am Terminal eintreffen. Da nur maximal vier Fähren am Tag zu den einzelnen Inseln fahren und keine Reservierungen angenommen werden, riskiert man sonst lange Wartezeiten. Anders verhält es sich mit Fußgängern und Radlern, für die immer Platz ist. Die Fahrtdauer der Fähren liegen zwischen 45 Minuten (Lopez Island) und 90 Minuten (San Juan Island).

- s. auch Reisepraktische Informationen Seattle, S. 168
- www.wsdot.wa.gov/ferries

Kurioser Schweinekrieg

In der Geschichte spielten die Inseln eine kurze, kuriose Rolle. 1859 „tobte" auf San Juan Island der sogenannte **Pig War**. Ein Schwein englischer Siedler – davon gab es damals angeblich sieben – durchwühlte das Kartoffelfeld amerikanischer Anwohner. Einer davon tötete das Schwein, verspeiste es mit den anderen Siedlern und initiierte damit eine nahezu 13 Jahre dauernde Fehde, bei der glücklicherweise das Tier das einzige Opfer blieb. Der Konflikt drohte zu eskalieren, als jeweils ein britisches und amerikanisches Truppenkontingent stationiert wurde und beide Siedlergruppen plötzlich San Juan Island für ihre Nation beanspruchten. Für ein Ende des Streits sorgte schließlich ausgerechnet der deutsche Kaiser Wilhelm I., der als Mittler 1872 die Grenzen zugunsten der Amerikaner endgültig festlegte. Damit wurde San Juan als letzte britische Bastion auf US-Territorium aufgelöst.

Ein Besuch der San Juan Islands verspricht vor allem **Naturerlebnis**: Strände, Klippen und Höhlen, kleine Binnenseen und Urwälder entführen Wanderer oder Paddler in eine fast intakte Inselwelt. Killer- und Schwertwale, Seehunde und Delfine sind zu beobachten und Ornithologen kommen voll auf ihre Kosten.

Im Sommer ist Vorausbuchung in einem der B & Bs, Inns oder Cabins nötig, denn während der warmen Monate, besonders an Wochenenden, werden die Inseln von den Städtern überschwemmt. Sie wissen vor allem zu schätzen, dass die Inseln im regenarmen „Windschatten" von Vancouver Island liegen und hier die Sonne scheinbar dauernd scheint. Doch selbst in der Hochsaison gilt: Hat man die überlaufenen Hafenorte einmal verlassen, überwiegt **Naturidyll**.

Whidbey und Fidalgo Islands

Zu den größten Inseln gehören San Juan, Orcas und Lopez Islands und nur auf diesen gibt es Unterkünfte. Shaw Island zählt zwar ebenfalls zu den „Großen", hat aber keine Herbergen zu bieten. Auch Whidbey und Fidalgo Island gehören zu den San Juan Islands, wenn sie auch südlich der anderen Inseln und damit näher zum Festland liegen.

Whidbey Island (www.whidbeycamanoislands.com), benannt nach *Joseph Whidbey*, dem Kapitän auf *George Vancouvers* Entdeckungsschiff „Discovery", empfiehlt sich besonders durch die einzigartige Küstenlandschaft. Es ist mit 70 km die längste Insel an der amerikanischen Pazifikküste. Verschiedene State Parks bieten unberührte Natur mit urigen Felsformationen und Stränden; im South Whidbey State Park führt zusätzlich ein Lehrpfad durch einen Teil des Küstenregenwalds.

Längste Insel

Langley (www.visitlangley.com), ein kleiner Ort im Südosten von Whidbey Island, wurde bereits während der 1970er-Jahre von Aussteigern aus der Großstadtszene entdeckt. Heute sind von dieser Aussteigerromantik nur noch Spuren geblieben, denn die Künstler und Freaks von damals sind bodenständig geworden und verdienen nicht schlecht an den Wochenendtouristen. Kurz vor **Greenbank** liegen etwas abseits die **Meekerk Rhododendron Gardens** mit über 2.000 Rhododendron-Arten, die Mitte Mai bis Mitte Juni zu voller Pracht auflaufen.

Noch vor **Coupeville** (www.cometocoupeville.com) zweigt nach Westen der Hwy. 20 ab zum Fähranleger in **Keystone**. Von dort benötigen die Fähren 30 Minuten bis Port Townsend auf der Olympic Peninsula (s. u.). Die Wartezeit kann man mit einem zehnminütigen Spaziergang zum **Fort Casey** verkürzen, einer Befestigungsanlage, die zusammen mit Fort Worden und Flagler auf der anderen Seite des Admiralty Inlet zwischen 1900 und 1945 die Zufahrt nach Seattle schützen sollte.

Coupeville beansprucht wie Port Townsend und Port Gamble die Ehre, die älteste Stadt im Staate zu sein. Wer nun tatsächlich in der Zeit zwischen 1850 und 1853 als Erster da war bzw. wer wann Stadtrecht erhielt, darüber wird immer noch gestritten. Zumindest befindet sich in Coupeville das Ebey's Landing National Historical Reserve mit historischem Baubestand und empfehlenswerten B & Bs, außerdem lohnt das **Island County Historical Museum** einen kurzen Besuch.

Älteste Stadt in Washington State

Oak Harbor (www.oakharbor.org) ist die größte Stadt auf Whidbey Island. An das Erbe der ersten holländischen Siedler, die um 1890 hier siedelten, wird mit Hilfe eini-

Blick auf den Puget Sound

ger Windmühlen (z. B. an Motelfronten), zahlreich gepflanzten Tulpen und einem alljährlich stattfindenden Dutch Festival erinnert. Man sollte Zeit für eine Wanderung oder ein Picknick im **Deception Pass State Park** einplanen. Im Norden, noch vor der Brücke, die nach Fidalgo Island hinüberführt, geht es linker Hand dorthin; der Nordteil des Parks liegt bereits auf **Fidalgo Island**. Die größte Stadt auf Fidalgo Island ist **Anacortes** (www.anacortes.org), von wo aus die Washington State Ferries zu weiteren Inseln übersetzen.

Lopez und Shaw Island

Lopez Island (www.lopezisland.com) ist relativ flach und daher ein Eldorado für Fahrradfahrer. Der Hauptort ist **Lopez Village**, dort leben die meisten der rund 2.400 Bewohner. In dem Künstlerort gibt es auch ein kleines historisches Museum zu besuchen. Auf **Shaw Island** existiert lediglich ein einfacher Campingplatz (ohne Trinkwasser) und für Proviant sorgt nur ein kleiner General Store – geleitet von Franziskanernonnen. Die Stille, die diese Insel ausstrahlt, bietet Gelegenheit, sich vorzustellen, wie idyllisch es einst auf allen Eilanden im Puget Sound war.

Orcas Island

Die Hauptorte der mit 151 km² größten und am besten erschlossenen Insel des Archipels (www.orcasislandchamber.com) sind der Fährhafen **Deer Harbor**, von wo aus Boote zum Whale Watching ablegen, **Westsound** und **Eastsound** mit einem kleinen historischen Museum (181 N. Beach Rd.), sowie **Orcas Village**. Auf Orcas Island befindet sich mit dem 733 m hohen Mt. Constitution der höchste Berg der San-Juan-Inselgruppe. Von seinem Gipfel mit Aussichtsturm bietet sich bei klarem Wetter ein wunderschöner Rundblick auf Mt. Baker, Vancouver Island und Mt. Olympus. Der Berg liegt mitten im **Moran State Park**, der über ausgedehnte Waldgebiete, Trails, Badestellen, Picknickplätze und einen einfachen Campingplatz verfügt. Das Land des State Parks gehörte einst dem reichen Schiffsmagnaten *Robert Moran*, der auch Bürgermeister von Seattle war. Er vermachte das Land später dem Staat; sein einstiges Wohnhaus von 1906 ist jetzt Teil des luxuriösen Rosario Resort.

San Juan Island

San Juan Island ist mit 6.900 EW und dem County-Sitz in **Friday Harbor** die bedeutendste der Inseln und letzter Stopp der Fähre beim *Island Hopping* von Anacortes aus. Im (sehr touristisch geprägten) Ort lohnen das **Whale Museum** (62 1st. St., www.whale-museum.org) und das **San Juan Historical Museum** (405 Price St., http://sjmuseum.org) einen Besuch, weiterhin das **Weingut San Juan Vineyards** (3136 Roche Harbor Rd., www.sanjuanvineyards.com).

Außer Natur und Walbeobachtung – beispielsweise vom **Lime Kiln Point State Park** auf der Westseite der Insel – lohnt vor allem der **San Juan Island National Historical Park** (www.nps.gov/sajh). Er erinnert an die Zeit der britischen

Okkupation, an die Grenzkonflikte während des Pig War und an das Ende der Kolonialmacht Großbritannien. Informationszentren befinden sich in beiden Abschnitten des Parks – einerseits das amerikanische Militärcamp (American Camp) im Süden und andererseits das der Briten (English Camp) auf der Nordwestseite der Insel mit beeindruckenden historischen Gebäuden. Von Ersterem aus lohnt der etwa einstündige Spaziergang zur Südspitze der Insel, dem Cattle Point.

Reisepraktische Informationen San Juan Islands

Information

San Juan Islands Visitors Bureau, *470 Reed St., Friday Harbor (San Juan Island), ☏ (360) 293-3832, www.visitsanjuans.com.*

Anacortes Tourist Information, *819 Commercial Ave., ☏ (360) 293-3832, www.anacortes.org.*

Unterkunft

Earthbox Motel & Spa, *$$–$$$, 410 Spring St., Friday Harbor (San Juan Island), ☏ (360) 378-3031, www.earthboxmotel.com. Kleines Luxusmotel mit Spa, 72 Zimmer, einige mit Kitchenette.*

Ship Harbor Inn, *$$–$$$, 5316 Ferry Terminal Rd., Anacortes (Fidalgo Island), www.shipharborinn.com, ☏ (360) 293-5177. Günstig gelegenes, sauberes Motel mit 28 Zimmern auf zwei Stockwerken. Alle Zimmer sind großzügig und komfortabel ausgestattet, angenehme Lage in einem parkartigen Anwesen nahe dem Fährhafen.*

Roche Harbor Resort, *$$–$$$$, 248 Reuben Memorial Dr., Roche Harbor (San Juan Island), ☏ (360) 378-2155, www.rocheharbor.com. Historisches Hotel, einst Station der Hudson Bay Company, traumhaft gelegen und ruhig.*

Majestic Inn & Spa, *$$$–$$$$, 419 Commercial St., Anacortes (Fidalgo Island), www.majesticinnandspa.com, ☏ (360) 299-1400. Ein ehemaliger Laden mitten in der Ortschaft wurde zu einem romantischen 21-Zimmer-Hotel mit Antikmöbeln, alter Bibliothek und zugehörigem Pub. Die Zimmer sind geräumig, dazu wird ein umfassendes Spa-/Wellness-Programm angeboten.*

Rosario Resort & Spa, *$$$–$$$$, 1400 Rosario Rd., Eastsound (Orcas Island), ☏ (360) 376-2222, www.rosarioresort.com. Traumhaft im State Park gelegenes Wohnhaus des einstigen Bürgermeisters von Seattle und Schiffsmagnaten Robert Moran von 1906.*

Touren

Kajaktouren: *Die Inselwelt lässt sich beim Sea-Kayaking erkunden: Höhlen, Seevögelkolonien, einsame Buchten, Strände und v. a. Vorkenntnisse sind nicht nötig. In Friday Harbor sind mehrstündige bis mehrtägige Touren (mit Führer) buchbar:*

San Juan Safaris, *☏ (360) 378-1323, www.SanJuanSafaris.com, je nach Saison unterschiedl. Abfahrtszeiten ab Friday Harbor; mehrstündige Bootsfahrten in Gruppen von 18 bis 24 Personen zum Whale Watching, daneben auch Kajaktouren.*

San Juan Excursions, *Friday Harbor (Spring Street Landing), ☏ 1 (800) 809-4253, www.watchwhales.com. Walbeobachtungstouren mehrmals tgl., Kajaktouren und andere Bootstrips im Puget Sound.*

Rundfahrt um die Olympic Peninsula

Küstenlandschaft

Westlich des Puget Sound erhebt sich die **Olympic Peninsula**. Sie ist auf drei Seiten von Wasser umgeben: Im Westen brandet der Pazifik gegen Klippen und Sandstrände, im Norden trennt die Strait of Juan de Fuca das Land von der kanadischen Vancouver Island, und in ihrem Osten erstreckt sich schließlich der durch Buchten und Inseln gegliederte Puget Sound.

Die Fähre von Seattle verlässt man in der Hafenstadt **Bremerton**, bis heute wichtiger Marine-Stützpunkt. Direkt am Hafen gibt das **Naval Memorial Museum of the Pacific** mit zahlreichen Artifakten, Karten und Modellen einen Einblick in „Amerikas Pazifikflotte".
Naval Memorial Museum of the Pacific, *251 1st St., www.pugetsoundnavymuseum.org, Mo–Sa 10–16, So 13–16 Uhr, Okt.–Apr. Di. geschlossen, Eintritt frei.*

Grabstätte von Häuptling Seattle

Nächstes Ziel ist **Poulsbo**, das seinen skandinavischen Ursprung mittels „authentischer" Läden und Lokale betont und dessen **Marine Science Center** sich dem Thema Meeresbiologie widmet. Von Poulspo bietet sich ein kurzer Abstecher nach **Suquamish** an, wo der berühmte Indianerhäuptling Chief Seattle unter einem Baldachin von Einbäumen begraben liegt und das **Suquamish Museum** auf dem Land der Port Madison Indian Reservation über die Geschichte der ersten Bewohner dieser Region informiert.
Marine Science Center, *18743 Front St. NE, www.poulsbomsc.org, Do–So 11–16 Uhr, frei*
Suquamish Museum, *6861 NE South St., www.suquamishmuseum.org, tgl. 10–17 Uhr, $ 5.*

Noch vor der Brücke über den Hood Canal zur Olympic Peninsula passiert man **Port Gamble**. Es wurde um 1850 von Captain *William Talbot, A. J. Pope* und *Cyrus Walker* gegründet. Sie hatten damals die natürlichen Vorteile dieses Ortes mit seinen Wäldern und einer geschützten Bucht mit tiefer Fahrrinne erkannt. Der Goldrausch von 1849 und der Boom in San Francisco zogen einen immensen Holzbedarf nach sich und so erblühte Port Gamble im Schatten eines Sägewerks. Im **Port Gamble Museum** wird die Erinnerung an die Boomjahre wachgehalten, ebenso im **Port Gamble General Store** mit Café (www.portgamblegeneralstore.com).
Port Gamble Museum, *32159 Rainier Ave. NE, http://portgamble.com/visitin/museum, Okt.–Apr. nur Fr–So 11–16 Uhr, $ 4., tgl. 9.30–17 Uhr, $ 3.*

Hinweis zur Route

Mit der Personen- oder Autofähre erreicht man von Seattle aus Bremerton – inklusive grandiosem Blick auf Stadt und Berge. Von dort führen der WA 3, dann WA 104 zum US Hwy. 101 an der Nordostecke der Olympic-Halbinsel. Hier bietet sich ein Abstecher nach **Port Townsend** an. Bei Port Angeles fährt man dann in den Olympic NP hinein oder setzt per Fähre zur kanadischen **Vancouver Island** über.

Von Port Angeles aus führt auch der US Hwy. 101 um den Olympic NP herum zur Westküste und weiter nach Süden nach **Astoria** (Oregon, S. 501). Bei Aberdeen kann man dem US Hwy. 12 und dann WA 8 nach Osten zur Hauptstadt Olympia folgen, dann auf der I-5 vorbei an Tacoma zurück nach Seattle.

Wälder, Wasser und Berge – all das bietet der Olympic NP

Der Nordosten der Olympic Peninsula

Port Townsend boomte bis zum Jahr 1893, sowohl als Handelshafen als auch als Standort der Holzindustrie. Dann aber entschied die Eisenbahngesellschaft, ihre Bahnlinie nur bis Seattle auszubauen, und abrupt war der Boom zu Ende. Die charmanten viktorianischen Holzhäuser und die monumentalen Gebäude entlang der Water Street sind erhalten geblieben. Die Hafenanlagen in der Innenstadt bedienen heute nur noch Fähren und Freizeitboote.

Beim Besuch im **Jefferson County Historic Museum** in der City Hall, erfährt man, wie das Leben in der Stadt einst pulsierte (540 Water St., www.jchsmuseum.org, tgl. 11–16 Uhr, $ 4). Anschließend kann man in der Innenstadt (entlang der Water St.) die Vergangenheit studieren, um dann die Treppen oberhalb der Taylor Street hinaufzusteigen. Auf der Klippe oberhalb des Stadtkerns zeugen das Court House und Wohnhäuser vom einstigen Wohlstand. Eines davon ist das 1868 erbaute und öffentliche **Rothschild House**, ehemals Residenz eines einflussreichen Kaufmanns.

Luxuriöse Wohnhäuser

Jefferson County Historic Museum, *540 Water St., www.jchsmuseum.org, tgl. 11–16 Uhr, $ 4.*
Rothschild House, *Taylor/Franklin St., www.jchsmuseum.org/Rothschild/house.html, Mai–Sept. tgl. 11–16 Uhr, $ 4 bzw. $ 6 mit Museum.*

Eine weitere Attraktion ist der **Fort Worden State Park** im Norden der Stadt. Weniger die um die Wende zum 20. Jh. errichtete Befestigungsanlage beeindruckt als vielmehr einzelne Museen und Sehenswürdigkeiten. So gibt es ein Artillerie-Museum zum Küstenschutz in der amerikanischen Geschichte, ein **Marine Science Center**, das Haus des ehemaligen Kommandeurs, einen Rhododendron-Garten und ein paar viktorianische Offiziershäuser zu sehen, die man auch mieten kann.
Fort Worden SP, *Cherry St., www.parks.wa.gov/fortworden, tgl. 8.30–16.30, Fr in der HS bis 19 Uhr, Parkgebühr $ 10 mit:* **Coast Artillery Museum**, *tgl. 11–16 Uhr, $ 2*

Ausflug nach Vancouver Island und Victoria, Kanada

Von Port Angeles verkehren Autofähren nach Victoria, Hauptstadt der kanadischen Provinz British Columbia, auf Vancouver Island. Mehr dazu findet sich in Iwanowski's Reise-Handbuch „Kanada – Westen" von Karl-Wilhelm Berger.
Black Ball Ferries, ☏ (360) 457-4491, www.cohoferry.com. 3–4-mal tgl. Fähren, eine vorherige Reservierung (C $ 11) ist sehr zu empfehlen, da insbesondere die frühe Fähre oft ausgebucht ist.

Marine Science Center, *Zeiten saisonal variabel, siehe: www.ptmsc.org, $ 5,*
Officers' Quarters, *Zeiten saisonal veränderlich, www.jchsmuseum.org/Sites/CommandingOfficersQuarters.html, $ 2.*

Auf dem US Hwy. 101 geht es weiter westwärts, vorbei an der **Discovery Bay**, bekannt für ihre exzellenten Austern. Auf einer knapp 10 km langen Landzunge nördlich der kleinen Ortschaft **Sequim** befindet sich das Naturschutzgebiet **Dungeness National Wildlife Refuge**, besonders attraktiv für Ornithologen.
Dungeness NWR, *www.newdungenesslighthouse.com/wildlife-refuge.html, ab US Hwy. 101 über Kitchen Dick Rd., tgl. Sonnenauf- bis -untergang, Leuchtturm-Touren tgl. 9 Uhr bis 2 Std. vor Sonnenuntergang, $ 3/Pkw.*

Hauptquartier des Olympic NP

Die kleine Stadt **Port Angeles** ist das Handelszentrum der Northern Olympic Peninsula. Zwei Sägemühlen, ein Hafen, von dem aus die Fähre ins kanadische Victoria abgeht und der eine große Fischereiflotte beherbergt, sowie das Hauptquartier des Nationalparks sorgen für Zulauf. Zu sehen gibt es in der Stadt das **Marine Life Center**, das **Olympic Coast Discovery Center** sowie das **Fine Arts Center** . Den Namen verlieh der Stadt übrigens der spanische Seefahrer *Francisco Eliza*, 1791: Er nannte es „Port of Our Lady of the Angels".
Feiro Marine Life Center, *City Pier/312 Lincoln St., http://feiromarinelifecenter. org, HS: tgl. 10–17 Uhr, NS Sa/So 12–16 Uhr, $ 4.*
Olympic Coast Discovery Center, *115 Railroad Ave. E., http://olympiccoast. noaa.gov, HS: tgl. 9–17, Sept./Okt: Sa./So. 10–17 Uhr, frei.*
Fine Arts Center, *E. Lauridsen Blvd., Do–So 11–17, Nov.–Feb. Do.–So. 10-16 Uhr, frei, www.pafac.org.*

Reisepraktische Infos zu Port Townsend und Port Angeles

Information

Port Townsend Visitor Information Center, *440 12th St., ☏ (360) 385-2722, http://jeffcountychamber.org.*
Port Angeles Visitor Center, *121 E. Railroad Ave., ☏ (360) 452-2363, www.portangeles.org.*

Unterkunft

Palace Hotel, *$$–$$$, 1004 Water St., Port Townsend, ☏ (360) 385-0773, www.palacehotelpt.com. 15 Zimmer im renovierten Captain Tibbals Building von 1889 direkt an der Hauptstraße.*

Old Consulate Inn, *$$$, 313 Walker St., Port Townsend, ☏ (360) 385-6753, www.oldconsulateinn.com. Das Hotel in der 1889 erbauten viktorianischen Residenz des einstigen deutschen Konsuls bietet acht Zimmer.*
Olympic Lodge, *$$$ 140 Del Guzzi Dr. (ab US 101), Port Angeles, ☏ (360) 452-2993, www.portangeleshotelmotel.com. Schön gelegenes Mittelklassemotel, ideales Standquartier für die Erkundung des NP und der ganzen Halbinsel oder einen Ausflug nach Victoria/Kanada.*
Fort Worden SP: *www.parks.wa.gov/fortworden/accommodations*

Einkaufen und Restaurants

Die **Water Street**, *die Hauptachse von Port Townsend, lohnt einen Bummel. Secondhandläden, Galerien, Buchgeschäfte, Boutiquen, aber auch Cafés und Lokale reihen sich hier aneinander.*

Olympic National Park

Als 1788 der britische Seefahrer *John Meares* den schneebedeckten Gipfel über dem dichten Regenwald auf der Halbinsel im Nordwesten erblickte, glaubte er wohl, hier die zweite Heimat des antiken Göttervaters vor sich zu haben, und nannte den Berg deshalb „**Mount Olympus**". Präsident *Theodore Roosevelt* hatte 1909 große Bereiche um den rund 2.600 m hohen Berg zum „National Monument" erklärt; 1938 wurde das Gelände vergrößert und zum National Park erhoben, seit 1976 ist er Biosphärenreservat der UNESCO und seit 1981 Weltnaturerbe. Auf etwa der Hälfte der Olympic Halbinsel vereint er die Gebirgsregion der Olympic Mountains – alpine Wildnis –, einen seltenen, nichttropischen Regenwald und einen schmalen Streifen Pazifikküste mit Sandstränden und Klippen, d.h. drei völlig verschiedene Ökosysteme.

Nahe der Hafenstadt **Port Angeles** führt eine Stichstraße zur 1.600 m hohen **Hurricane Ridge** in den Park hinein. Direkt am Parkzugang in der Ortschaft befindet sich das Haupt-Besucherzentrum, ein weiteres liegt am Hurrican Ridge. Bei klarem Himmel ist von hier die Sicht auf den Mt. Olympus mit seinen drei Gipfeln und auf andere Berge fantastisch. Noch weiter führt eine unbefestigte Straße, nämlich zum 1.966 m hohen **Obstruction Peak**, von dem aus der Panoramablick am besten ist.

Panoramablick

Im äußersten Nordwesten der Halbinsel liegen **Neah Bay** und die **Makah Indian Reservation**, allein wegen des kleinen Museums einen Abstecher wert. Vor Forks, dem zentralen Versorungsort an der Westküste, zweigt eine Seitenstraße vom Hwy. 101 ab, die entlang dem *Sol Duc River* westwärts zur Küste bei **La Push** führt. Hier, nördlich der Flussmündung am **Rialto Beach**, präsentiert sich die Küste mit ihren Klippen und rund 80 km Sandstrand besonders fotogen.

Zurück auf dem Hwy. 101 ist anschließend der Abstecher zum **Hoh Rain Forest** (ausgeschildert) ein „Muss". Hier, an der Westseite des Naturparks, wirkt das grüne Dickicht mit Moosen und Pilzen, Sequoias, Tannen und Ahornen fast unwirklich. Während solche Regenwaldlandschaften in den tieferen Lagen der Berglandschaft der

Olympic Peninsula zu finden sind, wächst mit zunehmender Höhe und Trockenheit der Anteil an Misch-, dann an Nadelwald. Vom **Hoh Rain Forest VC** aus kann man auf zwei kurzen Rundwegen den Wald und seine Flora und Fauna kennenlernen.

Nahe der Küste über Queets geht es zum südlichen Parkeingang. Dort ist ein Spaziergang am **Quinault Lake** empfehlenswert, je nach Zeitbudget empfiehlt sich auch eine Übernachtung. Die reine Fahrtstrecke von Port Angeles bis Quinault auf dem Hwy. 101 (ohne Abstecher) ist immerhin rund 220 km lang.

Reisepraktische Informationen Olympic NP

Infostellen

Olympic NP, *600 E. Park Ave., Port Angeles, www.nps.gov/olym, $ 15/Pkw, Park ganzjährig, Unterkünfte und Versorgungseinrichtungen meist Ende Okt. bis Anf. Mai geschlossen.*

Olympic NP VC/Wilderness Info Center, *3002 Mt. Angeles Rd. (ab US Hwy. 101), Port Angeles, tgl. 9–16.30 Uhr, Info, Ausstellung und Film.*

Hurricane Ridge VC, *17 mi/27 km südlich von Port Angeles, wie die Straße nur April–Sept. geöffnet.*

Hoh Rain Forest VC, *im Westen des NPs, ab US Hwy. 101, im Sommer tgl. geöffnet, sonst nur Fr–So.*

Weitere **Infos zur Region im Internet** *unter:*
www.olympicpeninsula.org; Versorgungspunkte im Umkreis sind Port Angeles und Forks: www.portangeles.org, http://forkswa.com.

Unterkunft

In **Port Angeles** *(und in* **Forks***) gibt es viele M/Hotels. Etwas Besonderes sind die Park Lodges, die von Aramark verwaltet werden (Infos:* **Aramark/Get It Across Marketing***, in D.: ☏ (0221) 2336406, www.aramarkparksanddestinations.com). Es handelt sich um die folgenden vier Lodges, die unter www.olympicnationalparks.com detailliert beschrieben sind und dort auch gebucht werden können:*
Lake Crescent Lodge*, $$–$$$, 416 Lake Crescent Rd., ab US Hwy. 101 am Barnes Point im Olympic NP. Historische Lodge mit 35 Zimmern und 17 Cottages für das rustikale Erlebnis. Herrliche Lage direkt am See und Freizeitangebot wie Kajaktouren, Wanderungen u.a.*
Sol Duc Hot Springs Resort*, $$$, Sol Duc Rd., südl. Lake Crescent (ab US Hwy. 101). Etwa 30 kleine Hütten, einfach ausgestattet, einige mit kleiner Küche, idyllisch im Nationalpark gelegen, umgeben von Wald und warmen Heilquellen.*
Lake Quinault Lodge*, $$$, 345 S. Shore Rd., Quinault (ab US Hwy. 101). Traumhaft gelegene, 1926 erbaute Lodge mitten im Wald am Lake Quinault. Verschieden ausgestattete Zimmer, am schönsten sind diejenigen mit Kamin und Seeblick.*
Log Cabin Resort*, $$, 3183 E. Beach Rd, Port Angeles. Log Rooms und rustikale Cabins nur Mt. Mai–Mt. Sept. Am Parkrand:* **Kalaloch Lodge***, $$–$$$, am US Hwy.*

Regenwald im Olympic NP

101, zwischen Queets und Ruby Beach. Traumhaft direkt am Pazifik gelegene rustikale Lodge mit einfachen Cottages und Zimmern im Hauptbau.

Außerdem gibt es in La Push und Umgebung weitere Unterkünfte, z. B.
Quileute Nation Oceanside, *$$–$$$, 330 Ocean Dr., La Push, www.quileuteoceanside.com. Cabins direkt am Meer, Campinggelegenheit und kleines, gemütliches Motel, vom lokalen Indianerstamm verwaltet.*

Reisezeit
Das milde, aber feuchte Klima hier im Nordwesten hat zur Folge, dass man in den niedrigen Lagen das ganze Jahr über zwar mit Regen und Nebel, aber kaum mit Frost rechnen muss. In den höheren Lagen kann es kalt werden, im Winter fällt dort Schnee. Im Juli, August und September wird es tagsüber verhältnismäßig warm, und die Niederschläge sind dann am geringsten. Der Park ist ganzjährig geöffnet.

Wandern u. a. Aktivitäten
Insgesamt stehen mehr als 900 km an Wanderwegen zur Verfügung, kurze und einfach zu begehende Lehrpfade – wie jener am Hoh Ran Forest VC – ebenso wie mehrtägige Backcountry Trails. Infos zu Wanderungen gibt es in den Besucherzentren oder im Internet unter **www.nps.gov/olym/day-hiking.htm**.
Bergsteigen mit unterschiedlichem Schwierigkeitsgrad gehört ebenso zum Angebot wie auch Wassersport.

Über Olympia und Tacoma zurück nach Seattle

Beschauliche Hauptstadt

Olympia mit seinen knapp 48.000 Bewohnern entstand 1850 unter dem Namen Smithfield als Zollstation. Mit der Gründung des Territoriums Washington im Jahre 1853 entschied man sich für den heutigen Namen, Bezug nehmend auf den Mt. Olympus, und erklärte die Stadt zum Regierungssitz.

Lohnend ist der Besuch des **Capitol Campus** am Capitol Way zwischen 11th und 14th Ave. auf einem Hügel südlich des Zentrums, wo es auch ein Informationszentrum gibt. Eine 87 m hohe Kuppel bekrönt auch dieses Kapitol im klassizistischen Stil, doch besonders schön an der gesamten Anlage der Verwaltungsgebäude ist die Lage am Capitol Lake, in einer parkähnlichen Landschaft.
Capitol Campus, *14th Ave./Capitol Way, Mo–Fr 8–17, Sa/So 10–16 Uhr, Touren tgl. stündlich 10–15, 11–15 Uhr an Wochenenden, Eintritt frei, www.des.wa.gov/services/facilities/CapitolCampus/Pages/GuidedTour.aspx.*

In **Tacoma**, der benachbarten und zweitgrößten Stadt des Staates Washington (ca. 202.000 EW), spielt der Hafen zwar noch eine wichtige Rolle, doch hat auch die Innenstadt durch Revitalisierungsmaßnahmen an Attraktivität gewonnen: Kunstgalerien, Boutiquen, Museen (Museumspass $ 25) und Lokale sind in die Backsteingebäude der 1920/30er Jahre eingezogen.

Hinweis zur Route

Von der Südwestecke des Olympic NP bei Quinault kann man wieder den gleichen Weg über Forks und Port Angeles zurückfahren oder aber man folgt weiter dem US Hwy. 101 südwärts nach **Aberdeen**. Von hier geht es ostwärts, zunächst auf dem US Hwy. 12, dann ab Elma auf dem WA 8 Richtung **Olympia**.

Man kann aber auch die Route auf dem US Hwy. 101 weiter südwärts Richtung **Oregon** und **Kalifornien** fortsetzen, siehe hierzu Kap. 9, S. 472.

Sehenswert ist nicht nur die Architektur, sondern auch der Inhalt des **Museum of Glass**. In Wechselausstellungen werden Glaskunstwerke ausgestellt, man kann Glaskünstlern bei der Arbeit zusehen und die **Chihuly Bridge of Glass** (vom Museum über die I-705 zur Union Station) mit Installationen des hier aufgewachsenen berühmten Glaskünstlers *Dale Chihuly* bewundern.

Museum für Glaskunst

Das nahe **Tacoma Art Museum** verdankt der deutschen Unternehmerfamilie *Haub* (Tengelmann) einen Neubau, um deren sehenswerte und umfangreiche Western American Art-Sammlung unterzubringen. Wer sich für die Geschichte des Staates Washington interessiert, sollte das **Washington State History Museum** im historischen Bahnhof nicht versäumen, und Fans historischer Autos kommen im neuen **LeMay America's Car Museum** voll auf ihre Kosten.

Museum of Glass, *1801 E. Dock St., www.museumofglass.org, Mo–Sa 10–17, So 12–17 Uhr, im Winter Mo/Di geschl., $ 12.*

Tacoma Art Museum, *1701 Pacific. Ave., www.tacomaartmuseum.org, Mi–So 10–17, 3. Do im Monat bis 20 Uhr.*

Washington State History Museum, *1911 Pacific Ave./19th St., www.washingtonhistory.org, Mi–So 10–17 Uhr, $ 9,50.*

LeMay America's Car Museum, *325 152nd St.E, www.lemaymarymount.org, Di–Sa 10–17, So 12–17 Uhr, $15.*

Tacoma gilt auch als Biermetropole, wie die beliebten Pubs der Harmon Brewery (http://harmonbrewingco.com) in der Innenstadt oder der Narrows Brewing (www.narrowsbrewing.com) in der Chambers Bay belegen.

Reisepraktische Informationen Tacoma

Information

Visit Olympia, *103 Sid Snyder Ave. SW, ☏ (460) 704-7544, www.visitolympia.com, Mo–Fr 10–17, in der HS auch Sa. 10–16 Uhr.*

Tacoma VC, *1500 Broadway (im Conv. Center), ☏ (253) 284-3254, www.traveltacoma.com, Di–Fr 10–16 Uhr.*

Unterkunft

Hotel Murano, **$$$**, *1320 Broadway Plaza, Tacoma, ☏ (253) 238-8000, www.hotelmuranotacoma.com. Mitten in der Stadt gelegenes Top-Hotel mit großen, schick gestalteten Zimmern und viel moderner Glaskunst in Lobby, Räumen und Gängen.*

6. VON SEATTLE ZUM YELLOWSTONE NATIONAL PARK UND ZURÜCK

Überblick

„Der wahre Westen unterscheidet sich von der Ostküste auf eine großartige, beeindruckende, allgegenwärtige und Ehrfurcht gebietende Weise: durch den Raum. Die unermessliche Weite verändert Straßen, Haus, … Politik, Wirtschaft und … die Denkungsart."

Wer erst einmal Seattle und den Puget Sound hinter sich gelassen hat und in die Weite des Nordwestens eintaucht, dem werden die Worte von *William Least Heat-Moon*, einem indianischen Autor (*1939, u.a. „Blue Highways: A Journey into America"), nicht mehr aus dem Kopf gehen. Nirgendwo lassen sich gegensätzlichere Naturregionen derart intensiv erleben wie auf der Fahrt ins **Heart of the Rockies**.

Big Sky – endloser Horizont

Kaum hat man die zerklüftete Pazifikküste mit ihren Buchten, Stränden, Inseln und dichten Regenwäldern verlassen, steht man staunend vor den **schneebedeckten Gipfeln der Cascade Range**, der Bergkette zwischen Coastal Range und Columbia Plateau. Aufsteigende Rauchwolken erinnern hier daran, dass es sich bei einigen Gipfeln um noch immer aktive Vulkane handelt. Kaum hat man jedoch diese Berge hinter sich gebracht, verändert sich die Szenerie dramatisch. Im Regenschatten der Berge, östlich der Cascade Range, breitet sich auf der Hochebene des **Columbia Plateaus** eine scheinbar endlose Halbwüstenlandschaft aus. Sie ist nur dort, wo es feucht genug ist, durch Weideflächen unterbrochen, Ortschaften und Menschen sind rar, dafür gibt es umso mehr Weite und Himmel – **Big Sky**. Im Sommer präsentiert sich die Landschaft hier als Wüste, im Frühjahr und Herbst als Paradies und im Winter als Eiskeller.

Im Osten der Hochebene dann plötzlich wieder mehr Bäume – ein alpiner Hochwald deutet den Beginn der **Rocky Mountains** an, jener monumentalen Barriere zwischen der Weite des Hochplateaus im Westen und den Great Plains im Osten. Eine Fahrt durch das **Heart of the Rockies** gehört zu den unvergesslichen Erlebnissen einer Nordwest-Reise – nicht allein wegen der „Hexenküche" im Zentrum, dem **Yellowstone National Park**, eine der spektakulärsten Sehenswürdigkeiten ganz Nordamerikas. Lange wollte man die Geschichten vom „brodelnden Boden" nicht glauben, bis der Geologe *Ferdinand V. Hayden* 1871 ganz offiziell der Sache nachging. Was er auf 500 Seiten berichtete, führte letztlich dazu, dass 1872 der Yellowstone zum Nationalpark erklärt wurde.

Natur pur in der Heimat der Ureinwohner

Eine Reise von Seattle ins *Heart of the Rockies* ist in erster Linie „**Natur pur**" – schneebedeckte Berge und tiefe Seen, reißende Flüsse und enge Canyons, endlose Weideflächen und brodelnde Vulkanlandschaften, flimmernde Wüsten und dichte Bergwälder. Doch auch historisch gibt es viel zu entdecken: alte Minenorte oder Westernstädte, teils touristisch aufgemacht, teils abseits gelegen und verlassen. Man durchquert auf der Reise die Reste der ehemaligen Heimat der Ureinwohner, z. B. der Nez Percé, und kann in Museen und an historischen Stätten ihre überwiegend tragische Geschichte erfahren. Dass sich die Indianer dennoch nicht unterkriegen lassen, machen die heute wieder verstärkt stattfindenden Powwows deutlich.

Auch an Gelegenheit zu **Aktivitäten** besteht kein Mangel: Ausritte, Wanderungen, Rafting, Bootstrips, Biking oder Wintersport. Ranchaufenthalte bieten sich ebenso an wie der Besuch eines der zahlreichen Rodeos – die ideale Gelegenheit, die Northwesterner besser kennenzulernen.

Hinweis zur Route

Die beschriebene Route von Seattle in das „Heart of the Rockies" und zurück ist nur eine mögliche Reiseroute. Es wurde dabei versucht, die wichtigsten Attraktionen abzudecken. Abgesehen von der Hauptroute werden nachfolgend immer wieder Alternativstrecken vorgeschlagen, sodass sich der Reisende selbst eine individuelle Route zusammenstellen kann.

Von Seattle ins Columbia River Valley

Mount Rainier National Park

Unübersehbar ragt der knapp 4.400 m hohe **Mount Rainier** – der höchste Berg der zum *Ring of Fire* gehörigen Vulkankette – aus der Cascade Range heraus. Auch was seine Form angeht, unterscheidet er sich von anderen Vulkanen: Er ist nicht kegelförmig, sondern fällt durch eine abgerundete Spitze und stark zerfurchte Hänge auf. Der **letzte große Ausbruch** des Mt. Rainier liegt über 2.000 Jahre zurück und die letzten kleinen Eruptionen wurden im 19. Jh. registriert. Doch auch wenn es seit hundert Jahren still geworden ist, zeigen gelegentlich austretende kleine Rauchsäulen über dem Gipfel, dass der Vulkan nicht erloschen ist. Ab und an kommt es zu kleineren Gas- und Asche-Emissionen. Überdies wurden in den letzten Jahrzehnten immer wieder thermische Aktivitäten und Magmabewegungen in der Tiefe registriert.

Aktiver Vulkan

Die **Gletscherwelt** um den Gipfel ist ungewöhnlich: Kein Areal Amerikas außerhalb Alaskas weist so viele Gletscher – 26 – und eine so große Eisfläche – fast 90 km² – auf; zum Vergleich: „Nur" 55 km² sind es im Glacier NP. Durch seine Mächtigkeit sorgt der Mt. Rainier für ein **spezifisches Kleinklima**. Während der Gipfel meist über die Wolken hinausragt und schon von der Ferne sichtbar ist, sieht man ihn im Park selbst selten, da die Straßen in den Wolken liegen bzw. unterhalb diesen entlangführen. Die Wolken enthalten so viel Wasser, dass besonders der Abschnitt südlich des Berges allein im Winter durchschnittlich 5 m (!) Schnee abbekommt. Geschaffen von „Feuer und Eis" bietet der 953 km² große Mt. Rainier NP eine **vielfältige Landschaft**. Er wurde schon 1899 unter Schutz gestellt.

Tahoma, Takhoma, Tehoma, Takober, Takoman – so lauten die indianischen Bezeichnungen für den Mt. Rainier. „Die Erde ist unsere Mutter", der Berg als „Quelle der Fruchtbarkeit", „Weiße Wasser kommen seine Hänge heruntergeflossen", der „Berg, der uns zu trinken gibt", der „allmächtige Berg – unsere Gottheit" – auch die Vielzahl an Interpretationsmöglichkeiten macht deutlich, wie schwierig es ist, die **Mythen und Legenden** der Indianer in moderne Sprache und Denkweise umzusetzen.

Redaktionstipps

Sehens- und Erlebenswertes

- Atemberaubende Einblicke in die Vulkan-Bergwelt ermöglichen der **Mt. Rainier National Park** (S. 185) und das **Mt. St. Helens National Volcanic Monument** (S. 189).
- Fahrt auf dem **Historic Columbia River Highway** (US Hwy. 30) durch die beeindruckende **Columbia River Gorge** (S. 191).
- Das **Columbia Gorge Discovery Center** (S. 192) gibt eine gute Einführung in die Geschichte der Columbia River Gorge, des Oregon Trails und der Lewis & Clark-Expedition.
- Abstecher ins **Weingebiet im Osten Washingtons** (S. 272) um Walla Walla und Yakima.

Unterkunft

- Traumhaft gelegen am Fuß des Mt. Rainier: das 1926 erbaute **Longmire National Park Inn** (S. 188).

Restaurants

- Die **Full Sail Brewery** (S. 193) ist wegen ihrer Biere weit über die Region hinaus bekannt.

Fünf Schwestern

Einer Legende der Puyallup-Indianer nach wird die Entstehung der fünf mächtigen Gipfel – Mt. Baker, Mt. Rainier, Mt. Adams, Mt. Hood und Mt. St. Helens – so erklärt, dass Doquebuth, der große „Veränderer“, einst seine fünf Schwestern in diese Bergriesen verwandelt hat.

Sicher ist, dass 1792 mit dem englischen Kapitän *George Vancouver* der erste Weiße den Gipfel erblickte und ihn nach seinem Freund Admiral *Peter Rainier* benannte. 1899 wurde das gesamte Gebirgsmassiv dann zum fünften Nationalpark der USA erklärt, hauptsächlich um der Abholzung seiner unteren Hänge vorzubeugen.

Die **Fauna** um den Mt. Rainier ist der des Olympic National Park sehr ähnlich: Große Säugetiere wie Schwarzwedelhirsche, Wapitihirsche, Schwarzbären, Schneeziegen und Waschbären kommen ebenso vor wie über 140 Vogelarten, vom kleinen Kolibri bis zum mächtigen Steinadler.

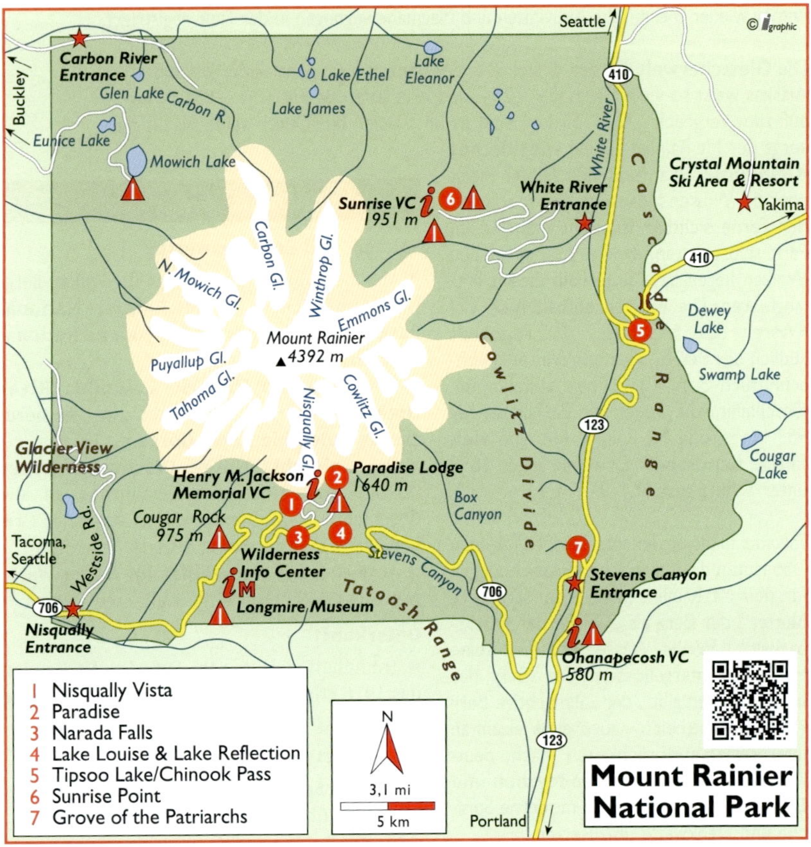

Die **Flora** wird vom Niederschlag bestimmt. In den Bergtälern begünstigte hohe Feuchtigkeit die Entstehung dichter (Regen-)Wälder mit Douglastannen, Sitkafichten, Ahorn, Schierlingstannen, Silbertannen und anderen Bäumen des Nordwestens – deren Charakteristikum ihre unglaubliche Größe von bis zu 60 m ist. Unter diesen Bäumen gedeiht eine üppige Moos- und Farnvegetation.

In höheren Lagen (ab ca. 1.000 m) lichtet sich dann der Wald – Hemlocktannen und Stroben sind hier die dominanten Arten. Sie weichen ab ca. 1.400 m dann Krüppelbäumen (u. a. Zedern) und alpinen Wiesen, die ab etwa 1.600 m Höhe fast allein das Bild bestimmen.

Blick auf den Mount Rainier

Erkundung des Parks

Die **Route durch den Park** führt von Nordosten her auf WA 410 und 123 entlang der Ostseite zum querenden WA 706. Ein Abstecher ab WA 410 (ca. 10 km nach Einfahrt in den NP) geht zunächst nach Nordwesten hinauf zum **Sunrise Point** (1.951 m). Dort befindet sich das informative **Sunrise VC** (Straße nur Juli–Anf. Okt. befahrbar). Die Sicht auf den Krater ist fantastisch – wie der Name schon sagt, besonders bei Sonnenaufgang. Auch mehrere Wanderwege beginnen beim Center, u.a. zum Emmons Glacier, dem größten Gletscher am Mt. Rainier.

Wandermöglichkeiten

Anschließend geht es auf der gleichen Strecke zurück zum Hwy. 123. Ihm folgt man in südlicher Richtung bis zur Abzweigung des Hwy. WA 706 am Stevens Canyon Entrance (Ohanapecosh VC) und von dort westwärts zum Parkzentrum Paradise. Zuvor passiert man den 35 m tiefen **Box Canyon**, später dann zwei Bergseen, **Lake Louise und Reflection**, und schließlich gelangt man zu den 50 m hohen **Narada Falls**. Von hier führt eine Rundroute (Einbahnstraße) zum **Paradise VC** und zum Aussichtspunkt **Nisqually Vista**. Entlang der Strecke liegen mehrere Trailheads, Ausgangspunkte für kürzere und längere Wanderungen.

Auf der Weiterfahrt zum westlichen Parkzugang sollte man schließlich am **Longmire Museum** anhalten. In einer ausgezeichneten Sammlung werden Flora und Fauna des Nationalparks erläutert, seine Naturgeschichte (Vulkanismus und Vergletscherung) dargestellt und auch auf die indianische Urbevölkerung der Region eingegangen.

Reisepraktische Informationen Mt. Rainier NP

Information

Mt. Rainier NP, *www.nps.gov/mora, $ 15/Pkw, fünf Parkteile: Longmire, Paradise, Ohanapecosh, Sunrise, Carbon/Mowich, vier Zufahrten:*
Nisqually Entrance (SW), SR 706; Stevens Canyon Entrance (SO), Hwy. 123;
White River Entrance (O), Hwy. 410; Carbon River Entrance (NW), SR 165
Es gibt vier **Besucherzentren**, *die großteils im Winter geschlossen sind:*
Henry M. Jackson Memorial VC *(Paradise), 1. Juli–Mitte Aug. tgl. 9–19 Uhr, Mitte Aug.–Anf. Sept. tgl. 10–19 Uhr, im Winter nur an Wochenenden 10–16.30 Uhr.*
Longmire/Wilderness IC *(im SW), tgl. 9–16.30 Uhr (Mus. im Winter geschlossen).*
Ohanapecosh VC *(im SO), Mitte Juni–Mitte Okt. tgl. 9–18/19 Uhr.*
Sunrise VC *(an der Stichstraße im NO), Juli–Anf./Mitte Sept. tgl. 10–18 Uhr.*

Reisezeit

Das Gebiet des Mt. Rainier ist sehr niederschlagsreich. Im Winter gibt es reichlich Schnee. In Paradise stehen Skilifte, Pisten, Loipen und Verleihstationen für Wintersportausrüstung zur Verfügung. Die besten Reisemonate sind Juli und August.

Unterkunft

Rechtzeitige Buchung einer Unterkunft ist nötig, zumal sich im Park selbst nur zwei Lodges ($$–$$$) befinden: das **National Park Inn** *in Longmire (ganzjährig) mit General Store und – schöner und rustikaler – das* **Paradise Inn** *in Paradise (Mai–Sept., ☏ 360-569-2275). Beide Lodges und andere Unterkünfte sind zu buchen über* **Visit Rainier**, *☏ 1 (877) 270-7155 www.visitrainier.com.* **Elbe** *und* **Eatonville** *am WA 706, südwestlich des NPs, verfügen ebenfalls über H/Motels.*

Camping

Im Park gibt es vier Campingplätze mit zusammen rund 500 Stellplätzen: Cougar Rock im SW, Ohanapecosh im SO, White River am Sunrise Point und Mowich Lake (sehr rustikal) im nordwestlichen Carbon-River-Areal. Keine Reservierung möglich. Details unter: www.nps.gov/mora/planyourvisit/camping.htm.

Wandern

Ein gut 500 km langes Wanderwegenetz lädt zu Erkundungen ein. 150 km (ca. 10 Tage) lang ist der **Wonderland Trail**, *der um den gesamten Kegel herumführt. Es lohnen aber auch der kürzere Pfad um den Tipsoo Lake oder viele der Trails, die am Paradise VC starten. Im Spätsommer kann man auch Gletscherhöhlen besichtigen.*
Details *finden sich unter: www.nps.gov/mora/planyourvisit/wilderness-camping-and-hiking.htm oder www.mount.rainier.national-park.com/hike.htm.*

Hinweis zur Route

Mt. Rainier NP und Mt. St. Helens NVM liegen nur knapp 100 km auseinander. Vom Westzugang des Mt. Rainier NP folgt man dem WA 7 über Ashford und Elbe südwärts nach Morton. Von hier geht es auf dem US Hwy. 12 westwärts zur Autobahn I-5. Nahe der Ortschaft Castle Rock (Exit 49) führt der Spirit Lake Memorial Hwy. (WA 504) zum Mt. St. Helens NVM.

Mount St. Helens National Volcanic Monument

Die beste Möglichkeit, das **Mount St. Helens National Volcanic Monument** zu erkunden, bietet der **Spirit Lake Memorial Hwy.** (Hwy. 504), der auf Höhe der Ortschaft Castle Rock (Exit 49) von der I-5 abzweigt. Wenige Meilen nach der Autobahn befindet sich am Silver Lake das **Mount St. Helens VC**, das einen ersten Überblick gibt. Auch das einige Meilen weiter östlich ebenfalls am Hwy. 504 gelegene **Hoffstadt Bluffs VC** informiert über das Naturmonument.

Die Straße führt weiter auf den Vulkan hinauf – vorbei an dem **Science and Learning Center** und dem **Coldwater Lake**, einem idyllischen, von dichten Wäldern umgebenen Bergsee. Am Ende der Straße liegt das **Johnston Ridge VC & Observatory**. Die Aussichtsplattform auf 1.266 m Höhe ist nach dem Geologen *David A. Johnston* benannt, der beim Vulkanausbruch 1980 im Dienst ums Leben kam. Von ihr hat man einen einzigartigen Blick in den Krater des noch qualmenden Mount St. Helens.

Dampfender Vulkan

Am 18. Mai 1980 – nach „nur" 123 inaktiven Jahren – brach in einer gewaltigen Explosion der Vulkan aus. Von seiner 2.950 m hohen Kuppe wurden rund 400 m

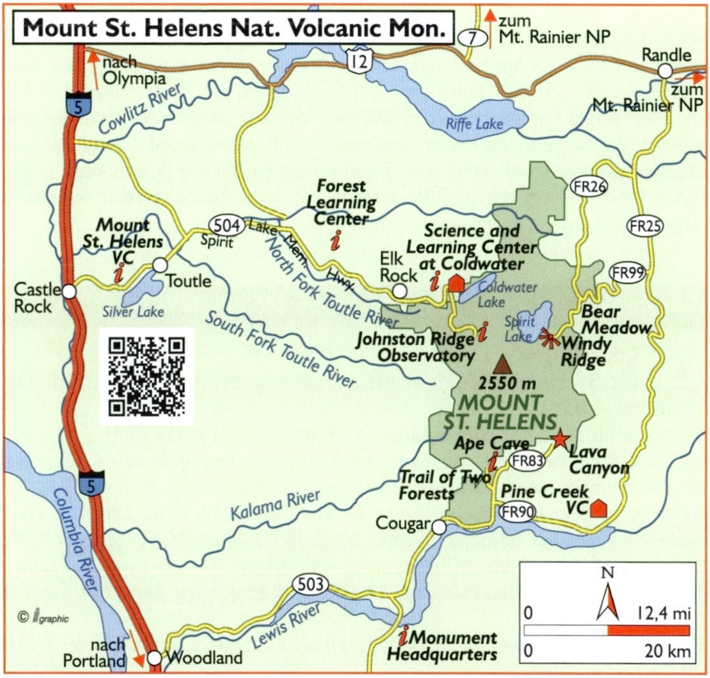

Mount St. Helens

Vulkanausbruch live

abgesprengt. Dabei wurden über 3 Mrd. m³ Lava, Asche, Gestein und Erde herausgeschleudert, verfolgt von vielen Menschen vor den Fernsehgeräten, die erstmals live einen Vulkanausbruch miterleben konnten. Frühzeitige Warnungen – die zunächst nur wenig Beachtung gefunden hatten – konnten nicht verhindern, dass es Opfer gab. Die Asche stieg bis zu 20 km in die Atmosphäre auf und lag selbst an der knapp 100 km entfernten I-5 noch bis zu einem halben Meter hoch auf dem Grund. Bis nach Montana hinein war der Boden grau, und Staubpartikel des Mt. St. Helens konnten sogar in Europa registriert werden. 390 km² Berghang waren einfach weggeblasen worden, der aufgerissene Krater wies rund 600 m an Tiefe und 1,7 bis 3 km im Durchmesser auf; im Umkreis von 27 km wurden Bäume wie Streichhölzer umgeknickt. Noch heute zeugen im Park Lavafelder, geknickte Bäume und eine veränderte Vegetation von den Ereignissen des Jahres 1980.

Reisepraktische Informationen Mt. St. Helens NVM

Information

Mt. St. Helens NVM, *www.fs.usda.gov/mountsthelens, Tagespass $ 5/PkW; es gibt mehrere VCs:*

Mt. St. Helens VC at Silver Lake, *3029 Spirit Lake Hwy. (SR 504), 5 mi östlich I-5, Castle Rock, www.parks.wa.gov/stewardship/mountsthelens, tgl. 9–16/17, $ 5; großes Besucherzentrum mit interessanten Ausstellungen und Boardwalks im Freien.*

Science and Learning Center at Coldwater *(im N), 1900 Spirit Lake Hwy., Toutle/WA Pine Creek Information Center (im S), 15311 Forest Rd. 90, Cougar/WA, Mt. Mai–Mt. Sept. tgl. 9–18 Uhr.*

Johnston Ridge Observatory, *24000 Spirit Lake Hwy., Toutle, im Sommer tgl. 10–18 Uhr.*

Forest Learning Center, *SR 504 mi. 33, www.mt-st-helens.com, nur in der HS tgl. 10–16 Uhr, mit Shop.*

Hinweis zur Route

Nach dem Ausflug zum berühmtesten Vulkan des Westens geht es zurück auf der I-5, nach Portland, das in nur einer Fahrstunde (etwa 60 mi/96 km) erreicht wird. Die Stadt, die sich als Flugkreuz als Ausgangs- oder Endpunkt einer Rundreise anbietet, wird im Kapitel „Highway to Heaven – die Küstenroute" (Von San Francisco nach Seattle) beschrieben (S. 475).

Columbia River Gorge

Zwischen Corbett im Westen (einem östlichen Vorort von Portland) und Hood River im Osten erstreckt sich eine Schlucht, die sich der **Columbia River** durch die Cascade Range gegraben hat. Bereits die beiden Expeditionsreisenden *Lewis* und *Clark* sowie ein Teil der Siedler auf dem Oregon Trail zogen hier durch. Damals konnte der Columbia River westlich von The Dalles, einer damals reißenden und heute durch einen Staudamm gebändigten Stromschnelle, nicht mit Booten befahren werden. So verlud ein Teil der Siedler ihr Hab und Gut und umrundete den Mt. Hood über den *Barlow Trail* auf dem Landweg.

Geologisch junge Schlucht

Geologisch betrachtet, ist diese abschnittsweise sehr breite Schlucht noch jung. Erst mit dem verstärkten Abschmelzen der Gletscher während der ausgehenden letzten Eiszeit, vor 13.000 bis 15.000 Jahren, in Nord-Montana und British Columbia floss genügend Wasser den Columbia River hinunter, um sich durch das Basaltgestein zu fressen. Diese Flut wird als „Bretz-Flooding" bezeichnet. Die so entstandene Schlucht hat dazu geführt, dass den Schmelzwassern des südlich gelegenen Mt. Hood die Flussbetten regelrecht entzogen wurden und sie stattdessen in spektakulär wirkenden **Wasserfällen** ins Tal hinabstürzen; besonders eindrucksvoll ist dies entlang des unten beschriebenen US Hwy. 30 zu sehen.

Dieser **Historic Columbia River Highway** (eine *All-American Road)* verläuft auf der Südseite (Oregon) parallel zum I-84. Das Nordufer mit dem WA 14 gehört dagegen zum Bundesstaat Washington.

Heute stauen zwei große Wehre mit Schleusen den Columbia River in diesem Areal auf, sodass die einstigen Stromschnellen nicht mehr zu erkennen sind. Beide **Staudämme** – einer in The Dalles, der andere der *Bonneville Dam* – sind Errungenschaften aus Roosevelts „New-Deal-Ära" in den 1930er-Jahren, als Arbeitsplätze geschaffen und der Columbia River schiffbar gemacht wurden.

Historic Columbia River Highway (US Hwy. 30)

Blick auf die Columbia River Gorge

Die knapp 50 km lange Strecke zwischen Troutdale im Osten Portlands (I-84 Exit 18) und Cascade Locks (I-84 Exit 44) ist zwar aufgrund ihrer Kurven etwas mühsam zu befahren und für größere Wohnmobile an einigen Stellen problematisch, doch bietet sie bei schönem Wetter ein einmaliges Erlebnis: Ausblicke auf die

Hübsche Wasserfälle

Columbia River Gorge und die Berge der Cascade Range, dichte Wälder und Wasserfälle, von denen die 190 m hohen **Multnomah Falls** sicherlich die beeindruckendsten sind. An ihnen beginnt auch ein 5,5 km langer Trail hinauf zum **Larch Mountain**. Auch andere Wasserfälle, z. B. die **Bridal Veil Falls**, lohnen einen kleinen Abstecher.

Bei Corbett beginnt die Schlucht, und auf dem 220 m hoch aufragenden **Crown Point Rock** hat man in den 1920er-Jahren das Vista House als Café eingerichtet. Heute befindet sich in dem runden Gebäude eine kleine Ausstellung mit historischen Fotos und man genießt einen fantastischen Ausblick auf die Gorge.

Nach Crown Point und den Multnomah Falls folgt der **Bonneville Lock & Dam** (ab I-84 Exit 40, mit Bradford Island VC, tgl. 9–17 Uhr, Fish Hatchery und Lachs-Leiter, weitere Infos: www.nwp.usace.army.mil/Locations/ColumbiaRiver/Bonneville.aspx). Gegenüber, auf Washington-Seite, ragt der 260 m hohe Beacon Rock auf, ehemals Wegweiser und Peilstation für die Schifffahrt. An dieser Stelle registrierten *Lewis* und *Clark* erstmals die Gezeiten des Meeres und wähnten sich ihrem Ziel, dem Ozean, nahe.

Ein Stück weiter östlich, kurz vor **Cascade Locks** (www.cascadelocks.net), führt die **Bridge of the Gods** auf die nördliche Uferseite. Die moderne Brücke erinnert an einen steinernen Vorgänger, der um 1500 einstürzte. Die Indianer erzählen, der Große Geist hätte sie geschaffen. Als dann jedoch die beiden Göttersöhne *Klickitat* und *Wyeast*, in Gestalt von *Mt. Adams* und *Mt. Hood* weithin sichtbar, über eine schöne Frau in Streit gerieten, sich beschimpften und mit Feuer bespuckten, begann die Erde zu beben und die göttliche Brücke stürzte ein.

Besuchenswertes Columbia Gorge Discovery Center in The Dalles

Wissenschaftler fanden heraus, dass um 800 tatsächlich ein Erdbeben die Region heimsuchte und es zu einem Ausbruch des Mt. Adams kam. Als dabei Erde und ein gigantischer Fels in den Fluss stürzten, bildete sich ein natürlicher Damm, der etwa hundert Jahre lang den Columbia River bis ins heutige Idaho aufstaute. Als der Fluss das lockere Erdreich schließlich unterspült hatte, war eine natürliche Brücke entstanden, die allerdings einstürzte, als Mt. Hood und Mt. Adams gleichzeitig ausbrachen. Die Überreste des Dammes sind heute noch als Inseln im Wasser zu erkennen. Die 1896 eingerichteten Schleusen ermöglichen heute eine gefahrlose Umschiffung der Stromschnellen. Ein kleines Museum erläutert die Geschichte der Schifffahrt in der Schlucht. An Exit 44 (I-84) starten Touren mit einem Raddampfer (s. unten).

Geologische Entwicklung

Einen Abstecher wert ist der am Nordufer gelegene kleine Touristenort **Stevenson** bzw. das dort befindliche **Columbia Gorge Interpretive Center**. In einem auffälligen Glasgebäude wird eindrucksvoll gezeigt, wie die Besiedlung, der Bau der Straßen und Eisenbahnen und nicht zuletzt die Fischerei die Schlucht verändert haben. Auch zur Geschichte der Indianer, zur *Lewis & Clark*-Expedition, zur Geologie sowie zur Erhaltung des Naturraums in jüngerer Zeit gibt es viel zu lernen.
Columbia Gorge Interpretive Center Museum, *990 SW Rock Creek Dr., www.columbiagorge.org, tgl. 10–17 Uhr, $ 10.*

Weiter geht es auf dem Highway WA 14 ostwärts nach **Hood River**. Der Blick auf den aufgestauten Columbia River mit all seinen Windsurfern und Booten und der sich als Hintergrundkulisse auftürmende schneebedeckte Mt. Hood lohnt immer wieder einen Fotostopp. **Hood River** ist eine beschauliche Kleinstadt mit historischem Stadtzentrum und auf Besucher eingerichtet. Wer gern mit der Eisenbahn fährt, sollte einen Dinner- bzw. Brunch-Ausflug mit der **Mount Hood Railroad** an den Fuß des Berges bei Parkdale einplanen.

Bierliebhaber sollten eine Visite in der **Full Sail Brewing Company** einplanen (s. S. 194). Diese mittelgroße Brauerei (mit eigenem Pub) bzw. ihre Biere zählen zu den Besten im Nordwesten. Die als Genossenschaft organisierte, 1992 gegründete Brauerei hat sich zwar mittlerweile zu einem modernen Betrieb entwickelt, doch das Ziel ist das gleiche geblieben: Bier höchster Qualität zu brauen.

The Dalles, nächste Station auf dem Weg nach Osten (I-84), dient in erster Linie als Versorgungspunkt des sich ringsum ausbreitenden Hood River Valley, berühmt als Obst- und Gemüseanbaugebiet und neuerdings als Sitz des Serverzentrums von Google. Ein Muss ist hier der Besuch des **Columbia Gorge Discovery Center & Wasco County Museum**, in dem es um die Geschichte der Schlucht, den Oregon Trail und die Lewis & Clark-Expedition geht. Idyllisch gelegen, mit Blick auf den Columbia River, besteht der Komplex aus zwei separaten Museen. Das eine steht unter der Ägide des National Forest Service und befasst sich vor allem mit Geologie und Umwelt, das zweite gehört dem Wasco County und stellt Besiedlung und Geschichte der Region in den Mittelpunkt.

Sehenswertes Museum

Columbia Gorge Discovery Center & Wasco County Museum, *5000 Discovery Dr., http://gorgediscovery.org, tgl. 9-17 Uhr, $ 9.*

Reisepraktische Informationen Columbia Gorge/Hood River/OR

Information

Hood River County Visitor Info Center, *720 E. Port Marina Dr., ☏ (541) 386-2000, www.hoodriver.org, Mo–Fr 9–17 Uhr.*

Unterkunft und Restaurants

Cousins Country Inn, *$$–$$$, 2114 W. 6th St., The Dalles, www.cousinscountryinn.com, ☏ (541) 298-5161. Preiswertes Motel in Topzustand und mit empfehlenswertem Restaurant* **Cousins' Restaurant & Saloon** *(☏ 541/298-2771), Relikt aus den 1950er-Jahren mit amerikanischer Kost in üppigen Portionen.*
Columbia Gorge Hotel, *$$$$, 4000 Westcliff Dr. (I-84 Exit 62), Hood River, ☏ (541) 386-5566, www.ColumbiaGorgeHotel.com. Das elegante Hotel direkt am Columbia River, in den 1920er Jahren von einem Holzbaron erbaut, wurde neu renoviert. Die Atmosphäre ist familiär, da es nur 39 Zimmer gibt. Mit hervorragendem hauseigenem Restaurant* **Simon's**.
Skamania Lodge, *$$$$–$$$$$, 1131 SW Skamania Lodge Way (ab SR 14), Stevenson, ☏ (509) 427-7700, www.skamania.com. Traumhaft gelegenes Resorthotel der Extraklasse mit 254 Zimmern, zwei Restaurants. gepflegtem Spa-Bereich und 18-Loch-Golfplatz sowie anderen Freizeitanlagen. Hotelgästen werden kostenlos Leihräder zur Verfügung gestellt.*
Full Sail Brewing Co., *506 Columbus St., Hood River, www.fullsailbrewing.com. Shop und gemütlicher Pub (tgl. 11–21 Uhr) sowie regelmäßig Touren.*

Touren

Portland Spirit, *Cascade Locks Marine Park (I-84 Exit 44), ☏ (503) 224-3900, www.portlandspirit.com. Verschiedene Cruises auch mit Essen, ab $ 28, darunter zweistündige Besichtigungsfahrten mit dem Raddampfer „*__Columbia Gorge Sternwheeler__*" auf dem Columbia River.*
Mount Hood Railroad & Dinner Train, *Hood River Depot (I-84 Exit 63), ☏ 1 (800) 872-4661, www.mthoodrr.com, Mi–So ab 10 Uhr, saisonal verschiedene (und unterschiedlich häufige) mehrstündige Eisenbahnfahrten zum Fuß des Mt. Hood und zurück, auch inkl. Dinner oder Brunch oder mit Unterhaltungsprogramm.*
Swiss Swell, *Hood River, www.swiss-swell.com, ☏ (541) 490-9626. Das Schweizer Ehepaar Gurtner bietet Windsurfing-Unterricht, Wintersport und geführte Touren.*

Hinweis zur Route

Von The Dalles führt die I-84 direkt (ca. 130 mi/200 km) zur nächsten Station Pendleton. Eine andere Möglichkeit Richtung Osten zu fahren – dabei lässt man Pendleton links liegen –, führt auf dem **Journey through Time Scenic Byway** durch das Hinterland im Nordosten von Oregon nach Baker City (S. 195 – ca. 270/435 km).

Abstecher nach Maryhill

Der kleine Ort **Maryhill**, rund 40 km östlich von The Dalles am nördlichen Flussufer in Washington (ab Biggs, US Hwy. 97), verdankt seine Bekanntheit dem exzentrischen Eisenbahnmagnaten *Samuel Hill*. Er hat hier großzügig das **Maryhill Art Museum** (35 Maryhill Dr., www.maryhillmuseum.org, Mitte März–Mitte Nov. tgl. 9–17 Uhr, $ 9) in einer „französischen" Villa aus den 1920er-Jahren eingerichtet. Skulpturen von *Auguste Rodin* stehen im Mittelpunkt, aber auch indianische Kunstwerke, russische Ikonen und bekannte Maler der Wende zum 20. Jh. sind vertreten.

Hill hat östlich von Maryhill gleich noch eine weitere Attraktion geschaffen: **Washington Stonehenge** – ein originalgroßer Nachbau des gleichnamigen mystischen Bauwerks in Südengland (WA 14/US 97, ausgeschildert, tgl. von 7 Uhr bis Sonnenuntergang, Eintritt frei). Beliebter Treff bei Sonnenuntergang, um die Sonne direkt hinter dem Mt. Hood verschwinden zu sehen.

Alternativroute: Journey through Time Scenic Byway

Im Nordosten des Bundesstaates Oregon erstrecken sich die westlichen Ausläufer des Columbia Plateaus, eine Hochwüste, in die sich im Laufe der Erdgeschichte Flüsse wie der **John Day River** tief eingegraben haben. Auf diese Weise ist ein Paradies für Geologen und Paläontologen entstanden, die in den Erdschichten nach Fossilien längst ausgestorbener Pflanzen und Tiere suchen.

Durch diese Hochwüsten-Landschaft bahnt sich der **Journey through Time Scenic Byway** seinen Weg, von der kleinen Ortschaft **Biggs** (östlich The Dalles an der I-84) im Tal des Columbia River bis zur Kleinstadt **Baker City**. Entlang der Strecke reihen sich beschauliche Ortschaften wie **Condon**, **Fossil** oder **John Day** auf, in denen die Zeit stehen geblieben zu sein scheint. *Zeitreise*

Hinweis zur Route

Zunächst folgt man ab Biggs dem Hwy. 206 bis Condon, dann dem Hwy. 19 über Fossil zum John Day Fossil Beds NM. Wenig später stößt die Straße auf den US Hwy. 26 und er führt in die Ortschaft John Day. Hier gilt es sich zu entscheiden: Der US Hwy. 395 führt nach Pendleton, während man auf Hwy. 26 und 7 nach Baker City gelangt.

Die kurvenreiche Fahrt auf dem **Scenic Byway** führt von Biggs durch eine raue, herbe Landschaft mit engen Canyons, weiten Ebenen und dichten Wäldern, durch nur dünn besiedeltes Areal. Rinderzucht und Getreideanbau prägen das Land, in dem *Small Town America* lebendig ist – ohne Supermärkte und Fastfoodlokale, mit wenig Verkehr und noch weniger Hektik. Typisches Beispiel ist der Ort **Condon**. Zwar wird hier die Vergangenheit groß geschrieben – allein das liebevoll renovierte **Hotel Condon** ist ein Beleg dafür –, doch im Umkreis der Ortschaft hielt die Moderne nur in Form von Windmühlen Einzug.

Blick in die Erdgeschichte

Auf der Fahrt passiert man die drei gleichermaßen interessanten wie unterschiedlichen Teile des **John Day Fossil Beds NM**. Sie geben Einblick in die Erdgeschichte seit dem Tertiär und bilden zugleich die einzige Region in der Welt, in der die komplette Flora und Fauna dieser lang zurückliegenden Zeit vereint ist. In der Ortschaft **Fossil**, wo das **Oregon Paleo Lands Institute** mit einem kleinen, aber sehenswerten Museum zu Hause ist, kann jeder, mit entsprechendem Werkzeug ausgestattet, sogar selbst nach Fossilien suchen.
John Day Fossil Beds NM, *Thomas Condon Paleontology Center, westl. John Day, www.nps.gov/joda, tgl. 9–17 Uhr, frei.*
Oregon Paleo Lands Institute Field House, *333 4th St., Fossil, www.paleolands.org, Museum und Fossilienfundstellen, Di–Sa 9–16 Uhr.*
Cant Ranch *(Park Headquarters), www.nps.gov/joda/historyculture/cant-ranch.htm, Mo–Do 9–16 Uhr, historische Ranch.*

Cowboys gehören im Nordosten Oregons ebenso wie Rinder und Pferde, Rodeos und Steaks zum Alltag. Über die Ranch- und Cowboykultur informiert das kleine, aber sehenswerte **Grant County Ranch & Rodeo Museum** in **John Day**, einem Ort, der sich selbst gerne als „Rodeo-Haupstadt" bezeichnet. In der Tat kommen viele der großen Rodeo-Cowboys aus dieser Gegend.
Grant County Ranch & Rodeo Museum, *241 E. Main St., John Day, www.gcoregonlive.com/bus_display.php/332, Mai bis Sept. Do–Sa 10–16 Uhr, $ 3.*

Der Scenic Byway führt in die Urzeit

Mit dem **Kam Wah Chung Museum** gibt es im Ort zugleich ein Kuriosum: Es handelt sich um das fast authentisch erhaltene Haus eines chinesischen Arztes und eines Händlers. Die beiden versorgten über 3000 chinesische Minenarbeiter, die zusammen mit anderen Glücksuchenden 1862 in die Blue Mountains gekommen waren, um nach Gold zu schürfen. Noch heute stößt man am Scenic Byway auf Spuren der Goldgräber, vor allem im **Sumpter Valley Dredge State Park** nahe Baker City, wo ein riesiger verrosteter Bagger an die Ausbeutung der Landschaft erinnert.
Kam Wah Chung Museum, *125 NW Canton St., John Day, www.gcoregonlive.com/bus_display.php/333, Mai–Okt. tgl. 9–17 Uhr, frei.*
Sumpter Valley Dredge State Park, *Sumpter (ab Hwy. 7), www.friendsofthedredge.com, Mai–Sept. tgl. 7–19 Uhr, frei, Touren tgl. 10–15 Uhr.*

Reisepraktische Informationen Condon, Fossil und John Day

Information

Journey through Time Scenic Byway: *http://traveloregon.com/trip-ideas/scenic-byways/journey-through-time-scenic-byway.*

Eastern Oregon Visitors Association, ☏ *1 (800) 332-1843, www.eova.com, mit Liste der einzelnen Kontakte.*

Grant County Chamber of Commerce, *281 W. Main St., John Day,* ☏ *(541) 575-0547, www.gcoregonlive.com.*

Unterkunft und Restaurants

Hotel Condon, *$$–$$$, 202 S. Main St., Condon,* ☏ *(541) 384-4624, www.hotelcondon.com. Historisches, liebevoll restauriertes Hotel mit viel Flair, mit zugehörigem, empfehlenswerten Restaurant* **Stanley's Steakhouse**.

Wilson Ranches Retreat B & B, *$$–$$$, 16555 Butte Creek Rd., Fossil,* ☏ *(541) 763-2227, www.WilsonRanchesRetreat.com. Phil und Nancy Wilson betreiben nicht nur eine Ranch mit extensiver Viehzucht, sie bieten auch das alte Ranchhouse als B & B Besuchern an. Ideal für Outdoorfans und Hobby-Cowboys – man darf auch bei der Rinderarbeit mithelfen!*

Vom Columbia River zum Yellowstone National Park

Durch den Nordosten Oregons

Pendleton

Jedes Jahr, Mitte September, verwandelt sich **Pendleton**, ein sonst eher verschlafenes Provinznest im Nordosten Oregons, in ein Tollhaus: Dann findet nämlich eines der bedeutendsten Rodeos in Nordamerika, das legendäre **Pendleton Round-Up** (Arena im Westen der Stadt, 1205 SW. Court Ave.) statt. Zu den rund 17.000 EW kommen dann rund 50.000 Besucher und vier Tage lang gibt es nur ein Thema: **Rodeo**.

Pendleton liegt auf kargem Land, umgeben von riesigen Weideflächen. Der Horizont scheint bis zu den **Blue Mountains** im Osten zu reichen. Die Landwirtschaft und ein unerschütterlicher *Frontier Spirit* prägen seit Generationen diese Region: 1909 hatte man erstmals zur Ablenkung vom harten Farmalltag ein Fest mit *Bronc Riding*, Pferderennen, einem *Powwow* (Indianertreffen) und anderen Cowboy-Vergnügungen gefeiert. Die Bewohner waren begeistert und 1910 entschloss man sich, dieses Round-Up regelmäßig im September, nach dem Einbringen der Ernte, abzuhalten. An die Geschichte wird in der **Round-Up and Happy Canyon Hall of Fame** gegenüber der Rodeo-Arena erinnert.

Rodeo zur Ablenkung vom Farmeralltag

Round-Up & Happy Canyon Hall of Fame, *1114 SW. Court St., www.pendletonroundup.com/p/About/193, Mo–Sa 10–16 Uhr, $ 5.*

Redaktionstipps

Sehens- und Erlebenswertes

➤ Ein Erlebnis der besonderen Art im September: das **Pendleton Round-Up** (S. 199), eine Mischung aus (Profi-)Rodeo und Powwow, Kunsthandwerksmarkt und Wildwest-Show, Cowboys und Indianern.

➤ Das **Tamastslikt Cultural Institut** der Confederate Tribes of Umatilla, Walla Walla and Cayuse bei **Pendleton** (S. 198) gilt als eines der am ansprechendsten gestalteten Indianermuseen in den USA.

➤ Der **Hells Canyon** (S. 202), der tiefste Canyon in Nordamerika, wird auch als „Grand Canyon des Nordwestens" bezeichnet.

➤ **Ponderosa Pine** und **Sawtooth Scenic Byway** (S. 210) führen durch eine faszinierende Berg- und Waldlandschaft vorbei am **Craters of the Moon NM** (S. 211).

Unterkunft

➤ Heather Tyreman und Bill Finne betreiben in **Joseph** im wunderschönen Wallowa Valley das **Bronze Antler B & B** (S. 203).

➤ Nahe **Pendleton** betreiben die Confederate Tribes angeschlossen an ihr Casino das **Wildhorse Resort** (S. 199) – idealer Standort nicht nur während des spektakulären Pendleton Round-Up.

Restaurants

➤ **Pendleton** bietet das ausgezeichnete **Hamley Steakhouse** (S. 199), wo man Prime Ribs in Saloon-Atmosphäre genießt.

➤ In **Baker City** lohnen Barley Brown's und das Restaurant im Geiser Grand Hotel (S. 203).

Einkaufen

➤ In den **Pendleton Woolen Mills** (S. 199) gibt es bunt gewebte Wolldecken (auch preiswerte zweite Wahl), die seit Generationen besonders von den Indianern geschätzt werden.

Doch Pendleton besteht nicht nur aus Cowboys und -girls, Rodeo und Wildwest, dazu liegt das Städtchen viel zu nahe an der Reservation dreier verwandter Indianerstämme, der **Confederated Tribes** (www.umatilla.nsn.us) – **Umatilla, Cayuse und Walla Walla** – mit insgesamt rund 2.400 Mitgliedern. Bereits Mitte des 19. Jh. war die Reservation entstanden, aber erst in den letzten Jahren sorgen die Einnahmen von **Wildhorse Resort & Casino** und **Tamastslikt Cultural Institute**, beide östlich des Ortes an der I-5 (Exit 216) gelegen, für eine verbesserte Infrastruktur und wachsenden Wohlstand.

Gerade das **Tamástslikt Cultural Institute** ist ein Muss, es gehört zu den besten Indianermuseen der USA. *Tuh-must-slikt* heißt „umdrehen, aufdecken", frei übersetzt „entdecken". Kaum hat man das luftige Foyer verlassen, gibt im Coyote Theater *Tspilyáy*, der „gewitzte Kojote", mittels modernster Sound- und Lichttechnik eine Einführung in die Welt der drei Indianervölker. Die spiralförmig angeordneten Ausstellungsbereiche beschäftigen sich dann mit Hilfe von Modellen, Nachbauten und Originalstücken mit den Fragen *Who we were*, *Who we are* und *Who we will be*. Im *Living Culture Village*, im Freien, finden im Sommer v.a. samstags Demonstrationen statt. Zum Museum gehören außerdem das *Kinship Café* mit ungewöhnlichen indianischen (und anderen) Spezialitäten sowie ein gut sortierter Laden mit Büchern, CDs und echtem indianischen Kunsthandwerk.

Tamástslikt Cultural Institute, *47106 Wildhorse Blvd. (I-84 Exit 216), www.tamastslikt.org, tgl. 9–17 Uhr, im Winter So geschl., $ 8.*

Reisepraktische Informationen Pendleton

Information

Eastern Oregon Visitors Association, *www.eova.com.*
Pendleton Chamber of Commerce, *501 S. Main St., ☏ (541) 276-7411, http://pendletonchamber.com.*

Unterkunft

Wildhorse Resort & Casino, *$$–$$$, 72777 Hwy. 331 (I-84 Exit 216), ☏ 1 (800) 654-9453, www.wildhorseresort.com. Hotel-Casino-Komplex der Confederate Tribes mit gutem Service und komfortabler Ausstattung der großen, renovierten Zimmer. Pool und zugehöriger RV Park sowie Golfplatz und verschiedene Veranstaltungen.*
Pendleton House B & B, *$$$, 11 N. Main St., ☏ (541) 276-8581, www.pendleton housebnb.com. Sechs individuell ausgestattete Zimmer in einem renovierten alten Wohnhaus, Frühstück und persönliche Betreuung inklusive.*

Restaurants

Hamley Steakhouse & Saloon, *SW. Court/Main St., ☏ (541) 278-1100, http://thehamleysteakhouse.com. Wildwestatmosphäre und Supersteaks in Saloonatmosphäre. Guter Tipp: die Prime Ribs!*
Plateau, *im Wildhorse Resort & Casino, s. oben, ☏ 1 (800) 654-9453. Kreative Northwest-Küche, Kobe-Rind, Lachs u. a. Delikatessen.*

Einkaufen

Hamley's, *30 SE. Court Ave., Pendleton, www.hamleyco.com. 1905 gegründete legendäre Sattlerei. Lederwaren, Westernwear und Accessoires aller Art.*

Extratipp

Seit über 100 Jahren werden in den **Pendleton Woolen Mills** hochwertige, farbenfrohe Wollstoffe v. a. zu Decken, aber auch zu Kleidung und Accessoires verarbeitet. Bei den Indianern gelten die Decken als besondere Geschenke oder Preisgaben, z. B. bei Rodeos. Im Shop gibt es auch günstige Zweite-Wahl-Ware, zudem finden Mo–Fr Mill Tours um 9, 11, 13.30 und 15 Uhr statt (gratis, ca. 20 Min.).

Pendleton Woolen Mills, 1307 SE. Court Place, Pendleton, www.pendleton-usa. com.

Veranstaltungen

Pendleton Round-Up, *www.pendletonroundup.com. Alljährlich in der zweiten Septemberwoche stattfindendes traditionsreiches Rodeo mit Powwow (Tanz, Trommelwettbewerbe), Tipi-Dorf, Kunsthandwerks- und Imbissständen.*
Happy Canyon Night Show, *während des Round-Up Mi–Sa 20 Uhr Aufführungen im Openair-Theater, Tickets: ☏ (541) 276-2553. Historisches Theaterstück, das mit öffentlichem Tanz und Barbetrieb endet.*

info

Let'er buck! – Rodeo, der Nationalsport der Cowboys

Plötzlich herrscht Stille im weiten Rund der Arena und die Anspannung wächst, dann schnellt das Holzgatter zur Seite und der Brahma-Bulle springt wie vom Teufel besessen aus der engen Box. Doch der Cowboy auf seinem Rücken lässt sich nicht abschütteln. Sekundenlang klebt er wie eine Klette auf dem wilden Stier und die Zuschauer sind aus dem Häuschen: *„Let'er buck! Let'er buck!"*.

Rodeos gehören in den Städten und Ortschaften des Nordwestens zwischen Frühjahr und Herbst zum Alltag, schließlich ist Rodeo der **Nationalsport der Cowboys**. Schon zur Blütezeit in der zweiten Hälfte des 19. Jh. gönnte man sich an Wochenenden auf den Ranches und in den Ortschaften etwas Ablenkung vom harten Farmalltag mit Pferderennen und anderen Geschicklichkeitswettbewerben. Zu Beginn des 20. Jh. entwickelten sich daraus feste Rodeo-Wettbewerbe. Zu den Legendärsten gehören das 1909 erstmals ausgetragene **Pendleton Round-Up**, die seit 1912 den ganzen Westen in den Bann ziehende **Calgary Stampede** oder die als *Daddy of 'Em All* bezeichneten **Cheyenne Frontier Days**.

Let'er Buck!

Längst sind die Wettbewerbe mehr als nur ein Freizeitspaß für übermütige, junge Cowboys. Rodeo ist zum **Berufssport** geworden und die Teilnehmer sind in der *Professional Rodeo Cowboys Association* (PRCA, www.prorodeo.com) organisiert. Da es Preisgelder von insgesamt $ 150.000 und mehr zu gewinnen gibt, finden sich die besten professionellen Rodeo-Cowboys aus ganz USA – v.a. aus Nebraska, Idaho, Texas, Arizona und Oklahoma –, Kanada und sogar Australien zu den Wettbewerben ein. In rund 40 US-Bundesstaaten werden **jährlich über 600 Rodeos** in verschiedenen Klassen veranstaltet. Die besten Rodeo-Cowboys treffen sich im Dezember zum großen **National Finals Rodeo in Las Vegas**.

Publikumsmagneten sind dabei das **Bareback** und **Saddle Bronc Riding** – auf wilden Mustangs mit und ohne Sattel – sowie das **Brahma Bull Riding** (wilde Stiere), doch das fachkundige Publikum weiß auch die „harmloseren" Disziplinen zu schätzen, z.B. das **Calf** und **Steer Roping**, wo ein Kalb bzw. junger Stier von einem Cowboy oder einem Team möglichst schnell zu Pferd gefangen und gefesselt wird. Zu den härtesten Disziplinen zählt das **Steer Wrestling**: Aus vollem Galopp wirft sich der Cowboy – der *Bulldogger* – auf einen jungen Stier, packt ihn bei den Hörnern und wirft ihn zu Boden. Einst waren in Pendleton auch Frauen an allen Disziplinen beteiligt, heute betreten sie nur mehr zum **Barrel Race** die Arena und sind sonst in der Women's Professional Rodeo Association (WPRA) zusammengeschlossen. Beim Barrel Race gilt es, möglichst schnell einen Parcours um drei Fässer abzureiten.

• **Lesetipp: Ken Kesey**, Last Go Round (1994), erzählt von den frühen Jahren des Pendleton Round-Up und den ersten Stars, dem Nez-Percé-Indianer *Jackson Sundown*, dem Afroamerikaner *George Fletcher* und dem Südstaatler *J. E. Lee Spain*.

Über die „Blauen Berge“

Gemächlich windet sich die I-84 zwischen Pendleton und La Grande (ca. 50 mi/ 80 km) in weiten Kehren hinauf in die **Blue Mountains**, die „Blauen Berge“ – eine Bergkette, die sich zwischen die Hochwüsten des Columbia Plateau im Norden und das Great Basin im Süden schiebt. Nach Hilgard Junction (I-84 Exit 252) hat man die Passhöhe erreicht. Im Südwesten liegt ein von den Wäldern des **Wallowa Whitman National Forest** umgebenes Hochplateau, im Osten breitet sich das Grande-Ronde-Hochtal mit der Ortschaft La Grande aus, dahinter die bis zu 3.000 m hohen Gipfel der **Wallowa Mountains** und im Norden der von weither sichtbare, fast 2.000 m hohe Mt. Emily.

In den „Blauen Bergen“

La Grande, etwa 13.000 EW zählend, verdankt seinen Namen den ersten Siedlern, die von dem hier herrschenden Klima und der grandiosen Kulisse angetan waren. Obstbau und Viehzucht sind die Haupteinnahmequellen, aber auch das kleine *Eastern Oregon State College* prägt den Ort mit.

Die I-84 folgt zudem dem alten Siedlertreck, dem **Oregon Trail**. In der Ortschaft **Baker City** kann man sich näher über den legendären Siedlerpfad informieren. Am östlichen Ortsrand informiert das moderne, höchst sehenswerte **Oregon Trail Interpretive Center** mit Ausstellungen und Filmen umfassend über jene Siedlerzüge, und im Freien kann man sogar die alten, in den Fels eingekerbten Wagenspuren noch erkennen. Berühmtheit erlangte Baker City jedoch, als man 1862 in den nahen Blue Mountains Gold fand. Der Ort wurde zum Versorgungszentrum und boomte. Daran erinnert noch heute die schmucke Innenstadt mit ihrer Main Street und dem liebevoll renovierten, majestätischen **Geiser Grand Hotel**.
Oregon Trail Interpretive Center, *22267 OR Hwy. 86, I-84, Exit 302, www.blm.gov/or/oregontrail, tgl. 9–18 Uhr, im Winter Do–So 9–16 Uhr, $ 8.*

Besiedlungsgeschichte

Hinweis zur Route

Zwischen La Grande und Baker City bietet sich in den Sommermonaten eine Alternativroute von etwa 220 mi/350 km über den sogenannten **Hells Canyon Scenic Byway** an. Von La Grande führt der Hwy. 82 (ab I-84) ins traumhaft gelegene Wallowa Valley. Von hier kann man auf der (im Winter gesperrten) NF Rd. 39 zum Hells Canyon fahren und auf dem Hwy. 86 geht es weiter nach Baker City. Vom Wallowa Valley führt aber auch der Hwy. 3 nordwärts nach Lewiston/WA, zu der weiter unten beschriebenen Alternativroute (S. 205).

Hells Canyon Scenic Byway/Wallowa Valley

Hat man die Ausläufer der Wallowa Mountains östlich La Grande überquert und das **Wallowa Valley** erreicht, versteht man die Wut der Nez Percé-Indianer über ihre Vertreibung unter Chief *Joseph* 1877, die in die Geschichtsbücher einging. Eine gewaltige Bergkulisse – „**Little American Alps**“ genannt –, erhebt sich im Südwesten des Wallowa-Tals, im Rücken hingegen erstreckt sich Hochwüste. Und dort öffnet sich die Erde wie der Schlund zur Hölle im Hells Canyon.

Urwüchsige Bergwelt

Garten Eden

Das **Wallowa-Tal** erinnert an einen Garten Eden. Bäche und Seen, Wälder und Wiesen waren bis 1877 die Heimat der *Wallowa New Percé*. Inzwischen sind Nachkommen der damals vertriebenen Indianer in die Region zurückgekehrt und haben am Rand der kleinen Ortschaft **Wallowa** ein Stück Land für das *Wallowa Band Nez Percé Homeland Project* (mit kleinem VC, www.wallowanezperce.org) erworben – ein spirituelles und gemeinschaftliches Zentrum der Indianer, das infrastrukturell ausgebaut werden soll. Hier findet jedes Jahr Ende Juli ein großes Fest statt, die *Tomkaliks Celebration*. Es ist Teil der **Chief Joseph Days**, bei denen an den berühmtesten Bewohner des Tals erinnert wird: den Nez-Percé-Führer *Hinmaton-yalatkit* („Donner-der-über-das-Land-rollt"), besser bekannt unter dem Namen *Chief Joseph* (1840–1904).

Wer vom Tal auf die Wallowa Mountains blickt, kann an einem der Bergabhänge mit etwas Fantasie die Züge des legendären Häuptlings erkennen – deshalb wird der Berg auch **Chief Joseph Mountain** genannt. Auch der Hauptort des Wallowa Valley ist nach dem Nez-Percé-Führer benannt: **Joseph**. Obwohl mit knapp 1300 EW eher klein, ist die Gemeinde bekannt für ihre Künstlerszene, für Ateliers, Werkstätten und Bronzegießereien. Die Existenz letzterer bemerkt man schon entlang der Main Street anhand der aufgestellten Bronzeskulpturen. Zu den ungewöhnlichen Künstlern im Tal gehört *Roger McGee*, der in der kleinen Ortschaft **Enterprise** lebt. Der Chactaw-Indianer hält in seinem Atelier eine alte indianische Tradition aufrecht: den Flötenbau. Er stellt aber nicht nur Flöten her, er gehört auch zu den bekanntesten indianischen Flötenspielern (www.wind-dancer-flutes.com).

Für Geologen hat der Landstrich noch eine Besonderheit auf Lager: In der Gegend um den **Wallowa Lake** lässt sich die Endmuräne eines Gletschers ausmachen, die in ungestörter Erhaltung als geologisches Wunderwerk gilt.

Nordamerikas tiefster Canyon

Der **Hells Canyon** ist ein Abenteuer für sich – er wird gern mit dem Grand Canyon verglichen. Dessen majestätischen Ausmaße erreicht er zwar nicht, obwohl er an seiner höchsten Kante, zwischen *Hells Devil Mountain* und *Granit Creek*, 2.400 m steil zum Snake River abfällt und damit so tief ist wie kein anderer Canyon in Nordamerika. Auch der **Oxbow Dam** (am OR 86) ist beeindruckend (110 m hoch). Der spektakulärste Teil des Hells Canyon erstreckt sich jenseits der Staumauer nordwärts und kann mit dem Auto (Hells Canyon Rd. ab OR 86 am Oxbow Dam bis **Hells Canyon Dam**), zu Fuß oder Pferd erkundet oder mit dem Jet Boat (s. unten) befahren werden.

Das Wallowa Valley ist die Heimat der Nez-Percé-Indianer

Reisepraktische Informationen Wallowa Valley/Joseph/Baker City

Information

Wallowa County Chamber of Commerce, *309 S. River St., Enterprise, Tel. (541) 426-4622, www.wallowacountychamber.com.*
Hells Canyon Scenic Byway: *http://hellscanyonbyway.com.*
Hells Canyon Visitor Bureau: *847 Port Way, Clarkston, www.visitlcvalley.com.*
Wallowa-Whitman National Forest/Hells Canyon, *1550 Dewey Ave., Baker City, ☏ (541) 523-6391, www.fs.usda.gov/wallowa-whitman.*

Unterkunft

Bronze Antler B & B, $$$, *309 S. Main St., Joseph, ☏ (541) 432-0230, www.bronzeantler.com. Heather Tyreman und Bill Finney, die lange Zeit in Deutschland gelebt haben, haben ein Wohnhaus zum B & B umgestaltet und betreuen Gäste mit viel Aufmerksamkeit. Besonderer Tipp: das kleine Gästehaus mit futuristischem Badezimmer.*
Geiser Grand Hotel, $$$, *Main/Washington St., Baker City, ☏ (541) 523-1889, www.geisergrand.com. Erschwingliches historisches Luxushotel mit Toprestaurant.*

Restaurant und Einkaufen

Calderas, *300 N. Lake St., Joseph, ☏ (541) 432-0585. Gemütliches Lokal, in dem regionale saisonale Produkte kreativ zubereitet und zwischen Kunstwerken serviert werden.*
Lamb Trading Co., *203 N. Main St., Joseph, „General Store", in dem es fast alles zu kaufen gibt.*
Barley Brown's Baker City Brewing Co., *2190 Main St., Baker City. Pub mit eigenen Bieren und Restaurantbetrieb (Mo–Sa 16–22 Uhr).*

Touren

Hells Canyon Adventures, *ab Hells Canyon Dam, erreichbar über OR 86 (Oxbow Dam) und Hells Canyon Rd., www.hellscanyonadventures.com. Unterschiedlich lange und schwierige Jet-Boat-Touren durch den Canyon.*

Die NiMiiPuu und Chief Joseph

info

Über die Vorurteile vom „schmutzigen Wilden" können die Nez Percé wie viele Indianer nur den Kopf schütteln. Der stolze Indianerstamm, der einst Teile der heutigen Bundesstaaten Idaho, Oregon und Washington seine Heimat nannte und dessen Name – „durchlöcherte Nasen" – auf französische Trapper zurückgeht, war seit dem Auftauchen der *Lewis & Clark*-Expedition stets freundlich zu den Weißen, den *Stinking Ones*, wie sie sie nannten, gewesen. Während sich die Indianer täglich wuschen, mieden die Weißen damals nämlich das Wasser.

Nach der Tradition der **NiMiiPuu**, wie sich die Nez Percé selber nennen, war das Columbia Plateau ihre angestammte Heimat. Die alten Geschichten von *Ítse yee ya*, dem schlitzohrigen, mythischen Kojoten, das *Heart of the Monster* in Kamiah – ein

Die Nez Percé-Indianer sind stolz auf ihre Geschichte und Traditionen

kleiner Hügel, der im Gründungsmythos der Nez Percé eine zentrale Rolle spielt – und weitere heilige Orte sind Beleg dafür. Ihre Pferde, die Appaloosas oder *sˇík´em*, verhalfen den Nez Percé zu anhaltender Berühmtheit als Pferdezüchter und Reiter. Archäologische Funde belegen die über 10.000-jährige Geschichte dieser Indianer in der Region zwischen Clearwater und Snake River.

Lange vertrugen sich die Indianer gut mit den Siedlern. Aber als immer mehr Weiße und bald die ersten Gold- und Silbergräber die Region erreichten, wurde das den Indianern 1855 zugewiesene Wohngebiet auf nicht einmal mehr ein Zehntel des ehemaligen Stammesgebietes beschnitten! So spalteten sich die Nez Percé in zwei Lager: das eine nahm die Einschränkungen in Kauf – die *Treaty Nez Percé* oder Loyalen, während das andere – *Non-Treaty Nez Percé* – sich unter **Old Chief Joseph** dagegen stellte und sich in die alte Heimat Wallowa Valley im Oregon-Territorium zurückzog. Eine Umsiedlung ins Idaho Territory zu den *Treaty Nez Percé* lehnten sie vehement ab.

1877 eskalierte der Konflikt, als während des zähneknirschenden Umzugs der Sippe um *Chief Joseph* Schüsse fielen. Die Armee griff daraufhin gewaltsam ein. Angeführt von *Looking Glass* und *Chief Joseph* versuchten daraufhin etwa 800 Indianer (darunter nur 125 Krieger) nach Kanada zu entkommen. Nach einem militärisch genialen Rückzugsgefecht über rund 1300 Meilen hatten sie die kanadische Grenze beinahe erreicht, als *General Miles* und seine Truppen den Großteil der Gruppe bei Chinook im Norden Montanas stoppte. Dort sprach *Chief Joseph* die legendären Worte: „Where the sun goes down, I'll never fight again". Einige Nez Percé entkamen bei Nacht und Nebel dennoch nach Kanada, während sich *Chief Joseph* und die überlebenden Flüchtlinge ergaben.

Nach vielen Jahren im fremden Oklahoma durften die Flüchtlinge wieder in den Nordwesten zurückkehren, jedoch nicht in ihre alte Heimat, sondern in den Osten des Bundesstaates Washington, in ein Reservat bei Colville. Inzwischen kommen die Nachfahren der **Chief Joseph Band** zumindest im Sommer anlässlich der Chief Joseph Days zum Feiern in ihrer alten Heimat zusammen.

Hinweis zur Route

Von Baker City führt die I-84 dem Oregon Trail folgend direkt nach Boise/ID (ca. 130 mi/200 km). Wer Zeit hat, könnte der nachfolgend vorgeschlagene Route, dem *Lewis & Clark Trail,* folgen. Vom Wallowa Valley erreicht man auf Hwy. OR 3 und WA 129 nach rund 90 mi/145 km die Schwesterstädte Clarkston (WA) und Lewiston (ID). Von dort geht es auf dem Hwy. 12 durch die heutige Heimat der Nez Percé-Indianer und auf dem Hwy. 95 vorbei an der Ostseite des Hells Canyon. Der Hyw. 55 führt dann nach Boise.

Alternativroute Lewis & Clark Trail

Clarkston und **Lewiston** wurden nach den beiden Forschungsreisenden *Lewis* und *Clark* benannt und es ist vor allem der Hafen am Snake River, der die beiden Städte prägt und ihnen zu wirtschaftlicher Bedeutung verhalf. Ein bereits 1914 ausgebautes Schleusensystem entlang Snake und Columbia River machte es möglich, dass Schiffe landeinwärts bis hierher fahren können. Im Jahre 1863 wurde Lewiston die Hauptstadt des gerade neu geschaffenen Idaho-Territoriums, des Vorläufers des heutigen Bundesstaates Idaho. Jedoch wurde bereits 1865, also nur zwei Jahre später, Boise zur Hauptstadt erklärt.

Berühmte Forschungsreisende

Etwa 10 mi/16 km östlich von Lewiston (US Hwy. 95) befindet sich im kleinen Ort **Spalding** das Hauptquartier des **Nez Percé National Historical Park**, der 38 kultische und historische Orte – Big Hole und Bear Paw (Montana) als die beeindruckendsten – von Oregon bis Montana umfasst. Er informiert über die Nez Percé selbst, vor allem aber über die legendäre Flucht des Stammes unter *Chief Joseph* in Richtung Kanada 1877. Im Hauptquartier erhält man auch Informationen zu den einzelnen Attraktionen im Park, der sich nach Montana hinein erstreckt.
Nez Perce NHP, *US Hwy. 95 S. (via Hwy. 12), Spalding, www.nps.gov/nepe, tgl. 8/9–16/16.30 frei.*

Man kann den Spuren der *Lewis & Clark*-Expedition ab Spalding auf dem US Hwy. 12 folgen. Dieser **Northwest Passage Scenic Byway**, eine landschaftlich attraktive Route, führt parallel zum historischen *Lewis & Clark Trail* über die Bitterroot Mountains, eine der schneereichsten Bergketten der Rocky Mountains.

Zunächst passiert man **Kamiah**, wo mit dem **Heart of the Monster** ein Stück Mythologie der Nez Percé lebendig ist. Der Legende nach soll bei dem Erdhügel ein Coyote ein Monster besiegt haben, worauf aus dessen Herz das Volk der Nez Percé entsprang. In der Nähe des Monuments gibt es Audiostationen, an denen man sich die Geschichte erzählen lassen kann.

Indianerlegenden

Vorbei an **Kooskia** und durch die **Weippe Prärie**, ein Hochtal des Columbia Plateau inmitten üppig grüner Vorgebirgslandschaft, schraubt sich die Straße immer höher in die Berge und man versteht, wie anstrengend und gefährlich die Überquerung der Bitterroot Mountains einst war und warum die Berge – die „*tremendous mountains*", wie sie sie nannten – den Expeditionsteilnehmern solchen Respekt abrangen. Heute überwindet sie der Normalbesucher mühelos über den **Lolo Pass** (US Hwy. 12). Die Straße führt weiter nach Lolo/Montana (S. 242).

Man sollte sich mindestens einen Tag Zeit lassen um die Berglandschaft entlang Lochsa und Clearwater River zu genießen. Dichte Wälder, schmale Täler und reißende klare Bäche – Wildwater Rafting ist hier sehr beliebt – lassen das Herz jedes Naturfreundes höher schlagen.

Paradies für Outdoor-Fans

Von Kooskia führt der Hwy. 13 südwärts nach **Grangeville**. Südlich der Ortschaft, am Rand des White Bird Canyon, führt eine Stichstraße (ID 493), eine Schotterpiste, von White Bird zur Pittsburgh Landing. An dieser Bootsrampe starten in Whitebird buchbare Touren in den **Hells Canyon**.

Eine andere Möglichkeit zur Erkundung der Schlucht böte sich mit einem (lautem) **Jetboat** von Clarkston/Lewiston (1 Tag, evtl. mit Übernachtung im Canyon) oder von Baker City aus (s. oben) an.

Reisepraktische Informationen Lewiston/Nez Perce NHP

Unterkunft

Reflections Inn, *$$–$$$, 6873 Hwy. 12, 11 mi. östlich von Kooskia/Idaho, ☏ (208) 926-0855, http://reflectionsinn.com. Dieses von Ruth und Jim May mit viel Engagement geführte B & B liegt traumhaft im Lochsa River Valley. Sechs Zimmer in einem eigenem Gästehaus, dazu üppiges Frühstück, Jacuzzi im Freien, Kochgelegenheit, Spiel- und Leseraum.*

Touren

Jet Boat Trips im Hells Canyon bieten z. B. die folgenden Unternehmen an: **Beamers Hells Canyon Tours**, *www.hellscanyontours.com, ab Lewiston/WA oder* **Hells Canyon Jet Boat Tours**, *http://killgoreadventures.com, Pittsburgh Landing (ID 493, ab White Bird).*

info

Weg ins Ungewisse – die erste Expedition in den Westen

Am 22. Mai 1804 war in St. Louis eine wegweisende Expedition „ins Ungewisse“ aufgebrochen. Die beiden US-Offiziere *Meriwether Lewis* und *William Clark* wollten mit dem **Corps of Dicovery** den unbekannten Westen des nordamerikanischen Kontinents durchqeren und vor allem einen schiffbaren Weg zum Pazifik finden.

Im November 1805 erreichte das Expeditionscorps das **Ziel der Reise**, den Ozean, nahe dem heutigen **Astoria/Oregon**. Ein Jahr später, im Herbst 1806, war die Truppe bereits wieder zurück in St. Louis. Die treibende Kraft hinter diesem Abenteuer war US-Präsident *Thomas Jefferson*. Er hatte 1803 für nur 15 Mio. Dollar eine riesige Fläche Land zwischen Mississippi und Rocky Mountains den Franzosen unter Napoleon abgekauft und mit diesem sogenannten **Louisiana Purchase** das Staatsgebiet der USA um ein Vielfaches vergrößert.

Es galt nun, die amerikanischen Machtansprüche auf die neuen Besitzungen nicht nur gegenüber Briten und Spaniern anzumelden, sondern auch die Indianer über die neuen Besitzer in Kenntnis zu setzen; zudem sollte das **weitgehend unbekannte Land** in allen Aspekten erforscht werden. Aus diesem Grunde beauftragte *Jefferson* seinen langjährigen Vertrauten und Privatsekretär, den Offizier *Meriwether Lewis*, einen **Expeditionstrupp** zusammenzustellen. Die erste Person, die dieser zur Unterstützung rief, war sein Freund aus alten Militärzeiten, *William Clark*.

info

„Wir werden nun in ein Land eindringen, ..., das noch kein zivilisierter Mensch je betreten hat." – als am 7. April 1805 *Lewis* diese Worte in sein Tagebuch eintrug, war er sich seiner schweren Aufgabe durchaus bewusst. Bis Fort Mandan, wo das Corps 1804 ein Winterlager nahe den Mandan-Hidatsa-Dörfer im heutigen North Dakota eingerichtet hatte, hatte man entlang dem Missouri durch Trapper und Händler bekanntes Terrain durchquert, dann aber stieß man in bis dato **unbekanntes Neuland** vor. Mit 26 Soldaten, *George Drouillard*, einem *Shawnee*-Halbblut, der als Jäger und Fährtenleser arbeitete, *York*, dem schwarzen Sklaven *Clarks*, *Sacagawea*, einer jungen *Shoshone*-Indianerin mit Baby *Jean-Baptiste* („Pomp") und frankokanadischem Ehemann *Charbonneau* sowie *Lewis*' schwarzem Neufundländer *Seaman* brach die Truppe von **Fort Mandan** auf.

Erste Expedition in den Nordwesten, das Corps of Discovery

Eine schiffbare Verbindung vom Mississippi zum Pazifik gab es nicht, insofern war die Unternehmung ein Misserfolg, doch die **Tagebücher** der beiden Offiziere mit detaillierten Aufzeichnungen zu Landschaft, Flora, Fauna und Indianern, illustriert durch Karten und Zeichnungen, sind heute **bedeutende historische Dokumente** und eine der ersten wissenschaftlichen Feldstudien Nordamerikas.

Durch die *Lewis & Clark-Expedition* wurde jene Basis geschaffen, die in den folgenden Jahrzehnten unzähligen Siedlern aus aller Welt eine neue Existenz eröffnete und damit die Eroberung des Westens einläutete. Dies alles geschah allerdings auf Kosten der Indianer, die bis zum Auftauchen der Weißen in einer intakten Landschaft im Einklang mit der Natur gelebt hatten.

Lesetipp: Stephen E. Ambrose: Undaunted Courage (1996) – fesselnd geschriebene Schilderung der Expedition

Hinweis zur Route

Der US Hwy. 95 führt von Grangeville nach Süden zur I-84 und weiter nach Boise. Wer Zeit hat, kann von Cambridge auf dem Hwy. 95 zurück nach New Meadows (mit Motels) fahren. Von diesem Ort, mitten in einer ausgedehnten Talebene mit Ranches gelegen, führt der **Payette River Scenic Byway** (ID 55) nach Boise. Vorbei am Payette Lake, einem beliebten Erholungsort, und Cascade – Hauptort und landwirtschaftliches Zentrum der Region – geht es am North Payette River entlang, der sich durch eine z.T. sehr enge Schlucht schlängelt.

Boise, Idahos Hauptstadt

Boise verdankt seinen Namen französischen Trappern, die bereits im späten 18. Jh. die Bäume in der Talsenke bewunderten und den Platz als „boisé", „bewaldet", bezeichneten. Gegründet wurde die Stadt jedoch erst 1863, nachdem ein Jahr zuvor Gold- und Erzsucher in der Region fündig geworden waren. Schon ein Jahr später wählte man den Ort, der sich schnell zum Zentrum der nahen Minenregion entwickelte, zur neuen Hauptstadt des Idaho-Territoriums – und **1890** zur **Hauptstadt** des neuen Bundesstaats.

Das State Capitol von Boise

Nach dem Boom zunächst etwas in Vergessenheit geraten, hat sich die Einwohnerzahl bei knapp 206.000 eingependelt, und im Großraum lebt über eine halbe Million Menschen. Boise verfügt zudem über ein angenehmes Klima und viel Grün; die *Boise State University* bringt studentische Infrastruktur mit sich.

Die **O'Farrell Cabin** von 1864 auf der Fort Street zählt zu den ältesten Bauten der Stadt. Das Stadtbild dominiert jedoch das wenige Blocks südlich gelegene **State Capitol**, das inzwischen von Hochhäusern überragt wird. Es wurde zwischen 1905 und 1920 erbaut. Das nahe gelegene **Basque Museum & Cultural Institute** mag kurios anmuten, zeigt aber, dass gerade hierher viele Basken ausgewandert sind.

An der Ecke N. 8th/Broad St. befindet sich verteilt auf mehrere alte Lagerhäuser das Shoppingcenter **8th Street Marketplace** mit zahlreichen Spezialitätengeschäften. Es bildet das Zentrum von **BoDo**, **Bo**ise **Do**wntown, einem Shoppingareal in der Innenstadt zwischen Main und Front, 14th und 4th Streets. Hauptattraktion der Innenstadt ist der **Julia Davis Park** (Zufahrt über Capitol Blvd.) mit dem **Boise Art Museum/BAM** an der westlichen Schmalseite. Dort lohnen v.a. die Wechselausstellungen und die moderne Kunst.

Ein Stückchen weiter, südöstlich der Innenstadt, befindet sich das **Morrison Knudsen Nature Center**, das verschiedene Ökosysteme Idahos inklusive Flora und Fauna großflächig und mit Trails demonstriert.

State Capitol, *Jefferson/W. State/6th/8th St., www.capitolcommission.idaho.gov, tgl. mind. 9–17 Uhr, frei.*

Basque Museum & Cultural Institute, *611 Grove St., www.basquemuseum.com, Di–Fr 10–16, Sa 11–15 Uhr, $ 5.*

Boise Art Museum/BAM, *670 N. Julia Davis Dr., www.boiseartmuseum.org, Di–Sa 10–17, So 12–17 Uhr, $ 6, mit nettem Laden.*

Morrison Knudsen Nature Center, *600 S. Walnut St., http://fishandgame.idaho.gov/public/education/?getPage=234, tgl. Sonnenauf- bis -untergang, frei, VC: Di–Fr 9–17, Sa/So 11–17 Uhr.*

Reisepraktische Informationen Boise

Information

Boise CVB, *250 S. 5th St., ☏ (208) 344-7777, www.boise.org.*

Unterkunft

A JJ Shaw Historic B & B, *$$–$$$, 1411 W. Franklin St., ☏ (208) 344-8899, www.bedbreakfasthome.com/jjshaw. Gemütliche sechs Gästezimmer und ungewöhnliche Suite im Dachgeschoss eines 1907 erbauten Hauses; zentral gelegen, modern ausgestattet, gutes Frühstück inklusive.*

Restaurants, Nightlife

Boise River Ram & Big Horn Brewing Co., *709 E. Park Blvd. Sportsbar mit hausgebrautem Bier, großer Auswahl an Burgern, Sandwiches und Salaten, preisgünstig, da nahe Boise State University.*

Goodwood Barbecue Company, *7849 W. Spectrum St., ☏ (208) 658-7173. Wer BBQ mag, ist hier richtig – unbedingt die Smoked Prime Ribs probieren!*

Casa Mexico, *1605 N. 13th St. (Hyde Park) und andere Filialen, ☏ (208) 333-8330. Mexikanisches Restaurant in Familienbesitz mit günstigen und satt machenden Gerichten wie Fajitas, Tacos, Carnitas, Carne Asada, Enchiladas u. a.*

Big Easy Concert House & Bourbon Street Saloon, *416 9th St. Livemusik und dazu Südstaatenküche mit würzigen Cajun-Gerichten.*

Table Rock Brewpub & Grill, *705 Fulton St. Bier, www.tablerockbrewpub.com. Pubkost und samstags Livemusik. Happy Hour 15–18 und ab 21 Uhr!*

Einkaufen

8th Street Marketplace, *8th St. Viele Spezialgeschäfte mitten in Downtown.*

Boise Outlets, *6806 S. Eisenman Rd., I-84 Exit 57 Gowen Rd., www.boisefactoryoutlets.com. Rund 20 Läden mit Markenware zu erheblich reduzierten Preisen bieten Schnäppchen in Hülle und Fülle.*

Alternativroute nach Idaho Falls

Die weiter unten ausführlich behandelte Hauptroute ist definitiv die idyllischere, doch der schnellste Weg von Boise Richtung Yellowstone NP folgt zunächst der Autobahn I-84/86 – und damit dem historischen Oregon Trail (s. INFO S. 201) – durch ein von *Sagebrush* (Artemisia bzw. Beifuß) bedecktes, karges Halbwüstenareal, das immer wieder von kleinen und größeren Canyons unterbrochen wird.

Auf halber Strecke passiert man **Twin Falls**, wo der Ausblick auf den mächtigen Snake River und das enge Flusstal lohnt. Ab **Pocatello** folgt man der I-15 nordwärts nach Idaho Falls. Auf der I-15 südwärts erreicht man hingegen Salt Lake City (Anschluss an die im Kapitel „'Westward Ho!' – Von Denver über Salt Lake City nach San Francisco" beschriebene Route (S. 370).

Ponderosa Pine und Sawtooth Scenic Byway

Die beiden Nebenstrecken – **Ponderosa Pine Scenic Byway** (ID 21) und **Sawtooth Scenic Byway** (ID 75) – führen durch die traumhafte Berg-, Seen- und Waldlandschaft Idahos und vorbei am *Craters of the Moon NM*. Erste Station an der ID 21 hinter Boise ist das nordöstlich gelegene **Idaho City**. Der Ort war Mitte der 1860er-Jahre die größte Stadt im Nordwesten. Man zählte damals 5.640 Männer (ein Drittel davon Chinesen), 360 Frauen, 224 Kinder … und 36 Saloons! Grund für den Boom war das Gold, das in den umliegenden Bergen von den Flüssen ins Boise-Becken geschwemmt wurde.

36 Saloons

1862 hatte ein **Goldrausch** eingesetzt, der insgesamt 250 Mio. Dollar – mehr als in Alaska – eingebracht hatte und westlich von Idaho City zahlreiche, heute nur über Schotterpisten erreichbare Orte wie Placerville, Centerville oder Atlanta entstehen ließ. Idaho City hat das Ende des Goldrauschs überlebt, auch wenn es heute gerade einmal 600 Menschen zählt. Aus den „goldenen Zeiten" sind im Ortskern noch rund 20 historische Bauten geblieben. In das alte Postamt von 1867 ist das **Boise Basin Museum** eingezogen, wo Memorabilien, alte Fotografien und Modelle die Blütezeit der „Stadt" illustrieren.

Boise Basin Museum, *503 Montgomery/Wall St., www.idahocityhf.org, HS tgl. 11–16 Uhr, $ 2.*

Die Fahrt führt auf dem Hwy. 21 durch die **Sawtooth Mountains**, die ihren Namen den ersten Trappern verdankt, die ihre Kontur mit den Zähnen eines Sägeblattes verglichen. Sie wurden wie viele andere Bergmassive der Heartlands durch die Gletscher der letzten Eiszeit geformt. Deren Schmelzwasser wiederum hatte die Entstehung vieler kleiner Seen zu Füßen der Berge zur Folge, die gefüllt blieben, da vorgelagerte Moränenwälle den Abfluss versperrten.

Vorbei an der kleinen Ortschaft **Stanley**, im Sommer beliebter Standort für Naturfreunde, geht es auf dem Hwy. ID 75, dem **Sawtooth Scenic Byway**, zum **Redfish Lake** (www.redfishlake.com), dem vielleicht schönsten See Idahos. Ringsum gibt es zahlreiche Wanderwege und von der **Redfish Lake Lodge** legt ein kleines Ausflugsboot ab. Zudem können hier Kajaks und Kanus gemietet werden und andere Aktivitäten wie Reiten oder Climbing sind möglich.

Auf der Weiterfahrt sollte man vor Erreichen des **Galena Passes** (2.610 m) einen Stopp einlegen. Der Blick zurück ins Tal des Salmon River, die Sawtooth Range und die White Cloud Mountains lohnt die kurze Unterbrechung. Rasch ist dann das **Sun Valley** erreicht, ein beliebtes Sommer-, besonders aber Winterausflugsziel mit zahlreichen Hotels, Motels und Privatunterkünften. An zwei Berghängen fahren Ski- und Sessellifte, die auch im Sommer in Betrieb sind, und rund um die drei Hauptorte **Sun Valley**, **Elkhorn** und **Ketchum** gibt es zahlreiche gut markierte Wander- und Mountainbike-Trails.

Für Naturfreunde

Die einstige Minenstadt **Ketchum** hat sich ganz dem Tourismus verschrieben. Die Berglandschaft um das und südlich des Sun Valley – dem ersten amerikanischen Skigebiet überhaupt – hat ihren eigenen Reiz, denn im Gegensatz zu den schroffen und spitzen Sawtooth-Bergen wirken die Anhöhen hier sanft, sind die Hänge von Wiesen bedeckt und kaum bewaldet; das nahe Wüstenklima macht sich hier bemerkbar. Die heutige Erholungs- und Wochenend-Destination wurde einst durch *Ernest Hemingway* berühmt. Er hatte die klimatischen und landschaftlichen Vorzüge des Sun Valley entdeckt und viele Jahre hier verbracht, oft am Tresen der Casino-Bar. Am 2. Juli 1961 hat er sich hier jedoch auch das Leben genommen; auf dem Ortsfriedhof fand er mit seiner Frau die letzte Ruhe.

Reisepraktische Informationen Sun Valley

Information

Sun Valley Chamber & Visitors Bureau, *490 E Sun Valley Rd., Ketchum, ☏ (208) 726-3423, www.visitsunvalley.com.*

Unterkunft und Restaurants

Redfish Lake Lodge, *$$–$$$, 7 mi südl. Stanley am Redfish Lake, ☏ (208) 774-3536, www.redfishlake.com/lodging. Historische Lodge, rustikal im Blockhausstil direkt am See, unbedingt im Voraus buchen, da nur Ende Mai– Anf. Okt. geöffnet.*

Sun Valley Lodge, *$$$–$$$$, 1 Sun Valley Rd., Sun Valley, ☏ (208) 622-2001, www.sunvalley.com/trip-planner/lodging. Eines der ersten Resorts in der Region von 1936, mit Zimmern, Apartments und Cabins, dazu Sauna, Pool, Tennis, Tourangebot etc. Zugehöriges hervorragendes Restaurant* **Gretchen's Restaurant**.

Camping *am Redfish Lake: www.redfishlake.com/camping-information, ☏ 1 (877) 444-6777*

Hinweis zur Route

Südlich des Sun Valley stößt der Hwy. ID 75 auf den US Hwy. 20, dem man nach Osten folgt. Bald erreicht er die ersten Vorboten eines ausgedehnten Lavagebiets und dann das *Craters of the Moon NM*. Danach führt der Hwy. 20 weiter ostwärts nach Idaho Falls.

Craters of the Moon National Monument

Im Craters of the Moon NM begann vor 15.000 Jahren die Erdkruste auf einer Länge von knapp 100 km aufzubrechen, das **Great Riff** entstand und ließ durch den Bruch bis noch vor etwa 2.000 Jahren enorme Lavaströme austreten. Dies ist ein Warnsignal dafür, dass nicht nur die in der Region bekannten Vulkane eine Gefahr darstellen, sondern dass auch entlang den Verwerfungszonen immernoch Aktivität unter der Oberfläche herrscht – wie das Erdbeben am Borah Peak 1983 eindrucksvoll bewies. Damals erschütterte ein Beben der Stärke 7,3 die Region, eines der schwersten auf dem nordamerikanischen Kontinent im 20. Jh. Der Berg wuchs innerhalb von 40 Sekunden um 15 cm, das angrenzende Tal senkte sich gleichzeitig um 22 cm ab.

Es brodelt unter der Erdoberfläche

Crater of the Moon

Ein Gebiet von über 200 km² verhärteter Lava ist am US Hwy. 20 als National Monument mit Lavatunnels, bizarren Bögen *(Natural Bridges)*, Schlackekegeln und Lavafeldern ausgewiesen. Seinen Namen erhielt es, weil die Oberfläche aus der Ferne wie die Mondoberfläche aussieht. Passenderweise nutzten Astronauten das Areal als Trainingsgelände. Dennoch ist die Region nicht lebensfeindlich: Besonders im Frühjahr blühen an die 300 Pflanzenarten und locken Insekten und Vogelarten zuhauf an. Erste Anlaufstation sollte das **VC** am US Hwy. 20 westlich der Ortschaft Arco sein. Hier gibt es Auskünfte und Tipps für einen Besuch, dazu einen instruktiven Film.
Craters of the Moon National Monument & Preserve, *Hwy. 20 (knapp 30 km westl. Arco), ☏ (208) 527-1335, www.nps.gov/crmo, tgl. 8–16.30/18 Uhr, $ 8/Pkw, mit VC.*

Idaho Falls ist mit seinen 58.000 EW zwar die zweitgrößte Stadt Idahos, hat seine Blütezeit allerdings hinter sich. Um 1860 war es als Minenort Taylor's Crossing gegründet worden, nach dem Edelmetall-Boom verkam dieser zur *Ghosttown*. Heute fungiert die Kleinstadt als Industrie-, Handels- und Verwaltungszentrum der Region und wird von der Landwirtschaft bestimmt.

Sehenswert ist das **Museum of Idaho**, das sich der Geschichte der Region widmet. Teile der historischen Stadt wurden 1 : 1 nachgebaut und so der Besucher im Museum auf Zeitreise geschickt. Die Wasserfälle in den Snake River, die **Idaho Falls** (I-15, Broadway Exit), sind heute mittels Staustufen gebändigt, aber immerhin eingebettet in ein hübsches Parkareal.
Museum of Idaho, *200 N. Eastern Ave., www.museumofidaho.org, HS Mo/Di 9–20, Mi–Sa 9–17 Uhr, $ 8.*

Reisepraktische Informationen Idaho Falls

Information
Idaho Falls CVB, *425 Capital Ave., ☏ 1 (866) 365-6943, www.visitidahofalls.com.*

Unterkunft und Restaurants
Shilo Inn Suites Hotel, *$$–$$$, 780 Lindsay Blvd., www.shiloinns.com, ☏ (208) 523-0088. Modernes Hotel mit 161 kleinen Suiten, schön am Snake River gelegen, das Frühstück ist im Übernachtungspreis inbegriffen.*
Jakers Bar & Grill, *851 Lindsay Blvd. Amerikanische Klassiker wie Burger, Steaks, Suppen-Salat-Bar und dazu Bar.*

Tipp

Idaho Falls kann für Reisende, die im Yellowstone bzw. Grand Teton NP keine Unterkunft gefunden haben bzw. preisgünstig nächtigen möchten, eine empfehlenswerte Alternative sein. Von hier sind es nur noch zwei Fahrstunden zu den Nationalparks.

Hinweis zur Route

Der schnellste Weg ins Yellowstone Country mit seinen beiden Nationalparks führt auf dem US Hwy. 26 zunächst nach Jackson, Zugangstor zum Grand Teton NP. Wer zuerst den Yellowstone NP besuchen möchte, wählt besser den US Hwy. 20, der nach West Yellowstone, dem westlichen Zugang zum Park, führt.

Jackson Hole und Grand Teton National Park

Jackson und Jackson Hole

Les Trois Tetons

Teewinot (viele Bergspitzen) nannten die Indianer die Bergspitzen der Grand Tetons, während die ersten weißen Trapper, darunter viele Frankokanadier, von *Les Trois Tetons* (umgangssprachlich „die drei Titten") sprachen. Das sich davor im Südosten ausbreitende Talbecken wurde nach *David E. Jackson*, einem der ersten Trapper in der Region, *Jackson's Hole* genannt, später abgeändert zu *Jackson Hole*.

Das langgestreckte Talbecken entstand vor 13 bis 17 Mio. Jahren, als die Erdkruste begann, hier aufzubrechen: Eine der Platten stieg auf und formte über Millionen Jahre die Teton Range, die Ostseite sank hingegen ab und bildete die Talsenke. Die tiefste Stelle dieser *Teton Fault* befindet sich wenig südlich des Ortes Jackson – und gilt noch heute als Erdbebengebiet.

Daran haben sich aber weder die Indianer, die schon vor 11.000 Jahren hier gejagt haben, noch Trapper, Cowboys, Jetsetter oder Reiche gestört. Jackson ist heute **Dreh- und Angelpunkt des Berg- und Naturtourismus**, im Winter wie im Sommer – mit allen damit verbundenen Vor- und Nachteilen. Einen gewissen Charme hat sich der Ort trotz aller Souvenirshops und Boutiquen, Outdoor-Ausstatter und Tourveranstalter bewahrt, wenn auch das Wildwest-Image gelegentlich etwas aufgesetzt wirkt.

Wintersportziel

Längst ist **Jackson Hole** (knapp 10.000 EW) mit seinen mehr als 50 Skipisten auch ein heißer Tipp für europäische Winterurlauber. Am Mt. Rendezvous bietet eine Piste mit fast 1.300 m die größte Höhendifferenz in den USA, und die längste

Yellowstone Country
Granite Peak 3840 m
Custer National Forest
nach Billings
306
212
Red Lodge
72
MONTANA
Beartooth Pass 3400 m
Beartooth Mountains
nach Bozeman
nach Livingstone
Gardiner
Cooke City
Gallatin National Forest
191
Mammoth Hot Springs
Yellowstone River
Tower Junction
Clarks Fork
287
89
Yellowstone National Park
nach Powell / Bighorn Canyon
120
Hebgen Lake
Madison River
West Yellowstone
Norris
Canyon
296
nach Virginia City
87
Lamar River
14A
Henrys Lake
Madison Junction
Fishing Bridge
Lake
Pahaske Tepee
Cody
nach Greybull
Island Park
Old Faithful
Grant Village
West Thumb
Yellowstone Lake
14
16
20
Shoshone River
Buffalo Bill Res.
120
Targhee National Forest
Shoshone Lake
Shoshone National Forest
South Fork Shoshone
nach Thermopolis / Lander
20
IDAHO
Flagg Ranch
Snake River
Yellowstone River
WYOMING
Ashton
89
Bridger Teton
Absaroka Mountains
Grand Teton National Park
Pacific Creek
National Forest
32
Jackson Lake
Buffalo River
N
0
31 mi
nach Rexburg / Idaho Falls
33
Colter Bay
Moran
0
50 km
Tetonia
Grand Targhee
Togwotee Pass 3000 m
Driggs
89
26
191
Moose
Kelly
Victor
Teton Village
Gros Ventre River
26
287
Dubois
22
390
31
Wilson
Gros Ventre Mountains
Kontinentale Wasserscheide
Swan Valley
Jackson
Bridger Teton National Forest
Wind River
nach Idaho Falls
26
Granite Hot Springs
Green River
Hoback Junction
Palisades Res.
89
26
Snake River
Gannett Peak 4143 m
nach Lander
Hoback River
189
191
352
Alpine Junction
Wind River Mountains
Caribou National Forest
89
Bridger Teton National Forest
189
191
Afton
Pinedale
nach Salt Lake City
nach Evanston / Kemmerer
nach Rock Springs
© graphic

Abfahrt der Gegend misst über 7 km. Aufgrund der großen Beliebtheit der Destination empfiehlt sich trotz der über 11.000 zur Verfügung stehenden Betten im Sommer wie im Winter eine möglichst frühzeitige Reservierung.

Jackson/Wyoming – im Sommer wie im Winter vielbesucht

Sehenswertes in Jackson

Die kleine Innenstadt mit ihren Läden, Cafés und Lokalen breitet sich um den **Town Square** aus. Nicht weit entfernt befindet sich das kleine **Jackson Hole Museum**, das sich mit der Geschichte der Stadt und seinen Bewohnern befasst.

Beinahe noch sehenswerter ist im Norden des Städtchens das moderne **National Museum of Wildlife Art**, das sich ganz den wilden Tieren widmet und Landschaftsbilder – u.a. von *Albert Bierstadt*, *George Catlin*, dem Deutschen *Carl Rungius* oder *C. M. Russell* – sowie Tierskulpturen zeigt. Interessant sind besonders das nachgebaute Studio des Westernmalers *John Clymer* (1907–89) und die *American Bison Gallery*.

Jackson Hole Museum, *105 N. Glenwood St., www.jacksonholehistory.org, Di–Sa 10–17 Uhr, $ 5.*

National Museum of Wildlife Art, *Rungius Rd., US Hwy. 89/26, www.wildlifeart.org, tgl. 9–17, So. ab 11 Uhr, $ 12.*

Vom Bau und der Terrasse mit kleinem Café hat man eine gute Aussicht auf die gegenüberliegende **National Elk Refuge**. Es handelt sich hierbei um ein 1.000 km² großes Rückzugsgebiet für Wapitihirsche, das sich in den Grand Teton National Park hinein erstreckt. Die Tiere ziehen im Winter von den Berghöhen im Yellowstone Park hierher und bis zu 7.500 Hirsche versammeln sich dann auf der weiten Ebene – ein einzigartiges Naturschauspiel, das man im Winter auch im Rahmen einer Schlittentour bewundern kann.

Rückzugsgebiet für Hirsche

Das **Teton Village**, nordwestlich von Jackson, ist ein reiner Touristenort mit Hotels, Motels, Lokalen, Bars, Outfittern und Tourveranstaltern – ideal für Wanderer und Skifahrer mit Hang zu Fun und Unterhaltung. Eine Seilbahn fährt auf den 3.280 m hohen Mt. Rendezvous hinauf.

National Elk Refuge VC, *532 N. Cache St., www.fws.gov/refuge/national_elk_refuge, tgl. 8/9–17/19 Uhr, Areal rund um die Uhr geöffnet, frei.*

Reisepraktische Informationen Jackson Hole

Information

Jackson Hole & Greater Yellowstone VC, *532 N. Cache St. (nördl. Town Square), ☏ (307) 733-3316, tgl. 8/9–17/19 Uhr, www.jacksonholechamber.com und www.fs.fed.us/jhgyvc.*
Siehe auch: www.jacksonholewy.com und www.jacksonholewy.net (Unterkünfte).

Unterkunft

Trotz der über 11.000 zur Verfügung stehenden Betten empfiehlt sich eine frühzeitige Reservierung.
Anglers Inn, *$$, 265 N. Millward St., ☏ (307) 733-3682, www.anglersinn.net. Gemütliches Motel nahe dem Zentrum am* Flat Creek. *Zimmer im Westernstil, mit Mikrowelle und Kühlschrank.*
Inn at Jackson Hole, *$$$, 3345 West Village Dr., Teton Village, ☏ 1 (800) 842-7666, www.innatjh.com. Auch über deutsche Reiseveranstalter buchbares, sehr ordentliches Hotel in Teton Village mit geräumigen Zimmern und zwei guten eigenen Restaurants.*
Inn on the Creek, *$$$, 295 N. Millward St., ☏ 1 (800) 669-9534, www.innonthe creek.com. Kleines Hotel mitten in Jackson, ruhig am* Flat Creek *gelegen. Es gibt neun bestens ausgestattete Zimmer verschiedener Größe, das Frühstück ist im Übernachtungspreis inbegriffen.*
Wort Hotel, *$$$–$$$$, 50 N. Glenwood, ☏ (307) 733-2190, www.wort hotel.com. Altehrwürdiges, eher elegantes Hotel im Stadtzentrum, Stilmix aus Wildwest und British Country Style.*
Turpin Meadow Ranch, *$$$-$$$$, Buffalo Valley Rd., Jackson, http://turpinmea dowranch.com. All-inclusive Guest Ranch mit breitem Freizeitangebot, Unterhaltung und rustikalen Cabins.*

Camping

Über das breite Angebot im Nationalpark bzw. im National Forest informiert u. a. die Webseite **www.jacksonholenet.com/rv_camping**. *Im Park stehen fünf Plätze zur Verfügung, nur saisonal und auf „first-come, first-serve“-Basis.*
Details unter: **www.grand.teton.national-park.com/camping.htm**.

Restaurants, Nightlife

Um den Town Square gibt es neben den Shops Lokale und Cafés, z. B.:
The Bunnery, *130 N. Cache St. Preiswertes Frühstück und Lunch, im Sommer auch Dinner, dazu eigene Bäckerei.*
Million Dollar Cowboy Bar, *N. Cache St. Am Town Square gelegener ehemaliger Saloon, der – mit einem kleinem Spielsalon versehen – eine Mischung aus Bar (mit Sätteln als Sitzgelegenheit) und Disko darstellt.*
Snake River Brewing Co., *265 S. Millward St., www.snakeriverbrewing.com. Kleinbrauerei (Lager, Kölsch und Stout) mit eigenem Pub (gutes Essen!); speziell während der Happy Hour (16–18 Uhr) empfehlenswert.*
Sweetwater Restaurant, *85 King/Pearl St., ☏ (307) 733-3553. Seit rund 30 Jahren wird hier gekocht und es zählt inzwischen zu den besten Lokalen der Stadt. In*

gemütlicher Blockhausatmosphäre werden kreative Gerichte aus frischen regionalen Zutaten serviert.

Einkaufen

Jackson Hole Hat Company, *245 N. Glenwood, www.jhhatco.com. Paul und Marilyn Hartman gründeten 1983 ein Hutmachergeschäft, genannt „Hatter to the Cowboys". Hier gibt es qualitativ hochwertige Hüte zu „Cowboy"-Preisen.*
Jackson Hole Buffalo Co., *1325 S. Hwy. 89 (neben Smith's Grocery Store), www.buybuffalomeat.com. Seit 1949 wird hier Wild- und Bisonfleisch in allen Variationen zum Verkauf angeboten (auch verpackt, zum Mitnehmen).*

Touren/Outdooraktivitäten

Kaum ein Ort in den USA bietet in Sachen Outdooraktivitäten, Canoeing, Chuckwagon-Touren etc. ein ähnliches Angebot. Um den Town Square herum finden sich die Büros zahlreicher Tourveranstalter und Unternehmen. Bekannteste Anbieter:
Lewis & Clark River Expeditions, *N. Cache St. (nahe Town Square), ☏ 1 (800) 824-5375, www.lewisandclarkriverrafting.com.*
Barker-Ewing Float Trips, *W. Broadway (nahe Town Square), ☏ 1 (800) 365-1800, www.barkerewing.com. Rafting-Trips auf dem Snake River.*

Grand Teton National Park

Grandiose Gebirgskette

Das 64 km lange Rückgrat des Nationalparks (125.666 ha) bildet die Gebirgskette der Tetons, die auf spektakuläre Weise ganz unvermittelt aus der Ebene aufsteigen und im Grand Teton NP eine maximale Höhe von 4.197 m erreichen. Seit 1929 ist diese einzigartige Landschaft mit ihren Seen, Gipfeln und dem Hochtal Jackson Hole als Nationalpark geschützt, wobei allerdings erst 1950 der große östliche Teil durch finanzielle Unterstützung des Großindustriellen *John D. Rockefeller* dazugewonnen werden konnte. Aus diesem Grund trägt der Hwy. 89 auch den Beinamen „**Rockefeller Memorial Parkway**".

Erste Anlaufpunkt sollte das **Craig Thomas Discovery & VC** (Moose VC) sein, dem ein interessantes Museum angeschlossen ist, das die Geschichte des Jackson Hole und seiner frühen Bewohner (Indianer, Trapper, Händler, Pioniere) illustriert. Ab Moose verlässt man den Hwy. 89 und fährt auf der **Teton Park Road** vorbei an **Jenny Lake** und **Leigh Lake** durch den Park. Um die Seen sind zahlreiche (leichte) Wanderwege ausgeschildert. Von der Teton Park Rd. aus erreicht man auch einen Aussichtspunkt auf dem **Signal Mountain**.

Winnetous „Heimat"

Die Straße folgt weiter dem Ostufer des **Jackson Lake**, aus dem der **Snake River** fließt, der in Karl Mays „Schlangenfluss" verewigt wurde. Ein Großteil der Handlungen in „Winnetou III" spielt hier im Südwesten und Westen von Wyoming. Das Grab von *Winnetou* hat *Karl May* ebenfalls hier in der Berglandschaft angesiedelt. Kurz vor der Jackson Lake Lodge stößt man wieder auf den Rockefeller Parkway (Hwy. 89), der kurz zuvor die östliche Zufahrt zum Nationalpark passierte.

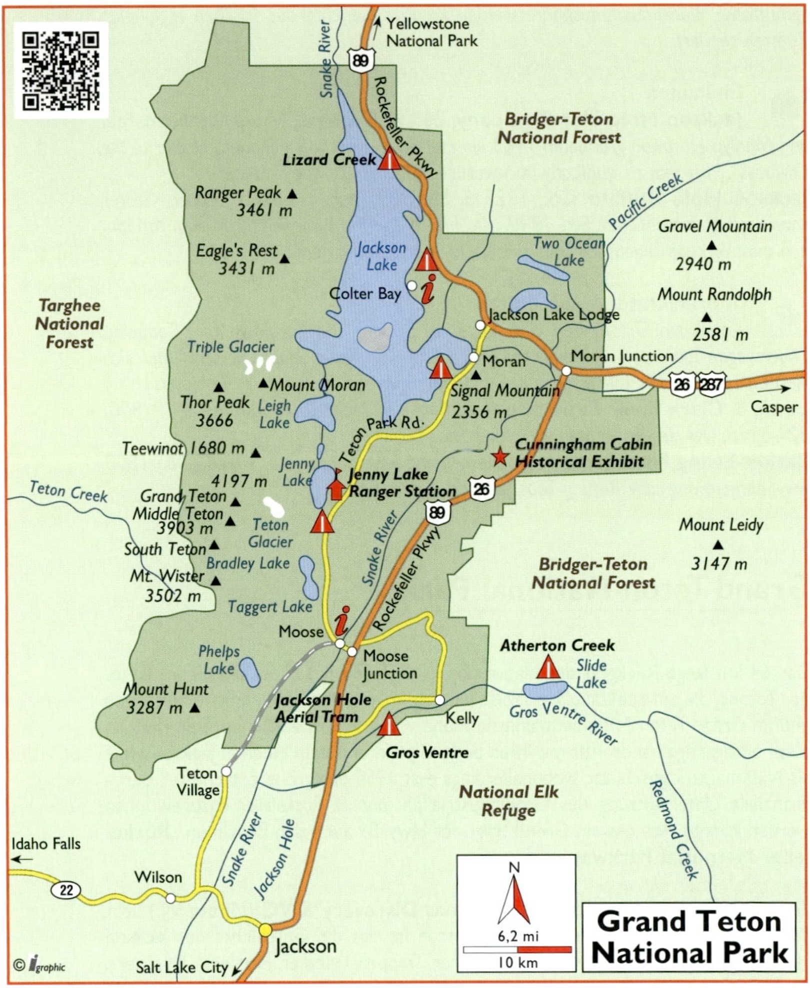

Bevor man auf diesem nordwärts weiterfährt, lohnt ein Abstecher zum gut 3 km ostwärts gelegenen **Snake Overlook,** von dem aus man den Snake River, Jackson Hole, die Seen und das Bergpanorama voll genießen kann.

Auf dem Weg nach Norden passiert der Rockefeller Parkway **Colter Bay**, wo es ebenfalls ein VC gibt. Dort kann man sich u.a. einen interessanten Film über die Indianergeschichte ansehen. Von Colter Bay aus verläuft die Straße nah am Ufer des Jackson Lake zum nördlichen Parkausgang und dann – nach weiteren 13 km durch einen kurzen Waldabschnitt – zum Südzugang des Yellowstone NP.

Geologie, Flora und Fauna

Der Nationalpark bildet **ökologisch gesehen** mit dem nördlich angrenzenden Yellowstone ein geschlossenes System und die **Tier- und Pflanzenwelt** unterscheidet sich kaum von der dortigen. Im Vergleich zum fast ausschließlich nadelbaumbestandenen Yellowstone finden sich am Fuße der Tetons entlang der Bachläufe, Flüsse und Seen mehr Laubbäume, darunter Ahorne, Erlen, Espen, Weiden und Pappeln – die im Herbst für eine einzigartige Farbenpracht sorgen.

Entstehung der Bergkette

Die **Grand Tetons** sind eine der jüngsten geologischen Bergformationen Amerikas. Sie sind „lediglich" 13 bis 17 Mio. Jahre alt – jung im Vergleich zu den 60 Mio. Jahre alten Bergen ringsum. Die imposante Bergkette entstand, als sich ein gewaltiger Riss in der Erdoberfläche auftat, durch den das heutige Gebirge (Grand Tetons) mit Hilfe starker Kräfte aus dem Erdinneren hochgedrückt wurde. Als Gegenstück dazu entstand eine große Talsenke (Jackson Hole). Die Berge wachsen auch heute noch, besonders an der Ostflanke. Somit verwundert es nicht, dass sich durch diesen Verschiebungsprozess geologisch gleiche Sedimente und Gesteine in den unterschiedlichsten Höhenlagen befinden. Ausschlaggebend für die heutige Oberflächenstruktur der Bergketten waren dagegen die Gletscher, die die höheren Lagen regelrecht abgeschliffen und mit ihren Schmelzwassern, vorgeschobenen Moränen und Geröllwüsten die mittleren und tieferen Lagen bedacht haben.

Beeindruckende Bergwelt der Grand Tetons

Reisepraktische Informationen Grand Teton NP

Information

Grand Teton NP, *Moose/WY,* ☏ *(307) 739-3399, www.nps.gov/grte,* *$ 25/Pkw (gültig eine Woche für Grand Teton* **und** *Yellowstone NP).* **Besucherzentren** *stellen Permits für Wanderungen aus und bieten Rangerprogramme an:*

Craig Thomas Discovery & VC (**Moose VC**), *mind. 9–17 Uhr, Anf. Nov.–Anf. Apr. geschlossen, 12 mi nördl. Jackson, mit Ausstellungen, WiFi, vielerlei Programmen und Shop.*

Colter Bay VC, *Rockefeller Memorial Pkwy., im Norden, nahe Jackson Lake, 25 mi. nördl. Moose, Mai-Okt. tgl. mind. 9-17 Uhr; mit sehenswertem Indian Arts Museum.*

Flagg Ranch Info Station, *US 89/191/287, ca. 20 km nördlich Colter Bay, Juni–Sept. tgl. 9–15.30 Uhr.*

Jenny Lake VC, *Teton Park Rd., 8 mi. nördl. Moose am South Jenny Lake, Ende Mai–Ende Sept. tgl. 8–17 Uhr; Infos zur Geologie und kleiner Laden.*

Laurance S. Rockefeller Preserve Center, *Moose-Wilson Rd., 4 mi südl. Moose, Juni–Ende Sept. 10–18 Uhr.*

Unterkunft

Das breiteste Angebot an Unterkunftsmöglichkeiten findet man in Jackson oder im Teton Village, im Park empfehlen sich **Jenny Lake Lodge** *und* **Jackson Lake Lodge**. *Eine Möglichkeit wäre, die erste Nacht in Jackson zu verbringen, am folgenden Tag durch den Grand Teton NP – mit Stopps, kurzen Wanderungen und Abstechern – zum Yellowstone NP zu fahren und dort zu übernachten. Reservierung:* **www.gtlc.com**.

Empfehlenswerte Unterkünfte:

Jackson Lake Lodge, $$–$$$, **Jenny Lake Lodge,** $$$$, **Signal Mountain Lodge,** $$–$$$, **Colter Bay Village Cabins** $$ *oder* **Tent Cabins** $

Camping ist *im Colter Bay Village, an der Gros Ventre Rd., am Jenny Lake, am Lizard Creek und am Signal Mountain möglich.*

Headwaters Lodge at Flagg Ranch, $$$-$$$$, *2 mi. südl. S-Zufahrt zum Yellowstone NP,www.gtlc.com/headwaters-lodge.aspx, Juni–Ende Sept.,* ☏ *1 (800) 443-2311, Lodge, ideal zwischen Grand Teton und Yellowstone NP gelegen, mit unterschiedlichen (luxuriösen) Cabins und Stellplätze für RVs., auch Reiten möglich.*

Togwotee Mountain Lodge, $$$–$$$$, *US 26/287 (östlich Moran Junction),* ☏ *1 (866) 278-4245, www.togwoteelodge.com. Traumhaft in den Bergwäldern gelegene Lodge mit gemütlichen, geräumigen Zimmern.*

Reisezeit

Schneereiche Winter, kalte Übergangszeiten und milde Sommer sind charakteristisch für das hoch gelegene Terrain. Juli und August sind daher ideale Reisemonate.

Wandern u. a. Aktivitäten

320 km an Reit- und Wanderwegen stehen zur Verfügung, zudem gilt der Park als eines der besten Bergsteigerreviere der Staaten (permit nötig!).

Wander-Informationen: **www.nps.gov/grte/planyourvisit/hike.htm**.

Reittouren: **www.nps.gov/grte/planyourvisit/horserides.htm**.

Auf den Seen kann man Wassersport treiben, weiterhin besteht Gelegenheit zu zweistündigen Floß- und Schlauchbootfahrten. Der NP ist außerdem ein Skilanglaufgebiet. Allgemeine Infos unter: **www.nps.gov/grte/planyourvisit/outdooractivities.htm**.

Yellowstone National Park

Zusammen mit dem Grand Canyon und dem Yosemite ist der Yellowstone der bekannteste und mit etwa 3,4 Mio. Besuchern jährlich auch **meistbesuchte Nationalpark** Nordamerikas. Zudem ist er nicht nur mit über 9.000 km² der flächenmäßig größte, sondern auch einer der historisch bedeutsamsten: Die Berichte von Trappern, v.a. von *John Colter,* Mitglied der *Lewis & Clark*-Expedition und 1808 der erste Weiße in dieser Region, waren zu Anfang nur belächelt worden. *Colter* hatte immer wieder von fantastischen Abenteuern und grandiosen Naturschauspielen, von Geysiren, heißen Quellen und Feuer speienden und stinkenden Felsspalten inmitten einer traum-

haften Wald- und Berglandschaft, bevölkert von unzähligen wilden Tieren, berichtet. Erst ganz allmählich wurden die Politiker in der fernen Hauptstadt Washington hellhörig und 1871 entschloss sich die Regierung, eine **wissenschaftliche Expedition** in die Wildnis um den Yellowstone River zu schicken.

Beginn der National-park-Idee

Der daraus resultierende Bericht des Leiters, *Dr. Ferdinand V. Hayden,* Direktor des *U.S. Geological & Geographical Survey of the Territories*, sorgte zusammen mit den Gemälden von *Thomas Moran* und den Schwarz-Weiß-Fotos von *William Henry Jackson* für derartiges Aufsehen, dass am **1. März 1872** zum ersten Mal ein Naturareal unter Aufsicht und Schutz der Regierung gestellt und als „öffentlicher Park, zum Nutzen und zur Freude des Volkes" ausgewiesen wurde. Von hier aus breitete sich der **Nationalparkgedanke** erst innerhalb den USA, dann in Kanada und schließlich weltweit aus.

Unproblematisch war dieser Entschluss nicht, denn schließlich diente die Region bis in die 1870er-Jahre verschiedenen Indianerstämmen als Jagdgrund; 1877 zogen die *Nez Percé* auf ihrer Flucht vor der Armee durch den Park. Für Touristen war der Yellowstone NP zu Anfang also durchaus nicht nur romantisch.

Zur 200-Jahr-Feier der USA im Jahr 1976 wurde der Yellowstone zum **Biosphären-Reservat** und 1978 zur **UNESCO World Heritage Site** ernannt. Heute zählt dieser malerische Flecken Erde zusammen mit dem Grand Canyon und dem Yosemite zu den beliebtesten und meistbesuchten Nationalparks Nordamerikas. Daran änderten auch die verheerenden Brände von 1988 nichts.

Der Yellowstone liegt auf einem Hochplateau von 1.900 bis 2.600 m mitten in den Rocky Mountains, malerisch gerahmt von bis zu 3.400 m hohen Bergen. Die Hochebene entstand vor rund 100.000 Jahren, als ein Vulkan explodierte und der Kegel abgesprengt wurde; an der tiefsten Stelle entstand Lake Yellowstone. Von **vulkanischer Aktivität** zeugen in dem fast 50 mal 64 km großen Kessel noch heute unzählige Geysire – als Bekanntester der Old Faithful –, außerdem gibt es heiße Quellen, Schlammvulkane, Calderas und Fumarolen. Die dichten Wälder und steil aufragenden Granitfelsen, wilde Flüsse und spiegelnde Seen, Hunderte von Wasserfällen bieten nicht nur grandiose Fotomotive, sondern auch **Lebensraum für vielerlei Tier- und Pflanzenarten**. Die Vegetation besteht hauptsächlich aus **Nadelwald**. Die Baumskelette im Geyser Country sind übrigens kein Anzeichen von saurem Regen, sondern Resultat eines Kontaktes mit dem siliziumhaltigen, heißen Wasser.

Spuckt regelmäßig: der Old Faithful Geysir

Fast 2.000 km an Wanderwegen, zahlreiche Hotels und Campingplätze machen den Park zu einer im Sommer vielbesuchten Attraktion. Neben dem Old Faithful und dem Yellowstone Lake, der mit 160 km Uferlinie als der größte See Nordamerikas gilt und über 2.000 m hoch liegt, hat der Naturpark eine dritte atemberaubende Sehenswürdigkeit vorzuweisen: den **Grand Canyon of the Yellowstone River** mit **Lower** und **Upper Falls**. Der Canyon erreicht nahe Artist Point seine größte Tiefe von 470 m und dort, wie vom gegenüberliegenden Grand View, bieten sich die wohl spektakulärsten Ausblicke auf das Tal und die 94 m hohen Lower Falls.

Meistbesuchter Nationalpark

Hinweis

Orientierung und Anfahrt

Der Yellowstone misst 86 km von Ost nach West und gut 100 km von Norden nach Süden. Er liegt zu 96% auf Staatsgebiet von Wyoming, nur im äußersten Nordwesten, im Yellowstone County, gehören kleine Teile zu Montana und Idaho. Dennoch befinden sich drei der insgesamt fünf Zugänge in Montana, nur zwei in Wyoming.

Einziger Teil des Parks, der auch im Winter uneingeschränkt zugänglich ist, sind die **Mammoth Hot Springs** nahe dem North Entrance, wo sich auch die Park Headquarters, eines von fünf VCs und das Mammoth Hot Springs Hotel befinden. Mammoth Hot Springs ist eine von **fünf Arealen**, in die sich der Yellowstone verwaltungstechnisch gliedert. Die einzelnen Regionen – alle gut 2.000 m hoch gelegen – weisen jeweils eigene landschaftliche Charakteristika auf:

Im Nordwesten: **Mammoth Country** – heiße Thermalquellen, die Kalksinterterrassen geformt haben

Im Nordosten: **Roosevelt Countr**y – der „Old West". Dort steht die Geschichte der ersten Siedler im Mittelpunkt und können Großtiere wie Bisons, Hirsche, Wölfe, Grizzlys beobachtet werden.

Im Zentrum: **Canyon Country** – mit dem Grand Canyon of the Yellowstone und spektakulären Wasserfällen als Hauptattraktion.

Im Südwesten: Geyser Country – Geysire wie der Old Faithful, heiße Pools und blubbernde Schlammlöcher

Im Südosten: **Lake Country** – um den **Yellowstone Lake** erstreckt sich ein Paradies für Angler mit Wiesen, Seen- und Sumpfarealen, wo sich Bisons, Bären und Elche sehen lassen.

Der Nationalpark verfügt über **fünf Zufahrtsstraßen**, die alle zu einem VC mit einem bestimmten thematischen Schwerpunkt führen. Ein Plan findet sich unter www.nps.gov/yell/planyourvisit/directions.htm.

Nachfolgend die **Zufahrten** (*Entrances*) mit den nächstgelegenen **VC**s. Ganzjährig geöffnet haben **Albright**, **Old Faithful** und **West Yellowstone VC**, alle anderen meist nur von Mai/Anf. Juni bis Sept./Anf. Okt., dann je nach Saison tgl. von 8 oder 9 bis mind. 17 Uhr.

North Entrance (Mammoth Hotsprings), US Hwy. 89 von N/Livingston, MT, Zufahrt bei Gardiner, einziger ganzjährig geöffneter Zugang, Albright VC in Mammoth Hot Springs, ganzjährig, derzeit Provisorium. Infos zu Wildlife und Geschichte, zur NP-Idee und Thomas Moran.

Northeast Entrance (zw. Silver Gate and Cooke City), ganzjährig geöffnet, US Hwy. 212 von NO/Billings, MT, Beartooth Highway Ende Mai/Anf. Juni-Mt. Okt. befahrbar. Nächstes VC: Canyon Visitor Education Center am Grand Canyon of the Yellowstone, Canyon Village, im Winter geschl., zu Vulkanismus und Geologie

West Entrance (West Yellowstone, MT), via US Hwy. 89 von N, Livingston/MT, Ende Apr.–Anf. Nov., **Madison Info Station**, Madison Junction, tgl. Ende Mai–Ende Aug. sowie Museum of the National Park Ranger (Norris), zur Rolle der Parkranger, und Norris Geyser Basin Museum & Information Station (östl. Norris Junction), zu hydrothermischen Erscheinungen im Yellowstone.

South Entrance, von Jackson, WY und Teton NP, US Hwy. 89, mit **Grant VC**, zur Bedeutung der Brände im Park (mit Film), etwas weiter nördlich: West Thumb Information Center (Fokus Yellowstone Lake).

East Entrance, von Cody, WY, US Hwy. 14/16/20, Mt. Mai–Anf. Nov., mit **Fishing Bridge VC**, Fishing Bridge, zu Flora und Fauna sowie zur Geologie des Yellowstone Lake

Außerdem:

Old Faithful Visitor Education Center, tgl. 9–17 Uhr, zur regelmäßigen Eruption des Geysirs, zw. West und South Entrance.

West Yellowstone Visitor Information Center, http://destinationyellowstone.com, tgl. 8–16 Uhr, West Yellowstone/MT, mit Ausstellungen zu hydrothermischen Erscheinungen, Vulkanismus und wissenschaftlichen Phänomenen.

Feuer als Regulativ

Eine besondere Art der Gefährdung stellen die **Feuer** dar, die in gewissen Abständen immer wieder ausbrechen und Flora und Fauna der Region beeinträchtigten bzw. vernichteten. So erschreckend solche Brände erscheinen mögen – sie sind zugleich ein **natürliches Regulativ** und gehören zum natürlichen Kreislauf.

Großfeuer im Yellowstone

Man schätzt, dass etwa 300 Großfeuer in den letzten 10.000 Jahren gewütet haben, zuletzt ein verheerender Brand 1988, der auf dem Parkgelände 4.000 von insgesamt 9.000 km² mehr oder weniger stark erfasste – besonders den Westteil. 9.500 Feuerwehrmänner waren im Einsatz und schweres Gerät sowie 60 Hubschrauber und mehrere Löschflugzeuge wurden aktiviert; die Kosten für die Feuerbekämpfung beliefen sich auf 110 Mio. Dollar. Heute zeigt sich jedoch, dass der Brand mehr genutzt als geschadet hat: Aus dem verbrannten Boden sprießen wieder junge Triebe mit ungebremster Kraft, und in wenigen Generationen wird ein neuer, vitaler Wald den überalterten ersetzt haben.

Tierwelt im Yellowstone

Es gibt im Yellowstone und Umgebung den größten Bestand an wildlebenden Tieren in den Vereinigten Staaten. Das mächtigste Raubtier ist der **Grizzly**, einst unumschränkter Herrscher in allen waldreichen Gebirgen des Westens bis zu den Aléuten. In „Winnetou I" beschreibt *Karl May* anschaulich die damals wohl häufigen Begegnungen zwischen Trappern oder Landvermessern und dem Giganten. Die Grizzlys wurden fast bis zur Ausrottung dezimiert, nachdem sie sich allzu oft über die leichte Beute auf den Rinderweiden hergemacht hatten. Als daraufhin verschiedene Staaten Kopfprämien aussetzten, begannen einige, von der Jagd auf die grauen Riesentiere zu leben. Heute kommen Grizzlys fast nur noch in den westlichen Nationalparks Kanadas und der USA vor.

Hungrige Bären

Außer den Grizzlys leben in Yellowstone die etwas kleineren **Schwarzbären**. Beide Tierarten sind am besten im September und Oktober zu beobachten, wenn sie aus dem Dickicht auftauchen, außerdem im Winter, wenn sie sich im Gebiet der heißen Quellen aufwärmen. Grizzlys oder Schwarzbären sind Raubtiere und unberechenbar. Eine Schutzvorkehrung besteht darin, Abfälle nur in die dafür vorgesehenen Eimer zu geben und Essensvorräte in luft- und geruchsdichten Behältern aufzubewahren.

Weitere Großtiere sind der **Elch**, amerikanisch *Moose* und nicht mit dem *Elk* oder Wapitihirsch zu verwechseln. Der mächtige Elch ist größer als der **Wapitihirsch**, welcher jedoch ebenfalls an die 450 kg schwer werden kann. Demgegenüber ist der Maultierhirsch *(Mule Deer)* vergleichsweise klein.

Rückkehr der Bisons

Sehr oft bekommt man **Bisons** *(Bison)*, umgangssprachlich „Büffel" genannt, zu Gesicht, jene legendären Tiere, von denen früher ganze Indianerstämme lebten. Die Wildrinder zogen einst in unvorstellbar großen Herden über Prärien und durch Wälder. Während die Indianer den getöteten Bison universell nutzten – das Fleisch zur Ernährung, das Fell für Kleidung und Behausung, die Knochen als Werkzeuge, die Innereien als Behältnisse, den Dung fürs Feuer – diente die Büffeljagd den Weißen

Bisonherde im Yellowstone Nationalpark

zwar zunächst auch zur Fleischversorgung, besonders den Eisenbahnarbeitern dann aber v.a. zum Zeitvertreib und zur Machtdemonstration, genauer, zur Vernichtung der indianischen Existenzgrundlage. Bis zur Jahrhundertwende waren die Bestände auf 500 Exemplare dezimiert und es dauerte, bis Herden, v.a. auf Farmen und in Naturparks, wieder angesiedelt wurden. Bisons sind keine Streicheltiere und sollten nur von Fern betrachtet und fotografiert werden.

Vögel und Wild

Gabelböcke, Dickhornschafe, Kojoten, Pumas, Baum- und Erdhörnchen, Biber und Hasen gehören zu den Waldbewohnern des Yellowstone Parks. Auch die **Wölfe** sind wieder zurückgekehrt. In der Luft und auf dem Wasser geben sich Dutzende von **Kleinvogelarten** und ab und zu auch Fischadler, Seeadler, Wildgänse, Weißpelikane und Kanada-Kraniche ein Stelldichein. Während die Vögel am meisten vom 1988er-Feuer betroffen waren, profitierten andere Tierarten davon: V.a. niedrige Pflanzen konnten sich nun durchsetzen und verhalfen Büffeln, Wapitihirschen, Rotwild und Elchen zu mehr Nahrung.

Grand Loop

Fünf Straßen führen in den NP hinein und laufen zu einer Route zusammen, die Teile des Parklands in der Form einer Acht erschließt. Nord- und Südteil (North/South Loop) sind zusammen rund 300 km lang; wer sie komplett abfährt, erhält einen umfassenden Eindruck von Landschaft, Flora und Fauna. Erreicht man den Park von Süden, wie nach dem Besuch des Grand Teton NP nahe liegt, sollte die erste Anlaufstation das **Grant Village VC** sein. Hier erhält man allgemeine Informationen und erfährt vor allem mehr über das Feuer von 1988 und die Bedeutung von Waldbränden im Allgemeinen.

Verlässlicher Old Faithful

Von hier aus folgt man dem **südlichen Loop** im Uhrzeigersinn hinein in die Welt der Geysire und heißen Quellen. Erste Hauptattraktion ist der **Old Faithful** im Upper Geyser Basin. Hier befasst sich das moderne VC ausführlich mit den geologischen und geothermischen Erscheinungen. Mit relativ großer Regelmäßigkeit spuckt der Old Faithful etwa alle 90 Minuten (am VC sind die Zeiten angeschlagen) unter Anteilnahme zahlreicher Besucher, für die Sitzbänke errichtet wurden, zwei bis fünf Minuten lang etwa 20.000 bis 30.000 l kochend heißes Wasser aus. Die Fontäne erreicht eine Höhe von 40 bis 55 m. In der Frühzeit wurde das heiße Wasser auch praktisch genutzt: *General Sheridans* Truppe soll Ende des 19. Jh. darin ihre dreckige Wäsche gewaschen haben.

In nächster Nachbarschaft zum Geysir liegt das **Old Faithful Inn**, das beste und architektonisch auffälligste Hotel im Park – allein wegen seiner Lobby mit Kamin, der Holzkonstruktion und der Dimensionen.

Im **Umkreis des Old Faithful**, im Upper Geyser Basin, führen Wege und Holzstege zu weiteren Geysiren (u. a. Riverside, Grotto und Daisy Geyser), außerdem gibt es sogenannte Pools. Solche heiße Quellen – wie Morning Glory oder Gem Pool – stechen durch ihr intensiv farbiges, fast giftig wirkendes Wasser ins Auge. Sehenswert

info

Land unter Druck – es rumort unter dem Yellowstone

Der Yellowstone NP ist ein Musterbeispiel für die enormen Kräfte, die unter der Erdoberfläche wirken. So zischt, sprudelt und dampft es aus mehr als 200 Geysiren und 10.000 heißen Quellen, Schlammlöchern und Fumarolen pausenlos. Verantwortlich dafür sind „**Hot Spots**" – Stellen unterhalb der Erdkruste mit erhöhtem Wärmefluss. Über diesen bewegen sich die Platten der Erdkruste und im Laufe der Jahrmillionen entstanden an den Reibungspunkten Ketten von Vulkanen, von denen sich jeweils nur der jüngste über einem *Hot Spot* befindet und aktiv ist, während die älteren Vulkane erloschen sind. Der Vulkan unter dem Yellowstone ist dabei nahezu unsichtbar, da er keinen Kegel ausbildete, sondern bei der letzten großen Eruption vor etwa 640.000 Jahren einstürzte und einen gigantischen Krater hinterließ.

In Geysiren, Quellen, Dampffontänen und Fumarolen manifestiert sich die Hitze des Erdinneren. Durch das poröse Lavagestein versickert das Niederschlagswasser schnell in größere Tiefen, wird in dem dortigen verzweigten Netz aus Rissen und Spalten erhitzt und steigt wieder nach oben. Trifft es dabei auf kein Hindernis, tritt es als warme oder heiße, gleichmäßig fließende **Quelle** zutage. Oft jedoch wird es aber durch Gestein und von oben nachfließendes Wasser am Aufsteigen gehindert. Dann erhitzt es sich bis ums Dreifache des normalen Siedepunktes, der Druck steigt und das darüberstehende Wasser wird vom Wasserdampf mitgerissen. Diese Fontänen aus Wasser und Dampf nennt man nach dem isländischen Wort für „hervorbrechen", *geysa* – **Geysir**.

Berühmtester Geysir des Yellowstone NP ist der **Old Faithful**, der etwa alle 90 Minuten eine bis zu 60 m hohe Fontäne aus heißem Dampf und Wasser produziert. Mancherorts gelangt die Wärme aus dem Erdinneren direkt an die Oberfläche und wenn sie z. B. auf ein Gemisch von Wasser und feinen Gesteinspartikeln trifft, entsteht ein kleiner **Schlammvulkan**, der ständig mehr oder minder heftig vor sich hin brodelt. Als **Fumarolen** bezeichnet man hingegen Stellen, an denen Gase (z. B. Chlor oder Schwefel) aus dem Erdinneren zutage treten.

Unter der Erdkruste des Yellowstone NP hat sich über Jahrhunderte eine riesige Magmablase gebildet, die als **Supervulkan** bezeichnet wird. In den letzten Jahren hat man beobachtet, dass der Boden sich an einigen Stellen bis zu 10 cm gehoben, andernorts aber gesenkt hat. Es scheint, als ob das „Monster" atmen würde. Bislang war man der Meinung gewesen, nur das heiße Grundwasser rumore unter dem Boden und sei für die Deformationen an der Oberfläche verantwortlich – wie auf den Phlegräischen Feldern des Vesuv nahe Neapel. Jetzt glauben Forscher, dass eine Magmaströmung für diese Blase unter dem Yellowstone verantwortlich sein könnten. Unterirdisch erstreckt sich diese etwa 15 km quer durch den Park und bewegt den Boden. Das würde auch die unzähligen kleinen Erdbeben – bis zu 100 pro Tag – und die zuletzt etwa 14 neu entstandenen Geysire erklären. Sollte der Druck zu hoch werden, droht eine hydrothermale Explosion – Ausströmen von heißem Wasser und Gestein – oder gar ein Ausbruch des Supervulkans mit unvorstellbaren Folgen.

ist vor allem das **Midway Geyser Basin** mit verschiedenen geothermischen Erscheinungen wie die Grand Prismatic Spring mit unglaublich surrealer Färbung. Das seltsame Farbspektrum ist auf bestimmte Mineralien und Bakterien zurückzuführen.

Einen Abstecher lohnt der **Firehole Lake Drive**, wo der Geysir Great Fountain etwa alle neun Stunden ausbricht. Ein Kontrastprogramm stellt die Fahrt auf dem **Firehole Canyon Drive** dar, einer engen Schlucht mit schönen Ausblicken auf die Firehole Falls.

Bären und Wölfe

Die Fahrt zum Westzugang des Parks führt zunächst zum **Grizzly & Wolf Discovery Center** (www.grizzlydiscoveryctr.com, tgl. 8.30–16 Uhr, $ 10,50), wo man alles über Bären und Wölfe erfahren kann und einige Tiere in natürlichen Habitaten gehalten werden. Wer den Park im Westen verlassen möchte, kann sich diesen Weg sparen.

Folgt man der Rundstrecke weiter Richtung Norden, erreicht man das **Norris Geyser Basin**, ein Gebiet mit Fumarolen und heißen Quellen, der *Hottest Spot* im Yellowstone, und schließlich Norris mit einer Infostelle und dem **Museum of the**

Lower Falls im Grand Canyon of the Yellowstone

National Park Ranger. Hier beginnt der **nördliche Loop**. Vorbei geht es am **Obsidian Cliff**, einer Klippenformation aus schwarzem Obsidian (vulkanischem Glas), nach **Mammoth Hot Springs**, das berühmt ist für seine weißen Kalksinterterrassen. Die Nordroute folgt dem Blacktail Deer Plateau zum Petrified Tree, einem versteinerten Baumstamm, und zur **Roosevelt Lodge**, ehe sie sich wieder Richtung Süden wendet. Vorbei geht es am 42 m hohen **Tower Fall** und dem **Mount Washburn**, einem 3.122 m hoch gelegenen Aussichtspunkt. Über den eindrucksvollen Dunraven Pass (ca. 2.700 m) erreicht man schließlich bei Canyon Village wieder den Süd-Loop. Unbedingt einen Stopp einlegen sollte man am **Canyon Village VC**. Es handelt sich um das modernste und interessanteste Infozentrum mit Schwerpunkt Geologie und Vulkantätigkeit, einem großen Modell und sehenswerten Ausstellungen.

Schlucht des Yellowstone River

Ein Highlight ist nachfolgend der **Grand Canyon of Yellowstone**. Zahlreiche Aussichtspunkte und kurze Wanderwege erlauben Einblicke in die tiefe Schlucht des Yellowstone River und auf die eindrucksvollen Wasserfälle der Lower (94 m) und Upper Falls (33 m).

Vorbei am **Mud Volcano Geyser**, einem Schlammvulkan mit brodelnd-schwarzem Schlammauswurf, erreicht man schließlich wieder den Yellowstone Lake. Hier führt die Hauptroute nach Osten aus dem Park, vorbei am **Fishing Bridge VC** mit Infos zum *Wildlife* um den Yellowstone Lake.

Reisepraktische Informationen Yellowstone NP

Information

Yellowstone Visitor Services Office, ☏ *(307) 344-7381, www.nps.gov/yell, Eintritt $ 25/Pkw (gültig für Yellowstone NP und Grand Teton NP für 1 Woche). Es gibt mehrere Besucherzentren, siehe oben, „Orientierung und Anfahrt“.*

Reisezeit

Wegen langer Winter und kalter Übergangszeiten ist der Park nicht vor Ende Mai und nicht nach Ende September für den Besuch zu empfehlen – es sei denn, man möchte Wintersport treiben. Der Park ist ganzjährig geöffnet, im Winter allerdings nur über den nördlichen Eingang (Mammoth Hot Springs) zugänglich. Alle anderen Straßen sind mindest. von Anf. Nov. bis Mai gesperrt.

Unterkunft

Rechtzeitige Buchung der Unterkunft, am besten schon von zu Hause, ist ratsam. Es gibt Unterkünfte und Campingplätze im Grant Village, in Old Faithful, in Mammoth Hot Springs, in Tower-Roosevelt, im Canyon Village sowie in Fishing Bridge/Lake Village/Bridge Bay. Außerhalb des Parks finden sich Hotels und Motels in West Yellowstone, Jackson, Dubois oder Cody; die beiden nächstgelegenen Städte sind Cody im Osten und Jackson im Süden. Wie im Grand Teton NP gibt es eine zentrale Stelle, die alle Unterkünfte (u. a. Einrichtungen) verwaltet:

Xanterra Parks & Resorts, ☏ *(307) 344-7311, www.yellowstonenationalparklodges.com.*

Von den Park-Unterkünften sind v. a. empfehlenswert:

Old Faithful Lodge & Cabins, $$–$$$, *mit großem Hauptbau (mit Cafeteria) und schön gelegenen Cabins.*

Old Faithful Snow Lodge, $$–$$$ *(auch im Winter geöffnet).*

Old Faithful Inn, $$$–$$$$, *rustikal-nostalgisch anmutendes, riesiges mehrstöckiges „Blockhaus" von 1904, gemütlich und mit viel Charme, in nächster Nähe zum berühmten Geysir (Aussichtsterrasse), große Lobby mit Kamin und zugehöriges ausgezeichnetes Restaurant, unterschiedliche Zimmer.*

Lake Yellowstone Hotel & Cabins, $$–$$$, *stilvolles Hotel mit modernstem Komfort, dazu Cabins.*

Grant Village, $$–$$$, *und* **Lake Lodge & Cabins**, $$–$$$, *ältester Bau im Park.*

Mammoth Hot Springs Hotel & Cabins, $$–$$$, *in den 1930er-Jahren erbaut, ganzjährig geöffnet.*

Canyon Lodge & Cabins, $$–$$$, *nahe Lower Falls.*

Roosevelt Lodge & Cabins, $$–$$$, *historische, rustikale Lodge von 1919.*

Three Bear Lodge, $$$, ☎ *(406) 646-7353, www.threebearlodge.com. In Montana, außerhalb der Parkgrenzen (West Yellowstone) gelegene neu eröffnete Luxuslodge.*

Wandern u. a. Aktivitäten

Zu dem Wanderwegenetz von etwa 1.500 km gibt es Broschüren, Karten und Infos in den Besucherzentren und im Internet unter **www.nps.gov/yell/planyourvisit/hiking.htm**.

Neben Angel- und Bootstouren sowie Ausritten werden Rangertouren und im Winter verschiedene Wintersportarten angeboten.

! Achtung

Keinesfalls im Gebiet der Thermalquellen **die Holzstege verlassen**, da die Gefahr besteht, im dünnen, porösen Grund einzubrechen und sich schwere Verbrühungen und Verbrennungen zuzuziehen.

Touren

Ride Linx *heißt ein Bussystem, das von Juni–Sept. Besucher von den Parkzufahrten zu Lodges, Sights und Campingplätzen bringt und auch Cody und Jacson, WY, anfährt. Tagespass $ 25, Infos: www.nps.gov/yell/planyourvisit/transpinpark.htm. Im Winter* **Snowcoach Touren**, *außerdem im Sommer Fahrten in gelben Tourbussen aus den 1930er-Jahren.*

Ein unabhängiger Tourveranstalter, der sich empfiehlt, ist

Yellowstone Safari Company, *Bozeman/MT,* ☎ *(406) 586-1155, www.yellowstonesafari.com. Unterschiedlich lange und thematisch verschiedene Touren mit dem Biologen Ken Sinay und seiner Frau Susanne.*

Vom Yellowstone NP zurück nach Seattle

Hinweis zur Route

Es gibt für den Streckenabschnitt zwischen Yellowstone NP und Glacier NP mehrere Alternativen. Nachfolgend werden zwei Routenvarianten bis Great Falls näher beschrieben: **Route 1** folgt von West Yellowstone dem Hwy. 191 nach Bozeman und von dort auf der I-90 über Three Forks nach Butte. Von hier folgt man der I-15 nordwärts über die Hauptstadt Helena nach Great Falls.

Route 2 führt von West Yellowstone auf dem Hwy. 287 über Ennis nach Virginia und Nevada City bis Twin Bridges. Weiter südwärts, auf dem MT 41 bis Dillon, dann auf dem MT 278 nach Wisdom, erreicht man auf dem MT 43 das Big Hole National Battlefield. Durchs Bitterroot Valley (US Hwy. 93) geht es nach Missoula, dann auf dem MT 200 nach Great Falls. Der US Hwy. 89 führt von Great Falls schließlich zum Glacier NP.

Route 1: Über Butte und Helena nach Great Falls

Redaktionstipps

Sehens- und Erlebenswertes

- In die Zeiten des „Wilden Westens" entführt der Besuch von **Virginia City** und **Nevada City** (S. 239).
- An eine der Schlachten während der Flucht der Nez Percé 1877 erinnert das **Big Hole National Battlefield** (S. 241).
- In **Great Falls** lohnen gleich zwei Attraktionen, das **Lewis & Clark National Historic Trail Interpretive Center** (S. 245) und das **C. M. Russell Museum** (S. 245).
- Die **Yellowstone Safari Company** bietet interessante Touren durch den Südwesten Montanas und den Yellowstone NP an (S. 233).
- Naturfreunde sollten sich einen Besuch im **Glacier NP** (S. 248) nicht entgehen lassen.
- In **Spokane**, „**The Big City**" (S. 257) lohnt die lebendige Innenstadt nähere Erkundung.

Unterkunft

- Im historischen und neu renovierten **Grand Union Hotel** (S. 247) in **Fort Benton** lässt es sich gut nächtigen.
- In einer historischen Villa befindet sich das **Sanders-Helena B & B** in Helena (S. 238).

Restaurants

- Der **Windbag Saloon** (S. 238) in **Helena** war bis 1976 ein Bordell, jetzt ist es eines der besten Restaurants in Montana.

Der Himmel scheint kein Ende zu haben, das Firmament wölbt sich schier endlos über die Weiten Montanas und rechtfertigt den Beinamen „**Big Sky Country**". Es ist ein dünn besiedeltes Naturparadies von immensen Ausmaßen, geprägt von Viehherden und Wildnis, endloser Prärie und steil aufragenden Bergen, von Indianern, Cowboys und Goldsuchern, Ranches und Farmland. Montana ist der flächenmäßig viertgrößte amerikanische Bundesstaat nach Alaska, Texas und Kalifornien, steht allerdings von den Bevölkerungszahlen her nur an 44. Stelle. Die nicht einmal 1 Mio. EW verteilen sich locker über Prärie und bewaldete Täler der Rocky Mountains.

Trotz aller Wetterunbilden und vielerorts unzugänglicher Wildnis handelt es sich um einen Flecken Erde **voller Leben**: *Pronghorns* (Gabelböcke), nach dem Leopard das zweitschnellste Tier der Welt, Koyoten und Wölfe, und nicht zuletzt Bisons – Ende des 19. Jh. fast ausgerottet und nun wieder erfolgreich angesiedelt – sind in dieser Region zu Hause. Grizzlys und Schwarzbären lassen sich, ebenso wie Eulen, Weißkopf-, Stein- und Fischadler, eher selten sehen, Schwarz- und Weißwedelhirsche, Wapitis, Präriehunde und Murmeltiere, Erd- und Streifenhörnchen sind hingegen weniger scheu und Rebhühner und Truthähne kann man quasi aus dem fahrenden Auto fangen.

Bozeman und Three Forks

Bozeman wurde nach dem gleichnamigen Trapper benannt und ist Sitz der Montana State University. Hauptsight ist auf dem Unicampus das **Museum of the Rockies**, das sich mit den geologischen Aspekten der Rocky Mountains, mit seinen Ureinwohnern und Pionieren befasst (mit Living History Farm). Es gibt auch eine große Dinosaurierausstellung, und im angeschlossenen Planetarium kann man den Himmel erforschen.

Nahe der heutigen Ortschaft **Three Forks** ist der Geburtsort des Missouri River: im **Missouri Headwaters State Park** vereinen sich drei Quellflüsse Jefferson, Madison und Gallatin River zu dem großen Strom. Das Auffinden dieser „Quellen" war eines der Ziele der 1805 hier eintreffenden *Lewis & Clark-Expedition*.

Quelle des Missouri River

Nicht weit entfernt, westlich, am Hwy. MT 2, kann man die **Lewis & Clark Caverns** besichtigen. Dieses Tropfstein-Höhlensystem ist zwar weniger imposant als z. B. jenes in den Black Hills in North Carolina, aber für Höhlenfans dennoch ein Erlebnis.

Museum of the Rockies, *600 W. Kagy Blvd., www.museumoftherockies.org, Mo–Sa 9–17, So 12–17 Uhr, im Sommer 8–20 Uhr, $ 14.*

Missouri Headwaters SP, *US 10, 1585 Trident Rd., ca. 10 km nordöstl. Three Forks, http://stateparks.mt.gov/missouri-headwaters, tgl. Sonnenauf- bis -untergang, $ 5.*

Lewis & Clark Caverns, *25 Lewis and Clark Caverns Rd., Whitehall, 19 mi. westl. Three Forks, MT Hwy. 2, http://stateparks.mt.gov/lewis-and-clark-caverns, tgl. 8.30–16.30/17/19, $ 5/PkW, Touren 9–18.30 Uhr, $ 10.*

Reisepraktische Informationen Bozeman/Three Forks

Information

Bozeman CVB, *2000 Commerce Way, ☏ 1 (800) 228-4224, www.bozemancvb.com.*

Three Forks VC, *Milwaukee Railroad Park (I-90, Exit 278), ☏ (406) 285-4753, www.threeforksmontana.com.*

Unterkunft/Restaurants

Sacajawea Hotel, *$$$, 5 N. Main St., Three Forks, www.sacajaweahotel.com, ☏ (406) 285-6515. 1910 erbautes, neu renoviertes Hotel mit 31 gemütlichen Zimmern und empfehlenswertem Restaurant.*

Touren & Events

Yellowstone Safari Company, *www.yellowstonesafari.com, s. oben, Yellowstone NP.*

Three Forks NRA Rodeo, *www.threeforksrodeo.com, 3. Wochenende im Juli auf den Fairgrounds, mit Musik, Ständen und Rodeowettbewerben sowie großer Parade auf der Main Street.*

Big Sky Country Montana

Butte – The Richest Hill on Earth

Das gut 34.000 EW zählende, 50 mi/80 km westlich Three Forks an der I-90 gelegene Städtchen **Butte** blühte um 1870 aufgrund riesiger Silberminen auf, später kamen Kupferfunde dazu. Man siedelte auf einem Hügel, der den Beinamen „**The Richest Hill on Earth**" trägt. Bekannt wurde Butte durch den „**Krieg der Kupferkönige**". Sie bestimmten zwischen 1875 und 1910 das Schicksal Montanas, machten in Butte wenige Leute reich und beuteten die anderen – Einwanderer aus Irland, Polen, Slowenien und Italien sowie aus China – in den Minen aus. Dabei galten unter den Kupferkönigen die Arbeitsbedingungen noch als „human", während es unter deren Nachfolgerin, der *Anaconda Company*, besonders noch während des Ersten Weltkriegs zu Streiks und Unruhen kam, bei denen immer wieder die Armee eingreifen musste.

Krieg der Kupferkönige

Butte war bis in die 1930er-Jahre hinein die dominierende Stadt in Montana. Als mit der hereinbrechenden Depression die Kupferpreise um nahezu 80 % fielen und die Produktion binnen vier Jahren auf 10 % heruntergeschraubt wurde, war der Boom vorbei. 1955 versuchten sich Investoren noch einmal mit der Ausbeutung der gigantischen Berkeley-Grube, doch auch sie wurde 1983 geschlossen. Seit 1985 wird wieder in kleinem Umfang Kupfer gefördert.

Das Stadtbild legt Zeugnis vom einstigen Reichtum ab, z. B. in Gestalt der luxuriösen Villen entlang der Granite Street und den Geschäftshäusern aus den 1920er-Jahren in der historischen Uptown. Ein sehenswertes Bergbaumuseum ist das **World Museum of Mining & Hell Roarin' Gulch**, das auf dem Gelände der einstigen *Orphan Girl Mine*, einer zwischen 1875 und 1956 betriebenen Silbermine, liegt. Im **Mineral Museum** auf dem Campus der *Montana Tech University* geht es dagegen um die unterschiedlichen Gesteine der Rockies. Die Besichtigung der 1888 fertiggestellten und heute als B & B dienenden **Copper King Mansion**, des Wohnhauses des Kupferkönigs *W. A. Clark*, gibt Aufschluss über das gute Leben der Oberschicht Ende des 19. Jh. Zehn Jahre später ließ sich *Charles W. Clark* das **Arts Chateau** im Stil eines französischen Schlosses als Wohnresidenz erbauen.

Luxuriöse Villen

World Museum of Mining & Hell Roarin' Gulch, *155 Museum Way, www.miningmuseum.org, tgl. 9–18 Uhr, $ 8,50, tgl. Touren ($ 12), Kombiticket $ 17).*
Mineral Museum, *1300 W. Park St., www.mbmg.mtech.edu/museum/museum.asp, tgl. 9–17 Uhr, im Winter nur Mo–Fr 9–16 Uhr, frei.*
Copper King Mansion, *219 W. Granite St., www.copperkingmansion.com, Touren tgl. 9–16 Uhr, $ 10.*
Arts Chateau, *321 W. Broadway, wechselnde Kunstausstellungen, Di–Sa 11–17 Uhr, $ 4.*

Reisepraktische Informationen Butte

Information
Butte Chamber of Commerce, *1000 George St., ☏ (406) 723-3177, www.buttecvb.com*

Unterkunft/Restaurant
Copper King Mansion B & B, *$$-$$$, 219 W. Granite St., ☏ (406) 782-7580, www.thecopperkingmansion.com. Fünf luxuriöse Zimmer in 1884 erbautem viktorianischen „Palast" von William Clark, einem der Kupferkönige der Stadt.*
Uptown Café, *47 E. Broadway, ☏ (406) 723-4735. Kreative Gerichte in einem mit moderner Kunst dekorierten Lokal. Desserts und Kuchen sowie das selbst gebackene Brot sollte man nicht versäumen.*

Umweg über die Grant-Kohrs Ranch National Historic Site

Wer genügend Zeit hat, sollte nicht den direkten Weg von Butte nach Helena über die I-15 wählen, sondern einen Umweg machen: Man folgt weiter der I-90 bis zur Ausfahrt 184, hier befindet sich nahe der Ortschaft **Deer Lodge** die **Grant-Kohrs Ranch NHS**.

1857 hatte hier im Deer Valley der kanadische Trapper *Johnny Grant* damit begonnen, Rinder zu züchten. Binnen weniger als einem Jahrzehnt grasten auf *Grants* 12.000 ha Weideland über 2.000 Tiere. 1866 verkaufte er die Ranch an den deutschen Immigranten *Conrad Kohrs*, einem Metzger, der sich mit dem Rinderhandel auskannte. *Kohrs* vergrößerte das Imperium, indem er weitere Ranches und Weidegebiete in Idaho, Montana und Wyoming dazukaufte und mit seinem Halbbruder begann, hochwertigere Rinderrassen zu züchten.

Beginn der Rinderzucht

Das Ranching war damals noch hart und arbeitsintensiv: Teilweise mussten die Herden über 1.000 km getrieben werden, um gute Weidegründe zu erreichen, und auch der Abtransport nach Osten war nicht einfach. Die nächste Verladestation befand

info

Die Copper Kings

Die **Kupferkönige** *William Andrew Clark, Marcus Daly* und *Fritz August Heinze* bestimmten nicht nur das Geschehen in Butte zwischen 1875 und 1910, sondern die Geschicke des gesamten Staates Montana. Abgesehen von den Minen mischten sie nämlich auch kräftig in der Politik mit. Die zwischen den Dreien herrschende Rivalität wurde im Volksmund als „**Krieg der Kupferkönige**" bezeichnet.

William A. Clark war 1874 als Erster nach Butte gekommen. Der Banker und Politiker hatte sich seine Fachkenntnisse während des Goldrausches in Bannack, Montana, erworben. Er kaufte sich in eine der größten Silberminen ein, kontrollierte aber bald auch Handel, Transportwesen und Holzindustrie in Montana. 1876 traf **Marcus Daly**, vormals Minenprospektor in Colorado, beauftragt von einem finanziell einflussreichen Konsortium, in Butte ein. Beim Erkunden der Gegebenheiten erkannte er sofort die immense wirtschaftliche Bedeutung von Kupfer, kaufte die Anaconda-Minen gut 40 km westlich von Butte, und gründete die gleichnamige Stadt.

In den folgenden Jahren lieferten sich *Clark* und *Daly* immer wieder heiße Auseinandersetzungen um politisches Ansehen und Macht. Um ihre Ideen verfolgen und ihre Stärke demonstrieren zu können, „kauften" sie Richter, Sheriffs, Politiker und Geschäftskontrahenten. Das Ganze gipfelte 1889 in der Wahl der neuen Hauptstadt Montanas: *Daly* wollte seine Stadt Anaconda als Staatssitz sehen, *Clark* dagegen Helena. *Clark* gewann, doch *Daly* wusste im Gegenzug zu verhindern, dass sein Kontrahent einen Sitz im US-Senat erhielt.

Der deutschstämmige **Fritz A. Heinze** trat erst danach in Erscheinung. Er war kein Minenexperte, sondern ein gewiefter Jurist, der sich den bereits vorhandenen Reichtum in Butte zunutze machte, indem er ihn zu seinen Gunsten „umverteilte". Auch er bestach dazu Richter und Juroren. Sein großer Coup war die Durchsetzung des *Apex Law*. Dieses Gesetz besagte, dass dem, der den Austritt einer Edelmetallader auf seinem Claim nachweisen konnte, die gesamte Ader gehöre, also auch die Abschnitte unter anderen Ländereien. Als Spätankömmling besaß *Heinze* gerade diese Randclaims und konnte entsprechend im Kupferpoker mitmischen. Meist verkaufte er seine Anteile für viel Geld.

Heinzes Engagement läutete aber zugleich das **Ende der Hierarchie der Kupferkönige** ein. Seine zerstörerischen Finanzmethoden führten bei den großen Firmen, besonders bei *Dalys Amalgamated Copper Company* (auch als *Anaconda Company* bekannt), zum Umdenken. *Dalys* Firma, hinter der schon seit Jahren *Standard Oil* (*Exxon, Esso*) steckte, hatte bereits das Imperium von *Clark* aufgekauft und begann, die Strukturen weiter zu straffen. Man kaufte schließlich auch *Heinzes* letzte Anteile auf. „The Company" hatte damit in Butte, wenn nicht in ganz Montana, alles in der Hand und der Bergbau wurde nun von New York aus gesteuert.

sich in Cheyenne/WY, später in Miles City/MT. Heute betreibt die Nationalparkbehörde die Ranch als Sehenswürdigkeit, wobei 600 ha davon noch bewirtschaftet werden. Sie vermittelt Besuchern eine gute Vorstellung über die Bedingungen und v.a. die Ausmaße des Ranchgeschäfts im Westen der USA im 19. Jh.

Um den nächsten Stopp, Helena, zu erreichen, folgt man der I-90 einige Meilen bis zum Exit 175 und biegt dann auf den Hwy. 12 ab, der direkt ostwärts dorthin führt.
Grant-Kohrs Ranch NHS, *Dear Lodge, I-90 Exit 187, www.nps.gov/grko, tgl. 9–16.30/17.30 Uhr, stündlich Haustouren (frei), $ 5 für Kutschfahrten.*

Helena, Montanas Hauptstadt

An der „letztmöglichen" Stelle stieß eine Handvoll Schürfer 1864 endlich auf Gold. Sie nannten daraufhin Tal und Bach *Last Chance Gulch*. Die Ankunft weiterer Glücksritter ließ nicht lange auf sich warten und binnen kurzer Zeit mauserte sich das Camp zur Stadt **Helena**, die sich heute gern als *Queen of the Rockies* bezeichnet. Die Boomjahre waren schon lange vorbei, als der Streit zwischen den Kupferkönigen Helena 1889 zur Hauptstadt Montanas machte. Heute sind in der 29.000 EW zählenden Kleinstadt noch historische Gebäude im Zentrum, auf dem sogenannten *Last Chance Areal*, erhalten, doch vor allem präsentiert sich Helena als propere, etwas sterile Verwaltungszentrale.

Queen of the Rockies

Im historischen Viertel, der einstigen **Last Chance Gulch**, wo früher die Minenarbeiter lebten, befinden sich heute Boutiquen und Souvenirgeschäfte, Cafés und Lokale – wie der Windbag Saloon, der vom Bordell zum Top-Restaurant mutiert ist. Das **State Capitol** von 1902 ist ein klassizistischer Bau mit ausnahmsweise einmal nicht vergoldeter, sondern passenderweise kupferner Kuppel. Im Inneren sehenswert ist ein Wandbild von *C. M. Russell*, dem Western-Art-Künstler aus Great Falls (s. unten), zum Thema „Lewis & Clark Meeting Indians at Ross' Hole".
State Capitol, *6th/Montana St., http://visit-the-capitol.mt.gov, Mo–Fr 7–18, Sa/So 9–15 Uhr, Touren stündl., Eintritt frei.*

Besuchenswert ist überdies das **Montana Historical Society Museum** mit weiteren Kunstwerken von *Russell* und historischen Aufnahmen des Fotografen *F. Haynes*. In der Montana Homeland-Ausstellung geht es um die Geschichte des Staates von der Frühzeit bis ins 20. Jh. Die neogotische Cathedral of St. Helena an der Warren St. soll dem Kölner Dom nachempfunden sein; sehenswert sind im Inneren die Buntglasfenster aus Münchner Werkstätten.

Berühmte Engstelle des Missouri – Gates of the Mountains

Montana Historical Society Museum, *225 N. Roberts St., www.montanahistoricalsociety.org, Mo–Sa 9–17, Do bis 20 Uhr, $ 5, mit Governors Mansion: $ 8.*

Eine Attraktion für die ganze Familie ist **Exploration Works**. Spielerisch gibt es hier eine Einführung in Naturkunde und Wissenschaft und dazu kommen kulturelle Aspekte zur Sprache.
Exploration Works, *995 Carousel Way, www.explorationworks.org, Di–Sa 10–17, $ 9.*

Extratipp

Folgt man der I-15 weiter nordwärts, zweigt an Exit 209 eine kleine Stichstraße zum **Gates of the Mountains Park** ab. Dort erwartet Wanderer eine bewaldete Canyonlandschaft und während der Sommermonate sind empfehlenswerte Bootstouren auf dem Missouri möglich. Benannt wurde dieser Durchbruch des Missouri durch die Berge von *Meriwether Lewis*, der sich während der Expedition 1805 mit seiner Truppe in Kanus der Engstelle näherte.

- **Gates of the Mountains Boat Tours**, 3131 Gates of the Mountains Rd., I-15 Exit 209, Upper Holter Lake, ☏ (406) 458-5241, www.gatesofthemountains.com. Unterschiedliche Bootstouren durch die Gates of the Mountains, die berühmte Engstelle des Missouri südöstlich Helena.

Reisepraktische Informationen Helena

Information
Helena CVB, *225 Cruse Ave., ☏ (406) 442-4120, www.helenamt.com.*

Unterkunft und Restaurants
Sanders-Helena B & B, *$$$, 328 N. Ewing St., ☏ (406) 442-3309, www.sandersbb.com. Im ehemaligen Wohnhaus eines Senators von 1875 befinden sich sieben unterschiedlich große, allesamt geschmackvoll eingerichtete Zimmer. Am Abend Sherry, am Morgen Gourmetfrühstück inklusive.*
Lewis & Clark Brewing Co., *1517 Dodge Ave., http://lewisandclarkbrewing.com. Gemütlicher Pub der lokalen Kleinbrauerei (14–20 Uhr) mit preiswerten und guten kleinen Gerichten, Livemusik.*
Windbag Saloon, *19 S. Last Chance Gulch St., ☏ (406) 443-9669. Bis 1976 ein Bordell, seit 1976 eines der meistfrequentierten Lokale der Stadt mit tollen Steaks, sehr gemütlich.*

Einkaufen
Last Chance Gulch Pedestrain Mall, *Broadway/6th Ave. Fußgängerzone mit Shops, Cafés und Lokalen.*
Reeder's Alley, *100 S. Park Ave., www.reedersalley.com. Einst Billigunterkünfte für Arbeiter, heute kleines Einkaufszentrum.*

Route 2: Über Virginia City und Missoula nach Great Falls

Kurz nachdem der US Hwy. 287 vom Hwy. 191 abzweigt, wenige Meilen nördlich West Yellowstone, weist ein Schild auf die **Earthquake Area** hin, die man auf knapp 25 km Strecke durchquert. **Hebgen Lake** und **Madison River**, so friedlich und beschaulich sie heute auch wirken mögen, waren am 17. August 1959 Schauplatz eines massiven Erdbebens (7,5 auf der Richterskala), hervorgerufen durch die gleichzeitige Verschiebung zweier Erdspalten. Bis zu 6 m fielen Uferabschnitte am See ab und begruben Hütten und Campingplätze unter sich bzw. unterspülten die Uferbebauung.

Schweres Erdbeben

Als noch schlimmer erwies sich aber ein Erdrutsch einige Meilen flussabwärts: 80 Mio. Tonnen Geröll blockierten den Abfluss des Madison River und stauten diesen zum **Earthquake Lake** auf. Nur mit Hilfe einer Spezialeinheit des *US Army Corps of Engineers* konnte ein Kanal durch die Geröllmassen gegraben werden, sodass Teile des Earthquake Lake abfließen konnten. Entlang der Strecke erläutern Tafeln die Veränderungen, die das Beben hervorgerufen hat, außerdem gibt es ein VC am Nordwestende des Gebietes.

Anschließend öffnet sich das weite **Tal des Madison River** mit seinen riesigen Weideflächen. 15 mi/24 km vor Ennis wird klar, warum einer der Gipfel der Madison Range als „*Sphinx Peak*" bezeichnet wird. Die Ähnlichkeit mit der ägyptischen Statue ist unverkennbar. Der MT 287 führt erst westwärts einen steilen Pass hinauf (Ausblick!) und dann hinunter zum Virginia City National Historic Landmark.

Berg in Sphinx-Form

Virginia City National Historic Landmark

Am 26. Mai 1863 wollte es der Zufall, dass sechs Desperados auf der Flucht vor Indianern am Alder Gulch Gold fanden. Keine vier Monate später hatten sich bereits mehr als 10.000 geldgierige Schürfer im Tal eingefunden und durchwühlten das Flussbett. Einhergehend mit dem **Goldrausch** wurden Recht und Ordnung außer Kraft gesetzt: Über 190 Morde verzeichnete man zu Anfang, dann stellte sich heraus, dass der Sheriff selbst der Rädelsführer der Outlaws war. Die Goldsucher nahmen in ihrer Not Zuflucht zur Selbstjustiz. Als *Vigilantes* (Bürgerwehr) gingen sie mit Erfolg gegen die Outlaws vor. In den Folgejahren machte eine Eisenbahnlinie den Leuten das Leben leichter und bis die Vorkommen erschöpft waren, waren an die 300 Mio. Dollar in Gold aus dem Fluss gewaschen worden.

Virginia City wird heute noch von rund 190 EW bewohnt, und mit viel Liebe hat man den Wildwest-Charakter des kleinen Städtchens weitgehend konserviert. Gut 100 Bauten aus der Zeit zwischen 1865 und 1876, als Virginia City Hauptstadt des Montana Territoriums war, wurden renoviert, andere rekonstruiert, viele kann man besichtigen. In sogenannten *Tourist Claims* können Besucher ihr Glück beim Gold-

Wild-West-Charakter

Eine Geisterstadt als Freiluftmuseum: Virginia City

waschen Versuchen. Das **Thompson-Hickman Memorial Museum** gibt einen detaillierten Einblick in die bewegte Geschichte des Ortes und der Region.
Thompson-Hickman Memorial Museum, *220 E. Wallace St., Mai–Sept. tgl. 10–17 Uhr, Spende.*

Ebenfalls denkmalgeschützt ist das nur wenige Kilometer westlich (MT 287) gelegene **Nevada City**. Das Städtchen wurde nach alten Plänen restauriert und ist heute ein Wildwest-Freiluftmuseum ($ 8 Eintritt) mit historischen Häusern wie der Nevada City Music Hall und vielerlei Entertainment und Veranstaltungen im Sommer.

Die Zukunft der alten Schmalspur-Eisenbahn, der **Alder Gulch Short Line Railroad**, die zwischen der Orten pendelte, ist derzeit ungewiss (Infos: http://aldergulch.com).

Reisepraktische Informationen Virginia City und Nevada City

Information

Virginia City Depot Visitor Information Center *(Montana Heritage Commission), 300 Wallace St./MT 287, Virginia City, ☏ (800) 829-2969 o. (406) 843-5247, www.virginiacity.com und www.virginiacitymt.com.*
Nevada City: *www.virginiacitymt.com/Nevada.asp.*

Unterkunft

Nevada City Hotel & Cabins, *$$–$$$, MT 287 (Main St.), Nevada City, ☏ (406) 843-5377, www.aldergulchaccommodations.com. Historisches Hotel mit Zimmern in ehemaliger Postkutschenstation und in alten Goldgräberhütten, Mai–Sept.*
Just An Experience B & B, *$$, 1570 MT 287, Virginia City, ☏ (406) 843-5402, www.justanexperience.com. Fünf B & B-Zimmer, schön gelegen, Dinner auf Vorbestellung hin möglich.*

Hinweis zur Route

Die Route führt weiter durch Ranchland, vorbei an Sheridan nach Twin Bridges, von wo aus man dann der MT 41 Richtung Süden, nach Dillon, folgt. Wer auf den Schlenker durch Südwest-Montana verzichten und über Butte gleich nach Helena weiterfahren möchte, folgt dem Hwy. MT 41 nach Norden.

Bannack State Historic Park

Etwa 20 mi/32 km westlich **Dillon**, mit rund 4.200 EW ein zentraler Ort im Südwesten Montanas, erreicht man über eine Stichstraße ab dem Hwy. MT 278 ein weiteres altes Goldgräberstädtchen, das heute größtenteils als *Ghosttown* erhalten ist. Der große Goldrausch fand in **Bannack** 1862 statt und kurze Zeit später lebten hier über 3.000 Menschen. Die Stadt wurde vor Virginia City erste Territorialhauptstadt Montanas, besaß zudem das erste Gefängnis und die erste Sägemühle des Staates. Der Goldrausch bescherte nicht nur einen Zustrom an Goldsuchern, sondern auch Wohlstand, sodass u. a. ein stattliches Hotel aus Stein errichtet werden konnte. Um die 60 weitere historische Gebäude sind erhalten.

Erste Hauptstadt Montanas

Weiter geht es auf dem MT 278 Richtung Nordwesten vorbei an **Jackson** – einem echten Wildwest-Nest – und **Wisdom**, von wo aus es nur noch knapp 20 km auf dem MT 43 in westlicher Richtung zum Big Hole National Battlefield sind.
Bannack SHP, *www.bannack.org, Mai–Sept. tgl. 8 Uhr bis Sonnenuntergang, VC Mai–Okt. an Wochenenden 10–18 bzw. 11–17 Uhr, $ 5/PKW.*

Big Hole National Battlefield

Im Sommer 1877 versuchten 800 Nez Percé (s. INFO S. 203) aus Nordost-Oregon, darunter 125 Krieger, einer drohenden Zwangsumsiedlung zu entgehen. Ihre über 2.000 km lange Flucht führte sie durch das **Big Hole**, eine Senke im Südwesten Montanas, in der sie am 7. August ihr Lager aufschlugen. Obwohl ihrem Anführer, *Chief Looking Glass*, bewusst war, dass ihnen Soldaten der US-Armee auf den Fersen waren, wähnte er diese noch weit zurück und ließ keine Wachen postieren. Doch bereits am nächsten Tag näherte sich eine 162 Mann starke Truppe unter General *Howard* den Indianern bis auf 200 m, um sie im Morgengrauen des 9. August anzugreifen.

Ein Zufall wollte es, dass ein Indianer vor Sonnenaufgang nach den Pferden sah und dabei auf die Soldaten stieß. Diese erschossen ihn, weckten damit aber das ganze Lager, sodass sich die Krieger der Nez Percé rechtzeitig auf den nächsten Hügel zurückziehen konnten und den Soldaten, die wie wild auf die Frauen, Kinder und Greise schossen, nur der Rückzug hinter die nächste Kuppe blieb. Dort wurden sie für 24 Stunden von einer Handvoll Indianern unter Beschuss genommen, denn das gab den Nez Percé Zeit, ihre Toten zu begraben, die Verletzten zu versorgen und sich mit ihren Familien aus dem Staub zu machen.

Schlacht am Big Hole

Zwischen 60 und 90 Indianer starben bei dem Angriff, darunter 30 Krieger, dazu verloren etwa 29 Soldaten ihr Leben. Obwohl die Indianer den Angriff der Armee nicht nur erfolgreich zurückschlagen, sondern auch ihre Flucht fortsetzen konnten, war einem der Anführer, *Chief Joseph*, klar geworden, dass seine Leute langfristig keine Chance gegen die Übermacht der weißen Armee hatten. Er sah nur noch eine Chance darin, so schnell wie möglich nach Kanada zu fliehen. Dieses Unternehmen scheiterte jedoch wenige Kilometer vor der kanadischen Grenze am 30. September. Die Indianer wurden von den Soldaten gestellt und mussten in den dortigen Bear's Paw Mountains kapitulieren.

Heute informiert ein Film und eine Ausstellung im VC über die traurigen Ereignisse. Zudem kann man über den Lagerplatz und den Schauplatz der Schlacht spazieren. Am Jahrestag treffen sich hier alljährlich die Nachkommen der *Chief Joseph Nez Perce Band*, um der Toten zu gedenken – ein denkwürdiges Ereignis.

Gedenken an die Toten

Big Hole National Battlefield, *www.nps.gov/biho und www.nps.gov/nepe, Park und VC mit Ausstellung, Film und Shop, tgl. 9/10–17 Uhr, frei, Loop Road im Winter gesperrt.*

Vom Bitterroot Valley nach Missoula

Wenige Meilen westlich des Schlachtfeldes trifft man auf den US Hwy. 93, der über den **Lost Trail Pass** (2.110 m) nach Norden ins **Bitterroot Valley** führt. Die schneebedeckte Bergkette im Westen, die **Bitterroot Mountains**, bilden die *Continental Divide*, die Wasserscheide zwischen Pazifik und Atlantik bzw. Golf von Mexiko. Sie führte der *Lewis & Clark*-Expedition 1805 die Mächtigkeit der Rockies vor Augen.

Einen Stopp auf der Fahrt durch das Bitterroot Valley, einst Heimat der *Flathead*-Indianer, lohnt der Ort **Lolo**. Der **Travelers' Rest State Park** mit VC markiert jene Stelle, an der die lokalen Indianerstämme vor und nach der Überquerung der Bitterroot Mountains lagerten, sich aber auch sonst zu Festivitäten und Handel trafen. Anfang September 1805 und im Juli 1806 lagerte hier das *Corps of Discovery*. Das konnte ausnahmsweise auch anhand archäologischer Funde belegt werden.

Wild-West-Sammlung

Gegenüber liegt an der Nordseite des US 12 mit dem **Holt Heritage Museum** das liebevoll eingerichtete Privatmuseum von *Bill* und *Ramona Holt* mit einer beeindruckenden Wildwest-Sammlung. Es gibt interessante Ausstellungsstücke zum Cowboyleben ebenso wie zu den lokalen Indianerstämmen.

Travelers' Rest SP, *6712 Hwy. 12 W., 1/2 mile westl. Lolo, www.travelersrest.org, tgl. 8–20 Uhr, in der NS 9–18 bzw. Mo–Fr 8–16, Sa/So 12–16 Uhr, mit VC und Freigelände, $ 2.*

Holt Heritage Museum, *6800 Lewis & Clark Hwy./Hwy. 12 W., www.holtheritagemuseum.com, Besichtigung nach vorheriger Anmeldung.*

Missoula

Von Lolo sind es nur wenige Kilometer nach **Missoula**, einerseits geprägt von der Holzindustrie, andererseits von der Universität. Mit knapp 67.000 EW handelt es sich um die zweitgrößte Stadt im Staat nach Billings und dazu um eine ungewöhnliche: Studenten, Holzfäller, Schriftsteller, Geschäftsleute, Urlauber, Cowboys – hier treffen die unterschiedlichsten Gruppen zusammen. Gesellschaftliche Veränderungen und neue Moden erreichen Missoula lange vor Helena, Butte oder Billings – wenn auch mit einiger Verspätung zu Seattle. Zudem ist Missoula das Zentrum des **Fly Fishing** (Fliegenflischen) und Angler finden hier optimale Bedingungen vor.

Im **Caras Park**, westlich der N. Higgins Street, steht der Stolz der Stadt: **The Carousel** (http://carouselformissoula.com), ein altes Holzkarussell – überdacht und angeblich das erste seiner Art in Amerika. Sehenswert ist außerdem **Fort Missoula** mit seinem **Historical Museum**. Zwischen 1877 und 1950 befand sich hier eine Befestigungsanlage, von der noch 13 alte Gebäude, darunter eine Kirche, erhalten und zu besichtigen sind. Im Museum geht es um die Bedeutung der Holzindustrie, des Forts und um die frühe Besiedlung im Missoula County.

Die **Rocky Mountain Elk Foundation** zeigt im kleinen Wildlife VC Kunstwerke und andere Ausstellungsstücke zu Wildtieren und deren Lebensweise. Eine ungewöhnliche Attraktion ist das **Smokejumping Base Aerial Fire Depot**, das Ausbildungszentrum der *Smokejumpers*. Dieser spezielle Trupp von Feuerwehrleuten springt mit Fallschirmen über abgelegenen, brennenden Waldarealen ab, um im Team gegen die Flammen zu kämpfen. Ein kleines Museum erläutert Ausbildung und Vorgehensweisen der *Smokejumpers* und darüber hinaus werden Führungen durch das Ausbildungszentrum angeboten.

Smokejumpers

Fort Missoula Historical Museum, *3400 Captain Rawn Way, www.fortmissoulamuseum.org, Mo–Sa 10–17, So 12–17 Uhr, in der NS Di–So 12–17 Uhr, $ 3.*
Rocky Mountain Elk Foundation VC, *5705 Grant Creek Rd., www.rmef.org, Mo–Fr 8–17/18, Sa/So 9/10–17/18 Uhr, frei.*
Smokejumping Base Aerial Fire Depot, *5765 W. Broadway/US 93, direkt hinter dem Flugplatz im Westen der Stadt, www.fs.fed.us/fire/people/smokejumpers/missoula, Mai–Sept. tgl. 8.30–17 Uhr, 45-minütige Touren, Spende; zu Smokejumpern allgemein siehe: http://smokejumpers.com.*

Reisepraktische Informationen Missoula

Information

Destination Missoula, *101 East Main St., ☎ (406) 532-3250, www.destinationmissoula.org.*

Unterkunft

Goldsmith's Inn, *$$$, 803 E. Front St., ☎ 1 (866) 666-9945, www.missoulabedandbreakfast.com. Historisches Haus von 1911 am Clark Fork River. Einst Wohnhaus des Uni-Präsidenten, sieben Zimmer und Restaurant.*
Lolo Hot Springs Resort, *$$$, 38500 US Hwy. 12 W., westl. Lolo an der Grenze MT–ID, nahe Lolo Pass, ☎ (406) 273-2290, www.lolohotsprings.com. Beliebt bei Jung und Alt wegen der idyllischen Lage in den Bergen und an heißen Quellen.*

Restaurants, Einkaufen

Bayern Brewing, *2600 S. 3rd St. E., www.bayernbrewery.com. Jürgen Knöller braut fern der Heimat nach bayerischer Rezeptur; kleiner Laden und Touren.*
Goldsmith's, s. o.
Iron Horse Brew Pub, *501 N. Higgins Ave, www.ironhorsebrewpub.com. Im alten Bahnhof befindliche gemütliche Kneipe mit hausgebrauten Bieren und reichlich proportionierter, preiswerter Pub-Kost – v. a. Burger, Sandwiches und Salate.*

Literatur aus Montana

Lesetipp

Norman Maclean beschreibt in zwei seiner Werke den Westen Montanas und seine Menschen. In „Aus der Mitte entspringt ein Fluss" (1992 verfilmt von Robert Redford mit Brad Pitt als Paul Maclean) steht die Liebe zum Fliegenfischen im Mittelpunkt, die zwei ansonsten grundverschiedene Brüder vereint. „Junge Männer im Feuer" zeichnet das Schicksal einer Gruppe von Smokejumpers nach, die am 5. August 1943 bei einem Waldbrand (Man Gulch Fire) am Missouri River nahe Helena eingeschlossen wurden.

Hinweis zur Route

Wer sich die restliche, unten beschriebene Fahrt durch Montana sparen möchte, kann von Missoula aus direkt auf dem US Hwy. 93 zum Glacier NP (s. unten) fahren oder, noch kürzer, weiter auf der I-90 gleich westwärts Richtung Idaho (Coeur D'Alene, S. 255).

Die Bergwelt Montanas ist ein Paradies für Fliegenfischer

Great Falls

Great Falls ist mit knapp 59.000 EW die zweitgrößte Stadt Montanas und das wirtschaftliche Zentrum des Staates. Das Tosen der Wasserfälle ist verstummt, seit hier zwischen 1891 und 1958 fünf Dämme errichtet wurden und nur noch zwei Wasserfälle – ebenfalls gebändigt – übrigblieben. Immerhin bietet das **Lewis & Clark National Historic Trail Interpretive Center** eine Entschädigung. Betreut vom *National Forest Service*, zählt es zu den besten *Lewis & Clark*-Museen. Mittels einer modernen, multimedialen Ausstellungskonzeption wird der Besucher auf eine Zeitreise geschickt. Dabei steht die Grand Portage, die Umgehung der Wasserfälle, im Mittelpunkt. Einen weiteren Schwerpunkt bilden die am Trail lebenden Indianer. Mitglieder der einzelnen Stämme haben dabei ihren Ausstellungsbeitrag selbst gestaltet.

Zeitreise mit Lewis & Clark

Lewis & Clark NHT Interpretive Center, *4201 Giant Springs Rd., www.fs.usda.gov/recarea/lcnf/recreation/recarea/?recid=61458, tgl. 9–18 Uhr, NS 9–17, So 12–17 Uhr, $ 8.*

Ein weiteres Highlight ist das **C. M. Russell Museum**. Zusammen mit *Frederick Remington* (1861–1909), der vor allem Bronzeskulpturen schuf, zählt *Charles M. Russell*, ein Sohn der Stadt, in Amerika zu den bedeutendsten Western-Art-Künstlern. Seine teils heroisierenden Kunstwerke stehen repräsentativ für die Geschichte des Westens, ohne dabei die Leistungen der ersten Pioniere zu vernachlässigen; auch die Indianer werden positiv dargestellt. *Russells* Erfolg beruht vor allem auf der Tatsache, dass er die meisten Motive aus eigener Anschauung kannte. Er war lange selbst Cowboy gewesen und hatte während der einsamen Stunden auf den Weiden seine Liebe zur Malerei entdeckt. Als Russell 1896 die 18-jährige *Nancy Cooper* heiratete, machte er sein Hobby zum Beruf. In Great Falls richtete er sich neben seinem Wohnhaus ein Studio ein, das *Nancy* – immer die treibende Kraft – nach seinem Tod 1926 mit zahlreichen indianischen Originalstücken, großteils Geschenken, zum Museum umgestaltete. Es ist heute Teil des Komplexes.

Western Art von C. M. Russel

C. M. Russell Museum, *400 13th St. N., www.cmrussell.org, tgl. außer Mo. 10–17 Uhr, in der NS Mi–Sa 10–17 Uhr, $ 9.*

Fort Benton, nordöstlich Great Falls (30 mi/48 km), fungierte 1860–1890 als **bedeutender Flusshafen**. Bis hier war der Missouri River von St. Louis im Osten aus schiffbar. Zwei Museen, das **Museum of the Northern Great Plains** (1205 20th St.) – das sich vor allem mit der Landwirtschaft beschäftigt – und das **Museum of the Upper Missouri** liefern Informationen über diese Zeit. Historische Gebäude, darunter das **Grand Union Hotel**, und die Ruinen des **Historic Old Fort Benton** von 1847 am Fluss, einem ehemaligen Handelsposten, runden das Bild ab.

Historisches Fort

Museum of the Upper Missouri, *Old Fort Park, Front/18th St., www.fortbenton.com/museums/mum.html, nur HS: Mo-Sa 10.30–16.30, So 12–16 Uhr, gesamt $ 15.*

Museum of the Northern Great Plains – The State of Montana's Museum of Agriculture, *1205 20th St., Fort Benton, www.fortbenton.com/museums/ag.html, nur HS Mo–Sa 10.30–16.30, So 12–16 Uhr.*

Historic Fort Benton, *Old Fort Park, www.fortbenton.com/museums/ag.html, nur HS: Mo–Sa 10.30–16.30, So 12–16 Uhr.*

Upper Missouri River Breaks Interpretive Center, *701 7th St./Fort Benton, tgl. 8–17, in der NS nur Mo–Fr.*

info

Die Maler des „Wilden Westens“

Wenn auch der Name **C.M. Russell** lediglich in Kunsthistoriker-Kreisen und vor allem in den USA bekannt ist, gilt er zusammen mit **Frederic Remington** als „**Wildwest-Künstler**“ schlechthin.

Auch wenn **Remington** (1861–1909) ein Yankee war, lag ihm dank seiner Verwandtschaft zum ersten Maler des Westens, **George Catlin** (1796–1872), der „Wilde Westen“ im Blut. Einer seiner aus dem Elsass zugewanderten Vorfahren war zudem Sattelmacher gewesen und die Remingtons waren als Pferdekenner und gute Reiter bekannt. 19-jährig zog es Remington, der Journalismus und Kunst an der *Yale University* studiert hatte, erstmals in den Westen. Danach publizierte er seine ersten Zeichnungen von Cowboys, Indianern und Soldaten der *US Cavalry*.

Charles M. Russell – Cowboy und Künstler

In den 1880er-Jahren versuchte er sich nacheinander als Schafzüchter, Laden- und Saloonbesitzer in Kansas, kehrte dann jedoch in den Osten zurück, zog nach Brooklyn und studierte Malerei. Ab 1886 war er als Illustrator für das Magazin *Harper's Weekly* tätig und reiste regelmäßig für mehrere Monate in den Westen. Seine fesselnden Bilder von Soldaten, Indianern und Cowboys fanden beim städtischen Publikum großen Anklang.

Der Durchbruch gelang Remington, der sich im Osten als Cowboy stilisierte, mit der ersten Einzelausstellung 1890 in New York. Die US-Offiziere des Westens schätzten den akkuraten Maler und luden ihn immer wieder auf die Militärposten ein, damit er ihren Alltag detailgetreu dokumentieren konnte.

Schließlich versuchte er sich auch an plastischen Arbeiten und schuf die heute in keiner *Western Art Collection* fehlenden Skulpturen mit Szenen aus dem „Wilden Westen“. Zumeist fertigte er nur Tonmodelle und überließ Firmen die Umsetzung in Bronze – was erklärt, dass es heute ein solche Fülle an „Bronze-Remingtons“ im Miniaturformat gibt.

info

Anders als Remington war **Charles Marion Russell** (1864–1926) selbst Cowboy gewesen. Gefesselt von der weiten Prärie-Landschaft und angezogen vom Lebenstil der Indianer, machte der Autodidakt den Ende des 19. Jh. nicht mehr ganz so wilden Westen zum Hauptthema seiner Bilder und Skulpturen.

Die Ölgemälde Russells beeindrucken noch heute durch ihre Authentizität und Lebendigkeit. Daneben zudem schuf er aber auch Kleinbronzen, insbesondere von Rodeo- und Cowboy-Szenen, aber auch von der Tierwelt. Besonders sehenswert sind jedoch Russells Zeichnungen und Aquarelle, auch Briefe und Postkarten, die sich durch Lebendigkeit und versteckten Witz auszeichnen.

Reisepraktische Informationen Great Falls/Fort Benton

Information

Great Falls CVB, *1106 9th St. S., ☎ 1 (800) 735-8535, www.gfcvb.com.*
Great Falls Visitor Information Center, *15 Overlook Dr., www.visitgreatfalls.net, Mai–Sept. Mo–Fr 9–18 Uhr, Sa/So 10–16 Uhr, sonst 10–16 bzw. 14 Uhr.*

Unterkunft/Restaurants

Crystal Inn, *$$–$$$, 3701 31st SW, Great Falls, ☎ (406) 727-7788, www.crystalinngreatfalls.com. 86 Zimmer inkl. Frühstück und Innenpool. Die Zimmer sind mit Mikrowelle, Kühlschank und Kaffeemaschine ausgestattet.*
Collins Mansion B & B, *$$–$$$, 1003 2nd Ave. NW, Great Falls, ☎ (406) 452-6798, www.greatfallsbedbreakfast.com. Elegante Zimmer in hochherrschaftlichem Haus, inkl. Gourmetfrühstück und Häppchen am Abend.*
The Cattleman's Cut Supper Club Bar & Casino, *1325 8th Ave., Great Falls, ☎ (406) 452-0702. Das Lokal ist im gesamten Umkreis bekannt für seine hervorragenden Steaks.*
The Grand Union Hotel, *$$$, 1 Grand Union Square, Fort Benton, ☎ (406) 622-1882, www.grandunionhotel.com. Historisches Hotel in edler Aufmachung und mit verschieden ausgestatteten und unterschiedlich großen Zimmern, zum Haus gehört das ausgezeichnetes* **Union Grille Restaurant**.

Blackfeet Indian Reservation

Von Great Falls führt der US Hwy. 89 weiter nordwärts. In **Browning**, dem Hauptort der **Blackfeet Indian Reservation**, sollte man einen Besuch des **Museum of the Plains Indians** nicht versäumen. Hier wird die Geschichte der Prärie-Indianer, mit Hauptaugenmerk auf den *Blackfeet* (Schwarzfuß-Indianer), eindrucksvoll präsentiert. Vom Museum aus werden auch halb- und ganztägige Touren durch die Reservation angeboten.
Museum of the Plains Indians, *Kreuzung US Hwy. 2/MT 89 Browning, www.blackfeetcountry.com/museum, tgl. 9–16.30 Uhr, in der NS außer Sa/So 10–16.30 Uhr, $ 4 (in der NS frei).*

Glacier National Park

„Hier kann man seine Sorgen besser vergessen als sonstwo auf dem Kontinent!" Beeindruckt schwärmte der Forscher und einer der ersten Naturschützer der Welt, *John Muir* (1838–1914), von der Bergregion der Rocky Mountains im Grenzland zwischen den USA und Kanada. Ein Großteil steht heute als **Glacier NP** in den USA und als **Waterton-Lakes-National Park** in Kanada unter Naturschutz.

Bizarre Felsformationen

Die mächtige Bergkette der Rocky Mountains ragt im Norden des Bundesstaats Montana und im Süden der angrenzenden kanadischen Provinz Alberta abrupt über die sanft-welligen Ebenen des weiten Graslandes heraus. Hunderte von Bergseen, Dutzende von Gletschern und unzählige Wasserfälle glitzern zwischen schroffem Felswänden und dicht bewaldeten Tälern.

Der etwa 410.000 ha große und 1910 gegründete Glacier NP bietet eine **vielfältige Wasser- und Gletscherlandschaft**, eine zerklüftete Gebirgslandschaft mit acht lang gestreckten und tiefen, großen sowie rund 200 kleineren Seen. Diese sind beim Zurückweichen der eiszeitlichen Gletscher entstanden, denen der Park seinen Namen verdankt. Die Gletscher selbst existieren nur noch in höheren Lagen.

Weltnaturerbe

Der Nationalpark erstreckt sich an der Ostflanke der Rocky Mountains und umfasst deren in Nord-Süd-Richtung verlaufenden Hauptkamm. Der höchste Berg, der **Triple Divide Peak** mit 2433 m, bildet zugleich die Wasserscheide: Die westlichen Wasser fließen in das *Columbia River System* und später in den Pazifik, die nordöstlichen in das Saskatchewan River System und dann in die Hudson Bay, und die südöstlichen in den Missouri River bzw. seine Nebenflüsse um in den Golf von Mexiko zu münden. Diese Funktion als Wasserscheide erklärt den Namen des Berges: „Dreiteiler".

Im Norden, jenseits der Landesgrenze zu Kanada, ändert der Park zwar seinen Namen in Waterton Lakes National Park, doch wurde das ganze Areal schon 1932 zum grenzüberschreitenden Naturschutzgebiet, zum **Waterton-Glacier International Peace Park** erklärt. 1976 wurde der Glacier National Park Biosphärenreservat und 1995 ernannte die UNESCO den Friedenspark zum Weltnaturerbe.

Flora, Fauna und Geologie

Von riesigem Meer bedeckt

Die **Flora und Fauna** des Nationalparks entspricht seiner nördlichen Breite und Höhenlage. Großtiere, wie Elche, Wapiti- und Maultierhirsche sowie Schwarz- und Waschbären sind zahlreich vertreten, vereinzelt sind Schneeziegen, Biber und Otter zu beobachten. Die wenigen Grizzlys bekommt man hingegen selten zu Gesicht. Unter den über 200 Vogelarten befinden sich besonders viele Wasservögel. Die Vegetation variiert stark zwischen dem niederschlagsreichen und dicht bewaldeten Westen und dem eher trockenen Osten.

Man kann sich kaum vorstellen, dass vor mehr als einer Milliarde Jahren die gesamte Region von einem riesigen Meer bedeckt gewesen sein soll. Seine Ablagerungen legten den Grundstein für die heute bis zu 700 m starken Kalksandstein-Sediment-

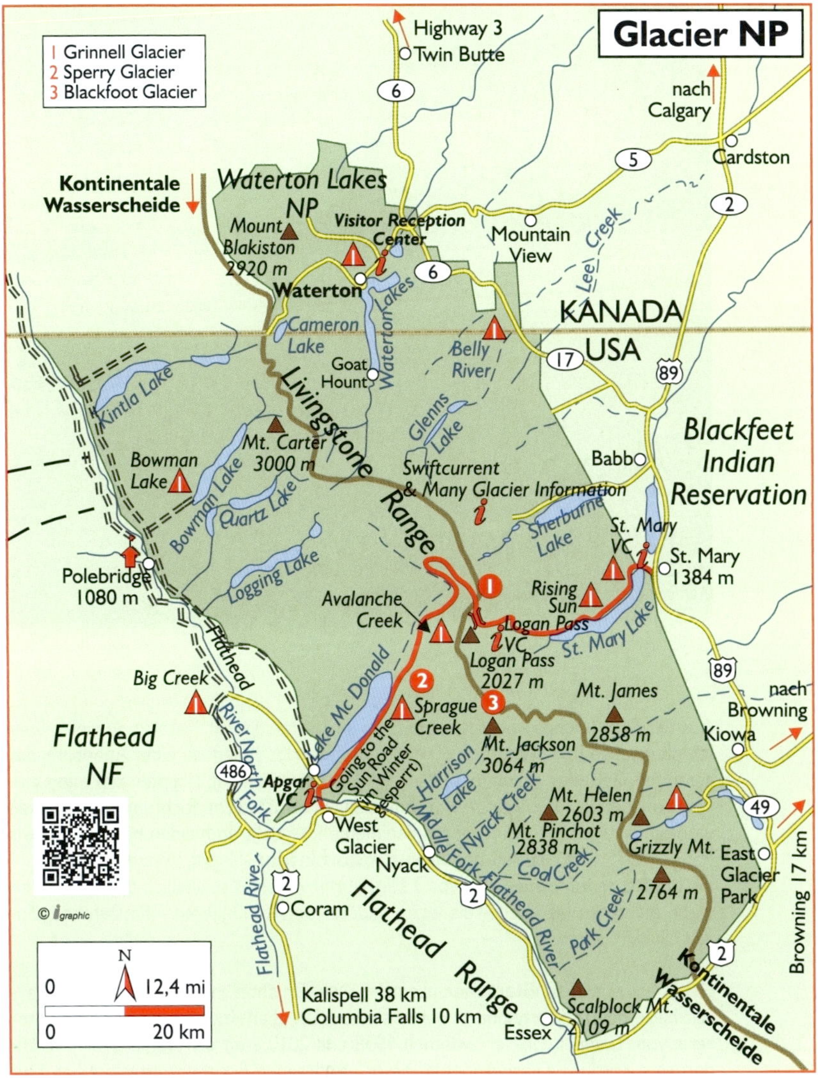

schichten, in deren freigelegten Schichten teilweise noch fossile Algen entdeckt werden. Weitere **Ablagerungsschichten** ließen im Laufe der Zeit die *Appekunny Formation*, die 800 m starke *Grinnell Formation* – beides verhärtete Schlammschichten – sowie die *Siyeh Formation* entstehen. Diese Kalkschicht erwies sich gegen die erodierene Kraft der Gletscher als besonders widerstandsfähig und sorgte für bizarre und schroffe Felsformationen, die besonders bei Kletterern beliebt sind.

St. Mary Lake im Glacier NP

Aus der Tiefe hochgedrücktes Magma, das sich verfestigt hat, bedeckt an vielen Stellen die heutige Parkfläche. Vor 60 Mio. Jahren war es zudem zu einer Anhebung des gesamten Geländes gekommen. Viele Bereiche brachen auf, „kippten um", und alte Felsformationen rutschten bzw. „wanderten" in nordöstliche Richtung. Diese Felsen wurden dann erneut von jüngeren Sedimenten bedeckt und bilden heute die Lewis Range. Vor 50 Mio. Jahren begannen **Erosionskräfte** – Frost, Wasser und Wind – die Landschaft zu formen, und vor 3 Mio. Jahren waren es schließlich die **Gletscher**, die in mehreren Eiszeiten – die letzte endete vor 10.000 Jahren – für den endgültigen „Schliff" sorgten.

Rückgang der Gletscher

Heute bedecken die **Gletscher** nurmehr einen Bruchteil ihrer ehemaligen Fläche – seit Mitte des 19. Jahrhunderts gehen sie langsam, aber konstant zurück. Eine Fotoserie vom Grinnell Glacier zwischen 1938 und 2010 zeigt die dramatischen Veränderungen, die der Klimawandel in dieser abgelegenen Bergwelt ausgelöst hat. Der *National Park Service* und der *US Geological Survey* beobachten nicht nur den Grinnell-Gletscher, sondern es werden auch in anderen Regionen des Parks Vergleichsstudien betrieben. Sie alle bestätigen ein Zurückweichen. Wurden um 1850 noch etwa 150 Gletscher gezählt, sind es heute gerade noch 25. Kleinere sind komplett abgeschmolzen, Größere haben nur noch rund ein Drittel ihrer ursprünglichen Ausdehnung. Im 19. Jh. sollen die Gletscher noch etwa 99 km^2 Fläche bedeckt haben, 1993 maß man noch 27 km^2.

Tour durch den Park

Die bekannteste Route durch den Glacier NP ist die 80 km lange **Going-to-the-Sun Road**. Bei Zeitmangel sollte man sich auf sie beschränken, doch eigentlich sollte man für den Glacier NP mindestens einen ganzen Tag einplanen. Vom östlichen Zugangstor in **St. Mary** – ostwärts davon breitet sich die Blackfeet Indian Reservation aus –, schraubt sich die „Straße zur Sonne" hinauf in die Berge und erreicht am **Logan Pass** die kontinentale Wasserscheide. Hier auf einer Höhe von 2027 m befindet sich ein Besucherzentrum, das über Geologie und Geografie des Parks informiert. Dann schlängelt sich die Straße wieder die Rocky Mountains hinunter, Richtung **West Glacier**. Dies ist der zentrale Ort der Region, der auch als touristischer Standort beliebt ist und von White Water Rafting-Trips bis hin zu Ausritten ein breites Spektrum an Freizeitaktivitäten bietet.

Going-to-the-Sun-Road

Von zahlreichen **Aussichtspunkten** entlang der Going-to-the-Sun Road eröffnen sich grandiose Ausblicke: auf den St. Mary Lake, auf schneebedeckte Berge, den Lake McDonald, den Dreitausender Mt. Jackson, den namensgebenden Going-to-the-Sun Mountain und auf ausgedehnte Waldareale. Aufgrund der Höhenlage ist die Straße nur von Ende Mai/Anfang Juni bis Mitte September geöffnet.

Der Park ist nur Ende Mai bis Anfang September geöffnet, **ideal für einen Besuch** sind die Monate Juli und August – doch selbst im Hochsommer kann es nachts zu Kälteeinbrüchen mit Frost und heftigen Schneestürmen kommen. Das sollte man beim Camping ebenso bedenken wie auf Wanderungen. Das Trailnetz macht insgesamt über 1000 km aus; viele längere Touren bedürfen jedoch entsprechender Vorbereitung und Ausrüstung und es ist nötig bei der Parkverwaltung ein *Permit* einzuholen.

Reisepraktische Informationen Glacier National Park und Umgebung

Information

Glacier Country, *Montana, 40 N. Higgins St., Missoula/MT, ☏ 1 (800) 338-5072 oder (406) 532-3234, www.glaciermt.com.*

Glacier NP, *West Glacier/MT, ☏ (406) 888-7800, www.nps.gov/glac, $ 25 pro Pkw, Dez.–April $ 15.*

Im NP gibt es mehrere **VC**:

St. Mary VC, *Hauptbesucherzentrum am Ostzugang, Ende Mai–Ende Sept. 8–17/18 Uhr.*

Apgar VC, *bei West Glacier im Westen, nahe Lake McDonald, ganzjährig, aber in der NS nur an Wochenenden 9-16.30 Uhr.*

Logan Pass VC, *an der Going-to-the-Sun Road mitten im Park, Ende Juni–Ende Sept. 9–19/16 Uhr.*

Hinweise

RVs von über 6,30 m (21 ft) Länge sind auf dem Highway nicht zugelassen. Das Befahrung der z.T. steilen und kurvenreichen 80 km langen Straße ist zeitaufwändig

– ohne Stopps sollte man mindestens 2 Std. rechnen. Wem das Befahren der Passstrecke zu anstrengend ist, der kann im Sommer auf Shuttlebusse umsteigen oder mit historischen Bussen aus den 1940er-Jahren auf Tour gehen (Abfahrt an den drei VCs). Außerdem gibt es einen saisonalen AMTRAK(Eisenbahn)-Stopp in East Glacier Park (Empire Builder).

Unterkunft/Camping

*Es war die Great Northern Railway, die seit 1891 eine Linie im hohen Norden betrieb, und sie war es auch, die in den frühen Jahren des Nationalparks Unterkünfte im Schutzgebiet zur Verfügung stellte. Hotels im Schweizer Chalet-Stil wurden gebaut und man warb mit „***America's Switzerland***". Über 300 Gebäude aus jenen Tagen sind erhalten und stehen unter Denkmalschutz. Viele davon fungieren noch heute als luxuriöse Unterkünfte, z. B. die unten genannten.*

Glacier Park Lodge, *$$$, MT 49, Nähe Kreuzung mit US 2. Schöne Zimmer in einer Lodge von 1913. Zugehöriges Restaurant.*

Lake McDonald Lodge, *$$$. Rustikale Lodge am Lake McDonald im Westen des Parks an der Going-to-the-Sun Road.*

Many Glacier Hotel, *$$$, ca. 20 km westl. Babb. Schön am Swiftcurrent Lake gelegen; größtes Hotel im Nationalpark.*

Wie bei anderen großen Nationalparks sollte die Unterkunft im Park vorher reserviert werden, und zwar über:

Glacier Park Inc., *East Glacier Park/MT, ☏ (406) 892-2525, www.glacierparkinc.com.*

Es gibt außerdem 13 **Campingplätze** *im Park, viele sehr einfach ausgestattet sechs liegen nahe der Going-to-the-Sun Road; Infos unter www.nps.gov/glac/planyourvisit/camping.htm.*

Achtung: *Viele Motels sind im Winter geschlossen. In den Ortschaften im Umkreis des Parks, besonders auf der Westseite (s. Flathead Lake/MT), gibt es eine Reihe von Unterkünften und Campingplätzen.*

Wandern u. a. Aktivitäten

Mit über 1.000 km an Trails ist der Park zum Wandern gut geeignet, allerdings sind viele Wege lang und bedürfen entsprechender Vorbereitung und Ausrüstung sowie einer Genehmigung. Lohnend sind die kurzen Wanderwege und Lehrpfade, die vom Avalanche Campingplatz ausgehen, besonders der Avalanche Lake Trail (ca. 5 km) oder auch der Hidden Lake Overlook Trail. Infos unter: www.nps.gov/glac/planyourvisit/hikingthetrails.htm.

Beliebt sind Bootsfahrten oder Ausflüge mit gemieteten Motor-, Segel- und Paddelbooten auf Seen wie dem McDonald, St. Mary, Sherburne oder Two Medicine Lakes. Im Winter sind die benachbarten Ortschaften auf Skilanglauf, Schneeschuhwandern und Snowmobiling eingestellt.

Infos *dazu gibt es unter: www.nps.gov/glac/planyourvisit/outdooractivities.htm.*

Hinweis zur Route

Der Glacier NP liegt an Kanadas Grenze. Dort schließt sich eine Reihe weiterer Naturparks an: der Waterton Lakes NP sowie Banff und Jasper NP. Mehr dazu in Iwanowski's Reise-Handbuch „Kanada – Westen" von Kerstin Auer und Andreas Srenk.

Vom Glacier National Park nach Spokane

Die Route zurück nach Seattle, westwärts, folgt in gebührenden Abstand der Grenze zwischen den USA und Kanada.Von West Glacier geht es zunächst bis zur Staatsgrenze zwischen Montana und Idaho auf dem US Hwy. 2. **Whitefish**, ein paar Kilometer westlich West Glacier, ehemals ein wichtiger Eisenbahnstützpunkt, hat sich dem Nationalpark-Tourismus sowie dem Skisport verschrieben. Das Besucherzentrum und ein Eisenbahnmuseum befinden sich im früheren Bahnhof, der wiederum einer Nationalpark-Lodge nachempfunden ist.

Dank seiner Lage am malerischen **Whitefish Lake** und einer beschaulichen Innenstadt ist Whitefish um einiges attraktiver als das benachbarte Columbia Falls. Das etwas südlich gelegene **Kalispell** ist mit knapp 20.000 EW der größte Ort im Nordwesten Montanas. Neben dem Fremdenverkehr sind es in erster Linie zwei landwirtschaftliche Erzeugnisse, die das Städtchen wirtschaftlich am Leben erhalten: Kartoffeln und Kirschen.

Kartoffeln und Kirschen

Ein kurzer Abstecher von Kalispell zum wenige Meilen südlich gelegenen **Flathead Lake** lohnt. Der See ist benannt nach den Flathead-Indianern, einem Unterstamm der Salish-Sprachgruppe. Knapp die Hälfte des Sees gehört heute zum Flathead-Reservat. Das 45 mal 24 km große Gewässer liegt in grandioser Landschaft und ist touristisch gut erschlossen. Er kann auf den Highways 82, 93 und 35 komplett umrundet werden. Eine Bootsfahrt auf dem See war bereits im ausgehenden 19. Jh. die Attraktion schlechthin, denn wie beim schottischen Loch Ness behauptet man, dass auch am Flathead Lake ein „Monster" sein Unwesen treibe und gerne Reisende erschrecke.

Reisepraktische Informationen Flathead Lake Region

Information

Flathead CVB, *15 Depot Park (im alten Bahnhof, Ecke Main St.), Kalispell, ☏ (406) 756-9091, www.fcvb.org.*

Unterkunft/Restaurants

Kalispell Grand Hotel, *$$–$$$, 100 Main St., Kalispell, www.kalispellgrand.com, ☏ (406) 755-8100. Schön renoviertes Hotel von 1912 mitten in der Innenstadt.*

Kwataqnuk Resort *(Best Western), $$–$$$, 49708 US 93 E, Polson, ☏ (406) 883-3636, www.kwataqnuk.com. Schön am südlichen Flathead im Indianerreservat gelegenes Motel, auch Schiffstouren im Angebot.*

O'Duachain Country Inn, *$$$, 675 Ferndale Dr., ca. 7 km östl. Bigfork, ☏ (406) 837-6851, www.montanainn.com. Rustikales und gemütliches Country Inn in einem großen Blockhaus in fantastischer Lage, 5 Zimmer, zum Angebot gehören auch Kanu- und Raftingtouren.*

Im Idaho Panhandle

Auf dem US Hwy. 2 erreicht man den Nordzipfel Idahos, als **Panhandle** (Pfannenstiel) bezeichnet. Riesige Nadelwälder, große und kleine Seen, verschlafene Provinznester und ein Hauch von Pioniergeist sind hier zu erleben. Zentraler Ort ist **Sandpoint**, ideale Ausgangsbasis zur Erkundung der Region. Die geografisch günstige Lage des Ortes am **Lake Pend Oreille**, dem mit rund 79 mal 10 km größten See von Idaho, haben bereits die ersten Straßen- und Eisenbahnbauer erkannt und hier einen Knotenpunkt von Schienen und Straßen entstehen lassen. Holzfabriken folgten, doch heute spielt der Tourismus die erste Geige, allerdings auf recht dezente Weise. Sandpoint hat diverse Geschäfte, ein kleines Museum, zahlreiche Restaurants und z. T. malerisch am Seeufer gelegene Hotels zu bieten. Oberhalb des Ortes thront der **Mt. Schweitzer**, an dessen Hängen sich im Winter die Skifahrer vergnügen. Auch im Sommer ist jedoch eine Fahrt mit einem der Sessellifte allein des Ausblicks wegen zu empfehlen.

Größter See Idahos

Von Sandpoint geht es auf dem US Hwy. 95 weiter nach Coeur D'Alene und über die I-90 Spokane.

Reisepraktische Informationen Sandpoint

Information

Greater Sandpoint Chamber of Commerce, *1202 5th Ave., ☏ (208) 263-2161, www.visitsandpoint.org, Mo–Fr 9–17, Sa 10–14 Uhr.*

Unterkunft/Restaurant

Grandview Resort, *$$–$$$$, 3492 Reeder Bay Rd., Priest Lake, ☏ (208) 443-2433, http://priestlake.typepad.com/grandview. Kleines Resort am nördlich von Sandpoint gelegenen Priest Lake, acht Zimmer, elf Suiten und neun Cabins, zudem Restaurant. Idealer Standpunkt zur Erkundung der Region.*

Schweitzer Mountain Resort, *$$$–$$$$, 10000 Schweitzer Mountain Rd., ab US 95 ausgeschildert, ca. 15 km nordwestl. Sandpoint, ☏ (208) 265-0257, www.schweitzer.com. Traumhaft gelegenes Resort mit zwei Lodges (Selkirk/White Pine), Pool und umfangreiches Ski- und Freizeitangebot.*

Einkaufen

Coldwater Creek, *311 N. 1st St. Das Hauptgeschäft des landesweit bekannten Kaufhauses (www.coldwatercreek.com).*

Cedar Street Bridge Public Market. *Die renovierte Brücke über den Sand Creek (Cedar St.) wurde nach dem Vorbild des Ponte Vecchio in Florenz geplant und bietet auf zwei Ebenen Western- und Spezialitätenshops, Cafés und Lokale.*

Eine Attraktion auf der Weiterfahrt von Sandpoint nach Coeur D'Alene (US Hwy. 95) ist der **Farragut State Park**. Das 1.800 ha große Gebiet, das als Camping- und

Erholungspark genutzt wird, hatte während des Zweiten Weltkriegs andere Bedeutung: Zwischen Dezember 1941 und September 1942 errichteten an dieser Stelle 22.000 Arbeiter das zweitgrößte Marineausbildungslager der Welt. Von September 1942 bis zu seiner Schließung im Juni 1946 wurden hier 293.000 Marinerekruten, viele für die U-Boot-Flotte, ausgebildet und konnten in dem 400 m tiefen See Taucherfahrung erwerben. Auch 850 deutsche Kriegsgefangene waren zeitweise in Farragut kaserniert. Ein Museum auf dem Gelände erläutert die kurze, aber eindrucksvolle Geschichte des Komplexes.

Eindrucks-volle Geschichte

Farragut SP, *13550 E. Hwy. 54, Athol, Zufahrt Hwy. ID 54, ☏ (208) 683-2425, http://parksandrecreation.idaho.gov/parks/farragut, VC an der Zufahrt, Museum in der HS tgl. 10–17 Uhr, $ 5/Pkw.*

Coeur D'Alene

Als um 1800 frankokanadische Trapper in der Region mit den hier ansässigen Ureinwohnern verhandelten, nannten sie die unerbittlich feilschenden Indianer *Coeur D'Alene* (frei übersetzt: die „Hartherzigen"). Der Name blieb an der Ortschaft haften, doch kürzen ihn die Einheimischen gern mit „**CDA**" ab. Den eigentlichen Boom und die offizielle Anerkennung als Stadt, 1878, verdankt das knapp 46.000 EW zählende Städtchen **reichen Gold- und Silberfunden** im *Coeur d'Alene Mining District*. Außerdem war es Sitz eines hier 1878 von *General William Tecumseh Sherman* eingerichteten Militärpostens.

Die ersten transkontinentalen Eisenbahnlinien umgingen zunächst den schön am gleichnamigen See gelegenen Ort und verliefen stattdessen über Sandpoint. CDA wurde durch eine Stichbahn erschlossen, denn sowohl die Minenprodukte und Goldschürfer als auch später die Touristen wollten befördert werden. Heute ist Coeur D'Alene in erster Linie Standort von Holzfabriken und Feriendestination, Letzteres vor allem wegen seiner traumhaften Lage am Ufer des **Lake Coeur D'Alene**.

Traumhafte Lage am See

Sehenswert im Zentrum ist das **Museum of North Idaho** mit interessanten Abteilungen zur lokalen Geschichte und Geologie. Um die Uferzone des Sees führt eine Promenade, und vom zentralen Steg *(Independence Point)* gehen Bootstouren ab; Paragliding und Kanumieten sind ebenfalls möglich. Eher klein ist das **Fort Sherman Museum** auf dem *North Idaho College Campus*.

Museum of North Idaho, *115 NW. Blvd., www.museumni.org, Apr.–Okt. Di–Sa 11–17 Uhr, $ 5.*

Nördlich der Stadt, an der US 95 bei Athol, liegt der **Silverwood Theme Park**. Der Vergnügungspark wurde einer alten Minenstadt nachgebaut.

Silverwood Theme Park, *27843 N. Hwy. 95, Athol, www.silverwoodthemepark.com, im Sommer tgl. 11–21/22 Uhr, im Winter geschlossen, Tagesticket $ 46.*

Reisepraktische Informationen Coeur D'Alene

Information

Coeur D'Alene *Area Chamber of Commerce, 105 N. 1st St., ☏ 1 (877) 782-9232, www.coeurdalene.org.*

Unterkunft

Clark House on Hayden Lake, *$$$$, 5250 E. Hayden Lake Rd., Hayden Lake, ab US 95, ☏ (208) 772-3470, http://clarkhouse.com. 1910 erbaute Villa von F. Lewis Clark, der 1914 spurlos verschwand. 1989 erwarb Monty Danner die Villa und ließ sie renovieren. Heute acht gut ausgestattete Zimmer, darunter 5 elegante Suiten in Super-Seelage; mit Restaurant.*

The Coeur D'Alene Resort on the Lake, *$$$–$$$$, 115 S. 2nd St., ☏ 1(800) 688-5253, www.cdaresort.com. Modernes Resorthotel mit 340 Zimmern, Restaurant zugehörig. Im Angebot stehen verschiedenste Touren, Bootsverleih, Rundflüge u. a.*

The Roosevelt Inn, *$$–$$$, 105 Wallace Ave., ☏ 1 (800) 290-3358, www.TheRooseveltInn.com. In einem Park gelegenes ehemaliges Schulhaus von 1905, 13 verschieden große Zimmer und Suiten, Sauna und Whirlpool.*

Restaurants

Beverley's, *im Coeur D'Alene Resort on the Lake (s. oben). Hervorragende regionale Küche mit Ausblick aus dem 7. Stock des Resorts.*

The Cedars Floating Restaurant, *1 Marina Dr., ☏ (208) 664-2922. Ungewöhnliches Lokal auf dem See mit Ausblick und Fine Dining mit Fisch und Steaks, nicht ganz billig.*

Tricksters Brewing, *3850 N Schrieber Way, www.trickstersbrewing.com, Brauerei mit guten Bieren.*

Ausflug ins Silver Valley

Lohnend ist ein Tagesausflug von Coeur D'Alene ins östlich gelegene **Silver Valley** (via I-90). Das Tal einschließlich seiner Seitentäler entpuppte sich um 1878 als eines der ergiebigsten Minengebiete der USA, der ***Coeur D'Alene Mining District*** war geboren. Bis dato wurden Gold, Silber, Blei und Zink im Werte von über $ 5 Mrd. den Böden entrungen.

Rund um die Minen

Kellogg, mit rund 2.100 EW der größte Ort im Tal, hat sich mit einem legendären Minenarbeiterstreik 1899 in den Geschichtsbüchern verewigt. Die Arbeiter hatten einen Lorenzug mit 1.400 kg Dynamit in den Schacht einfahren lassen – die Explosion zerstörte die gesamte Mine. Das benachbarte **Wallace** behauptet stolz von sich, das einzige komplett unter Denkmalschutz stehende Städtchen der USA zu sein. Minentouren, ein Minenmuseum, ein Eisenbahn-, ein Bordellmuseum und alte Minensiedlungen in der Umgebung berichten über die Geschichte. Am Exit 39 liegt zudem im CDA Old Mission SP die **Cataldo Mission of the Sacred Heart** (tgl. 9–17 bzw. 10–15 Uhr, $ 5/Pkw, http://parksandrecreation.idaho.gov/parks/coeur-d-alenes-old-mission), eine Jesuitenmission von 1853.

Spokane – „The Big City"

Von CDA ist es auf der I-90 nur ein „Katzensprung" von 30 mi/48 km in den benachbarten Bundesstaat Washington, zur Metropole **Spokane**. Die moderne und funktionelle Großstadt mit rasch wachsender Einwohnerzahl (ca. 210.000, im Großraum 476.000) ist die größte Stadt zwischen Seattle (460 km) und Minneapolis (2.390 km), regionales Wirtschafts- und Verkehrszentrum sowie Universitätsstadt. Spokane gilt für die Bewohner Nord-Idahos, Nordwest-Montanas und dem Süden von British Columbia als „**The Big City**". Dank der Gonzaga University gibt es eine bunte Studentenszene mit Straßencafés, Kneipen und Shops.

Universitätsstadt

Der Name der Stadt geht zurück auf lokale Indianer und bedeutet soviel wie „Kinder der Sonne". Seine Gründung verdankt Spokane der geografischen Lage, denn nur hier war es möglich, die Eisenbahntrasse in den 1870er-Jahren durch die Berge hindurchzubauen. Die Wurzeln der Stadt reichen allerdings viel weiter zurück: Schon 1810 hatte die *Northwest Fur Company* am Little Spokane River, heute rund 15 km vom Zentrum entfernt, einen Handelsposten errichtet – die **erste nicht-indianische Siedlung** im Nordwesten. 1865 wollte man das **Inland Empire**, wie die Region zwischen Columbia und Snake River auch genannt wird, sogar zum Bundesstaat "Lincoln" machen.

Erst um 1870 entwickelte sich eine Siedlung an den Spokane Falls. Dank der Eisenbahn, der Goldfelder im Osten bei Coeur D'Alene und eines großen Sägewerks an den Wasserfällen wuchs der Ort rasch heran und wurde **1872 zur Stadt** erhoben.

Spokane, die größte Stadt zwischen Seattle und Minneapolis, nennt sich stolz „The Big City"

Ein einschneidendes Ereignis war ein **Großbrand 1889**, der fast die ganze Stadt vernichtete – doch der Wiederaufschwung war nicht aufzuhalten. 1974 Austragungsort der **EXPO 1974**, hat man diesem Event u.a. den Riverfront Park in der Innenstadt zu verdanken.

Stadtrundfahrt

Riverfront Park und andere Attraktionen

Am besten folgt man dem **City Drive** (Plan im VC, braun-weiße Schilder in Pfeilform) über etwa 50 km durch Stadt und ihre nähere Umgebung. Der **Riverfront Park** liegt nördlich der Innenstadt, nahe der Main Street. Hier beginnt nicht nur der **Centennial Trail**, ein Wander- und Fahrradweg, der nach Idaho führt, sondern ist auch für Freizeitvergnügen gesorgt. Vor 1970 war dieses Parkareal noch das Industriegebiet der Stadt mit Rangierbahnhof, heute sind in **The Flour Mill** (W. 621 Mallon St., www.flourmillspokane.com), eine Getreidemühle von 1890, Boutiquen, Shops und Lokale eingezogen.

Die **Spokane Falls** – Wasserfälle – kann man am besten von der Monroe St. Bridge aus, westlich des Parks und nahe der City Hall, bewundern. Das **Northwest Museum of Arts & Culture,** westlich der Innenstadt, gibt Informationen zur Lokalgeschichte, zu den hier lebenden Indianern; angeschlossen sind eine kleine Kunstgalerie und das Campbell House, eine Villa von 1898. Im Nordosten der Innenstadt, am Flussufer, liegt der Campus der **Gonzaga University** (www.gonzaga.edu) und hier lohnen zwei Attraktionen: Die **Bing Crosby Collection** – ein Muss für Fans – und das **Jundt Art Museum** für Kunstfreunde.
Northwest Museum of Arts & Culture, *W. 2316 1st Ave., www.northwestmuseum.org, Mi–So 10–18 Uhr, $ 7.*
Bing Crosby Collection, *Crosby Student Center, 502 E. Boone Ave, frei.*
Jundt Art Museum, *202 Cataldo Ave., Mo–Sa 10–16 Uhr, frei.*

Reisepraktische Informationen Spokane

Information

Spokane Regional CVB/*Visitor Information Center, 808 W. Main Ave./River Park Square, ☏ (509) 744-3341, www.visitspokane.com, Mo–Sa 10–17, So 11–18 Uhr.*

Unterkunft

Marianna Stoltz House, *$$-$$$, 427 E. Indiana Ave. ☏ (509) 483-4316, www.mariannastoltzhouse.com. 1987 eröffnete Pension in historischem Wohnhaus von 1908 mit vier Zimmern, romantisch ausgestattet. Großer Garten, üppiges Frühstück inklusive.*
The Davenport Hotel, *$$$$, 10 S. Post St., ☏ 1 (800) 899-1482, www.thedavenporthotel.com. Mitten in der Stadt gelegenes, altehrwürdiges großes Hotel von 1917 mit geräumigen und bestens ausgestatteten Zimmern.*

Restaurants

Frank's Diner, *1516 2nd Ave. Klassischer Diner in einem umgebauten alten Eisenbahnwagen von 1906, preiswert und gut, v.a. ideal zum Frühstücken!*

Milford's Fish House, *719 N. Monroe St., ☏ (509) 326-7251, www.milfordsfishhouse.com. In einem alten Lager-/Kaufhaus von 1925 sind v. a. die Fischgerichte empfehlenswert.*
Stacks at Steam Plant, *159 S. Lincoln St., ☏ (509) 777-3900, www.steamplant.com. Im ehemaligen Kraftwerk gelegener gemütlicher Pub.*
No-Li Brewhouse, *1003 E. Trent St., www.nolibrewhouse.com. Lokale Microbrewery mit Pub; gute, preisgünstige Speisekarte und sehr süffige Biere.*

Einkaufen

Northtown Mall, 4750 N. Division St., *nördlich I-90 am US Hwy. 2/395, www.northtownmall.com mit rund 170 Läden und Filialen von Macy's, JC Penney und Sears – das größte Einkaufszentrum der Region.*
Hillyard District, *Market St., Wellesley–Francis St. Im ehemaligen Eisenbahnerviertel locken v. a. Antiquitäten- und Secondhand-Shops.*

Weingüter: *Wineries wie* **Grande Ronde**, **Robert Karl**, **Latah Creek** *oder* **Lone Canary** *laden ein zu Verkostungen und Touren. Informationen dazu unter: www.spokanewineries.net.*

Hinweis zur Route

Für die Fahrt von Spokane nach Seattle bieten sich drei Routen an, die jeweils eigene Vorzüge haben:

- Die **Nordroute** führt vorbei am *Grand Coulee Damm* und durch die *Colville Indian Reservation* zum WA 20, eine schöne und abwechslungsreiche Strecke über die Cascade Range und durch den einzigartigen North Cascades NP.
- Die **mittlere Route** (US Hwy. 2) durchquert zunächst die unendliche Weite der Halbwüste des *Columbia Plateau*, ehe man über die Cascade Range westwärts fährt. Dabei passiert man das „bayerische" Leavenworth.
- Die **Südroute** hat abgesehen von Weingütern im Yakima Valley landschaftlich etwas weniger als die anderen zu bieten. Da sie der I-90 folgt, ist sie jedoch die schnellste Verbindung nach Seattle (290 mi/465 km). Dabei kann man einen Umweg durch das Weingebiet im Yakima Valley (Washington) einplanen.

Nordroute von Spokane nach Seattle

Der US Hwy. 2 führt zunächst von Spokane westwärts in hügeliges Farmland – kaum ein Baum, nur das satte Gelb endloser Getreidefelder. In den kleinen Agrargemeinden Davenport, Creston und Wilbur fallen vor allem die Silos ins Auge. Von **Wilbur** führt der WA 174 direkt zum **Grand Coulee Dam**. Erster Stopp vor dem Coulee Dam ist **Electric City**, ehemals Erholungs- und Wohnort der Staudammarbeiter und heute ein kleiner Touristenort mit ein paar Hotels. Wenig später folgt **Grand Coulee**, das wirtschaftliche „Herz" der Staudammregion und Standort von Miet-Hausbooten auf dem **Roosevelt Lake**.

Endlose Getreidefelder

Grand Coulee Dam

Die eigentliche Attraktion ist die Staumauer selbst, der **Grand Coulee Dam**. 1933 hatte man im Rahmen der Arbeitsbeschaffungsmaßnahmen von *Franklin D. Roosevelt* während der wirtschaftlichen Depression mit ihrem Bau begonnen. Neun Jahre dauerten die Arbeiten, und heute sorgt der Stausee für die Stromversorgung und die Bewässerung des ganzen Nordostens von Washington. Die Staumauer in Grand Coulee ist 165 m hoch und gilt mit einer Länge von 1,57 km an der Oberkante als größter Staudamm der USA. Das Wasser des Stausees wird für die Bewässerung von 500.000 ha Farmland verwendet und die Leistung des E-Werkes beträgt 6,8 Mio. Kilowatt. Sie soll durch modernere Techniken in Zukunft noch gesteigert werden.

Strom-lieferant

Der bis nördlich von Kettle Falls reichende **Franklin D. Roosevelt-Stausee** hat eine Uferlänge von gut 1.000 km und ist ein beliebtes Anglerparadies. „Freizeitkapitäne" mieten sich in Grand Coulee Hausboote. Auf einer Länge von 250 km wird der Columbia River als Lake Roosevelt aufgestaut. Er und die ihn umgebende **National Recreation Area** bedecken eine Fläche von 40.000 ha.

Grand Coulee Dam VC, *WA 155, Coulee Dam, ☏ (509) 633-9265, www.grandcouleedam.com, www.usbr.gov/pn/grandcoulee/gcvc/index.html, tgl. 9–17 Uhr, im Sommer länger geöffnet, frei. Film und Infos zu Bau, Funktion und Wirkung der Konstruktion,. Touren durch das 3rd Power House (HS tgl. 10/12/14/16 Uhr), außerdem gläserner Fahrstuhl und Filmvorführungen.*

Laser-Light-Show *(am Damm), die größte ihrer Art auf der Welt (Ende Mai–Juli tgl. 22 Uhr, Aug. tgl. 21.30 Uhr, Sept. tgl. 20.30 Uhr).*

Lake Roosevelt NRA, *1008 Crest Dr., Coulee Dam, www.nps.gov/laro, mit Fort Spokane und Kettle Falls VC. Infos zur National Recreation Area, zu Aktivitäten und Camping.*

Reisepraktische Informationen Grand Coulee Dam Area

Information

Grand Coulee Dam Area Chamber of Commerce, *☏ 1 (800) 268-5332, http://grandcouleecc.blogspot.de.*

Unterkunft

Coulee House Inn & Suites, *$$–$$$, 110 Roosevelt Way, Coulee Dam, ☏ (509) 633-1101, www.couleehouse.com. Ordentliches 61-Zimmer-Motel mit Pool, Sauna und Whirlpool, nahe dem Damm.*

Columbia River Inn, *$$–$$$, 10 Lincoln St., Coulee Dam, ☏ (509) 633-2100, www.columbiariverinn.com. Nahe der Staumauer gelegenes Motel mir 35 Zimmern, einige mit Jacuzzi.*

Lake Roosevelt Houseboat Rentals, *Coulee Dam, www.goplayoutdoors.com/Member/rrehouseboats/index.html. Hausboote für drei Tage (ab ca. $ 800) bis zu mehreren Wochen.*

Fähren

Auf dem See verkehren zwei kostenlose Fähren: Keller Ferry (WA 21) und Inchelium/Gifford Ferry (Verbindung WA 21 – Inchelium – WA 25). Infos: www.wsdot.wa.gov/regions/eastern/kellerferry bzw. www.colvilletribes.com/inchelium_gifford_ferry_schedule.php.

Im Land der Cowboys und Indianer

Lange bevor die ersten weißen Pelzhändler 1825 mit **Fort Colville** einen Handelsposten errichtet hatten, lebten Indianer in den Weiten Nordost-Washingtons. Das Fort wurde nach einem englischen Geschäftsmann benannt und dieser verlieh seinen Namen auch gleich sämtlichen Indianerstämmen der Region: „Colville-Indianer". Die ehemaligen Nomaden wurden im Laufe des 19. Jh. in der **Colville Indian Reservation** angesiedelt, nachdem sich ein Dutzend Stämme zum Verband der **Confederated Tribes of the Colville Reservation** zusammengeschlossen hatten.

Zusammenschluss der Indianer

Die Colville Indian Reservation beginnt nördlich des Coulee Dam und gilt mit rund 6.000 km² noch immer als eines der größten Reservate in den USA. Dabei umfasste das Land zwischen 1855 und 1872 noch ein Drittel des Staatsgebietes von Washington, ehe es auf die heutige Größe reduziert wurde. Die berühmtesten Mitglieder der Konföderation sind die Nachkommen jener Nez-Percé-Gruppe, die sich unter *Chief Joseph* mit der legendären Flucht 1877 nach Kanada absetzen wollten (s. INFO S. 203). Die überlebenden Nez Percé, darunter *Chief Joseph* selbst, wurden Ende des 19. Jh. hier angesiedelt.

Heute wohnen von den rund 9.400 Stammesangehörigen mehr als die Hälfte auf Reservatsgrund. Im Unterschied zu vielen anderen Indianerstämmen leben sie nicht vorrangig vom Tourismus bzw. von Casinos, sondern vor allem vom Holzhandel, inklusive eigenem Sägewerk und Holzfabrik. Das kleine **Colville Tribal Museum** in Coulee Dam, untergebracht in der alten Kirche St. Benedikt, informiert über die Ureinwohner. Berühmt ist vor allem das Archiv historischer Fotos.
Colville Tribal Museum, *512 Mead Way, Coulee Dam, www.colvilletribes.com/colville_tribal_museum.php, tgl. 8.30–17 Uhr, Spende, mit angeschlossenem kleinem Laden.*

Auf dem Weg in den Norden, auf dem WA 155, passiert man die Headquarters des Reservats *(Colville Indian Agency)* und den Hauptort **Nespelem**. Hier leben die Nez Percé und hier verstarb 1904 ein verbitterter *Chief Joseph*. Er fand seine letzte Ruhe

Land der Cowboys im Nordosten Washingtons

auf dem Nez-Percé-Friedhof (WA 155, an der Straße ausgeschildert – der Friedhof selbst ist nicht zugänglich) und wurde post mortem durch das **Chief Joseph Monument** geehrt.

Die Fahrt durch das Reservat von Nespelem über eine kurze Querverbindung ostwärts zur WA 21 und weiter nordwärts ins alte Goldgräberstädtchen **Republic** führt durch spektakuläre Landschaft, die mit ihren von Beifußsträuchern *(Sagebrush)* bewachsenen Ebenen, mit Canyons, klaren Flüssen, Bächen und Seen sowie Bergwäldern an Szenen aus Westernfilmen erinnert. Mitte des 19. Jh. waren Glücksritter im Umfeld der Ortschaft Republic auf Goldsuche, doch geblieben sind am Ende nur jene, die ihr Glück in der Landwirtschaft gesucht und gefunden haben.

Harter Ranchalltag

Hier in der Osthälfte Washingtons existieren noch heute viele Farmen und Ranches, stehen Rodeos und Viehtriebe, Lagerfeuerromantik und harter Ranchalltag auf der Tagesordnung. Gerade zwischen Republic, Omak und Okanogan, um die Colville Indian Reservation entlang dem Hwy. WA 20, reihen sich „Cowboy-Nester" aus dem Bilderbuch auf, in denen die Zeit stehen geblieben zu sein scheint. Höhepunkt einer **Zeitreise in den alten Westen** ist eine Übernachtung auf einer Ranch wie der K-Diamond-K Guest Ranch (s. unten).

Die beiden westlich von Republic gelegenen Nachbarorte **Omak** und **Okanogan**, Verwaltungssitz des bevölkerungsarmen **Okanogan County** (etwa 41.000 EW auf 14.000 km²), liegen am westlichen Rand der Colville Indian Reservation. Beide Orte zusammen zählen nicht einmal 7.000 Menschen und sind bekannt als Zentren der Holzverarbeitung und des Apfelanbaus. Am zweiten Augustwochenende steht Omak während der **Omak Stampede and Suicide Race** Kopf: Diese Country- und Rodeoshow zieht dann an vier Tagen bis zu 30.000 Besucher an. Der *Suicide Race* ist ein Pferderennen hinab von einem extrem steilen Hügel, durch ein Flussbett zum nahen Rodeostadion und findet an allen vier Veranstaltungstagen im Anschluss an die Rodeowettbewerbe statt.

Reisepraktische Informationen Republic/Omak

Unterkunft

Omak Inn, *$–$$, 912 Koala Dr. (US 97), ☎ (509) 826-3822, www.omakinnwa.com. Modernes Motel mit geräumigen Zimmern (Kühlschrank, Mikrowelle), Pool und Whirlpool.*

K-Diamond-K Guest Ranch, *$$$, 15661 Hwy. 21 S. (südl. Republic), ☎ (509) 775-3511, www.kdiamondk.com. Auf dieser Working Ranch der Familie Konz kann man mit VP übernachten und alle Einrichtungen der Ranch nutzen, kann reiten, wandern, Rad fahren, angeln und bei Viehtrieben bzw. bei der Rancharbeit dabei sein.*

Veranstaltung

Omak Stampede, *Tickets: www.omakstampede.org, ☎ (509) 826-1002. Anfang August stattfindendes viertägiges Rodeo mit vielseitigem Begleitprogramm wie* Indian Encampment *(Powwows u. a. Wettbewerbe) und Umzug.*

North Cascades National Park

Vom „Land der Cowboys und Indianer" führt der WA 20 nun westwärts. Am Loup-Loup Pass, westlich von Okanogan, endet das Halbwüstenklima des Columbia Plateau und man gelangt in den Einfluss der feuchteren und kälteren Cascade Range und ins fruchtbare **Methow Valley**, in dem Obst und Gemüse angebaut werden.

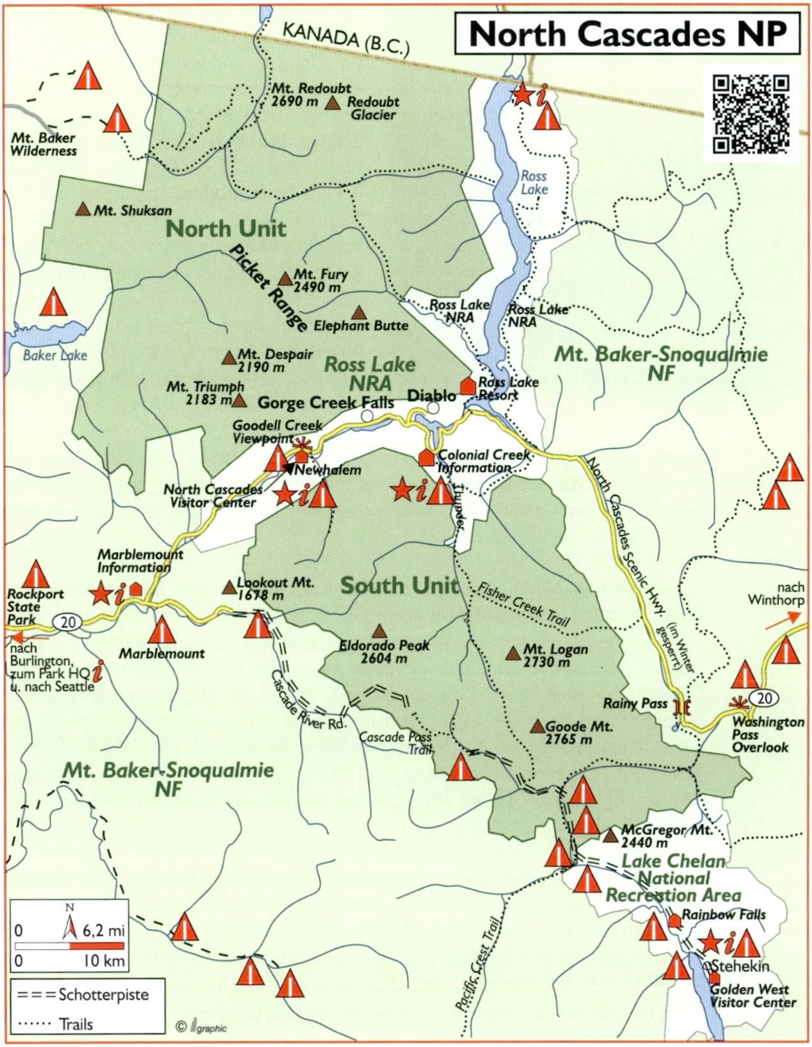

Im North Cascades NP

Hauptorte sind **Twisp**, ein bescheidenes Backcountry-Nest, und das wenige Meilen nördlich gelegene **Winthrop**. Gegründet 1890 als Basis für die Versorgung der nahen Goldminen und für die bereits im 19. Jh. siedelnden Farmer, setzt der nach dem Reiseschriftsteller *Theodore Winthrop* benannte Ort ganz auf Wildwest-Flair. Attraktive Souvenirshops und vor allem das **Shafer Museum**, das die interessante Geschichte des Ortes anhand von historischen Gebäuden sowie Ausstellungen beleuchtet, lohnen einen Zwischenstopp.

Shafer Museum, *285 Castle Ave., www.shafermuseum.com, HS tgl. 10–17 Uhr, Bauten nur Fr–So geöffnet, Spende.*

Vorbei an **Mazama** nähert sich der WA 20 (im Winter geschlossen) dem **North Cascades NP**, durch den er westwärts führt. Der Nationalpark gliedert sich in zwei Teile, **North** und **South Unit**, und ist Teil eines größeren Schutzgebietes, der **Ross Lake National Recreation Area**. An den Südteil des NPs schließt sich um den Lake Chelan die **Lake Chelan National Recreation Area** an, doch beide Areale sind nur von der Ortschaft **Chelan** (s. unten) aus mit Boot bzw. Flugzeug oder mittels Fußmarsch über den Cascades Pass zu erreichen. Eine Erkundung dieses Südteils ist vom WA 20 aus nicht möglich.

Alpenähnliche Bergwelt

Die Bergwelt im North Cascades NP nennt man nicht umsonst „**North American Alps**". Mächtige, schneebedeckte Berge, Gletscher, dichte Wälder, Bergseen und tiefe Täler erinnerten die erste Siedler anscheinend an die europäischen Alpen – allerdings ist die Bergwelt der Cascades um einiges imposanter. Beeindruckend im North Cascades NP ist in erster Linie die Bergwelt selbst, geformt und geschliffen durch Gletscher. Ihre höchsten Gipfel bleiben aufgrund der geografischen Lage und der hohen Niederschläge an der Westflanke selbst im Sommer von Schnee bedeckt. Zahlreiche Aussichtspunkte entlang der Durchgangsstraße, dem **North Cascades Scenic Highway** (WA Hwy. 20), bieten atemberaubende Ausblicke auf diese alpenähnliche Kulisse.

Kaum 20.000 Reisende besuchen jedes Jahr diesen 1968 gegründeten und 2.045 km² großen Nationalpark hoch im Norden. Diese Zahlen machen deutlich, dass **Wander- und Naturfreunde** hier selbst in der Hochsaison voll auf ihre Kosten kommen und Menschenmassen kein Problem sind. Ganz unberührt sind die North Cascades insofern nicht, dass sich hier gleich **drei Stauseen** befinden. Sie werden von *Seattle City Lights* betrieben, einem großen Energieunternehmen, das die ferne Großstadt Seattle mit Strom versorgt.

Flora und Fauna

Die Gipfel der höchsten Berge wurden hier nicht in der kontinentalen Eiszeit vor rund 15.000 Jahren geformt, sondern während einer kleinen Zwischeneiszeit vor 3000 Jahren. Über 300 **Gletscher** sollen sich erhalten haben, allerdings werden auch sie allmählich Opfer des Klimawandels.

Die **Tierwelt** des Parks hat sich den differenzierten Klimaverhältnissen zwischen feuchter Westseite und relativ trockener Ostseite angepasst, besteht überwiegend aus Tieren wie Berglöwen und Schneeziegen, Luchsen und Schwarzbären. Selten lassen sich Grizzlys sehen und auch Hirsche und Elche machen sich rar. Da der Park groß und wenig erschlossen ist, können sich die Tiere in weniger frequentierte Regionen zurückziehen. Durchreisende benötigen also einiges Glück, um entlang der Straße Wild beobachten zu können.

Wenig erschlossenes Areal

Die **Vegetation** gleicht auf den ersten Blick derjenigen in den Alpen. Besonders an den regenreichen Westhängen sind es Douglas- und Hemlocktannen, die bis zu 70 Meter hoch werden und eine Art „Regenwald" mit Pilzen, Farnen und Moosen in bodennahen Regionen bilden. Die trockenere Ostseite ist spärlicher bewachsen, am häufigsten sind dort verschiedene Kiefernarten. Entlang der Flüsse gibt es sogenannte Galeriewälder aus Weiden und Pappeln.

Mit zunehmender Höhe nimmt die Dichte des Baumbestandes deutlich ab und nur Lärchen und Tannen, seltener Ahorne, reichen bis zur Baumgrenze. Heide- und Buschvegetation bildet eine Übergangszone zwischen Bäumen und den kargen Hochgebirgspflanzen, die sich hauptsächlich durch ihre perfekte Anpassung an das raue Klima auszeichnen. In diese Areale führen nur längere Wanderungen, denn der WA 20 selbst erreicht lediglich eine Höhe von 1.670 m.

Im Park

Von Mazama, dem Versorgungsort im Osten, und dem fruchtbaren Methow Valley führt der WA 20 steil hinauf zum 1.670 m hohen **Washington Pass** (VC). Aussichtspunkte und kürzere Trails lohnen eine Unterbrechung der Fahrt. Der **Ross Dam Trail** führt beispielsweise hinunter zum gleichnamigen See und zum Bootsableger für Wassertaxis am **Ross Lake Resort**, der einzigen Unterkunft innerhalb der Parkgrenzen.

Aussichtspunkte und Trails

Nächste Halt könnte der Colonial Creek Campground sein, von wo aus der kurze **Thunder Woods Nature Trail** einen guten Eindruck von den ausgedehnten Zedernwäldern des Nationalparks gibt. Lohnend auch der **Diablo Lake Overlook**, ein beliebter Fotostopp.

Einen weiteren kurzen Fotostopp ist die Brücke über den **Gorge Creek** wert: Lohnend sind ein Wasserfall auf der Bergseite und die Aussicht auf den Stausee in die andere Richtung.

In **Newhalem** befindet sich das Hauptbesucherzentrum (s. unten), in dem vielerlei Informationen zu erhalten sind und wo sich ein schöner Campingplatz befindet. Newhalem selbst ist Sitz einer weiteren großen Firmensiedlung von Seattle City Lights mit Postamt, Supermarkt und Veranstaltungshalle. Der WA 20 folgt weiterhin dem vom Gletscherschliff türkis gefärbten **Skagit River**. **Marblemount** ist der erste Ort auf der Westseite des Parks – wie Mazama im Osten ist er zugleich ein wichtiger Versorgungspunkt.

Reisepraktische Informationen North Cascades NP

Information

North Cascades NP, *www.nps.gov/noca, frei, Infos und Permits gibt es in den VCs bzw. Ranger Stations, u. a.*
North Cascades VC, *Newhalem, Mai–Okt. tgl. 9–17/18 Uhr.*
Skagit Information Center, *Newhalem, Ende Mai–Ende Sept. 9–17 Uhr.*
Wilderness Information Center, *Marblemount, Anf. Mai–Mitte Okt. 7–mind. 16.30 Uhr.*
Glacier Public Service Center, *Glacier, Mt. Baker Hwy. (542), tgl. 8–16.30 Uhr*
Golden West VC, *Stehekin, tgl. 12.30–13.30 Uhr (Fährankunft).*

Reisezeit und Tourenplanung

Der Park ist zwar das ganze Jahr über geöffnet, doch wird der östlich von Diablo liegende Abschnitt des WA 20 beim ersten Schneefall (mind. Mitte Nov.–Mitte April) gesperrt. Während der Westen im Sommer kühler und regnerisch ist, ist die Ostseite meist sonnig und relativ trocken. Wanderer sollten zu jeder Jahreszeit Regenschutz dabeihaben. Hauptbesuchsmonate sind Juli und August, während Juni und September noch weniger „überlaufen" sind. Die restlichen Monate sind kühl bis kalt, und von Oktober bis Mai sind viele Unterkünfte geschlossen.
Gute Ausrüstung, etwas Kondition, Freude an der Natur und am einfachen Campen sind Voraussetzungen, wenn man länger als einen Tag bleiben möchte, denn die Infrastruktur im Park ist eher spärlich. Doch selbst wer nur den Scenic Highway 20 mit ein paar Stopps an Trailheads und Aussichtspunkten abfährt, erhält einen guten Eindruck von der fast unberührten Bergwelt.
Ein ganzer Tag erlaubt zusätzlich die Fahrt auf der Cascades River Road, bei mehrtägigem Aufenthalt könnte man den ersten Tag der Cascades River Road widmen und bei Übernachtung im Ross Lake Resort von dort aus Touren und Wanderungen unternehmen.

Unterkunft

Wer länger bleiben möchte, sollte eine Unterkunft im Voraus buchen. Es gibt nicht viele Übernachtungsmöglichkeiten im Umkreis des NPs. Am zentralsten liegt das **Ross Lake Resort** *in Diablo (Mitte Juli–Ende Okt.), außerdem gibt es einige Unterkünfte außerhalb des Parks in Marblemount im Westen und Mazama im Osten, außerdem Läden und Tankstellen.*
Ross Lake Resort, *$$, im NP, ☏ (206) 386-4437, www.rosslakeresort.com. Übernachten auf 13 einfach eingerichteten Boot-Cabins auf dem Ross Lake bei Diablo,*

erreichbar zu Fuß auf dem Ross Lake Trail (Verpflegung muss mitgebracht werden) oder mit dem Boot der Parkverwaltung.

Freestone Inn, *$$–$$$, 31 Early Winter Dr. (WA 20), Mazama, ☏ (509) 996-3906, www.freestoneinn.com. Modernes, rustikal ausgestattetes Hotel am Ostrand des Nationalparks. Großteil der Zimmer mit Seeblick, auch Touren im Angebot.*

Ovenell's Heritage Inn, *$$–$$$, 46276 Concrete Sauk Valley Rd., Concrete, ☏ (360) 853-8494, www.ovenells-inn.com. Drei liebevoll ausgestattete Zimmer und vier Cabins auf kleiner Working Ranch der Familie Ovenell; gutes und reichhaltiges Essen und Ausblick auf den Mt. Baker – der Tipp am North Cascades NP!*

Sun Mountain Lodge, *$$$–$$$$, etwa 15 km südwestl., 604 Patterson Lake Rd. (ab WA 20 nach W), Winthrop, ☏ (509) 996-2211, www.sunmountainlodge.com. Rustikale, luxuriöse Lodge (98 Zimmer) mitten in der Natur auf einem Berg; Sportangebot (Tennis, Fahrradverleih) sowie Wanderwege.*

Winthrop Inn, *$$, 960 WA 20, Winthrop, ☏ (509) 996-2217, www.winthropinn.com. Einfaches, sauberes 30-Zimmer-Motel, inkl. Frühstück.*

Camping

North Cascades NP verfügt über fünf Campgrounds, alle entlang der Rte. 20, der Hauptachse durch den Park mit Ausnahme von Ross Lake (Can Hwy 1). Dazu gehören z. B. Newhalem Creek Campground, Colonial Creek Campground (bei Diablo), Goodell Creek Campground (am Ufer des Skagit River), Hozomeen Campground (sehr rustikal am Nordufer des Ross Lake) sowie mehrere weitere Plätze in der Ross Lake NRA.

Infos und Reservierungen: *www.nps.gov/noca/planyourvisit/camping.htm*

Wandern

Es gibt nahezu 600 km Trails, wobei bei längeren Wanderungen genügend Verpflegung und Trinkwasser Voraussetzung sind. Einige der beliebtesten kürzeren Wanderwege sind Trail of the Cedars, Thunder Woods Trail, Rainy Lake Trail; etwas länger sind der Hidden Lake und der Horseshoe Basin Trail und noch mehr Kondition und Zeit erfordern Cascade Pass, Sourdough Mountain, Thornton Lakes und Thunder Creek Trail. Nähere Infos dazu in den Ranger Stations und VCs.

Infos: *www.nps.gov/noca/planyourvisit/hiking.htm*

Bootsfahrten

Beliebt ist Rudern und Paddeln auf den beiden Seen (einen Bootsverleih gibt's u. a. im Ross Lake Resort) sowie Wildwasserfahrten auf dem Skagit River oberhalb von Newhalem.

Infos: *www.nps.gov/noca/planyourvisit/boating-and-fishing.htm*

Touren

Seattle City Lights/Skagit Tours, *500 Newhalem St., Rockport, www.seattle.gov/light/tours/skagit. Verschiedene Touren am Ross-Staudamm des Diablo Lake (SR 20, ausgeschildert); Besichtigung des Staudamms, Diashow, Sessellift- und Bootsfahrt auf dem aufgestauten Skagit River (Ross Lake), bei längeren Touren ist Essen eingeschlossen. Die drei Stauseen bzw. deren Elektrizitäts-Werke sorgen für nahezu ein Drittel des Strombedarfs von Seattle.*

Infos siehe auch: *www.nps.gov/noca/planyourvisit/guidedtours.htm*

Mt. Baker Wilderness Area und National Forest

Das 8.000 km² große Waldareal an den westlichen Hängen der Cascade Range, zwischen kanadischer Grenze und Mt. Rainier, ist verwaltungstechnisch zum **Mt. Baker-Snoqualmie NF** (www.fs.fed.us/r6/mbs) zusammengefasst. Sieben erschlossene Skigebiete, mehr als 2.300 km Wanderwege und unzählige Picknick- und Campingplätze befinden sich auf dem Areal.

Skigebiete und dichter Wald

Der nördliche Teil, die **Mt. Baker Section** um den gleichnamigen, weithin sichtbaren 3.230 m hohen Vulkangipfel ist wiederum unterteilt in reines Waldgebiet *(National Forest)*, die **Mt. Baker Ski Area** in der **Mt. Baker Wilderness Area** (via nördlich verlaufende WA 542, I-5 Exit 255) und die **Mt. Baker NRA**; letztere ist nur zu Fuß von einer Stichstraße nördlich von **Concrete** (am WA 20) aus zugänglich. Ein Abstecher ins Skigebiet lohnt nur im Winter.

Die Orte westlich der Cascade Range haben alle Geschichte. Nicht, dass es hier besondere Sehenswürdigkeiten gäbe, es ist vielmehr die Beschaulichkeit, das „Backcountry Feeling", das sie heraushebt. **Darrington** (WA 530) ist eine alte Holzfällersiedlung, die auch heute noch von einem großen Sägewerk lebt. **Concrete** (WA 20) – der Name verrät es – war einst Sitz eines großen Zementwerks und fristet heute ein gemächliches Dasein.

Rockport (WA 20 und 530) schließlich besteht heute gerade noch aus ein paar Häusern, war aber im 19. Jh. eine kleine Boomtown mit Hotels, Saloons und eigener Tageszeitung. Damals führte eine Eisenbahnlinie hierher und ein großes Sägewerk sorgte für Einkünfte. Der kleine **Rockport SP** weist einen kurzen Nature Trail auf, der die Bäume der Cascades erläutert.

Bergwelt im Hinterland von Seattle

Unteres Skagit Valley

Die Talebene des Skagit River zwischen Cascade Range und dem Puget Sound ist bekannt für ihre **fruchtbaren Böden**. Rosen, Gewürzpflanzen und Äpfel werden angebaut und Rancher züchten in dieser Region gern exotische Tiere wie Lamas, Emus, Strauße oder Kaschmirschafe. Der WA 20, dem man bereits über die Cascade Range gefolgt ist und der erst 1972 durchgehend geteert wurde, durchquert dieses Areal.

Fruchtbares Tal

Ursprünglich diente die Route der besseren Erschließung der Wasserkraftwerke in den Bergen. Dass es später nicht zur Erhöhung der Staudammkapazitäten kam, liegt einzig an dem Veto der Kanadier, die den Skagit River auf ihrem Territorium nicht weiter aufgestaut haben wollten. Das Tal endet an der Küste bei **Burlington** – wo es über die I-5 schnell – sofern kein Stau herrscht – zurück nach Seattle geht.

Mittlere Route von Spokane nach Seattle

Wer nicht nur Wald und Berge erleben, sondern dazu ein paar ungewöhnliche Orte sehen möchte, sollte ab Spokane dem US Hwy. 2 folgen, der direkt nach Seattle führt. Zunächst geht es wie bei der Nordroute über das Hochwüstenplateau, ehe bei Coulee City der **Columbia River** erreicht wird. Hier war es nicht der mittlerweile durch den **Dry Falls Dam** aufgestaute Fluss, der für die zerklüfteten Formen und Canyons sorgte, sondern Flutwasser. Vor gut 15.000 Jahren, während des Endes der letzten Eiszeit, überschwemmte der Columbia River während der sogenannten *Spokane Flood* dieses Areal und floss weiter nach Süden. Er fiel über eine jetzt trockene, nahezu 5 km breite und 130 m hohe zerklüftete Abbruchkante hinab, die noch heute bei **Coulee City** zu sehen ist. Heute heißt der Ort „**Dry Falls**".

Auf dem Hwy. 2 geht es weiter nach Westen und bei der Ortschaft **Wenatchee** erreicht man die Ausläufer der Cascade Range. Die Region um Wenatchee ist berühmt für ihre Äpfel (Infos dazu im **Washington Apple VC**, ausgeschildert ab US Hwy. 2). Von Wenatchee würde sich bei genügend Zeit auch ein mindestens eintägiger Abstecher in das rund 45 mi/70 km gelegene Städtchen **Chelan** am fjordähnlichen **Lake Chelan** lohnen.

Fjordähnlicher See

Lake Chelan und Stehekin

Der knapp 90 km lange, aber nur gut 2 km breite See, dessen Becken vor gut 15.000 Jahren von Gletschern ausgefräst wurde, ist über 450 m tief – nach Crater Lake und Lake Tahoe der dritttiefste See der USA! – , und seine tiefste Stelle liegt 130 m unter dem Meeresspiegel. Chelan ist günstiger Ausgangspunkt für die Erkundung des Sees und des südlichen **North Cascades NP**. Große und kleine Resorts, Freizeit- und Sportmöglichkeiten sowie Shops aller Art locken besonders an Wochenenden

Menschen von der „Coast" an. Von Chelan legen zudem die Ausflugsdampfer zur **Lake Chelan Recreational Area** im Nordwesten des Sees ab.

Der Südteil des North Cascades NP und die Lake Chelan NRA sind nur zu Fuß oder per Boot bzw. Flugzeug von Chelan aus erreichbar. Insbesondere, wenn man in **Stehekin** übernachtet, wird man dieses Erlebnis genießen. Nachmittags sind dann nämlich die Tagesbesucher wieder mit dem Boot entschwunden und es herrscht einsame Idylle. Stehekin hat zudem ein paar historische Sights zu bieten, denn hierher kamen schon Goldsucher und Farmer, ehe das erste Hotel im Jahr 1889 am See eröffnete. Ein paar alte Gebäude bzw. Reste davon sind erhalten.

Reisepraktische Informationen Lake Chelan

Information

Lake Chelan Chamber of Commerce & VC, *102 E. Johnson Ave., www.lakechelan.com, Mo–Sa 9–18, So 10–16 Uhr.*

Unterkunft/Restaurant

Campbell's Resort on Lake Chelan, *$$–$$$$$, 104 W. Woodin Ave. (US 97), ☏ (509) 682-2561, www.campbellsresort.com. Ältestes Resort (1901 erbaut) am Lake Chelan, 170 Zimmer, fünf Lodges, zwei Pools, Whirlpool, Strand, Restaurant.*
Lodge at Stehekin Landing, *$$$, von Chelan nur per Boot erreichbar, ☏ (509) 682-4494, www.lodgeatstehekin.com. Am nördlichen Seeufer gelegene Lodge, 28 Wohneinheiten, teils mit Küche. Ganzjährig geöffnet, im Winter mit Skiangebot.*

Fähren

Zum Lake Chelan SP bzw. nach Stehekin/North Cascades NP fahren die Lady of the Lake und die Lady Express:
Lady of the Lake Ferry, *1418 W. Woodin Ave., www.ladyofthelake.com, Mitte April–Anf. Okt. tägliche Fahrten.*

Leavenworth

In der Bergwelt der Cascade Range liegt auf dem Weg nach Westen (US Hwy. 2) der Ort **Leavenworth**, der sich „bayerisch-schweizerischer Romantik" verschrieben hat: mit holzverschnörkelten Alpenhäusern, Blasmusik aus Lautsprechern und alpenländischem Jodel-Kitsch. Emigranten aus Österreich und Deutschland haben sich hier ein Stück Heimat errichtet. Ein Blick ins kleine **Nutcracker Museum** lohnt wegen der dort ausgestellten 3.000 verschiedenen Nussknacker.
Leavenworth Nutcracker Museum, *735 Front St., www.nutcrackermuseum.com, Mai–Okt. 14–17, sonst nur an Wochenenden, $ 2,50.*

Vorbei am **Lake Wenatchee** (etwa 7 km nördlich, ab US Hwy. 2, www.parks.wa.gov/parks/?selectedpark=Lake%20Wenatchee) – ein beliebtes Wochenendferiengebiet inmitten von Bergen und Wäldern – und über den **Stevens Pass** (1.220 m) geht es anschließend auf die Westseite der Cascade Range hinüber und weiter nach Seattle.

Reisepraktische Informationen Leavenworth

Information
Leavenworth Chamber of Commerce, ☏ *(509) 548-5807, www.leavenworth.org.*

Unterkunft
Enzian Inn, *$$–$$$, 590 US 2, ☏ (509) 548-5269, www.enzianinn.com. Wie alle Motels des Ortes im Älpler-Stil, mit 104 Zimmern, zwei Pools, Spa.*
Haus Rohrbach Pension, *$$–$$$$, 12882 Ranger Rd., ☏ (509) 548-7024, www.hausrohrbach.com. Pension im „Alpenstil“, fünf DZ, fünf Suiten in unterschiedlicher Einrichtung und Gestaltung, inkl. Frühstück.*

Restaurants
Andreas Keller Restaurant, *829 Front St., ☏ (509) 548-6000. Bayerische Gerichte und Bier auf der Karte, Livemusik; „man spricht Deutsch“.*
Katzenjammer, *221 8th St., ☏ (509) 548-5826. Ebenfalls deutsche Speisekarte, aber auch bekannt für Steaks und Fischgerichte.*

Südroute von Spokane nach Seattle

Die I-90 wäre der schnellste Weg nach Seattle, allerdings lohnt es sich, bei Ritzville einen Umweg durch das Weingebiet Washingtons einzuplanen. Auf dem US Hwy. 395 erreicht man, bevor man den mächtigen Columbia River überquert, die **Tri Cities.** Im Südosten des Bundesstaats Washingtons fließen drei mächtige Ströme – Columbia, Snake und Yakima River – zusammen und man wundert sich angesichts des Wasserreichtums, wie wüstenartig die Landschaft hier im Grenzgebiet zwischen Washington und Oregon ist und wie diese Mondlandschaft die Kornkammer und das Obst- und Gemüsezentrum des Nordwestens werden konnte. „Künstliche Bewässerung“ heißt das Zauberwort in der Region, deren städtisches Zentrum die Tri-Cities – **Pasco, Kennewick** und **Richland** – bilden.

In Richland wurde ab 1943 maßgeblich an der Entwicklung von Atombomben geforscht. Heute wird die riesige Anlage zu Forschungszwecken sowie zur Entwicklung und dem Bau von Wiederaufbereitungsanlagen genutzt. In der **Columbia River Exhibition of History, Science and Technology** erfährt man mehr über die Entwicklung eines 200-EW-Nestes zu einem der bedeutendsten Atomzentren, aber auch zur Geschichte und Geologie der Region.

Forschungszentrum

Columbia River Exhibition of History, Science and Technology, *95 Lee Blvd., www.crehst.org, Di–Sa 10–17, $ 5.*

Westlich der Tri-Cities sollte man sich die etwas monotone Fahrt auf der I-82 sparen und einen Umweg auf dem US Hwy. 97 durch das Yakima und Columbia Valley unternehmen. Ab **Prosser** biegt man auf diesen **Yakima Valley Highway** ab –

eine Landstraße, die parallel zur Interstate durch die Obst- und Weinanbaugebiete nach Yakima führt. Entlang der Straße reihen sich mehrere Weingüter (ausgeschildert) auf.

Das **Yakima Valley** ist bekannt für ein großes Indianerreservat, rasch gewachsene Weinanbaugebiete und Obstplantagen. Die größten Orte sind **Yakima** (ca. 93.000 EW) und die schon erwähnten **Kennewick** (74.000 EW) und **Richland** (51.000 EW). Das Weingebiet erstreckt sich jedoch über das Yakima und Columbia Valley hinaus bis **Walla Walla**, in der äußersten Südostecke des Staates.

Weingut im Hinterland Washingtons

Schon im 19. Jh. hatte man hier **Obst kultiviert**. Allerdings war dafür ein immenser Bewässerungsaufwand nötig, denn Niederschläge östlich der Cascade Range sind absolute Mangelware. Die Region war (und ist) berühmt für Äpfel, Kirschen und Birnen. Vor einigen Jahrzehnten begannen einige Farmer mit **Trauben** zu experimentieren. Die Böden waren dafür ebenso optimal geeignet wie die Sonnenscheindauer und -intensität im Sommer und die gleichzeitig kühlen Nächte für Trauben perfekt sind. Einige Mutige machten den Anfang, 1981 gab es bereits 19 Weingüter in der Region, heute sind es an die 100, mit immer noch steigender Tendenz. Natürlich sind die mächtigen Großunternehmen wie z. B. *Chateau Sainte Michelle, Columbia Crest* oder *Hogue*, die gleichbleibende Durchschnittsqualität produzieren, auch schon vertreten. Andererseits erzeugen „Winzlinge“ wie *L'Ecole 41, Canoe Ridge* oder *Covey Run* Top-Qualitäten.

Heute ist Washington nach Kalifornien **der zweitgrößte Traubenproduzent** der USA und das Yakima Valley gilt als Amerikas zweitwichtigste Weinbauregion mit rund 4.500 ha Anbaufläche. Die Qualität der Weine, insbesondere des *Cabernet Sauvignon*, ist mittlerweile herausragend und kann sich sogar mit kalifornischen Weinen messen. Neben Wein, Obst und Gemüse ist auch der **Anbau von Hopfen** im Yakima Valley von zunehmender Bedeutung.

In **Yakima**, der größten Stadt der Region, lohnt ein Besuch im **Yakima Valley Museum,** das über die Geschichte des fruchtbaren Tals informiert. Im südlich davon gelegenen **Toppenish** befindet sich der Verwaltungssitz der **Yakama Indian Reservation** und im **Yakama Nation Cultural Center** geht es um die Yakama-Indianer, einen der ersten Stämme, die zu Beginn der 1990er-Jahre Bisons zu züchten begannen. Außerdem gibt es in Toppenish das **American Hop Museum** zum Thema Hopfenanbau. Über die gesamte Innenstadt verteilt sind **Murals** (Wandbilder): An die 50 Werke umfasst die Freiluftgalerie bereits, und es kommen jedes Jahr neue hinzu.

Yakima Valley Museum, *2105 Tieton Dr./Franklin Park, http://yakimavalleymuseum.org, Di–Sa 10–17 Uhr, mit* Children's Underground *(ab 13 Uhr), $ 5.*
Yakama Nation Museum & Cultural Center, *Spiel-yi Loop (US 97), Toppenish, www.yakamamuseum.com, Mo–Fr 8–17 Uhr, $ 6, mit Laden (auch Sa/So geöffnet), Restaurant und Theater.*
American Hop Museum, *22 S. B St., Toppenish, www.americanhopmuseum.org, Mai–Sept. Mi–Sa 10–16, So 11–16 Uhr, $ 3.*

Reisepraktische Informationen Yakima Valley

Information

Yakima Valley Visitor Information Center, *101 N. Fair Ave., Yakima, ☎ (509) 573-3388 bzw. 1 (800) 221-0751, www.visityakima.com, Mo–Fr 9–16, Sa 10–16 Uhr. Hier gibt es u. a. eine Karte der Weingüter, Gratis-WiFi und einen Shop.*

Unterkunft/Restaurant

Birchfield Manor Country Inn, *$$$, 2018 Birchfield Rd., Yakima, ☎ (509) 452-1960, www.birchfieldmanor.com. Schönes B & B in viktorianischer Villa von 1910, elf Zimmer; gutes Frühstück, eigenes* **Restaurant**.
Red Lion Hotel, *$$$, 2525 N. 20th St., Pasco, www.redlion.com/pasco, ☎ (509) 547-0701. Größtes und bestes Hotel der Region, 280 großzügige Zimmer, Pool und* **Seasons Restaurant** *sowie* **Bin No. 20 Wine Bar & Restaurant**.

Hinweise für Weinliebhaber

Im Südosten Washingtons kann man in vielen Weingütern die Produkte probieren und kaufen. Die „Großen" wie Chateau Ste. Michelle, Columbia oder Hedges unterhalten auch Verkaufs- und Probierstuben im näheren Umkreis von Seattle.
Listen von Weingütern finden sich unter http://visityakima.com/washington-wine-country sowie unter www.washingtonwine.org.

Nachfolgend ein paar Tipps (die Wineries sind ausgeschildert) für die Region zwischen Yakima und Walla Walla. Die meisten haben von 10–17 Uhr, manche nur nachmittags geöffnet, einige bieten Touren an.
Columbia Crest Winery, WA 221, Columbia Crest Dr., Paterson (ab Prosser)
Barnard Griffin, 878 Tuliplane, Richmond
Bookwalter Winery, 894 Tuliplane, Richmond
Canoe Ridge, 1102 W. Cherry St., Walla Walla
Chinook Wines, Wine Country Rd./Witkopf Loop, Prosser, Sa/So 12–17 Uhr
Covey Run Vinters, 1500 Vintage Rd., Zillah, tgl. 12–17 Uhr
L'Ecole No. 41 Winery, 41 Lowden Scholl Rd., Lowden (nahe Walla Walla)

In Deutschland sind Washington-Weine erhältlich bei: www.weinhalle.de (K & U Weinhalle, Nürnberg).

7. VOM YELLOWSTONE NATIONAL PARK NACH DENVER

Überblick

Away to the Great Plains of America, to that immense Western short-grass prairie now mostly plowed under!
Away to the still-empty land beyond newsstands and malls and velvet restaurant ropes!
Away to the headwaters of the Missouri, now quelled by many impoundment dams …
Away to the air shaft of the continent, where weather fronts from two hemispheres meet, and the wind blows almost all the time!
Away to the fields of wheat and milo and sudan grass and flax and alfalfa and nothing!
Away to parts of Montana and North Dakota and South Dakota and Wyoming and Nebraska and Kansas and Colorado and New Mexico and Oklahoma and Texas!
Away to the high plains rolling inwaves to the rising final chord of the Rocky Mountains!

Ian Frazier, Great Plains, 1989

An die endlose Weite des Nordwestens hat man sich auf der Fahrt zum bzw. durch das „Heart of the Rockies" schon gewöhnt. Auf der weiteren Reise, im folgenden Kapitel, werden nun die gigantischen Bergwelten durch eine andere, nicht weniger atemberaubende Landschaft abgelöst: die **Great Plains**. *Ian Fraziers* Beschreibung

des legendären Graslands zwischen Mississippi und Rocky Mountains bringt die Vielseitigkeit und die Veränderungen auf den Punkt: Das natürliche Grasland hat sich in endlose Agrarflächen gewandelt und in der scheinbaren Leere der *Wide Open Spaces* findet man heute überall menschliche Hinterlassenschaften, von Siedlungen bis hin zu Staudämmen.

Faszinierende Naturerlebnisse

Dennoch lässt sich die Natur nicht unterkriegen und auf der Route durch den „Wilden Westen" durchquert man eine der **abwechslungsreichsten Landschaften Nordamerikas**: Weiden, bewaldete Hügelketten, atemberaubende Canyons, wüstenartige Steppen, schneebedeckte Berge, malerische Flusstäler und dazwischen alte Minenstädte und Indianerreservate. Es geht vorbei an in Stein gehauenen Präsidenten oder Indianerhäuptlingen, und die Spuren der wechselvollen Geschichte sind allgegenwärtig. Doch im **Big Sky Country** ist es nicht nur die Natur selbst, die beeindruckt, es sind auch die aufgeschlossenen und höchst **gastfreundlichen Menschen**. Ihr unbändiger „Pioniergeist", ihre Abenteuerlust und ihre Hochachtung vor Raum und Weite, Land und Natur wirken ansteckend.

Allein die nachfolgend beschriebene Route wäre geeignet für eine mehrwöchige Reise – und selbst dann hätte man bei Weitem nicht alles gesehen. Im Zentrum steht **Wyoming**, dazu kommen angrenzende Landstriche in **Montana**, **South** und **North Dakota** sowie **Colorado**.

Vor Hunderten von Millionen Jahren war dieses Land von großen Seen bedeckt, was über unterschiedlich lange Zeiträume immer wieder, abhängig vom Klima, zur Ablagerung unterschiedlicher Gesteinsschichten führte, die heute stellenweise ein bun-

Wide Open Range – Landschaft in Wyoming

tes Bild ergeben. Vor 80 bis 100 Mio. Jahren begannen diese Seen auszutrocknen und hinterließen eine relativ eintönige Ebene, durch die sich kleine Flüsse zogen. Die Rocky Mountains begannen sich vor rund 75 Mio. Jahren zu heben, und die Landschaft begann sich nach Osten hin zu neigen. Aus den kleinen Flüssen wurden z. T. reißende Ströme, die anfingen, sich durch die Sedimentschichten zu graben und so Canyons und weite Täler schufen.

Prägend für das Landschaftsbild mit Bergen, schräg angeordneten Gesteins- und Ablagerungsschichten in verschiedenen Farben und den Canyons waren vor allem die letzten 3 Mio. Jahre, als das Klima tropischer wurde. Während der letzten 500.000 Jahre gaben die Eiszeiten mit ihren Gletschern, der Kälte und dem Wind dem Land den letzten Schliff. Zahlreiche einzeln stehende Berge weisen heute noch darauf hin, wie hoch die Region einmal gelegen war und wie die obersten Ablagerungsschichten der großen Seen einmal ausgesehen haben. Die Crowheart Butte östlich von Dubois oder die Tafelberge südlich von Lander/WY sind Beispiele dafür.

Geologische Entwicklung

Hinweis zur Route

In den Weiten des Nordwestens unterschätzt man gerne die Entfernungen und die dafür benötigte Zeit. Hinzu kommt, dass ab Oktober bis in den Mai hinein viele Straßen in den Bergregionen gesperrt sind. Die beste Reisezeit sind der Spätsommer und der Frühherbst, wenn der Touristenrummel etwas nachgelassen hat und die Wetterlage dennoch stabil ist. Die nachfolgend beschriebenen Routen lassen sich auch – mit Ausgangspunkt Denver – als eigene Rundreise planen.

Die Nordroute vom Yellowstone NP nach Denver

Cody – Buffalo Bills Heimat

Ehe man in die endlosen Weiten der Great Plains, unterbrochen durch Bergketten wie die Big Horn Mountains oder Black Hills, eintaucht, verabschieden sich die Rocky Mountains beim Verlassen des Yellowstone NP auf spektakuläre Weise, ganz gleich, welcher Route man folgt: dem US Hwy. 212 (**Beartooth Scenic Byway**) im Nordosten, Richtung Billings, wobei man jedoch Cody links liegen lässt, dem **Chief Joseph Scenic Byway** (WY 296) ebenfalls im Nordosten, oder dem US Hwy. 14/16/20. Die beiden letztgenannten Straßen führen nach **Cody**.

Routen in die Great Plains

William F. Cody, besser bekannt als **Buffalo Bill**, hat während seines Lebens als Trapper, Scout und Jäger die geografisch günstige Lage der Region erkannt und dazu bei-

Redaktionstipps

Sehens- und Erlebenswertes

➤ Eindrucksvolle Monumente: die Felsskulpturen in den **Black Hills, Mt. Rushmore** (S. 304) und das **Crazy Horse Memorial** (S. 307).

➤ Geschichte und Leben im Wilden Westen zeigen das **Buffalo Bill Center of The West** in Cody/WY (rechts), das **National Historic Trails Interpretive Center** in Casper/WY (S. 342) und das **Journey Museum** in Rapid City/SD (S. 301).

➤ Ungewöhnliche Naturschauspiele bieten der **Devils Tower** (S. 292), der **Badlands NP** (S. 316) und der **Custer State Park** mit seinen Bisons (S. 310) als Teil der **Black Hills** (S. 293).

➤ Einmalige Erlebnisse: das **Custer SP Buffalo Round-Up** Ende Sept./Anf. Oktober (S. 312) oder das **Black Hills Powwow** (S. 303) in Rapid City.

➤ An eine Schlacht in den Indianerkriegen erinnert das **Little Bighorn Battlefield NM** (S. 282).

➤ Ein Wildwest-Städtchen aus dem Bilderbuch ist **Sheridan/WY** (S. 288).

Unterkunft

➤ Im 1880 gegründeten **Historic Occidental Hotel & Saloon** in Buffalo/WY (S. 292) weht noch ein Hauch wilder Westen.

➤ In den Wäldern der Black Hills: die **Lodges des Custer SP** (S. 310).

➤ Traumhaft ist der Blick von der Veranda der kleinen **Cottages im Badlands NP** (S. 316).

Restaurants

➤ Frisches Bier und bodenständige Kost bietet **Firehouse Brewing** (S. 303) in Rapid City.

getragen, dass 1901 der Ort Cody als **Gateway to Yellowstone** gegründet wurde. Im Winter eher beschaulich, blüht im Sommer der Tourismus: Souvenirgeschäfte, Restaurants und Hotels reihen sich beinahe lückenlos an der Hauptstraße auf und der Ort steht ganz im Zeichen der Wildwest-Ikone. Ein absolutes Muss ist das **Buffalo Bill Center of The West** – eines der eindrucksvollsten Cowboy- und Wildwest-Museen Amerikas, für dessen Besuch man fast schon einen halben Tag einplanen sollte.

Der Komplex gliedert sich in fünf separate Museen. Das wohl wichtigste ist das **Buffalo Bill Museum**, wo Memorabilien, Dokumente, Fotos und andere Zeugnisse aus Codys Leben deutlich machen, in welchem Maße er dazu beigetragen hat, den Wilden Westen „salonfähig" zu machen. Ebenfalls hochinteressant ist das **Plains Indian Museum** – eine sehenswerte Ausstellung über die Prärie-Indianer mit vielen Hörstationen, Nachbauten von Tipis, nachgestellten Szenen sowie einer Ausstellung von Kleidung und Kunsthandwerk.

Die **Whitney Gallery of Western Art** bietet als Kunstausstellung mit Werken von *Russell, Bierstadt, Moran, Bodmer, Remington* u. a. eine hervorragende Übersicht über Westernkunst. Das **Cody Firearms Museum** ist mit seiner ungeheuer vielseitigen Waffensammlung von über 3.500 Exponaten, darunter Hunderte von Winchester- und Remington-Gewehren, perfekt für Waffenfans. Im **Draper Museum of Natural History** schließlich geht es um Naturgeschichte und Landschaft, um die Flora und Fauna in der Region und um den menschlichen Einfluss.

Nach der Besichtigung der Museen lädt der Skulpturengarten zum Erholen ein oder man isst im zugehörigen Café einen Bissen, ehe man sich im Shop umsieht. Wer sich dann noch intensiver mit der Geschichte des „Wilden Westens" befassen möchte, könnte das in der zugehörigen Bibliothek, der *Research Library*, tun.
Buffalo Bill Center of The West, *720 Sheridan Ave., http://centerofthewest.org, im Sommer tgl. 8–18 Uhr, sonst tgl. 10–17 Uhr, $ 18 (2 Tage gültig).*

info

Buffalo Bill und der Mythos „Wilder Westen"

Wie kein Zweiter hat **William F. „Buffalo Bill" Cody** den Wildwest-Mythos mitgeprägt. Geboren am 26. Februar 1846 in LeClair/Iowa, heuerte er schon in jungen Jahren als Reiter beim Pony Express im Westen an. Nach dem Bürgerkrieg, 1867/68, versorgte er die Arbeiter der Kansas Pacific Railroad mit Büffelfleisch und erwarb sich so seinen Spitznamen – und einen guten Ruf. Die nächsten vier Jahre war er dann „Chief of Scouts" der 5th U.S. Cavalry.

Erst als *Cody* 1869 zur Hauptfigur in einem Groschenroman *(Dime Novel)*, von *Ned Buntline* wurde, was ihn über Nacht als Westernheld berühmt machte, sollte sich sein Leben ändern. Denn er verstand sich exzellent darauf, diese Legende weiterzuspinnen. 1883 startete *Buffalo Bill* eine Wildwest-Show, die den Mythos des Westens mit nachgespielten Indianerkämpfen, Postkutschen-Überfällen, Bisonjagden und Geschicklichkeitswettbewerben in alle Welt hinaustrug. Bei der Show traten neben *Buffalo Bill* legendäre Figuren wie *Buck Taylor, Annie Oakley* oder sogar *Sitting Bull* auf. Bis 1913 tourte er im hellen Lederkostüm, mit Hut und Schimmel, wallendem Haar und Spitzbart durch die Welt und versuchte sich wenig erfolgreich in anderen Geschäften. Er starb am 10. Januar 1917 mit 71 Jahren nahe Denver.

Buffalo Bill Center of The West

Mythen über *Buffalo Bill* und seine Abenteuer gibt es bis heute unzählige, viele wurden von ihm selbst in die Welt gesetzt. So manche Story entpuppte sich bei näherer Prüfung als „Märchen", doch am Ende konnte wohl selbst *Buffalo Bill* Realität und Legende nicht mehr auseinanderhalten. Schließlich war er schon zu Lebzeiten selbst zum Mythos avanciert – wie übrigens auch sein „deutsches Gegenstück", *Karl May.*

Reisepraktische Informationen Cody/WY

Information

Cody Country Chamber of Commerce, *836 Sheridan Ave., ☎ (307) 587-2777, www.codychamber.org, siehe zur Region: www.yellowstonecountry.org.*

Unterkunft

Buffalo Bill's Antlers Inn, *$$, 1213 17th St., ☎ (307) 587-2084, www.antlersinncody.com. Modernes Motel im Süden der Stadt mit geräumigen Zimmern.*

The Irma Hotel, *$$–$$$, 1192 Sheridan Ave., ☎ (307) 587-4221, www.irmahotel.com. Von Buffalo Bill 1902 in Auftrag gegeben und nach seiner Tochter benannt. Es verfügt über 39 gut ausgestattete Zimmer, darunter Buffalo Bills einstige Suite.*

Southfork B & B, *$$$, 97 Southfork Rd., ☎ (307) 587-8311, www.southforkbb.com. Luxuriöses und geräumiges Ranchhaus im Westernstil mit drei Zimmern, Gemeinschaftsräumen und Pool; ein üppiges Frühstück ist inklusive.*

Restaurants, Nightlife

Bubba's Bar-B-Que, *512 Yellowstone Hwy. Sehr beliebte Salatbar.*

Irma Restaurant & Grille, *im Irma Hotel (s. o.), ☎ 1 (877) 447-0958. Von morgens bis abends geöffnet, Ribs (Tipp: das Prime Rib!), Steaks und Chicken.*

Silver Saddle Saloon, *im Irma Hotel (s. o.). Treff der Locals seit Generationen.*

Rib & Chop House, *1376 Sheridan Ave., ☎ (307) 527-7731. Leckere Rippchen und Steaks vom Angus-Rind.*

Einkaufen

Boot Barn, *1625 Stampede Ave. Filiale des Western-Wear-Ladens mit günstigen Jeans, Boots und Hats.*

Seidel's Saddlery, *1200 Sheridan Ave., www.seidelsaddlery.com. Alteingesessener Westernladen, der auch Sättel und sonstiges Reitzubehör herstellt.*

Wyoming Buffalo Co., *1264 Sheridan Ave., www.wyomingbuffalocompany.com. Nicht nur Souvenirs, sondern auch Wild- und Bisonprodukte.*

Wyoming Well Book Exchange, *1902 E. Sheridan. Großer Secondhand-Buchladen mit umfangreicher Auswahl an Krimis und Western.*

Veranstaltungen

Buffalo Bill Cody Stampede, *Yellowstone Hwy. (US 14/16/20, am westl. Ortsrand), www.codystampederodeo.com. Jedes Jahr vom 1.–4. Juli findet seit dem Jahr 1922 dieses hochkarätige Rodeo-Event in Cody statt. Regelmäßig von Juni–Aug. tgl. um 20 Uhr gibt es das* **Cody Nite Rodeo** *($ 20) zu sehen.*

Cody Gunfighters, *Juni–Ende Sept. Mo–Sa 18 Uhr. Inszenierte Wildwest-Schießerei vor dem Irma Hotel.*

Dan Miller's Cowboy Music Revue, *1110 Beck Ave., http://cowboymusicrevue.com, Mai–Sept. Mo–Sa 20 Uhr, $ 15. Ein Abend voller Cowboy-Musik und -Poetry, auch im Paket mit Abendessen erhältlich.*

Touren

Cody Trolley Tours, *http://codytrolleytours.com. Einstündige Bustouren durch Stadt und Umgebung (mit Erläuterungen), mehrmals tgl. Juni–Sept., $ 25, mit Buffalo Bill Center $ 38.*

Hinweis zur Route

Von Cody führt der WY 120 südwärts nach Thermopolis und dort trifft man auf die weiter unten beschriebene Südroute. Nach Sheridan gelangt man entweder auf dem WY 120 und MT 72 über Billings und dann auf der Autobahn I-90, vorbei am Little Bighorn Battlefield NM, oder auf dem US Hwy. 14 ALT vorbei am Bighorn Canyon und über die Big Horn Mountains.

Routenvariante über Billings/MT

Südlich von **Bridger/MT**, erreichbar von Cody auf dem WY 120 bzw. MT 72, mündet die Straße in den US Hwy. 310, der wiederum bei Rockvale in den US Hwy. 212, den schon oben erwähnten **Beartooth Scenic Byway**, übergeht. Von Bridger sind es nur noch wenige Meilen nach **Billings**. Die knapp 100.000 EW zählende Stadt wurde 1882 als Eisenbahnstützpunkt gegründet. Zunächst lebte man von Rindern, die aus dem Norden Montanas hier zusammengetrieben und dann zur Verladestation in Billings gebracht wurden. Ab den 1970er-Jahren kamen Erdöl- und Erdgasförderung dazu und machten Billings zur größten Stadt Montanas.

Größte Stadt Montanas

Zu den Attraktionen der Präriestadt gehört die **Moss Mansion**, 1901 erbaut für den Bankpräsidenten *P. B. Moss* und Frau. Die Originalausstattung reicht von französischen Fresken über ein Esszimmer im englischen Tudor-Stil bis hin zum maurischen Eingangsbogen und zeigt den eklektizistischen Kunstgeschmack des Besitzers.

Im **Western Heritage Center** beschäftigen sich Wechselausstellungen mit der Besiedlungs- bzw. Indianergeschichte des Westens. Das **Yellowstone Art Museum** im ehemaligen Gefängnis widmet sich hingegen ausschließlich der lokalen Kunst.
Moss Mansion, *914 Division St., www.mossmansion.com, Di-Sa 10–16, So 13–16 Uhr, stündlich Touren, $ 10.*
Western Heritage Center, *2822 Montana Ave., www.ywhc.org, Di–Sa 10–17 Uhr, $5*
Yellowstone Art Museum, *401 N. 27th St., www.artmuseum.org, Di–Sa 10–17, Do/Fr bis 20, So 10–16 Uhr, $ 6.*

Im Großraum von Billings lohnt der **Pictograph Cave State Park** (südöstlich, I-90 Exit 23 Lockwood, Mai–Okt., saisonal variable Öffnungszeiten, mit VC, Eintritt frei, http://stateparks.mt.gov/pictograph-cave). Wie 4.500 Jahre alte Felsmalereien belegen, war die Region bereits lange vor den Weißen von *Crow Indians* besiedelt. Eine einzige noch erhaltene Spur hinterließ die *Lewis & Clark*-Expedition Anfang des 19. Jh. auf einer Felsklippe über dem Yellowstone River, gut 30 km nordöstlich der Stadt: das **Pompeys Pillar National Monument**, auf dem sich *William Clark* verewigt hat. Über die Geschichte und die Region informiert das angeschlossene attraktive **Clark on the Yellowstone Interpretive Center**, von wo aus auch Ranger-Touren zum Felsen angeboten werden.
Pompeys Pillar NM, *I-94 Exit Pompeys Pillar, www.pompeyspillar.org, mit Interpretive Center, Mai–Sept. tgl. 9–18 Uhr, Gelände zu Fuß immer zugänglich, $ 7/Pkw.*

Spuren von Lewis & Clark

Reisepraktische Informationen Billings/MT

Information

Billings Visitor Information Center, *815 S. 27th St., ☏ (406) 252-4111, Mo–Sa 8.30–17, So 12–16, in der NS nur Mo–Fr 8.30–17 Uhr, www.visitbillings.com.*

Unterkunft

C'mon Inn, *$$–$$$, 2020 Overland Ave. (I-90 Exit 446), www.cmoninn.com, ☏ (406) 655-1100. 80 geräumige Zimmer, einige mit Jacuzzi, Innenpool, Frühstück.*

Dude Rancher Lodge, *$–$$, 415 N. 29th St., www.duderancherlodge.com, ☏ (406) 259-5561. 57 Zimmer im rustikalen Ranchstil, gemütlich, ruhig, preiswert. Empfehlenswerte Alternative zu den einförmigen Kettenmotels. Mit nettem Lokal!*

Lonesome Spur Ranch, *$$$, Schwend Rd., südl. Bridger, ☏ (406) 662-3460, www.lonesomespur.com. Drei verschieden große Lodges und zwei Gästezimmer im Farmhaus der Working Ranch, Tipis sowie zwei einfache Hütten im Wildhorse Range Areal in den Pryor Mountains. Farmaktivitäten und „authentische" Verpflegung sowie Begleitprogramm im Preis enthalten.*

Restaurants und Nightlife

Jake's, *2701 1st Ave. N. (gegenüber Sheraton). Gemütliches Lokal, beliebt bei Einheimischen und Besuchern wegen der Steaks und Desserts; es gibt aber auch Vegetarisches.*

MacKenzie River Pizza Co., *3025 E. Grand Ave., ☏ (406) 651-0068. Prima Pizza und eine gute Auswahl an regionalen Microbrews.*

Walkers Grill, *2700 1st St., ☏ (406) 245-9291. Eine Institution in der Stadt, nur die besten und frischesten Zutaten gelangen in die Küche.*

Einkaufen

Shipton's Big R, *216 N14th St., www.shiptonsbigr.com. Großer Laden mit Farm- und Ranch-Ausrüstung, Sportartikeln, Schuhen und Bekleidung.*

Hinweis zur Route

Von Billings erreicht man auf der I-90 nach rund 65mi/100 km einen für die Geschichte des Westens bedeutenden Ort: das Little Bighorn Battlefield NM. Von dort führt dieselbe Autobahn weiter nach Sheridan/WY.

Little Bighorn Battlefield National Monument

Südlich **Crow Agency** zweigt von der I-90 der US Hwy. 212 zum **Little Bighorn Battlefield NM** ab. Im VC an der Zufahrt erhält man Infos, eine Karte vom Schlachtfeld und kann eine Audiokassette ausleihen, die die einzelnen Punkte näher erläutert. Die Rundfahrt über das Areal führt vorbei an einem Friedhof und an wesentlichen Punkten der Schlacht, durch Marker gekennzeichnet. Am offiziellen Last Stand, wo Custers Truppen angeblich ihre letzte Stellung bezogen hatten, befindet sich ein Museum, das sich näher mit den Umständen und Randaspekten der Schlacht befasst. Wenngleich die greifbaren Hinterlassenschaften eher spärlich sind, strahlt der Ort eine besondere Atmosphäre aus und sind Hintergründe und Folgen dieser Schlacht von umso größerem Interesse.

Die **Schlacht am Little Bighorn** am 25. Juni 1876 zählt zu den bekanntesten kriegerischen Auseinandersetzungen zwischen US-Armee und Indianern. Das mag vor allem daran liegen, dass der Armee damals eine vernichtende Niederlage zugefügt wurde. Der genaue Hergang ist ungeachtet aller archäologischen Forschungen bis heute teilweise nicht ganz geklärt und gibt noch immer Anlass zu Diskussionen. Schließlich gab es keine überlebenden Soldaten und die Indianer hielten sich stets mit Aussagen zurück. Im Grunde war es nicht der militärische Verlust, der dieser Schlacht zum Einzug in die Geschichtsbücher verholfen hat, sondern vielmehr die Tatsache, dass mit Befehlshaber *George Custer* ein im Bürgerkrieg bewährter, ebenso schillernder wie umstrittener Offizier vernichtend geschlagen wurde. Mythen begannen schon Tage nach dem Ereignis wild zu sprießen, die Soldaten wurden als Heroen und Opfer bestialischer Kriegsmethoden gefeiert und die Schlacht so dargestellt, als ob *Custer* und sein ihn umgebendes letztes Trüppchen von vielleicht 20 Mann bis zur letzten Kugel gekämpft hätten. Der Kampf wurde jedoch von beiden Seiten hart und grausam geführt und archäologische Forschungen haben mittlerweile die meisten Heldengeschichten in Frage gestellt.

Berühmte Schlacht

Little Bighorn Battlefield

Reisepraktische Informationen Little Bighorn NM

Information

Little Bighorn Battlefield NM & VC, *Zufahrt 25 km südöstl. Hardin/MT (I-90 Exit 510, dann US 212), www.nps.gov/libi, tgl. 8 bis mind. 16.30 Uhr, $ 10/Pkw, Ranger Talks und Touren sowie Ausstellungen.*

Veranstaltungen

Im nördlich des Battlefield gelegen Ort Crow Agency findet jedes Jahr im August während der **Crow Fair & Rodeo** *eines der größten* **Powwows** *des Landes statt. Infos: http://visitmt.com/listing/categories_NET/MoreInfo.aspx?IDRRecordID=8832.*
Das weiter nördlich gelegene Hardin ist immer Ende Juni bei den **Little Big Horn Days** *Schauplatz eines dreitägigen* **Custer's Last Stand Re-Enactments**, *der Nachstellung jener legendären Schlacht am Little Bighorn. Infos: www.custerlaststand.org.*

Touren

Apsaalooke Tours, ☏ *(406) 638-3897, www.nps.gov/libi/planyourvisit/apsaalooke-tours.htm, Ende Mai–Anf. Sept. 5-mal tgl. einstündige Touren im Kleinbus ab VC, $ 8. Organisiert von Crow Indians, welche die Ereignisse auch aus ihrer Sicht darstellen.*
Go Native America, ☏ *1 (888) 800-1876, www.gonativeamerica.com. Verschiedene interessante Touren (mindestens halbtägig) über das Schlachtfeld und zu anderen historischen Orten in der Umgebung mit Schwerpunkt indianische Lebensweise und Kultur.*

info

Custer's Last Stand

Kaum ein anderes Indianervolk – mit Ausnahme der Apachen im Südwesten – hat sich derart vehement gegen weiße Eindringlinge zur Wehr gesetzt wie die **Lakota-Sioux** und die mit ihnen befreundeten **Cheyenne**. Dieses als „Indianerkriege" oder **Great Sioux War** in die Historie eingegangene Kapitel dauerte fast ein Jahrhundert lang, beginnend mit den ersten weißen Trappern, die im späten 18. Jh. im Westen für Unruhe sorgten. Ihnen folgten Abenteurer, Goldsucher, Forscher und zuletzt Siedler, und sie alle verdrängten die Indianer immer weiter, bis diesen schließlich von der US-Regierung Reservate zugeteilt wurden. Vertrag um Vertrag wurde geschlossen und wieder gebrochen, forciert durch den Landhunger der Siedler und die Entdeckung von Bodenschätzen.

Um 1860 brachen im Gebiet der **Lakota**, einer der drei Gruppen der Sioux (s. INFO S. 322), die in den heutigen Bundesstaaten Wyoming, North und South Dakota sowie Teilen Montanas lebten, heftige Unruhen aus. Sie führten sogar dazu, dass sich die US Army aus manchen Regionen, wie um den Bozeman Trail (s. unten), zurückzogen. Ein **1868 in Fort Laramie unterzeichneter Vertrag** sollte endlich für Ruhe sorgen. Er wies den Lakota ein Stück Land zu, das von den Big Horn Mountains zum Missouri und North Platte River reichte – und das die Lakota bis heute einfordern (Infos über die **Republic of Lakotah** unter www.republicoflakotah.com).

Als 1874 **Gold in den Black Hills** entdeckt wurde, zog es jedoch Tausende von Abenteuerlustigen in die Berge, die den Lakota heilig waren. Daraufhin bemühte sich die US-Regierung vergeblich darum, den Lakota die Black Hills abzukaufen – bis heute heißt es unter den Indianern: *„The Black Hills are not for sale"* – und setzte dann den „wilden Sioux" ein Ultimatum: Wer sich bis zum 31. Januar 1876 nicht in einem Reservat meldete, wurde fortan als Feind betrachtet. Aber auch als das Ultimatum bis zum 17. März verlängert wurde, blieb es ohne Wirkung.

Lt. Col. George Custer

Es kam zu ersten Scharmützeln und immer mehr Indianer scharten sich um die beiden charismatischen Anführer **Sitting Bull** und **Crazy Horse**. Ihr Ziel war nicht der Kampf gegen die US-Armee, vielmehr wollte man lediglich in Frieden in der alten Heimat zwischen Black Hills und Big Horn Mountains leben. Im Frühjahr 1876 hatte die Armeeführung unter **General Sheridan** Befehl erteilt, entschiedener gegen die „unbeugsamen" Indianer vorzugehen. Man wollte die „wilden Sioux", von denen man wusste, dass sie sich im Gebiet der Big Horn Mountains zu einem großen Sommerlager versammelt hatten, einkesseln und zur Aufgabe zwingen.

Von Fort Ellis (Montana) marschierte **Colonel Gibbon** mit mehreren Kompanien, Kavallerie und Infanterie, nach Osten, **General George Crook**, einer der wenigen Indianerfreunde unter den Offizieren, zog mit über 1.400 Mann entlang dem Tongue River nach Norden und etwa 1.000 Soldaten unter Führung von **General Alfred H. Terry** brachen von Fort Abraham Lincoln bei Mandan (ND) Richtung Westen auf. Zu Terrys Abteilung gehörte auch **Lt. Col. George Custer** als Befehlshaber der 7. Kavallerie.

George Custer, am 5. Dezember 1839 in New Rumley, Ohio, geboren, sorgte sein ganzes Leben lang für Aufsehen. Nach seinem Abschluss an der Militärhochschule West Point startete er unerwartet eine brilliante Karriere während des Bürgerkrieges: Bis 1865 war der Draufgänger bis zum Generalmajor der Unions-Armee aufgestiegen. Der *„Boy General"* war aufgrund seiner Bravourstücke im Bürgerkrieg nicht nur zum Idol der Kavallerie geworden, sondern zugleich zum „uniformierten Prinzen". Sein ungewöhnliches Auftreten mit breitkrempigem Hut, rotem Halstuch und blonder Haarpracht wurde zum Markenzeichen. Seiner Beliebtheit konnte auch die Heirat mit *Elizabeth „Libbie" Bacon* nichts anhaben – im Gegenteil: Sein galantes Auftreten und seine glückliche Ehe steigerten seine Popularität. Nach dem Bürgerkrieg in den Westen abkommandiert, sorgte er auch dort für Aufsehen. Bei den meisten Offizieren wegen seiner Eigenwilligkeiten ungeliebt, wurde Custer im Osten als Haudegen und Kavalier bewundert. Zudem machte *Custer* als offizieller Jagdbegleiter des russischen Großfürsten *Alexander* in die Plains (1872) und als Leiter der folgenreichen Expedition in die Black Hills (1874), die den Goldrausch auslöste, von sich reden.

info

Doch zurück in den Sommer 1876: *Gibbon* und *Terry* trafen im Juni an der Mündung des Tongue River in den Yellowstone River (beim heutigen Miles City) zusammen. Südlich davon, am Goose Creek (südlich Sheridan, im heutigen WY), errichtete *Crook* ein Basislager, denn die drei Befehlshaber hatten Kenntnis erhalten von einer Sioux-Streitmacht in ihrer Nähe, die *Crooks* Armee am 17. Juni am Rosebud Creek (im Grenzgebiet MT/WY) plötzlich angriff. Die Lakota/Cheyenne unter *Crazy Horse* setzten *Crooks* Truppen stark zu, zogen sich jedoch wieder zum Little Bighorn zurück. *Crook* versäumte es, *Terry* von der Schlacht und seinem Rückzug zu informieren.

Die Schlacht am Little Bighorn bedeutete für die Indianer das Ende ihrer Lebensweise

Am 21. Juni 1876 kamen *Gibbon, Terry* und *Custer* zu einer Besprechung zusammen, über deren Ergebnis bis heute spekuliert wird. Hinterher betonten die beiden ersteren stets, Custer klare Anweisungen gegeben zu haben – so konnte man die Alleinschuld für das Fiasko leicht auf den ehrgeizigen Draufgänger abwälzen. *Gibbon, Terry* und *Crook* wollten die Sioux am Little Bighorn einkesseln. *Custers* Aufgabe schien es gewesen zu sein, den Indianern den Fluchtweg nach Osten, in die Black Hills, abzuschneiden.

Custer brach am 22 Juni mit rund 650 Mann der 7th Cavlary auf, um das Indianerlager zu finden. Nach anstrengendem Ritt sichteten am 25. Juni *Custers* sechs Crow-Scouts – die Crows waren seit Generationen mit den Lakota verfeindet – das große Lakota/Cheyenne-Lager. Sie warnten *Custer* vor der großen indianischen Streitmacht: Die Zahl schwankt zwischen 900 und 2500 Kriegern. Zusätzlich hatten Lakota-Scouts die Truppe längst entdeckt. Dennoch war *Custer* zum sofortigen Angriff entschlossen, glaubte er doch, die Indianer seien dabei, zu fliehen. So teilte er seine erschöpfte Truppe in drei Gruppen. Er selbst wollte das Lager mit fünf Abteilungen umgehen und von Norden angreifen, Captain *Frederick Benteen* sollte mit drei Kompagnien von Süden vorrücken und Major *Markus Reno* erhielt den Befehl – es war bereits 15 Uhr – mit den restlichen drei Abteilungen sofort anzugreifen. Renos Angriff wurde mühelos abgewehrt, er musste sich mit dem Rest seiner Truppe auf einer Anhöhe verschanzen und wurde schließlich durch *Benteen* verstärkt. *Custer* dagegen wurde mit seiner Truppe von der von *Crazy Horse* klug um die Soldaten herumgeführten Hauptstreitmacht der Lakota/Cheyenne vernichtet.

Gleichgültig, wie man die Schlacht am Little Bighorn betrachtet: Sie war ein Fiasko für die US-Armee und die Indianerpolitik der Regierung. Für die Indianer bedeutete sie den Anfang vom Ende. Sie zerstreuten sich zunächst in alle Winde und mußten sich schließlich alle ergeben. *Crazy Horse* wurde bei seiner Gefangennahme hinterrücks ermordet und *Sitting Bull* kehrte am Ende als gebrochener Mann aus dem Exil in Kanada zurück. Auch er wurde später unter dubiosen Umständen getötet.

Routenvariante über die Big Horn Mountains

Von Cody geht es auf dem US Hwy. 14 ALT zunächst nach Lovell und von dort auf einem interessanten Streckenabschnitt, der sogenannten **Medicine Wheel Passage**, über die Big Horn Mountains, eine zunehmend beliebte Skiregion. **Lovell** selbst ist ein kleines Prärienest, wo der WY 37, eine Stichstraße, nach Norden zur **Bighorn Canyon National Recreation Area** abzweigt.

Unwegsames Gelände

Auf über 100 km hat sich der **Bighorn River** durch ein felsiges Hochplateau gefressen und über die Jahrmillionen einen atemberaubenden Canyon geschaffen, dessen Wände über 300 m steil abfallen. Obwohl die Region bereits vor 10.000 Jahren von Indianern bewohnt war, gelangten nur wenige in die furchterregende Schlucht. Die Unwegsamkeit des Geländes schützte die Natur lange vor menschlichen Eingriffen und erst 1968 entstand die 160 m hohe Staumauer des **Yellowtail Dam**, die den **Bighorn Lake** hervorbrachte. Trotz dieses Stausees ist das Naturerlebnis einmalig. Mit etwas Glück kann man in den umliegenden Bergen Elche, Berglöwen, Bighorn-Schafe oder Mustangs beobachten. Am beeindruckendsten ist der Ausblick vom **Devil Canyon Overlook**, einer Stelle, an der sich der Bighorn River seine tiefste Furche gefräst hat.
Bighorn Canyon NRA – Cal S. Taggart VC, *US 310/US 14A, Lovell, www.nps.gov/bica, tgl. 8.30–18 Uhr, in der NS verkürzt, $ 5/Pkw; außerdem* **Yellowtail Dam VC** *(Fort Smith/MT), nur HS 9–17 Uhr, und zwei Ranger Stations.*

Weiter geht es auf der Hauptroute, der **Medicine Wheel Passage** (www.scenicdrivesusa.com/node/225): Der Byway schraubt sich die westliche Abbruchkante der Big Horn Mountains hinauf und eröffnet immer wieder spektakuläre Ausblicke auf das Yellowstone Plateau und die fernen Rockies. Etwa 34 mi/54 km östlich von Lovell führt eine kleine Stichstraße (FDR 12) nordwärts auf den 3.000 m hohen **Medicine Mountain**. Vom Parkplatz aus sind noch rund 2,5 km zu wandern, ehe man das **Medicine Wheel National Historic Landmark** erreicht (ab US 14 A, VC in Lovell, 604 Main St., http://wyoshpo.state.wy.us/NationalRegister/Site.aspx?ID=60).

Rätselhaftes „Wagenrad"

Dabei handelt es sich um eine unterschiedlich interpretierte Hinterlassenschaft prähistorischer Indianerkulturen – eine Steinformation in Form eines Wagenrades. Der Durchmesser des **Medicine Wheel** beträgt rund 25 m und das „Rad" hat 28 „Speichen". In South Dakota, Wyoming, Montana, Alberta, Saskatchewan gibt es um die 100 solcher heiligen Plätze, allesamt in Regionen, die bereits vor mehreren Tausend Jahren von Indianern besiedelt waren.

Der US Hwy. 14 ALT trifft in Burgess Junction auf den Hwy. 14, den **Bighorn Scenic Byway** (www.scenicdrivesusa.com/node/228). Diese Straße überquert auf einer malerischen Route weiter die Big Horn Mountains und mündet wenige Meilen nördlich von Sheridan in die I-90.

Lesetipp

Die Krimis von J. C. Box spielen in den Bighorn Mountains; s. auch Literaturtipps im Anhang.

Sheridan – Westernstadt aus dem Bilderbuch

Die legendäre Mint Bar in Sheridan

Sheridan (18.000 EW) hat sich den Charakter einer **Westernstadt aus dem Bilderbuch** bewahrt. Die hier veranstalteten **Buffalo Bill Days** zählen zu den Top-100-Events in den USA und auch die Stadt selbst wurde bereits mehrfach ausgezeichnet. Bekannt ist sie auch wegen der Guest Ranches im Umkreis – die erste, *Eaton's*, wurde bereits 1904 eröffnet – und der hier stattfindenden Rodeos, allen voran das Mitte Juli stattfindende hochkarätige *Sheridan WYO Rodeo*.

Ursprünglich Indianergebiet, brachte der südlich verlaufende **Bozeman Trail** nicht nur Goldsucher und Siedler, sondern auch wachsende Konflikte mit den Indianern. Später sorgten dann Viehzucht, Getreideanbau und Kohleabbau für bescheidenen Wohlstand und heute hat sich dank vielfältiger Outdoormöglichkeiten, vor allem im nahen **Bighorn National Forest** (www.fs. usda.gov/bighorn), der Tourismus zum wichtigen wirtschaftlichen Standbein entwickelt.

Historisches Hotel

Sehenswert ist abgesehen von der historischen Innenstadt um die Main Street besonders die **Trail End State Historic Site**. Im ehemaligen Wohnhaus des Gouverneurs von Wyoming *John B. Kendrick* (1857–1933), der einst als Cowboy zum reichsten Rancher der Region und zum bedeutenden Politiker aufstieg, beeindrucken nicht nur Innenarchitektur und Ausstattung, u. a. mit Antiquitäten, sondern auch Dimensionen und Luxus. Die Villa war für den „Wilden Westen" und die damalige Zeit höchst komfortabel.
Trail End State Historic Site, *400 Clarendon Ave./Kendrick Park, www.trailend.org, Juni–Aug. tgl. 9–18, März–Mai und Sept.–Anf. Dez. tgl. 13–16 Uhr, $ 4.*

Das **Historic Sheridan Inn** (5th/Broadway) war 1893 das erste Gebäude der Stadt mit Strom, Telefon und fließendem Wasser; es galt als bestes Hotel zwischen Chicago und San Francisco. An seiner Entstehung war *Buffalo Bill* maßgeblich beteiligt, er nutzte dieses Hotel als Rückzugsort, als *Hideout*, und traf sich hier mit berühmten Freunden wie *Calamity Jane, Wild Bill Hickok, Ernest Hemingway* oder *Theodore Roosevelt*. Hier rekrutierte er die Akteure für seine Wildwest-Show und feierte Partys. Das Hotel, das auf dem *National Register of Historic Places* steht, wurde nach langjährigem Dornröschenschlaf und umfassender Renovierung mit Wildwest-Zimmern und Suiten als „grünes Hotel" wiedereröffnet (www.sheridaninn.com). Gelegentlich gibt es Führungen durch *Buffalo Bill, Wild Bill Hickok* oder *Annie Oakley* höchstpersönlich.

Die **Main Street** ist einen Bummel wert: Kleine Läden, Bars und Lokale reihen sich aneinander. Nicht versäumen sollte man **King's Saddlery** (184 N. Main St.). Hier kaufen nicht nur Cowboys, sondern auch Rodeo-Teilnehmer ihre Ausrüstung. *Dan King* (1923–2007) hatte seine Karriere als Cowboy begonnen, um sich nach dem Zweiten Weltkrieg als Sattelmacher selbstständig zu machen. Seit den 1960er- Jahren haben allerdings die im Untergeschoss des Geschäfts produzierten Lassos *(Ropes)* den kunstvoll verzierten Sätteln den Rang abgelaufen und das Unternehmen landesweit berühmt gemacht. Über 30.000 Lassos werden im Jahr verkauft!

Rodeosattel

In einem dem Laden angeschlossenen Bau befindet sich **Don King's Museum** (Mo–Sa 8–17 Uhr, Eintritt frei). Prall gefüllt mit Cowboy-Memorabilien aller Art – (teils seltene und historische) Sättel, Chaps, Sporen, Waffen – und indianischen Artefakten lässt King hier die Geschichte der *Horsemen* und Indianer der Gegend eindrucksvoll Revue passieren.

Etwa 15 mi/24 km südlich der Stadt (US Hwy. 87, dann WY 335) lohnt der Besuch der **Bradford Brinton Memorial Historic Ranch & Museum**. 1892 gegründet und 1923 von *Bradford Brinton* – einst Ingenieur bei einer Fabrik für landwirtschaftliche Maschinen in Midwest – übernommen, baute dieser das Wohnhaus zu einer luxuriösen 20-Zimmer-Villa aus. Im Ranchhaus (Touren) und dem angeschlossenen Museum (auch Wechselausstellungen) befinden sich seine ungewöhnliche Sammlung von Western Art, u. a. mit Gemälden bedeutender Western-Art-Künstler wie *Remington* oder *Russell*, indianisches Kunsthandwerk, seltene Bücher, Antiquitäten, Fotos und vieles mehr.
Bradford Brinton Memorial Historic Ranch & Museum, *239 Brinton Rd., Big Horn, www.bradfordbrintonmemorial.com, Mt. Apr.–Ende Okt. Mo–Sa 10–17, So 12–17 Uhr, Sept./Okt. außer Mo, $ 5.*

Reisepraktische Informationen Sheridan/WY

Information

State of Wyoming Information Center *mit* **Sheridan Travel & Tourism,** *I-90 Exit 23, ☏ (307) 673-7121, www.sheridanwyoming.org, Mo–Fr 8–17, im Sommer tgl.*

Unterkunft

Mill Inn, *$$$, 2161 Coffeen Ave (I-90 Exit 25), ☏ (307) 672-6401, www.sheridanmillinn.com. Angebaut an die alte Getreidemühle des Ortes, geräumige und schön ausgestattete Zimmer, das reichhaltige Frühstück ist im Übernachtungspreis inbegriffen.*

Eaton's Ranch, *$$$$$, ca. 25 km westl. Sheridan, in Wolf, ☏ (307) 655-9285, www.eatonsranch.com. Eine der größten, ältesten und bekanntesten Dude Ranches in den USA von 1904; heute haben etwa 125 Gäste Platz.*

Restaurants/Nightlife

Frackelton's, *55 N. Main St., ☏ (307) 675-6055. Das Toplokal der Stadt mit gehobener, mediterran-angehauchter Küche, aber auch regionalen, eher deftigen Spezialitäten.*

Java Moon, *176 N. Main St. Beliebtes Café, ideal für's Frühstück.*

Mint Bar, *151 N. Main St. Seit rund 100 Jahren der Treff im Umkreis überhaupt. Im authentischen Saloon von 1907 kommt man zusammen, trinkt und feiert wie zu Zeiten Buffalo Bills.*

Sanford's Grub, Bar & Brewery, *1 E. Alger St. Hier gibt es die größte Bierauswahl in Wyoming: 125 Sorten, davon über 30 vom Fass, dazu schmackhafte Burger, Steaks und Sandwiches.*

Einkaufen

An der und rund um die Main Street finden sich Bars, Cafés und Geschäfte, beispielsweise:

Custer Battlefield Trading Post, *130 N. Main St. Indianerschmuck, Westernsouvenirs und Bücher zum Thema Custer und Sioux.*

King's Saddlery, *184 N. Main St. Cowboy-Arbeitszubehör aller Art, Seilmacherei und sehenswertes Wildwest-Museum.*

Sheridan Stationery Co., *206 N. Main St. Buchladen und Galerie in einem.*

Veranstaltungen

Eine Übersicht gibt es unter: www.sheridanwyoming.org/festivals-and-events, die wichtigsten Events sind:

Mitte Juli: **Sheridan WYO Rodeo**, *www.wyorodeo.com. Eines der Top-Rodeos in den USA, sechs Tage Rodeo, Parade, Konzerte u. a. Vergnügungen.*

WYO Theater, *42 N. Main St., ☏ (307) 672.9084, www.wyotheater.com. Historisches Vaudeville-Theater mit Liveshows Okt.–Anf. Mai.*

Concerts in the Park, *Kendrick Park, im Sommer jeden Di. 19.30 Gratiskonzerte.*

3rd Thursday Street Festival, *Juni–Sept. am 3. Do. im Monat: Verkaufsstände, Livemusik und vielerlei Entertainment entlang der Main Street.*

Hinweis zur Route

Ausflug zum Little Bighorn Battlefield

Hat man nicht die erste Routenvariante über Billings (s. oben) gewählt, so bietet sich auch ab Sheridan Gelegenheit zu einem Abstecher (ca. 80 mi/130 km einfach) zum Little Bighorn Battlefield NM, S. 282.

Entlang dem Bozeman Trail

Zwischen Sheridan und Buffalo folgen die I-90 und der parallel verlaufende US Hwy. 87 dem **Bozeman Trail** (www.bozemantrail.org). *John M. Bozeman* nutzte in den frühen 1860er-Jahren den Weg als Abkürzung zu den Gold- und Minengebieten im Südwesten Montanas. Der Trail verlief zunächst ab Colorado identisch mit dem Oregon Trail nach Wyoming, wo er dann Richtung Big Horn Mountains und weiter nach Westen, nach Bozeman und Virginia City verlief. Die US-Armee versuchte den Weg durch das Gebiet der Lakota (s. INFO S. 322) mit Militärposten zu sichern, doch die Indianer setzten sich unter *Red Cloud* vehement zur Wehr, sodass der Trail bald als *Bloody Bozeman* bekannt wurde. Spuren dieser Auseinandersetzungen kann man während der Fahrt von Sheridan nach Buffalo entdecken. Bei Story, südlich Sheridan, ist nahe der **Fort Phil Kearny State Historic Site** beispielsweise die Stelle des **Wagon Box Fight** zu sehen. Hier hatte sich 1867 eine Handvoll Holzfäller mit einer Wagenburg und neuen Schnellfeuerwaffen erfolgreich gegen eine Überzahl angreifender Indianer zur Wehr gesetzt.

„Bloody" Bozeman Trail

Auf der anderen Seite der Interstate macht ein großer, steinerner Gedenkstein auf das **Fetterman Massacre** aufmerksam. Über das Schlachtfeld führt ein Trail, an dem Infotafeln erläutern, wo und wie genau *Lt. Col. William Fetterman* mit 81 Soldaten und Zivilisten am 21. Dezember 1866 von Lakota-Indianern unter *Red Cloud* in einen Hinterhalt gelockt und getötet wurde. Daraufhin wurden einige Militärposten und der Trail aufgegeben. Die Indianer brannten, als Zeichen ihres Hasses auf die weißen Eindringlinge, das aufgegebene **Fort Phil Kearny** nieder. Heute erinnert die Fort Phil Kearny State Historic Site mit VC und Museum an jene Auseinandersetzungen in den 1860er-Jahren. Erst im Vorfeld der Schlacht am Little Bighorn im Sommer 1876 wagte sich wieder eine US-Armee unter General *Crook* hierher.

Fort Phil Kearny SHS, *I-90 Exit 44, 28 mi/45 km südlich Sheridan, bei Story (WY 193), ausgeschildert „Fetterman Battle Site" und „Wagon Box Fight", www.fortphilkearny.com sowie www.bozemantrail.org, VC Mai–Sept. tgl. 8–18, sonst Mi–So 12–16 Uhr, $ 4, Schlachtfelder frei zugänglich.*

Die kleine Ortschaft **Buffalo** (ca. 4.600 EW) war 1884 als einer der ersten Orte im Norden Wyomings gegründet worden und diente **Fort McKinney** (1877–94) als Versorgungs- und Vergnügungsort mit etlichen Saloons, Bars und Bordellen. Nach Aufgabe des Forts fiel das Städtchen in einen Dornröschenschlaf.

Ein Relikt dieser Zeiten ist das **Historic Occidential Hotel**, dessen Geschichte bis ins Jahr 1878 zurückreicht und in dem sich etliche Prominente, darunter *Owen Wister*, der hier große Teile des „Virginian" (1902) schrieb, ein Stelldichein gaben. Heute stellt das historische Luxushotel mit seinem erlesenen Saloon und Restaurant eine fast noch wichtigere Attraktion im Ort dar als das **Jim Gatchell Memorial Museum**. Es informiert über lokale Ereignisse wie den berühmten Rinderkrieg (**Johnson County Cattle War**), über die verschiedenen Zuwanderer – vor allem Basken, die als Schafhirten arbeiteten – und über die dunkelhäutigen *Buffalo Soldiers*.

Lokalgeschichtliches Museum

Jim Gatchell Memorial Museum, *100 Fort St., www.jimgatchell.com, Mai Mo–Fr 9–16, Juni–Anf. Sept. Mo–Sa 9–18, So 12–18, Sept.–Dez. Mo–Fr 9–16 Uhr, $ 5.*

Reisepraktische Informationen Buffalo/WY

Information
Buffalo Chamber of Commerce, *55 N. Main St., ☎ (307) 684-5544, www.buffalowyo.com, Mo–Fr 9–17 Uhr.*

Unterkunft/Restaurant
The Historic Occidental Hotel & Saloon, *$$–$$$$, 10 N. Main St., ☎ (307) 684-0451, www.occidentalwyoming.com. 1878 gegründetes legendäres Hotel, in dem schon berühmte Westerners wie Buffalo Bill oder Calamity Jane abgestiegen sind. Gemütliche Zimmer und Suiten, die alle einem bestimmten Westernthema oder einer Person gewidmet sind. Angeschlossen sind das schon allein wegen der Steaks sehr empfehlenswerte* **Virginian Restaurant** *☎ (307-684-0451) und ein Saloon, der Wildwest-Atmosphäre ausstrahlt und wo es Livemusik gibt.*

Devils Tower National Monument

Die I-90 führt ostwärts zum Devils Tower NM und in die Black Hills. Der **Devils Tower** ist bereits von Weitem sichtbar. Von der Form her an einen Baumstumpf erinnernd und mit charakteristischen senkrecht verlaufenden Rinnen überzogen, erhebt er sich knapp 400 m über der Talsohle und 264 m über dem VC und erreicht rund 1.600 m. Entstanden ist der Felsen durch starke Erhitzung im Erdinneren, die zum Auswurf metamorphen Gesteins entlang einer geologischen Bruchlinie geführt hat; seitdem hat die Erosion ihre Spuren hinterlassen. Die ungewöhnliche Form und die vom herablaufenden Wasser geformten Rillen im Fels haben dafür gesorgt, dass nicht nur die Indianer den Berg als heilig ansahen, sondern dass der Devils Tower schon 1906 zum **ersten National Monument** der Welt erklärt wurde.

Devils Tower – heiliger Ort der Indianer

Die Indianer haben für die spezielle Gestalt des Felsens eine ganz andere Erklärung, nämlich, dass sich Indianermädchen einst vor einem großen Bären flüchteten. Der Große Geist lotste sie an diese Stelle und ließ den Berg aus dem Erdboden wachsen. An seinen steilen Wänden versuchte der Bär vergeblich hochzuklettern – daher die Rillen – und die Mädchen waren gerettet.

Bis heute ist für die Plains-Indianer der Berg heilig und sie nennen den Ort auch „Bear Lodge" („Mato Tipila"/Lakota oder „Nakovehe"/Cheyenne) und nicht „Turm des Teufels".

Vor allem im Sommer finden hier **religiöse Zeremonien** statt (von denen bunte Tücher und andere „Kunstwerke" an den Bäumen ringsum Zeugnis ablegen). Die *Climber,* die dieses Terrain besonders schätzen, werden daher von den Indianern nicht gern gesehen. Zumindest im Juni, während der Hauptfeste, wird daher ein freiwilliger Kletterverzicht von der Parkverwaltung ausgerufen.

Spiel von Licht und Schatten

Nach dem Besuch des kleinen VC am Parkplatz sollte man den Tower Trail ablaufen, der einmal rings um den Felsen herumführt (ca. 2,5 km), vorbei an Tafeln, die Erklärungen zu Flora und Fauna, Gestein und Geschichte geben. Von den Aussichtspunkten lässt sich das ständig wechselnde Farbenspiel des Felsens und der Ausblick auf die umgebenden Black Hills bewundern.
Devils Tower National Monument, *WY 110 (I-90 Exit 154, dann US 14 nordwärts zur WY 24), www.nps.gov/deto, tgl. geöffnet, VC tgl. 9–mind. 16 Uhr, $ 10 pro Pkw.*

He Sapa – die Black Hills

Die **Black Hills**, die „Schwarzen Hügel", liegen im äußersten Westen South Dakotas und bilden als geologische Einheit eine für diese Region der weiten Prärien untypische Landschaftsform. Die *Sioux* gaben den Bergen ihren Namen – **He Sapa** –, weil sich ihre Umrisse aus mehr als 100 Meilen Entfernung als schwarze Kontur am Horizont abzeichnen – was vor allem an den dunklen Kiefernwäldern liegt.

Geologisch zählen die Black Hills zu **den ältesten Gebirgsformationen Amerikas**. Vor 60 Mio. Jahren begann ein langsamer Hebungsprozess, der einen gewaltigen Granitfelsen durch die Sandsteinformationen der damals noch subtropischen Ebene drückte. Die Sandsteinschichten sind längst wegerodiert, während der große Granitfelsen immer noch wächst und nur langsam auseinanderfällt. Viele Gipfel messen über 2.000 m; der **Harney Peak** südlich von Hill City ist die höchste Erhebung. Der geologische Prozess hat aber nicht nur Granit, sondern auch zahlreiche Bodenschätze hervorgebracht, vor allem Gold und Silber und zuletzt auch Uran.

Attraktives Wandergebiet

Die Black Hills sind gleich aus verschiedenen Gründen **eine Reise wert**: Den kleinen Städten, die allesamt während des Goldrauschs gegründet wurden, wohnt noch das Flair der ersten Pioniertage inne; die bewaldete Bergwelt ist von unzähligen Wanderwegen durchzogen, von denen der Centennial Trail der schönste ist, und schließlich warten die Black Hills mit Highlights auf wie Mt. Rushmore, Crazy Horse Memorial, der Höhlenwelt der Jewel sowie der Wind Caves und den Dinosaurierfunden bei Hot Springs. Landschaftlich herausragend ist der Custer State Park mit seiner Bisonherde und einigen traumhaften Scenic Roads wie der Iron Mountain Road oder dem Needles Highway. Beide Routen sind Teilstrecken des **Peter Norbeck Scenic Byway**.

Reisepraktische Informationen Black Hills/SD

Information

Black Hills Visitor Information Center, s. *Der „besondere Tipp" bei Rapid City, S. 302, www.blackhillsbadlands.com.*
Peter Norbeck Scenic Byway: *https://fs.usda.gov/Internet/FSE_DOCUMENTS/stelprdb5190660.pdf.*

Unterkunft

Während der gesamten Sommermonate sind in den Orten in den Black Hills, die sich auch gut als Standquartiere eignen, vor allem in Rapid City, Deadwood, Custer oder Sturgis (siehe dort), Unterkünfte Mangelware. Rechtzeitiges Reservieren wird dringend empfohlen.

Aktivitäten

Beliebteste **Outdooraktivitäten** *sind Wandern, Mountainbiking, Canoeing und Reiten, die bekanntesten Wanderwege sind der 110 mi/176 km lange* **Centennial Trail**, *der sich vom Wind Cave NP nach Norden durch die Berge bis Bear Butte zieht, sowie der gut 160 km lange* **Mickelson Trail**, *der die Hills von Norden nach Süden durchquert. Infos: www.mickelsontrail.com.*
Wintersport *wird ebenfalls großgeschrieben in den Black Hills. Neben Abfahrten bieten sich zahlreiche Langlaufstrecken sowie mehrere Snowmobil Trails an. Die Region mit den sichersten Schneebedingungen liegt um Deadwood/Lead. Infos: www.blackhillsbadlands.com/home/things-to-do/outdoor-recreation.*

Peter Norbeck Scenic Byway

Benannt nach dem Naturschützer und Politiker aus South Dakota, der im frühen 20. Jh. maßgeblich an der Schaffung des Custer SP beteiligt war, folgt der Scenic Byway einer Reihe von Straßen im Zentrum der Black Hills. Ausgehend vom Mt. Rushmore entspricht er dem SD 244 nach Hill City, dann dem SD 87 (Needles Hwy.) nach Süden in den Custer SP. Im weiteren Verlauf führt die Route auf dem US 16A durch den Park nach Osten und nach Norden zurück zum Mt. Rushmore (Iron Mountain Rd.). Die Gesamtstrecke ist etwa 57 mi/91 km lang.

Hinweis zur Route

Fährt man vom Devils Tower nach Deadwood, lohnt sich vor der Fahrt in die Black Hills ein Stopp in **Spearfish**. Das **High Plains Western Heritage Center Museum** (825 Heritage Dr., I-90 Exit 14, www.westernheritagecenter.com, tgl. 9–17 Uhr, $ 7) informiert über die Geschichte der Region, von den Indianern über die Minen bis hin zu Ranches und Cowboys. Empfehlenswert ist anschließend der **Scenic Byway** (US 14A) durch den **Spearfish Canyon** (www.spearfishcanyon.com) nach Deadwood. Er gibt einen ersten Eindruck von der faszinierenden Bergwelt der Black Hills, mit Bächen und Flüssen, Wasserfällen und Wäldern.

Der „Wilde Westen“ lebt

Eine Militärexpedition unter *George A. Custer* 1874 sollte nicht nur die Black Hills erkunden, sondern auch den Gerüchten um Goldfunde nachgehen. In der Tat fand man Spuren der Edelmetalls. Zwar versuchte die US-Armee – halbherzig – einen **Goldrausch** zu verhindern – schließlich war das Land den Lakota fest zugesichert worden –, konnte jedoch den einsetzenden Run nicht verhindern, besonders nachdem man 1875 auch in der Deadwood Gulch Gold entdeckt hatte. Die Vorkommen waren nur in dieser Schlucht ergiebig. Innerhalb weniger Wochen kamen über 25.000 Glücksritter ins Tal und stampften die berüchtigte Minenstadt **Deadwood** aus dem Boden.

Gold in den Black Hills

Deadwood selbst zählte 1875 200 EW, 1880 bereits 10.000 und heute noch gut 1.300! Deadwood war ein raues Pflaster und legendäre Figuren wie *Wild Bill Hickok, Calamity Jane* oder *Colorado Charlie Utter* waren hier ebenso zu Hause wie Glücksritter und Abenteurer. Nachdem der große Goldboom auch in Deadwood vorbei war, übernahm das benachbarte **Lead** dessen Rolle und hier war es, wo mit der **Homestake Mine** eine der größten Goldminen der Welt eröffnete; sie war bis 2001 in Betrieb.

An Deadwood blieb der Ruf einer berühmt-berüchtigten Saloon- und Spielerstadt haften. In den 1920er-Jahren wurden die Musik leiser und die Saloons leerer, Deadwood drohte zur Ghosttown zu werden. So lange jedoch die Minen in Lead in Betrieb waren, suchten die Arbeiter in dem Ort ihr Vergnügen – das letzte Bordell schloss erst 1981! 1924 rief man, um Touristen anzulocken, nach dem Vorbild von Buffalo Bill's Wild West Show die „Days of '76“ mit Parade und Rodeo ins Leben, um die ersten Pioniere, die in den 1870ern in die Black Hills gekommen waren, zu würdigen. Dieses Event zählt bis heute zu den größten in der Region und v.a. der Umzug ist sehenswert.

Berüchtigte Spielerstadt

Waldbrände und Fluten schlugen immer wieder zu und ein Feuer im Jahr 1987 veranlasste die Stadtväter von Deadwood zum Handeln. Man entschied sich für eine **Legalisierung des Glücksspiels** in der Stadt, um mehr Besucher anzulocken und den Tourismus anzukurbeln. In den renovierten Bauten entlang der historischen Main Street eröffnete ein Casino ums andere; jede Hotellobby und jeder Shop ist mit Automaten bestückt. Da jedoch pro Jahr 4% der Einnahmen in die Renovierung der Altstadt gesteckt werden, hat das Gambling hier auch sein Gutes. Die Gäste kamen und die **TV-Serie „Deadwood“** ließ dazu die wilden Zeiten der Stadt wieder aufleben.

Glücksspiel zur Stadtsanierung

Das **Adams House Museum** gewährt mit seiner weitgehend originalen Ausstattung Einblick in das Leben eines vermögend gewordenen Händlers und Bankiers. Derselbe *W. E. Adams* stiftete 1930 das **Adams Museum** im Angedenken an seine 1925 verstorbene Frau und Tochter. Es gibt in mehreren Abteilungen einen Überblick über Geschichte, Persönlichkeiten und Geologie der Region. Das 2012 eröffnete **Days of '76 Museum** am Ortsrand informiert kurzweilig über den Goldrausch und das alljährlich stattfindende Rodeo mit Umzug sowie über die Indianer in der Region.
Adams House Museum, *22 Van Buren St., www.adamsmuseumandhouse.org, tgl. 9–17 Uhr, NS Di–Sa 10–16 Uhr, stündlich Touren, $ 7.*
Adams Museum, *54 Sherman St., Öffnungszeiten und Eintritt wie Adams House.*

Days of '76 Museum, *17 Crescent St., www.daysof76.com, tgl. 9–17, NS Di–So 10–16 Uhr, $ 5,50.*

Ein Mittelding zwischen Museum und Vergnügungsetablissement ist der **Old Style Saloon No. 10** in der 657 Main Street (www.saloon10.com). Den legendären alten Saloon, in dem *Wild Bill Hickok* erschossen wurde, gibt es nicht mehr. Nur ein kleines Museum im **Eagle Saloon** (624 Main St.) erinnert an ihn.

Nicht auslassen sollte man den **Mt. Moriah Cemetery** am Boot Hill, südöstlich über der Stadt (ab Lincoln St., ausgeschildert, tgl. 8–20 Uhr, $ 1), schließlich fanden hier u.a. *Calamity Jane, Wild Bill Hickok, Potato Creek Johnny, Preacher John* oder *Marshall Seth Bullock* ihre letzte Ruhe.

Eine weitere Attraktion ist das sehenswerte, etwa 2 km nördlich gelegene und von *Kevin Costner* finanzierte **Tatanka – Story of the Bison**. In diesem Informationskomplex mit Shop und Café erfährt man alles über das „Wappentier" der Prärie, den Bison, und die Bewohner der Region, die Lakota. Im Zentrum steht dabei die lebensgroße Skulptur einer Bisonjagd auf dem Freigelände, geschaffen von der lokalen Künstlerin *Peggy Detmers*. *Costner* wollte ursprünglich hier ein Hotel bauen, entschied sich dann jedoch – nach „Der mit dem Wolf tanzt" – dafür, den Lakota und dem Bison ein Denkmal zu setzen. Es finden verschiedene Veranstaltungen, Filmvorführungen und Vorträge statt.

Lakota- und Bison-Denkmal

Tatanka – Story of the Bison, *100 Tatanka Dr., an US 85, www.storyofthebison.com, Mai–Sept. tgl. 9–17 Uhr, $ 7,50, mit Filmvorführung und Shop.*

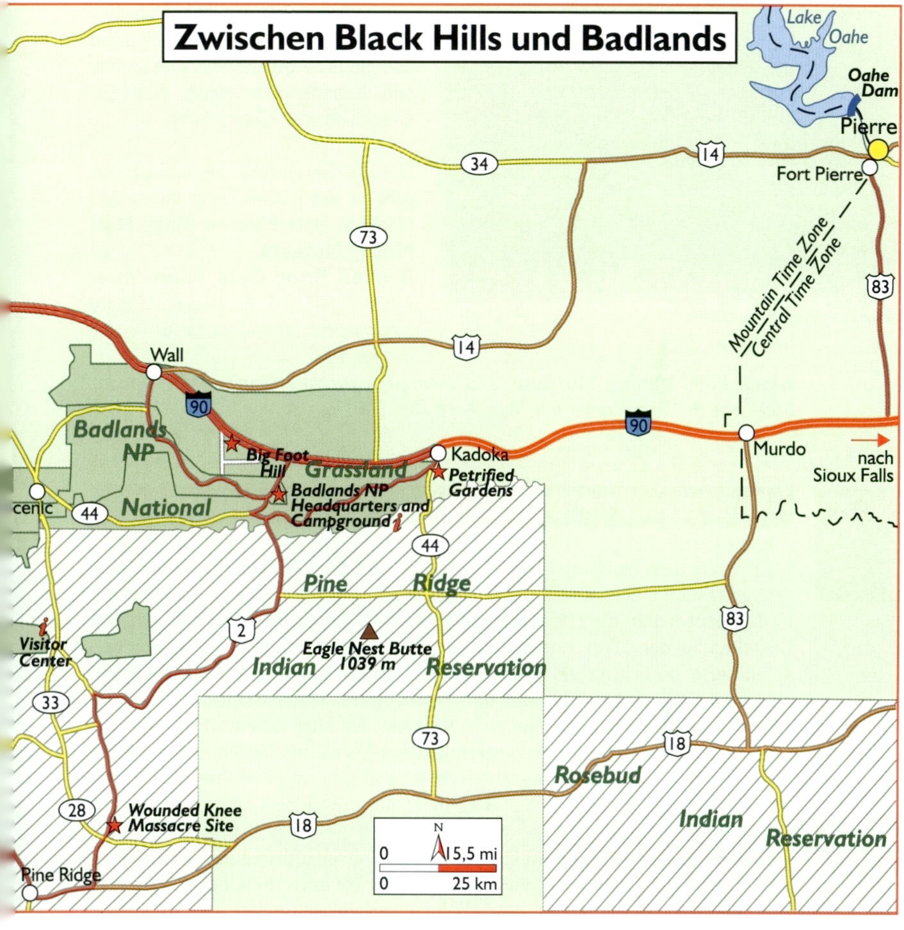

Tatanka – Story of the Bison

Auf dem Weg nach Lead liegt am US Hwy. 85 die **Broken Boot Gold Mine**, deren Besichtigung eine Vorstellung vom Aussehen einer alten Goldmine vermittelt. Lead entwickelt sich ebenfalls zur Casino-Stadt und zum beliebten Wintersportort. An der Ecke Main/Mill Street bietet die Homestake Mine (160 Main St., www.homestaketour.com) von Mai–Sept. täglich einstündige Touren ($ 6). Sie war einst die größte Goldmine der westlichen Hemisphäre und reichte fast 2,5 km tief hinab. Die kombinierten Bus-Walking-Touren durch Lead und die Mine dauern eine gute Stunde und beginnen mit einem Film zur Geschichte des Goldrauschs.

Um die Geschichte des Goldabbaus geht es auch beim Gang durch den Nachbau einer Mine im **Black Hills Mining Museum**.

Broken Boot Gold Mine, *Upper Main St./US 14 A, www.brokenbootgoldmine.com, Mai–Sept. tgl. 8–18 Uhr, Touren, $ 5.*

Black Hills Mining Museum, *323 Main St., www.blackhillsminingmuseum.com, Mai–Sept. 9–17, im Winter nur Mus. 9–16 Uhr, $ 8 (Tour & Mus.).*

info

„Blaue Bohnen“ in Deadwood

Noch immer lebt Deadwood von seinem Ruf, ein heißes Pflaster im „Wilden Westen“ gewesen zu sein. Die TV-Serie „Deadwood“ und nachgestellte Schießereien in der Stadt halten die Erinnerung an jene rauen Zeiten wach, als sich dubiose Gestalten in der Stadt tummelten: *Martha „Calamity Jane“ Canary* war beispielsweise berüchtigt als schießwütige Trunkenboldin, als Glücksspielerin, aber auch als Krankenschwester und Prostituierte. Sicher ist, dass, wo immer *Wild Bill Hickok* auftauchte, sie nicht weit war. Sie hielt felsenfest das Gerücht am Leben, dass sie und der Westernheld ein Verhältnis hätten. Als sie 1903 starb, wurde sie neben *Bill* begraben. Dieser soll sich während ihrer Beisetzung im Grab umgedreht haben – nur weiß niemand, in welche Richtung ...

Zu Lebzeiten galt *Wild Bill Hickok* als eine der rätselhaftesten Persönlichkeiten des Westens. Ehe er im Alter von 39 Jahren, im Sommer 1876, nach Deadwood kam, diente er in der Armee, war als Revolverheld gefürchtet und als Zirkusakrobat gefeiert. Wild Bill war auch ein passionierter Kartenspieler und seine letzten Monate in Deadwood verbrachte er zumeist im Saloon No. 10 beim Poker. Am 2. August 1876 fand er ein tragisches Ende: *Jack McCall*, der Bruder eines seiner letzten „Opfer", erschoss ihn hinterrücks beim Spiel. *Bills* letztes Blatt bestand angeblich aus zwei schwarzen Assen, zwei schwarzen Achten und einer roten Neun, eine Kombination, die seither „*Deadman's Hand*" heißt.

Seth Bullock war Deadwoods erster und zugleich berühmtester Sheriff und einer der reichsten Geschäftsmänner der Stadt. Ihm wurde nachgesagt, dass er statt mit dem Revolver die Ganoven mit Köpfchen zur Strecke brachte. Er gründete das heute noch existierende Bullock Hotel. Als er zusammen mit dem späteren Präsidenten *Theodore Roosevelt* 1884 auf Verbrecherjagd ging, freundeten sich beide an und *Bullock* wurde später ein Mitglied der legendären Armeetruppe *Rough Riders*.

„Wild Bill" Hickok

Reverend Henry Watson Smith, bekannt als *Preacher Smith*, war ebenfalls ein Unikum: Kirchenmann und Seelentröster einerseits, kartenspielendes Pokerface andererseits. Die gesamte Gemeinde trauerte um ihn, als er ermordet aufgefunden wurde. Mehr Glück hatte hingegen *Potato Creek Johnny*. Der friedliebende, gerade einmal 1,30 m große Ire mit langem Haar und Rauschebart, der bei Kindern als „Goldsucher-Opa" bekannt war, fand mit 7,5 Unzen das größte Goldnugget in den Black Hills.

Ebenfalls mit dem Kartenspiel bestritt *Poker Alice*, alias *Alice Duffield*, ihren Lebensunterhalt. Nach dem frühen Tod ihres Mannes wandte sich die attraktive Frau, deren Markenzeichen eine dicke Zigarre zwischen den Lippen war, dem Kartenspiel zu. Ihr Geschick und ihr Geschäftssinn machten sie zur beliebtesten Kartendealerin in den Black Hills.

Lesetipps

- Elisabeth Kiderlen (Hrsg.): *Calamity Jane – Briefe an meine Tochter* (1980). Die fiktiven Briefe an Janes Adoptivtochter schildern den Wilden Westen, so wie er wirklich war.
- Rainer Eisfeld: *Wild Bill Hickok. Westernmythos und Wirklichkeit* (1994). Hervorragende Fallstudie zum Mythos „Wilder Westen".

Reisepraktische Informationen Deadwood und Lead/SD

Information

Deadwood Chamber of Commerce & Visitors Bureau, *767 Main St., ☏ 1 (800) 999-1876, www.deadwood.org; http://enjoydeadwood.com und zur Geschichte: www.deadwoodhistory.com.*
LeadArea Chamber of Commerce, *160 W. Main St., ☏ (605) 584-1100, www.leadmethere.org.*

Unterkunft

The Celebrity Hotel, *\$\$\$–\$\$\$\$, 629 Main St., ☏ (605) 578-1909, www.celebritycasinos.com. Historisches Hotel, unterschiedliche, gemütliche und geräumige, gut ausgestattete Zimmer mitten in Downtown, inkl. Frühstück. Mit Casino, Automuseum (Fahrzeuge aus Filmen wie „Easy Rider", „M.A.S.H.", „Magnum" u. a.) sowie Filmrequisiten.*
Historic Bullock Hotel, *\$\$\$, 633 Main St., ☏ (605) 578-1745, www.historicbullock.com. Im 1905 vom legendären Marshall Bullock gegründeten Hotel geht man auf Zeitreise. Renoviert und modern ausgestattete 28 Zimmer. Im Haus befinden sich zudem ein Casino und* **Bully's Bar** *(auch Frühstück und Brunch).*
The Lodge at Deadwood, *\$\$\$, 100 Pine Crest Lane, ☏ (605) 584-4800, www.deadwoodlodge.com. Neues Resort (mit Casino und Convention Center) gegenüber Tatanka. Tophotel der Region mit mehreren Lokalen.*
Silverado Franklin, *\$\$\$, 700 Main St., ☏ (605) 578-2241, www.silveradofranklin.com. Historisches Hotel mit entsprechendem Flair; im EG gibt es ein Casino, oben* **Silverado Grand Buffet** *(Restaurant).*

Restaurants/Nightlife

Entlang der Main Street verbergen sich in renovierten historischen Bauten zumeist Casinos, Lokale, Hotels und Läden. Hier ein paar Tipps:
Midnight Star, *677 Main St. (im OG des Midnight Casino, www.themidnightstar.com.). Mehrfach ausgezeichnetes Top-Restaurant im Besitz von Kevin Costner.*
Old Style Saloon No. 10, *657 Main St. Historischer Saloon mit kleinem Museum, Restaurant und Veranstaltungshalle, tgl. Re-enacments, Shows und Livemusik.*
Eagle Saloon, *624 Main St. Hier befand sich einst der legendäre Saloon No. 10, in dem am 2. August 1876 Wild Bill Hickok während einer Pokerpartie erschossen wurde; heute kleines Museum im Untergeschoss.*
Lewie's Burger & Brew, *711 S. Main St., Lead. Ein Muss für alle Burger-Fans!*

Veranstaltungen

Ende Juli: **Days of '76**, *Rodeo mit Parade (www.daysof76.com).*
Mitte Juni: **Wild Bill Days**, *Gratis-Konzerte u. a. Vergnügungen (www.deadwood.com/events/wildbilldays).*

Touren

Boot Hill Tours, *662 Main St., www.boothilltours.com, Juni–Okt. tgl. 9.30, 11, 13, 15 und 17 Uhr, \$ 9. Einstündige Bustour (ab Bodega, 662 Main St.) über die Friedhöfe mit Infos zur Geschichte und den hier begrabenen Persönlichkeiten.*
Deadwood Trolley, *http://enjoydeadwood.com/attractions/trolley, tgl. 7/8 Uhr bis Mitternacht, ein- bis dreimal pro Stunde verkehrender Shuttle zwischen Hotels/Casinos und Restaurants.*

Sturgis – Mekka der Harley-Fans

Sturgis ist mit seinen knapp 7.000 EW ein verschlafenes Nest. Das ändert sich alljährlich Anfang August, wenn sich hier für zwei Wochen über 100.000 Harley-Davidson-Fahrer treffen und standesgemäß ein rauschendes Fest feiern. Die **Sturgis Motorcycle Rally** findet bereits seit den 1930er-Jahren statt, initiiert vom lokalen Motorradclub. Während der Rallye bieten zahlreiche Shops und Vermieter Harley-Davidson-Motorräder zum Ausleihen an. Drumherum gibt es Konzerte, Veranstaltungen und – natürlich – Besäufnisse.

Harley-Fest

Das ganze Jahr über sehenswert ist hingegen das **Sturgis Motorcycle Museum & Hall of Fame**. Schon allein die Sammlung klassischer Motorräder wie Harleys, Indians oder Excelsior-Hendersons lohnt den Besuch, ehe man im Easyriders Saloon (888 Junction Ave.), einer Bikerbar, noch einen Drink nimmt.
Sturgis Motorcycle Museum & Hall of Fame, *999 Main St., www.sturgismuseum.com, tgl. 10–16 Uhr, $ 10.*

Reisepraktische Informationen Sturgis/SD

Information
Sturgis Chamber of Commerce *& Visitor's Bureau, 2040 Junction Ave., ☏ (605) 347-2556, www.sturgis-sd.org.*
City of Sturgis Rally Department, *1040 Second St., www.sturgismotorcyclerally.com. Infos zur alljährlich im August stattfindenden Sturgis Motorcycle Rally.*

Rapid City

Mit rund 70.000 EW ist Rapid City, am Fuße der nordöstlichen Black Hills, die zweitgrößte Stadt South Dakotas. Gegründet 1876, galt sie viele Jahrzehnte als **Tor zum Westen** und als Wirtschaftszentrum für die Goldminen. Nachdem der Goldrausch vorbei war, sagte man auch ihr den baldigen Niedergang voraus. Mittlerweile blüht Rapid City wieder und als neueste Attraktion wurde im Stadtzentrum der Main Street Square (www.mainstreetsquarerc.com), mit Openairbühne, Lokalen und Shops eröffnet.

Ein Muss und zugleich die Hauptattraktion der Stadt ist **The Journey Museum**, das eine multimediale Einführung in die Geologie und Geschichte der Region über einen Zeitraum von 2,5 Mrd. Jahren gibt. Wie es der Name schon andeutet, wird der Besucher nach einem einführenden Video auf eine Zeitreise geschickt: von der Entstehung der Welt bis in die moderne Gegenwart in den Black Hills. Im Mittelpunkt der Ausstellungen steht das Sioux Indian Museum, dazu gibt es Abteilungen zu Geologie, Archäologie und Pionieren. Weit besser sortiert als jeder Souvenirladen ist der angeschlossene Museumsshop.
The Journey Museum, *222 New York St., www.journeymuseum.org, tgl. 9–17, im Winter: Mo–Sa 10–17, So 13–17 Uhr, $ 8,25.*

Sehenswertes Museum

Der besondere Tipp

Erste Station sollte das **Black Hills Visitor Information Center** östlich Rapid City sein. Hier erhält man Auskünfte aller Art und Karten, dazu eine umfassende Einführung in die Region.
Black Hills Visitor Information Center, 1851 Discovery Circle, I-90 Exit 61, ☏ (605) 355-3700, www.blackhillsbadlands.com, tgl. 8–17 Uhr (im Sommer länger). Informationen, Broschüren und Karten, Ausstellung, Bücher und Souvenirs.

Im Stadtzentrum liegt das Museum of the American Bison. Nicht sehr groß, informiert es umfassend über die Bisons und ihren Lebensraum, die Prärie.
Museum of the American Bison, *607 St. Joseph St., www.museumoftheamericanbison.com, Mo–Sa 9–17 Uhr, NS Di–Sa 11–16 Uhr, frei.*

Eine weitere Sehenswürdigkeit ist das **South Dakota Air & Space Museum** auf der Ellsworth Air Force Base. Die **Chapel in the Hills Stavkirke** westlich von Rapid City ist eine nachgebaute norwegische Stabkirche aus dem 12. Jh. mit kleinem Museum (3788 Chapel Lane, www. chapel-in-the-hills.org, geöffnet Mai–Okt., auch Gottesdienste).
South Dakota Air & Space Museum, *Ellsworth Air Force Base, 2890 Rushmore Dr., www.sdairandspacemuse um.com, tgl. 8.30-16.30, frei.*

Rapid City steht ganz im Zeichen der Sioux

Am **Skyline Drive**, der eine Rundfahrt um die Stadt mit Blick auf die Black Hills und die Prairie ermöglicht, liegt der **Dinosaur Park** mit Dino-Modellen und Kletterobjekten (Eintritt frei). **Bear Country USA**, ca. 12 km südlich der Stadt, ist ein privater Wildpark, in dem man – quasi im Vorbeifahren – entlang einem rund 5 km langen Rundweg Schwarzbären, Rehe und Hirsche, Wildkatzen, Bergziegen, Bisons und andere Wildtiere betrachten kann. Allein über 200 Schwarzbären leben im Park. In den nahe gelegenen **Reptile Gardens** ist die weltgrößte Reptiliensammlung zu Hause.
Bear Country USA, *US 16/Mt. Rushmore Rd., www.bearcountryusa.com, Mai–Ende Nov. tgl. 8-16 Uhr, in der NS verkürzt, $ 16.*
Reptile Gardens, *US 16/Mt. Rushmore Rd., www.reptilegardens.com, Zeiten saisonal variabel, im Sommer 8–18 Uhr, $ 12,50 bzw. 16,50 in der HS.*

Reisepraktische Informationen Rapid City/SD

Information

Black Hills Visitor Information Center, *s. S. 302.*

Rapid City Area CVB, *☏ 1 (800) 487-3223, www.visitrapidcity.com.*

Unterkunft

The Alex Johnson Hotel, *$$$, 523 6th St., www.alexjohnson.com, ☏ (605) 342-1210. Historisches Hotel aus den 1920er-Jahren mit imposanter Lobby. Zimmer z.T. klein, aber charmant; mit Restaurant, Bar, Café und Souvenirshop.*

Restaurants/Nightlife

Firehouse Brewing Co., *610 Main St., www.firehousebrewing.com. Kleine Hausbrauerei mit Pub in ehemaligem Feuerwehrgebäude, besonders die dunklen Biere sind toll, dazu leckere Pub-Kost von Chicken Wings bis Burgers; Happy Hour!*

Tally's Silver Spoon, *530 6th St. Fine Dining, aber auch Frühstück oder Mittagessen.*

Einkaufen

Prairie Edge, *6th/Main St., www.prairieedge.com. Mehrteiliger riesiger Laden mit großer Auswahl an indianischem Kunsthandwerk, Büchern, CDs etc., ein Muss für alle, die an der Kultur und Geschichte der Prärie-Indianer interessiert sind. Shop, Galerie und Museum in einem.*

Rushmore Mall, *2200 N Maple Ave., I-90 Exit 58-59. Großes Shoppingcenter mit empfehlenswertem Outdoorshop Cabela's angrenzend (Exit 61).*

Again Books & Bazaar, *612 St. Joseph St. Secondhand Buchladen mit grandioser Auswahl.*

Veranstaltungen

Circle B Ranch Chuckwagon & Cowboy Music Show, *12138 Ray Smith St., Hill City, ca. 20 km westl. Rapid City, www.circle-b-ranch.com, Mai–Sept. Mo–Sa ab 17 Uhr, ab $ 25 mit Abendessen und anschließender Wildwest-Show.*

Flying T Chuckwagon Supper & Show, *US Hwy. 16, ca 10 km südl., www.fly-ngt.com, Mai–Sept. tgl. ab 18 Uhr, ab $ 25, BBQ-Dinner und Wildwest-Show.*

Fort Hays Old West Town & Dinner Show, *2255 Ft. Hayes Dr., ab US Hwy. 16, ca. 8 km südl., http://mountrushmoretours.com, Mai–Sept. tgl. ab 18.30 Uhr, $ 26. BBQ, Show und Set des Films „Der mit dem Wolf tanzt" („Dances With Wolves").*

Anfang Okt. großes **Powwow** *im Civic Center (Infos: www.blackhillspowwow.com). Das* **He Sapa Wacipi** *– Lakota für „Black Hills Powwow" – gehört zu den bedeutendsten Powwows Nordamerikas, veranstaltet von den Lakota-Indianern. Neben Tänzen gibt es verschiedene Events und einen Kunstmarkt.*

„Great Faces, Great Places"

Fährt man von Rapid City oder Deadwood tiefer hinein in die Black Hills, erklärt sich South Dakotas Slogan *„Great Faces, Great Places"* schnell: Gleich zwei einzigartige Monumente wurden hier in die Berghänge gemeißelt: Zum einen **Mt. Rushmore**, die Konterfeis der vier bedeutendsten Präsidenten der USA – *George Washington, Tho-*

Mt. Rushmore – vier in Stein gemeißelte Präsidenten

mas Jefferson, Abraham Lincoln und *Theodore Roosevelt*. An einem der höchsten Punkte der östlichen Black Hills wurden sie während der 1930er- Jahre in den Fels geschlagen bzw. herausgesprengt. Mt. Rushmore gehört zu den meistfotografierten Attraktionen der USA. Zum anderen das **Crazy Horse Memorial**.

Mt. Rushmore National Memorial

Von Rapid City führt der ausgebaute US Hwy. 16 zunächst nach **Keystone** – ein kleines Nest, das vom „Pilger-Tourismus" profitiert und **Rushmore Cave** (www.rushmore cave.com) inklusive Zipline und 7-D-Theater zu bieten hat. Entsprechend findet sich an der Hauptstraße nachgebaute Wildwest-Romantik mit Spuren aus der Goldgräberzeit. In Keystone wird die Geschichte der Entstehung des Mt. Rushmore Memorial im **Borglum Historical Center** anhand eines Films, einer Werkzeugausstellung, der Lebensgeschichte des Künstlers *Gutzon Borglum* und zahlreicher Fotos veranschaulicht.
Borglum Historical Center, *US 16A/342 Winter St., www.rushmoreborglum.com, Mai–Okt. tgl. 8.30–16.30 Uhr, $ 10.*

Im folgenden Ort **Hill City**, tiefer in den Black Hills gelegen, bieten sich weitere Hotels/Motels zur Übernachtung an, außerdem verbindet die beiden Orte der historische **1880 Steamtrain** (s. unten).

Bereits im 19. Jh. bestanden Pläne für eine **überdimensionale Felsskulptur,** so wollte man beispielsweise 1849 *Christoph Kolumbus* in den Rocky Mountains verewigen. Erst 1923 lenkte der Historiker *Doane Robinson* die Aufmerksamkeit auf die Black Hills – „ein Gebirge, das den Zugang zum Westen und zugleich das Tor zu einem anderem Naturraum (den Rockies) bedeutete". Ein überdimensionales Felsbild war geplant, das die Stärke und Bedeutung der amerikanischen Nation symbolisieren sollte. Robinson schlug **The Needles** (südöstlich des Mt. Rushmore) als geeignete Kulisse vor, doch protestierten sowohl die Naturschützer – gegen die Wahl des Standorts – wie auch die Nationalisten – gegen die Motivwahl, nämlich Indianer und Pioniere des Westens.

Streit um Standort

1925 fiel die Wahl des ausführenden Künstlers auf den Bildhauer *Gutzon Borglum* (1867–1941), der bereits das Felsbild am Stone Mountain bei Atlanta (Südstaaten-Persönlichkeiten des Bürgerkriegs) und zuvor andere kleinere Standbilder in Washington (u.a. die Lincoln-Statue im Kapitol), in New York und anderen Städten geschaffen hatte. *Borglum*, der mit *Rodin* in Paris studiert hatte, galt sowohl als künstlerisch begabt als auch mit hinreichend Enthusiasmus ausgestattet.

Bildhauer Gutzon Borglum

Als „Hintergrund“ wählte Borglum den 1.718 m hohen **Mt. Rushmore**, der massiver und stabiler war als die Needles und zudem den Vorteil besaß, fast den ganzen Tag über sonnenbeschienen zu sein. Beginnend 1927 beschäftigte sich der Bildhauer die ersten drei Jahre vor allem mit den Entwürfen, die er in seinem Studio immer wieder abänderte und an deren Modellen im Maßstab 1:12 er fieberhaft arbeitete. Die Depressionsjahre verzögerten die Realisierung der Pläne, Geld war knapp. Allerdings war *Borglum* so besessen von seinem Projekt, dass er es durch Reden und geschickte Diplomatie schaffte, nach und nach 836.000 der erforderlichen 1 Mio. Dollar aus Staatsmitteln zusammenzubekommen.

1930 begann er mit der Ausführung des Entwurfs am Fels – das erste fertiggestellte Porträt war das von *Washington*. Erst 1936 folgte das Porträt *Jeffersons* und ein Jahr später jenes von *Lincoln*. 1939 war *Roosevelt* verewigt und *Borglum* fasste nun die geplante Ausführung der Oberkörper ins Auge. Allerdings starb der Künstler 74-jährig im März 1941 und sein Sohn *Lincoln*, der das Werk fortsetzen sollte, entschied sich dafür, die Oberkörper wegzulassen. Im **Oktober 1941** wurde das Monument dann nach insgesamt 14 Jahren und 1 Mio. Dollar Baukosten eröffnet.

Eröffnung 1941

Vom *Concession Building* mit Shop und anderen Serviceeinrichtungen führt die **Avenue of Flags** (Fahnen der 56 Staaten und Territorien) spektakulär zur **Grandview Terrace**. Von hier geht es ins **Lincoln Borglum Museum**, wo es abgesehen von einer gut aufgemachten Ausstellung einen Film zur Entstehungsgeschichte des Monuments zu sehen gibt. Unterhalb der Aussichtsplattform liegt das Amphitheater, in dem im Sommer allabendlich eine Art Lasershow (*Evening Sculpture Lighting Ceremony*) aufgeführt wird.

Der **Presidential Trail**, ein knapp 1 km langer Weg am Fuß des Berges, bietet gute Fotomotive der Skulpturen und zudem liefern Tafeln am Wegrand weitere Informationen. Hier, aber auch im **Sculptor's Studio**, wohin ein Weg führt, finden zudem regelmäßig Ranger-Programme statt. Eine Ausstellung dort widmet sich den verschiedenen Werkzeugen, zeigt Fotos, Skizzen und Modelle und erläutert die verschiedenen Bildhauertechniken.

Gute Fotomotive

Mt. Rushmore National Memorial, *US 16A/SD 244, ca. 3 km südwestl. Keystone, www.nps.gov/moru, www.mountrushmoreinfo.com und www.mtrushmorebookstore.com, VC tgl. mind. 8–17 Uhr (im Sommer bis 22 Uhr), frei, Parkgebühr $ 11. Museum, Studio, Aussichtsterrasse, Trail und Ranger-Touren, Audiotour und Mai–Sept. 20/21 Uhr Lasershow.*

Reiseinformationen Keystone und Hill City/SD

Information

Keystone: *www.keystonechamber.com.*
Hill City: *www.hillcitysd.com.*

Unterkunft/Restaurants

Best Western Golden Spike Inn & Suites, *$$, US 16/385, Hill City, ☎ (605) 574-2577, www.bestwesterngoldenspike.com. Renoviertes Motel mit 61 Zimmern, Pool und Whirlpool sowie einigen Suiten; angeschlossen ist das* **Golden Spike Restaurant**.
The Rushmore Express, *$$–$$$, 610 Hwy. 16 A, Keystone, www.rushmoreexpress.com, ☎ (605) 666-4466. Am Ortsrand nahe Mt. Rushmore NM ruhig gelegen; schöne, geräumige Zimmer, mit Innenpool und inkl. Frühstück.*

Touren

Der **1880 Steamtrain** *verkehrt auf den früheren Gleisen der Goldgräberzüge zwischen Hill City und Keystone. Hin- und Rückfahrt dauern etwa zwei Stunden (Railroad Ave., US 16/385, www.1880train.com, Mai–Okt. tgl. mehrmals, $ 28).*

info

Vier Präsidenten in Stein

Der Bildhauer **Gutzon Borglum** hatte eine Idee: Er wollte jene vier Präsidenten in Stein verewigen, die Amerika aus dem Kolonialismus ins moderne 20. Jh. geführt hatten und als verdiente Persönlichkeiten der Bestimmung des Monuments als „**Shrine of Democracy**“ gerecht wurden. Der erste Auserwählte ist **George Washington** – der erste Präsident der USA (1789–1797) und zuvor Befehlshaber der für die Unabhängigkeit kämpfenden Truppen. Er steht für die *Foundation*, die Schaffung der Grundlagen. Als drittem Präsidenten in der Geschichte der USA, amtierend 1801–1809, kommt **Thomas Jefferson** das Verdienst zu, sowohl die „*Declaration of Independence*“ verfasst als auch die Expansion nach Westen forciert zu haben. **Abraham Lincoln** war der 16. und zugleich bedeutendste US-Präsident (1861–1865). Er verhinderte das Auseinanderbrechen der Nation, obwohl dies Bürgerkrieg bedeutete, und schaffte die Sklaverei ab. *Conservation* war sein Verdienst, wegweisende Schritte zur Wahrung der Grundrechte und Stabilisierung der Demokratie. Der 26. Präsident, **Theodore Roosevelt** (1901–09) schließlich, führte die Nation in die Moderne – er steht für *Development* – und bereitete den Weg für Amerikas Führungsposition in der Welt. Gleichzeitig setzte er sich durch die Ausweisung vieler Nationalparks für den Erhalt der Natur ein.

Daten zum Mt. Rushmore

- 450.000 t Stein wurden gesprengt.
- Jeder Kopf ist rund 18 m hoch, die Augen sind jeweils etwa 5 m breit, die Nasen ca. 6 m lang, Washingtons Mund misst rund 5,5 m in der Breite.
- Insgesamt 360 Mann waren an dem Monument beschäftigt.

Crazy Horse Memorial

Als im Jahr 1939 die Arbeiten am Mt. Rushmore im vollen Gange waren, entschloss sich der damalige Häuptling der Lakota, *Henry Standing Bear*, ebenfalls ein Monument in Auftrag zu geben: Zu Ehren der Indianer sollte in den Felsen des **Thunderhead Mountain** (5 mi/8 km nördlich Custer bzw. 17 mi/27 km südwestlich Mt. Rushmore) ein Reiterdenkmal von *Crazy Horse* geschlagen werden. Dieser legendäre Lakota-Führer hatte 1876 *General Custer* am Little Bighorn besiegt (s. INFO S. 284).

Gegenstück zum Mt. Rushmore

Die Wahl *Standing Bears* war auf den Bildhauer *Korczak Ziolkowski* (1908–82) gefallen, der bereits einen Preis für die Skulptur des Pianisten und Politikers *Ignacy Jan Paderewski* erhalten hatte und der als Assistent von *Gutzon Borglum* am Mt. Rushmore tätig gewesen war. Der Künstler war von der Idee begeistert, obwohl die Finanzierung des Projekts auf wackeligen Füßen stand.

Während der folgenden neun Jahre brütete *Ziolkowski* über einem Plan, den er 1948 in die Tat umzusetzen begann. Zuerst ganz auf sich gestellt, lebte er in einem Zelt, danach in einer Holzhütte. Er musste die ersten Partien des Berges „mit der Hand" abtragen, was Hunderten von Fußmärschen gleichkam, zumal der (heute ausgestellte) Generator immer wieder ausfiel. Später half ihm seine sich stetig vergrößernde Familie. Für die zehn Kinder wurde eigens eine Schule eingerichtet und als *Ziolkowski* 1982 starb, übernahm seine Frau *Ruth* die Leitung; noch heute beaufsichtigt sie gemeinsam mit ihren Kindern das ehrgeizige Projekt.

Ehrgeiziges Projekt

Crazy Horse Memorial

Keine öffentlichen Gelder

Dass die Indianer öffentliche Gelder verweigern und zweimal Zuwendungen in Höhe von jeweils 10 Mio. Dollar ablehnten, macht die Sache nicht einfacher. Bis heute sind Eintrittsgelder, Fonds und ein Förderverein die einzigen Geldquellen. Das ambitionierte Kunstwerk, zu dem einmal auch soziale und kulturelle Einrichtungen und eine Universität für Indianer gehören sollen, ist noch immer unvollendet. Langsam, aber stetig schreitet die Arbeit dennoch voran und zuletzt wurde, nach Fertigstellung des Porträts, mit den Arbeiten am ausgestreckten Arm und am Pferdekopf begonnen.

Man hofft, bis Ende des 21. Jh. die Fertigstellung erleben zu dürfen. Dann soll das Crazy Horse Memorial das größte in Stein gehauene Monument der Welt sein, größer sogar als die Pyramiden in Ägypten. Die Indianer feiern alljährlich den Fortschritt der Arbeiten mit einem großen Powwow. Anlässlich der 50-Jahr-Feier 1998 sprach der Gouverneur unter großem Beifall der Indianer in Lakota-Sprache die denkwürdigen Worte:

„Heute stehe ich vor euch und schüttle euch frohen Herzens die Hand. Der Große Geist hat uns beide geschaffen. Wir müssen unsere Verschiedenheit feiern und uns dann auf die gemeinsame Arbeit konzentrieren."

i Crazy Horse Memorial – Facts und Infos

- Länge: 192 m
- Höhe: 172 m, d. h. 2 m höher als das Washington Monument
- Höhe des Kopfes von Crazy Horse: 27 m; Höhe des Pferdekopfes: 66 m, d.h., das gesamte Mt. Rushmore Memorial würde im Pferdekopf Platz finden!

Crazy Horse Memorial, US 16/385, 10 km nördl. Custer, ☏ (605) 673-4681, www.crazyhorse.org, tgl. 8–17, im Sommer bis Sonnenuntergang (anschließend Lasershow), $ 10 bzw. $ 27/Pkw. Mit Indian Museum of North America, Bildhauerstudio, Film im Theater, Ende Mai–Mitte Okt. „Legends in Light"-Lasershow. Großer Souvenirshop und Laughing Water Restaurant.

Modell des Monuments

Heute kann man sich im modernen Besucherzentrum, dem **Orientation Center & Theater**, zunächst mit einem Film, Fotos und diversen Ausstellungsstücken ins Thema einführen lassen, ehe man sich den anderen Teilen des riesigen Komplexes zuwendet. Dazu gehören das **Indian Museum of North America** und ein **Native American Cultural Center**, in dem Indianer arbeiten und ihre kunsthandwerklichen Erzeugnisse verkaufen. Das große **Sculptor's Studio** zeigt einige Kunstwerke von *Ziolkowski,* Nachbildungen und Modelle wie das eines Pferdekopfes, dazu Werkzeuge und Arbeitsmaterial. Der Teil des Atelier bildende „Big Room" wird zu besonderen Anlässen, z.B. an Weihnachten, immer noch von der Familie des Künstlers genutzt. Das Modell des fertigen Monuments (im Maßstab 1 : 34) steht auf der vorgelagerten Terrasse, höchst fotogen arrangiert mit der echten Skulptur im Hintergrund.

info

Crazy Horse – American Hero

„*Crazy Horse: American Hero – killed 1877 defending his country*“ – die Inschrift am Denkmal im Buffalo Bill Center of The West in Cody/WY macht den Besucher sprachlos, wie das in die Black Hills eingemeißelte Porträt des legendären Indianers. Als sich **Crazy Horse** am 5. September 1877 der Verhaftung durch die US-Armee in Fort Robinson/Nebraska zu entziehen versuchte, wurde er von einem Soldaten mit einem Bajonett erstochen. Sein alter Vater stimmte daraufhin den Totengesang an, packte seinen Sohn auf ein Pferd und verschwand mit ihm in der Prärie. Für die Lakota und besonders die Oglala, eine der sieben Lakota-Untergruppen, lebt damit ihr größter Kämpfer in den Weiten der Plains fort.

Um 1845 geboren, fiel *Tashunke Witko*, wie *Crazy Horse* im Oglala-Dialekt hieß, schon früh als unerschütterlicher Kämpfer für sein Volk auf. Nachdem er 16-jährig *Hump*, dem Anführer einer Kriegertruppe, das Leben gerettet hatte, wurden die beiden, der junge Draufgänger und der ältere Krieger, ein Herz und eine Seele oder, wie die Lakota zu sagen pflegten, „wie ein Grizzly und sein Junges“.

Bald schon genoss *Crazy Horse* hohes Ansehen und alle Lakota-Gruppen, insbesondere aber Hunkpapa-Medizinmann und Seher *Sitting Bull*, erkannten ihn als führende Persönlichkeit im Kampf um die Freiheit und gegen das Ausgreifen des weißen Machtanspruchs an. Bei allen Auseinandersetzungen war *Crazy Horse* in vorderster Front dabei und verschaffte sich aufgrund seiner taktischen Fähigkeiten auch beim US-Militär Achtung; respektvoll nannte man ihn den „**Clausewitz der Indianer**“. Im Sommer 1876, auf dem Höhepunkt des sogenannten **Great Sioux War**, brüskierte er die US-Armee immer wieder und fügte ihr in zahlreichen Schlachten, wie am Rosebud oder am Little Bighorn, empfindliche Niederlagen zu.

Nach einem strengen Winter überredete ihn schließlich sein Onkel, *Spotted Tail*, im Frühjahr 1877 zur Aufgabe. Inzwischen war *Sitting Bull* nach Kanada geflohen, mehr und mehr Lakota-Gruppen gaben ihren Freiheitskampf auf und zogen sich verbittert, hungernd und frierend in die ihnen zugewiesenen Reservationen zurück. So blieb am Ende auch dem freiheitsliebenden Kämpfer *Crazy Horse* und seinen Getreuen nur die Kapitulation. Hoch erhobenen Hauptes und in voller Kriegsmontur legten sie im Mai 1877 vor der *Red Cloud Agency* – dem Verwaltungssitz – die Waffen nieder. Doch anstatt den Indianern, wie versprochen, einen Platz im Reservat zuzuweisen und sie mit Lebensmitteln zu versorgen, geschah nichts. Im Gegenteil, *Crazy Horse* sollte als gefährlicher Unruhestifter eingesperrt werden. Gerüchte über einen neuerlichen Aufstand nutzte das Militär, um ihn vorzuladen und bei dieser Gelegenheit in Ketten zu legen. An jenem Septembertag 1877 beschloss er, sich lieber für sein Volk zu opfern, als von den Weißen eingesperrt und wie ein Verbrecher behandelt zu werden.

Lesetipp

Mari Sandoz, Crazy Horse. The Strange Man of the Oglalas (1942). Noch immer das beste Buch über den bedeutendsten Führer der Sioux sowie über Leben und Traditionen der *Oglalas*.

Jewel Cave National Monument

Nur 14 mi/22 km westlich der Ortschaft **Custer** (US Hwy. 16, s. unten) liegt das **Jewel Cave NM**. Die „Juwelenhöhlen“ gelten als das drittgrößte Höhlensystem der Welt. Mehrere Touren stehen zur Auswahl, für die man sich gleich nach Ankunft im Besucherzentrum vormerken lassen sollte, um Wartezeiten zu vermeiden.

Nur ansatzweise erforscht

Die Entdecker der „Juwelenhöhlen“ hielten damals die glitzernden Kalzitkristalle für wertvolle Edelsteine, wurden aber wenig später eines Besseren belehrt. Ihr Vorhaben, die Höhlen touristisch zu nutzen, schlug fehl und deshalb übergaben sie die Sehenswürdigkeit an die amerikanische Regierung, die sie 1908 zum *National Monument* erklärte. 1959 widmete sich das Ehepaar *Herb* und *Jan Conn* der weiteren Erforschung des Höhlensystems, in dem konstant 12°C herrschen. Auch nach 21 Jahren und 708 Höhlentouren mit mehr als 6.000 Stunden im Untergrund sind von geschätzten über 2.000 km an Gängen und Höhlen nicht mehr als 160 km erforscht.

Vor etwa 60 Mio. Jahren begannen sich die Black Hills dramatisch zu heben und es entstanden unterirdisch Risse in den Felsen, die sich im Laufe der Zeit vergrößerten. Einsickerndes, säurehaltiges Regenwasser begann Wirkung zu zeigen und erzeugte im Inneren einzigartige **Kalzitkristalle**. Diese verdanken ihre Entstehung auch dem hohen Kalkanteil in den hiesigen Sandsteinschichten, zustande gekommen durch abgelagerte ehemalige Muschel- und Knochenreste.

Bizarre Tropfsteingebilde

Auch heute noch verändern sich die Jewel Caves ständig, wobei sich allerdings der Prozess durch die geringere Niederschlagsintensität stark verlangsamt hat. Man kann unterschiedlichste Gebilde bestaunen: von Stalaktiten, „Gesteinszapfen“, die von der Decke hängen und deren stetig herabfallende (kalkhaltige) Wassertropfen das Gegenstück, die Stalagmiten hervorbringen, über *Cave Pearls* – Höhlenperlen, die entstehen, wenn ein Sandkorn mit immer mehr Kalkschichten überzogen wird und sich dadurch der Umfang um ein Zigfaches vergrößert – bis hin zu *Draperies* oder *Boxwork* (Behänge). Sie kommen dort zustande, wo Wasser an einer schrägen Decke herabfloss und sich entlang der Hauptfließrichtung Kalk absetzen konnte.
Jewel Cave NM, *US 16, www.nps.gov/jeca, VC tgl. ab 8.30 Uhr, Schließung und Touren je nach Jahreszeit unterschiedlich, verschiedene Höhlentouren ab $ 4.*

Custer und Custer State Park

Zwischen Jewel Cave und dem Crazy Horse Memorial liegt das ehemalige Goldgräberstädtchen **Custer**, das gut 2.000 EW zählt. Es hat sich mittlerweile zu einem kleinen Touristenort mitten in den Black Hills gemausert, ohne dabei den Hauch von Wildwest-Atmosphäre und seine Provinzialität verloren zu haben. Alles spielt sich entlang der beschaulichen Hauptstraße, der **Mt. Rushmore Road**, ab. Hier gibt es kleine Souvenirläden, Cafés, Lokale und zwei Saloons. Interessant sind das **National Museum of Woodcarving**, ca. 2 km westlich Custer am US Hwy. 16, sowie das **Custer County 1881 Courthouse Museum**. Familien sollten sich einen Besuch des **Flintstones Bedrock City Theme Park** am westlichen Ortsrand – mit Campingmöglichkeit – nicht entgehen lassen.

National Museum of Woodcarving, *Hwy. 16 W., www.blackhills.com/wood carving, HS tgl. 9–17 Uhr, im Sommer bis 19 Uhr, $ 10.*
Custer County 1881 Courthouse Museum, *411 Mt. Rushmore Rd., www. 1881courthousemuseum.com, Mai–Sept. 9–mind. 19 Uhr, $ 6.*
Flintstones Bedrock City Theme Park, *US 16, www.flintstonesbedrockcity. com, Mai–Sept. tgl. 9–17/21 Uhr, $ 10.*

Östlich von Custer erstreckt sich der **Custer SP**. Dieses knapp 30.000 ha große Naturareal gibt Gelegenheit, ein paar geruhsame und naturverbundene Tage zu verbringen, z. B. beim Campen oder Wandern, Reiten oder Kanufahren. Gegründet wurde der Naturpark 1919 auf Initiative des lokalen Politikers *Peter Norbeck*. Er war es auch, der die kurvenreichen Straßen bauen ließ, vor dem Hintergrund, dass dann die Besucher langsam fahren müssen und so Landschaft und Tierwelt genießen können. In der Tat kann man hier nicht nur Bisons, sondern auch Wapitihirsche, Gabelböcke, Schneeziegen, Kojoten, Bighorn-Schafe oder Präriehunde beobachten.

Wildwest-Atmosphäre

Drei Abschnitte des **Norbeck Scenic Drive** führen durch den Park: Der **Needles Scenic Highway** (SD 87) durchquert das Areal in Nord-Süd-Richtung, von Westen nach Osten ist es die **Iron Mountain Road** (US 16A) und schließlich umrundet die **Wildlife Loop Road** das Parkzentrum. Hauptattraktion des Parks ist die rund 1.200 bis 1.500 Tiere umfassende, derzeit größte wild lebende Bisonherde. Ein unvergessliches Erlebnis ist das jährlich im September stattfindende Buffalo Round-Up zur Sichtung und Kontrolle der Tiere.

Buffalo Round-Up im Custer State Park

Reisepraktische Informationen Custer und Custer SP

Information

Custer SP Peter Norbeck VC, *US 16A, ca. 8 km östlich Custer, http://gfp.sd.gov/state-parks/directory/custer. Der Park ist ganzjährig geöffnet, $ 15 pro Pkw, VC nur Sommer 8–20 Uhr*

Unterkunft

The Bavarian Inn, *$$$, ab US 18/385, nördl. Custer, www.bavarianinnsd.com, ☏ (605) 673-2802. Mit Kochgelegenheit ausgestattete große Zimmer, Pool und Freizeitmöglichkeiten, Shop und „bayerisch" angehauchtes* **Restaurant**.

Custer Mansion B & B, *$$–$$$, 35 Centennial Dr., www.custermansionbb.com, ☏ (605) 673-6696. Sechs Zimmer in viktorianischem Haus von 1891, inkl. Frühstück.*

Im **Custer SP** *befinden sich Campingplätze und Lodges. Infos und Reservierungen unter ☏ 1-888-765-0001 bzw. www.custerresorts.com, z.B.:*

State Game Lodge, *$$–$$$$, HCR 83 (US 16A). In der mitten im Naturpark gelegenen Lodge haben bereits die Präsidenten Coolidge und Eisenhower den Sommer verbracht. Neben einfacheren Motelzimmern gibt es auch luxuriösere Zimmer in der historischen Lodge sowie Cottages; mit eigenem Restaurant.*

Weitere Lodges im Park mit Cottages, Restaurants und Campingplätzen sind **Blue Bell Lodge & Resort & Stables**, *$$–$$$,* **Sylvan Lake Lodge**, *$$$, sowie* **Legion Lake Resort,** *$$–$$$.*

Restaurants

Elk Canyon Downtown Bar & Grille, *Mt. Rushmore Rd. Günstige Preise.*

Sage Creek Grille, *611 Mt. Rushmore Rd. Das beste Lokal der Gegend.*

Einkaufen

Readers' Retreat Bookstore, *607 Mt. Rushmore Rd., Custer. Großer Secondhand-Buchladen mit rund 50.000 Büchern.*

Custer County Candy Co., *5th/Mt. Rushmore Rd., Custer. Leckere Süßigkeiten.*

Veranstaltung

Buffalo Round-Up. *Jedes Jahr Ende Sept./Anfang Okt. werden die im Park lebenden Bisons zur Sichtung und Kontrolle im Rahmen eines großen Festes mit Kunsthandwerksmarkt etc. zusammengetrieben. Aktuelle Termine und Infos: http://gfp.sd.gov/state-parks/directory/custer/events/buffalo-roundup.aspx.*

Touren

Zahlreiche Trails im Custer SP für Wanderer und Reiter. Kanu- und Kajaktouren, Trail Rides und Jeep Safaris werden in den Lodges angeboten.

George S. Mickelson Trail, *http://gfp.sd.gov/state-parks/directory/mickelson-trail. Der in den 1990er-Jahren eingerichtete Wanderweg führt durch die Black Hills von Deadwood über Hill City und Custer nach Edgemont, er folgt einer 1993 aufgegebenen und abgetragenen Eisenbahnlinie über 109 mi.*

Black Hills Balloons, *Custer, www.blackhillsballoons.com. Touren im Heißluftballon über die Black Hills mit Mt. Rushmore und Crazy Horse Memorial.*

Here They Come! – Custer SP Buffalo Round-Up

Die Erde vibriert wie bei einem Erdbeben, Staubwolken verdunkeln den Horizont. „*Here They Come*“ rufen die fast 10.000 Besucher ... und wirklich: Zuerst sieht man nur einen einzigen mächtigen braunen Körper, dann werden es mehr – und plötzlich ist die ganze Ebene mit Bisons gefüllt. Alljährlich im Herbst pilgern Naturfreunde aus aller Welt in den **Custer State Park**, um das große **Buffalo Round-Up** mitzuerleben. Ende September/Anfang Oktober treibt nämlich die Parkverwaltung ihre Bisonherde zur Sichtung und Kontrolle zusammen, als Höhepunkt eines dreitägigen Events mit Kunsthandwerksmarkt und Programm unter Schirmherrschaft des Gouverneurs höchstpersönlich.

Die Bisonherde im Custer State Park geht auf Maßnahmen im späten 19. Jh. zurück, die der Ausrottung des Bisons mit dem Aufbau neuer kleiner Herden entgegenwirken wollten. 1914 entschlossen sich auch die Verantwortlichen des Custer SP, den Bison zurück in die Black Hills zu holen, und erwarben die ersten 36 Tiere. 1.200 bis 1.500 Tiere sind es heute, doch anders als beispielsweise im Yellowstone NP, wo an die 4.000 Bisons leben, überlässt die Verwaltung des Custer SP die Herde nicht der Natur und dem Zufall. Hier werden die Bisons zusammengetrieben, registriert und untersucht, geimpft und ausgesondert, denn der rund 300 km² große Park kann keine unbegrenzt große Bisonherde ernähren und muss deshalb auf eine gesunde Altersstruktur und sinnvolle Geschlechterverteilung achten.

In drei Kolonnen, jeweils von einem Ranger angeführt, treiben an die 60 Reiter bereits Tage vor dem eigentlichen Event zunächst die weit verstreuten Bisongruppen in ein südliches Tal nahe der Corrals zusammen. Beim eigentlichen Round-Up gilt es dann, die Bisons in den Pferch zu treiben. Dabei werden die Reiter von rund 15 Pickups unterstützt bzw. geschützt. Über Stock und Stein, manchmal in gefährlichen Manövern, sind es diese motorisierten Park Ranger und einige ausgewählten Gäste als Beifahrer, die am Ende die Herde in den Pferch treiben. Die aktiven Teilnehmer des Round-ups werden wegen des großen Andrangs vorher ausgelost.

Der Staub hat sich gelegt, die Tiere stehen in den massiven Gattern. Zeit für eine Erfrischung und eine Stärkung am Chuckwagon. Hier treffen sich nicht nur die Besucher, sondern auch die Reiter, die Ranger und die Gäste des Gouverneurs von South Dakota. Für Ranger, Veterinäre und die Bisons geht es jetzt erst richtig los: Tier für Tier wird durch Holzschleusen in eine Art Arena mit Besuchertribüne getrieben, Ohrmarken werden gescannt und Tiere, die verkauft werden sollen, ausgesondert. Die im Frühjahr geborenen Kälber werden markiert, gewogen, geimpft und mit Brandzeichen versehen, und auch hier wird eine Auswahl getroffen. Am Ende wird die Herde wieder um die 1.000 Tiere umfassen. Die überzähligen Tiere werden in einer großen Auktion am dritten Samstag im November verkauft – damit finanziert der Park etwa ein Viertel des jährlichen Budgets.

Wind Cave National Park

Direkt an den Custer SP – über den SD 87 mit diesem verbunden – schließt sich im Süden der **Wind Cave NP** an. Das 1903 als siebter Nationalpark eingerichtete Schutzgebiet umfasst rund 11.200 ha. Seinen Namen verdankt es der Tatsache, dass die Entdecker des Höhlensystems 1881 deshalb auf die Höhlen aufmerksam wurden, weil der Wind ein pfeifendes Geräusch verursachte, das scheinbar *„der Tiefe der Erde entwich"*. Dabei galt die Höhle den Plains-Indianern schon seit ewigen Zeiten als heilig. So erzählen die Lakota, dass durch den Höhleneingang einst *Buffalo Woman* die Bisons aus der Unterwelt in die Prärie geführt und damit den Menschen die Lebensgrundlage erschaffen habe.

Wenn der Wind pfeift

Unterschiedliche Druckverhältnisse in der Höhle verändern dieses stets wahrnehmbare Geräusch fortwährend. Das heute bekannte Höhlensystem hat eine Ausdehnung von etwa 200 km – der Großteil ist noch nicht erforscht. Die geologische Entstehungsprozess kommt prinzipiell jenem der Jewel Caves gleich, ebenso die einzelnen Formationen.

Im Wind Cave NP hat sich eine Pflanzenwelt entwickelt, die nicht nur typisch für die Region ist, sondern deren Abkömmlinge bis nach Arizona (Kakteenarten), in die Rockies (Rocky-Mountains-Wacholder), nach Kanada (Gelbkiefer) und in die Plains im Osten (Ulmen, Eschen und andere Laubbäume) zurückzuverfolgen sind. Ein trockenes Klima, der samentragende starke Wind und von Menschenhand herbeigeschaffte Sprösslinge sind die Hauptursache für diese einzigartige Fauna. Im Park treffen zwei Landschaftsformen aufeinander: **Prärie und Bergwald**.

Einzigartige Fauna

Entsprechend artenreich ist auch die Tierwelt. Besonders Präriehunde und Bisons lassen sich hier gut beobachten; teilweise stehen die majestätischen Tiere sogar fotogen direkt am Straßenrand. 1913 wurden die Bisons wieder angesiedelt, indem man 14 Exemplare aus dem Bronx Zoo in New York herbrachte und in die freie Wildbahn entließ.
Wind Cave NP, *Hot Springs, www.nps.gov/wica, tgl. geöffnet, frei, VC tgl. 8–16.30 Uhr, ausgeschildert ab US 385, mit kleinem Museum und Diashow; hier auch Beginn der Höhlentouren: Juni–Sept. verschiedene Touren ab $ 7, Haupttour ($ 9) ganzjährig.*

Hot Springs

Vom Wind Cave NP sind es keine 20 km auf dem US Hwy. 385 südwärts nach **Hot Springs**, einem kleinen Städtchen im südlichen Teil der Black Hills. Im **Hot Springs Historic District** fällt auf, dass die herrschaftlichen Häuser aus lokalem, hellem Sandstein erbaut worden sind. Es war *Ted T. Evans*, der mit dem Bau des *Evans Hotels* (heute ein Seniorenheim) aus Sandstein einen Trend auslöste. Heute sind fast alle Bauten entlang der North River Street aus diesem Material erbaut und machen Hot Springs ebenso zu einem ungewöhnlichen Ort wie die hier austretenden warmen Quellen, die schon die Indianer als Heilbad nutzten. Hot Springs verdankt seinen Namen Mineralquellen, deren Wasser noch heute in Freizeitparks, Spas und Pools zum genüsslichen Planschen einlädt.

Zudem wurden in der Nähe **Überreste einer Gruppe Mammuts** gefunden, die in einer der warmen Quellen, die zu einem sumpfigen Tümpel geworden war, vor etwa 27.500 Jahren eingeschlossen wurden. Im **Mammoth Site Museum** etwa 1,5 km südwestlich der Stadt kann man die seit 1974 andauernde Grabung besichtigen und in dem kleinen Museum mehr über die Frühzeit der Region erfahren.
Mammoth Site Museum, *US 18 By-Pass, www.mammothsite.com, tgl. 8–mind. 17, im Sommer bis 20 Uhr, $ 8.*

Reisepraktische Informationen Hot Springs/SD

Information

Hot Springs Area Chamber of Commerce, *Mueller Civic Center, 801 S. 6th St., ☏ (605) 745-4140, www.hotsprings-sd.com.*

Unterkunft

Red Rock River Resort, *$$–$$$, 603 N. River St., ☏ (605) 745-4400, www.redrockriverresort.com. Modern eingerichtete, komfortable und geräumige Zimmer in liebevoll renoviertem altem Hotel von 1891, mit kleiner Bar und eigenem Spa (Specials für Hotelgäste).*

Restaurant

Fall River Bakery, *407 N. River St. Kleine Bäckerei mit Café (tgl. 6/7–13 Uhr), leckeres Backwerk wie Donuts oder Muffins.*

Hot Springs

Evans Plunge, *11455 N. River St., www.evansplunge.com. Tage und Öffnungszeiten unterschiedlich je nach Saison, $ 13. Der größte natürliche Warmwasserpool der Welt, gespeist von den warmen Quellen des Ortes.*
Spa Minnekahta, *im Red Rock River Resort, s. oben. Gesamtpakete mit Bad in warmen Quellen, Massagen u. a. Annehmlichkeiten.*

Touren

Black Hills Wild Horse Sanctuary, *12165 Highland Rd., etwa 20 km südlich (an SD 71), www.wildmustangs.com, VC, Shop, Café. Zweistündige Touren im Sommer tgl. 10/15 Uhr, in der NS nach Anmeldung; Touren durch ein Wildpferdreservat ab $ 50 (2 Std. im Bus).*

Hinweis zur Route

Von Hot Springs führt die Hauptroute auf dem US Hwy. 18 westwärts über Edgemont, die südlichste Ortschaft in den Black Hills, zurück nach Wyoming. Dabei stößt man in Mule Creek Junction in Ost-Wyoming auf den US Hwy. 85, die alte Postkutschenlinie zwischen Deadwood und Cheyenne, und passiert dann nach ca. 160 km das nächste Highlight, die Ft. Laramie NHS (s. unten), ehe man über Cheyenne Denver erreicht.

Abstecher in die Badlands

Naturfreunde sowie an indianischer Geschichte Interessierte sollten einen Abstecher zum Badlands NP und ins südlich gelegene Pine Ridge Reservat einplanen.

Einkaufsmöglichkeit

Die kleine Ortschaft **Wall** (www.wall-badlands.com), ca. 50 mi/80 km östlich von Rapid City (I-90), gilt als Tor zum **Badlands NP**. Attraktion im Ort, und lange vorher mit großen Werbetafeln angekündigt, ist der **Wall Drug Store** (510 Main St., I-90 Exits 109 und 110, www.walldrug.com), seit 1931 ein *Watering Hole* für Reisende auf dem Weg in den Westen. Heute gibt es in dieser Vergnügungs-Mall mit zahlreichen Shops und Lokalen ein buntes Gemisch an nostalgisch-historischen Waren, Nützlichem und Kitsch – Westernwear, Drogerieartikel, Souvenirs und Kunst.

In Wall befindet sich zudem das **Wounded Knee Museum** mit einer Ausstellung zum weiter südlich stattgefundenen Massaker vom 29. Dezember 1890 (s. unten). Es informiert nicht nur über die damaligen Ereignisse, sondern auch über das Umfeld und die Lakota gestern und heute.
Wounded Knee Museum, *600 Main St., www.woundedkneemuseum.org, HS tgl. 9–17.30 Uhr, $ 6.*

Badlands National Park

Knapp 20 km südlich der Ortschaft Wall, dem Tor zum Nationalpark an der Autobahn I-90 (Exit 110), befindet sich der **Pinacles Entrance** und beginnt die **Badlands Loop Road** (Hwy. 240), die durch den Nordteil des Parks führt. Nach

Besuch in den Badlands, dem „Land of Stones and Lights"

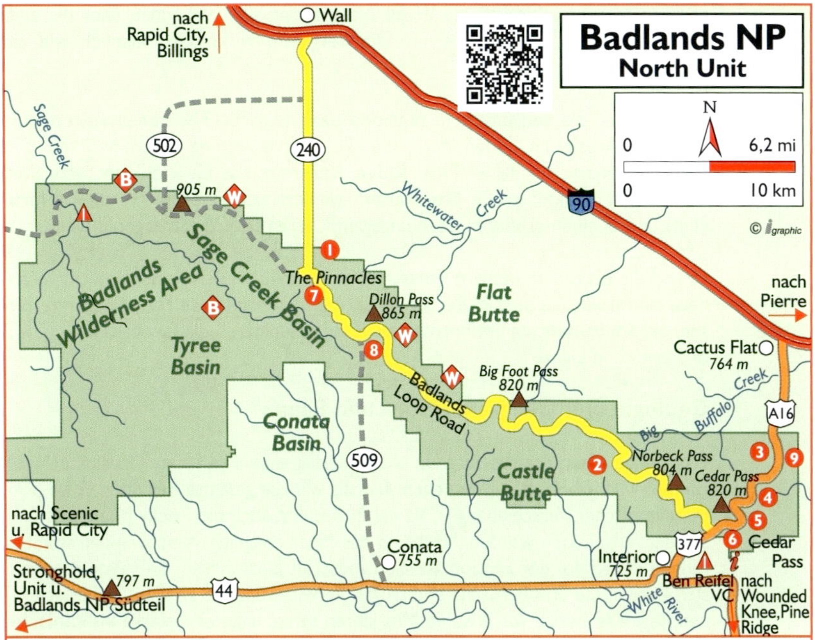

1 Pinnacles Entrance
2 Fossil Exhibit Trail
3 Northeast Entrance
4 Door Trail & Window Trail
5 Cliff Shelf Trail
6 Cedar Pass Lodge
7 Pinnacles Overlook
8 Changing Scenes Overlook
9 Big Badlands Overlook

Tierbeobachtungen:
B = Bisons
W = Wild, z.B. Hirsche, Gabelböcke etc.
Schotterpiste

etwa 35 km erreicht man auf der in Form einer Schleife angelegten Straße das **Ben Reifel VC** und von hier gelangt man durch den Northeast Entrance nach Cactus Flat und wieder auf die I-90 zurück.

Vom Visitor Center führt aber auch eine Straße südwärts, bis sie bei Interior auf den Hwy. 44 stößt. Dieser durchquert in Ost-West-Richtung das **Buffalo Gap National Grassland,** ehe er bei Scenic auf den Südteil des Parks, den Stronghold Unit, stößt. Von dort führt der Hwy. 27 am Rand des South Unit entlang zum **White River VC**. Hier ist das Parkareal so gut wie nicht erschlossen und nur über eine Schotterpiste bzw. zu Fuß erkundbar.

Schlechtes Land

Menschen begegnen den **Badlands** seit jeher mit einer Mischung aus Furcht und Faszination. Selbst die hier lebenden Lakota, eine Gruppe der Sioux, die den Ort als heilig betrachten, sprechen von „*Maco Sika*" („*Bad Land*"). Auch die ersten Trapper, die durch diese Region zogen, waren der Meinung, dass dieses Land ausgesprochen „schlecht zu passieren" und auch für eine Besiedelung „schlechtes Land" sei. Die Indianer hatten jedoch für die eindrucksvolle Landschaft noch einen anderen Namen: „*Kadoka*", die Wand. Nähert man sich von Süden über die endlose Prärie wird deutlich, warum: Die Bergkette wirkt dann nämlich wie ein unüberwindliches Hindernis.

1939 wurden die Badlands zum **Nationalpark** erklärt, 1976 kamen weitere ausgedehnte Areale im Süden dazu, die die Parkverwaltung zusammen mit den Lakota-Indianern, auf deren **Pine Ridge Reservat** das Gelände liegt, verwaltet. Der rund 1100 km² große Nationalpark gliedert sich in einen Nordteil (North Unit) und in einen größeren, aber unzugänglicheren Südteil (Stronghold Unit).

Faszinierende Lichtspiele

Es sind die **bizzaren, kargen Felsstrukturen** und ihre sich im Sonnenlicht verändernden Farben, die fesseln. Bei Sonnenuntergang scheinen die Felsen Feuer zu fangen, bei Sonnenaufgang beginnen sie sanft aufzuleuchten – ein faszinierendes „Land of Stones and Lights"!

Geologie und Geografie, Flora und Fauna

Das riesige Meer, das das zentrale Nordamerika einmal bedeckte, begann sich vor rund 65 Mio. Jahren zurückzuziehen. Damals war die gesamte Region in Folge plattentektonischer Verschiebungen, als deren Resultat auch die Rocky Mountains entstanden, angehoben worden. Nachdem das Meer endgültig verschwunden war, begannen die Kräfte der Erosion auf die Landschaft einzuwirken, die Flüsse schnitten sich Täler in die Erdoberfläche und trugen Verwitterungsmaterial aus höher gelegenen Regionen heran. Vor etwa 40 Mio. Jahren setzte dann eine starke **vulkanische Aktivität** im Gebiet des heutigen Yellowstone Park und entlang der Pazifikküste ein. Die in die Luft geschleuderten vulkanischen Aschen wurden vornehmlich durch den Wind herangetragen und lagerten sich in der Badlands-Region als bis zu 180 m starke Schichten ab.

Vor etwa 37 bis 23 Mio. Jahren setzte eine **Phase der Sedimentierung** und Verfestigung der Ablagerungen ein. Gleichzeitig begann sich das Klima zu wandeln: Erst subtropische, dann aride Verhältnisse stellten sich ein, in denen die Verdunstung die Niederschläge übertraf und das Land austrocknete. In der Folgezeit bedeckten erneut durch den Wind herangeschaffte Sande die Landschaft und die Knochen von Urtieren tauchten an Stellen wieder auf, wo die Flüsse im Laufe der Jahrtausende Canyons in die Ablagerungsschichten gegraben hatten. Knochen von Dinosauriern wurden auch durch Erosion freigelegt.

Ständige Erosion

Die ständige Erosion lässt nur begrenztes **Pflanzenwachstum** zu und dieses wird zusätzlich durch die ungenügenden bzw. unregelmäßigen Regenfälle eingeschränkt. Neben den für aride Gebiete typischen Yucca-Palmen, Sukkulenten, Kakteen und Dornbuschsträucher gibt es unzählige Arten von harten Gräsern.

Die in den Prärien heimischen **Bisons** waren auch hier Ende des 19. Jh. fast komplett eliminiert. Zwischen 1962 und 1965 wilderte man Tiere aus und mittlerweile beläuft sich ihre Zahl im Park wieder auf ein paar Hundert. Seltener sind die scheuen Gabelböcke, eine fast ausgestorbene Tierart, wohingegen sich Präriehund-Siedlungen über den gesamten Park verteilen.

Reiseplaktische Informationen Badlands NP

Information

Badlands NP: **Pinnacles Entrance**, *Hwy. 240;* **Northeast Entrance**, *I-90 Exit 131, SD 240 und* **Interior Entrance** *im SO, SD 44, bei Interior, $ 15/Pkw*
Ben Reifel VC, *25216 Ben Reifel Rd., zwischen Northeast und Interior Entrance, ☏ (605) 433-5361, www.nps.gov/badl, tgl. 8–16/17 im Sommer bis 19 Uhr, mit großem Theater und Film „Land of Stone & Light", Bookstore und verschiedenen Rangerprogrammen sowie Ausstellung zur Kulturgeschichte, Ökologie und Paläontologie der White River Badlands.*
White River VC, *im abgelegeneren Südteil, via BIA Rte. 27, 20 mi. südl. Scenic/SD, nur im Sommer tgl. 10–16 Uhr, betrieben von Oglala Sioux, mit kleiner Ausstellung zu den Lakota-Indianern.*

Unterkunft/Restaurant

Cedar Pass Lodge, *$$, 20681 SD Hwy. 240 (ca. 15 km südl. des Parks, I-90 Exit 131), ☏ (605) 433-5460, http://cedarpasslodge.com. Im Park neben dem Ben Reifel/Cedar Pass VC in schöner Landschaft gelegene Unterkunft mit teils ganz neuen, rustikalen Cottages. Ein kleiner* **Laden** *und ein* **Restaurant** *gehören zum Komplex. Geöffnet April–Okt., rechtzeitige Vorausbuchung nötig! Das Partnerhotel* **Badlands Inn**, *$$, liegt bereits außerhalb der Parkgrenze, ist aber ebenfalls empfehlenswert: http://cedarpasslodge.com/badlandsinn.*
Einige einfachere **Motels** *gibt es in Wall (s. S. 316).*
Es gibt zwei **Campingplätze**: *am Cedar Pass VC und (einfacher) im nordwestlichen Parkabschnitt, am Sage Creek.*

Wandern

Aussichtspunkte reihen sich im Nordteil zahlreich entlang der **Badlands Loop Road**. *Wanderungen wie Fossil Exhibit Trail, Cliff Shelf Nature Trail, der steilere Saddle Pass Trail oder der Door Trail lohnen als Abstecher von der Straße.*
Länger bzw. anstrengender sind der Notch Trail oder der über 15 km lange Castle Trail. Für mehrtägige Wanderungen ist der Nationalpark allerdings nicht geeignet. Wegen der großen Hitze und kaum vorhandenen Wasserquellen sowie der wenig zugänglichen Landschaft wird davon abgeraten. Aus den gleichen Gründen sind auch keine ausgebauten Trails vorhanden. Infos unter: www.nps.gov/badl/planyourvisit/hiking.htm

Hinweis zur Route

Jeder an Geschichte und Leben der Indianer Interessierte sollte vom Badlands NP weiter nach Wounded Knee und in die Pine Ridge Indian Reservation fahren. Vom Interior Entrance des Nationalparks geht es zunächst auf dem SD 44 nach Süden und dann auf dem BIA 2 – dem **Bigfoot Trail** – nach Westen, bis man auf den BIA 27 stößt, der nach Wounded Knee führt (ca. 120 km). Zurück geht es auf der BIA 27 zur Stronghold Unit des Badlands NP und dem SD 589, der in den SD 44 mündet und zurück nach Rapid City führt (ca. 120 km). Man kann von Wounded Knee auch weiter nach Pine Ridge fahren und von dort auf dem US 18 in die Black Hills nach Hot Springs (ca. 130 km).

Wounded Knee und Pine Ridge Indian Reservation

Trauriges Kapitel der amerikanischen Geschichte

Südlich des Badlands NP erstreckt sich die **Pine Ridge Indian Reservation**, Heimat der Oglala, eines Stammes, der zum Volk der Lakota-(Sioux)-Indianer (s. INFO S. 320) gehört. In ihrem Reservat verbirgt sich abseits der Touristenpfade der Schauplatz eines der traurigsten Kapitel in der amerikanischen Geschichte: die **Wounded Knee Historic Site**.

Während an Ort und Stelle der Raum für Stille und Trauer ist, informiert das **Oglala Lakota College Historical Center** in **Kyle** (www.olc.edu) nicht nur über das Massaker, sondern auch über die Lakota im Allgemeinen.
Oglala Lakota College Historical Center, *Kyle, Juni–Sept. Mo–Sa 9–17 Uhr, frei.*

Erinnerung an das Massaker von Wounded Knee

Auch im Hauptort des Reservats **Pine Ridge** kann man mehr über diesen Stamm und ganz besonders über moderne indianische Kunst erfahren. Beiden Themen widmet sich das **Heritage Center** ca. 6 km nördlich des Ortes in der **Red Cloud School**, dazu findet hier jährlich eine Indian Art Show statt. Auf dem zugehörigen Friedhof befindet sich auch das Grab von *Red Cloud*.
The Heritage Center, *Red Cloud Indian School, 100 Mission Dr., Pine Ridge Indian Reservation, www.redcloudschool.org/museum, Mo–Fr 9-19, Sa/So 11–17, im Winter nur Di-Sa 9–18 Uhr, Spende.*

Inspiriert durch eine (Beinahe-) Sonnenfinsternis im Januar 1889 führte eine Gruppe Minneconjou-Lakota, frustriert von der Reservatspolitik, unter der Leitung von Häuptling *Big Foot* einen sogenannten Geistertanz durch. Damit hofften die in Trance versetzten Indianer die alten Weidegründe der Bisonherden und damit ihre ehemaligen Jagdgründe zurückbeschwören zu können. Der Geistertanz war keineswegs eine isolierte Erscheinung – seit den Konflikten mit den Weißen war es bei verschiedenen Stämmen immer wieder zu religiösen Bewegungen gekommen – z .B. um 1807 an den Großen Seen unter *Tecumseh* und seinem Bruder *Tenskwatawa*.

Die amerikanische Regierung betrachtete die Geistertanz-Zeremonien mit gemischten Gefühlen, da die Bewohner des Westens einen neuen Indianerkrieg fürchteten. Um die Geistertänze zu unterbinden, entsandte man ausgerechnet die

7. Kavallerie, die 1876 bei Little Bighorn eine vernichtende Schlappe gegen die Sioux eingesteckt hatte. Sie sollte *Big Foot* und seine Gruppe entwaffnen und in die Pine Ridge Reservation bringen. Doch bereits vor deren Eintreffen hatten sich viele Indianer aus dem Staub gemacht. Südlich der Badlands fanden die Soldaten am 29. Dezember 1890 nur noch eine kleine Gruppe um den todkranken *Big Foot* vor, die schon auf dem Weg nach Pine Ridge zu ihren Verwandten um Häuptling *Red Cloud* war. Das Militär eskortierte daraufhin die friedlichen Indianer zur Ortschaft **Wounded Knee** in der Nähe der *Pine Ridge Agency*. Dort sollten sie alle ihre Waffen ablegen, doch löste sich bei der Aktion versehentlich ein Schuss und die Soldaten begannen ohne jegliche Vorwarnung auf die Indianer zu schießen. Am Ende lagen 153 Männer, Frauen und Kinder tot im Schnee, darunter auch *Big Foot* und 25 vom eigenen Feuer getötete Soldaten. Es war General *Nelson A. Miles*, der nicht nur den zuständigen Offizier sofort des Amtes enthob, sondern auch als Erster empört von einem Massaker sprach.

Unvergessenes Massaker

1973 wurde Wounded Knee zum Schauplatz des neu aufkeimenden Selbstbewusstseins der Sioux. Eine Gruppe des **AIM** (*American Indian Movement*) machte mit einer Besetzung auf die schlechte Situation in den Reservaten aufmerksam. Seit den 1990er-Jahren untersteht der Ort **Wounded Knee** der Obhut der Lakota, doch noch sitzt der Schmerz zu tief, um eine größere Erinnerungsstätte aufzubauen. Auf dem nahen Friedhof erinnert ein kleines Denkmal an das Geschehen, ein Zeremonienplatz wurde zu religiösen Feiern eingerichtet und seit einigen Jahren veranstaltet eine Gruppe von Lakota einen **Gedenkritt**, der an die Ereignisse vom 29. Dezember 1890 erinnern soll.

Kampf gegen die Armut

Die **Pine Ridge Reservation** zählt zu den ärmsten Regionen ganz Amerikas; mit geringer Lebenserwartung, hoher Kindersterblichkeit und enormer Arbeitslosenrate. Dennoch laufen mutige Versuche, den jungen Lakota eine neue Perspektive zu geben. Das **Oglala Lakote College** (s. o.) in Kyle und besonders die **Red Cloud School** in Pine Ridge, eine katholische Einrichtung, versuchen Kindern und Jugendlichen nicht nur eine gute Ausbildung zu geben, sie sehen sich zugleich als Wahrer indianischer Kultur.
Wounded Knee Historic Site, *Pine Ridge Reservation, BIA 27 (ca. 25 km nordöstl. Pine Ridge), Friedhof, Zeremonienplatz.*

Reisepraktische Informationen Pine Ridge Indian Reservation

Information

Im Internet: www.friendsofpineridgereservation.org, www.oglalalakotanation.org, www.nativediscovery.org.

Unterkunft

Wakpamni B & B, *$$, Batesland, ca. 35 km östl. Pine Ridge, ☏ (605) 288-1800, www.wakpamni.com. Sechs unterschiedliche Zimmer in einem modernen Haus sowie im renovierten alten Bauernhaus der Bar-O-Bar Farm. Mitten im Reservat gelegen mit großem Angebot an Freizeitaktivitäten, z. B. Reiten, Touren mit Sioux-Indianern, Powwows, Rodeos etc.*

info

„Warriors of the Plains"

Zwar sprechen viele indianischen Völker einen Sioux-Dialekt, doch wird als „**Sioux**" jene Gruppe benannt, die in den Great Plains zu Hause ist. Die **Great Sioux Nation** oder „**Pte Oyate**", *Buffalo Nation*, setzte sich ursprünglich aus sieben Stämmen – den „*Sieben Ratsfeuern*" oder *Oceti Sakowin* – zusammen.

Nachdem die Sioux im frühen 18. Jh. aus den Wäldern um die Großen Seen von anderen Stämmen in die Prärien verdrängt worden waren, bildeten sie nur noch drei Gruppen: Im Osten, jenseits des Missouri, lebten die **Santee** oder **Dakota**, zu denen die *Wahpekute*, *Mdewakantonwan*, *Wahpetonwan* und *Sisitonwan* gerechnet werden. Im Westen, zwischen Black Hills und Big Horn Mountains, siedelten die **Teton** oder **Lakota**, bestehend aus *Oglala*, *Sicangu* oder *Brulé*, *Hunkpapa*, *Minneconjou*, *Itazipcho*, *Oohenonpa* und *Sihasapa*. Geografisch gesehen zwischen beiden Gruppen, um den Missouri, lebten die **Nakota** oder **Yankton**, zusammengesetzt aus *Ihanktonwan* oder *Yankton* und *Ihanktonwana* oder *Yanktonai*.

Warriors of the Plains

Mit der **Einführung von Pferden und Feuerwaffen** Mitte des 18. Jh. entwickelten sich die Sioux, insbesondere die Teton/Lakota, zur **dominanten Macht** in den Great Plains. Als hervorragende Jäger und gefürchtete Kämpfer wurden sie zu den wahren „Herren der Prärie", zu den *Warriors of the Plains*. Ihre Gesellschaftsstruktur basierte auf Kriegerbünden und deren Ehren- und Moralkodex. So war nicht die Vernichtung oder Tötung eines Gegners wichtig, sondern waren Mut und Tapferkeit vorrangig. Das Landen eines *Coups*, d.h. die Berührung eines Gegners, galt mehr als dessen Tötung.

Auseinandersetzungen zwischen den Stämmen wurden damit als eine Art Wettkampf betrachtet und dienten der Reviersicherung; das Pferdestehlen war ein Sport. Erlangte Coups und Pferde steigerten das Ansehen, grundsätzlich gab es nämlich keine allgemein anerkannten Anführer. Wer im Moment das höchste Prestige genoss und die größten Fähigkeiten an den Tag legte, führte eine willkürlich zusammengesetzte Gruppe bei einer bestimmten Aufgabe an. Das Leben der Sioux war durch **Mobilität** geprägt, sie folgten stets den Bisonherden, ihrer Lebensgrundlage – daher auch die Eigenbezeichnung als **Pte Oyate** – „Volk des Bisons". Ein wichtiger Teil der Tradition war neben der Büffeljagd die Suche nach einer Vision, der Sonnentanz und Kriegerbünde oder *Soldier Societies.*

Lesetipps

- *Royal B. Hassrick*, Das Buch der Sioux (1964, dt. 1982). Beschäftigt sich ausführlich mit dem Leben, den Traditionen und der Geschichte der Sioux.
- *Joseph Marshall III.* Der Lakota hat eine Reihe Bücher über sein Volk erfaßt.

Rundfahrt durch das westliche North Dakota

North Dakota (ND), die Kornkammer Amerikas – **America's Breadbasket** – verdankt seinen bescheidenen Reichtum neben der Landwirtschaft den Braunkohle- und Erdöllagerstätten. Der Missouri River trennt North Dakota geografisch in die östlichen Prairie Drifts (Weizen) und die westlichen Badlands (Viehzucht). Die meisten Siedler kamen aus Norwegen und aus dem deutschsprachigen Raum, insbesondere handelt es sich um Russland- und Ungarn-Deutsche. Noch heute stellen diese beiden ethnischen Gruppen die Mehrheit der North Dakotans: Jeweils etwa 45 % der gut 720.000 EW berufen sich auf **norwegische oder deutsche Vorfahren**. Etwa 4 % der Bevölkerung sind **indianischer Herkunft** – neben Dakota und Lakota vor allem Mandan, Hidatsa und Arikara. Diese drei Kulturen prägen heute das Leben im Staat, von der Küche bis hin zu Festen und Gebräuchen.

Redaktionstipps

Sehens- und Erlebenswertes

➤ Naturfreunde sollten den **Theodore Roosevelt National Park** (S. 324) besuchen.

➤ Alles über Pferde, Indianer, Cowboys und Rodeo erfährt man in der **North Dakota Cowboy Hall of Fame** in Medora/ND (S. 328).

➤ Eine Zeitreise erlebt man beim Besuch von **Fort Union** (S. 331).

Unterkunft

➤ Eine ungewöhnliche Unterkunft ist das **Enchanted Castle Hotel** (S. 333) in Regent/ND.

Restaurants

➤ Leckere Steaks in allen Variationen gibt es bei **Outlaw's** (S. 330) in Watford City/ND.

➤ Guten Kaffee serviert **The Brew** (S. 333) in einer ehemaligen Kapelle in Dickinson/ND.

Veranstaltungen

➤ Eine ungewöhnliche Cowboy-Show vor prächtiger Naturkulisse bietet das **Medora Musical** (S. 328) in Medora/ND.

Derzeit ist NDs Nordwesten wegen des **Ölbooms** in aller Munde. Dank der umstrittenen Technik des **Fracking** wird die sogenannte **Bakken Formation**, eine erdöl- und erdgashaltige Schieferformation, im großen Stil ausgebeutet. Nicht nur das zentrale Dickinson ist zur Kleinstadt explodiert, überall entsteht eine neue Infrastruktur – die Ruhe des Westens ist vielfach gestört und die Region in manchen Ecken völlig überfordert. Doch inzwischen gibt es erste Anzeichen, dass der Boom abebbt und sich die Lage langsam wieder normalisiert. Doch noch heißt es: **Rockin' the Bakken**!

Hinweis zur Route

Eine zwei- bis dreitägige Rundfahrt lässt sich mühelos von den Black Hills in South Dakota aus unternehmen. Von Spearfish (westlich Sturgis bzw. Rapid City an der I-90) führt der US Hwy. 85 in das westlich North Dakota zum Roosevelt NP. Dem US Hwy. 85 folgt man weiter nordwärts nach Williston, dann geht es auf dem ND 1804 nach New Town und auf dem ND 22 südwärts nach Dickinson. Der ND 22 führt weiter südwärts zurück nach South Dakota und geht dann in den SD 79 über und nach Sturgis zurück (ca. 680 mi/1090 km).

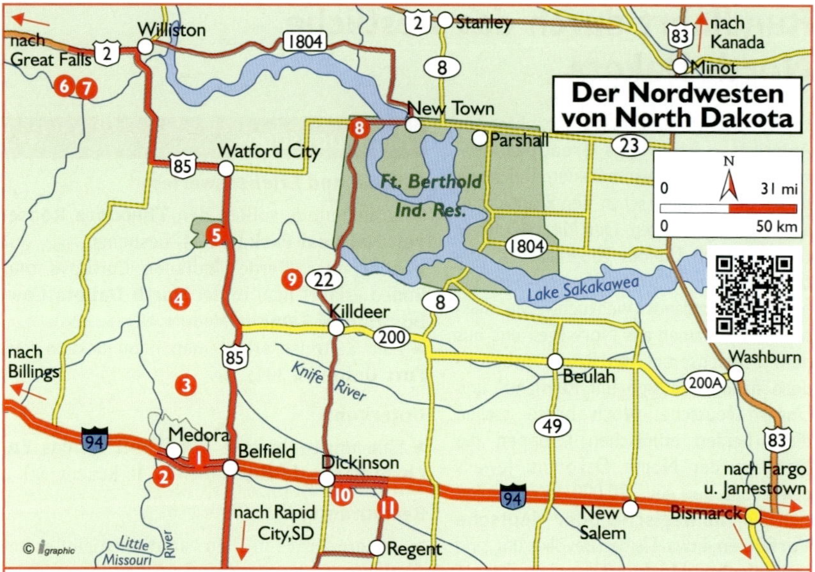

1 Th. Roosevelt NP South Unit
2 Chateau de Mores
3 Little Missouri National Grasslands
4 North Dakota Badlands
5 Th. Roosevelt NP North Unit
6 Ft.Union NHS
7 Ft.Buford SHS
8 4 Bears Casino & Three Tribes Museum
9 Killdeer Mountains
10 Dakota Dinosaur Museum
11 Enchanted Highway

Theodore Roosevelt National Park

Im Westen North Dakotas ist den **Badlands** wie in South Dakota (s. unten) ein Nationalpark gewidmet: der **Theodore Roosevelt NP**. In dieser faszinierenden Landschaft, in der die hoch gelegenen Great Plains von einem tiefen Canyon durchschnitten werden, versuchte sich einst der spätere Präsident *Theodore Roosevelt* mit der Rinderzucht. Da er hier für rund 15 Jahre vor seiner Präsidentschaft lebte und sich später für die Nationalpark-Idee stark machte, wurde der Park nach ihm benannt. Der 285 km² große NP gliedert sich in einen **Nord- und einen Südteil**. Im weniger frequentierten **North Unit** ist der Canyon, durch den sich der Little Missouri River durch die Great Plains schlängelt, schmaler und dadurch dramatischer und eindrucksvoller. Vielseitiger und leichter zugänglich ist der **Südabschnitt**.

Vor Erreichen des **Painted Canyon Overlook** (mit VC), westlich von Medora (ab I-94 Exit 32), lässt noch nichts darauf schließen, was einen erwartet. Der Little Missouri hat sich in die Sandsteinformationen der Prärie hineingefräst, und obwohl der Canyon keinesfalls so spektakulär ist wie beispielsweise der Grand Canyon, macht

Informationen zum Theodore Roosevelt NP

Theodore Roosevelt NP, Medora, www.nps.gov/thro, $ 10/Pkw. Im Nationalpark gibt es drei Besucherzentren:

- **South Unit/Medora VC**, an der Zufahrt I-94 Exit 24, 8–16.30/18 Uhr, mit Museum, Film und „Maltese Cross Cabin“, hier gibt es Infos zu Stadt und Region.
- **Painted Canyon VC**, am Overlook 7 mi östlich von Medora (I-94 Exit 32), tgl. 8.30–16.30 Uhr. Ausstellung und Diashow, Anf. April–Mitte Nov. geöffnet
- **North Unit VC**, US 85, am Zugang zum North Unit, Anf. April–Mitte Nov., tgl. 9–17.30 Uhr, sonst nur Fr und an Wochenenden

Zeitplanung: Wer nur ein paar Stunden oder max. einen Tag zur Verfügung hat, sollte sich auf einen Parkabschnitt, bevorzugt die South Unit, konzentrieren. Bei zweitägigem Aufenthalt sind die Erkundung des Südteils und Medoras sowie eine Fahrt durch die North Unit möglich.

Camping: Cottonwood Campground (South Unit), www.nps.gov/thro/planyourvisit/cottonwood-campground.htm, ganzjährig geöffnet
Juniper Campground (North Unit), www.nps.gov/thro/planyourvisit/juniper-campground.htm, ganzjährig, weitere Unterkünfte siehe „Medora“.

ihn die umgebende Landschaft zu etwas Besonderem und sind die verschiedenen geomorphologischen Formationen und Schichten, die mit Licht bzw. Sonnenstand ihre Farben verändern, faszinierend. Dazu formten Wind und Regen die Canyon-Wände zu einer bizarren Landschaft mit Gräsern, Kakteen und Sträuchern.

Den **südlichen Teil** erschließt eine knapp 60 km lange Rundstrecke. Sie beginnt in der kleinen Ortschaft **Medora** am VC und führt durch den Canyon, vorbei an mehreren Aussichtspunkten und Ausgangspunkten für Trails, an Flusslandschaften und *Prairie Dog Towns*. Zwischen beiden Parkabschnitten und weiter Richtung Süden bis nahe an die Grenze zu South Dakota erstreckt sich entlang dem Little Missouri das **Little Missouri National Grassland**. Knapp eine halbe Million Hektar der Prärielandschaft wurde hier ebenfalls unter Schutz gestellt.

Blick über den Theodore Roosevelt National Park

Von den riesigen **Bisonherden**, die noch bis um 1870 durch den Canyon zogen, ist nicht viel geblieben. Auch die Antilopen oder *Pronghorns* (Gabelböcke), verschiedenste Hirscharten, Schwarzbären, Waschbären, Biber sowie die einst überall in riesigen unterirdischen Höhlensystemen lebenden Präriehunde und viele andere Tiere waren bereits weitgehend ausgerottet. Inzwischen fruchten Bemühungen um die Ansiedlung bedrohter Tierarten und mittlerweile gibt es sogar wieder kleine Bisongruppen, Präriehundestädte, Antilopen und Mustangs. Diese Wildpferde, zurückgelassen von früheren Ranchern, haben hier nun ein Refugium gefunden.

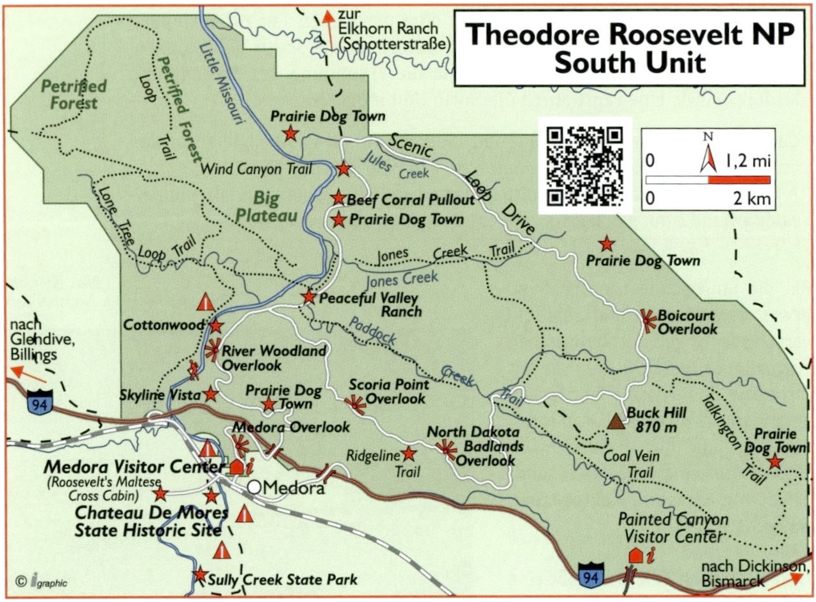

Geschichte

Ursprünglich galt der Landstrich als „schlechtes Land" und erst *Marquis de Mores* (s. unten) und der spätere **Präsident Theodore Roosevelt** lenkten die Aufmerksamkeit darauf. Roosevelt kam ab 1883 regelmäßig in die Badlands, erst zur Jagd, dann, um als Rinderzüchter hier zu leben. Landschaft, Menschen und die zunehmende Bedrohung der Natur hatten eine nachhaltige Wirkung auf ihn. *„Ohne meine Erlebnisse und Erfahrungen, die ich in North Dakota gemacht habe, wäre ich nie Präsident der USA geworden,"* erklärte „Teddy" Roosevelt (1858–1919) einmal.

Dank seiner Euphorie wurde „Naturschutz" erstmals thematisiert. Roosevelt setzte sich besonders während seiner Amtszeit (1901–09) vehement für die **Gründung von Nationalparks** ein, und seine größten Erfolge waren 1906 die Einsetzung der

US-Forstverwaltung und die Unterzeichnung des *Antiquities Act*, auf dem basierend bereits im selben Jahr 18 **National Monuments** ausgewiesen wurden.

Die beiden **Ranches** von *Theodore Roosevelt* können ebenfalls besichtigt werden: Die **Maltese Cross Cabin**, sein ehemaliges Wohnhaus auf dem Areal der gleichnamigen Ranch, die südwestlich von Medora lag, wurde in die Nachbarschaft des Medora VC umgesetzt, während die 1898 aufgegebene und heute nicht mehr erhaltene **Elkhorn Ranch** zwischen beiden Parkabschnitten lag. Die Stelle ist nur mit *Permit* (im VC erhältlich) über eine einfache Schotterpiste erreichbar.

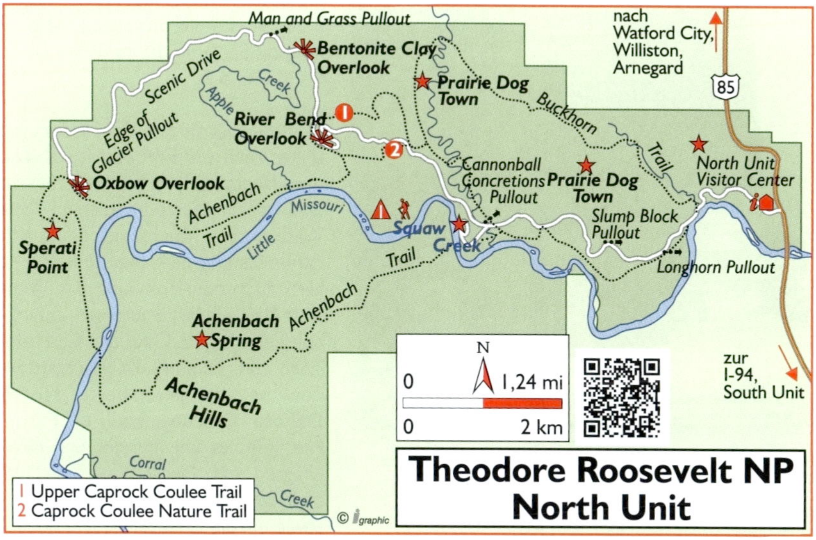

„Cowtown“ Medora

Wäre es nach dem französischen Adeligen *Marquis de Mores* gegangen, wäre **Medora** die „**Rindermetropole des Mittleren Westens**“ geworden. Er war 1882 in die Region gekommen und hatte geplant, einen Schlachthof zu errichten, von dem aus das Rindfleisch in Kühlwagen an die Ostküste geliefert werden sollte. Damit hätte man sich das mühevolle Verladen und Verschicken der Tiere in die Schlächthöfe von Chicago erspart. Der Schlachthof wurde gebaut und es entstand auch eine Eisenbahnstation, doch letztlich scheiterte die Idee wegen des großen Viehsterbens Mitte der 1880er-Jahre einerseits und des Widerstands der etablierten Unternehmen in Chicago und New York andererseits.

Doch Medora, benannt nach der Gattin des Marquis, blieb als Ort bestehen, ebenso das Wohnhaus der Familie, **Chateau de Mores State Historic Site**, am süd-

Ein Muss für Fans des Rodeosports: die North Dakota Cowboy Hall of Fame in Medora

westlichen Rand Medoras. Es ist zwar kein Schloss im eigentlichen Sinne, eher ein großes Holzhaus, verfügt aber immerhin über 27 Zimmer mit recht luxuriöser Ausstattung, unter anderem mit Antiquitäten aus Frankreich, Porzellan aus England, einen Jagdraum, einen Weinkeller und vielen Dienstbotenräumen.

Chateau de Mores SHS, *I-94 Exit 24, ausgeschildert, http://history.nd.gov/historicsites/chateau/chateauexhibits.html, tgl. 8.30– 17.30, im Winter Di–Sa 9–17 Uhr, $ 7.*

Der 1883 gegründete Ort Medora mit seinen rund 130 EW wächst während der Hauptsaison um ein Vielfaches an und ist ein Musterbeispiel für eine Westerntown. Man hat sich erfolgreich darum bemüht, den historischen Ortskern zu restaurieren und das Wildwest-Flair wiederherzustellen. Zahlreiche kleine Lokale, Cafés und Geschäfte laden zum Bummel ein. Hauptattraktion ist die sehenswerte **North Dakota Cowboy Hall of Fame**. Hier geht es um Indianer und ihren Umgang mit Pferden, um die Ursprünge der Homesteads und Ranches sowie um die Entwicklung und Bedeutung des Rodeosports. Glanzstück unter den ausgestellten Exponaten ist der originale Kopfschmuck von *Sitting Bull*. Im OG befindet sich die Hall of Honorees.

Der besondere Tipp

Western Entertainment bietet das **Burning Hill Amphitheater** mit seinem *„Medora Musical"*, einem Varieté im Broadway-Stil mit Showeinlagen, dargeboten im Freien. Als „Paket" erhältlich, bietet sich vor der Show das benachbarte **Pitchfork Fondue** an. In biergartenähnlicher Atmosphäre mit Selbstbedienung und hervorragendem Ausblick werden Steaks in riesige Kessel mit heißem Fett getaucht; dazu gibt es verschiedene Beilagen.

Medora Musical, Burning Hill Amphitheater (I-94 Exit 24 oder 27, ausgeschildert), www.medora.com/do/entertainment/medora-musical, Anf. Juni–Anf. Sept. tgl. 19.30 Uhr. Musical zur Geschichte der Region mit Showeinlagen, auch im Paket mit „Pitchfork Fondue" (s. oben). buchbar, außerdem Touren.

North Dakota Cowboy Hall of Fame, *250 Main St./3rd. Ave., www.northdakotacowboy.com, HS tgl. 9–18 Uhr, $ 8. Über die Geschichte des Ortes und der Region informiert das Billings County Museum im alten Courthouse.* **Billing County Museum**, *475 4th St., www.billingscountymuseum.com, HS: tgl. 9–17 Uhr, sonst unregelmäßig, $ 3.*

Reisepraktische Informationen Medora/ND

Information

Medora Area CVB, *475 4th St., ☏ (701) 623-4829 www.medorand.com.* **Theodore Roosevelt Medora Foundation**, *Medora Office, 301 5th St., ☏ (701) 623-4444 o. 1 (800) 633-6721, www.medora.com. Diese Gesellschaft betreibt mehrere Hotels und Restaurants im näheren Umkreis, verwaltet den schön gelegenen Bully Pulpit Golf Course und ist auch zuständig für den Betrieb des „Medora Musical“.*

Unterkunft/Camping

Badlands Motel, *$$, 501 Pacific Ave., www.medora.com, ☏ (701) 623-4444 und 1 (800) 633-6721. Einfaches Motel mit gemütlichen Zimmern am Fuße der Badlands.*

Rough Riders Hotel, *$$$, 301 3rd Ave., www.medora.com/rough-riders, ☏ 1 (800) 633-6721. Das historische, gerade umfassend renovierte Hotel von 1883 bietet außer den acht ursprünglichen Zimmern nun 68 weitere, dazu das ausgezeichnete Lokal* **Theodore's Dining Room and TR's Tavern**.

Medora Campground, *www.medora.com/stay/camping/medora-campground, ☏ 1 (800) MEDORA1. 200 Stellplätze, Sanitärgebäude, Laden u. a., Mt. Mai–Mt. Sept. geöffnet. Zu den (schnell gefüllten) Campgrounds im Theodore Roosevelt NP siehe oben.*

Restaurants

Boots Bar & Grill, *300 Pacific Ave., Medora. Beliebtes Lokal mit Bar, neben Steaks gibt es auch Suppen, Salate, Sandwiches und natürlich Burger.*

Pitchfork Steak Fondue, *Tjaden Center, nahe Musicalbühne (ausgeschildert), www.medora.com/eat/family/pitchfork-steak-fondue, Tickets in den Hotels oder im Medora Musical Welcome Center. Ribeye Steak auf Heugabeln gespießt in siedendes Fett getaucht, mit großem Beilagenbuffet, Anf. Juni–Anf. Sept.*

Theodores Dining Room, *im Rough Riders Hotel (s. oben). Eher elegante Atmosphäre im Speisesaal, kreative Küche. Locker zu Drinks und Snacks in der zugehörigen Taverne mit Bar.*

Einkaufen

Prairie Fire Pottery, *127 E. Main St., Beach (westl. Medora). Ungewöhnliche Töpferei mit Laden (www.prairiefirepottery.com). Benachbart:* **Golden Valley Outfitters** *(73 E Main St.).*

Western Edge Books, Artwork & Music, *425 4th St. Gut sortierter Buchladen mit Schwerpunkt Westen und Indianer – ein Muss für jeden „Wildwest-Fan“.*

Im Nordwesten

Auf dem Weg von Medora nach Watford City (US Hwy. 85) passiert man den Nordteil des Roosevelt NP, der ebenfalls einen Abstecher lohnt. **Watford City** ist seit den 1880er-Jahren, als texanische Cowboys Rinder auf dem *Long X Trail* aus dem Süden hierher trieben, Versorgungszentrum im Nordwesten North Dakotas. Das Städtchen liegt im McKenzie County und wird von Lake Sakakawea, Little Missouri River und Yellowstone River gerahmt. Sehenswert ist das neue **Long X Trading Post VC**. Hier gibt es nicht nur Broschüren, Infos und einen kleinen Liquor Store, sondern auch Ausstellungen zur Geschichte der Region. Gerade hier zeigen sich derzeit die Auswirkungen des Ölbooms besonders stark und hässliche Industrieanlagen, Containersiedlungen und Motels schießen aus dem Boden.

Reisepraktische Informationen Watford City/ND

Information
Long X Trading Post VC & Museum, *100 2nd Ave., ND 23/US 85, ☏ (701) 444-5804, http://tourism.mckenziecounty.net.*

Unterkunft
The Watford, *$$-$$$, 810 3rd Ave. SW, ☏ (701) 842-6800, www.thewatford.com. Neues Downtown-Hotel mit versch., großen Zimmern.*

Restaurant
Outlaw's Bar & Grill, *120 N. Main St. (ND 23), ☏ (701) 842-2381. Das beste Restaurant der Gegend, berühmt für Steaks, vor allem Prime Rib, aber auch Spezialitäten wie Sakakawea Walleye (Fisch), Posse's Beer Battered Onion Rings (Zwiebelringe) oder Four Bear's Buffalo Burger.*

Veranstaltung
Mitte Sept. findet alljährlich das **North Dakota Rodeo Final** *in Watford City statt. Infos: www.ndrodeo.com*

Im Umkreis der kleinen Stadt **Williston** (www.willistonndtourism.com, ab Watford City über US 85) liegen zwei sehenswerte alte Militärposten: **Fort Buford**, der erste, erinnert an das 1866 gegründete Fort und Versorgungslager für die umliegenden Indianerstämme. Bekannt wurde der Stützpunkt dadurch, dass sich *Sitting Bull* mit seinen Leuten 1881 hier ergeben hat. Heute sind noch das Hauptquartier, das Magazin und der Friedhof zu besichtigen.

Nicht einmal 1 km entfernt steht am Fluss das neue **Missouri-Yellowstone Confluence Center**, in dem es anschaulich um „Trails, Tracks, Rivers and Roads" geht. Zwei Meilen westlich davon steht die **Fort Union NHS**. 1829 unter der Leitung von *Kenneth McKenzie* für die Pelzhandelsfirma *American Fur Company* am Missouri

Fort Union in North Dakota

errichtet, war Fort Union vornehmlich ein Handelsposten. Als einer der westlichsten Outposts zu dieser Zeit, fanden sich hier die verschiedensten Besucher ein: Pelzhändler, Priester, reiche Kaufleute, Künstler, Jäger, Abenteurer, Indianer und Naturwissenschaftler. Mit der Einrichtung des benachbarten *Fort Buford* schwand die Bedeutung des Forts, 1867 wurde es geschlossen. Heute ist der alte Zustand z. T. wiederhergestellt, mit dem alten *Bourgeois House*, dem Hauptquartier des Forts, sowie den umgebenden Holzpalisaden. Während der Sommermonate werden Schlachten und Szenen nachgespielt.

Bunte Besucherschar

Fort Buford, *ND 1804 (ab US 2), http://history.nd.gov/historicsites/buford, Mai–Sept. tgl. 10–18 Uhr, $ 5.*

Missouri-Yellowstone Confluence Center, *ND 1804 (ab US 2), http://history.nd.gov/historicsites/mycic, Mt. Mai–Mt. Sept. tgl. 9–19, sonst Mi–Sa 9–16, So 13–17 Uhr, $ 5.*

Fort Union NHS, *ND 1804 (ab US 2), 40 km südwestl. Williston, www.nps.gov/fous, tgl. 9–17.30 Uhr, im Sommer 8–18.30 Uhr, Bourgeois House/VC und Trade House (nur im Sommer), frei.*

Hinweis zur Route

Wer nach dem ND-Ausflug die Hauptroute nicht südwärts, nach Denver, fortsetzen, sondern zurück nach Westen und damit Richtung Seattle fahren möchte, kann ab Williston dem US Hwy. 2, dem **Outlaw Trail** folgen. Er heißt so, weil er einst von Banditen wie der „Wild Bunch" von *Butch Cassidy* und *Sundance Kid* benutzt wurde. Der Trail durchquert die Weiten Nord-Montanas, eine sanfte Hügellandschaft, unterbrochen von kleinen, bizarren Erosionsformationen. Man passiert Orte wie Culbertson, Poplar – Sitz der Reservatsverwaltung der Fort Peck Indian Reservation –, Glasgow, Malta, Chinook oder Havre.

In Chinook befindet sich das **Bear Paw Battlefield** (www.nps.gov/nepe), wo sich Chief Joseph und die Nez Percé nach ihrer gut 2.000 km langen Flucht im Oktober 1877 ein letztes Gefecht mit der US-Armee lieferten, ehe sich der legendäre Indianerhäuptling ergab. Schließlich führt der US Hwy. 2 nach Browning und zum Glacier NP (Anschlusskapitel „Vom Glacier National Park nach Seattle").

Verlust der Lebensgrundlage

Große Teile im Nordwesten North Dakotas um den zum **Lake Sakakawea** angestauten Missouri River gehören zur **Fort Berthold Indian Reservation** (www.mhanation.com) mit dem Hauptort **New Town**. Im Reservat leben rund 3.000 Nachkommen der Mandan, Hidatsa und Arikara. Unvergessen bleiben wird der Bau des **Garrison Dams** in den 1940er-Jahren und die Flutung der alten Dörfer. Durch diese Maßnahme wurden die Indianer ihrer Lebensgrundlage beraubt und in alle Winde zerstreut. Über Traditionen, Kultur und die heutige Situation der drei Stämme informiert das nicht allzu große, aber sehenswerte **Three Tribes Museum**, direkt neben dem unübersehbaren **4 Bears Casino**.
Three Tribes Museum, *302 Frontage Rd./ND 23, New Town, April–Okt. tgl. 10–18 Uhr, $ 4.*

Reisepraktische Informationen New Town

Unterkunft

4 Bears Casino & Lodge, *$$–$$$, 202 Frontage Rd./ND 23, ca. 6 km westl. New Town, ☏ (701) 627-4018, www.4bearscasino.com. Ausgefallene Architektur und 220 schöne Zimmer mit Blick auf den Lake Sakakawea. Casino, große Veranstaltungshalle, mehrere Restaurants.*

Das Rough Rider Country um Dickinson

Von New Town geht es auf dem Hwy. ND 22 südwärts, vorbei an den **Killdeer Mountains**, einst Heimat der Sioux und Ort einer der ersten Schlachten zwischen Indianern und US-Armee, zurück nach South Dakota. Zuvor lohnt jedoch ein Stopp in **Dickinson** (27.000 EW), Zentrum der Vieh- und Pferdezucht, neuerdings vor allem aber „Metropole" und Versorgungszentrum der boomenden Ölindustrie (Fracking), und Hauptort des **Rough Rider Country**. Der Name rührt von der gleichnamigen Spezialtruppe des späteren Präsidenten *Theodore Roosevelt* her.

Nachbildungen von Dinosauriern

Lohnend im Ort ist vor allem ein Museumskomplex nahe der Autobahn I-94, dessen herausragender Teil das **Dakota Dinosaur Museum** ist. Vor über 100 Mio. Jahren, zu einer Zeit, als das Klima feuchter war und ein großer Binnensee langsam auszutrocknen begann, in Teilen des Nordwestens Sumpflandschaften hinterlassend, lebten in Dakota Dinosaurier. Im Museum sind jedoch nicht nur regionale Funde ausgestellt, sondern es wird versucht, anhand originalgroßer Skelette und plastischer Nachbildungen von elf verschiedenen Dinosaurierarten und eines urzeitlichen Rhinozeros einen Überblick über die gesamte Entwicklung zu geben.

Zum Dickinson Museum Center gehören das **Joachim Regional Museum** (lokale Geschichte), das **Pioneer Machinery Museum** (alte landwirtschaftliche Geräte) und der **Prairie Outpost Park** – der Nachbau einer Pioniersiedlung.
Dakota Dinosaur Museum, *200 E. Museum Dr., www.dakotadino.com, Mai–Anf. Sept. tgl. 9–17 Uhr, $ 8.*
Dickinson Museum Center, *188 Museum Dr. E. (I-94 Exit 61), www.dickinson museumcenter.org, Mai–Sept. tgl. 9–17, sonst Mo–Fr.*

Zwei besondere Sehenswürdigkeiten befinden sich einige Meilen östlich von Dickinson: der **Enchanted Highway** und die **Assumption Abbey** mit ihrer ungewöhnlich großen Kirche. Mitten in der Prärie, in der Ortschaft Richardton, hatte der Schweizer Benediktiner *Vincent Wehrle* 1903 das Kloster gegründet und 1906 die Kirche erbauen lassen. Beide (mit kleinem Shop, www.assumptionabbey.com) kann man besichtigen. Nur wenige Kilometer südwestlich beginnt der Enchanted Highway. Diese Landstraße zweigt von der I-94 ab und bis zum Endpunkt, der Ortschaft Regent, säumen sieben riesige Blechskulpturen mit Namen wie *„Geese in Flight“*, oder *„Fisherman's Dream“*. den Straßenrand. Sie ragen 50 m hoch in den blauen Himmel über North Dakotas Prärie. Seit 1993 fertigt der ehemalige Lehrer *Gary Greff* überdimensionale Kunstwerke aus Altmaterial (Infos: www.realnd.com/enchantedhighway index.htm). *Garys* neuestes Projekt ist ein ungewöhnliches Hotel in Regent, das Enchanted Castle Hotel (s. unten).

Reisepraktische Informationen Dickinson/ND

Information

Dickinson CVB, *72 E. Museum Dr., www.visitdickinson.com, ☏ 1 (800) 279-7391.*

Unterkunft

Entlang Villard und 15th Street gibt es mehrere Kettenunterkünfte, siehe: www.visitdickinson.com/lodging. Empfehlenswert sind z. B.:
Ramada Grand Dakota Lodge, *$$–$$$, 532 15th St. W., www.granddakota lodge.com, ☏ 1(800) 422-0949. 192 renovierte, geräumige Zimmer und Suiten mit viel Komfort, inkl. Frühstück und großem Innenpool. Das zugehörige Restaurant* **Grand Dakota Grille** *gehört zu den besten der Stadt.*
Enchanted Castle Hotel, *$$, 607 Main St., Regent/ND, ☏ (701) 563-4858, www.enchanted-castle.net. Große, gut ausgestattete Zimmer, Bar und Lokal mit Mittelalter-Flair am Ende des Enchanted Hwy.*

Restaurants

The Brew, *215 Sims St., www.thebrew.org. Kleines Café in einer ehemaligen Kirche mit eigener kleiner Rösterei. Es gibt neben einer Vielzahl von Kaffeesorten leckere Sandwiches (panini), Suppen und Salate zu günstigen Preisen, Gratis-Internet.*
Country Rose Café, *837 Villard St. E., ☏ (701) 483-2211. Typischer Diner, der auch Spezialitäten der deutschen Einwanderer serviert.*
Stix N' Twigs Cafe, *20 1st St. W, gemütlich und ideal zu Frühstück oder Lunch. Suppen, Sandwiches, Salate und auch Vegetarisches.*
Brick House Grille, *2 W. Villard St., ☏ (701) 483-9900. Fine Dining mit Steaks, Cocktails und Jazz Night am Do.*

Die Südroute durch Wyoming

Im „Tal des warmen Windes“

Die Südroute vom Yellowstone NP nach Denver führt über die östlichen Ausläufer der Rocky Mountains in eine weite, teilweise zerklüftete Graslandschaft, die sich auf einer Hochebene, etwa 1.500 m über dem Meeresspiegel, im weiten **Wind River Valley** erstreckt. Der Name des Tales leitet sich von einer indianischen Bezeichnung ab und man stellt rasch fest, wie gut er passt. Starke Winde resultieren vor allem aus den unterschiedlichen Hoch- und Tiefdruckgebieten zwischen Berg- und Tallandschaft. Da hier viele Flüsse so warm sind, dass sie im Winter nicht gefrieren, siedelten sich einst hier die Shoshone-Indianer an.

Redaktionstipps

Sehens- und Erlebenswertes

➤ Um die alten Siedlertrecks geht es höchst anschaulich im **National Historic Trails Interpretive Center** in Casper/WY (S. 342).
➤ Wie hart das Leben für die Soldaten im Westen war, erfährt man in der **Fort Laramie NHS** (S. 343).
➤ Fast schon gespenstisch ist ein Besuch in der Geisterstadt **South Pass City** (S. 336).
➤ Baden in warmen Quellen kann man in **Thermopolis** (S. 337).
➤ Interessant für Westernfans ist das **Nelson Museum of the West** in Cheyenne (S. 348).
➤ Das größte Rodeo und Wildwest-Fest sind die **Cheyenne Frontier Days** (S. 348).

Unterkunft

➤ Wer für ein paar Tage Cowboy spielen möchte, ist auf der **Twin Creek Ranch** bei Lander (S. 338) genau richtig.
➤ Mitten in Cheyenne wohnt man im **Nagle Warren Mansion B & B** (S. 349) luxuriös wie zur Zeit der großen Rinderbarone.

Restaurants

➤ Zu den legendären Saloons des Westens gehört die **Wonder Bar** in Casper (S. 342).
➤ Im alten Bahnhof von Cheyenne gibt's im **Shadows Pub & Grill** (S. 349) ein Glas frisch gezapftes Bier und leckere Gerichte.

Einkaufen

➤ Seit 1919 kaufen Cowboys bei **Lou Taubert Ranch Outfitters** in Casper ein (S. 342).

Ab Moran Junction – noch im Grand Teton NP – führt der US Hwy. 26/287 durch den **Bridger-Teton National Forest** und parallel zur Absaroka Range hinauf auf den knapp 3.000 m hohen **Togwotee Pass**, der zugleich die Wasserscheide, die *Continental Divide*, quert. Die Berglandschaft weicht nach dem Pass einer unwirklich erscheinenden **Fels- und Canyonregion** mit unterschiedlichen Gesteinsschichten – erste Spuren der Great Plains. Man folgt dem **Wind River**, an dessen Ufer die einzigen Bäume wachsen, ansonsten dominieren *Sagebrush* (Beifuß) und Präriegräser.

Der erste Ort ist das gut 1.000 EW zählende **Dubois**, inmitten eines roten Sandsteincanyons gelegen. Sehenswert ist hier das **National Bighorn Sheep Interpretive Center** am westlichen Ortsrand, wo es einen Film und Infos zu den berühmten Bergschafen gibt. In den südwestlich gelegenen **Whiskey Mountains** siedelt die angeblich größte Bighorn-Schafherde der Welt.

Das kleine **Dubois Museum** nebenan informiert über die Lokalgeschichte, über Trapper und Holzfäller. Die **Canyonlandschaft** rund um Dubois fällt durch ihr bun-

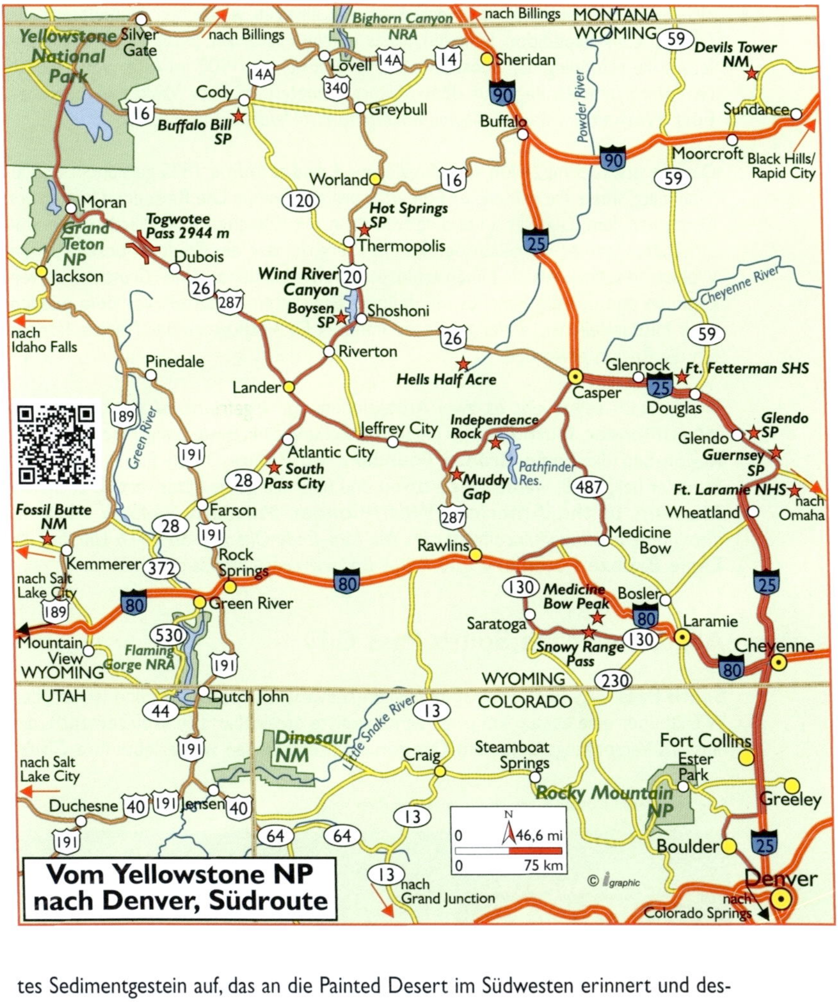

Vom Yellowstone NP nach Denver, Südroute

tes Sedimentgestein auf, das an die Painted Desert im Südwesten erinnert und deshalb wohl „Painted Valley“ genannt wird.
National Bighorn Sheep Interpretive Center, *Hwy. 26, 907 W. Ramshorn St., www.bighorn.org, tgl. 9–18, im Winter außer So. 9–17 Uhr, $ 2,50.*
Dubois Museum, *909 W. Ramshorn St., www.duboismuseum.org, tgl. 9–18 im Sommer, sonst Di–Sa 10–16 Uhr, frei.*

Allmählich weitet sich das Wind River Valley. Der größte Teil des Tals gehört zur **Wind River Indian Reservation**, in der heute die einst verfeindeten Shoshone und Arapahoe leben. Der Hauptort des Reservats heißt **Fort Washakie**, wo alljährlich im Sommer Powwows Touristen anlocken. Westlich von Fort Washakie soll

sich das Grab der Indianerin *Sacagawea*, der einzigen weiblichen Teilnehmerin der *Lewis & Clark*-Expedition, befinden – was etliche Historiker jedoch anzweifeln. Der legendäre Häuptling der Shoshone, *Chief Washakie*, der 1900 im Alter von 102 Jahren gestorben ist, liegt auf dem *Military Cemetery* in Fort Wakashie begraben.
Fort Washakie: *www.wyomingtourism.org/travelguide/detail/Fort-Washakie/31471.*

Standort für Ausflüge

Das nur etwa 15 mi/24 km südlich gelegene **Lander** wurde 1875 gegründet und als „*The place, where the rails end and the trails begin*" bekannt. Die Reisenden kamen von Osten mit dem Zug hier an und reisten dann mit Kutschen bzw. Pferdewagen weiter. Später war es vor allem der Eisenerzbergbau, der der Stadt zu bescheidenem Wohlstand verhalf. Als die Minen schlossen, drohte Lander zu einer *Ghosttown* zu verkommen und nur die Ranches im Umkreis bewahrten es damals vor dem Niedergang. Mittlerweile ist Lander zu einem Standort für Ausflüge zu den Naturschönheiten die Region geworden.

In der Stadt selbst gibt es zwei Attraktionen: das **Museum of the American West/Pioneer Museum** mit einer Ausstellung zur Besiedlungsgeschichte der Region und die **Eagle Bronze Foundary**, wo Bronzestatuen für Künstler und Sammler hergestellt werden. Viele davon sind über die ganze Stadt verteilt zu sehen.
Museum of the American West/Pioneer Museum, *1445 W. Main St., http://museumoftheamericanwest.com, Mt. Mai–Ende Okt. Mo–Sa 9–16 Uhr, frei.*
Eagle Bronze Foundary, *130 Poppy Rd., www.eaglebronze.com.*

Abstecher nach South Pass City

South Pass City liegt etwa 30 mi/48 km südwestlich von Lander und ist von der WY 28 über eine etwa 6 km lange Schotterpiste erreichbar. Die **Geisterstadt**, die einst als Versorgungsstation am **Oregon Trail** entstanden war, erlebte ihre Glanz-

Rote Sandsteinformationen, typisch für das Wind River Valley

tage ab 1867, als man große Goldvorkommen entdeckte. Die gesamte historische Innenstadt ist heute als **South Park City State Historic Site** ausgewiesen und verfügt über 24 erhaltene Gebäude, großteils entlang der *Historic Main Street.* An Sommerwochenenden finden historische Vorführungen statt. Der eigentliche **South Pass**, einige Meilen weiter südwestlich, war der Punkt, an dem Siedlertrecks die Rocy Mountains an der kontinentalen Wasserscheide überquerten.

Besuch in der Geisterstadt South Pass City

Atlantic City liegt wenige Meilen nördlich von South Pass City und der Abstecher lohnt wegen des historischen **Mercantile Saloons**, in dem sich heute ein Lokal befindet. Zurück nach Lander geht es anschließend wieder auf dem Hwy. WY 28.
South Park City SHS, *125 Main St., South Pass City, ab Hwy. 28, 2 mi. Schotterpiste (ausgeschildert), www.southpasscity.com, Mitte Mai–Ende Sept. tgl. 9–18 Uhr, $ 4.*

Ausflug nach Thermopolis

Ein weiterer Ausflug von Lander führt auf dem WY 789 über **Riverton** und entlang dem **Boysen Reservoir**, einem großen Stausee, durch **Wind River Canyon**. Wenige Meilen nach Ende des Canyons erreicht man **Thermopolis**, das eher einem charmanten Wildwest-Städtchen als einem mondänen Thermalbad gleicht. Die größte Mineralquelle der Welt befindet sich im **Hot Springs State Park** (nordöstlich der Stadt, US 20/SR 789, frei). Aus der Quelle sprudeln täglich mehr als 15 Mio. Liter Heilwasser und dieses lädt an verschiedenen Stellen zum erholsamen Bad ein, wird aber auch in Dampfbädern und Saunen verwendet.

Charmantes Städtchen

Das **Hot Springs Historical Museum** beschäftigt sich mit der Geschichte der Region, mit geologischen, landwirtschaftlichen und industriellen Aspekten. Die Sammlung umfasst Kuriosa wie den Tresen der im gesamten Wilden Westen bekannten Bar *Hole in the Wall.* Hier sollen u. a. *Butch Cassidy* und *Sundance Kid* Stammgäste gewesen sein.
Hot Springs County Museum, *700 Broadway, http://hschistory.org/, Mo–Sa 9–17 Uhr, NS Di–Sa 9–16 Uhr, $ 5.*

Abgesehen von den Quellen ist das **Wyoming Dinosaur Center & Museum** eine Hauptattraktion. Folgt man aus der Innenstadt den grünen Dinosaurierspuren auf dem Weg, steht man vor einem einzigartigen Museum. Dazu gehört die nahe Ausgrabungstätte auf dem Areal der *Warm Springs Ranch*, wo auch „Dino-Diggin'" – Ausgrabungen für Laien – angeboten wird, außerdem ein Labor. Der *Walk Through Time* führt durch lange vergangene Zeiten, in der *Hall of Dinosaurs* ist u.a. der ein-

Dinosaurierfunde

zige Archaeopteryx in Nordamerika zu sehen, weiterhin ein Supersaurus, ein T-Rex und ein Triceratops – der „Staatsdino" von Wyoming. Ins Leben gerufen wurde das spektakuläre Museum 1993 von dem deutschen Forscher *Dr. Burckhard Pohl.*
Wyoming Dinosaur Center & Museum, *110 Carter Ranch Rd., www.wyodino.org, HS tgl. 8–18, NS tgl. 10–17 Uhr, $ 10 Museum, $ 12,50 Ausgrabungstour, $ 18,50 Kombiticket.*

Reisepraktische Informationen Wind River Valley

Information

Lander Chamber of Commerce, *160 N. 1st St., ☏ 1 (800) 433-0662, www.landerchamber.org.*
Thermopolis-Hot Springs Chamber of Commerce, *220 Park St., ☏ 1 (877) 864-3192, www.thermopolis.com.*
Wind River Country: *www.windriver.org, ☏ 1-800-645-6233.*

Unterkunft

Togwotee Mountain Lodge, *$$$, 7655 Hwy. 26/287, Moran (am Togwotee Pass), www.togwoteelodge.com, ☏ (307) 543-0431. Traumhaft gelegene Lodge (Zimmer im Haupthaus) mit kleinen Cabins mitten in der Natur (im Winter ideal zum Skifahren), zugehörig:* **Grizzly Steakhouse** *und* **Red Fox Saloon**. *Auch über Aramark (www.aramarkparksanddestinations.com) buchbar.*
Twin Pines Lodge & Cabins, *$$, 218 W. Ramshorn St., Dubois, ☏ (307) 455-2600, www.twinpineslodge.com. Mittelklassemotel im gemütlichen Lodge-Stil, teilweise mit historischen Möbeln ausgestattet, 15 Zimmer und zehn Cabins.*
Twin Creek Ranch, *$$$, 768 Twin Creek Rd., südöstlich von Lander ab US Hwy. 287, ☏ (307) 335-2995, www.diamond4ranch.com/ThreeQuarterRanch.htm. Tony und Andrea Malmberg betreiben ökologische Rinderzucht, bieten zwei Gästezimmer (mit Vollpension) in einem gemütlichen Holzhaus. Mitarbeit auf der Ranch (auch zu Pferd) möglich.*
Days Inn of the Waters, *$$–$$$, 115 E. Park St (US 20), im Hot Springs SP, ☏ (307) 864-3131, www.thermopolis-hi.com. Modernes Hotel an den Hot Springs mit Wellnessangebot.*

Restaurants/Einkaufen

Lander Bar, *126 W. Main St., Lander. Historische Bar mit guter Auswahl an Microbrews, im gleichen Haus befindet sich der* **Gannett Grill**, *wo einfache, preiswerte Gerichte von Pizza bis Burger serviert werden.*
Lander Brewing Company, *128 W. Main St., Lander. Microbrewery (tgl. 17–21 Uhr) große Bierauswahl, kreatives Essen dazu nebenan bei Cowfish (Steaks, Fisch, Pasta).*
Main Street Books, *300 W. Main St., Lander. Nicht nur Bücher, sondern zugleich ein nettes kleines Café mit dem besten Kaffee der Stadt.*

Veranstaltungen

3./4. Juli: **Pioneer Days Parade & Rodeo**, *seit über 100 Jahren stattfindend und damit das älteste Profi-Rodeo der Welt.*
Mai–Sept.: Regelmäßig **Powwows** *der Shoshone und Arapahoe in der nahen Wind River Indian Reservation (www.windriver.org/calendar).*

Auf den Siedler-Trails nach Casper

Folgt man dem US Hwy. 287 von Lander südostwärts, erreicht man nach etwa 40 mi/64 km an der Kreuzung mit dem WY 139 das **Sweetwater Valley**. Der Sweetwater River bzw. die im Norden parallel verlaufende **Sweetwater Range** waren für die Siedler auf dem Weg nach Westen ein wichtiger Anhaltspunkt. Der Gebirgszug, der zu den ältesten Gesteinsformationen der Rocky Mountains zählt, diente vor allem wegen seiner markanten geologischen Formationen den Siedlerzügen als „**Wegweiser**".

Wegweiser für die Siedler

Augenfällig war beispielsweise der **Split Rock**, ein gespaltener Felsen, der schon aus weiter Entfernung zu sehen war. Hier unterhielt der *Pony Express* eine wichtige Wechselstation und befand sich eine Postkutschen- und Poststation, die bis in die 1940er-Jahre hinein als Sammelpunkt für den Postverkehr der Region diente. Zu Beginn des Bürgerkriegs in den 1860er-Jahren hatte Bedarf an schneller Nachrichtenübermittlung zur Pazifikküste bestanden; da jedoch Telegrafenleitungen und Eisenbahn noch nicht existierten, wurde der *Pony Express* ins Leben gerufen.

Per **Pony Express** wurden zwischen dem 4. April 1860 und dem 24. Oktober 1861 Nachrichten und Briefe zur Westküste und zurück befördert. Für die zurückzulegenden 3.200 km wurden etwa zehn Tage benötigt, dabei waren 80 Reiter und 500 Pferde in Staffetten im Einsatz. Die Reiter, die mit jeweils rund 10 kg Eilpost rund um die Uhr unterwegs waren, wurden, wie die Pferde, in regelmäßigen Abständen an einer der über 150 Stationen ausgewechselt. Mit der Einrichtung einer transkontinentalen Telegrafenleitung im Oktober 1861 wurde der Postservice eingestellt, seinen legendären Ruf behielt er jedoch.

Legendärer Pony Express

Bei **Muddy Gap** biegt man Richtung Nordosten auf den WY 220 ab. Linker Hand ist nach einigen Kilometern bereits aus größerer Entfernung eine 120 m hohe und 450 m lange Einkerbung im Felsen der Sweetwater Range sichtbar: **Devil's Gate**. Hier befand sich einst ein Lagerplatz der Siedler, die auf dem **Oregon Trail** unterwegs waren, doch auch die Indianer nutzen den Ort, allerdings als Friedhof. An den ersten Sielder, *Tom Sun* aus Frankreich, und einen dramatischen Siedlerzug der Mormonen im Jahr 1856 erinnert hier die **Mormon Handcart Historical Sites**, eine Sammlung von Holzkarren der Siedler in der grandiosen Landschaft am Devil's Gate.
Mormon Handcart HS, *47600 W, Hwy. 220 (WY 220), Alcova, www.handcarttreks.com/MartinsCove/Martinsold.html, mit VC, im Sommer tgl. 8–19, sonst tgl. 9–16 Uhr, frei.*

Der auffällige gerundete, nahe gelegene **Independence Rock** erhielt seinen Namen von Pelzhändlern, die auf dem Weg nach Westen am Unabhängigkeitstag, dem 4. Juli 1830, hier campten. Auch später erreichten häufig Trecks um diesen Tag herum diese Stelle, die auf etwa halber Strecke zur Westküste lag. Zu Füßen des Felsens konnte der Feiertag angemessen gefeiert werden und es muss oft hoch hergegangen sein. Einige der Siedler haben sich an den Wänden des Felsens – mehr oder weniger nüchtern – verewigt. Von den über 5.000 Einritzungen und Graffiti sind heute noch ein paar Hundert zu erkennen, und der Felsen erhielt den Spitz-

Beliebter Ort zum Feiern

namen *The Great Register of the Desert.* In der **Independence Rock State Historic Site** gibt es Infotafeln, ein paar Wanderwege, Picknicktische und ein kleines Wildgehege.

Independence Rock SHS, *WY 220, südwestlich Casper, bei Alcova, http://wyoshpo.state.wy.us/NationalRegister/Site.aspx?ID=281, tgl. Sonnenauf- bis -untergang, frei.*

info

Der Weg ins „Gelobte Land"

Bereits unter den ersten Siedlern, die sich im 17. Jh. an der Ostküste niederließen, befanden sich viele Unruhegeister, die neugierig ihren Blick gen Westen richteten. Ihnen ist es zu verdanken, dass sich die *Frontier* – die Grenze zwischen der europäischen („zivilisierten") und der indianischen („unzivilisierten") Welt – allmählich westwärts verschob. Es war 1803, als US-Präsident *Thomas Jefferson* mit dem **Louisiana Purchase** das Schicksal der jungen Nation schlagartig veränderte: Für nur 15 Mio. Dollar hatte er damals *Napoleon* den riesigen, noch unerforschten Landstrich zwischen Mississippi und den Rocky Mountains abgekauft.

Horace Greeley (1811–72), Gründer der „New York Tribune" und einer der politisch einflussreichsten Männer seiner Zeit, soll die Parole „*Go West, young man*!" aufgebracht haben, die schnell zum Lockruf für Abenteurer, Händler und Sied-

Mit Planwagen zogen die ersten Siedler über den Oregon Trail in den Nordwesten

info

ler wurde. An die verschiedenen, von den Siedlern eingeschlagenen Wege ins „Gelobte Land" erinnert heute eine Reihe von Trails, die dem *National Park Service* unterstehen: der **Oregon Trail**, der **California Trail** und der **Mormon Pioneer Trail**. Zwischen einer halben und einer Million Menschen sollen die **Trails nach Westen** im Laufe des 19. Jh. eingeschlagen haben; es handelt sich damit um die wohl größte, freiwillige Völkerwanderung der Menschheitsgeschichte! Wie viele davon letztlich am Ziel angekommen sind, liegt ebenso im Dunkeln wie genaue Zahlen. Dabei stellten jedoch weniger die angeblich so wilden Indianer die Hauptgefahr dar, vielmehr waren es Krankheiten wie Cholera, Erschöpfung, Unfälle, Mangelernährung oder verseuchtes Wasser, die vielen auf dem beschwerlichen Weg das Leben kosteten.

Für die gesamte **Strecke von über 3.000 km** benötigten die Siedler bei einer durchschnittlichen Tagesetappe von 20 km etwa sechs Monate (Ruhephasen und Zwischenfälle eingerechnet), wobei man möglichst im April startete, um vor der einsetzenden Kälte im Herbst das Ziel zu erreichen und rechtzeitig vor Wintereinbruch ein Dach über dem Kopf zu haben. Für viele hieß das Ziel **Oregon**. Im Frühjahr 1841 war ein erster Treck von Independence/Missouri nach Kalifornien aufgebrochen, zwei Jahre später folgten rund 1.000 Siedler in den Fußstapfen der Missionare *Marcus Whitman* und *Henry Spalding* nach Nordwesten. Bis zur Westseite der Rocky Mountains verliefen die Routen gleich, erst westlich des heutigen Pocatello/Idaho trennten sich **California** und **Oregon Trail**. Letzterer folgte dem Snake River nordwestwärts nach Oregon.

Casper – „Wyoming's Playground"

Ursprünglich befand sich an der Biegung des North Platte River die letzte Furt der Siedlertrecks über den Fluss. Zunächst richteten 1847 die Mormonen ihre *Mormon Ferry* ein und kassierten $ 3 für das Übersetzen eines Planwagens. Dann wurde eine Holzbrücke gebaut, deren Überquerung $ 5 kostete. Zum Schutz entstand ein kleiner Militärposten, später **Fort Caspar** genannt, nach Leutnant *Caspar Collins*, der bei einem Indianerangriff ums Leben gekommen war.

Wichtige Rolle des Öls

Als 1888 um das Fort eine Stadt gegründet wurde, sorgte ein Fehler im Schreibbüro für die heutige Schreibweise von **Casper** mit einem „e". Neben Viehzucht und der Eisenbahn waren es besonders in den 1920er-Jahren Ölfunde, die die Stadt aufblühen ließen. Noch heute spielen in **Casper** – mit knapp 58.000 EW die zweitgrößte Stadt Wyomings – Erdgas, Öl und Kohle eine wichtige Rolle. Sehenswert ist das nachgebaute **Fort Caspar** mit angeschlossenem historischen Museum, vor allem, wenn im Sommer Re-enactments auf dem Programm stehen. Kunstliebhaber sollten sich Zeit für das **Nicolaysen Art Museum & Discovery Center** nehmen.

Fort Caspar, *4001 Ft. Caspar St., www.fortcasparwyoming.com, tgl. mind. 8.30–16.30 Uhr, NS Di–Sa nur Museum 8–17 Uhr, $ 3.*

Nicolaysen Art Museum & Discovery Center, *400 E. Collins Dr., www.thenic.org, Di–Sa 10–17, So 12–16 Uhr, $ 5 (So frei).*

Cowboy-Zubehör

Die historische Innenstadt hat viele alte Bauten, kleine Läden und zwei legendäre Plätze aufzuweisen: zum einen die **Wonder Bar** (256 S. Center St.) – eine der legendären Bars des Westens, in der einst die Cowboys gleich mit dem Pferd hineingeritten sind – und zum anderen **Lou Taubert Ranch Outfitters** (125 E. Second St.). Dieses Geschäft versorgt seit seiner Gründung im Jahr 1919 Cowboys mit allem Notwendigen von Boots über Jeans und Karohemden bis hin zu Hüten, Gürtel, Sätteln und Zaumzeug. In zwei Gebäuden gibt es die vielleicht größte Auswahl an Westernbekleidung und Zubehör.

Hauptattraktion der Stadt ist jedoch das **National Historic Trails Interpretive Center.** Oberhalb des Platte River und der Stadt gelegen, gibt der moderne Komplex eine interaktive und multimediale Einführung zu den verschiedenen Siedlertrecks, die einst hier zum letzten Mal über den Platte River übersetzten. Die Motive der Leute, ihre Herkunft, die Organisation der Trecks, die Gefahren und Nöte sind höchst anschaulich in verschiedenen Abteilungen geschildert.
National Historic Trails Interpretive Center, *1501 Poplar St., I-25 Exit 188B, www.blm.gov/wy/st/en/NHTIC.html, HS tgl. 8–16.30, NS Di–Sa 9–16.30 Uhr, $ 6.*

Reisepraktische Informationen Casper/WY

Information
Casper Area CVB, *139 West 2nd St, ☏ (307) 234-5362, www.casperwyoming.info, Mo–Fr 8–17 Uhr.*

Unterkunft
Casper Ramada Riverside Hotel, *$$–$$$, 300 W. F. St., ☏ (307) 235-2531, www.casper-ramada.com. Gut ausgestattetes Mittelklassehotel am Ufer des North Platte River, mit Lokal und Pool im überdachten zentralen Innenbereich.*

Restaurant/Nightlife
Wonder Bar, *256 S. Center St. Eine der ältesten, in Betrieb befindlichen Bars im Westen mit hausgebrauten Bieren und handfest-schmackhaften Gerichten.*
Eggington's Restaurant, *229 E 2nd St. Gemütliches Lokal zu Frühstück oder Mittagessen (6–14 Uhr) und am Sonntag zum Brunch. Im Haus hergestelltes Gebäck, deftige Eiergerichte und Sandwiches, alles preiswert.*

Einkaufen
Lou Taubert Ranch Outfitters, *125 E. Second St., http://loutaubert.com. Seit 1919 eine Legende, Riesenangebot an Westernwear und -accessoires.*
Eastridge Mall, *Wyoming Blvd./2nd St. (I-25 Exit 185). Größte Mall in Wyoming.*
The Book Exchange, *323 S. Central St. Buchladen mit riesiger Auswahl an gebrauchten Büchern, u. a. große Western-Abteilung.*

Veranstaltung
Casper ist als **Rodeo-Veranstaltungsort** *berühmt, vor allem sehenswert ist Mitte Juni das* **College National Finals Rodeo** *(Infos: www.cnfr.com).*

Entlang dem North Platte River

Von Casper führt die I-25 entlang dem **North Platte River** nach Cheyenne und folgt dabei der Route der alten Siedlertrecks. Zwischen Glenrock und Douglas lohnt die **Natural Bridge at Ayers Park** (ausgeschildert ab I-25), eine 15 m hohe natürliche Felsenbrücke.

Geschichte der Region

Douglas, eine für den Westen typische Kleinstadt, lohnt wegen des **Wyoming Pioneer Memorial Museum**, das eine ausführliche Übersicht über die Geschichte der Besiedelung und der Region gibt. Berühmt ist auch das *Jackalope*, eine Kreuzung aus Kaninchen und Antilope, ein Fabelwesen vergleichbar mit dem „Wolpertinger".
Wyoming Pioneer Memorial Museum, *400 W. Center St., Fairgrounds, Juni–Sept. Mo–Fr 8–17, Sa 13–17 Uhr, frei.*

12 km nordwestlich von Douglas, am Hwy. 93, liegt die **Fort Fetterman State Historic Site**. Das Fort wurde 1867 während heftiger Auseinandersetzungen mit den Indianern errichtet und diente als Stützpunkt an der Kreuzung von Ost-West- sowie Nord-Süd-Routen. 1880 wurde das Fort aufgegeben.
Fort Fetterman SHS, *WY Hwy. 93, http://wyoparks.state.wy.us/Site/SiteInfo.aspx?siteID=19, nur HS tgl. 9–17 Uhr, $ 2.*

Fort Laramie National Historic Site

Auf der Fahrt nach Cheyenne sollte man unbedingt einen Abstecher nach Fort Laramie einplanen. Am Exit 92 verlässt man dazu die I-25 und fährt nach **Guernsey**, eine kleine Ortschaft, in deren Nähe sich der gleichnamige State Park befindet. Südlich des Ortes (ausgeschildert ab US 26) erhebt sich der **Register Cliff**, in dessen Wand sich Tausende von Pionieren – und viele moderne Besucher – verewigt haben. Ganz in der Nähe bei der **Oregon Trail Ruts SHS** sind noch tiefe Fahrrinnen zu erkennen, die unzählige Siedlerwagen in den Felsen eingegraben haben.
Register Cliff, *3 mi. südl. Hwy. 26, S. Wyoming Ave., bei Guernsey, tgl. Sonnenauf- bis -untergang, frei, www.wyomingheritage.org/registerCliff.html.*
Oregon Trail Ruts SHS, *ab Guernsey ausgeschildert, südlich, tgl. Sonnenauf- bis -untergang, frei, www.wyomingheritage.org/registerCliff.html.*

Wichtiger Stützpunkt

Wenige Kilometer östlich, nahe dem Zusammenfluss von North Platte River und Laramie River, wurde in der Nähe des Ortes **Fort Laramie** 1834 ein Stützpunkt und Handelsplatz für Pelzhändler eingerichtet. Seinen Namen verdankt dieser Ort dem französischen Pelzhändler *Jacques LaRamee*. Als immer mehr Siedler, Postkutschen und kurzfristig auch der *Pony Express* hier durchzogen, entschied sich die Regierung für die Einrichtung eines größeren Militärpostens und erwarb 1849 den Posten von der *American Fur Company*. In den 1860er-Jahren, als auch Goldsucher in großen Scharen herströmten, wurde das Fort noch einmal vergrößert.

Fort Laramie hatte nicht nur als Versorgungsposten und zum Schutz der Siedlertracks eine **bedeutende Funktion in der Geschichte der Besiedlung des**

Fort Laramie war einst der bedeutendste Militärposten im Westen

Westens, hier ratifizierte man auch wichtige Verträge mit Indianern: 1851 wurde der erste Vertrag mit den Plains-Indianern verschiedener Stämme geschlossen; er sicherte den Siedlern freien Durchzug, den Indianern dagegen unantastbare Jagdgründe zu. Doch schon im Sommer 1854 geriet der Frieden ins Wanken, als ein übermotivierter Offizier namens *Grattan* wegen einer von Indianern getöteten Kuh einen Zwischenfall auslöste, der ihn und mehrere Soldaten das Leben kostete. Bis 1868 befanden sich deshalb vor allem die Lakota und das Militär im Kriegszustand. Erst der sogenannte **Vertrag von Laramie 1868** trug, zumindest vorübergehend, zur Beilegung der Konflikte bei.

Kriegerische Auseinandersetzungen

Mit der Fertigstellung **der transkontinentalen Eisenbahnlinie** 1869 ebbten auch die Siedlertrecks ab und mit dem Ende der letzten Auseinandersetzungen mit Indianern, um 1880, verlor das Fort an Bedeutung und wurde 1890 nach dem Massaker von Wounded Knee geräumt.

Heute sind vom Fort noch 22 der ehemals 67 Gebäude erhalten und die meisten von ihnen können besichtigt werden. Besonders empfehlenswert sind die Ranger-Touren, da sie einen guten Überblick über die Geschichte der Trails, die Ausdehnung nach Westen sowie das Leben als Soldat geben. Die interessantesten Bauten sind neben dem Visitor Center im ehemaligen Lagerhaus von 1888 der alte Kaufmannsladen *(Sutler's Store)*, *Old Bedlam*, wo die unverheirateten Offiziere lebten, das Lazarett *(Surgeon's Quarters)* und die Wohnhäuser der Offiziersfamilien.
Fort Laramie NHS, *965 Gray Rocks Rd., ab US 26, südwestl. des gleichnamigen Ortes, www.nps.gov/fola, 8 Uhr bis Sonnenuntergang, $ 3/Person.*

Hinweis zur Route

Über Guernsey erreicht man wieder die Autobahn I-25 und nach etwa 80 mi/130 km Wyomings Hauptstadt Cheyenne (s. unten).

Alternativroute durch das Land der Cowboys

Wer von Casper aus nicht der Autobahn nach Cheyenne folgen möchte, kann das „**Land der Cowboys**" erkunden. Vom WY 220 zweigt wenige Meilen südlich Casper der Hwy. 487 ab, der nach **Medicine Bow** führt. Obwohl ein kleines Nest, erlangte der Ort literarischen Ruhm durch den ersten Western, „The Virginian" von *Owen Wister*. Das historische Hotel *The Virginia* erinnert noch heute daran und ein kleines Museum im Eisenbahndepot von 1913, trägt weiter zum Verständnis bei.

Die schnellste Verbindung von Medicine Bow nach Laramie bildet der US Hwy. 30 – Teil des historischen **Lincoln Highway** und zugleich die Trasse der ersten transkontinentalen Eisenbahn. Wer genügend Zeit hat, sollte erneut einen Umweg machen: Auf dem US Hwy. 30 geht es nach Südwesten bis Walcott, dort biegt man auf den WY 130 ab, der in die **Medicine Range** (Snowy Mountain) führt. Wie zuvor in Thermopolis gibt es in **Saratoga** eine Reihe heißer Quellen. Der WY 130, ein *Scenic Byway*, führt von hier ostwärts, erst hinauf auf den 3.200 m hohen **Snowy Range Pass** (Wintersportgebiet) vorbei am **Medicine Bow Peak**, dann hinunter in die ehemalige Goldgräberstadt **Centennial** – eine beeindruckende Fahrt durch eine malerische Berglandschaft – ehe man **Laramie** erreicht.

Auf den Spuren der ersten transkontinentalen Eisenbahn

Reisepraktische Informationen Saratoga/WY

Information

Saratoga/Platte Valley Chamber of Commerce, *210 W. Elm St., ☏ (307) 326-8855, www.saratogachamber.info.*

Unterkunft/Restaurants

Hotel Wolf, *$$, 101 E. Bridge St., ☏ (307) 326-5525, www.wolfhotel.com. Historisches „Wildwest"-Hotel, 1893 von dem Deutschen F. G. Wolf erbaut, mit* **Saloon** *und ausgezeichnetem* **Restaurant**.

Saratoga Resort & Spa, *$$–$$$, 601 E. Pic Pk. Rd., www.saratogaresortandspa.com, ☏ (307) 326-5261. Rustikal eingerichtete Zimmer, Pool mit heißen Quellen. Vielerlei Freizeitmöglichkeiten (Reiten, Wandern, Fischen, im Winter Fahrten mit dem Schneemobil, Cross Country u. a.) und Spa (Massagen/Wellnessbehandlungen), gemütliches Kaminzimmer, Restaurant, Shop.*

Brush Creek Ranch, *$$$–$$$$, WY 130/Snowy Range Rd., ca. 20 km südöstl. Saratoga, ☏ (307) 327-5241, www.brushcreekranch.com. Cattle Ranch aus dem frühen 19. Jh. im Saratoga Valley. Unterschiedliche, rustikal ausgestattete elf Räume in luxuriöser Lodge, inkl. Vollpension. Ideal für Ausritte, Wanderungen, Fischen, Mountainbiking, Wintersport, auch Ranchaktivitäten.*

Wie **Fort Laramie** verdankt auch die ca. 32.000 EW zählende Stadt **Laramie** ihr Entstehen dem französischen Trapper *Jacques LaRamee*. Mit dem Bau der transkontinentalen Eisenbahn wuchs die Siedlung zur Stadt und zum regionalen Zentrum heran. 1887 wurde hier die **University of Wyoming** gegründet, und sie bestimmt

Wyoming Territorial Prison in Laramie

bis heute das Stadtbild. Zudem ist die Stadt – obwohl eine *Cowtown* – Vorreiter in Sachen Emanzipation: Hier gab es die erste Richterin, durften Frauen zum ersten Mal wählen und wurde die erste Frau (*Nallie Tayloe Ross*) ins Gouverneursamt gewählt.

Zur Universität gehört im futuristischen **Centennial Center** nördlich der Sportanlagen das **American Heritage Center & Wyoming Art Museum** mit Wechselausstellungen sowie einer Foto- und Büchersammlung zur Geschichte und Gegenwart Wyomings. Ebenfalls auf Campusgrund liegt das **Anthropology Museum**, das eine gute Einführung in die Welt der Indianer gibt.

Hauptattraktion des Orts ist das **Wyoming Territorial Prison**. Um das ehemalige Gefängnisgebäude – *Butch Cassidy* saß hier beispielsweise ein – von 1872 (1889 erweitert und 1903 geschlossen) hat man ein Freiluftmuseum im Wildwest-Stil, eine *Frontier Town*, errichtet.

American Heritage Center & Wyoming Art Museum, *2111 Willet Dr./22nd St., www.uwyo.edu/ahc bzw. www.uwyo.edu/artmuseum, Mo–Sa 10–17 Uhr, frei.*
Anthropology Museum, *12th/Lewis St., Old Law Bldg., Mo–Fr 9–mind. 16 Uhr, frei*
Wyoming Territorial Prison SHS, *975 Snowy Range Rd., I-80 Exit 311, www.wyomingterritorialprison.com, Anf. Mai–Ende Okt. tgl. 9–18 Uhr, $ 5, auch Touren.*

Reisepraktische Informationen Laramie/WY

Information
Laramie Area VC, *210 E. Custer St., Laramie, ☏ 1 (800) 445-5303, http://visitlaramie.org.*
University of Wyoming VC: *www.uwyo.edu.*

Unterkunft
Old Corral Hotel & Steak House, *$$, 2750 Scenic Hwy. 130, in Centennial (via WY 130, ca. 30 km westl. Laramie), ☏ (307) 745-5918, www.oldcorral.com. 35 Zimmer im Westernstil mit Blick auf die Medicine Bow Mountains, Restaurant, Laden.*

Restaurants
Ideal ist Historic Downtown um die 3rd St. (I-80 Exit 313) mit zahlreichen Cafés, Lokalen und Läden. Empfehlenswert sind z. B.:
Attiude Chophouse & Brewery, *320 S. 2nd. St. (Historic DT), ☏ (307) 721-4031. Leckere Gerichte von Steak bis Pizza, dazu selbst gebraute Biere vom Fass.*
Old Corral Steak House, *s. oben.*

Lesetipp

Owen Wister (1860–1938) war wie sein Freund *Theodore Roosevelt* vom Westen fasziniert. Auf mehreren Reisen lernte er die Weiten Wyomings kennen und war hingerissen von Landschaft und Leuten. Sie inspirierten ihn zu seinem berühmten Werk „The Virginian“ (1902), mit dem er die Basis für das bis heute beliebte Genre des Westernromans legte. Mit seinem aus Virginia stammenden Romanhelden schuf er das später so populäre Bild des mutigen, loyalen und ehrbaren Cowboys.

Erster Westernroman

Hinweis zur Route

Der schnellste Weg von Laramie nach Cheyenne führt über die I-80/US Hwy. 30 (37 mi/59 km). Der Sherman Hill, 10 mi/16 km östlich Laramie, ist mit 2.590 m der höchste Pass auf der transkontinentalen I-80, und einst war er auch der höchste Eisenbahnpass auf der Ost-West-Route. Hier steht unübersehbar ein Denkmal Abraham Lincolns (I-80 Exit 323) – schließlich wurde ihm zu Ehren 1912 die Straße als erste kontinentale Verbindung zwischen der Ost- und Westküste eingerichtet.

Cheyenne – „Hell on Wheels“

Cheyenne (ca. 62.000 EW) erhielt seinen Namen vom gleichnamigen, einst hier lebenden Indianerstamm und entstand 1867 als **Haltepunkt der transkontinentalen Eisenbahn**. Zuvor hatten allerdings schon Trapper und erste Siedler hier ihre Lager aufgeschlagen. Mit der Eisenbahn wurden Rinder abtransportiert und Waren für die Armee sowie zur Versorgung Abenteuerlustiger herangeschafft. Zusammen mit der Eisenbahn spielt bis heute das Militär eine wichtige Rolle.

Die ersten Jahre der Stadt waren rau und schon bald war der Outpost bekannt als „**Hell on Wheels**“, „*Hölle auf (Eisenbahn-)Rädern*“. Doch wie in Laramie beruhigte sich die Lage und die Rinderbarone bestimmten das soziale und wirtschaftliche Leben. Täglich trafen sie sich im *Cheyenne Social Club*, tauschten Rinderherden wie Briefmarken, und amüsierten sich bei Bourbon und Shows. Viele herrschaftliche Gebäude aus dieser Zeit sind in der Innenstadt erhalten.

Die Hölle auf Rädern

Im **Winter 1886/87** wurde dem munteren Treiben ein Ende gesetzt: Starke Blizzards löschten die meisten Rinderherden aus. Zwar blieb Cheyenne ein **Rinderumschlagplatz**, doch die Ernennung zur Hauptstadt Wyomings, 1890, machte die alte Westernstadt zu einem Verwaltungszentrum – das sich allerdings bis heute ein gewisses Wildwest-Image bewahrt hat.

Überragende Sehenswürdigkeit in der Innenstadt, abgesehen von mehreren historischen Gebäuden, ist das **State Capitol** mit 45 m hoher Goldkuppel. Das Staatsoberhaupt Wyomings residierte bis 1976 in der historischen **Governor's Mansion**, die ebenfalls besichtigt werden kann. Nach der Reise durch beinahe den

gesamten Staat Wyoming bietet das **Wyoming State Museum**, Teil des Capitol-Komplexes, abschließend eine hervorragende Zusammenfassung zu Geschichte, Indianern, Geologie, Wirtschaft, Kunst und Kultur des Staates.
State Capitol, *Central Ave./24th St., Mo–Fr 8–17 Uhr, frei.*
Governor's Mansion, *300 E. 21st St., http://wyoparks.state.wy.us/Site/SiteInfo.aspx?siteID=23, HS Mo–Sa 9–17, So 13–17, NS Mi–Sa 9–17 Uhr, frei.*
Wyoming State Museum, *2301 Central Ave./24th St., http://wyomuseum.state.wy.us, Mo–Sa 9–16.30 Uhr, frei.*

„Daddy of 'em All" – das Rodeofestival Cheyenne Frontier Days

Gleich neben der großen Rodeo-Arena im **Frontier Park**, wo jeden Juli zehn Tage lang die berühmten **Cheyenne Frontier Days** – das **weltgrößte Outdoor-Rodeo** mit verschiedensten Einzelveranstaltungen, Umzügen und Begleitprogramm – stattfinden, befindet sich das **Old West Museum & Store**. Dort sind abgesehen von Wechselausstellungen Kutschen, Sättel und anderes Cowboy- und Rodeozubehör zu bewundern. Im Zentrum steht jedoch die Geschichte des lokalen Rodeos, das als „**Daddy of 'em All**" gilt, da es bereits 1897 erstmals ausgetragen wurde.

Im **Nelson Museum of the West** schließlich sind alte Waffen und Westernkunst, indianisches Kunsthandwerk und Militärrelikte, Cowboy-Memorabilien und andere interessante Exponate zur Geschichte des Westens zu sehen.
Cheyenne Frontier Days Old West Museum & Store, *Frontier Park, 4610 Carey Ave., www.oldwest museum.org, tgl. 10–16 Uhr, $ 10.*
Nelson Museum of the West, *1714 Carey Ave., www.nelsonmuseum.com, Mai/Sept./Okt. Mo–Fr 9–16.30, Juni–Aug. Mo–Sa 9–16.30 Uhr, $ 5.*

Für Eisenbahnfreunde geht es im **Cheyenne Depot Museum** im historischen *Union Pacific Railroad Depot* um die Geschichte der Eisenbahn, während im nahe gelegenen **Holliday Park** (Lincoln Way) ein Exemplar des „**Big Boy**" steht, der größten Dampflokomotive der Welt. 1941 bis 1956 leistete dieser Typ der *Union Pacific* treue Dienste, indem sie schwere Güterzüge von Cheyenne über die Berge nach Laramie und Utah zogen. Die Loks wurden nicht mit Kohlen, sondern mit Benzin befeuert und hatte die Kraft zweier normaler Dampfloks.

Auch im **Lions Park** (Carey/8th St.), gegenüber dem Frontier Park im Norden der Stadt, ist eine alte Dampflok zu besichtigen, die „Engine 1242“. 1890 gebaut, war sie bis 1954 in Betrieb.
Cheyenne Depot Museum, *121 W. 15th St., www.cheyennedepotmuseum.org, HS Mo–Fr 9–18, Sa 9–17, So 11–17, NS Mo–Sa 9–17, So 11–15 Uhr, $ 7.*
Das **NCAR Cheyenne** – National Center for Atmospheric Research – birgt einen Supercomputer, der wetter-bezogene Daten weltweit weiterleitet.
NCAR, *8120 Veta Dr., http://nwsc.ucar.edu, Mo–Fr 8–17, Sa 10–16 Uhr.*

Reisepraktische Informationen Cheyenne/WY

Information

Visit Cheyenne, *121 W. 15th St., One Depot Square, wie das Cheyenne Depot Museum im ehemaligen Bahnhof, ☏ 1 (800) 426-5009, www.cheyenne. org, Mo–Fr 8–18 Uhr.*

Unterkunft/Camping

The Historic Plains Hotel, *$$$, 1600 Central Ave., http://theplainshotel.com, ☏ (307) 638-3311. 1911 erbautes, altehrwürdiges Hotel, kürzlich umfassend renoviert, Zimmer mit allem Komfort, dazu kleiner Spa-Bereich, Restaurant und Saloon.*
Nagle Warren Mansion B & B, *$$$–$$$$, 222 E. 17th St., http://naglewarrenmansion.com, ☏ (307) 637-3333. Zwölf geschmackvoll mit Antiquitäten ausgestattete, große Zimmer mit allem Komfort wie TV oder Kamin in 1888 erbauter viktorianischer Villa mitten in Downtown, dazu gehören Jacuzzi und reichhaltiges Frühstück.*

Restaurants

Shadows Pub & Grill, *115 W. 15th St. Pub und Brewery im Cheyenne Depot mit vielerlei Pizza und Pasta, Sandwiches, Salaten aber auch vollen Gerichten. Dazu Biere der Shadows Brewing Company.*
The Capitol Grille, *im The Historic Plains Hotel (s. oben), ☏ (307) 638-3311. Gemütliches Lokal mit Bar. Lokale, saisonale Produkte, ausgezeichnete Steaks und gute Weinkarte.*

Einkaufen

Boot Barn at The Wrangler, *1518 Capitol Ave. (nahe Cheyenne Depot). Großes Kaufhaus für Western Wear – günstige Jeans, Stiefel, Hüte, Hemden und Gürtel. Weitere Filialen von Boot Barn am Dell Range Blvd. und in der Frontier Mall.*
Frontier Mall, *1400 Dell Range Blvd. (im Norden, nahe Flughafen), www.frontiermall.com. Das größte Einkaufszentrum von Wyoming mit 75 Läden und großen Kaufhäusern.*

Veranstaltung

2. Julihälfte: 10 Tage lang **Cheyenne Frontier Days**, *www.cfdrodeo.com. Neben der Calgary Stampede größtes Cowboy- und Rodeofestival Nordamerikas – ein Muss für Westernfans!*

Touren

Cheyenne Street Railway Trolley, *ab Cheyenne Depot Square VC, 121 W. 15th St., www.cheyennetrolley.com, Mai–Sept. 90-minütige Trolley-Touren durch die Stadt mit mehreren Stopps: Mo–Fr 10, 11.30, 13, 14.30 und 16 Uhr, Sa 10 und 13.30 Uhr, So 13.30 Uhr, $ 10 (Sa/So zweistündig).*

Auf dem Weg nach Denver

7 mi/11 km südlich von Cheyenne liegt die Grenze zwischen Wyoming und Colorado. Die Route Richtung Denver (I-25) führt vorbei an der Universitätsstadt **Fort Collins** (149.000 EW), die sich um Erhalt und Restaurierung der **historischen Innenstadt** bemüht. Die lokale **Colorado State University** gilt als führend in Agrarwissenschaften. Das Städtchen liegt am *Cache La Poudre River*, dem ein malerischer Scenic Byway in die Rockies folgt.

Raftingspot

Dieser ist vor allem an Wochenenden, wenn die Städter die perfekten Gegebenheiten für Rafting genießen möchten, vielbefahren. Der Fluss entspringt dem Poudre Lake, einem malerisch gelegenen blauen Bergsee jenseits des Rocky Mountain NP (S. 375).

Fort Collins gilt als Musterbeispiel für die Restaurierung einer historischen Innenstadt. Rings um den zentralen **Old Town Square** wurden ab 1981 die alten Bauten restauriert und zogen kleine Läden, Cafés und Restaurants ein. Bekannt ist die Stadt auch als „Bierstadt", gibt es doch hier gleich sechs Brauereien. Die Palette reicht vom Giganten Anheuser-Busch bis hin zu Kleinbrauereien wie der New Belgium Brewing Company. Über die Geschichte der Region und des Flusstales informiert instruktiv und unterhaltsam das **Fort Collins Museum of Discovery**, auf dessen Freigelände einige historische Bauten aufgestellt wurden. Es geht in dem attraktiven Museum, das vor allem für Familien ideal ist, um Natur und Wissenschaft, aber auch um Indianer, Siedler und Landwirtschaft.

Fort Collins Museum of Discovery, *200 Mathews St., Fort Collins, www.fcmod.org, Di–So 10–17 Uhr, $ 9,50*

Reisepraktische Informationen Fort Collins/CO

Unterkunft

The Armstrong Hotel, *$$-$$$, 259 S. College Ave., ☏ (970) 484-3883, www.TheArmstrongHotel.com. Kleines historisches Hotel mitten im Stadtzentrum, familiär geführt, modern oder „historisch".*

Brauereitouren

Anheuser-Busch Brewery, *2351 Busch Dr., www.budweisertours.com, tgl. 10–16 Uhr, Okt.–Mai nur Do–Mo, Touren inkl. Proben, frei, mit großem Shop.*

New Belgium Brewery, *500 Linden Rd., I-25 Exit 269B, www.newbelgium.com Laden Di–Sa 10–18, Sa 11–16, Touren (1 Std.) mit Proben: Di–Sa 11–16.30 Uhr halbstündlich (Voranmeldung ratsam), frei.*

In **Boulder**, einem im Gegensatz zu Denver überschaubarem Städtchen mit gut 100.000 EW, prägt die **University of Colorado** Stadtbild, Infrastruktur und Kulturleben. In der City lädt die **Pearl Street Pedestrian Mall** mit vielen kleinen Läden und Lokalen zum Flanieren ein. Nicht nur am Tag, sondern auch bei Nacht, denn dann wird es erst richtig lebhaft. Uni-Stadt

Große Sights gibt es zwar mit Ausnahme des **University of Colorado Museum of Natural History** oder dem **Leanin' Tree Museum & Sculpture Garden of Western Art**, einer überraschend vielseitigen privaten Sammlung zeitgenössischer Westernkunst, nicht, doch Boulder als Universitätsstadt hat Charme. Auch als Ausgangspunkt für einen Besuch des Rocky Mountain NP (s. S. 375) ist es ein gut geeigneter Ort.

University of Colorado Museum of Natural History, *15th St./Broadway, Henderson Building, http://cumuseum.colorado.edu, Mo–Fr 9–17, Sa 9–16, So 10–16 Uhr, $ 3.*

Leanin' Tree Museum & Sculpture Garden of Western Art, *6055 Longbow Dr., www.leanintreemuseum.com, Mo–Fr 8–17, Sa/So 10–17 Uhr, frei.*

Reisepraktische Informationen Boulder/CO

Information

Boulder CVB,*2440 Pearl St., ☏ (303) 442-2911, www.bouldercolorado usa.com.*

Unterkunft

Briar Rose B & B, *$$$, 2151 Arapahoe Ave., ☏ (303) 442-3007, www.briarrosebb.com. Die familiäre Pension mit zehn individuell ausgestatteten Zimmern ist von einem prachtvollen Garten umgeben, der zum Ausspannen einlädt. Zum Frühstück gibt es gesunde und frische biologische Kost.*

Hotel Boulderado, *$$$$, 2115 13th St., ☏ (303) 442-4344, www.boulderado.com. Das renommierte Hotel von 1909 im viktorianischen Stil bietet 160 geräumige und gemütliche Zimmer. Einige davon haben einen schönen Blick auf die Ausläufer der Rockies. Buntglasfenster und eine Treppe aus Kirschbaumholz schmücken die repräsentative Lobby. Preisgekröntes Restaurant, Souvenirshop und Lounge.*

Restaurants

Flagstaff House Restaurant, *1138 Flagstaff Rd., ☏ (303) 442-4640. Eines der Toplokale der Stadt, abwechslungsreiche Speise- und Weinkarte, dazu traumhafte Aussicht auf Boulder.*

The Kitchen, *1039 Pearl St. Als Treffpunkt beliebtes Bistro, in dem frische lokale Zutaten kreativ verarbeitet werden. In der coolen Lounge im OG gibt es kleine Gerichte und Drinks.*

Mountain Sun Pub & Brewery, *1535 Pearl St., www.mountainsunpub.com Kleine Kneipe mit leckeren Gerichten (Junk Burger probieren!) und etwa 20 Bieren vom Fass. Filiale:* **Southern Sun/Under the Sun**, *627 S. Broadway St. Livemusik und gutes Essen.*

Mile High City Denver – Metropole der Rockies

Überblick

In den Weiten des Westens und der Bergwelt der Rockies ist Denver die **einzige wirkliche Großstadt**. Vor der Bergkulisse scheint es, als ob die Metropole den Rockies zu Füßen liegt, tatsächlich befindet sie sich aber genau eine Meile (1,6 km – gemessen auf der 15. Stufe auf der Westseite des Kapitols) über dem Meeresspiegel – daher der Spitzname **Mile High City** – und erstreckt sich zudem ein ganzes Stück weg von den Bergen, auf „flachem Land", sprich in der Prärie. Sämtliche Sehenswürdigkeiten der boomenden 634.000-EW-Metropole (Metro Area: 2,9 Mio.) zu erwähnen, würde den Umfang dieses Regionalführers sprengen. Daher werden nachfolgend nur die herausragenden Sights und Museen erwähnt.

Denvers Downtown dominieren Hochhausbauten und sie bilden eine **beeindruckende Skyline** vor der Bergkulisse der Rockies. Spektakuläre Neubauten sind beispielsweise der Anbau des Denver Art Museum (Hamilton Bldg.) von *Daniel Libeskind* oder *Michael Graves*' Denver Public Library – sie bilden ein ungewöhnliches modernes Bauensemble im Schatten des altehrwürdigen State Capitols.

Bis Mitte des 18. Jh. kamen hier nur Trapper vorbei. Doch dann fand um 1858 ein einsamer Schürfer **Gold** am South Platte River, und obwohl es sich nur um kleine Mengen handelte, sprach sich das Ereignis herum. Weitere Glücksucher eilten herbei und errichteten eine einfache Siedlung. Ein paar Monate später war es jedoch vorbei mit dem Gold und die Hütten standen wieder leer. Lediglich ein paar Unverbesserliche versuchten ihr Glück ein paar Meilen weiter südlich, am Zusammenfluss von South Platte River und Cherry Creek.

Redaktionstipps

Sehens- und Erlebenswertes

➤ Architektonisch und dank seiner über 60.000 Kunstwerke außergewöhnlich ist das **Denver Art Museum** (S. 361).

➤ Einen fesselnden Einblick in die Geschichte gibt das **Colorado History Museum** (S. 356).

➤ Für Familien lohnend sind das **Children's Museum of Denver** (S. 360), das **Downtown Aquarium** (S. 360) oder das **Denver Museum of Nature & Science** (S. 361).

➤ Nicht entgehen lassen: ein Spiel eines der lokalen Sportteams (S. 367) – Baseball mit den **Rockies,** American Football der **Broncos,** Basketball mit den **Nuggets,** Eishockey mit der **Avalanche** oder Fußball mit den **Rapids.**

Unterkunft

➤ Aufgrund der Lage, moderner, geräumiger Zimmer und Suiten, aber auch wegen des im Preis eingeschlossenen Frühstücks und kleinen Abendessens ist das **Residence Inn Denver City Center** (S. 366) sehr empfehlenswert.

Restautant

➤ Die **Wynkoop Brewing Co.** gehört dem Bürgermeister von Denver und lockt mit den besten Bieren und leckeren Gerichten (S. 366).

Einkaufen

➤ Die **16th Street Mall** (S. 359), **Highlands** (S. 363) im Westen oder die zahlreichen **Malls/ Outlet Malls** (S. 367) im Süden laden zum Einkaufsbummel ein.

➤ Leseratten sollten den **Tattered Cover Book Store** (S. 367) nicht auslassen.

Die Funde dort erwiesen sich als Erfolg versprechend und plötzlich schossen gleich zwei Orte aus dem Boden: **Auraria** (jetzt der Unicampus) und **St. Charles City**. Wieder strömten Abenteuerlustige her und unter ihnen war auch General *William Larimer* aus Kansas, der einen dritten Ort aus dem Boden stampfen ließ: **Denver City**. Benannt wurde er nach einem ehemaligen Gouverneur des *Kansas Territory*, zu dem Colorado damals gehörte. 1861 schlossen sich diese drei Orte zu einer kleinen Stadt zusammen.

Zusammenschluss dreier Orte

Obwohl das Goldfieber um Denver noch 20 Jahre andauerte, blieben die geförderten Mengen eher bescheiden. Vielmehr waren es Saloons, Hotels, Geschäfte und Banken, die von den Entwicklungen profitierten und der Stadt zu etwas Wohlstand verhalfen. Das meiste Gold bzw. Geld kam jedoch aus den Minenstädten in den Bergen. Erfolgreiche Schürfer und Minenbesitzer ließen sich im alten Denver hochherrschaftliche Häuser errichten, und als nach 1880 neu entdeckte Silberminen die Bedeutung der Goldförderung in den Schatten stellten, ging es bergauf mit der Stadt. Viele wohlhabende Geschäftsleute siedelten sich an und Denver wurde zur „**Queen City of the Plains**".

Um 1900 stürzte der Silberpreis rapide ab und Denver fiel in einen **Dornröschenschlaf**. Geld war zwar immer noch vorhanden, doch lag die Stadt geografisch im Randbereich und konnte mit der Entwicklung in den Städten am Pazifik oder entlang der Ostküste nicht mithalten. Dies begann sich erst zu ändern, als 1928 die

Langsamere Entwicklung

Denvers beeindruckende Skyline

Eisenbahnlinie nach Westen fertiggestellt wurde. Allerdings blieb in den Augen der Küstenbewohner Denver immer eine **Wildwest-Stadt** – für viele bis heute!

Ölboom

Erst zu Beginn der 1980er-Jahre wandte sich das Blatt erneut. Wieder waren es Bodenschätze, die einen Boom einleiteten, diesmal Erdöl und Kohle. Erinnert sei nur an die „Ölfamilie" *Carrington* aus der TV-Serie „Denver-Clan". Rings um die Stadt, auf Getreidefeldern oder sogar mitten in Ortschaften, fördern heute Pumpen wertvolles Öl und haben die Stadt reich gemacht. Die einstige **Cowtown** hat an Ansehen gewonnen und es hat den Anschein, als wäre genügend Geld da für imposante Bauprojekte, Umweltschutz und Infrastruktur.

Denver ist längst nicht mehr „nur" Basisquartier für Ausflüge in die Bergwelt der Rockies, Anlaufpunkt für Outdoorfans und Skifahrer, sondern mittlerweile auch eine **Kultur- und Kunstmetropole**, die kulinarisch enorm aufgeholt hat. Inzwischen haben sich in bestimmten Vierteln Kunst- und Alternativszenen herausgebildet, so in den Arealen um **Santa Fe** und **Colfax Avenue** sowie im **Golden Triangle** um das Denver Art Museum.

Tipps für Denver

Herumkommen

Downtown Denver lässt sich gut zu Fuß erkunden, zudem verkehrt entlang der 16th Street Mall ein **kostenloser Bus** und zwischen der Innenstadt und weiter entfernt liegenden Attraktionen eine **Straßenbahn** (**Light Rail**). Diese wird kontinuierlich ausgebaut, sodass man von der zentralen Union Station fast überall hinkommt, ab 2016 sogar zum Flughafen. Dann werden die Straßenbahnen – derzeit sechs Linien – mit ihrem 190 km umfassenden Schienennetz einmal das größte Netz in den USA bilden und auch Golden und Boulder angebunden sein.

Orientierung

Das Zentrum breitet sich um das **State Capitol** und seine umgebenden Museen aus. Ein Bummel über die nahe **16th Street Mall** nordwestwärts führt nach **LoDo** (Lower Downtown, um Union Station), besonders zur abendlichen Kneipentour geeignet. Bei schönem Wetter empfiehlt sich ein Spaziergang entlang der grünen Promenade am **Platte River**, der die Innenstadt im Westen umfließt. Im Osten der Stadt lohnt ein Besuch des **City Parks**, im Norden liegt das afroamerikanische **Five Points** und im Süden die „In-Viertel" **Cherry Creek** und **South Pearl**.

Zeitplanung

Abhängig vom Zeitaufwand für die äußerst sehenswerten Museen der Stadt sollte man **mindestens zwei Tage** für Denver einplanen, zumal sich einige Attraktionen außerhalb des Stadtzentrums befinden (teilweise per *Light Rail* erreichbar).

Sehenswertes in Downtown

State Capitol und Golden Triangle

Das **Colorado State Capitol (1)** wurde 1908, nach 22-jähriger Bauzeit, fertiggestellt. Da ausschließlich Baumaterial aus Colorado, vor allem grauer Granit aus der Region um Gunnison, verwendet wurde, wirkt das Gebäude äußerlich nicht übermäßig attraktiv. Die mit Blattgold überzogene Kuppel kontrastiert mit dem Grau des Granits. Eine Führung durch einen Teil der 160 Räume verdeutlicht den Reichtum des Staates: viel Marmor, Gemälde, Prunk und Protz.
Colorado State Capitol, *200 E. Colfax Ave./Broadway, www.colorado.gov/capitol tour, Mo–Fr 7.30–17 Uhr, Touren stündl. 10–15 Uhr, frei.*

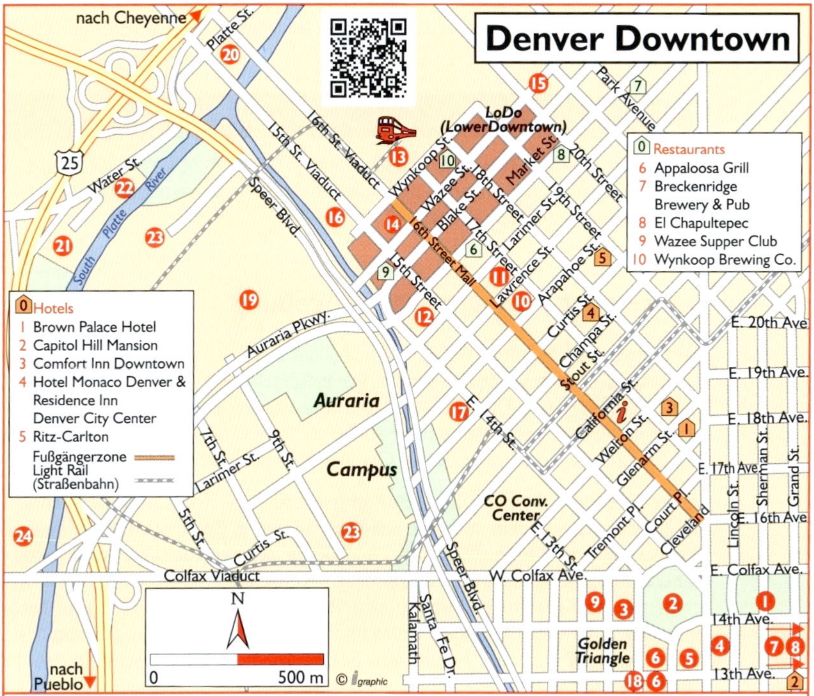

1 Colorado State Capitol	9 US Mint	17 Denver Performing Arts Complex
2 Civic Center Park	10 D&F Tower	18 Clifford Still Museum
3 City Hall	11 Tabor Center	19 Pepsi Center
4 History Colorado Center	12 Larimer Square	20 REI (Outdoor Shop)
5 Denver Public Library	13 Union Station	21 Children's Museum of Denver
6 Denver Art Museum	14 Tattered Cover Book Store	22 Downtown Aquarium
7 Molly Brown House & Mus.	15 Coors Field	23 Elitch Gardens Amusement Park
8 Kirkland Museum	16 Museum of Contemporary Art	24 Sports Authority Field at Mile High

Der **Civic Center Park (2)** ist Denvers zentraler Platz, die grüne Lunge, die für Demonstrationen und Siegesfeiern der lokalen Sportteams, als Treff, Schlafstätte und Picknickplatz genutzt wird. Am Platz, gegenüber dem Capitol, liegt die imposante **City Hall (3)**. Einen Block südlich vom State Capitol, im sogenannten **Golden Triangle**, lädt das **History Colorado Center (4)** ein und gibt einen interessanten Einblick in die Geschichte des Westens und des Staates. Abgesehen von Wechselausstellungen ist eine Abteilung über Colorados Geschichte von der Frühzeit bis heute – mit Schwerpunkt Indianer – und zur Formung der Landschaft mit 3-D-Modell und Multimediapräsentation sowie zu „Denver A to Z" zu sehen.

Zentraler Platz

Gegenüber liegt eines der architektonischen Schmuckstücke der Stadt: die **Denver Public Library (5)** (10 W. 14th Ave. Parkway/Broadway). 1995 wurde die Bibliothek nach Plänen des postmodernen Architekten *Michael Graves* eröffnet. Abgesehen von rund 75 km an Bücherregalen lohnt ein Blick in den *Gates Western History Room* mit einer Bücher- und Dokumentensammlung zur Geschichte des Westens.
History Colorado Center, *1200 Broadway, www.historycoloradocenter.org, Mo–Sa 10–17, So 12–17, $ 12.*

Hinweis

Im Viertel **Golden Triangle** finden jeden 3. Donnerstag im Monat (Third Thursdays) Veranstaltungen in den Galerien, Shops und Restaurants statt. Infos zu dem Viertel erhält man auf www.goldentriangleofdenver.com.

Denver Art Museum und Umgebung

Das **Denver Art Museum (6)** ist mit seinen über 60.000 Kunstwerken, darunter eine der besten und umfangreichsten Sammlungen indianischer Kunst, das größte Kunstmuseum zwischen Kansas City und Westküste. Der Hauptbau wurde 1971 im burgartigen Stil nach Plänen von *Gio Ponti* (1891–1979) aus Mailand erbaut. War dieser für seine Zeit schon revolutionär, ist es der im Oktober 2006 eröffnete Anbau noch viel mehr.

Dieses **Frederic C. Hamilton Building** entwarf der weltberühmte Architekt *Daniel Libeskind*, von dem auch das Jüdische Museum in Berlin stammt. Im Inneren des spektakulären Baus aus Titan, Glas und Granit, der sich vor allem durch Flexibilität und wohltuende Neutralität auszeichnet, sind vor allem moderne und modernste amerikanische Kunstwerke, Installationen, Bilder, Skulpturen und auch eine Fotosammlung zu bewundern. Zudem finden bis zu drei Wechselausstellungen statt. Platz finden hier auch die pazifische und afrikanische Sammlung des Museums sowie die Kunstwerke der Western-Art-Abteilung, u. a. mit Werken von *Bierstadt, O'Keeffe, Calder, Remington* oder *Russell*.

Spektakulärer Museumsbau

Der „alte" Bau beherbergt europäische und amerikanische Kunstwerke – Malerei, Skulptur, Drucke, Zeichnungen vor 1945 – u. a. von *Picasso, Matisse, Monet, Degas* –, die aber ungewöhnlicherweise nicht geografisch oder chronologisch, sondern thematisch angeordnet sind. Europäische Renaissance, französische Malerei des 19. Jh. und britische Kunst bilden den Schwerpunkt.

Herausragend sind aber auch die **präkolumbianische Sammlung** – die zweitgrößte der Welt nach Madrid – und die spanisch-koloniale Abteilung. Das eigentliche Highlight stellt jedoch die **Sammlung indianischer Kunst** aus dem 19. und 20. Jh. dar. Unterteilt nach verschiedenen Kulturzonen, lernt man hier nicht nur Kunst und Kultur der historischen Indianer kennen, sondern erfährt auch viel über ihr heutiges Lebensgefühl und Kunstempfinden.

Hochkarätige Sammlung

Denver Art Museum, *100 W. 14th Ave. Parkway, www.denverartmuseum.org, Di–Do, Sa/So 10–17, Fr 10–20 Uhr, $ 10, Sonderausst. extra.*

Neben dem Art Museum wurde Ende 2011 das **Clyfford Still Museum (18)** neu eröffnet. Es widmet sich dem Werk und Leben des berühmten abstrakten Künstlers und zeigt 2.400 Gemälde, Zeichnungen, Drucke und Skulpturen. Stills Gesamtwerk gelangte etwas überraschend nach Denver, da diese Stadt bereit war, ihm ein eigenes Museum zu bauen.

Clyfford Still Museum, *1250 Bannock St., www.clyffordstillmuseum.org, Di–Do/Sa/So 10–17, Fr 10–20 Uhr, $ 10.*

Rund fünf Blocks östlich des History Museums liegt das **Molly Brown House (7)**. *Molly Brown* war eine Frau, die zu Beginn des 20. Jh. in Amerika viel Aufsehen erregte. Berühmt war sie nicht nur, weil sie den Untergang der „Titanic" überlebte und bei der Rettung zahlreicher Passagiere beteiligt war, sondern sich auch nach dem Unglück aufopferungsvoll um die Hinterbliebenen kümmerte. Doch auch bis dahin war ihr Leben abenteuerlich: Aus Missouri stammend, wohnte sie zuerst in ver-

Überlebende der Titanic

Architektonisches Meisterwerk: der Anbau des Denver Art Museum

schiedenen Minenstädten Colorados. Ihr Durchsetzungsvermögen und Selbstbewusstsein führte 1909 dazu, dass sie sich von ihrem Ehemann trennte, um sich ganz ihrer Leidenschaft, dem Reisen, hinzugeben. Ein Großteil der Möbel stammt von ihren unzähligen Trips.

Imposante Sammlung

Molly Brown House, *1340 Pennsylvania St., www.mollybrown.org, Mo–Sa 10–15.30, So 12–15.30 Uhr, Touren halbstündig, $ 8.*

Fast nebenan befindet sich das **Kirkland Museum of Fine and Decorative Art (8)**. In dem 1911 errichteten Bau mit zwei Fenstern von *Frank L. Wright* ist auf engstem Raum eine imposante Sammlung dekorativer Kunst vom Jugendstil bis zur Moderne zu sehen – die umfangreichste Ausstellung dieser Art in den USA. Im Stil eines „Kunstsalons" arrangiert, vergisst man bei der Betrachtung der Kunstwerke die Zeit, besonders wenn Kurator und Besitzer *Hugh A. Grant* begeistert über einzelne Stücke referiert oder von dem Künstler *Vance Kirkland* (1904–81) erzählt. Dieser hat die Sammlung gegründet und war zugleich einer der führenden modernen Künstler im Westen.
Kirkland Museum of Fine and Decorative Art, *1311 Pearl St., www.kirklandmuseum.org, Di–So 11–17 Uhr, $ 8.*

Vom Molly Brown House aus kann man über die **Colfax Avenue** zurück ins Zentrum schlendern. Hier gibt es Kontrastprogramm zu den eher gewöhnlichen Läden in Downtown: hippe Szenegeschäfte mit Comicheften, gebrauchten Schallplatten, aus-

Blick vom Civic Center Park auf das State Capitol

gefallener Secondhand- und neuer Mode, Antiquariate, Galerien und Ähnliches reihen sich auf, dazwischen einige günstige Lokale und Cafés.

Bei dem auffälligen Kirchenbau in der Colfax Avenue handelt es sich übrigens um die **Cathedral of the Immaculate Conception** – die größte Kirche Denvers. Eine Tour durch die **US Mint (9)** (W. Colfax Ave./Cherokee St.) muss im Voraus gebucht werden (www.usmint.gov/mint_tours/?action=startreservation), doch VC und Shop sind frei zugänglich. Die erste „Münze" wurde 1863 in Denver eingerichtet, damals war die private Firma *Clark, Gruber & Co.* mit Genehmigung des Staates für die Münzprägung zuständig. 1895 wurde beschlossen, eine staatliche Prägeanstalt in Denver einzurichten, doch es sollte noch elf Jahre dauern, bis der Bau fertiggestellt war. Die Denver Mint ist eine von insgesamt **vier Prägeanstalten** in den USA und aus ihr stammen rund 40 Mrd. Münzen im Jahr, darunter 70 % Pennys.

16th Street Mall

Die **16th Street Mall** ist eine Fußgängerzone und zugleich die wichtigste Einkaufsstraße von Denver. 1982 plante der berühmte Architekt *I. M. Pei* diese eine Meile lange Promenade mit bunten Granitplatten und über 200 Bäumen. Einziges Verkehrsmittel auf der Mall ist ein kostenloser Elektrobus, der an jeder Straßenkreuzung hält. Der auffällige, 1909 erbaute **D&F Tower (10)** ist dem Campanile am Markusplatz in Venedig nachempfunden. Entlang der Mall gibt es eine bunte Mischung von exklusiven Geschäften und Kaufhäusern, Souvenir- und Ramschläden, während ausgefallene und teils auch preiswertere Shops und Boutiquen eher in der abzweigenden Larimer Street – **Larimer Square (12)** und **Writer Square** –, in **LoDo** oder im Einkaufszentrum **Tabor Center (11)**, an der Mall zwischen Larimer und Lawrence Street, zu finden sind.

Kostenloser Elektrobus

LoDo (Lower Downtown District)

Der renovierte historische Distrikt **LoDo** (www.lodo.org) erstreckt sich über 26 Blocks zwischen der 1885 erbauten **Union Station (13)** (Amtrak und Light Rail) und der **Larimer Street**, der ältesten Straße der Stadt. Ein Bummel durch die alten Straßen im Umfeld lohnt allein schon wegen der Vielfalt an Läden, Kunstgalerien, Bekleidungsgeschäften und des **Tattered Cover Book Store (14)** (s. unten).

Am Nordrand von LoDo befindet sich **Coors Field (15)**, seit 1995 Heimat der beliebten Baseballmannschaft **Colorado Rockies**, die regelmäßig an die 40.000 Fans zu ihren Heimspielen begrüßen. Wer nicht die Gelegenheit hat, eines der Heimspiele zu verfolgen, kann während der Saison auch an einer der täglich stattfindenden Führungen durch das Stadion teilnehmen (s. unten). Zunächst im Schatten der American Footballer stehend, haben sich die *Rockies* seit ihrer Teilnahme an den World Series im Oktober 2007 nicht nur in Denver, sondern im ganzen „Wilden Westen" in die Herzen der Sportfans gespielt.

Nahe der Unon Station sollten Freunde moderner Kunst einen Blick in das **Museum of Contemporary Art (16)** werfen, das interessante Wechselausstellungen in sehenswertem architektonischem Rahmen zeigt. Es wurde im Okt. 2007 in Denver's Central Platte Valley auf denkbar kleinem Grundstück eröffnet und präsentiert sich als minimalistische „Glasbox" mit hohem Anspruch in Sachen Energieeinsparung und Umweltschutz. Es gibt sechs Galerien und einen ungewöhnlichen Zugang sowie eine begrünte Dachterrasse.

Glasbox

Museum of Contemporary Art (**MCA**), *1485 Delgany/15th St., www.mcadenver.org, Di–Do 10/12–19, Fr bis 21, Sa/So 10–17 Uhr, $ 8 (nach 17 Uhr $ 5), mit MCA Café.*

Der **Denver Performing Arts Complex** (DPAC) **(17)** (Speer/Arapahoe St., www.artscomplex.com) bietet zehn Bühnen für Konzerte, Opern-, Theater- und Ballettaufführungen (u. a. Colorada Ballet, Colorado Symphony Orchestra, Opera Colorado und Theaterensembles des DPAC.

Am Platte River

Nordwestlich schließt an LoDo das **Platte River Valley** an, das Einheimische als „**Play-Do**" bezeichnen. Es ist nicht nur ein Erholungs- und Freizeitareal mitten im Zentrum, hier befinden sich auch Attraktionen wie die Sporthalle **Pepsi Center (19)**, Heimat der Profiteams Denver Nuggets (NBA/Basketball) und Colorado Avalanche (NHL/Eishockey). Entlang dem Flussufer verläuft kilometerlang ein Rad- und Fußweg und auf dem Fluss sind Rafting und Kajakfahren beliebt.

Mit dem **REI (20)** (1416 Platte St., www.rei.com) hat hier zugleich einer der größten Outdoor- und Recreation-Spezialshops des Nordwestens seinen Sitz. Populär bei Familien ist das **Children's Museum of Denver (21)**. Kinder können sich hier austoben, selbst experimentieren und an Workshops teilnehmen, z. B. zum Thema Recycling. Höhepunkt ist neben dem Live-Theater das Fernsehstudio, in dem Kinder einen eigenen Film drehen können.

Freizeitareale

Nicht weit davon entfernt, ebenfalls am Westufer des Platte River, liegt das 1999 eröffnete **Downtown Aquarium (22)**. Besucher können hier zum einen den Weg des Colorado River zum Pazifik nachverfolgen, zum anderen den Weg des indonesischen Kampar-Flusses durch Regenwald zum Indischen Ozean – und beide Ökosysteme vergleichen. In sogenannten *Touch Tanks* kann man Rochen und *Horseshoe Crabs* berühren. Zum Aquarium gehört ein Restaurant mit Panoramafenster, durch das man beim Essen vorbeischwimmende Fische beobachten kann.

1995 wurde am Ostufer des Flusses der **Elitch Gardens Amusement Park (23)** eröffnet. Man ist in Denver stolz darauf, die erste Stadt in Amerika zu sein, die einen Freizeitpark im Innenstadtbereich hat.

American Football

Nahe dem Kindermuseum, doch westlich der I-25, steht das wichtigste Sportstadion der Stadt: **Sports Authority Field at Mile High (24)**. Hier tragen die Denver Broncos, die heiß geliebte American-Football-Profimannschaft, zwischen September und Dezember ihre Heimspiele vor fast 80.000 Zuschauern aus (geführte Touren möglich, s. S. 369).

Children's Museum of Denver, *2121 Children's Museum Dr., www.mychilds museum.org, Mo–Fr 9–16, Mi bis 19.30, Sa/So 10–17 Uhr, $ 9.*
Downtown Aquarium, *700 Water St./Children's Museum Dr., www.aquarium restaurants.com/downtownaquariumdenver, So–Do 10–21, Fr/Sa 10–21.30 Uhr, $ 18, mit* **Restaurant**.
Elitch Gardens Amusement Park, *2000 Elitch Circle, I-25 Exit 212 A, Speer Blvd. S, www.elitchgardens.com, Anf. Mai–Ende Okt., unterschiedliche Öffnungszeiten, $ 45, mit verschiedenen Events und Konzerten.*

Weitere sehenswerte Viertel und Attraktionen

Zwischen City Park und Cherry Creek

Der **City Park** im Osten ist die grüne Lunge der Stadt, die Spielwiese der Bevölkerung an Wochenenden. Die nahe gelegenen **Denver Botanic Gardens (1)** gehören zu den fünf angesehensten Botanischen Gärten in den USA, während der **Denver Zoo (2)** mit seinen etwa 4.000 Tieren aus aller Welt mitten im City Park den Besucherzahlen nach der viertbeliebteste in Amerika ist.
Denver Botanic Gardens, *1007 York St., www.botanicgardens.org, tgl. 9 bis mind. 17 Uhr, $ 12,50, verschiedene Veranstaltungen.*
Denver Zoo, *2300 Steele St., www.denverzoo.org, tgl. 9/10–16/17 Uhr, $ 15.*

Highlight eines Besuchs im City Park ist jedoch das **Denver Museum of Nature & Science (3)**. Für dieses Museum braucht man Zeit, mindestens zwei Stunden, denn es gilt als eines der größten seiner Art und als siebtgrößtes Museum der USA. Zu den Highlights zählt eine der größten Mineralien- und Fossiliensammlungen der Welt, sieben lebensgroße, vollständige Dinosaurierskelette, zuzüglich der Skelette von 90 weiteren prähistorischen Tieren, und 90 Dioramen von Pflanzen und Tieren aus vier Kontinenten. Es geht um die Entwicklung des Menschen, zu den Exponaten zählt eine Kopie der rund 3,2 Mio. Jahre alten Lucy. In der Ausstellung über die Entwicklung der Erde (*Prehistoric Journey*) werden in sieben Stationen die verschiedenen Erdzeitalter veranschaulicht und im IMAX-Theater auf Großleinwand wechselnde Filme zu naturhistorischen Themen gezeigt. Im *Charles C. Gates Planetarium* stehen Lasershows und astronomische Vorführungen auf dem Programm. Vom westlichen Vorplatz des Museums aus bietet sich (gratis) der wohl beste Blick auf Stadt und Berge.

Dinosaurierskelette und mehr

Denver Museum of Nature & Science, *2001 Colorado Blvd., www.dmns.org, tgl. 9–17 Uhr, $ 13, mit IMAX $ 20, mit Planetarium $ 18, Kombiticket $ 25.*

Der **National Western Stock Show Complex (4)** (4655 Humboldt St., www.nationalwestern.com) ist ein großer Veranstaltungskomplex mit Arena; Berühmtheit erlangte er vor allem als Schauplatz der National Western Stock Show and Rodeo, der größten von Rodeos begleiteten Viehauktion der Welt. Das erstmals 1906 abgehaltene Event findet alljährlich im Januar statt und zieht Hunderttausende Besucher aus den gesamten USA und aus Kanada an.

Denvers größtes Shopping-Paradies befindet sich im Südosten der Innenstadt um den **Cherry Creek** und heißt **Cherry Creek Shopping District (5)**. Im Bereich der E. First Avenue verteilen sich auf mehrere Blocks um die 500 Shops, Cafés und Restaurants. Südlich der First Avenue liegt das **Cherry Creek Shopping Center**, nördlich davon Cherry Creek North, wo man auf baumbestandenen Straßen bummelt.

1 Denver Botanic Gardens
2 Denver Zoo
3 Denver Museum of Nature & Science
4 National Western Stock Show Complex
5 Cherry Creek Shopping District
6 Black American West Museum
7 South Pearl (University of Denver)
8 Old South Gaylord
9 Highlands Neighborhood
10 Colorado Railroad Museum
11 Coors Brewery
12 Buffalo Bill Museum & Gravesite

Five Points

Das Viertel **Five Points** liegt im Bereich des Martin Luther King Jr. Boulevard – das Zentrum des afroamerikanischen Denver im Umkreis der Kreuzung 30th und Downing (Light Rail-Endstation).

Farbige Cowboys

Im **Black American West Museum & Heritage Center (6)** geht es vor allem um die wenig bekannten Pionierleistungen der afroamerikanischen Bevölkerung des Westens. Immerhin war einst jeder dritte Cowboy ein Farbiger und zollten sogar die Indianer den afroamerikanischen Kavallerie-Einheiten, den *Buffalo Soldiers*, Respekt. 1971 gegründet, befindet sich das Museum im ehemaligen Haus von *Dr. Justina Ford* („The Lady Doctor"), die 1902 eine Praxis für Mittellose in Denver eröffnet hatte.
Black American West Museum & Heritage Center, *3091 California St., www.blackamericanwestmuseum.org, Do–Sa 10–14 Uhr, $ 10.*

Sonstiges

Nahe der **University of Denver**, südlich der I-25, liegt im Süden der Stadt das Viertel **South Pearl (7)**. Es ist bekannt für seine zahlreichen kleinen Läden, Cafés und Restaurants. Im Sommer findet jeden Sonntag an der **Old South Pearl Street** (www.southpearlstreet.com) ein Farmer's Market statt. Etwas weiter westlich, am South Broadway (Hausnummern 400 bis 2000), befindet sich die **Antique Row** mit unzähligen Antiquitätenläden.

Zum Shopping- und Restaurant-Bummel lohnen Areale wie **Old South Gaylord (8)** (1100er-Block S. Gaylord St.), ebenfalls im Süden, **Berkeley Park** (Tennyson St., 38th-44th Ave.) sowie das In-Viertel **Highlands Neighborhood (9)** (um 32nd/Lowell St.), beide im Nordwesten.

Schön zum Bummeln

Einen Einblick in Kunst und Kultur der konstant wachsenden lateinamerikanischen Bevölkerung der Stadt gibt das **Museo de las Américas**. Außer einer Einführung in die Kunst, Geschichte und Kultur Lateinamerikas werden sehenswerte Wechselausstellungen gezeigt.
Museo de las Américas, *861 Santa Fe Dr., www.museo.org, Di–Fr 10–17, Sa/So 12–17 Uhr, $ 4.*

Ausflug nach Golden

Wenige Meilen westlich von Denver liegt die Kleinstadt **Golden** (19.000 EW), aufgrund mehrerer Attraktionen durchaus einen Ausflug wert. Im 19. Jh. konkurrierte Golden sogar mit Denver um die Vormachtstellung in Colorado, dessen Hauptstadt es von 1862 bis 1867 gewesen ist. In der Folgezeit, bedingt durch Goldfunde, die Errichtung der *School of Mines* und der *Coors*-Brauerei, entwickelte sich Golden zur populären **Saloon- und Cowboystadt**. Es sollte allerdings immer die Nummer zwei hinter Denver bleiben, denn bei einer Stichwahl hatte im Jahr 1867 eine einzige Stimme bewirkt, dass der Regierungssitz in die größere Nachbarstadt verlegt wurde.

Frühere Hauptstadt Colorados

Heute bietet Golden eine renovierte Innenstadt und einige interessante Attraktionen wie das zur **Colorado School of Mines** gehörige geologische Museum oder die dreiteiligen **Golden History Museums**, die zu einer Zeitreise zu den Anfängen der Stadt und der Region einladen und aus Astor House Museum, Clear Creek History Park und Golden History Center bestehen.
Colorado School of Mines/Geology Museum, *1310 Maple St., www.mines.edu/Geology_Museum, Mo–Sa 9–16, So 13–16 Uhr, frei.*
Golden History Museums, *www.goldenhistory.org, bestehend aus:*
Golden History Center, *923 10th St., Di–Sa 11–16.30, So 12–16.30, $ 3 und* **Astor House Museum**, *822 12th St., gleiche Zeiten, $ 3 (Kombiticket für beide $ 5);* **Clear Creek History Park**, *11th/Arapahoe St., frei zugänglich.*

Colorado Railroad Museum in Golden

Die Geschichte von der Gründung der **Coors Brewery (11)** gleicht der berühmten amerikanischen Erfolgsstory vom „Tellerwäscher zum Millionär". *Adolph Coors* immigrierte 1868 mittellos in die USA, erfüllte sich aber bereits fünf Jahre später, gerade 26 Jahre alt, in Golden den Traum einer eigenen Brauerei, zusammen mit *Jacob Schueler*, einem Geschäftsmann aus Golden. Die Brauerei wuchs beständig und am Ende galt **Coors** als Symbolgetränk für die Erschließung des Nordwestens. 1880 stieg *Schueler* aus und die Prohibition bescherte in den 1920er-Jahren der Brauerei wirtschaftliche Probleme. Da man jedoch rasch auf Malzgetränke und Limonaden umstellte und dazu Malzbonbons produzierte, konnte das Schlimmste verhindert werden.

Nach 1933 waren schnell wieder die Bierbrauer am Werk, und Anfang 2005 hat sich **Coors** mit **Molson** zusammengeschlossen, 2008 dann mit SABMiller (Miller Brewing Company). Heute ist die Molson Coors Brewing Co. mit ihrer Tochter MillerCoors die siebtgrößte Brauerei der Welt mit der größten Bier-Produktionsstätte der Welt in Golden.
MillerCoors Brewery, *13th/Ford St., www.millercoors.com/golden-brewery-tour.aspx, Mo–Sa 10–16 Uhr, So 12–16, NS Do–Sa/Mo 10–16, So 12–16 Uhr, Audiotour mit Bierprobe am Ende (ca. 1 Std.), frei, mit großem Laden.*

Eisenbahnausstellung

Das **Colorado Railroad Museum (10)** ist Heimat von rund 50 Dampf- und Dieselloks und unzähligen Wagen, daneben gibt es eine riesige, detailgetreue Modell- und eine Spur-0-Garteneisenbahnanlage. Zu den Schmuckstücken der Sammlung gehört die „*Galloping Goose*" – eine zum Schienenfahrzeug umgebaute Limousine, die der *Rio Grande Southern Railway* einst als Dienst- und Postfahrzeug diente. Als diese ratternden und schaukelnden „Gänse", daher der Name – in den 1930er-Jahren durch die Bergwelt schnauften, näherte sich die Blüte des Eisenbahnzeitalters in den Rocky Mountains bereits ihrem Ende. Neben den „*Geese*" und zahlreichen Dampfloks gehört eine Schnellzug-Diesellok der F-Reihe, die in den 1960er-Jahren den legendären „California Zephyr" zwischen Denver und Salt Lake City gezogen hat, zu den kostbarsten Schätzen des Museums.

Im Mittelpunkt der Ausstellung stehen Fahrzeuge der sogenannten *Narrow Gauge*, der Schmalspur, die in den schwer zugänglichen Bergen Colorados eine wichtige Rolle im Transportwesen spielte. Es waren die Gold- und Silberfunde in den Rockies in den 1870er-Jahren, die den Eisenbahnbau in Colorado vorantrieben. Überall in den Bergen entstanden Schienenwege, und Züge legendärer Eisenbahngesellschaften wie der *Denver & Rio Grande* oder der *Colorado & Southern* qualmten durch die Bergwelt, brachten die Edelmetalle nach Denver und sicherten die Versorgung der Minenarbeiter.

Versorgung der Arbeiter

Colorado Railroad Museum, *17155 44th Ave./I-70 Exit 265, dann Hwy. 58, ausgeschildert, www.coloradorailroadmuseum.org, tgl. 9–17 Uhr, $ 10, regelmäßig Sonderfahrten (Galloping Goose Rides) samstags, $ 15, außerdem Festivals/Events.*

Das **Buffalo Bill Memorial Museum & Grave (12)** liegt auf einer Anhöhe westlich von Golden auf dem **Lookout Mountain**. Hier fand der berühmte *Buffalo Bill Cody* seine letzte Ruhe. Als eine der schillerndsten Figuren des Wilden Westens übte er verschiedene Berufe aus, war Army Scout, Pony Express-Reiter, Schausteller und Schauspieler und trug dazu bei, dass der Wildwest-Mythos um die Welt ging. Im Museum wird sein Lebensweg mittels Briefen, Fotografien, Kleidungsstücken und anderen Erinnerungsstücken aufgezeichnet. Dazu gibt es Filmvorführungen, einen Shop und ein Lokal; von der Terrasse genießt man einen traumhaften Blick auf den Großraum Denver und die Rockies.

Buffalo Bill Memorial Museum & Gravesite, *987 1/2 Lookout Mountain Rd., I-70 Exit 256 bzw. US 6, www.buffalobill.org, HS tgl. 9–17, NS Di–So 9–16 Uhr, $ 5.*

Reisepraktische Informationen Denver und Umgebung

Information

Visit Denver/Visitor Information Center, *1600 California St., ☏ 1 (800) 233-6837 oder (303) 892-1112, www.denver.org (auch in Deutsch). Mit Kiosks entlang der Fußgängerzone, außerdem am Airport und im Convention Center. In diesem VC gibt es neben Informationen zu Stadt, Region und Staat auch eine Ticketmaster- und AAA-Filiale.*

Golden VC, *Washington Ave./10th St., ☏ (303) 279-3113, www.goldencochamber.org.*

Unterkunft

Brown Palace Hotel (1), *$$$$, 321 17th St., ☏ (303) 297-3111, www.brownpalace.com. Altehrwürdiges, elegantes Hotel in einem Gebäude von 1892, einst* *das „Grand Hotel" der Stadt mit 241 Zimmern, allein schon die prachtvolle Lobby ist sehenswert.*

Capitol Hill Mansion (2), *$$$$, 1207 Pennsylvania St., www.capitolhillmansion.com, ☏ (303) 839-5221. Elegantes und höchst komfortables B & B mit acht unterschiedlich gestalteten Zimmern in ehemaligem Wohnhaus von 1891 in schönem Stadtviertel. Besitzer und Hobbykoch Carl Schmidt verwöhnt gerne seine Gäste.*

Comfort Inn Downtown (3), *$$, 401 17th St., ☏ (303) 296-0400, www.dencomfortinn.com. Modernes, eher schlichtes Kettenmotel, dafür mitten in der Innenstadt und preiswert.*

The Golden Hotel, *$$$–$$$$, 800 11th St., Golden, ☏ (303) 279-0100, www.thegoldenhotel.com. Hervorragend ausgestattetes Luxushotel mit Restaurant* **Bridgewater Grill**, *das leckere Gerichte und dazu „Western Flair" bietet.*

Hotel Monaco Denver (4), *$$$$, 1717 Champa St., www.monaco-denver.com, ☏ (303) 296-1717. Ungewöhnliches Boutique-Hotel mit 189 unterschiedlich gestalteten, geschmackvoll ausgestatteten Zimmern und Suiten mit allem Komfort: WLAN, Flachbildschirm, Federbetten etc.*

Residence Inn Denver City Center (4), *$$$–$$$$, 1725 Champa St., ☏ (303) 296-3444, www.marriott.com/hotels/travel/denrd-residence-inn-denver-city-center. Zentral gelegenes, modernes Hotel mit großen, modern ausgestatteten Suiten, die jeweils über eine kleine Küchenzeile, Mikrowelle und Kühlschrank verfügen. Im Übernachtungspreis sind ein üppiges Frühstück und kleines Abendessen mit Gratis-Getränken inbegriffen. Zugehöriges Parkhaus.*

Ritz-Carlton (5), *$$$$$, 1881 Curtis St., ☏ (303) 312-3800, www.ritzcarlton.com/en/Properties/Denver/Default.htm. Luxus pur mit Wellnessbereich und dem ausgezeichneten* **Restaurant Elway's**. *Zentral gelegen.*

Restaurants/Brewpubs/Nightlife

Appaloosa Grill (6), *535 16th St. Mall, ☏ (720) 932-1700. Beliebtes Restaurant (tgl. 11–2 Uhr) mit hervorragender Küche und Live-Entertainment jeden Abend 22 Uhr (gratis).*

Breckenridge Brewery & Pub (7), *2220 Blake St. Leckere Biere der eigenen Brauerei und gutes Essen nahe Coors Field.*

Buckhorn Exchange, *1000 Osage St./10th Ave., ☏ (303) 534-9505. Steaks – auch vom Bison – und Wildgerichte in Denvers ältestem Restaurant von 1893. Die Einrichtung hat Museumscharakter. Lunch/Dinner und Mo–Fr 16–18 Uhr Happy Hour.*

El Chapultepec (8), *1962 Market St. (nahe Coors Field), (303) 295-9126. Legendäre mexikanische Cantina, zugleich aber einer der besten Jazz- und Bluesclubs der Stadt, in dem sich immer wieder Stars einfinden.*

Vine Street Pub & (Brewery), *1700 Vine St. Ungefähr 20 eigene Biere vom Fass (Mountain Sun Brewery, Boulder), günstige Happy Hour und gute Pubkost. Sonntags Livemusik.*

Wazee Supper Club (9), *1600 15th/Wazee St., ☏ (303) 623-9518, www.wazeesupperclub.com. Beliebtes Lokal in LoDo, das für knusprige Pizza, aber auch andere gute Gerichte und die große Bierauswahl bekannt ist.*

Wynkoop Brewing Co. (10), *1634 18th St. (gegenüber Union Station). Die Microbrewery mit kreativen Gerichten und herausragendem Bier gehört dem Bürgermeister von Denver, der einst damit die Revitalisierung von LoDo mitinitiierte.*

Einkaufen

Shoppingareale

16th Street Mall, *Haupteinkaufsstraße und Fußgängerzone.*
Larimer Square, *Larimer St. (LoDo), www.larimersquare.com. Viele kleine Shops, z. B. die ungewöhnliche Cry Baby Ranch (Nr. 1421) mit kuriosen Westernartikel, und nette Lokale.*
Old South Pearl Street *im Süden der Stadt: Läden, Cafés und sonntags Farmer's Market.*

Malls/Outlet Malls:
Colorado Mills, *14500 W. Colfax, Lakewood, westlich Denver, www.simon.com/mall/colorado-mills. Gut 200 Shops, teilweise Fabrikverkauf.*
Outlets at Castle Rock, *5050 Factory Shops Blvd Castle Rock, (I-25 Exit 184), www.outletsatcastlerock.com. 25 Autominuten südlich von Denver locken über 100 Fabrikläden bekannter Marken.*
Park Meadows Retail Resort, *8401 Park Meadows Center Dr., Littleton, im Süden, www.parkmeadows.com. Etwa 160 Läden und Restaurants, darunter große Kaufhäuser wie Nordstrom.*
Flatiron Crossing, *One West FlatIron Circle, US 36 Exit West oder East FlatIron Circle, ca. 15 mi nördlich Denver, www.flatironcrossing.com. Rund 200 Shops und Restaurants.*

Einzelne Läden:
Miller International, *8500 Zuni St. (I-25, Exit 218), www.miller-international.com. Seit 1918 bestehender, gigantischer Westernladen (preiswert!) im Norden der Stadt.*
Rockmount Ranch Wear, *1626 Wazee St./16th., www.rockmount.com. Legendärer, alteingesessener Westernladen in Familienbesitz, dessen Hemden weltberühmt sind.*
REI (**Recreational Equipment Inc.**), *1416 Platte St., www.rei.com. Gigantisches Outdoor- und Sportausrüstergeschäft, untergebracht in einem altem Fabrikbau, seit den 1930er-Jahren Spezialist im Nordwesten.*
Tattered Cover Book Store, *1628 16th St., www.tatteredcover.com. Einer der ausgefallensten Buchläden im Westen, bequeme Sitzgelegenheiten und gemütliche Atmosphäre, mit Café und weiteren Filialen, z. B. 2955 E. 1st Ave. (Cherry Creek) und E. Colfax.*

Zuschauersport

Colorado Avalanche *(NHL/Eishockey, Okt.-Apr.), Pepsi Center, 1000 Chopper Circle, Infos/Tickets: http://avalanche.nhl.com.*
Colorado Rapids *(MLS/Fußball, Apr.–Sept.), Spiele in Dick's Sporting Goods Park, 6000 Victory Way, Commerce City (nahe Flughafen), www.dickssportinggoodspark.com, Infos/Tickets: www.coloradorapids.com.*
Colorado Rockies *(MLB/Baseball, April–Anf. Okt.), Coors Field, 2001 Blake St., Infos/Tickets/Touren (ab Gate D (21st/Blake St.): http://colorado.rockies.mlb.com.*
Denver Broncos *(NFL-American Football, Sept.–Dez.), Sports Authority Field at Mile High Stadium, 13655 Broncos Pkwy., Infos/Tickets: www.denverbroncos.com, mit Colorado Sports Hall of Fame. Details zu Stadiontouren: www.coloradosports.org/invescofield tours.cfm.*

Denver Nuggets *(NBA/Basketball, Nov.–Apr.), Pepsi Center, 1000 Chopper Circle, Infos/Tickets: www.nba.com/nuggets.*

Veranstaltungen (Auswahl)

Jan.: **National Western Complex & Stock Show**, *www.nationalwestern.com. Seit über 100 Jahren eine Institution mit Vieh- und Pferdemarkt, Rodeo etc.*
Anf./Mitte Okt.: **Great American Beer Festival**, *im Colorado Convention Center, www.gabf.org oder www.beertown.org, Tickets ab $ 75. 3 Tage lang präsentieren sich unter der Ägide der Brewers Association an die 600 Brauereien, es können über 2.700 Biere verkostet werden.*
Red Rocks Amphitheatre & VC, *18300 W. Alameda Pkwy., Morrison (I-70 Exit 256), ☏ (720) 865-2494, www.redrocksonline.com, Park tgl. Sonnenauf- bis -untergang, VC tgl. mind. 9–16 Uhr. Freilufttheater im Stil eines antiken griechischen Theater vor der spektakulären Kulisse der roten Felsen der Red Rocks, einer Sandsteinformation am Fuße der Rockies; außer Konzerten von Apr.–Aug. auch Filme.*

Touren

LoDo Historic Walking Tours, *☏ (303) 914-6100, www.lodo.org/walking-tours. Zwei verschiedene Walkingtouren v.a. Sa/So, $ 10 bzw. $ 20*
Timberline Bicycle Tours, *7975 E. Harvard, Unit J, ☏ (303) 368-4418, www.timbertours.com. Tagestouren, aber vor allem mehrtägige, durch die Rockies mit dem Fahrrad.*
Denver B-cycle, *https://denver.bcycle.com/default.aspx. Als erste Stadt in USA bietet Denver schon seit Jahren Fahrradverleihstationen. Es gibt Tages- ($8), Wochen- ($ 20) und Monatspässe.*

Öffentlicher Nahverkehr

Amtrak, Union Station *am nordwestlichen Ende der 17th St. (ein Block von der 16th St. Mall entfernt), www.amtrak.com. Der* **California Zephyr** *fährt morgens Richtung Westen (Salt Lake City, Reno, Truckee, Sacramento, San Francisco Bay) und abends Richtung Osten (Omaha, Chicago).*
Stadtbusse *der RTD fahren bis Boulder, tgl. 5.30–22.30 Uhr, $ 2,25 pro Fahrt, Infos: ☏ (303) 299-6000, www.RTD-Denver.com. Wichtige Linien sind:*
- *„Mall Ride" – entlang der 16th St. Mall, kostenlos*
- *83L Loop – verbindet die Innenstadt (16th St. Mall, Civic Center Station) mit der Cherry Creek Shopping Area*

Light Rail: *sechs RTD-Linien (C, D, E, F, H, W) von der Innenstadt (Union Station und 16th Street Mall) in die südlichen Vororte, wird laufend ausgeweitet, $ 2,25–5.*
Tageskarten *für RTD $ 6,75 im Stadtbereich, $ 14 für Metro Denver.*

Flughafen

Der **Denver International Airport** *(DEN) gilt als einer der modernsten Flughäfen der Welt und ist schon allein aufgrund seiner Architektur sehenswert. Das Hauptgebäude erinnert mit seinen zeltartigen Dachspitzen an die Kontur der Rockies bzw. an Indianertipis. Es gibt sechs Start- und Landebahnen. Der Flughafen erstreckt sich über ein 140 km² großes Gelände (zum Vergleich: Frankfurt/M.: 14 km², Dallas: 72 km²) und ist damit zugleich der flächenmäßig größte Airport der Welt.*

Denver ist Heimflughafen von **Frontier Airlines** *(www.flyfrontier.com), mit tgl. über 100 Inlandsverbindungen, und nach Chicago zweitwichtigster Verteilerpunkt von* **United Airlines**. *Doch auch andere große US-Linien und europäische Gesellschaften wie British Airways, Air France oder Lufthansa fliegen die Stadt an.*
Infos: *☏ (303) 342-2200, www.flydenver.com.*

Per **Auto** *sind es ca. 35 Fahrminuten (30 km) von/nach Downtown Denver via I-70 und Peña Blvd. Bis 2016 soll die Light Rail den Flughafen mit der Innenstadt (Union Station) verbinden.*
Es gibt mehrere **Shuttle-Services** *tgl. 4–24 Uhr ab „Baggage Claim Level", z. B. Super Shuttle Denver, ☏ (303) 370-1300, www.supershuttle.com, $ 22 einfach, $ 40 H/R.*
Für eine Fahrt mit dem **Taxi** *in die Stadt gilt eine Flatrate von derzeit $ 55. Die RTD (Regional Transportation District) unterhält sechs* **Buslinien** *(„Sky Rides") zum Flughafen, doch nur die Linie AF pendelt meist stündlich zwischen Downtown (mehrere Haltestellen) und Flughafen (Fahrtdauer etwa 1 Std., $ 11).*
Informationen: *☏ (303) 299-6000, www.rtd-denver.com.*

Denver International Airport

8. VON DENVER ÜBER SALT LAKE CITY NACH SAN FRANCISCO

Überblick

„After refreshing ourselves we proceeded on to the top of the dividing ridge from which I discovered immense ranges of high mountains still to the West of us with their tops partially covered with snow.“

Diese Worte von **Meriwether Lewis**, festgehalten am 12. August 1805 im Tagebuch der *Lewis & Clark-Expedition*, ließen kaum die Zweifel angesichts der bevorstehenden Überquerung der Rocky Mountains ahnen. Stets waren *Lewis* und sein Freund und Kollege *William Clark* der Meinung gewesen, dass der Weg Richtung Westküste ein Spaziergang sei. Die wahren Ausmaße der Rockies waren den Weißen zu Beginn des 19. Jh. nämlich völlig unbekannt; bis dato hatten die Appalachen an der Ostküste als das gewaltigste Gebirge Nordamerikas gegolten. Der Expedition gelang es dann doch noch mit indianischer Hilfe, diese *Tremendous Mountains* zu überqueren.

Heute kann man den Hauptkamm der Rockies auf vielen Highways oder auf Schienen mühelos und bequem überqueren, allerdings ist die gigantische Bergwelt des „**Felsengebirges**“, wie es *Karl May* nannte, noch immer höchst beeindruckend. Vor allem zwischen Denver und Salt Lake City zeigen sich die Rocky Mountains von ihrer spektakulären Seite, hier liegen die höchsten Gipfel, darunter mehrere Viertausender – z. B. **Pikes Peak** (4.300 m), **Mount Evans** (4.348 m), **Grays Peak** (4.349 m) oder **Torrey's Peak** (4.348 m). Einen intensiven Einblick in die einzigartige Bergwelt gewährt der **Rocky Mountain National Park**.

Hauptkamm der Rockies

Hat man die Berge überquert, taucht man bei **Salt Lake City** in eine komplett andere Szenerie ein: das wüstenartige **Great Basin**. *„Dies ist das ärmste und unwürdigste Land, das ein menschliches Auge je erblickt“*, schrieb einmal ein Reisender auf dem Weg nach Kalifornien. Man stößt überall auf Spuren jener Glückssucher und Siedler, die angezogen von den Goldfunden 1848 entlang dem California Trail nach Westen zogen. Ehe sie jedoch das „goldene“ Kalifornien erreichten, baute sich mächtig die Bergkette der **Sierra Nevada** vor ihnen auf. Hier verbirgt sich mit dem **Lake Tahoe** ein kleines Paradies, dessen Landschaft Fans der legendären TV-Westernserie *„Bonanza“* bekannt sein dürfte. Durch das **Gold Country** und vorbei an Kaliforniens Hauptstadt **Sacramento** erreicht man schließlich eines der beliebtesten Reiseziele der Welt, die **San Francisco Bay**.

Auf der Suche nach Gold

Hinweis zur Route

Die Route folgt von Denver und dem Rocky Mountain NP zunächst dem US Hwy. 40 über die Berge ins Tal des Green River. Auf dem Weg nach Salt Lake City lohnt der Umweg über den alten Handelsposten Fort Bridger/WY. Die schnellste Route weiter nach Westen ist die I-80, doch lohnender ist die Fahrt auf dem US Hwy. 50 durch das nur dünn besiedelte Nevada. Nach einer Pause am Lake Tahoe bzw. im nahen Reno gibt es wiederum zwei Alternativen: die schnelle Interstate oder die gemächliche Route durch das Gold Country.

Über die Rocky Mountains nach Salt Lake City

Auf den Spuren der ersten Goldsucher

Erste Station auf dem Weg von Denver Richtung Pazifikküste ist der **Rocky Mountain National Park**. Es gibt zwei Möglichkeiten, um zum östlichen Zugang bei Estes Park zu gelangen. Die schnellere führt über Boulder und Lyons über den US Hwy. 34, die weitaus interessantere und schönere Route geht westlich von Golden ab Idaho Springs (I-70) auf den Straßen CO 119, 72 und 7 durch einen Canyon und vorbei am ehemaligen Goldgräberstädtchen **Central City**.

Die Region war nach den ersten Goldfunden 1859 aufgeblüht und Orte wie **Black Hawk**, **Central City**, **Nederland** und **Ward** entwickelten sich damals zu bedeutenden Bergbaustädten; sie leben heute ganz vom Tourismus und sind besonders an Wochenenden entsprechend viel besucht. *John H. Gregory* hatte in der Region am 6. Mai 1859 das erste Gold gefunden, soll aber, viele Jahre vom Pech verfolgt, später den Verstand verloren haben. Listige Spekulanten nutzten seine Schwäche aus und kauften ihm seine Mine für $ 21.000 ab – Peanuts im Vergleich zu den $ 60 Mio., die man in den Folgejahren einnahm.

Redaktionstipps

Sehens- und Erlebenswertes

➤ Im **Rocky Mountain NP** (S. 375) Natur pur erleben.
➤ Auf den Spuren von *John Wesley Powell* das atemberaubende Canyonland in der **Flaming Gorge** (S. 383) erkunden.
➤ Auf Knochensuche gehen im **Dinosaur NM** (S. 379).
➤ Der alte Handels- und Militärposten **Fort Bridger** (S. 384) lohnt vor allem im Sommer, wenn *Re-enactments* stattfinden.

Unterkunft

➤ Das **Sheraton Steamboat Resort** (S. 379) gilt als eines der besten Skiresorts Colorados, doch auch im Sommer lohnt der Aufenthalt.

Der Rocky Mountain National Park

Doch damit nicht genug: Geschäftsleute nutzten, um **Central City** bekannter zu machen, den Besuch des Herausgebers der „New York Tribune“, *Horace Greeley*, aus: Sie „vergoldeten“ eine Mine mit Goldstaub und leuchteten das Ganze publikumswirksam aus. Nachdem *Greeley* die „Goldader“ gesichtet hatte, eilte er zurück nach New York und veröffentlichte einen Artikel, der Tausende von Glücksrittern nach *Central City* lockte. Sie alle schlugen die Hinweise des Autors, wie hart und entbehrungsreich das Leben dort sei, in den Wind. Die Stadt boomte und zählte Ende der 1860er-Jahre bereits 42.000 EW. Auch ein verheerender Brand 1874 konnte das Wachstum nicht stoppen, im Gegenteil: Central City erreichte den Höhepunkt seiner kurzen Existenz, als 1876 das Opernhaus fertiggestellt wurde und Showgrößen sich die Klinke in die Hand gaben. Gegen 1890, als der Goldrausch zu Ende ging, hatte die „**Richest Squaremile on Earth**“ immerhin Gold und Silber im Werte von 630 Mio. Dollar zu Tage gefördert.

Showstars im Opernhaus

1925 auf 400 EW geschrumpft, wurde 1932 das Opera House renoviert und wiedereröffnet. Weitere historische Bauten folgten, Souvenirshops eröffneten und nach einem Referendum 1990 wurde Gambling in Central City und Black Hawk erlaubt. Seither strömen vor allem an Wochenenden Besucher zuhauf in das Städtchen. Neben der Besichtigung des **Opera House** – ehemals mit angeschlossenem Hotel – lohnt der Besuch des **Gilpin History Museum**, wo es u. a. um die Geschichte der ersten Goldfunde in Colorado geht.
Gilpin History Museum, *228 E. High St., www.gilpinhistory.org/gilpin_history_museum.html, HS Di–So 10–16 Uhr, $ 6.*

Reisepraktische Informationen Central City/CO

Information
Central City VC, *103 Eureka St., Wells Fargo Building, ☏ (303) 582-3345, www.centralcitycolorado.us, tgl. 10–17 Uhr.*
Black Hawk: *www.blackhawkcolorado.com.*

Unterkunft
Es gibt in Central City und v.a. in Black Hawk mehrere große Casinohotels, z.B. **Ameristar Casino Resort Spa Black Hawk** *(www.ameristar.com/Black_Hawk.aspx) oder* **Century Casino & Hotel in Central City** *(http://central-city.cnty.com). Zu weiteren Unterkünften siehe: www.centralcitycolorado.com/casino-hotels.php.*

Veranstaltungen
Opera House, *120 Eureka St., ☏ (303) 292-6700, www.centralcityopera.org. Opernaufführungen und andere Konzerte von Mai–Sept.*

Estes Park – das Tor zum Rocky Mountain National Park

„Basislager" des National Park

Weiter führt die Straße durch wilde Berglandschaft, vorbei an Ortschaften wie **Nederland** und **Ward**, die wie Central City von ihrer Vergangenheit und der Nähe zum Großraum Denver/Boulder leben. Schließlich erreicht man **Estes Park**, das Tor zum Rocky Mountain NP – ein Ort, der als „Basislager" für Touristen dient und während der Sommermonate entsprechend überlaufen ist.

Das kleine **Estes Park Museum** informiert über die lokale Geschichte. Eine Fahrt mit der **Aerial Tramway** auf den **Prospect Mountain** lohnt wegen des Ausblicks auf die östlichen Gebirgszüge des Nationalparks.
Estes Park Museum, *200 4th St., http://estesparkmuseumfriends.org, HS Mo–Sa 10–17, So 13–17, NS Fr–Sa 10–17, So 13–17 Uhr, frei.*
Aerial Tramway, *420 Riverside Dr., www.estestram.com, Ende Mai–Anf. Sept., tgl. 9–18 Uhr, $ 12.*

Am Stadtrand liegt, von einer spektakulären Bergszenerie gerahmt, das 1906 erbaute **Stanley Hotel** (www.stanleyhotel.com). Es soll den Autor Stephen King zu seinem Roman „The Shining" inspiriert haben, der 1980 von Stanley Kubrik verfilmt wurde.

Reisepraktische Informationen Estes Park/CO

Information
Estes Park VC, *500 Big Thompson Ave., ☏ (970) 577-9900, www.visitestespark.com.*

Unterkunft
McGregor Mountain Lodge, *$–$$$, 2815 Fall River Rd. (5 km westl., US 34), ☏ (970) 586-3457, www.mcgregormountainlodge.com. Vier Zimmer und 15 Cottages nahe dem Zugang zum Rocky Mountain NP.*
Streamside on Fall River, *$$$, 1260 Fall River Rd. (ab US 34, ca. 3 km westl.), ☏ (970) 586-6464, www.streamsideonfallriver.com. Traumhaft am Fall River gelegen, drei Suiten sowie 16 Cabins.*

Restaurants
Grumpy Gringo, *1560 Big Thompson Ave. (ca. 3 km westl., US 34). Mexikanisches Restaurant mit typischen Spezialitäten, Margaritas und ungewöhnlicher Lage.*
Nick's Steakhouse on the River, *1350 Fall River Rd.(ca. 3 km westl.), ☏ (970) 586-5376. Alt eingesessenes Steakhaus mit Spezialitäten wie Prime Rib, Plätze im Freien und gemütliche Lounge mit Bar.*

Rocky Mountain National Park

Bereits von Weitem sieht man die hohen, ganzjährig mit Schnee bedeckten Gipfel des **Rocky Mountain National Park**. 116 von ihnen – und das sind nur die benannten – erreichen Höhen von über 3.000 m. Noch vor rund 7.000 Jahren, als das Klima noch milder war, lebten in den Talebenen **prähistorische Indianer**. Sie verschwanden um etwa 5.500 v. Chr. aus bis heute nicht völlig geklärten Gründen.

Schneebedeckte Gipfel

Als die ersten weißen Trapper zu Beginn des 18. Jh. das Gebiet betraten, fanden sie nur noch deren Spuren vor und trafen vereinzelt auf Ute-Indianer, die im Estes-Park-Tal jagten und Teile der heute existierenden Straße als Trail zu ihren Siedlungsgebieten entlang dem Yampa River benutzten. **Erste Siedler** ließen sich erst um 1870 nieder und hielten es auch nur rund 50 Jahre aus – zu unwirtlich war das Land und zu kurz währten die Sommer.

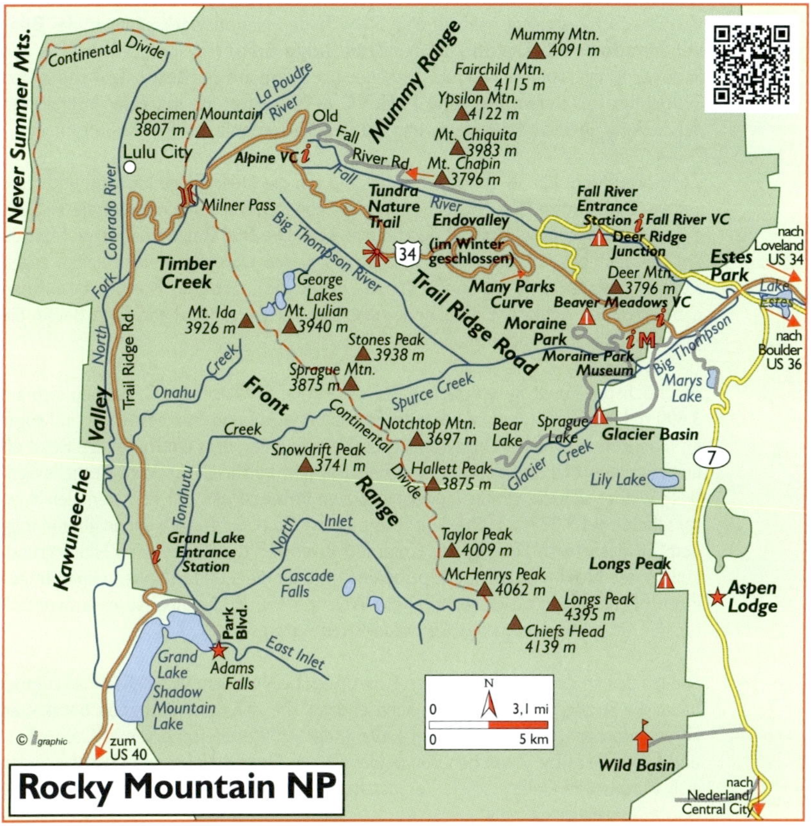

Kampf um ein Schutzgebiet

Der Naturforscher und Fotograf *Enos Mills*, Hotelbesitzer in Estes Park, propagierte um 1900 die Naturschönheit der Gegend und setzte sich für die Ausweisung eines Schutzgebietes ein. Die Reaktion der Regierung war erst zurückhaltend, denn man vermutete hier Bodenschätze, doch der neunjährige „Kampf" von *Mills* war 1915 von Erfolg gekrönt: Ein Nationalpark von über 100.000 ha Größe wurde eingerichtet. Er gehört heute zu den **meistbesuchten Naturparks der USA** und zieht besonders während der Sommerwochenenden unzählige Erholungssuchende aus den Städten im Umkreis der Rockies an.

Besonders sehenswert neben dem **Bergpanorama** ist die einzigartige **Tundra-Vegetation** in den Höhenlagen. In den unteren Lagen bis 2.800 m Höhe überwiegen Misch- und Kiefernwälder, zwischen 2.800 und 3.400 m dominieren Nadelbäume aller Art und in den höchsten Lagen herrscht Tundra-Vegetation vor. Insgesamt gibt es im Park rund 750 Pflanzenarten und reizvoll ist für botanisch Interessierte besonders derMonat Juni, wenn Frühlingblumen wie ein bunter Blütenteppich die Talauen und Wiesen entlang der Trail Ridge Road überziehen.

Von Estes Park erreicht man auf dem Hwy. 36 den Nationalpark, genauer, das **Beaver Meadows VC**. Ehe man auf der **Trail Ridge Road** (US Hwy. 34) tiefer in den Park vordringt, lohnt ein kurzer Abstecher (ca. 1 km) auf der Bear Lake Road in den Südteil des Parks, zum **Moraine Park VC & Museum**, das mit einer interaktiven Ausstellung über die Entstehung und die heutige Tierwelt der Rockies informiert.

Höchste Straße in den USA

Zurück auf dem US 36 erreicht man nach 5 km die Deer Ridge Junction und biegt auf die **Trail Ridge Road** (US Hwy. 34) ab. Schwindelfrei sollte man auf dieser Strecke, die den Hauptteil des NP durchquert, sein. Die Trail Ridge Road ist auf fast 80 km Teil des Hwy. 34, der als höchste Straße in den USA gilt. In zahlreichen engen Kurven schraubt sich die Straße immer weiter die mächtigen Rockies hinauf und dabei eröffnen sich atemberaubende Ausblicke auf die schneebedeckten Berge, die bewaldeten Hänge und grünen Täler.

Am höchsten Punkt im westlichen Teil des Parks, am **Alpine VC**, türmen sich auf 3.600 m Höhe selbst im Juni noch die Schneeberge auf und Schneestürme sind sogar im Hochsommer nichts Ungewöhnliches. Kein Wunder, dass die Trail Ridge Road oft nur zwischen Mai und September schneefrei und befahrbar ist. Vom Besucherzentrum windet sich die Straße wieder hinab zum **Milner Pass**, der kontinentalen Wasserscheide auf 3.279 m Höhe. Hier biegt die Straße (US 34) nach Süden ab und folgt dem Tal des North Fork of the Colorado River vor der imposanten Hintergrundkulisse der **Never Summer Mountains**. Ihre an die 4.000 m hohen Gipfel tragen ihren Namen nicht zu Unrecht: Diese Welt aus Eis und Schnee ist verantwortlich für den Wasserreichtum des Colorado-River-Systems.

Fotogene Bergketten und Seen

Südlich des an der Route gelegenen **Kawuneeche VC** (dem westlichen Parkzugang) führt die Straße am Ufer zweier Seen entlang, die sich vor den hohen Bergketten als sehr fotogen erweisen: **Grand Lake** – der größte Gletschersee in Colorado – und **Lake Granby**. Zwischen den beiden Orten **Grand Lake** und **Granby** finden sich Motels und Cabins sowie Veranstalter von Angeltouren und Verleihfirmen für Boote, Angelausrüstung u. a.

Reisepraktische Informationen Rocky Mountain NP

Information

Rocky Mountain NP, *1000 Hwy. 36., Estes Park, www.nps.gov/romo und www.rocky.mountain.national-park.com, $ 20/Pkw, ganzjährig geöffnet.*
Es gibt mehrere Besucherzentren (VC), die wichtigsten sind:
Beaver Meadows VC, *US 36, ca. 5 km westl. Estes Park (südliche Ostzufahrt), ganzjährig tgl. 8–mind. 16.30 Uhr, Film, Ausstellung und Shop.*
Moraine Park VC & Museum, *Bear Lake Rd. (nahe Beaver Meadows Entrance), ab US 36, nur saisonal geöffnet, tgl. 9–17 Uhr.*
Fall River VC, *US 34, 8 km westl. Estes Park (nördliche Ostzufahrt), nur HS tgl. 9–17 Uhr.*
Alpine VC, *Fall River Pass (im Park), tgl. meist 9–17 Uhr, Mitte Okt.–Mitte Mai geschlossen.*
Kawuneeche VC, *US 34, ca. 1,5 km nördl. Grand Lake (Westzufahrt), ganzjährig tgl. 8–mind. 16.30 Uhr.*

Unterkunft

Im Park selbst gibt es außer Campingplätzen keine Übernachtungsmöglichkeiten. Wer länger bleiben möchte, muss sich eine Unterkunft in Estes Park (s. oben) oder in Grand Lake suchen, z. B.:
Grand Lake Lodge, *$$$, 15500 Hwy. 34, südlich der Westzufahrt, Grand Lake, ☏ (970) 627-3967, www.grandlakelodge.com. Seit 1920 existierende Unterkunft auf fast 3.000 m Höhe, 56 Zimmer und 32 Cottages, sehr rustikal und nur im Sommer.*
Gateway Inn, *200 W. Portal Rd., ☏ (970) 627-2400, http://gatewayinn.com. Rustikale Lodge mit gemütlichen Zimmern und Blick auf den Grand Lake, Lounge/Bar und Live-Entertainment. Camping: www.nps.gov/romo/planyourvisit/backcountry.htm*

Zeitplanung

Die Trail Ridge Road (US Hwy. 34) ist von etwa Mitte Okt.–Ende Mai geschlossen (abhängig vom Schneefall). In diesem Fall ist es nötig, einmal um den gesamten Nationalpark herumzufahren, um in den Westteil des Parks zu gelangen.
Autofahrer sollten sich allein für die Parkdurchquerung auf dem US Hwy. 34, der Trail Ridge Road, die von Estes Park nach Granby führt, mindestens 4 Std. Zeit nehmen. Bei zweitägigem Aufenthalt könnte man am zweiten Tag eine Wanderung sowie eine Fahrt zum Bear Lake im SO des Parks einplanen. Die unbefestigte Old Fall River Road ist nur als Einbahnstraße in Ost-West-Richtung (also bergauf) befahrbar, Camper sind hier verboten.

Wandern u. a. Aktivitäten

Im Park gibt es über 550 km an **Trails**. *Im VC oder unter www.nps.gov/romo/planyourvisit/hiking.htm gibt es detaillierte Informationen und Karten bzw. Beschreibungen der wichtigsten Wanderrouten.*

Empfehlenswerte Kurzwanderungen sind v. a. der **Moraine Park Nature Trail** *(0,8 km, leichter Lehrpfad zu Flora und Fauna der Niederungen um das Moraine Park*

Museum), der **Bear Lake Nature Trail** *(1 km langer Rundweg um einen Gletschersee) und die Besichtigung der* **Never Summer Ranch/Holzwarth Historic Site** *(knapp 1 km vom Parkplatz), die das Leben auf einer Ranch vor 70 Jahren in den Rockies lebendig werden lässt.*

Reiten *ist ein besonderes Erlebnis im Park, gleichermaßen für „Profis" wie auch für Anfänger, die die einfachen Trailrides in den Talniederungen wählen sollten. Infos: www.nps.gov/romo/planyourvisit/horses.htm.*

Steamboat Springs

Von Granby aus geht es auf dem US Hwy. 40 weiter westwärts. Die Berge hören abrupt auf und werden von einer Hochebene abgelöst, dann geht es durch eine sanftere Berg- und Tallandschaft, ehe man nach rund 80 mi/128 km den bekannten Wintersportort **Steamboat Springs** erreicht. Mt. Werner markiert weithin sichtbar mit seinen für die Skipisten ausgeschlagenen Wäldern den Ort.

Ein Chipmunk (Streifenhörnchen) im Rocky Mountain NP

Bereits die Ute-Indianer liebten diesen Platz, besonders weil es hier im Sommer angenehm kühl war und im Tal warme Quellen lockten. Als einer der ersten Pioniere hierher kam, hörte er die Quellen sprudeln und fühlte sich an das Geräusch der Schaufelraddampfer *(Steamboats)* auf dem Mississippi erinnert – daher der Name. 1885 entstand eine kleine Stadt, frequentiert von Farmern und Minenarbeitern aus der Umgebung, die ihr beim Goldschürfen hart verdientes Geld in den Saloons umsetzten. 1908 wurde die Ortschaft an die Eisenbahnlinie angeschlossen, doch Geschichte machte Steamboat Springs erst, als 1913 der Norweger *Carl Howelsen* die Stadt besuchte und ihr Wintersport-Potenzial erkannte.

Die Innenstadt von Steamboat Springs hat sich noch etwas von ihrem **Wildwest-Charme** bewahren können und an der Hauptstraße reihen sich gemütliche Restaurants und Geschäfte auf. Östlich davon liegt das eigentliche **Skiresort**, von wo aus Lifte Skifahrer zu den über 100 Abfahrtspisten bringen.

Reisepraktische Informationen Steamboat Springs/CO

Information

Steamboat Springs VC, *125 Anglers Dr., ☏ (970) 879-0880, www.steamboat-chamber.com, Mo–Fr 8–17 Uhr, während der Skisaison auch Sa 8–18 Uhr.*

Unterkunft/Camping

Meeker Hotel, *$$, www.meekerhotel.com. Historisches Hotel im Stadtzentrum mit 14 unterschiedlichen Zimmern und eigenem Café.*

Sheraton Steamboat Resort, *$$$–$$$$$, 2200 Village Inn Court, ☏ (970) 879-2220, www.sheraton.com/steamboat. Das moderne Luxushotel verfügt über allen Komfort und einen Golfplatz. Es genießt zudem den Ruf eines der besten Skiresorts in Colorado.*

Steamboat Lake State Park, *26 mi nördl. der Stadt, Hwy. CO 129, ☏ (970) 879-3922, www.parks.state.co.us/parks/steamboatlake/Pages/SteamboatLakeHome.aspx. Schön gelegener Campingplatz.*

Restaurants

Hazies, *2305 Mount Werner Circle (Thunderhead Peak), ☏ (970) 871-5150. Allein der Blick über das Yampa Valley macht den Besuch dieses Lokals zum besonderen Erlebnis.*

Ore House at the Pine Grove, *1465 Pine Grove Rd., ☏ (970) 879-1190. Ranchdekor in renovierter alter Scheune, hervorragende Steaks, aber auch Seafood und reichhaltige Salatbar.*

Hinweis zur Route

Die Fahrt auf dem US Hwy. 40 führt weiter nach Westen durch eine nahezu menschen- und baumlose, leicht zerfurchte Hochebene auf rund 1.800 m. Das Gebiet bis zur Grenze von Utah wird zur extensiven Weidewirtschaft genutzt. Kurz vor dem Ort Dinosaur erreicht man die Südzufahrt zum Dinosaur National Monument, weiter westlich zweigt bei der Ortschaft Jensen die Zufahrt zum Dinosaur Quarry VC ab.

Unterwegs im Dinosaurierland

1909 fand der Paläontologe *Earl Douglass* in einer schräg stehenden, 2,40 bis 3,60 m starken Sandsteinschicht im **Tal des Green Rivers** unzählige Dinosaurierknochen, viele Einzelknochen waren sogar komplett erhalten. Nachdem diese über Jahre erforscht wurden, entschloss sich die Nationalparkbehörde in Washington, die Region für Besucher zugänglich zu machen. Die gefundenen Knochen stammen von **Dinosauriern**, die vor 150 Mio. Jahren hier gelebt haben.

Knochenfunde

Damals war ihr Lebensraum noch ein Feuchtgebiet gewesen, durchzogen von einer Reihe kleiner Flüsse. Ihre sterblichen Überreste wurden von nahen Anhöhen, wo sie ihre Nahrung suchten, in das Flussbett des Green River hinabgespült, bis sie auf einer Sandbank liegen blieben. Über die Jahrmillionen bedeckte eine 200 m dicke Sediment- und Kiesschicht die Knochen und konservierte sie. Vor 100 Mio. Jahren begann sich jedoch die Erde in dieser Region zu heben und zu falten; die Rocky Mountains entstanden. Eine darauf folgende starke Erosionstätigkeit legte dann die Schichten frei. Man fand übrigens nicht nur Dinosaurierknochen, sondern auch Muscheln, Schildkröten und sogar Holzstücke.

Entstehung der Rockies

In das Areal des **Dinosaur NM** führen zwei Zufahrten: Rund 3 km östlich der Ortschaft Dinosaur am US Hwy. 40 stößt man auf das **Canyon Area VC**. Von hier führt die geteerte Harpers Corner Rd. 50 km nordwärts hinein in das National Monument. Hier gibt es keine Knochenfunde zu sehen, dafür aber eine **grandiose Canyonlandschaft** am Zusammenfluss von Yampa und Green River (Aussichtspunkt und 5 km langer Trail).

Rafting auf dem Green River

Die zweite Zufahrt liegt in Utah. In der Ortschaft Jensen zweigt der Zubringer UT 149 vom US Hwy. 40 ab. 7mi/11 km nördlich folgt der westliche Parkeingang mit dem neuen, sehenswerten und informativen **Dinosaur Quarry VC**. Von hier verkehren von März bis Oktober regelmäßig Shuttlebusse zur eigentlichen Hauptattraktion, der **Quarry**, dem Ausgrabungsgelände im Steinbruch. Abgesehen davon beeindruckt auch hier die **Canyonlandschaft** (Trails!) im **Tal des Green River**, und auch die historische **Morris Cabin** erreicht man bequem per Auto. River Rafting ist beim **Split Rock** auf dem Green River möglich.

Rafting auf dem Green River im Dinosaur NM

Dinosaur NM, *4545 E. US 40, Dinosaur/CO, www.nps.gov/dino, $ 10/Pkw. Es gibt zwei Besucherzentren:*
Dinosaur Quarry VC und **Dinosaur Quarry Exhibit Hall**, *ca. 10 km nördlich Jensen/UT, UT 149, tgl. 9–mind. 17 Uhr, Zugang zum Fossilien-Areal, nur im Konvoi mit Rangern zu best. Zeiten.*
Canyon VC, *Harpers Corner Rd./US 40, ca. 3 km östlich Dinosaur, tgl. 8.30–16.30 Uhr in der HS, Okt–mind. Ende Feb. geschlossen.*

Vernal (Utah) ist ein kleines Farmerstädtchen weiter westlich am US 40, das vornehmlich vom Dinosaurier-Tourismus lebt. Zentral gelegen zwischen Flaming Gorge NRA und Dinosaur NM ist es eine gute Basis für die Erkundung der Region.

Im Ort selbst sollten sich Dinosaurierfans das **Utah Field House of Natural History Museum** ansehen. Hier sind entsprechende Landschaften inklusive Dinosauriern (als Skulpturen) nachgebildet und es gibt im Museum Fossilien, Mineralien und Indianerrelikte zu sehen.
Utah Field House of Natural History Museum, *235 E. Main St., www.desert usa.com/utfield/utfield.html, tgl. 8/9–17/21 Uhr, $ 5.*

Reisepraktische Informationen Dinosaur NM und Vernal/UT

Information
Northeastern Utah's Dinosaurland: *www.dinoland.com, VC in Vernal, 134 W Main St., ☏ (435) 789-1352.*

Unterkunft
Best Western Dinosaur Inn, *$$–$$$, 251 Main St., http://bestwestern utah.com/hotels/best-western-dinosaur-inn, ☏ (435) 789-2660. Mittelklassemotel mit 60 Zimmern, zentral gelegen und Frühstück inbegriffen.*
Landmark Inn & Suites, *$$$, 301 E. 100 St., ☏ (435) 781-1828, http://land mark-inn.com. Kleines Luxushotel mit 36 schön und modern ausgestatteten Zimmern. Zum Hotel gehört ein B & B mit einer Honeymoon Suite in einem Gebäude aus dem spätem 19. Jh., das einer kleinen Kirche gleicht.*

Restaurant
Winger's Roadhouse Grill, *1797 West 1000 South St. Amerikanische Küche wie Wings, Chicken, Burgers, große Portionen und günstig.*

Alternativroute durch die Wasatch Mountains

Alternativ zur unten beschriebenen Hauptroute über die Flaming Gorge NRA und Fort Bridger nach Salt Lake City bietet sich auch eine südliche Streckenvariante an: Sie führt weiter auf dem US Hwy. 40 durch die Berge der **Wasatch Mountains**. Von Heber City führt der direkte Weg dann über Park City nach Salt Lake City.

Olympische Winterspiele 2002

Heber City liegt im fruchtbaren Heber Valley (www.gohebervalley.com) und von dort leicht machbar ist der nur rund 6 km lange Abstecher nach **Midway**, ein Ort, der sich ganz schweizerischen (und bayrischen) Traditionen verschrieben hat. **Park City** (www.parkcity.com) dagegen ist ein mondäner Skiort, der seit den Olympischen Winterspielen 2002 weltbekannt ist. Der **Utah Winter Sports Park**, etwa 5 mi/ 8 km nördlich der Stadt, bietet selbst im Sommer die Möglichkeit zu Bob-Abfahrten, Skispringen und anderen Winteraktivitäten, auch für Anfänger.

Ab Heber City kann man, statt direkt Park City anzusteuern, der idyllischen Route auf dem US Hwy. 189 durch den **Provo Canyon** folgen. Auf halber Strecke liegt das **Sundance Resort**, das von Schauspieler *Robert Redford* errichtet wurde. Jedes Jahr werden in dem Skiresort auch verschiedene Filmfestivals abgehalten.

Provos Museen

Endpunkt des Hwy. 189 ist **Provo** (www.provo.org), mit knapp 120.000 EW die zweitgrößte Stadt Utahs. Sie erhielt ihren Namen von dem frankokanadischen Trapper *Etienne Provost*, der 1825 die Gegend erkundete. Die Stadt wird optisch dominiert vom **Provo Mormon Temple** (mit VC) und der **Brigham Young University** (**BYU**), zu der eine Reihe kleinerer Museen zu Wissenschaft und Kunst gehören (**BYU Fine Arts Galleries**, **Monte L. Bean Life Science Museum**, **Museum of Art**, **Museum of Peoples and Cultures**). 1877 wurde die BYU ins Leben gerufen, heute ist sie mit knapp 30.000 Studenten die größte Universität der Mormonen und eine der größten weltweit, die einer religiösen Vereinigung untersteht. Zu den Attraktionen der Stadt gehört der **Thanksgiving Point**. Hier sind das „Museum of Ancient Life", ein historisch-naturwissenschaftlich-geologisches Museum, Läden, Lokale (wie das Harvest Restaurant) und eine schöne Gartenanlage zu einem Komplex vereint. Nach Salt Lake City führt von Provo die Autobahn I-15.
Brigham Young University, *150 E. 1230 N. St., www.byu.edu, Campustouren Mo–Fr 9–16 Uhr.*
Thanksgiving Point, *3003 N. Thanksgiving Way, Lehi, I-15 Exit 284, www.thanksgivingpoint.com, mit* **Museum of Ancient Life**: *Mo–Sa 10–20, $ 10.*

Reisepraktische Informationen Wasatch Mountains

Informationen

Utah Valley VC, *220 W. Center St., 111 S. University Ave., Provo, ☏ (801) 851-2100, www. utahvalley.com, Mo–Fr 9–17 Uhr.*

Unterkunft

Sundance Resort, *$$$–$$$$, Sundance, etwa 50 mi/80 km nordöstlich SLC, Hwy. 92 (Alpine Scenic Hwy.), ☏ 1 (877) 831-6224, www.sundanceresort.com. Traumhaft gelegenes Resorthotel mitten in den Wabash Mountains, bestehend aus mehreren Bauten auf einem weitläufigen Naturareal. Unterschiedliche Zimmertypen, Restaurants, Spa, Ausstellungen und vielerlei Kulturevents.*
Homestead Resort, *$$$, 700 N. Homestead Dr. (ca. 8 km westl. am US 40), Midway, ☏ (435) 654-1102, www.homesteadresort.com. Alte Farm von 1896, die in ein luxuriöses, mehrteiliges Resorthotel umgewandelt wurde; perfekt zur Erholung, aber auch vielseitige Freizeitangebote (Reiten, Golf, Wandern).*

Flaming Gorge National Recreation Area

Von Vernal führt der US Hwy. 191 nordwärts in eine **sehenswerte Canyonlandschaft**. Bis Manila treten die unterschiedlichsten Gesteinsschichten und -formationen zum Vorschein, die durch Tafeln am Straßenrand erläutert werden. Hier erstreckt beiderseits des hier aufgestauten **Green River** die **Flaming Gorge NRA**. Sehenswert ist der vom Fluss geschaffene Canyon, dessen Wände vielfach eine tiefrote Farbe aufweisen. *John Wesley Powell*, der berühmte Offizier und Forscher (s. INFO), entdeckte diesen „flammend roten" Canyon auf seiner Expeditionsreise 1869 entlang dem Colorado und gab ihm seinen Namen.

Tiefroter Canyon

Auf einer Länge von über 140 km schlängelt sich der aufgestaute **Green River** durch ein Tal, das sich im südlichen **Red Canyon** besonders spektakulär präsentiert. Besonders lohnend ist die südwestlich von Manila gelegene **Sheep Creek Geological Region**, durch die eine als Schleife angelegte Straße *(Loop Road)* führt. Der UT 44 führt etwa 26 mi/42 km weiter nach **Manila**. Atemberaubende Aussichten, Landschaft und die bunten Gesteinsschichten machen die Fahrt kurzweilig.

Reisepraktische Informationen Flaming Gorge NRA

Information

Flaming Gorge Country: *www.flaminggorgecountry.com.*

Flaming Gorge NRA, *www.utah.com/nationalsites/flaming_gorge.htm und http://fishthegreen.com, $ 5, zwei Besucherzentren:*

Red Canyon VC, *UT 44, Mai–Sept. tgl. 10–17 Uhr; u. a. führt ein kurzer Nature Trail zum* **Red Canyon Overlook**.

Flaming Gorge Dam VC, *US 191, April–Okt. 10–17 Uhr, sonst verkürzte Öffnungszeiten, frei.*

Unterkunft/Camping

Red Canyon Lodge, *$–$$$, am Südende der Flaming Gorge, UT 44, ☏ (435) 889-3759, www.redcanyonlodge.com. Nahe Canyonrand und VC an kleinen See gelegener Komplex mit verschiedenen Cabins und eigenem Restaurant.*

John Wesley Powell

info

John Wesley Powell (1834–1902) durchstreifte schon als Jugendlicher die Natur, sammelte Pflanzen, Mineralien und historische Hinterlassenschaften und paddelte allein auf Ohio und Mississippi River. Als Soldat im Bürgerkrieg verlor er seinen linken Arm, meldete sich aber nach seiner Genesung zurück in die Armee und stieg zum Major auf. Als „Adjudant" betreute ihn mit Sondergenehmigung seine Frau *Emma Dean*. Nach Kriegsende begann Powells Karriere als Geologieprofessor und Kurator des Museums der *Illinois Wesleyan University*. Er war kein Stubenhocker, es zog ihn in die Weiten des Westens und so ging er am 24. Mai 1869 mit neun Gleichgesinnten auf Fahrt um Green und Colorado River zu erforschen.

info

Die Expedition folgten dem Green River von der gleichnamigen Ortschaft in Wyoming durch das heutige Dinosaur National Monument zum Zusammenfluss mit dem Colorado River im Südosten Utahs und weiter zum Grand Canyon. Nach drei Monaten kehrte Powell mit fünf Begleitern – die anderen hatten unterwegs aufgegeben bzw. drei waren von Indianern getötet worden – beim heutigen Lake Mead wieder in die Zivilisation zurück.

Als gefeierter Forscher konnte Powell die *Smithsonian Institution* dazu überreden, eine weitere, diesmal offizielle Forschungsreise entlang dem Colorado zu finanzieren. Major Powell machte sich 1871 erneut auf den Weg, nun mit dem Ziel der wissenschaftlichen Dokumentation und Kartierung. Sein Begleiter *John A. Hillers* war dafür zuständig, die Naturwunder fotografisch festzuhalten (und weltbekannt zu machen). 1875 publizierte Powell seine Erlebnisse und Ergebnisse dieser Reise; es folgten weitere Bücher. 1879 wurde er zum ersten Direktor des *US Bureau of Ethnology* ernannt und zwischen 1881 und 1894 leitete er als Chef den *U.S. Geological Survey*. Danach zog er sich ins Privatleben zurück und starb 1902 in seinem Sommerhaus in Haven/Maine.

Lesetipps

• J.W. Powell: *The Exploration of the Colorado River and its Canyons* (verschiedene Auflagen u.a. Dover Books)

• John Vernon: *The Last Canyon* (2001) – schildert in packender Romanform Powells erste Grand-Canyon-Expedition

Fort Bridger State Historic Site

Manila liegt an der Grenze zu Wyoming; auf dem Hwy. UT 43 und anschließend WY 414 geht es Richtung Nordwesten durch dünn besiedeltes Farmland. Kurz vor **Mountain View** beeindrucken geologische Formationen, die an eine Mondlandschaft erinnern, bei denen es sich aber um versteinerte Dünen handelt.

Alter Handels- und Militärposten

Wenige Meilen nördlich liegt die **Fort Bridger SHS**, ein alter Handels- und Militärposten sowie eine Poststation. In der teilweise restaurierten Befestigungsanlage finden im Sommer *Re-enactments* statt und in einem kleinen Museum erhält man Einblick in die Pioniergeschichte des frühen 19. Jh.

Erbaut hat den Posten zwischen 1838 und 1843 *Jim Bridger*, einer der legendärsten **Mountain Men**, die in den 1820er-Jahren die Bergwelt und Prärien des Nordwestens erkundeten. Sie arbeiteten im Auftrag von Pelzhändlern wie *John Jacob Astor, Manuel Lisa* oder *William Henry Ashley* und deren Firmen – *American Fur Company, Rocky Mountain Fur Company* oder die *britische Hudson's Bay Company*. Es war vor allem die Gier nach Fellen, besonders Biberfellen, die in der ersten Hälfte des 19. Jh. für Zylinder heiß begehrt waren, die die *Mountain Men* veranlasste, das harte Nomadenleben in den Rockies auf sich zu nehmen.

Im Zuge der Handelstätigkeit entstanden **Handelsstützpunkte und Trails** und die Männer sammelten Informationen, die für die spätere Besiedlung der *Frontier* lebensnotwendig waren. Ungeachtet ihres Rufes, in der Wildnis lebende Nomaden zu sein, waren viele Trapper relativ gebildet und vor allem geschäftstüchtig. Sie führten ein naturnahes Leben und übernahmen viele Techniken und Lebensweisen von den Indianern. Legendär waren ihre sommerlichen Treffen, die Rendezvous', bei denen Pelze eingetauscht, Handel getrieben und gefeiert wurde.

Rendezvous mit einem Trapper

Als der Pelzhandel um 1840 einen Niederging erlebte, kehrten einige in die „Zivilisation" zurück, andere, wie *Bridger* oder *Kit Carson*, blieben im Westen. *Bridger*, 1804 in Virginia geboren und seit seinem achten Lebensjahr im Westen, entdeckte 1825 nicht nur als Erster den Great Salt Lake, sondern wurde zu einer der legendären Figuren des Westens. Er war Trapper, Scout, Händler, Indianerfreund und später Farmer in Missouri, wo er 1881 starb.

Fort Bridger SHS, *I-80 Exit 34, http://wyoparks.state.wy.us/Site/SiteInfo.aspx?siteID=17, Museum Mai–Ende Sept. tgl. 8.30–17 Uhr, April/Okt. Sa/So 9–16.30 Uhr, Gelände tgl. 8 Uhr bis Sonnenuntergang, $ 6.*

Hinweis zur Route

Der schnellste Weg nach Salt Lake City, das rund 90 mi/144 km von Fort Bridger entfernt liegt, führt auf der Autobahn I-80 Richtung Südwesten. Wer jedoch einen Blick in die Urgeschichte werfen möchte, sollte den Umweg über das Fossil Butte NM wählen. Von Fort Bridger folgt man dazu dem Hwy. WY 412 und schließlich dem US Hwy. 189 nach Kemmerer (42 mi/67 km). Von dort geht es etwa 9 mi/14 km westwärts zum Fossil Butte NM. Der US Hwy. 30 führt dann westwärts bis Sage Creek Junction und der UT 16 zurück nach Süden, nach Evanston/WY. Dort stößt man wieder auf die Autobahn I-80, die nach Salt Lake City führt (ca. 160 mi/256 km).

Umweg über das Fossil Butte National Monument

Die größte offene Kohlemine und das größte Heliumwerk der Welt sind heute die wirtschaftlichen Standbeine der kleinen Stadt **Kemmerer**. Während der Zeit der Prohibition, in den 1930er-Jahren, galt Kemmerer zudem als Zentrum der illegalen Schnapsproduktion. Der hochprozentige *Kemmerer Moonshine* wurde in Bahnwaggons bis nach Chicago gebracht. Über diese rauen Zeiten informiert das **Fossil Country Frontier Museum**. Und noch etwas macht Kemmerer berühmt: Der Gründer der Warenhauskette **J. C. Penney**, *James Cash Penney*, begann hier mit einem kleinen Store im Jahr 1902 seine Erfolgsgeschichte. In seinem Wohnhaus, **J. C. Penney Homestead**, wurde ein kleines Museum eingerichtet.

Illegale Schnapsproduktion in den 1930ern

Fossil Country Frontier Museum, *400 Pine Ave., www.hamsfork.net/~museum, Mo–Sa 9–17 Uhr, im Winter Mo–Fr 10–16 Uhr, Spende.*

J. C. Penney Homestead, *107 JC Penney Dr., http://kemmerer.org/jcpenney, Touren HS Mo–Sa 9–18, So 13–18 Uhr, frei.*

Green River Formation

Westlich der Ortschaft liegt das **Fossil Butte NM**. Bereits 1865 fand *Dr. John Evans* in der sogenannten *Green River Formation* rund um den Berg Fossilien. Doch erst der Bau einer Eisenbahnlinie in den 1870er-Jahren förderte wahre Schätze zu Tage und 1972 entschied man sich, das Areal unter Naturschutz zu stellen. Vor 50 Mio. Jahren bedeckte das Gebiet ein 80 mal 30 km großer See, der Fossil Lake. Das Klima war damals (sub-)tropisch, die Uferzonen gesäumt von Palmen und Wäldern, in denen u. a. Krokodile, Schildkröten und Miniaturpferde lebten. Auch deren Überreste fanden sich in fossiler Form wieder.

Nach etwa 2 Mio. Jahren war das Klima deutlich arider geworden, der Fossil Lake trocknete aus. Überreste der letzten Organismen blieben in fossiler Form erhalten, da die Überreste nach Absinken auf den Grund in einer kalziumkarbonathaltigen Deckschicht konserviert wurden. Mit dem Absterben der Algen und der Zersetzung der Blätter legten sich in Hunderttausenden von Jahren mehr und mehr Schichten auf die bereits abgelagerten Sedimente. Mit der Zeit drang silikathaltiges Grundwasser ein und die Silikate ersetzten die organischen Substanzen. Was man heute sieht, ist also ein Abdruck in Form von Silikatablagerungen.
Fossil Butte NM, *westlich Kemmerer/WY, US 189/30, www.nps.gov/fobu, VC (ausgeschildert), Anf. Mai–Ende Sept. tgl. 9–17.30, sonst 8–16.30 Uhr, Gelände tgl. Sonnenauf- bis -untergang, frei; VC und zwei kurze Trails (Chicken Creek Nature Trail, 2 km, und Historic Quarry Trail, 4 km einfach) – Details: www.nps.gov/fobu/planyourvisit/outdooractivities.htm.*

Salt Lake City – „The City of the Saints“

Der Platz ist gefunden

Als 1847 Mormonenführer *Brigham Young* mit seinen erschöpften Getreuen – 143 Männern, drei Frauen und zwei Kindern – auf Planwagen am Rande der Salzwüste ankam, soll er dort, wo sich heute das gleichnamige Openair-Museum befindet, jenen berühmten Ausspruch „**This is the Place**!“ getan haben. Die Gläubigen hatten den langen Weg von Osten über die Berge auf sich genommen, um einen Ort der religiösen Toleranz zu finden.

Heimat der Mormonen

Ein Jahr später gründete *Young* offiziell die Stadt Salt Lake City und rief den „**State of Deseret**“ (Bienenstaat) aus. Bei Ankunft der Siedler war das Land noch Teil Mexikos gewesen, wurde dann aber Mitte des 19. Jh. als *Utah Territory* den USA angegliedert. Bundesstaat wurde Utah jedoch erst 1896, nachdem die bis dahin herrschende Polygamie aufgehoben worden war. In den folgenden Jahrzehnten strömten in den Fußstapfen *Youngs* Siedler zu Tausenden auf dem **Mormon Trail** in die Region. Darunter befanden sich viele im Osten unerwünschte Glaubensanhänger, aber auch europäische Siedler, die konvertiert waren und dazu beitrugen, dass sich der Ort zu einem kosmopolitischen und multikulturellen Zentrum entwickelte. Mithilfe **ausgeklügelter Bewässerungssysteme** wurde eine vormals unfruchtbare Gegend zum Erblühen gebracht und in ein wirtschaftliches Zentrum verwandelt.

Der wichtigste öffentliche Bau, der Tempel, entstand zwischen 1853 und 1892. 1869 erreichte die Eisenbahn die Stadt und brachte Neugierige in die „**City of the Saints**". In der Folgezeit wurde außerdem der Abbau von Bodenschätzen zum neuen, bedeutenden Standbein der Wirtschaft. Anfang des 20. Jh. entstanden außer dem State Capitol weitere öffentliche Bauten und Stadtparks. Der Aufschwung wurde während der *Great Depression* in den 1930er-Jahren zwar gebremst, doch bereits während des Zweiten Weltkriegs setzte ein neuer Boom ein.

Bis heute werden Wirtschaft, Kultur und Politik **von der Mormonenkirche bestimmt**. Und das, obwohl sich in letzter Zeit eine vermehrte Zuwanderung von Nicht-Mormonen bemerkbar macht und sich immer mehr Firmen in SLC niederlassen, v.a. Hightech-, aber auch Raumfahrtunternehmen u.a. Die Stadt ist zum **florierenden Industriestandort** geworden, in dessen Großraum über 1,5 Mio. Menschen leben.

Redaktionstipps

Sehens- und Erlebenswertes

➤ Sich von der Spitze des **Church Office Building** einen Überblick über SLC verschaffen und auf einer Tour durch den **Tempelbezirk** die Religion der Mormonen kennenlernen (S. 389).
➤ Auf Ahnenforschung gehen im **Family Search Center** (S. 391).
➤ Der **Mormon Tabernacle Choir** ist weltberühmt, hat eine eigene Radioshow und gibt Gratiskonzerte (S. 390).
➤ Ein Naturschauspiel der besonderen Art: der **Great Salt Lake.** Ein „Salzwasserbad" ist im **Antelope Island SP** (S. 397) möglich.
➤ Im Juli die **Days of 47 Parade** miterleben (S. 398).

Unterkunft

➤ Ungewöhnlich, luxuriös und gemütlich sind die Zimmer im **Peery Hotel** (S. 397).

Restaurants

➤ Ein gepflegtes Bier (hausgebraut) gibt es im **Squatter's Pub & Brewery,** Leckeres vom Grill im **Market Street Grill,** in einer historischen Feuerwehrstation (S. 397).

Olympia in Salt Lake City

Im Jahr 2002 lernte die ganze Welt die Stadt als **Austragungsort der Olympischen Winterspiele** kennen, doch bis heute ist „**SLC**" keine überlaufene Touristendestination – und weder eine mondäne Großstadt noch eine verträumte Wüstenoase. Sie gilt als eine der saubersten Städte der USA und eine mit extrem niedriger Kriminalitätsrate. Inzwischen ist man dabei, die Innenstadt durch Renaturierungs- und Modernisierungsmaßnahmen attraktiver zu gestalten. Ein Beispiel ist die Freilegung des City Creek südlich des Temple Square und die Umwandlung in eine attraktive Parkanlage.

Die Stadt mit ihren knapp 190.000 EW (1,3 Mio. in der Metro Area) zeichnet sich durch ihre traumhaft schöne Lage aus, eingebettet zwischen zwei 2.900 bis 3.500 m hohe Gebirgszüge der Rocky Mountains – **Wasatch** und **Oquirrh Mountains** – im fruchtbaren **Salt Lake Valley**, am **Great Salt Lake**, dem zweitgrößten Salzwassersee der Welt.

Sehenswürdigkeit

1 Salt Palace Convention Center/ Utah Museum of Contemporary Art
2 Temple Square
3 Utah State Capitol
4 Pioneer Memorial Museum
5 Marmalade Historic District
6 Utah State Historical Soc.
7 Exchange Place Hist. District
8 This is the Place State Park

Hotels

1 Hotel Monaco
2 Peery Hotel
3 Shilo Inn Suites Hotel

Restaurants

4 Market Street Grill
5 Squatter's Pub Brewery

Rundgang um den Temple Square

Erste Anlaufstation sollte das städtische **Visitor Information Center** (1) (90 S. West Temple St.) im **Salt Palace** sein, einem Veranstaltungskomplex mit dem **Salt Palace Convention Center** (1). Dort gibt es Infomaterial aller Art und es lohnt ein Blick in das angegliederte **Utah Museum of Contemporary Art**, mit wechselnden Ausstellungen zur regionalen Kunst. Gegenüber lockt um einen Park am City Creek das **City Creek Center** mit Shops, Restaurants und Cafés.
Salt Lake Art Center, *20 S. West Temple St., www.slartcenter.org, Di–Do/Sa 11–18, Fr 11–20 Uhr, frei.*

Blick auf den Temple Square und die Innenstadt von Salt Lake City

Hier beginnt auch der Rundgang über das Tempelgelände. Der **Historic Temple Square** (2), eingefasst von North, West und South Temple Street sowie State Street, gleicht einem (ummauerten) Parkgelände, auf dem sich monumentale Gebäude, Grünflächen, Statuen und Gedenkstätten verteilen. Das Areal wird überragt von einem schlichten weißen Hochhaus, dem **Church Office Building**, Sitz der Verwaltung der Mormonenkirche.

Bereits am Zugang zum **North VC** (W. North Temple St., 9–21 Uhr) wird man von einer freundlichen „Sister XY" in Empfang genommen. Touren in Eigenregie sind nicht erlaubt. Obwohl die Ausstellungsgalerien, weniger der knapp einstündige Film, durchaus informativ sind, könnten nach einer gewissen Zeit die bekehrerischen Elemente und die ausgeprägte Selbstdarstellung der Kirche etwas auf die Nerven gehen. Im **South VC** gibt es zwei weitere Ausstellungen, außerdem einen Meditationsraum (auch hier Touren).
Historic Temple Square, *Zugang W. South und W. North Temple St., mit* **North** *und* **South VC**, *www.visittemplesquare.com, Touren tgl. 9–20.45 Uhr nach Bedarf.*

Orientierung in SLC

Das Zurechtfinden in SLC fällt leicht, da die Stadt in einem **gleichmäßigen Schachbrettmuster**, ausgehend vom Temple Square, angelegt wurde. Am Tempel beginnt die Straßenzählung, sowohl in Nord-Süd- als auch in Ost-West-Richtung. Die Hauptattraktionen befinden sich im Innenstadtbereich, entlang der South Temple, v.a. zwischen W. Temple und A Street, und sind leicht zu Fuß erreichbar. Das Herz der Stadt ist der **Historic Temple Square**. Das Geschäftszentrum befindet sich südlich und westlich davon.

Der **Salt Lake Temple** – der zentrale Teil – basiert auf einer Idee, die *Brigham Young* bereits in Illinois hatte. 1853 wurde mit dem Bau dieses monströsen und etwas eigenwilligen Gotteshauses begonnen. Da der größte Teil der insgesamt fast 7.500 t Granitsteine mit Ochsenkarren, erst das letzte Stück mit der Eisenbahn, aus dem 32 km entfernten Cottonwood Canyon hergeschafft wurde, zog sich der Bau rund 40 Jahre hin. Die Wände sind an ihrer Basis fast 3 m stark und die höchste der sechs Turmspitzen erreicht 63 m. Die solide neogotische Architektur war *Young* deshalb wichtig, weil sie **Ausdruck der Stabilität und Beständigkeit der Religion** war. Für kurze Zeit blieb der Tempel dem allgemeinen Publikum zugänglich, dann schlossen sich die Türen und nur „Auserwählte“ dürfen ihn seither zu besonderen Anlässen betreten. Auf der höchsten Turmspitze thront der kupferne Engel *Moroni*, mit Blattgold überzogen und einer Trompete in der Hand.

40 Jahre Tempelbau

Der **Tabernacle** mit seiner ovalen Kuppel gehört zu den beeindruckendsten Bauten in SLC. Errichtet zwischen 1863 und 1867, bietet er ein Klangerlebnis erster Güte. Während einer der 30-minütigen mittäglichen Orgelvorführungen (Mo–Sa 12, So 14 Uhr) erhält man eine Kostprobe vom Klang der Orgel, die mit ihren fast 12.000 Pfeifen als zwölftgrößte der Welt gilt. Donnerstagabends (19.30 Uhr) probt der *Mormon Tabernacle Choir* und sonntags um 9.30 Uhr findet hier, bzw. von Juni bis August und im Dezember im größeren Conference Center, das in der Radiosendung *Music and the Spoken Word* übertragene Konzert statt. Alle Konzerte sind wie die Museen gratis.

Tabernacle, *Infos zu Chor und Programm: www.mormontabernaclechoir.org.*

Im Museum of Church History and Art

Beim Bau des Tempels blieben Granitsteine übrig, die zwischen 1877 und 1882 zum Bau einer Versammlungshalle, der **Assembly Hall**, genutzt wurden. Der neogotische Stil dieses Gebäudes passt zum Tempel, nicht aber zu den eher klassizistisch angehauchten, pompösen übrigen Gebäuden. In der *Assembly Hall* bzw. von Juni bis August im Brigham Young Historic Park (Süd-Ost-Ecke State St./2nd Ave.) finden im Rahmen der **Temple Square Concert Series** (lds.org/church/events/temple-square-events) kostenlose Konzerte lokaler und internationaler Künstler (v.a. Fr/Sa abends) statt. Vor der Assembly Hall steht das **Seagull Monument**, ein Hinweis auf die Seemöwen, die die ersten Siedler angeblich vor einer Heuschreckenplage befreit haben – was angesichts der Entfernung zur Küste als göttliches Wunder betrachtet wurde.

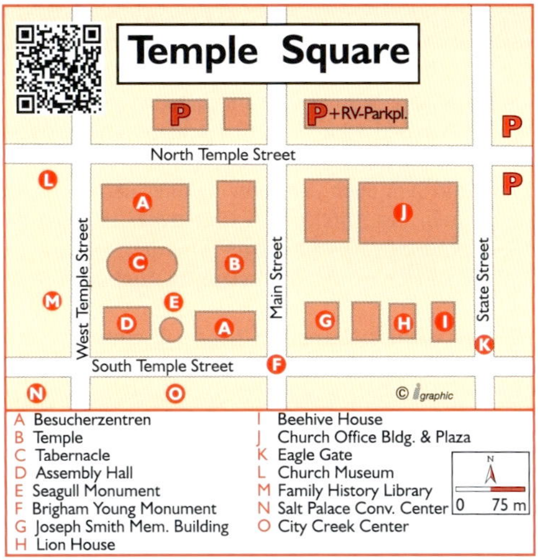

Touren (Mo–Sa 9–20 Uhr) gibt es auch durch das im Norden des Areals gelegene **Conference Center**. Im Inneren dieses auffälligen Baus, einer terrassenförmigen, einer Zikkurat ähnlichen Anlage mit begrüntem Dach, finden 21.000 Menschen im Auditorium, 900 im Theater Platz. Jenseits der West Temple Street. fallen zwei weitere Flachbauten ins Auge: das **Museum of Church History and Art** und die **Family History Library**. Letztere lässt das Herz eines jeden Genealogen höher schlagen, birgt es doch Archive, die bis ins Jahr 1550 zurückreichen. Es soll sich um die größte genealogische Sammlung der Welt mit rund 6,5 Mio. Stammbäumen handeln.

Moderne Ahnenforschung

Auch im monumentalen **Joseph Smith Memorial Building** (15 E. South Temple/ Main St.), dem ehemaligen *Utah Hotel* (historische Lobby), kann im **Family Search Center** (Mo–Fr 9–21, Sa 9–17 Uhr) an Computern Ahnenforschung betrieben werden. Im **Legacy Theater** wird ein Film zur Mormonengeschichte und Joseph Smith gezeigt (gratis, 70 Min.) und es gibt Touren durch das historische Hotel.
Museum of Church History and Art, *45 N. West Temple St., http://history.lds.org/article/visiting-the-museum, Mo–Fr 9–21, Sa/So 10–17 Uhr, frei.*
Family History Library, *35 N. West Temple St., www.familysearch.org, Mo 8–17, Di–Sa 8–21 Uhr, frei.*

Youngs Privathaus

Im **Church Office Building** lohnt die Aussichtsplattform im 26. Stock, von der aus man das ganze Salt Lake Valley überblicken kann. Neben dem benachbarten, nicht öffentlich zugänglichen **Church Administration Building** duckt sich bescheiden das **Lion House** (63 E South Temple St.) von 1856, das *Brigham Youngs* enorm große Familie bewohnte (heute: The Pantry Restaurant). Das **Beehive House** von 1854 war das Privathaus *Youngs*, in dem er bis zu seinem Tod 1877 fürstlich lebte. Das **Eagle Gate** – benannt nach der Adlerskulptur – markierte den Zugang zum *Brigham-Young*-Familiensitz am City Creek Canyon, einst Wasserstelle der ersten Siedler. *Young* selbst ist an der Ecke State/South Temple mit einer Statue verewigt – dem **Brigham Young Monument** – und liegt an der First Ave. (State/A St.) begraben.
Church Office Building, *50 E. North Temple St., Mo–Fr 9–16.30/17 Uhr.*
Beehive House, *67 E. South Temple St., Mo–Sa 9.30–20.15 Uhr (ltz. Tour).*

info

The Church of Jesus Christ of Latter-day Saints

Junge höfliche Männer in weißem Hemd und dunkler Hose mit kurz geschnittenem Haar und glatt rasiert, durchstreifen zu Zweit die Straßen der Städte in aller Welt um ihre Mission zu erfüllen, nämlich über den Propheten *Joseph Smith* und sein Buch „Mormon“ – daher der Name „**Mormonen**“ – zu berichten. Sie gehören der „Kirche Jesu Christi der Heiligen der Letzten Tage“ – offiziell *The Church of Jesus Christ of Latter-day Saints* – an und verbringen in deren Auftrag 18 Monate als Missionare im Ausland.

Die Wurzeln der Mormonen liegen in einer der zahlreichen **religiösen Wiedererweckungs-Bewegungen**, die die USA im Laufe ihrer Entstehung immer wieder erfassten. Das erste **Great Awakening** griff zwischen 1720 und 1750 auf die englischen Kolonien in Nordamerika über. Zu den damals herausragenden Figuren zählte der Prediger *George Whitefield*, der zum Führer der calvinistisch-protestantischen Gemeinschaft der Methodisten aufstieg. Zwischen 1795 und den 1840er Jahren kam es zu einem zweiten *Great Awakening*. Evangelisten wie *Charles G. Finney* propagierten den freien Willen eines jeden Menschen und die Sündenvergebung für alle.

Am folgenreichsten erwies sich jedoch die Vision des **Joseph Smith** (1805–1844) im September 1823, dem der Engel *Moroni* vorhergesagt haben soll, dass er die Gläubigen ins Gelobte Land führen wird. Diese Prophezeihungen mündeten sieben Jahre später in seinem **Book of Mormon**, der „neuen Bibel“. Gleichzeitig damit besiegelten am 6. April 1830 sechs Männer in Fayette (New York) per Urkunde die Religionsgemeinschaft der Mormonen und damit die **Gründung der** *Church of Jesus Christ of Latter-day Saints*.

Wachsende Ablehnung trieb die Mitglieder immer weiter nach Westen. 1841 gründeten sie im Staat Illinois den Ort **Nauvoo**, wo damals bereits 8.000 Gläubige lebten. Die Umgebung war ihnen jedoch wenig wohlwollend gesonnen und so stand Religionsgründer *Joseph Smith* wegen Spekulantentums und Betrugs in Carthago, Illinois, vor Gericht und wurde von einem erbosten Mob erschossen.

1846 übernahm **Brigham Young** die Kirchenleitung und führte die mittlerweile rund 17.000 *Latter-day Saints* Richtung Iowa, wo sie nahe Omaha, Nebraska, ein Winterlager aufschlugen und sich auf den über 2000 km langen Zug westwärts durch die Rockies vorbereiteten. Die von *Young* angeführte Vorhut erreichte am 24. Juli 1847 einen unwirtlichen, heißen Ort an einem großen Salzsee und gründeten ihre neue Heimat, den **Mormonenstaat Deseret** (Bienenstaat).

Die Kirche der Mormonen hat sich inzwischen zu einer der wichtigsten, wohlhabendsten und einflussreichsten in den USA entwickelt. Nach offiziellen Angaben zählt die Kirche rund 15 Mio. Mitglieder, davon leben mehr als die Hälfte außerhalb der USA. Die *Latter-day Saints* sind hierarchisch gegliedert und besitzen einen **perfekt organisierten Verwaltungsapparat**, an dessen Spitze

info

die Priester als autoritäre Vertreter Gottes auf Erden stehen. Für die Glaubensanhänger ist das *„Book of Mormon"* der Bibel ebenbürtig. Daneben existieren zwei weitere Textsammlungen, die als „Heilige Schriften" anerkannt werden: die „Lehre und Bündnisse" (*„The Doctrine and Covenants"*) von 1835 und „Die Köstliche Perle", 1851 in Großbritannien erstmals, 1878 in den USA unter dem Titel *„The Pearl of Great Price"* publiziert. Erstgenannte Schrift enthält 136 Offenbarungen des Religionsgründers *Joseph Smith* zu Organisation und Ritualen der Kirche, die „Perle" eine Auswahl Smith'scher Offenbarungen.

Nicht nur der (in starkem Maße patriarchalisch geprägte) Familienverband und das Gemeinschaftsleben sind Mormonen wichtig, sondern auch die Themen **Erziehung und Bildung**. Um im Bildungswesen ihre speziellen Vorstellungen verwirklichen zu können, unterhält die Kirche eigene Hochschulen. Einen besonders guten Ruf genießt die **Brigham Young University** in Provo (s. S. 382), südlich SLC. Arbeit ist für einen bekennenden Mormonen nicht nur Verpflichtung und göttliches Privileg, sondern zugleich notwendig zur Verbesserung der Lebensqualität und zur Entwicklung der Persönlichkeit. Die Abgabe eines Teils des Monatseinkommens zugusten gemeinschaftlicher Projekte wird ebenso erwartet wie die Bereitschaft zu missionarischen und dem Allgemeinwohl dienenden Tätigkeiten.

Eines der vielen religiösen Monumente auf dem Temple Square von Salt Lake City

Nach *Smiths* **Gesundheitscode**, dem *„Word of Wisdom"* von 1833, sind Alkohol, Kaffee, Tee, Tabak und Drogen (auch Medikamente) jeglicher Art tabu und werden gesunde Ernährung und Lebensführung propagiert. Die bis 1890 praktizierte **Polygamie** – *Young* selbst hatte 27 Ehefrauen und über 50 Kinder – bewirkte, dass Utah erst 1896 in die Union aufgenommen wurde. Heute ist es untersagt, Nebenfrauen zu haben, doch im 19. Jh. stellte die Vielweiberei die „Eheform für Heilige" dar. Angeblich soll es auch heute noch unter den fundamentalistischen Anhängern der „Utah-Organisation" – von denen sich die offizielle Kirche abgrenzt – polygame Eheformen geben.

- **Infos zur Kirche**: www.lds.org.

Weitere Attraktionen in der Innenstadt

Das **Utah State Capitol (3)** thront auf dem Capitol Hill hoch über Downtown, etwa 15 Gehminuten nördlich des Tempelgeländes, mit grandiosem Ausblick auf die Stadt und die schneebedeckten Wasatch Mountains. 1913 begonnen, entstand in nur zwei Jahren eines der schönsten Regierungsgebäude der USA. Beeindruckend im Inneren ist ein Deckengemälde, das den Mormonensiedlertreck darstellt, außerdem gibt es Statuen berühmter Bewohner des Staats, Porträts früherer Gouverneure und Interessantes zur Geschichte der Mormonen zu entdecken.
Utah State Capitol, *350 N. Main St., https://utahstatecapitol.utah.gov, stdl. Touren Mo–Fr 7–20, Sa/So 8–18 Uhr, frei.*

Bunte Sammlung

Im **Pioneer Memorial Museum (4)**, einen Block westlich, verteilen sich auf vier Stockwerken Relikte, Dokumente, Fotos und andere Artifakte aus der Zeit der Mormonenpioniere. Außerdem zeigt das Museum Werke lokaler Künstler und präsentiert eine bunte Sammlung von Gewehren, Quilts, Puppen, Möbeln, Kleidern, Büchern. Ein Tunnel führt ins benachbarte **Carriage House**, in dem u.a. jene Karren, mit denen *Brigham Young* das Salt Lake Valley erreicht haben soll, ausgestellt sind.
Pioneer Memorial Museum, *300 N. Main St., www.dupinternational.org/dyn_page.php?pageID=11, Mo–Fr 9–17 Uhr, Mi bis 20 Uhr, frei.*

Utah und die Eisenbahn

Nordwestlich des Capitols befindet sich der **Marmalade Historic District (5)** mit den ältesten Häusern der Stadt. Seinen Namen erhielt dieser Stadtteil von den Obstgärten, deren Früchte zur Herstellung von Marmelade genutzt wurden. Die **Utah State Historical Society (6)** ist im imposanten ehemaligen Bahnhof der *Rio Grande Railroad* untergebracht. Hier erfährt man in Ausstellungen mehr zur Geschichte Utahs und zur Rolle der Eisenbahn.

Nur wenige Blocks entfernt befindet sich der **Exchange Place Historic District (7)** (Main/300–400 South St.) mit historischen Bauten aus der Zeit um 1900. Das Viertel markierte einst das Geschäftszentrum der Stadt.
Utah State Historical Society, *300 S. Rio Grande St., http://heritage.utah.gov/history, Mo–Fr 9–16 Uhr, frei. In erster Linie Research Center und Bibliothek mit Ausstellungen.*

Attraktionen im Umkreis

Dort wo heute der **This is the Place State Park (8)** liegt, erreichte einst der Mormonentreck das Salt Lake Valley. Ein Monument erinnert an die Stelle, wo *Brigham Young* seinen legendären Ausspruch *„This is the Place!“* getan haben soll und im VC wird der lange Treck von Illinois hierher erläutert. Teil des Komplexes ist das **Heritage Village**, die Rekonstruktion eines alten Pionierdorfes aus der Mitte des 19. Jh. Dazu gehört u.a. das *Forest Farm House* von *Young*. Im Sommer finden hier Vorführungen verschiedener Handwerkstechniken statt.

This is the Place State Park

This is the Place State Park, *2601 E. Sunnyside Ave., www.thisistheplace.org, je nach Saison und Tag schwankende Zeiten und Preise, meist Mo–Sa 9–17, So 10–17 Uhr, $ 5 (So) –$ 11 (werktags) mit VC und Shop.*

Uni-Campus und Museen

Der **Campus der University of Utah** (University St., www.utah.edu) erstreckt sich im Südosten der Innenstadt, um den Hwy. 186. Dort gibt es interessante Museen, z. B. das moderne und auch architektonisch sehenswerte Rio Tinto Center mit dem **Utah Museum of Natural History**, wo 200 Mio. Jahre Geschichte unter einem Dach vereint sind, oder das **Utah Museum of Fine Arts**, ein Kunstmuseum mit mittelalterlicher und moderner Kunst, Möbeln, Gemälden, Teppichen, chinesischem Porzellan, aber auch präkolumbianischer Kunst. Unübersehbar ist das Footballstadion, das Olympiastadion von 2004.

Als die „grüne Lunge" gilt der **Liberty Park** (500–700 East St., 900–1300 South St.), mit dem **Chase Home Museum of Utah Folk Arts** und dem sehenswerten **Tracy Aviary**, einem Vogelhaus von 1938.
Rio Tinto Center/Utah Museum of Natural History, *301 Wakara Way, http://nhmu.utah.edu/home, tgl. 10-17 Uhr, Mi bis 21 Uhr, $ 11.*
Utah Museum of Fine Arts *Marcia and John Price Museum Building 410 South Campus Dr., http://umfa.utah.edu/ Di–Fr 10–17, Mi bis 20, Sa/So 11–17 Uhr, $ 9.*
Chase Home Museum of Utah Folk Arts, *Liberty Park, 900 S. 700 East St., http://heritage.utah.gov/arts-and-museums/things-galleries-chase-home-museum-of-utah-folk-arts, Mo–Fr 8–17 Uhr auf Anm.: ☏ (801) 236-7555.*
Tracy Aviary, *589 E. 1300 South St., www.tracyaviary.org, tgl. 9–17 Uhr, $ 7.*

Gold, Silber und Kupfer

24 mi/38 km südwestlich von Salt Lake City entfernt ist die **Bingham Canyon Copper Mine**, heute *Kennekot Utah Copper*. Diese größte von Menschenhand geschaffene Mine misst heute 4 km im Durchmesser und ist über 800 m tief. Der Abbau begann schon 1863. 1906 wurde nur noch nach Kupfer gegraben. 2013 sorgten zwei gewaltige Erdrutsche für eine Unterbrechung der Förderung.
Bingham Canyon Copper Mine, *VC wegen Erdrutsches derzeit geschlossen.*

Great Salt Lake

Der **Great Salt Lake**, der großen Salzsee, erstreckt sich im Nordwesten der Stadt und gehört zu den **ungewöhnlichsten geografischen Erscheinungen** des Westens. Mit seinem enorm hohen Salzgehalt – nur das Tote Meer hat einen höheren – und wegen der sich um ihn rankenden Entstehungsmythen ist der See ein Kuriosum. Er soll nach einer Version auf den vorgeschichtlichen **Lake Bonneville** zurückgehen, der ursprünglich Utah, Nevada und Idaho bedeckte. Der Salzsee kann weder als Trinkwasserreservoir noch als richtiger Badesee genutzt werden, weist nur spärlichen Bewuchs und keine Fische auf; allerdings sind Aktivitäten wie Segeln, Wasserski und Surfen möglich. Die **Größe der Wasserfläche** – rund 4.400 km^2 – variiert je nach Menge des zufließenden Wassers und Grad der Verdunstung. Allein wegen der heftigen **Sonneneinstrahlung und Verdunstung** schrumpfte der See erheblich und ist heute nur noch 117 km lang, dabei aber immer noch der größte See westlich des Mississippi. Seine Wassertiefe liegt bei durchschnittlich 6 m, maximal 10 m. Der letzte Tiefststand wurde 1963 erreicht; damals tauchten zehn Inseln auf, die jedoch bis 1987 wieder verschwanden.

Das Tote Meer Utahs

Ursprünglich erstreckte sich zwischen der **Great Salt Lake Desert** im Westen und den **Wasatch Mountains** ein riesiges Wasserreservoir, in das mehrere Flüsse mündeten, das aber selbst keinen Abfluss hatte. Deswegen sammelten sich die herantransportierten Mineralien als Salze an und sorgen für den hohen **Salzgehalt von 9 bis 28 %** im Vergleich zu 3 % in normalem Meerwasser. In dieser Salzlake sind lediglich Algen und winzige Shrimps überlebensfähig, aber ungeachtet dessen sind zahlreiche Vogelarten an den Ufern heimisch.

Der Great Salt Lake

Lohnend ist ein Abstecher zum 1993 ausgewiesenen **Antelope Island State Park**. Antelope Island ist heute die bestzugängliche Insel, benannt nach einer Antilopenjagd, die *John C. Fremont* und *Kit Carson* 1845 hier veranstaltet haben sollen. Die mit Frischwasserquellen ausgestattete Insel wurde, wie archäologische Funde belegen, schon von Indianern besucht, später von den Mormonen, die ihre kircheneigene Viehherde hierher zum Grasen trieben. Antilopen leben hier heute noch, neben einer Bisonherde und Elchen, es gibt eine historische Ranch (Reiten), einen Bootsanleger, zahlreiche Trails sowie die Möglichkeit zu Ausritten und Safari-Touren (Infos im VC). Die zweitgrößte Insel ist **Fremont Island**, vom Entdecker auch „Insel der Enttäuschung“ genannt, da es weder Wasser noch Bäume, sondern nur Felsen gab.

Antilopen heute nicht mehr gejagt

Antelope Island SP, *I-15 Exit 332, nördlich SLC bei Layton (I-15, Exit 332, dann W. Antelope Dr.), VC: Antelope Island Rd. direkt nach der Zufahrt zur Insel, http://stateparks.utah.gov/park/antelope-island-state-park, tgl. 6–18 Uhr, $ 10/PKW.*

Reisepraktische Informationen zu Salt Lake City

Information

Visit Salt Lake/Salt Lake Visitor Information Center, *90 S. West Temple St., im Salt Palace Convention Center, ☏ (801) 534-4900, www.visitsaltlake.com, tgl. 9–17 Uhr; weitere Filiale im* **SLC International Airport** *(Terminal 2).*

Wichtige Telefonnummern

Notruf Polizei/Feuer/Ambulanz: *☏ 911*
Ärztliche Notfälle: *L.D.S. Hospital: ☏ (801) 408-1100, Salt Lake Regional Medical Center (1050 E. South Temple), ☏ (801) 350-4631*
Pannendienst *(AAA, Automobilclub): 560 E. 5th St., ☏ (801) 364-5615*

Unterkunft

Hotel Monaco (1), *$$$–$$$$, 15 W. 200 South St., ☏ (801) 595-0000, www.monaco-saltlakecity.com. Sehenswertes Boutique-Hotel im Art-déco-Stil in der Innenstadt mit 225 Zimmern, alle ungewöhnlich luxuriös und gemütlich.*
Peery Hotel (2), *$$$, 110 W. Broadway/300 South St., ☏ (801) 521-4300, www.peeryhotel.com. Liebevoll renoviertes Hotel von 1910 mit 73 Zimmern.*
Shilo Inn Suites Hotel (3), *$$–$$$, 206 S. West Temple St., ☏ 1 (800) 222-2244, www.shiloinns.com/search_results.asp?PI=RSAUT. Mittelklassehotel im Zentrum, 200 modern ausgestattete Zimmer, in den oberen Etagen mit Ausblick.*

Restaurants

Bambara, *202 S. Main St., ☏ (801) 363-5454. Fine Dining in Downtown SLC, sehr kreative Küche, am So. auch Brunch.*
Market Street Grill (4), *48 W. Market St. Hervorragende Fisch- und Fleischgerichte in restauriertem Hotelgebäude von 1906; legendär ist das Frühstück.*
Squatter's Pub Brewery (5), *147 W. Broadway. Pub mit verschiedenen hausgebrauten Bieren und Essen, serviert im „Bräustübchen“ oder im Biergarten.*

Einkaufen

The Gateway, *400 W. 100 South St., www.shopthegateway.com. Shopping- und Entertainment-Center mit Kinos und Restaurants.*
City Creek Center, *68 S. Main St., www.shopcitycreekcenter.com. Einkaufscenter und Parkanlage mitten in Downtown.*
Gardner Historic Village, *1100 W. 7800 South St., www.gardnervillage.com. In hierher versetzten historischen Häusern aus ganz Utah finden sich Shops und Lokale.*
Trolley Square, *367 Trolley Sq., S. 700 East St., www.trolleysquare.com. Kleine Geschäfte und Lokale sowie sechs Kinos in renoviertem Straßenbahndepot von 1908.*
Tanger Outlets Park City, *6699 N. Landmark Dr., I-80 Exit 145/Hwy. 224, Park City, ca. 30 km östlich von SLC, www.tangeroutlet.com/parkcity.*

Nightlife

Entgegen allen Gerüchten gibt es in SLC Alkohol, gleichermaßen in Restaurants (zum Essen) wie auch in Liquor Stores. Das Angebot beschränkt sich allerdings auf Bier und Wein, harte Sachen gibt es nur in Clubs, in denen man jedoch leicht Mitglied werden kann. Zudem bereichern in SLC Microbreweries die Szene.
Nightlife wird beispielsweise im Viertel Sugar House östlich der Innenstadt (mit Straßenbahn – S-Line – leicht erreichbar) groß geschrieben.
Lumpys Downtown, *145 Pierpont Ave. Beliebte Sportsbar in der Innenstadt*
The Urban Lounge, *241 South 500 East St., http://theurbanloungeslc.com. Bar, die für ihre Livekonzerte bekannt ist.*

Veranstaltungen

Days of '47 Parade – Founder's Day Spectacle, *www.daysof47.com; riesige Parade am 24. Juli zur Stadtgründung, den ganzen Monat über Veranstaltungen, auch Rodeo.*
The Mormon Tabernacle Choir, *http://mormontabernaclechoir.org, preisgekrönter Chor mit eigener Radioshow „Music and the Spoken Word", So 9.30 Uhr (Zutritt bis 9.15 Uhr); freie Proben im Tabernacle am Historic Temple Square, Do 19.30 Uhr, und Orgelkonzerte (Mo–Sa 12, So 14 Uhr).*
Weitere Events: *www.lds.org/church/events/temple-square-events.*

Zuschauersport

Utah Jazz *(Basketball – NBA),* **Energy Solutions Arena** *(300 West/S. Temple St.), Infos und Tickets: www.nba.com/jazz.*
Real Salt Lake *(MLS – Fußball), Rio Tinto Stadium im Vorort Sandy, Infos und Tickets: www.realsaltlake.com.*

Flughafen

Der **SLC International Airport** *(www.slcairport.com) liegt rund 10 km von der Innenstadt entfernt (I-80 Exit 115) und ist Drehscheibe von Delta Airlines. Die Green Line (Straßenbahn) verbindet den Flughafen mit Downtown), außerdem verkehren mehrere Shuttlebusse zu den Hotels (siehe: www.slcairport.com/limos.asp).*

Nahverkehr und Eisenbahn

Die **Utah Transit Authority/UTA** *(www.utabus.com) betreibt innerstädtische Busse, die innerhalb Downtown in einer „Free Fare Zone" kostenlos verkehren,*

zudem gibt es einen Pendelverkehr zur Uni und nach Ogden. Das **Light Rail System TRAX** *(www.rideuta.com) – Schnell/Straßenbahn – verbindet die Vororte mit Downtown, fünf Linien bestehen – auch zum Flughafen. Im Innenstadtbereich sind Busse und Straßenbahnen kostenlos.*
Amtrak-Bahnhof, *340 S. 600 West St. (neben Greyhound Station), www.amtrak.com; California Zephyr je einmal tgl. nach Reno und San Francisco sowie nach Denver und Chicago.*

Tipp

Der „**Visit Salt Lake Connect Pass**" für 1–3 Tage ($ 28/40/54) schließt den Besuch von 13 Attraktionen, Touren u. a. Vergünstigungen ein. Er ist erhältlich im VC oder im Internet unter www.visitsaltlake.com/visit/connectpass.

Durch das Great Basin in die Sierra Nevada nach San Francisco

Überblick

Die Fahrt nach Westen kommt gleich mit der Durchquerung des **Great Basin**, das sich über mehr als 700 km von Ost nach West erstreckt und zu den am dünnsten besiedelten Gebieten der USA zählt. Teilweise gibt es auf gut 100 km Strecke weder Tankstelle noch Siedlung und allein angesichts dessen wundert es nicht, dass der US Hwy. 50 den Beinamen „**The Loneliest Highway in America**" trägt.

Der einsamste Highway Amerikas

Das **Great Basin** ist alles andere als eine große, sandige „Schüssel". Die selben Kräfte, die die Rocky Mountains entstehen ließen, haben hier Bergketten hervorgebracht, die in regelmäßigen Abständen die Fahrtroute kreuzen und Reisende zwingen, Pässe von bis zu 2.300 m zu überwinden – genau wie einst die Pony-Express-Reiter oder Postkutschen, deren Route großteils parallel zum heutigen US Hwy. 50 verlief.
In der **beeindruckende Landschaft** finden sich Orte wie Eureka, Austin oder Virginia City, deren einstiger Wohlstand auf Gold-, Silber- und Kupfervorkommen basierte und die heute von Erinnerungen und einigen historischen Gebäuden leben. **Reno** dagegen wirkt wie vom Himmel gefallen – eine große hitzeflimmernde und glitzernde Casinostadt, die aber dennoch nicht mit Las Vegas vergleichbar ist.

Die fast 650 km lange und bis zu 4.400 m hohe Bergkette der **Sierra Nevada** stellt heute zwar nicht mehr jene unüberwindliche Barriere dar, als die sie Reisende im 19. Jh. empfanden, aber dennoch ist der Eindruck überwältigend: Schneebedeckte Berge, dichte Wälder, klare Bergseen, grüne Täler – eine Bilderbuchlandschaft, der der Fotograf *Ansel Adams* zu Beginn des 20. Jh. ein bleibendes Denkmal setzte.

Überwältigende Bergkette

Redaktionstipps

Sehens- und Erlebenswertes

➤ Ein Erlebnis ist die Fahrt auf **America's Loneliest Road** (S. 403) durch das Great Basin.
➤ Die lebendige Geisterstadt **Virginia City** (S. 405) erleben, mit der **Virginia & Truckee Railroad** fahren, in **Carson City** das Nevada State Railroad Museum (S. 406) besichtigen.
➤ Im **Marshall Gold Discovery SHP** am American River auf Goldsuche gehen (S. 415).
➤ Spektakuläre Ausblicke auf den **Lake Tahoe** (S. 409) bei einer Fahrt um den See genießen.
➤ Für Eisenbahnfans: das **California State Railroad Museum** (S. 418) in **Sacramento**.
➤ Günstigere Alternative zu Las Vegas: die **Downtown Casino Row** in Reno (S. 407).

Unterkunft

➤ Traumhafte Lage: die **Sunnyside Lodge** (S. 412) am „himmlischen See", dem Lake Tahoe.

Restaurants

➤ Bierfreunde freuen sich auf Gerstensaft, z.B. in der **Hoppy Brewing Company** (S. 421).
➤ Gemütlich und gut speisen bei **Graham's at Squaw Valley** (S. 412) nahe dem Lake Tahoe.

Von Salt Lake City nach San Francisco

Dabei ist die Natur nur ein Grund herzukommen, die Region hat auch historisch viel zu bieten: Auf der Ostseite der Bergkette, in der **Eastern Sierra**, lebt der Wilde Westen in Ortschaften wie Virginia City und Carson City fort. Im Nordosten der Sierra Nevada, an der Grenze zwischen Nevada und Kalifornien, befindet sich der **Lake in the Sky**, **Lake Tahoe**, malerisch von Bergen umgeben und unweit der Spielerstadt **Reno** (Nevada). An den Westabhängen der Sierra erstreckt sich das **Gold Country**, historische Ortschaften, die vom legendären Goldrausch von 1849 zeugen. **Sacramento**, die Hauptstadt Kaliforniens und das „Zugangstor" zur Sierra Nevada, war schon damals das wichtigste Zentrum. Über die ehemalige Goldgräberstadt geht es schließlich zum Endziel dieser Route, zur **San Francisco Bay**.

Endziel San Francisco

Great Basin National Park

Von Salt Lake City geht es südwärts (I-15) entlang der Wasatch Range mit fast immer schneebedeckten Gipfeln. Dann führt der US Hwy. 6 vorbei an überwachsenen Sanddünen der „**Little Sahara**", Relikte der ehemaligen Uferlandschaft des großen

Endlose Weite im Great Basin

Meeres, das das heutige Great Basin einst bedeckte. **Delta** ist der letzte „größere" Ort vor Durchquerung des **Great Basin**. Danach quert man die Grenze zu Nevada und fährt auf ein hohes Bergmassiv zu, das sich abrupt aus der Wüstenlandschaft zu erheben scheint. An dessen Südostflanke liegt der 308 km² große **Great Basin NP**, der 1986 um diese **Snake Range** mit dem 3.920 m hohen **Wheeler Peak** ausgewiesen wurde.

Hinweis zur Route

Von Salt Lake City führt die I-80 direkt nach Reno (ca. 850 km, ohne größere Zwischenstopps rund 9 Std. Fahrtdauer). Empfehlenswerter ist jedoch die Fahrt auf dem US Hwy. 50. Zunächst folgt man ab SLC der I-15 nach Süden bis Exit 248, dann dem US Hwy. 6 westwärts, der bei Delta auf den Hwy. 50 trifft. Vorbei am Great Basin NP geht es auf dieser Straße weiter westwärts zum Lake Tahoe. Von dort führt der CA 49 durch Kaliforniens *Gold Country* nach Sacramento und die I-80 schließlich nach San Francisco.

Borstenzapfen-Kiefern

Das Gebirge überragt das Basin im Umkreis von Hunderten von Meilen und bildet zugleich eine „**ökologische Insel**" im Großen Becken. Entlang den Berghängen hat sich nämlich eine spezifische Vegetation entwickelt bzw. erhalten. Sie reicht vom amerikanischen Beifuß *(Sagebrush)* bis hin zu alpiner Flora. Über die Jahrtausende hinweg hat hier außerdem eine der ältesten Baumarten der Welt Fortbestand: die Borstenzapfen- (oder Grannen-) Kiefer *(Bristlecone Pine)*. Sie ist nur in Höhenlagen zwischen 3.000 und 3.300 m zu finden und das älteste Exemplar im Park soll an die 5.000 Jahre alt sein. Eine Besonderheit ist, dass diese Bäume nur sehr langsam wachsen und ein hoher Harzanteil das Verrotten verhindert. Dafür werden sie über die Jahrtausende von Wind und Wetter geformt und weisen oft höchst eigenartige Gestalt auf. Andere Bäume im Park sind Douglastannen sowie Bergkiefern.

Der **Wheeler Peak** steht am Rand eines der zahlreichen abflusslosen Becken, die noch bis vor 10.000 Jahren mit Wasser gefüllt waren – zu jener Zeit, als die letzte Eiszeit allmählich zu Ende ging; ein Restgletscher an der Bergspitze erinnert daran.

Dank seiner Höhe und Einzellage stand der Wheeler Peak als „Insel" in der Landschaft. Diese Besonderheit ist noch heute bedeutsam, da sich die montane Tierwelt – überwiegend kleinere Tiere und Greifvögel – klima- und nahrungsbedingt in diesen geografisch kleinen Raum zurückgezogen hat.

Das ehemals relativ feuchte, tropische Klima sorgte über Millionen von Jahren für die Ausbildung eines **Tropfsteinhöhlensystems**, das der Rancher *Absalom Lehman* 1885 entdeckte und nach dem es heute benannt ist: die **Lehman Caves**. Das **Lehman Caves VC** (Zufahrt ab Baker) sollte auch erste Anlaufstation im Park sein, denn dort geben eine kleine Ausstellung, ein Film und ein Reliefmodell einen guten Überblick über Geografie und Naturlandschaft des Great Basin. Auch die Touren durch das Höhlensystem starten hier. Die Fahrt vom VC auf dem **Wheeler Peak Scenic Drive** führt über gut 20 km (mind. 1 Std. hin/zurück) durch beeindruckende Landschaft und endet an einem Parkplatz; von dort führt ein kurzer Fußweg zu den Borstenzapfenkiefern.

Reisepraktische Informationen Great Basin National Park

i **Information**

Great Basin NP, *Baker/NV, www.nps.gov/grba, frei, zwei VCs (tgl. 8 bis mindestens 16.30 Uhr), freier Eintritt.*

Great Basin VC, *NV 487, nördl. Baker, Apr.–Okt. tgl. 8–17 Uhr. Film, Ausstellung, Infos, Buchladen.*

Lehman Caves VC, *NV 488, 9 km westlich von Baker, im Park gelegen, ganzjährig Do–Mo 8.30–16 Uhr. Höhlentouren (ab $ 8, Details siehe: www.nps.gov/grba/planyourvisit/lehman-caves-tours.htm), mit Café und Laden.*

Im NP gibt es fünf kleinere **Campingplätze**, *sonst keine Unterkünfte: www.nps.gov/grba/planyourvisit/camping.htm.*

US Hwy. 50 – Amerikas einsamste Straße

Auf dem Weg westwärts nach Sacramento auf dem US Hwy. 50 wird es einsam. **America's Loneliest Road** (www.byways.org/explore/byways/2033) folgt hier dem schon erwähnten **Lincoln Highway**. Mit rund 4.000 EW ist **Ely** die größte Siedlung weit und breit. Gegründet wurde der Ort 1868, nachdem Silber in den umliegenden Bergen entdeckt worden war. Doch erst die Ausbeutung von Kupfererzen und der Anschluss an das Eisenbahnnetz 1906 führten zu etwas Wohlstand.

Heute noch Gold- und Silberabbau

Die Stadt ist wirtschaftliches Zentrum einer Region geblieben, in der noch immer Gold und Silber abgebaut werden. Das kleine **White Pine Public Museum** an der Hauptstraße informiert recht vielseitig über die Lokalgeschichte, noch sehenswerter ist das **Nevada Northern Railway Museum**, von dem aus in den Sommermonaten eine historische Eisenbahn in das eigentliche Minengebiet hineinfährt.

White Pine Public Museum, *200 Aultman St., www.wpmuseum.org, Do–Mo 10–17 Uhr, Spende.*
Nevada Northern Railway Museum, *Nevada Northern Railway Depot, 11th St. E/Ave. A, ☏ (775) 289-2085, www.nevadanorthernrailway.net, Museum tgl. außer Di 8–17, So –16 Uhr, $ 5; Zugfahrten Mai–Sept. tgl., sonst nur an Wochenenden.*

Charmante Pioniersiedlung

Westlich von Ely führt der US Hwy. 50 durch ehemaliges Abbau-Areal, ehe er schließlich **Eureka** (www.co.eureka.nv.us) erreicht. Das Städtchen hat sich den Charme einer Pioniersiedlung des 19. Jh. erhalten, die fast nur vom Abbau von Silber und Blei lebt. Der Reichtum der Stadt übertraf den von Austin zwar bei Weitem, doch erlangte Eureka niemals dieselbe Bedeutung wie seine gut 110 km entfernte Schwesterstadt. Nach einem Großbrand im Jahr 1879 wurden die Gebäude in Stein wiederaufgebaut – und stehen noch heute. Das **Eureka Sentinel Museum** – das lokale Heimatmuseum – befindet sich im Bau, in dem einst die lokale Zeitung zu Hause war. Weitere sehenswerte Gebäude sind das **Eureka Courthouse** und das 1880 eröffnete **Eureka Opera House** (www.co.eureka.nv.us/opera/opera01. htm), heute ein Veranstaltungs- und Kulturzentrum.
Eureka Sentinel Museum, *Bateman/Monroe St., http://www.co.eureka.nv.us/tourism/museum01.htm, tgl. 10–18 Uhr, im Winter So/Mo geschl., frei.*

Hinweis zur Route

Bei **Fallon** endet die Einsamkeit des US Hwy. 50, hier wurde die weite Landschaft zum Kulturland umfunktioniert und landwirtschaftlich genutzt. In rund 60 mi/100 km wäre **Carson City**, Nevadas Hauptstadt, erreicht, allerdings sollte man einen Umweg über **Virginia City** einplanen. Etwa 17 mi (27 km) östlich von Carson City biegt man deshalb vom Hwy. 50 rechts in die Six Mile Canyon Road ein, die dorthin führt. Von dort geht es auf dem NV 341 zurück auf den Hwy. 50 und nach Carson City.

Reisepraktische Informationen Ely/Eureka

Unterkunft/Restaurants

Historic Hotel Nevada & Gambling Hall, $–$$, *501 Aultman St., Ely, ☏ (775) 289-6665, http://hotelnevada.com. Das 1929 erbaute und damals höchste Gebäude Nevadas bietet neben 67 unterschiedlichen Zimmern ein Casino und ein ausgezeichnetes* **Restaurant**.

Ab Eureka folgt der US Hwy. 50 der alten **Pony-Express- und Postkutschen-Route**. Etwa 70 km westlich von Eureka und gut 30 östlich Austin, an der US 50 ausgeschildert, lohnt ein Abstecher zu den **Hickison Petroglyphs** (Hickison Petroglyphs Recreation Area). Dort sind Felsmalereien prähistorischer Indianerkulturen aus der Zeit zwischen 1.000 v. Chr. und 1.500 n. Chr. zu sehen.

Austin galt im 19. Jh. als wichtigste Stadt im Nevada-Territorium östlich von Virginia City und das, obwohl die Silbervorkommen bei Weitem nicht so reich waren wie in anderen Städten. Zwischen 1862 und 1890 lebten hier um die 10.000 Menschen – heute sind es gerade noch ein paar Hundert. Viele der alten Gebäude existieren nicht mehr bzw. sind verlassen und verfallen, doch gerade das trägt zum *Ghosttown*-Flair dieses kleinen Ortes bei.

Im Gold- und Silberland

Virginia City mit seinen kaum 900 EW liegt inmitten einer Bilderbuch-Wildwest-Landschaft. Stünden auf den Straßen keine Autos und Motorräder, würde man seinen Augen nicht trauen: In der „**Liveliest Ghost Town in the West**" scheint die Zeit tatsächlich stehen geblieben zu sein. In der Blütezeit des Gold- und Silberabbaus, in der zweiten Hälfte des 19. Jh., gab es hier 110 Saloons zur Auswahl! Für Seelenheil und Kultur sorgten eine Reihe von Kirchen und Theatern.

Lebendige Geisterstadt

Berühmtester Bewohner der Stadt war *Mark Twain*, der eine für die lokale Tageszeitung arbeitete und diese mit kuriosen Geschichten versorgte, die unter dem Titel *Roughing it* (1872, dt.: Im Gold- und Silberland, 1892) veröffentlicht wurden.

Dank der Lage an der **Comstock Lode**, einer der ergiebigsten Silber- und Goldadern im Westen, mauserte sich Virginia City in den 1870er-Jahren zu einer bedeutenden Minen-Metropole. Danach versank die Stadt in einen Dornröschenschlaf und daher war es möglich, den Zustand der 1870er-Jahre weitgehend authentisch zu erhalten. Jetzt lebt man vom Tourismus – und befürchtet, dass in Kürze wieder mit dem Gold- und Silberschürfen begonnen wird, da eine neue Firma Claims im Umland erworben hat und die Comstock Lode möglicherweise bald wieder ausbeuten will.

Main Street in Virginia

Die **Mackay Mansion**, 1860 als herrschaftliche Wohnstätte für *John Mackay*, „King of the Comstock" im viktorianischen Stil erbaut, zeugt ebenso wie das noch ältere, nicht-restaurierte **The Castle** (1868) vom Reichtum vergangener Zeiten. Eines von zahlreichen Vergnügungsetablissements ist **Piper's Opera House** (B/Union St.) von 1885. Vom alten Bahnhof gibt es mit der **Virginia & Truckee Rail-**

road 35-minütige Dampfzugfahrten mit der alten Eisenbahn aus den „wilden" Tagen um 1869 durch die historische Comstock-Minen-Region nach Gold Hill sowie nach Virginia City.
Mackay Mansion, *129 D St., www.uniquitiesmackaymansion.com, Touren tgl. 10–18 Uhr, $ 3.*
Virginia & Truckee Railroad, *Washington/F St., www.virginiatruckee.com, Ende Mai–Ende Okt. mehrmals tgl. Fahrten mit Dampf- oder Diesellok, Virginia City–Gold Hill, ab $ 9, außerdem an Wochenenden auch nach Carson City.*

Hauptstadt Nevadas

Carson City ist seit 1861 die Hauptstadt Nevadas, drei Jahre nach der Gründung durch *Abraham Curry*, der an einer heißen Quelle sein Warm Springs Hotel erbaute. 1864 drängte Präsident *Abraham Lincoln* Nevada zum Beitritt in die Union – mit dem Hintergedanken, dass damit Rohstoffe, vor allem Silber und Holz, gesichert werden könnten. Der Name der Stadt geht auf den Forscher *John C. Fremont* zurück; er nannte den Fluss 1844 „Carson River" und ehrte damit seinen berühmten Scout und Freund *Kit Carson*.

Das 54.000-Seelen-Städtchen liegt nur rund 20 km vom **Lake Tahoe** und etwa 50 km von **Reno** entfernt. Die Innenstadt mit ihren **zahlreichen historischen Bauten** aus der Zeit des Silberrauschs und des Eisenbahnbaus ist sehenswert. Kein Wunder, dass Hollywood hier gern Western drehte, darunter als bekanntesten „The Shootist" mit *John Wayne*.

Dominiert wird das Stadtbild vom **Nevada State Capitol** (Carson/Musser St., tgl. 8–17 Uhr, frei), in dem es historische Ausstellungsstücke, Dokumente und Fotos zu sehen gibt. Mehr über die Geschichte von Stadt und Staat erfährt man im **Nevada State Museum**. In der ehemaligen Münzprägeanstalt, die zwischen 1870 und 1893 in Betrieb war, wurden die Silbermünzen mit dem Aufdruck „CC" versehen. Heute lassen sich hier eine Sammlung indianischer Kunst, Dokumente und Relikte zur Geschichte der Besiedlung des Great Basin und dessen Tierwelt sowie eine Abteilung zum Wilden Westen, mit Nachbau einer Mine von 1870 und einer Ghosttown, besichtigen.

Für Eisenbahnfans

Das **Nevada State Railroad Museum** widmet sich dagegen der oben erwähnten **Virginia & Truckee Railroad Line**, die ab 1869, während der Blüte der Comstock Mine, Carson City, Reno und Virginia City miteinander verband. Ausgestellt sind vor allem Eisenbahnzubehör dieser Gesellschaft, mehrere Dampfloks und Wagen. Im Sommer finden Fahrten mit historischen Zügen statt.
Nevada State Museum, *600 N Carson St., http://museums.nevadaculture.org, Di–Sa 8.30–16.30 Uhr, $ 8.*
Nevada State Railroad Museum, *2180 S Carson St., Carson City, www.nsrm-friends.org, Do–Mo 9–17 Uhr, $ 5 Museum, auch Zugfahrten.*

Hinweis zur Route

Von Carson City führt der US Hwy. 50 direkt zum Lake Tahoe (15 mi/24 km). Wer den Ausflug nach Reno (US Hwy. 395, 30 mi/48 km) einplant, erreicht von dort auf US Hwy. 395 und NV 431 ebenfalls den Lake Tahoe (35 mi/56 km).

Reisepraktische Informationen Virginia City und Carson City/NV

Information

Carson City CVB, *1900 S. Carson St., ☏ (775) 687-7410, http://visitcarsoncity.com.*
Virginia City Tourism Commission, *86 S. C St., in einem altem Eisenbahnwaggon, ☏ (775) 847-7500, www.visitvirginiacitynv.com.*

Unterkunft

Gold Hill Hotel, *$–$$$, 1540 Main St., Virginia City, ☏ (775) 847-0111, www.goldhillhotel.net. Das älteste Hotel in Nevada von 1861 bietet 14 (kleinere) Zimmer im historischen Bau und einige modern eingerichtete, größere Lodges/Suiten im Anbau. Zugehörig:* **Crown Point Restaurant**, *der* **Gold Hill Saloon** *und* **The Book Store** *mit großem Westernangebot.*
St. Charles Executive Suites, *$$$, 310 S. Carson St., Carson City, ☏ (775) 882-1887. Historisches Hotel von 1862, mit Pub, 2008 renoviert.*

Restaurant

Red's Old 395 Grill, *1055 S. Carson St.Carson City. Leckere Gerichte, dazu eine riesige Bierauswahl und ein Speiseraum, der einem Museum gleicht.*

Ausflug nach Reno

„**Größte Kleinstadt der Welt**" nennt sich das rund 230.000 EW zählende **Reno** am Ostabhang der Sierra Nevada. Die Anfänge Renos waren wenig spektakulär: 1859 war der Ort neben der Zollbrücke über den Truckee River als „*Lake's Crossing*" entstanden. Pioniere strömten auf der Suche nach Gold und Glück ins Land, nur wenige blieben. Erst als 1931 in Nevada das Glücksspiel erlaubt wurde, kamen Aufschwung und Wohlstand und Reno erwarb sich schnell den Ruf, eine **kostengünstige Alternative zu Las Vegas** zu sein.

Das Symbol der Stadt, der **Reno Arch** – 1926 anlässlich der Fertigstellung des Lincoln Hwy. errichtet – mit seinen 1600 Glühbirnen befindet sich direkt am Zugang zur **Downtown Casino Row**, der North Virginia Street. An ihr und im Umkreis reihen sich die Casinos und Hotels – wie Harrah's Reno, Reno Hilton oder Circus Circus –, die zugleich die Skyline der Stadt prägen. Die Ufer des Truckee River wurden zum parkartigen **Riverwalk District** gestaltet. Hier zeigt das **National Automobile Museum** eine Sammlung historischer Automobile *(Harrah Collection)*.

Renos Casinos

National Automobile Museum, *10 S. Lake St., www.automuseum.org, Mo–Sa 9.30–17.30, So 10–16 Uhr, $ 10.*

Angesagtes Viertel ist derzeit der **Midtown District** (www.midtowndistrictreno.com). Hier finden sich entlang der S. Virginia St. kleine Läden und Lokale.

Reno, die „größte Kleinstadt der Welt"

Reno ist auch Sitz der **University of Nevada** mit dem **Fleischmann Planetarium & Science Center** und dem größten Bowling-Stadion der Welt. Das **National Bowling Stadium** (300 N. Center St) verfügt über 78 Bahnen, eine Video-Wand und ein Theater mit Riesenleinwand.
Fleischmann Planetarium & Science Center, *1650 N. Virginia St., http://planetarium.unr.nevada.edu, Mo–Do 12–19, Fr 12–21, Sa 10–21, So 10–19 Uhr, Observatory Fr. abend geöffnet, Museum frei, IMAX/Shows $ 7.*

Fundstücke eines Weltreisenden

Nahe der Universität liegt nördlich der I-80 der **Rancho San Rafael Park** mit dem **Wilbur D. May Center**. Der dreiteilige Komplex besteht aus Museum, Botanischem Garten und Vergnügungspark. Die von dem Abenteurer *W. D. May* auf seinen Weltreisen gesammelten Fundstücke werden in einem Gebäude präsentiert, das seine *Double Diamond Ranch* nachahmt. Im Freien können zudem zwölf Biotope der östlichen Sierra Nevada erkundet werden.
Wilbur D. May Center, *1595 N Sierra St., www.washoecounty.us/parks/museum/museum.html, Mi–Sa 10–16, So 12–16 Uhr, $ 5, Arboretum 8 Uhr bis Sonnenuntergang, frei.*

Reisepraktische Informationen Reno

Information

Reno-Sparks Convention and Visitors Authority/Inside Reno eNVy, *135 N. Sierra St., ☏ 1 (800) 367-7366, www.visitrenotahoe.com, tgl. 9–18 Uhr.*

Unterkunft

Hotels in Reno sind unter der Woche preiswerter und mit Coupons gibt es oft beträchtliche Ermäßigungen.

Circus-Circus, *$-$$, 500 N. Sierra St.,* ☏ *1 (800) 648-5010, www.circusreno.com. Das mit 1.600 Zimmern zweitgrößte Casino-Hotel der Stadt mit niedrigen Preisen.*
Silver Legacy Resort Casino, *$$$–$$$$, 407 N. Virginia St.,* ☏ *(775) 329-4777, www.silverlegacyreno.com. Neuer Hotel-Casino-Vergnügungspark mit über 1.700 Zimmern mitten im Casinozentrum, dazu gehören mehrere Restaurants und eine nachgebaute Mine mit Bohrturm.*

Restaurants
Brasserie St. James, *901 S. Center St. Kleinbrauerei mit Pub im Midtown Dist.*
Midtown Eats, *719 S. Virginia St. Das beste Restaurant im Midtown District.*
Old Granite St. Eatery, *241 S Sierra St. Schmackhafte Gerichte, große Bier- und Weinauswahl.*

Lake Tahoe – der „himmlische See"

Niemand, der nach scheinbar endloser Fahrt durch Berge und Wälder plötzlich den tiefblau schimmernden **Lake Tahoe** vor sich sieht, kann sich seinem Reiz entziehen. So erging es schon dem Forschungsreisenden *John C. Fremont*, der 1844 als erster Weißer den 1.900 m hoch gelegenen **Lake Tahoe** erblickte. *Mark Twain* nannte ihn „edles Blatt blauen Wassers" und „**Lake in the Sky**".

Ganzjähriges Reiseziel

Der „himmlische See" ist mit einer Breite von 17 km, einer Länge von 31 km und einer maximalen Tiefe von 500 m das größte alpine Gewässer Nordamerikas. Besonders im Winter zieht es die Städter, v. a. aus der San Francisco Bay Area, in Scharen hierher. Das Seengebiet mit den umgebenden Bergen zählt zu den **populärsten Skiorten** in den USA (www.skilaketahoe.com). Der kalifornische Teil von Lake Tahoe ist verwaltungstechnisch zweigeteilt: **North Lake Tahoe** mit Tahoe City als Versorgungszentrum und **South Lake Tahoe** mit der sehenswertem **Emerald Bay** und dem Ort South Lake Tahoe. Auf Nevada-Gebiet gibt es nur wenige Orte: im Süden Zephyr Cove und im Norden Incline Village.

Rund um Lake Tahoe

Teure Unterkünfte müssen nicht sein

Der eigentliche Hauptort der Region, Verkehrsknotenpunkt (I-80, Hwy. 89 und Amtrak-Bahnhof) und „*Gateway to the Sierra*" ist **Truckee**. Rund 20 km via Hwy. 267 vom Nordufer des Sees entfernt, ist der Ort ideale Basis für Leute, die sich die relativ hohen Übernachtungspreise direkt am See ersparen möchten. Es scheint, als wäre hier die Zeit stehengeblieben, spaziert man auf der Hauptstraße von *Old Town* mit ihrer Ansammlung an Shops, Galerien und Lokalen. 1844 hatte sich *Joseph Gray* hier niedergelassen, zunächst belächelt, doch das änderte sich, als der erste Zug der **transkontinentalen Eisenbahnlinie** hier hielt. Die **Holzindustrie** wurde zum Haupterwerb, daneben florierte der **Eishandel**, da bis in die 1920er-Jahre, bevor die Kühltechnik erfunden wurde, die Städte mit Eis versorgt werden mussten.

Nur wenige Kilometer westlich Truckee, von der I-80 aus erreichbar, liegt der über 140 ha große **Donner Memorial SP**, ein Naturpark, der an jene Siedler, die auf dem Weg nach Kalifornien hier in größter Not den Winter 1846/47 verbringen mussten, erinnert. Teil des Parks ist der Donner Lake mit seinen Stränden, Camping- und Picknickgelegenheiten sowie Wanderwegen und Skiloipen.

Olympische Winterspiele 1960

Auf der Fahrt vom Donner Lake zum Lake Tahoe (Hwy. 89) passiert man auf halber Strecke das Wintersportgebiet **Squaw Valley USA**, 1960 Austragungsort der Olympischen Winterspiele, ehe **Tahoe City** am See erreicht wird. Im William B. Layton Park am See befindet sich die **Gatekeepers Cabin** mit dem **Marion Steinbach Indian Basket Museum** der *North Lake Tahoe Historical Society*. Im ehemaligen Haus des Wassermeisters, der die Menge des aus dem See abgezapften Wassers überwachte, sind v. a. die indianischen Korbwaren sehenswert. Am North Lake Boulevard steht die **Watson Cabin**, eine bescheidene Hütte von 1909, in der teilweise die Originalmöblierung erhalten ist und Ausstellungsstücke über das Leben am See um die Jahrhundertwende informieren.

Gatekeeper's Museum/Marion Steinbach Indian Basket Museum, *130 W. Lake Blvd., www.northtahoemuseums.org, Mai–Sept. Mi–Mo 10–17, sonst nur Sa/So 10–16 Uhr, $ 5.*

Watson Cabin, *560 N. Lake Blvd, Juni–Sept. Do–Mo 10–17 Uhr, $ 3.*

„Smaragdbucht" am himmlischen See

Fast am Südende des Sees, zwischen Tahoe City und South Lake Tahoe, bietet sich über der **Emerald Bay** am Hwy. 89, der wohl beste Ausblick überhaupt, doch das ist nicht der einzige Grund zum Anhalten: Am Ufer liegt ein Kuriosum namens **Vikingsholm**. 4 km sind es auf einem gut ausgebauten Wanderweg hinunter zu diesem Schlösschen. Es war 1929 mit 38 Zimmern im skandinavischen Stil erbaut worden und kann im Sommer besichtigt werden. Dem Ufer dieses State Parks vorgelagert ist **Fanette Island** mit einem winzigen Teehaus aus Stein.

Vikingsholm, Hwy. 89, *www.vikingsholm.org, Memorial–Labor Day geführte Touren 10.30–16 Uhr, $ 10, Parken $ 10.*

South Lake Tahoe ist besonders im Winter attraktiv, wenn die **Heavenly Tram**, eine Seilbahn, einen direkten Zugang zum *Heavenly Mountain Ski Resort* (www.skiheavenly.com) ermöglicht. Hier haben Skifahrer die Wahl unter 97 Abfahrten.

Bonanza

Auf der Nevada-Seite kann, wer möchte, weiter am Seeufer entlangfahren; die gesamte Rundfahrt um den See ist 72 mi/115 km lang, reine Fahrzeit etwa zwei Stunden. Weiter im Norden erstreckt sich der **Lake Tahoe Nevada SP** (http://parks.nv.gov/lt.htm) und am nordöstlichen Ende liegen die weit geschwungene **Crystal Bay** und **Incline Village**, wo einst eine Kulissen-Westernstadt und die **Ponderosa Ranch** an die legendäre TV-Serie *Bonanza* erinnerte.

Lake Tahoe (Emerald Bay) – der „himmlische See"

Reisepraktische Informationen Lake Tahoe

Information

Lake Tahoe Visitor Bureaus: *www.visitinglaketahoe.com, das Areal wird unterteilt in* **North Lake Tahoe** *(www.gotahoenorth.com) und* **South Lake Tahoe** *(http://tahoesouth.com) ohne Berücksichtigung der Staatsgrenzen. Es gibt mehrere Besucherzentren, z. B.:*

Tahoe City Visitors Information Center, *380 North Lake Blvd., Tahoe City.*

Lake Tahoe Visitors Authority VC/California, *3066 Lake Tahoe Blvd., South Lake Tahoe/CA.*

Lake Tahoe Visitors Authority FC/Nevada, *169 Hwy. 50, Stateline/NV.*

Incline Village Crystal Bay Visitors Bureau, *969 Tahoe Blvd., Incline Village.*

Unterkunft

Cedar Glen Lodge, *$$, 6589 North Lake Blvd, Tahoe Vista, ☏ (530) 546-4281, www.tahoecedarglen.com. Familienhotel am See, zweistöckiges Motelgebäude und gut ausgestattete Cottages mit Kochnische; außerdem Pool und Kinderspielplatz.*

Harvey's Resort, *$$–$$$, Hwy. 50, Stateline, ☏ (775) 588-2411, www.harveystahoe.com. Das erste Casinohotel am Lake Tahoe (*1944), Zimmer mit Seeblick.*

Harrah's Lake Tahoe, *$$$, Hwy. 50, Stateline, ☏ (702) 588-6606, www.harrahslaketahoe.com. Modernes Hotel mit über 500 Zimmern, 5 Restaurants, Casino, Shows, Einkaufspassage, glasüberkuppeltem Swimmingpool u.v.m.*

The Truckee Hotel, *$$, 10007 Bridge St, Truckee, ☏ 1 (800) 659-6921, www.truckeehotel.com. Kleines historisches Hotel mit unterschiedlichen Zimmern. Nahe Bahnhof und Commercial Row gelegen, mit eigenem Restaurant.*

Sunnyside Restaurant & Lodge, *$$$–$$$$, 1850 W. Lake Blvd., Lake Tahoe, ☏ (530) 583-7200, www.sunnysidetahoe.com. Schön gelegene 23-Zimmer-Lodge in Hanglage mit Treppenzugang zum See; mit empfehlenswertem* **Restaurant**.

Zephyr Cove Resort, *760 US 50, Zephyr Cove/NV, ☏ (775) 589-4906, www.zephyrcove.com. Am See gelegenes Resorthotel mit 28 Cabins und Campingplatzsowie Angebot verschiedener Freizeitaktivitäten (auch im Winter).*

Restaurants

Graham's at Squaw Valley, *1650 Squaw Valley Rd., Squaw Valley, ☏ (530) 581-0454, www.dinewine.com. Mediterrane Küche. Gute Weinkarte.*

Fire Sign Café, *185 W. Lake Blvd., Tahoe City. Kreatives, doch erschwingliches Essen in netter Atmosphäre, auch Frühstück und Lunch.*

Mountain Grill, *in der Sunnyside Lodge, s. oben.*

Hinweis zur Route

Vom Lake Tahoe aus ist es nicht weit zum Yosemite NP. Wer dieses Naturjuwel auf dem Weg nach San Francisco „mitnehmen" möchte, folgt dem US Hwy. 395 nach Süden und gelangt durch den Ostzugang am Tioga Pass (nur in den Sommermonaten geöffnet) in den Nationalpark. Von dort geht es durch das Central Valley Richtung San Francisco. Eine detaillierte Beschreibung des Parks findet sich in Iwanowski's Reise-Handbüchern „Kalifornien" sowie „USA-Westen".

Durch das Gold Country nach Sacramento

Wäre nicht dem Zimmermann *James W. Marshall* an jenem kalten und grauen Januartag 1848 beim Bau eines Sägewerkes ein glänzender Brocken im American River ins Auge gestochen, wäre der Westabhang der Sierra Nevada beschauliches Bergland geblieben. Doch kaum hatte sich die Nachricht über diesen Goldfund verbreitet, überrollte die „**49er-Bewegung**" das Land. Doch ebenso schnell wie der **Goldrausch** aufgekommen war, ebbte er wieder ab, und das **Gold Country** versank wieder in Vergessenheit.

Vielsagende Städtenamen

Die Siedlungen trugen vielsagende Namen wie **Poker Flat**, **Rough and Ready**, **Hottentot** oder **Bedbug** (Wanze), doch kaum ein braver Bürger wagte sich dorthin, mit einer Ausnahme: **Mark Twain** (1835–1910). Wie in seiner Heimat, in den Südstaaten, genoss der vormalige Mississippi-Lotse die Atmosphäre in vollen Zügen, fand Gefallen an dem bunten Völkchen schrulliger und skurriler Gestalten, die in den Goldgräbersiedlungen zusammentrafen. Als Journalist setzte Twain dem Gold Country mit seinen volkstümlich-humoristischen Geschichtensammlungen *The Celebrated Jumping Frog of Calaveras County* (1856, dt. Jim Smileys berühmter Springfrosch, 1874) und *Roughing it* (1872, dt.: Im Gold- und Silberland, 1892) ein Denkmal.

Das **Kerngebiet des Gold Country** erstreckte sich von Sonora und dem Yosemite NP im Süden bis hinauf nach Nevada City und Lake Tahoe im Nordosten. Entlang dem *Golden Belt*, dem rund 200 km langen Streifen zwischen Mariposa im Süden über Jacksonville, Jamestown, Columbia, Angels Camp, Jackson und Placerville nach Georgetown im Norden, wurden damals die reichsten Funde gemacht.

Hinweis zur Route

Besucher können bequem im Auto den Spuren der Goldsucher auf dem **Historic Hwy. 49** (www.historichwy49.com) folgen. Dieser „Golden Chain Highway" verläuft über gut 500 km von Oakhurst im Süden bis Vinton im Norden, entlang der „Mother Lode", der Hauptgoldader in den Bergen. Die nachfolgend vorgeschlagene, vom Lake Tahoe ausgehende Route folgt dem Nordabschnitt über Nevada City, Grass Valley, Auburn, Georgetown und Coloma nach Placerville und weiter nach Sacramento.

Auf dem Weg nach Nevada City

Von **Truckee** geht es zunächst auf dem CA 89 nordwärts. Nördlich von **Sierraville** trifft man auf den Hwy. 49, der hier als **Yuba Donner Scenic Byway** nach Nevada City führt. Diese etwa 180 km lange malerische Bergstrecke führt seit dem späten 19. Jh. über den **Yuba Pass** und passiert Orte wie **Camptonville**, **Indian Valley** und **Indian Rock** – Reste einer prähistorischen Indianersiedlung –, **Goodyears Bar**, eines der ersten Minencamps am North Fork des Yuba River, die **Kentucky Mine Historic Park & Museum** bei **Sierra City**, einem 1.525 m hoch gelegenes Bergdorf.

Kentucky Mine HP & Museum, *100 Kentucky Mine Rd. (Hwy. 49), Sierra City, www.sierracountyhistory.org/kentucky-mine-historic-park-and-museum, HS Mi–So 10–16 Uhr , $ 1 Museum, $ 7 Touren.*

Gute 40 km ehe man Nevada City erreicht, sind die Überreste der weltgrößten hydraulischen Goldmine, die 1850 bis 1884 in Betrieb war, im **Malakoff Diggins State Historic Park**. Es handelt sich um die größte hydraulische Mine Kaliforniens, wobei 1886 die praktizierte Methode des Ausschwemmens von Gold verboten wurde, da sie die Flüsse zu sehr belastete. Im zugehörigen Museum (mit Filmvorführung) wird der Prozess erläutert und geht es um das Leben in der alten Minenstadt „North Bloomfield".

Malakoff Diggins SHP, *CA 49, Zufahrt: Typler Foote Crossing Rd., www.parks.ca.gov/?page_id=494, Park tgl. Sonnenauf- bis Untergang, Mus. nur HS Fr/Sa/So 10–16 Uhr $ 8/Pkw.*

Viktorianische Häuser

Gegründet 1849, fungierte **Nevada City** über ein Jahrhundert lang als Schürfzentrum, war wohlhabend und mit 10.000 EW (heute gut 3.000) zu Blütezeiten nach San Francisco und Sacramento sogar die drittgrößte Stadt Kaliforniens. Als die letzten Minen in den 1950er-Jahren schlossen, drohte es zu einer Geisterstadt zu verkommen. Erst in den späten 1960er-Jahren besann man sich seiner Besonderheit und heute locken viktorianische Häuser, B & Bs, Kneipen und Shops, aber auch das **Firehouse Museum**, in dem Bau der Nevada Hose Company No. 1 von 1861 bis 1938, in dem historische Relikte der Feuerwehr zu bewundern sind.

Firehouse Museum, *214 Main St., http://nevadacountyhistory.org/html/firehouse_no_1.html, Mai–Ende Okt. Di–So 13–16 Uhr.*

In nächsten Ort, **Grass Valley**, lohnt ein Spaziergang im Historic District ebenfalls (Parkplatz: Neal/S Church St.). Das wohl sehenswerteste Gebäude ist das **Holbrooke Hotel** (212 W. Main St.) von 1862 mit einem Saloon, den schon *Mark Twain* besucht haben soll. *Lola Montez* wohnte von 1853 bis 1856 in der Mill Street Nr. 248. Das **Chinatown** von Grass Valley blühte von etwa 1880 bis zur Jahrhundertwende und zählte 2.000 EW.

Malakoff Diggins State Historic Park

Hauptattraktion ist jedoch der **Empire Mine State Historic Park**, nicht nur die älteste Goldmine Kaliforniens, sondern zugleich die größte, längste, tiefste und ertragreichste. Bei der Schließung war eine Tiefe von mehr als 3 km und eine Schachtlänge von knapp 600 km erreicht!
Empire Mine SHP, *10791 E. Empire St., www.parks.ca.gov/?page_id=499, tgl. 10–17 Uhr, $ 7.*

Vorbei an **Auburn**, einem ehemaligen Goldgräberstädtchen mit sehenswerter Old Town, erreicht man **Coloma** mit dem sehenswerten **Marshall Gold Discovery State Historic Park**, eingebettet in eine malerische Berglandschaft am American River. Fast Dreiviertel der von rund 200 Menschen bewohnten Ortschaft sind Teil des Freiluftmuseums mit Schulhaus, Postamt, Chinesenladen, Schmiede und mehreren anderen historischen Häusern und Kirchen.

Leben im Freilicht-museum

Am American River liegt das Herz des Parks, die **Gold Discovery Site**. Hier steht u. a. der Nachbau von Sutter's Mill und mehr als 20 historische Gebäude der Minensiedlung. Im **Gold Discovery Museum** gibt es eine kleine Ausstellung zum Goldabbau und zu den damaligen Lebensumständen, vor allem der Chinesen; 1855 war jeder fünfte Minenarbeiter Chinese gewesen. Ein Stück weiter westlich kann man die **Marshall's Cabin** sehen, die alte Hütte von 1860, in der der Zimmermann *James W. Marshall* lebte. In der Nähe befinden sich auch sein Grabmal – er starb im Jahr 1885 75-jährig – und ein Monument von 1889, das ihn auf jene Stelle im Fluss deuten lässt, wo alles begann.
Marshall Gold Discovery SHP, *Hwy. 49 zw. Placerville und Auburn, www.parks.ca.gov/?page_id=484, HS tgl. 8–19 Uhr, NS Sa/So 8–17 Uhr, $ 6/Pkw mit* **Gold Discovery Museum & VC**, *310 Back St., tgl. 10–17, im Winter –16 Uhr, $ 2, versch. Veranstaltungen ganzjährig. Allg. Infos zu Sights: http://marshallgold.com/places-to-see.*

Ort für Gesetzes-brecher

An der Kreuzung von US Hwy. 50 und CA 49 liegt mit **Placerville** ein vormals besonders verrufenes, auch „*Hangtown*" genanntes Örtchen, in dem Gesetzesbrecher besonders schnell am Galgen hingen. Placerville war Zugangstor zu den Minen und wichtiger Versorgungspunkt. Das am US Hwy. 50 gelegene **Folsom**, nur 40 km östlich von Sacramento, ist bekannt geworden durch *Johnny Cashs* legendäres Konzert im Gefängnis. Es verfügt über eine kleine hübsch restaurierte Altstadt, mit der attraktiven **Historic Sutter Street** im Zentrum und dem **Folsom History Museum** (823 Sutter St., www.folsomhistorymuseum.org, Di–So 11–16 Uhr, $ 4).

Reisepraktische Informationen Gold Country Nordteil

Information

Gold Country Visitors Association, ☏ *1-800-225-3764, www.calgold.org, mit Infos und Links zu den einzelnen Orten;* **Historic Hwy. 49**: *www.historichwy49.com.*

Unterkunft

Albert Shafsky House B & B, *$$$, 2942 Coloma St., Placerville,* ☏ *(530) 642-2776, www.shafsky.com. B & B in einem 1902 erbauten herrschaftlichen viktorianischen Haus, vier liebevoll ausgestattete Zimmer, leckeres Frühstück.*

Enchanted April Farm B & B, *$$$, 5950 Salmon Falls Rd., Pilot Hill (ab Hwy. 50 zwischen Placerville und Folsom), ☏ (916) 939-9144, www.enchantedaprilinn.com. Kleines Paradies für Erholungssuchende und Pferdefreunde: vier liebevoll dekorierte Zimmer in schönem Farmhouse, umgeben von einer traumhaften Gartenanlage.*
The Holbrooke, *212 W. Main St., Grass Valley, ☏ (530) 273-1353, http://holbrooke.com. Schönes historisches Hotel mit 28 Zimmern, Lokal und Saloon.*
Lake Natoma Inn, *$$$, 702 Gold Lake Dr, Folsom, www.lakenatomainn.com, ☏ (916) 351-1500. Bei Sacramento in schöner grüner Lage nahe Folsom Lake gelegenes Resorthotel mit 132 Zimmern/Suiten und vielseitigem Freizeitangebot.*
Powers Mansion Inn, *$$$$, 164 Cleveland Ave., Auburn, www.powersmansioninn.com, ☏ (530) 885-1166. B & B in einem viktorianischen, teils mit Antiquitäten ausgestatteten Haus, inkl. Frühstück und mit Tea Parlor und Steak House.*

Restaurants
Charlie's Cafe, *145 S. Auburn St., Grass Valley. Ideal zum Frühstücken, aber auch mittags und abends Sandwiches, Burgers, Salate u.Ä.*
New Moon Cafe, *203 York St., Nevada City, ☏ 530/265-6399. Das Top-Lokal der Region mit kalifornischen Spezialitäten (Di–Fr Lunch, Di–So Dinner).*
The Owl Grill & Saloon, *134 Mill St., Grass Valley. Gute amerikanische Küche, die in großen Portionen serviert wird.*
Smith Flat House, *2021 Smith Flat Rd., Placerville. Nicht nur die Küche (Pizza), sondern auch die Atmosphäre in diesem ehemaligen Saloon ist einmalig.*

Sacramento, Kaliforniens Hauptstadt

Wäre es nach dem Schweizer Pionier *John Augustus Sutter* gegangen, wäre Sacramento noch heute ein verschlafenes Nest am Zusammenfluss von Sacramento und American River. Doch der **Goldfund** des Zimmermanns *James W. Marshall* im Flussbett des American River auf Pachtland *Sutters* am **24. Januar 1848** sollte alles ändern.

Die Nation verbindet sich

Auch der Bau der **transkontinentalen Eisenbahnlinie** trug zum Wandel bei: 1863 waren vier Geschäftsmänner aus San Francisco, die „Big Four" – *Charles Crocker*, *Leland Stanford*, *Mark Hopkins* und *Collis Huntington* – zu dem Schluss gekommen, dass die Zukunft nicht im Gold, sondern auf den Schienen läge. Während die von ihnen gegründete Eisenbahngesellschaft *Central Pacific Railroad* den Bau von Sacramento ostwärts vorantrieb, begann die *Union Pacific* vom Missouri aus westwärts zu bauen. Am **10. Mai 1869** trafen die beiden Eisenbahnlinien in **Promontory/Utah**, nördlich SLC, aufeinander und die Nation war erstmals sichtbar zusammengeschweißt.

Sacramento (gut 475.000 EW), seit 1854 Hauptstadt Kaliforniens, wirkt auf den ersten Blick wie eine **steril-saubere Verwaltungsmetropole**, in deren modernem *Business District* es sich gut bummeln lässt. Zwischen dem Central Valley, dem

Zentrum des kalifornischen Agrobusiness, und den Ausläufern der Sierra Nevada gelegen, hat die Stadt jedoch mehr zu bieten, v.a. **Old Sacramanto**. Diese restaurierte Altstadt am Sacramento River erinnert noch an jene Zeiten, als hier während des Goldrauschs und des Eisenbahnbaus wildes Treiben herrschte.

Orientierung

Die Sehenswürdigkeiten im Innenstadtbereich lassen sich leicht zu Fuß erkunden, zudem verkehren Straßenbahnen im Zentrum. Von Old Town führt eine Fussgängerunterführung unter der I-5 hindurch zur **Downtown Plaza**, wo die K Street Mall, eine Art Fußgängerzone, beginnt. Dieser Business District erstreckt sich zwischen 7th und 13th sowie K und I St.
Infos zum Nahverkehr: www.sacrt.com.

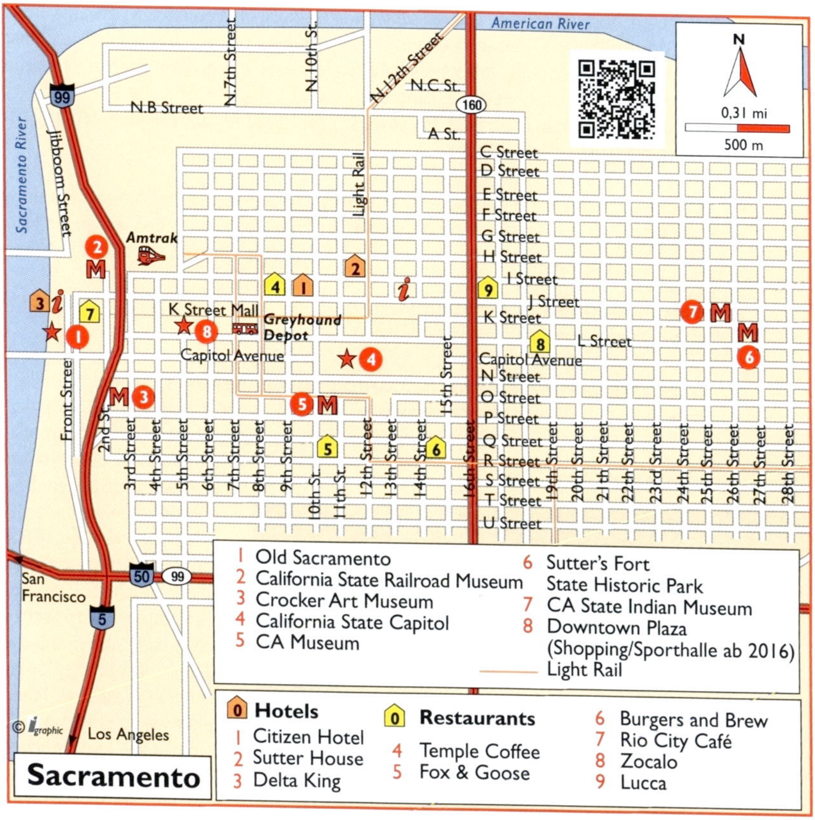

Old Sacramento und Downtown

Schön sanierte Altstadt

Old Sacramento (1), der *Historic District* am Sacramento River, westlich der Autobahn zwischen Capitol Mall und I St., ist durch eine Fußgängerpassage unter der I-5 hindurch mit dem modernen Downtown verbunden. Hier am alten Hafen waren nach den Goldfunden 1848 Saloons und Handelshäuser, Hotels und Absteigen entstanden. Mit dem Ende der rauen Pioniertage und dem Beginn der Industrialisierung versank *Old Sacramento* in einen Dornröschenschlaf, der erst endete, als mit dem Bau der I-5 das stark vernachlässigte Viertel abgerissen werden sollte. In den 1980er-Jahren wurde eine für die USA **vorbildliche Sanierungsaktion** ins Leben gerufen und in 53 restaurierte historische Bauten zogen Museen, Läden, Lokale, Bars und ein *Farmers Market* ein.

Heute ist Old Sacramento ein beliebtes **Flanier- und Vergnügungsareal**, in dem noch immer ein Hauch von „Old West" weht. Am besten beginnt man den Rundgang am **Central Pacific Railroad Freight Depot** (Front/K St.) von 1876, hier starten auch die vom **California State Railroad Museum** (**CSRM**) **(2)** veranstalteten Ausflugsfahrten. Dieses sehenswerte Museum beschäftigt sich ausführlich mit der Rolle der Eisenbahn bei der Eroberung des Westens. Am ehemaligen Startpunkt der transkontinentalen Eisenbahn steht heute das größte Eisenbahnmuseum der USA, das laufend weiter expandiert.
California State Railroad Museum, *125 I St./2nd St., www.csrm.org, tgl. 10–17 Uhr, $ 9, mit großem Shop.*

Direkt benachbart: das interessante **History Museum**, das im Sommer attraktive Underground-Touren veranstaltet. Nach einer Flutkatastrophe 1861 waren die Häuser aufwändig um 3 m angehoben worden, den früheren Zustand sieht man im Untergeschoss.
Sacramento History Museum, *101 I St., tgl. 10–17 Uhr, $ 6, (Touren $15), www.historicoldsac.org.*

Südlich von Old Town steht mit dem **Crocker Art Museum (3)** ein weiteres Highlight der Stadt. Dieses älteste öffentliche Museum des Westens von 1885 ist dem reichen Kunstsammler und Richter *Edwin Bryant Crocker* zu verdanken, Bruder des Eisenbahnmagnaten *Charles Crocker*. Einen reizvollen Kontrast zu den beiden geschmackvoll ausgestatteten historischen Villen bildet der moderne Neubau (*Gwathmey Siegel Kaufman Architects*). Innen sehenswert sind v.a. die Sammlungen kalifornischer Kunst von 1850 bis heute, eine der umfangreichsten

Wahrzeichen Sacramentos: das State Capitol

Sammlungen deutsch-österreichischer Malerei in den USA, Zeichnungen ab dem 15. Jh., u.a. von *Dürer*, sowie ungewöhnliche Keramik und Meißner Porzellan.
Crocker Art Museum, *216 O St., https://crockerartmuseum.org, Di–So 10–17, Do 10–21 Uhr, $ 10.*

In der Innenstadt dominiert das **California State Capitol (4)**. Weniger der Bau an sich, 1860 bis 1874 von *Miner F. Butler* erbaut, ist ungewöhnlich, als vielmehr die Tatsache, dass es sich um das größte Restaurierungsprojekt der US-Geschichte handelt: 1975–1986 wurden insgesamt $ 68 Mio. investiert.
California State Capitol, *10th St., www.assembly.ca.gov/museum, tgl. 8/9–17 Uhr, verschiedene Gratis-Touren mehrmals tgl. 9–16 Uhr, ab Tour Office (Historic Wing, Zugang: 11th/L St.).*

Die nahe Leland Stanford Mansion – prächtige Villa des Eisenbahnmagnaten – wird heute auch zu offiziellen Staatsempfängen genutzt und steht zur Besichtigung offen.
Leland Stanford Mansion, *800 N St., www.stanfordmansion.org, Mi–So 9.30–17 Uhr, stündl. Touren, gratis.*

Kalifornische Persönlichkeiten

Das **California Museum (5)**, einen Block südlich, befasst sich in mehreren festen Abteilungen wie *California Indians* oder *California's Remarkable Women* intensiv mit der Geschichte Kaliforniens, mit Natur und Geografie, Bevölkerung, Geschichte und Politik. Historische Dokumente, beeindruckende Nachbauten – wie von *Dr. Yee's Herbal Shop* oder *Posey's Cafe* – und Modelle, Filme und Tonaufnahmen, aber auch Informationen zu Naturkatastrophen und zur Wasserknappheit im Staat machen dieses Museum zum multimedialen Erlebnis. Ein Teil ist die **California Hall of Fame**, in der *Ronald Reagan, Cesar Chavez, Walt Disney, Amelia Earhart, Clint Eastwood, Frank Geary, Alice Walker* und andere Persönlichkeiten verewigt sind.
California Museum, *1020 O St., www.californiamuseum.org, Mo–Sa 10–17, So 12–17 Uhr, $ 9.*

Reise in die Vergangenheit

Im Osten von Downtown liegt **Sutter's Fort State Historic Park (6)**. Es ist die Rekonstruktion der von *Sutter* 1839 ins Leben gerufenen und bis 1849 existierenden Kolonie „New Helvetia". Teile der Räume wurden wiederhergestellt, so eine Schmiede, eine Bäckerei, ein Gefängnis, ein Speisesaal und *Sutters* Büro.

Indianisches Erbe

Direkt daneben fällt der flache Bau des **California State Indian Museum (7)** kaum auf. Obwohl klein, informiert dieses mit zahlreichen Ausstellungsstücken, Medien (wie Tonbandaufnahmen) und interaktiven Objekten anschaulich über das indianische Alltagsleben in Kalifornien. Verschiedene Abteilungen widmen sich Einzelaspekten wie Handwerk (hochklassige Korbwaren!), Kultur, Kunst, Familienleben oder Musik.
Sutter's Fort SHP, *2618 K St./26th St., www.suttersfort.org, tgl. 10–17 Uhr, $ 5.*
California State Indian Museum, *2618 K St./26th St., www.parks.ca.gov/?page_id=486, tgl. 10–17 Uhr, $ 3.*

info

Sutters Traum vom „Gelobten Land“

John Augustus Sutter, 1803 im deutschen Baden als Sohn eines Schweizers geboren, war über New York 1839 nach Kalifornien gekommen und wollte am Sacramento River ein lange gehegtes utopisches Projekt namens „**New Helvetia**“ realisieren. 1841 erhielt er vom mexikanischen Gouverneur das Landnutzungsrecht und legte den Grundstein zu **Sutter's Fort**.

Sutter kultivierte mit seinen Mitstreitern das Land und war schon bald derart beliebt und erfolgreich, dass er 1847 beschloss zu expandieren. Dazu beauftragte er den Zimmermann *James W. Marshall* mit dem Bau einer Sägemühle am American River am Fuße der Sierra Nevada, im heutigen Ort Coloma. Dieses Projekt sollte *Sutters* Verhängnis werden, denn **am 24. Januar 1848 entdeckte Marshall** dort einen Klumpen **Gold**. Der Versuch, den spektakulären Fund geheim zu halten, scheiterte kläglich – die Folgen sind bekannt.

Der Sutter's Fort State Historic Park erinnert an „New Helvetia“

Auch wenn *Sutters* Familie mit der Gründung von **Sutterville** – dem späteren Sacramento – vom Goldrausch zu profitieren versuchte, kämpfte Sutter bis 1855 um seine Landrechte. Ab 1864 erhielt er eine monatliche Leibrente in Höhe von kärglichen $ 250, sodass er die letzten fünf Jahre seines Lebens in einem Washingtoner Hotel verbrachte, wo er 1880 arm und hoch verschuldet starb.

Reisepraktische Informationen Sacramento

Informationen

Sacramento VC, *1002 2nd St., Old Sacramento, ☏ (916) 442-7644, www.visitsacramento.com, tgl. 10–17 Uhr, Infos und Broschüren, Event-Infos unter www.sacramento365.com, zu Old Town: www.oldsacramento.com.*

Unterkunft

Sutter House (2), $$, *1100 H St.,* ☏ *(916) 441-1314, www.thesutterhouse.com. Preiswertes Best-Western-Plus Hotel im Herzen der Stadt mit geräumigen und gut ausgestatteten Zimmern, inkl. Frühstück.*

Delta King (3), *$$$–$$$$, 1000 Front St., Old Sacramento, http://deltaking.com. Hotel auf einem historischen Riverboat, 44 modern ausgestattete Kabinen, Bar und Restaurant stehen zur Verfügung.*

Extratipp: **The Citizen Hotel** *liegt mitten in Downtown Sacramento, einen Steinwurf vom California State Capitol entfernt. Von vielen der 198 Gästezimmer in den oberen Etagen kann man die Goldkuppel erkennen. Das ehemalige Versicherungsgebäude war mit 14 Stockwerken und gut 70 m bei Fertigstellung 1925 das höchste Gebäude der Stadt. Bei diesem Boutiquehotel der Joie de Vivre-Kette wurden Alte-Welt-Charme bzw. Art déco der 1920er mit modernem Schick kombiniert. Die Zimmer sind groß, geschmackvoll möbliert und technisch hervorragend ausgestattet.*

Citizen Hotel (1) *$$$, 926 J St.,* ☏ *(916) 447-2700, http://www.jdvhotels.com/hotels/california/sacramento-hotels/citizen-hotel.*

Restaurants

Der neue Slogan der Stadt heißt „Farm to Fork" und vermehrt verwenden Restaurants und verkaufen Shops lokale Produkte (www.farmtoforkcapital.com). Es gibt über 200 **Wineries** *in der Region (www.sacramentowineguide.com) sowie eine wachsende Zahl an* **Kleinbrauereien** *(z.B.* **Hoppy**, *www.hoppy.com) bzw. Brewpubs und Kaffeeröstereien (wie* **Temple Coffee**, *1010 9th St.)* (4). *Gut zum Ausgehen geeignet sind:*

Historic R District *mit Lokalen wie* **Fox & Goose** (5) *(1001 R St.) sowie* **Burgers and Brew** (6) *(1409 R St.).*

Midtown *(östlich der 16th St.), z.B.* **Zocalo** (8) *(1801 Capitol Ave., mittel- und südamerikan. Spezialitäten, dazu Cocktails) oder* **Lucca Restaurant** (9) *(1615 J St., kalifornisch-mediterrane Küche).*

Old Town, z.B. **Rio City Café** (7), *1110 Front St., kalifornische Speisekarte).*

Einkaufen

Old Sacramento, *www.oldsacramento.com. Viele kleinere Läden mit Souvenirs, Accessoires etc., z. B. Capitol Crimes Mystery Book Store (2nd/I St.) oder Discover California (129 J St.) – Geschenke und Souvenirs.*

Vacaville Premium Outlets, *321–2 Nut Tree Rd., Vacaville, www.premiumoutlets.com/outlets/outlet.asp?id=50; an der I-80 im Westen Sacramentos gelegene Outlet-Mall mit über 120 Läden (ca. 20 Min. Fahrdauer).*

Farmers' Markets *an verschiedenen Tagen und Plätzen der Stadt, Details unter: www.california-grown.com/Market-times.html.*

Zuschauersport

Sacramento Kings *(Basketball – NBA), Arco Arena (One Sports Pkwy.), Tickets und Infos: www.nba.com/kings.*

Flughafen

Sacramento International *(SMF) Airport, ca. 20 km nordwestlich von Downtown (I-5), www.sacairports.org.*

San Francisco – „The City“

Überblick

„Belle of the Bay“

Kaum eine andere Stadt der Welt zieht Besucher derart in ihren Bann wie San Francisco – trotz latenter Erdbebengefahr und omnipräsenter Nebelschwaden. Sicher sind es nicht allein Golden Gate Bridge, Cable Cars und viktorianische Bilderbuchhäuser, die die „Belle of the Bay“, die „Schöne an der Bucht“, zu einem Unikum machen. Auch die Geografie ist ungewöhnlich: San Francisco befindet sich an der Nordspitze einer Halbinsel, ist also von drei Seiten von Wasser umgeben: Westlich liegt der Pazifik, östlich die San Francisco Bay, und im Norden das „Goldene Tor“. Aufgrund dieser **Halbinsellage** im Norden Kaliforniens zwischen Meer und Bucht, wurde unkontrolliertes Wachstum im Keim erstickt und gleichzeitig bewirkt, dass die Stadt **leicht überschaubar und gut erkundbar** ist. Von vielen der insgesamt 43 Hügel bieten sich spektakuläre Ausblicke und die Devise in San Francisco heißt „**Go climb a street**“ – hügelauf und -ab, zu Fuß oder per Cable Car.

Flower- und Gay-Power

„The City“, ist ein Musterbeispiel für eine **multikulturelle Stadt**, bunt, vielseitig und schillernd: Hier das Italienerviertel North Beach mit unzähligen Cafés, Restaurants, Bars und Clubs, unvermittelt daneben das wuselige Chinatown und im Süden, im Mission District, das „Barrio Mexicano“ – die Enklave der Süd- und Mittelamerikaner. Haight-Ashbury, Geburtsstätte von Flower-Power und Wohnort der Hippies in den 1960er- und 1970er-Jahren, ist bis heute das dynamische Stadtviertel der Künstler und Aussteiger, der Alternativen und Junggebliebenen, während das Castro als Mekka der Homosexuellen gilt.

San Franciscos „Beautiful Ladies“ – Blick vom Alamo Square

Besichtigungsprogramm

Der beste Weg, San Francisco zu erkunden, sind Spaziergänge durch die Neighborhoods, auf denen man die unverwechselbare Atmosphäre der Stadt und der einzelnen Viertel einfangen kann. Dazu gilt es natürlich die „Highlights" zu sehen und daher ist absolute Minimum für einen Stadt-Aufenthalt **zwei**, **besser drei Tage**. Wer darüber hinaus noch Ausflüge in die Umgebung einplant oder sich einfach mehr Zeit lassen möchte, dürfte **mit vier Tagen gut bedient** sein. Ist nur ein Tag, z.B. als Zwischenstopp, vorgesehen, dann wäre der 49 Mile Scenic Drive (S. 443) eine Möglichkeit, die Stadt übersichtsartig kennenzulernen. Natürlich ist außerdem eine Fahrt mit der Cable Car ein „Muss".

Am **ersten Tag** steht die Erkundung der Stadt mit Cable Car, Bahnen und Bussen auf dem Programm. Nach Chinatown geht es über North Beach und den Telegraph Hill zur Waterfront mit Fisherman's Wharf und Ferry Building. Von hier zur Golden Gate Bridge, deren Überquerung lohnt. Gegen Abend lockt SoMa mit Museen und zahlreichen innovativen Lokalen.

Der Vormittag des **zweiten Tages** gehört dem Golden Gate Park mit seinen Museen, von wo aus es ein Katzensprung nach Haight-Ashbury und Castro, von letzterem Viertel auch in den Mission District ist.

Ein **drei- oder viertägiges Besichtigungsprogramm** erlaubt Ergänzungen und Varianten, gibt es doch neben interessanten Museen weitere sehenswerte Stadtviertel und Attraktionen wie Twin Peaks (Aussicht!), Point Lobos mit dem Cliff House, die Mission Dolores, den California Palace of the Legion of Honor im Lincoln Park, Fort Mason und Presidio, Cow Hollow, Hayes Valley oder Western Addition (Fillmore District und Japantown). Ausflüge in die Umgebung, z.B. nach Alcatraz, Point Reyes, Sausalito, ins Wine Country, nach Oakland oder Berkeley kann man mit der Weiterfahrt verbinden.

Als **In-Viertel** der Stadt gelten SoMa, das vormalige Industrie- und Hafenviertel südlich der Market Street, das sich zum modisches Kneipen- und Kulturzentrum gemausert hat, Cow Hollow, ein Wohnviertel mit Boutiquen, Shops und Cafés um die Union Street, oder auch das Hayes Valley, die Region im Schatten des Rathauses. Die Region um den zentralen Union Square und Fisherman's Wharf sind hingegen die rund um die Uhr belebten und viel frequentierten Touristenzentren der Stadt.

Geschichte

So begann es …

Wie in Los Angeles waren auch hier die **Spanier** als erste Europäer da. 1769 hatte *Don Gaspar de Portolá* per Zufall die Halbinsel entdeckt, doch erst 1775 erkundete sie *Juan Manuel de Ayala* näher. Im darauffolgenden Jahr wurde mit dem Bau eines Militärpostens, dem Presidio, begonnen und etwas weiter im Landesinneren entstand die Mission San Francisco de Asis, kurz „**Mission Dolores**" genannt.

Nach und nach entwickelte sich etwas östlich davon, dort, wo sich heute die Innenstadt erstreckt, ein kleines Fischerdorf namens „**Yerba Buena**", der „Ort mit den

Redaktionstipps

Sehens- und Erlebenswertes

➤ eine Fahrt mit der **Cable Car** (S. 427) oder mit einer historischen Streetcar der **F-Line.**
➤ unter den Museen ragen das **SFMoMA** (S. 429), das **DeYoung Museum** (S. 440), die **California Academy of Sciences** (S. 440) und das neue **Exploratorium** (S. 434) heraus.
➤ Sporterlebnis: ein Spiel der **Giants** (Baseball) im **AT&T Park** (S. 431) miterleben.
➤ durch **Cow Hollow** (S. 442), **Hayes Valley** (S. 432) oder **Haight-Ashbury** (S. 441) bummeln
➤ im „authentischen“ Chinatown um die **Stockton Street** (S. 428) in eine andere Welt eintauchen, am besten auf einer kulinarischen Tour von *Tom Medin* (S. 450).
➤ am Samstagvormittag den Wochenmarkt vor dem Ferry Building, den **Ferry Plaza Farmers Market** (S. 428) genießen.

Unterkunft

➤ Günstig gelegene Hotels zu erschwinglichen Preisen sind das **San Remo Hotel** (S. 445), das **Stratford on the Square** (S. 445) oder das **Handlery Union Square Hotel** (S. 445).

Restaurants

➤ Erlesen und höchst kreativ isst man bei **Verbena** (S. 446), guter Fisch und Meeresfrüchte sind Aushängeschilder des **Fog Harbor Fish House** (S. 446). In **Alexander's Steakhouse** (S. 446) kann man exquisite japanisch-amerikanische Kochkunst kennenlernen, im Bistro **Garcon** (S. 446) im Mission District geht es gemütlich zu und bei **Source** (S. 446) werden Leib und Seele eins.
➤ Die **Liguria Bakery** ist bekannt für ihre *Focaccia*, das **Cafè Roma** für den selbstgerösteten Kaffee, im **Palermo Deli** gibt's feine Antipasti.

Lesetipp

➤ M. Brinke/P. Kränzle, **San Francisco** (Reise Know-How Verlag Bielefeld, ISBN 978-3-8317-2441-3, ständig aktualisiert)

guten Kräutern“; 1847 wurde das 450-Seelen-Dorf nach der Mission in „**San Francisco**“ umbenannt. Hätte man nicht 1848 nahe Sacramento Gold entdeckt, wäre die Zukunft der Siedlung ungewiss gewesen. So aber stieg die Einwohnerzahl innerhalb weniger Jahre von kaum 1000 auf über 35.000 an – das vormalige Fischerdorf war zur Finanz- und Handelsmetropole und zum Tor ins Hinterland geworden.

Dann kam der **18. April 1906**: Um 5.12 Uhr bebte die nordkalifornische Küste auf fast 400 km Länge und 50 km Breite von San Juan Bautista im Süden bis Fort Bragg im Norden, nach neuesten Untersuchungen mit einer Stärke von 7,8 auf der Richterskala. Schlimmer als das Beben selbst war der dadurch ausgelöste Großbrand, der drei Tage und Nächte wütete und vier Fünftel der Stadt zerstörte. Die Bilanz: über 700 Tote, mehrere Hundertausend Obdachlose und Schäden in Höhe von $ 500 Mio. Dank des sofortigen Wiederaufbaus konnte die Stadt anlässlich der „Panama-Pacific International Exposition“ 1915 ihre **Wiedergeburt** feiern.

20 Jahre später, in der Zeit der wirtschaftlichen Rezession, bescherte *Präsident Roosevelts* Wirtschaftspolitik der Stadt zwei weitere Wahrzeichen: Im Abstand weniger Monate eröffneten 1936/37 erst die Bay Bridge, dann die Golden Gate Bridge. Nach dem Zweiten Weltkrieg versammelten sich 1945 die Verteter der Völkergemeinschaft im *War Memorial Opera House* und gründeten die **UNO**. In den 1950er- und vor allem 1960er-Jahren geriet San Francisco erneut ins internatioale Rampenlicht: Die **Beat-Generation** um *Jack Kerouac* und *Alan Ginsberg* legte die Basis für *Flower Power* und *Gay Liberal and Free Speech Movement,* die ihren Höhepunkt im berühmt-berüchtigten *Summer of Love 1967* erlebten. Seither gilt San Francisco als liberale und linke Stadt, deren Bewohner sich nicht leicht gängeln lassen.

> **Nahverkehr in San Francisco**
>
> San Francisco ist wie New York eine amerikanischen Metropole, in der ein Auto eher hinderlich als hilfreich ist. Dafür ist der **öffentliche Nahverkehr** perfekt organisiert und preiswert.
>
> Zusammengefasst zur **San Francisco Municipal Railway (MUNI)** gibt es ein dichtes Netz an Bussen und Straßenbahnen (Plan im VC), besonders schön ist die Fahrt in den historischen Trambahnen der *F Line*.
>
> Eine Fahrt mit den legendären **Cable Cars** ist ein Erlebnis der besonderen Art ist, allerdings sind Wartezeiten meist vorprogrammiert. Schneller ist man mit Bus oder Straßenbahn unterwegs.
>
> Empfehlenswert ist ein Tages- bzw- Mehrtagesticket (s. Reisetipps) bzw. ein **CityPass,** der ebenfalls freie Nahverkehrsnutzung einschließt.
>
> **BART**, die U-Bahn, ist von MUNI unabhängig und ideal für die Fahrt zum Flughafen und für Ausflüge nach Berkeley und Oakland.

Poetische Verarbeitung

San Francisco ist unsterblich, in unzähligen Liedern und Gedichten verewigt: von *Frank Sinatra* oder *Otis Redding,* von *Scott McKenzie,* der von Hippies, mit *„Flowers in Their Hair"* sang oder durch den britischen Rockmusiker *Eric Burdon*, der von einer *„Warm San Franciscan Night"* schwärmte. Abgesehen von der kosmopolitischen Weite und der liberalen Atmosphäre, der Lage und den Ausblicken ist es das stets milde Klima, eigentlich nie zu warm und nie zu kalt, mit dem die Stadt punkten und rund 17 Mio. Besucher jährlich anlocken kann.

Downtown San Francisco

Die Besichtigung San Franciscos beginnt man am besten in **Downtown**, im Bereich um den Union Square, wo sich die meisten Hotels und das Infozentrum befindet. Von hier aus sind die meisten Viertel und Attraktionen leicht mit öffentlichen Verkehrsmitteln oder zu Fuss erreichbar. Um die zentrale Achse Market Street pulsiert das Leben, der Hauptplatz und das Shoppingmekka ist der Union Square, dahinter breitet sich ostwärts, Richtung Wasser, der Financial District und nach Nordosten Chinatown aus. Südlich der Market Street laden SoMa und im Westen das Civic Center-Areal mit dem unübersehbaren Rathaus, der City Hall, ein.

Hallidie Plaza

Drehscheibe für Cable Cars

Im Untergeschoss der **Hallidie Plaza**, dort wo die Powell in die Market Street mündet, befindet sich die **Touristen-Information (1)**. Ringsum wimmelt es den ganzen Tag vor Menschen aller „Genres", von Touristen über Straßenmusiker bis hin zu Obdachlosen und jungen Aussteigern. Vor dem *Turntable*, der Drehscheibe, auf der die Cable Cars wieder für die andere Fahrtrichtung gedreht werden, bilden sich fast ganztägig lange Schlangen.

San Francisco – Downtown
N
0,31 mi
500 m
49 Mile Scenic Drive
Straßenbahn
Cable Car
© graphic
Aquatic Park
Jefferson St.
North Point St.
Bay St.
Francisco St.
Chestnut St.
Lombard St.
Greenwich St.
Filbert St.
Union St.
Vallejo St.
Broadway
Jackson St.
Washington St.
Sacramento St.
Clay St.
California St.
Pine St.
Bush St.
Sutter St.
Post St.
Geary St.
O'Farrell St.
Ellis St.
Turk St.
Golden Gate Avenue
Franklin St.
Van Ness Avenue
Gough St.
Polk St.
Larkin St.
Hyde St.
Leavenworth St.
Jones St.
Taylor St.
Mason St.
Powell St.
Stockton St.
Grant Ave.
Kearny St.
Montgomery St.
Battery St.
Front St.
Embarcadero St.
Columbus Ave.
Market St.
Mission St.
Minna St.
2nd St.
3rd St.
Howard St.
Folsom St.
Harrison St.
NORTH BEACH
NOB HILL
CHINA-TOWN
FINANCIAL DISTRICT
TENDERLOIN
SOMA
1 Visitor Information Center
2 Union Square
3 Market Street
4 Ferry Building
5 Embarcadero Center
6 Chinatown Gate
7 Exploratorium
8 Museum of Modern Art
9 Yerba Buena Gardens
10 Moscone Convention Center
11 Museum of African Diaspora
12 Grace Cathedral
13 Cable Car Museum
14 Lombard Street
15 Washington Square
16 Coit Tower
17 Aquarium of the Bay
18 Hyde Street Pier
19 Cannery
20 Ghirardelli Square
21 Maritime Museum

info

„Hallidie's Folly": die Cable Cars

Sie stinken nicht, brauchen kein Benzin, schnurren gleichmäßig vor sich hin – selbst wenn sie einen Hügel mit 20-prozentiger Steigung und mit 80 Menschen im Wagen erklimmen. Und sie sind einzigartig auf der Welt: die **Cable Cars von San Francisco**. Was heute wieder ein Touristenmagnet ist, sollte 1947 aus dem Straßenbild verschwinden und es ist einer resoluten Dame und der von ihr initiierten Aktion *Save the Cable Cars* zu verdanken, dass die insgesamt 39 historischen Bahnen, die auf 18 km Gesamtstrecke unterwegs sind, 1964 unter Denkmalschutz gestellt und renoviert wurden.

San Franciscos beliebtestes und legendäres Verkehrsmittel, die Cable Car. Im Hintergrund: die Gefängnisinsel Alcatraz

1873 war die erste von Zugseilen in Gang gesetzte Bahn unter den kritischen Augen des zuständigen englischen Ingenieurs *Andrew Smith Hallidie* und im Beisein von Journalisten, Stadtvätern und Neugierigen am Nob Hill in Betrieb genommen worden. Endlich waren damit jene Zeiten vorbei, als sich Pferde über die zahlreichen Hügel der Stadt quälten und es zu etlichen fatalen Unfällen kam. „**Hallidie's Folly**" – der verrückte Einfall *Hallidies* –, bestand die Bewährungsprobe, 1880 existierten bereits acht Linien und im späten 19. Jh. wurden rund 180 km von 500 Wagen befahren!

Ein Blick ins *Powerhouse* des Cable Car Museums, v.a. in den Maschinenraum, offenbart die **Funktionsweise** dieser kuriosen Bahnen: Vier unabhängige Kabelsysteme werden über gigantische Rollen geführt und kontinuierlich in Gang gehalten. Etwa 0,5 m unterhalb den Schienen auf Straßenniveau laufen Endlosstahlkabel mit rund 15 km/h Geschwindigkeit in Gleiskanälen.

Der sogenannte **Grip Man**, der Fahrer des Wagens, hakt einen Eisenhaken in das Kabel ein und ab geht die Post – bei zweimaligem Glockenschlag. Aushaken und Bremsen, verbunden mit einmaligem Läuten, heißt „Stopp". Fürs Abkassieren und das Zuteilen der wenigen Sitz-, Steh- und der begehrten „Hänge"-Plätze außen an den Stangen, ist der Schaffner oder **Conductor** zuständig. Beide zusammen müssen an den Wendemarken an der Market Street oder beim Ghirardelli Square ihre Muskeln unter Beweis stellen, denn dort werden die Wagen per Hand gedreht.

Union Square und Financial District

Am **Union Square (2)** pulsiert das Leben, stehen Luxushotels wie das *St. Francis* oder das *Sir Francis Drake Hotel*, befinden sich zahlreiche Nobelboutiquen, Läden und Kaufhäuser wie *Neiman-Marcus* oder *Macy's*, Theater und Lokale. Der Name des Platzes, der durch das **Dewey Monument** markiert wird, erinnert an die Versammlungen, Demonstrationen und Events, die bis heute hier stattfinden. Vom Platz aus sind es nur wenige Schritte nach Chinatown und in den geschäftigen Financial District, den man über die **Maiden Lane** – einst Teil des Rotlichtviertels – erreicht.

Hauptschlagader und Südgrenze des Financial District ist die **Market Street (3)**. In ihrem Umfeld residieren Hochfinanz und Geschäftswelt; besonders an der nach Norden abzweigenden Montgomery Street reihen sich Banken und Versicherungen aneinander. Im Schatten der **Transamerica Pyramid**, 1969 bis 1972 erbaut und mit einer Kunstsammlung im Inneren, hat sich um den **Jackson Square** (Jackson/Montgomery St.) ein schickes Viertel mit Cafés und Galerien, Antiquitätenläden und Büros entwickelt. Sie sind in alte, renovierte Bauten eingezogen, in denen man sich zu Goldgräberzeiten zu Whiskey, Bier und anderen Vergnügungen traf. Schließlich lag hier einmal die **Barbary Coast**, das im 19. Jh. berühmt-berüchtigte Hafenviertel.

Finanzen und Kunst

Das östliche Ende des Financial Districts bildet der **Embarcadero**, die Uferstraße, an der das **Ferry Building (4)** steht, mit zahlreichen Geschäften, vor allem Feinkostläden, mit Lokalen, Cafés und einem der besten Wochenmärkte der USA (www.ferrybuildingmarketplace.com). Gegenüber erstreckt sich die Justin Herman Plaza, Teil des aus insgesamt sechs Gebäuden bestehenden **Embarcadero Centers (5)**, eines ab 1967 entstandenen Büro- und Shoppingkomplexes.

Chinatown

Chinatown (www.sanfranciscochinatown.com) mit offiziell etwa 100.000 EW gilt als **Top-Touristenattraktion**. Die ersten Chinesen waren während des Goldrauschs gekommen, ein weiterer großer Strom folgte in den 1860er-Jahren, als die Eisenbahngesellschaften billige Arbeitskräfte anwarben. *„Dai Fao“*, wie das Viertel in der Sprache der Bewohner heißt, ist unter den zahlreichen ethnischen Vierteln der Stadt das auffälligste. Ein Bummel durch die Straßen lohnt allein wegen der bunt-exotischen Atmosphäre. Es gibt an jeder Ecke *Dim Sum* oder andere Köstlichkeiten und zum Mitnachhausenehmen chinesische Souvenirs und Spezialitäten – Ginseng und andere „Drogen“, Tee und Reiswein, aber auch Porzellanschälchen und Stäbchen, Seifen und Handarbeiten – billig zu kaufen.

„Dai Fao“

Ein Rundgang offenbart, dass Chinatown **zweigeteilt** ist: Zum einen das „echte“ (und lohnendere) Viertel um die **Stockton Street**, zum anderen der touristische, bunt-kitschige Teil an der parallel verlaufenden **Grant Avenue**, die man durch das fotogene **Chinatown Gate (6)** (Grant/Bush St.) betritt. Der zentrale Platz in Chinatown ist der **Portsmouth Square**, wo man sich zum Qi Gong oder zu Brett-

Eine Welt für sich: San Franciscos Chinatown

spielen trifft. Im gegenüberliegenden Hilton Hotel befindet sich das **Chinese Culture Center**, in dem Veranstaltungen und Ausstellungen stattfinden.
Chinese Culture Center, *750 Kearny St., http://c-c-c.org, Di–Sa 10–16 Uhr, $ 5, Startpunkt von Touren „Chinese Heritage Walk", Di–Sa 10/12/14 Uhr, $ 30. Details: www.c-c-c.org/education/chinatown.*

SoMa – South of Market

Vor etlichen Jahren noch war „**So**uth of **Ma**rket", das Viertel südlich der Market Street, ein heruntergekommenes Industrieareal, heute ist es vor allem bekannt wegen seiner Galerien und Boutiquen, Cafés und Toplokale, Bars und Clubs – für **Nachtleben** und **kulinarische Vielfalt**.

Moderne Kunst aus Amerika und Europa

SoMa's „Aushängeschild" ist das spektakuläre **Museum of Modern Art** (**SFMOMA**) **(8)**. Der auffällige dunkelrote Ziegelbau mit schwarz-weißem zylindrischem Lichtschacht wurde komplett aus Spenden finanziert und nach Plänen des Schweizer Architekten *Mario Botta* 1995 fertiggestellt. Nicht nur die Architektur ist sehenswert, auch die Sammlung ist ungewöhnlich: Neben moderner amerikanischer Kunst *(Lichtenstein, Johns, Warhol, Rosenquist* u.a.) gibt es moderne europäische Kunst (z.B. *de Kooning* oder *Klee*), Architekturzeichnungen und -modelle sowie Design, Grafiken, Fotos und Videokunst zu bewundern. Derzeit im Gang (bis 2016) ist eine Erweiterung auf der Rückseite des Baus von Howard bis Minna Street durch die Architekturfirma Snøhetta (*Craig Dykers*).
SFMOMA, *151 3rd St., 151 3rd St., www.sfmoma.org, mit Caffè Museo, Rooftop Coffee Bar sowie großem Shop (geöffnet: Mo–Sa 10–17, So 12–17 Uhr), ebenso* **SFMoMA Artists Gallery at Fort Mason** *Di–Sa 10.30–17 Uhr geöffnet.*

Ein Erlebnis der besonderen Art ist der Besuch eines Baseballspiels im AT & T Park

Libeskind – Architekt jüdischer Museen

In nächster Nachbarschaft wurde 2008 das **Contemporary Jewish Museum/ JMSF** in einem ebenfalls ungewöhnlichen historischen Bau eröffnet, der von *Daniel Libeskind* umfunktioniert und ergänzt wurde. Gezeigt werden sehenswerte Wechselausstellungen zu jüdischen Themen mithilfe verschiedener Medien, dazu kommen Film und Musik, Lesungen und Diskussionen, Liveaufführungen und Workshops.
JMSF, *736 Mission St., www.thecjm.org, tgl. außer Mi 11–17, Do bis 20 Uhr, $ 12.*

Gegenüber dem SFMOMA, von viel Grün umgeben, rücken die **Yerba Buena Gardens (9)** mit dem **Yerba Buena Center for the Arts/ybca** (701 Mission/3rd St., www.ybca.org) – einem mehrteiligen Kunst- und Kulturkomplex mit Theater, Ausstellungsfläche und Parkanlagen, ins Blickfeld.
ybca Gallery, *701 Mission/3rd St., www.ybca.org/visit, Do–Sa 12–20, So 12–18 Uhr, $ 10.*

Ein Stück weiter befinden sich gleich zwei Unterhaltungskomplexe: Das **Metreon** (101 4th St., www.westfield.com/metreon) wurde 1999 von Sony mit zehn Restaurants, zahlreichen Shops, Kinos und IMAX-Theater ins Leben gerufen und 2012 nach Renovierung und Umgestaltung neu eröffnet, während sich das **Zeum/Children's Creativity Museum** v. a. an Kinder und Jugendliche richtet. Diese Einrichtung bietet interaktive Ausstellungen, ein Theater, eine Eislaufbahn und verschiedenste Veranstaltungen. Angrenzend nimmt das **Moscone Convention Center (10)** – das Messezentrum – eine große Fläche ein.
Children's Creativity Museum, *221 4th St., http://creativity.org, Mi–So 10–16 Uhr, $ 11, mit Laden.*

Einen Blick lohnt die **California Historical Society** mit einer interessanten Kunstausstellung zur Geschichte Kaliforniens. Ein Muss für jeden Comicfan ist das gegenüberliegende **Cartoon Art Museum**, 1984 mit Unterstützung von *Charles M. Schulz*, dem Vater der *Peanuts*, gegründet. Das daneben befindliche **MoAD**, das **Museum of African Diaspora (11)** schließlich ist wegen seiner modernen Multimedia-Präsentation und der Thematik – die Rolle Afrikas und der Afroamerikaner – sehenswert.

Cartoons, nicht nur von Charles M. Schulz

California Historical Society, *678 Mission St., www.californiahistoricalsociety.org, Di–So 12–17 Uhr, $ 5.*
Cartoon Art Museum, *655 Mission St., www.cartoonart.org, Di–So 11–17 Uhr, $ 8.*
MoAD, *685 Mission/3rd St., www.moadsf.org, Mi–Sa 11–18, So 12–17 Uhr, $ 10.*

An diesen meistbesuchten Teil von SoMa schließt sich südlich, jenseits der Autobahn (I-80), ein zweiter Teil an: das **China Basin** mit dem Baseballstadion, dem **AT & T Park** (3rd/King St./24 Willie Mays Plaza), in dem die *Giants* spielen (s. unten), und weiteren Lokalen und Nightlife-Spots. Auch das weiter südlich gelegene **Dog Patch** erlebt derzeit einen Boom. Hier befindet sich auch das interessante **Museum of Art & Design**.

Baseball mit den Giants

Museum of Art & Design, *2569 Third St., www.sfmcd.org, Di–Sa 11–18, Do 11–19, So 12–17 Uhr, $ 8.*

Civic Center Area

Der Civic Center District wird von der City Hall dominiert

Um das **Civic Center** und den zugehörigen Park, die **Joseph L. Alioto Performing Art Plaza**, westlich des Financial District, erstreckt sich die Regierungszentrale der Stadt, zum größten Teil zwischen 1911 und 1930 entstanden und in den letzten Jahren mit großem Aufwand renoviert und erdbebensicher gemacht. Den Kern bildet das dem Kapitol ähnelnde bzw. dem Petersdom in Rom nachempfundene **Rathaus (City Hall)**.

Benachbart befindet sich der Kulturkom-plex der Stadt mit dem **San Francisco War Memorial & Performing Arts Center** (401 Van Ness Ave., http://sfwm pac.org). Es besteht aus mehreren Bühnen: Louise M. Davies Symphony Hall, War Memorial Opera House, War Memorial Veterans Building (Herbst TheatreGreen Room) und Harold L. Zellerbach Rehearsal Hall. Neu ist das **S.F. Jazz Center** (201 Franklin St., www.sfjazz.org/center), erster und einziger Bau in den USA nur für den Jazz, mit einem Studio und großem Auditorium mit 700 Plätzen.

Buchbestand sucht seinesgleichen

Die Grenze zum dem ehemals verrufenen **Tenderloin District** bildet die von *Pei Cobb Freed & Partners* aus New York geplante **San Francisco Public Library**, die Stadtbücherei, deren Bestände und Angebot alles Bekannte übertreffen und wo es

einen **Bookshop** (Zugang: Grove St.) sowie WiFi, Gäste-Computer, Ausstellungen und Veranstaltungen gibt (http://sfpl.org). Daneben eröffnete 2003 eines der größten asiatischen Museen der Welt: das **Asian Art Museum**. Es umfasst rund 17.000 Ausstellungstücke aus etwa 6.000 Jahren und aus allen Genres – von Miniatur- zu Monumentalskulpturen, Malereien, Porzellan und Keramik, Textilien, Möbeln, Waffen, Kunsthandwerk und Haushaltsgegenstände. Die Hälfte stammt aus der Sammlung des Chicagoer Industriellen *Avery Brundage*. Sein Bronzebuddha von 338 ist der älteste bekannteste weltweit.
Asian Art Museum, *200 Larkin St., www.asianart.org, Di–So 10–17 Uhr, $ 12, Sonderausstellungen kosten extra.*

Der beste Zugang zum Civic Center bietet sich von der Market Street, wo von der **UN Plaza** eine breite Fußgängerzone auf die City Hall zuführt. Hier findet immer mittwochs, freitags und sonntags ein Wochenmarkt statt (www.hotcfarmersmarket.org).

Feuerschneise 1906

Die im Westen verlaufende **Van Ness Avenue** (Hwy. 101) war 1854 als Prachtallee angelegt worden, doch da sie bei dem Großbrand 1906 als Feuerschneise diente, sind die meisten heutigen Bauten neu und die Straße insgesamt eher unattraktiv. Sie durchquert als Hauptachse die Innenstadt und dient als Zubringer zur Golden Gate Bridge.

Jenseits der Van Ness Ave. hat sich im Schatten der Verwaltungsbauten im **Hayes Valley** um Hayes/Gough bzw. an der Octavia Street – mit dem Park Patricia's Green – ein neues „In-Viertel“ mit kleinen Boutiquen und netten Cafés und Restaurants entwickelt.

Stadt der Hügel

Von Roms sieben Hügel haben die Meisten gehört, die Namen aller **43 Hügel San Franciscos** hingegen kennen nicht einmal die Einheimischen. Einige davon sollte man sich merken: **Nob Hill** – mit sehenswerter Architektur und Cable Car Museum –, **Russian Hill**, ehemaliger Künstler- und Literatentreff mit der kurvenreichsten und meistfotografierten Straße der Welt, der **Lombard Street**, und **Telegraph Hill** wegen seines Ausblicks vom **Coit Tower**.

Snob Hill – Wohnsitz der Haute-Volée

Den **Nob Hill**, nördlich des Union Square gelegen, nennen die Einheimischen gerne „Snob Hill“. Wer *Pacific Union Club* (1000 California St.), *University Club* (800 Powell/California St.), *Mark Hopkins Hotel* (999 California St.), *Fairmont Hotel*, *Bohemian Club* (625 Taylor/Post St.), *Leland Stanford Estate* oder *Huntington Hotel* (1075 California/Taylor St.) gesehen hat, versteht warum. Seit dem späten 19. Jh. ist der gut 100 m hohe Hügel Wohnsitz der Hautevolée. Am Rande des zur Pause einladenden **Huntington Park**, gleich neben dem *Pacific Union Club,* fällt die neogotische **Grace Cathedral (12)** ins Auge. Sie wurde nach dem Vorbild der Pariser Kathedrale Notre-Dame erbaut und ist mit Nachbildungen der Paradies-Türen *Ghibertis* vom Florentiner Baptisterium ausgestattet. Hörenswert sind die regelmäßig dort stattfindenden Konzerte (www.gracecathedral.org).

Die kurvenreiche Lombard Street

Ein Stück weiter östlich, an der Kreuzung California und Powell St., lohnt der Ausblick, ehe man den Weg zum **Cable Car Museum & Powerhouse Viewing Gallery (13)**. In dem dreistöckigen Ziegelbau von 1907 befindet sich die Schaltzentrale für die kabelgezogenen Bahnen. Man sieht die riesigen Kabelspulen, alte und neue Wagen und Zubehör, Fotos, Zeichnungen, Modelle und bekommt die Technik erklärt. Angeschlossen ist ein Museumsshop.
Cable Car Museum & Powerhouse Viewing Gallery, *1201 Mason/Washington St., www.cablecarmuseum.org, tgl. 10–17/18 Uhr, frei.*

Acht Haarnadelkurven

Russian Hill besucht man in erster Linie wegen der **Lombard Street (14)**, jenen acht Haarnadelkurven von der Hyde zur Leavenworth Street, auf denen sich speziell an Wochenenden Stoßstange an Stoßstange die Mietwagen drängeln. Russian Hill hat jedoch mehr als nur diese eine Straße zu bieten, z.B. malerische Treppenaufgänge und Aussichtspunkte wie jener im **Ina Coolbrith Park** oder am Ende der **Vallejo Street Steps**. Zudem bietet dieses Nobelwohnviertel der Bohemians sehenswerte Architektur.

North Beach und Telegraph Hill

Knuspriges Weißbrot, schmackhafte Pizza

In **North Beach** sucht man vergeblich nach einem Strand, denn wo einst die Wellen ans Ufer schlugen, befinden sich heute Asphalt und Beton. Ein Großteil des Viertels wurde im 19. und zu Beginn des 20. Jh. künstlich aufgeschüttet und der heutige Hafen mit seinen Piers entstand nördlich und östlich. North Beach steht synonym für **Little Italy**, denn bereits im späten 19. Jh. haben sich hier Europäer niedergelassen. In den 1930er-Jahren war eine blühende Italiener-Gemeinde entstanden, viele darunter waren

Fischer, und diese ist bis heute dafür verantwortlich, dass es in dem Viertel den besten Espresso, das knusprigste Weißbrot und die schmackhafteste Pizza oder Pasta gibt.

Marilyn Monroes Hochzeit

In North Beach liegt eine altehrwürdige Institution: der 1953 von *Lawrence Ferlinghetti* gegründete **City Lights Bookstore** (261 Columbus St.), der eine entscheidende Rolle bei der Geburt der *Beatniks* spielte. Dass den letzten Jahrzehnten der asiatische Bevölkerungsanteil in North Beach erheblich gestiegen ist, erkennt man auf dem **Washington Square (15)**. Diese beliebte Grünanlage im Schatten der 1922 erbauten monumentalen **St. Peter & Paul Roman Catholic Church**, in der *Marilyn Monroe* Baseballstar *Joe DiMaggio* heiratete, wird morgens von vielen Asiaten zur Morgengymnastik genutzt.

Südlich North Beach schließt sich der **Telegraph Hill** an. Die Aussicht ist besonders vom **Coit Tower (16)** aus grandios. An seiner Stelle befand sich Mitte des 19. Jh. die erste Telegraphenstation, heute fungiert der Aussichtsturm auch als Museum. Sehenswert sind v.a. die Wandmalereien von 1934. 25 Künstler hatten damals im Rahmen eines Arbeitsbeschaffungsprogramms großformatige, farbenfrohe Bilder zu sozialkritischen und historischen Themen, inspiriert von *Diego Rivera*, geschaffen.
Coit Tower, *tgl. 10–17 Uhr, $ 4,50 Aufzug, kostenlose Touren: www.sfcityguides.org/desc.html?tour=13.*

An der Waterfront

Neues Exploratorium

Hauptattraktion der Stadt ist die **Waterfront**, deren touristisches Zentrum **Fisherman's Wharf** bildet. Die „romantische Hafenidylle" ringsum besteht aus Seafood-Restaurants, Souvenirläden und Shoppingkomplexen – *Pier 39*, *Ghirardelli Square*, *The Cannery* – sowie Piers für Ausflugsboote. Doch es gibt auch Highlights, wie den *San Francisco Maritime Park* mit seinen historischen Schiffen oder die *Boudin Bakery*, das Aquarium oder die hier startenden Bootstouren. Derzeit viel im Gang ist im südlichen Teil der Waterfront, Richtung SoMa, wo **Ferry Building Marketplace** (s. S. 428) das Revival initiierte. An Pier 27 entsteht gerade ein neuer Kreuzfahrtschiffhafen, Pier 15 dient seit 2013 als neuer Sitz des **Exploratoriums (7)**, dessen Ausstellungsabteilungen jetzt wesentlich attraktiver sind als zuvor im Presidio und wo es neben Hands-on-Unterhaltung für Kinder (und Erwachsene) die interessante **Bay Observatory Gallery** mit Ausblick gibt.
Exploratorium, *Pier 15/Green St., $ 25, Di–So 10–17 Uhr, www.exploratorium.edu, mit Restaurant und Shop.*

Fisherman's Wharf

Fisherman's Wharf (www.fishermanswharf.org) ist mit der Cable Car oder der Streetcar Line F von der Market Street via Embarcadero leicht erreichbar. Am **Pier 39** treffen sich seit 1978 Besucher aus aller Welt um zu essen, zu shoppen, die legendären bellenden Seelöwen zu beobachten und sich zu vergnügen. Hier ist das **Aquarium of the Bay (17)** eingezogen und befinden sich das **California Wel-**

come Center sowie ein neues **Sea Lions Center** (tgl. 10–17 Uhr). Von der Veranda aus sieht man in der Ferne Alcatraz und die Bucht und landeinwärts fällt der Blick auf Ghirardelli Square und Telegraph Hill.
Aquarium of the Bay, *Pier 39, www.aquariumofthebay.org, tgl. 9/10–mind. 18 Uhr, $ 21,95.*

Die dem Ufer folgende **Jefferson Street** bietet viel Kitsch und Schund, Entertainment, T-Shirt-Shops und Souvenirs, während an den Piers Fähren, Ausflugs- und Charterboote ablegen. Eine Umgestaltung dieses Bereiches ist geplant.

Vorbei an dem neuen Komplex der **Boudin Bakery** mit interessanter Tour durch die Schaubäckerei, die bekannt ist für ihr *Sourdough Bread*, sowie großem Laden, Imbiss und Restaurant, gelangt man zu Pier 45. Dort befinden sich nicht nur das **Musée Mécanique** – eine kuriose Privatsammlung vielerlei Maschinen –, sondern am Pier liegen das **Liberty Ship „S.S. Jeremiah O'Brien"** und das U-Boot „**U.S.S. Pampanito**" vor Anker.
Boudin Bakery, *Jefferson St./ Pier 43–45, www.boudinbakery.com, Museum & Bakery Tour Mi–Mo 11.30–21 Uhr, $ 5.*
Musée Mécanique, *Pier 45, www.museemechanique.org, Mo–Fr 10–19, Sa/So bis 20 Uhr, frei.*
S.S. Jeremiah O'Brien, *Pier 45, www.ssjeremiahobrien.org, tgl. 9– mind. 16 Uhr, $ 12.*
U.S.S. Pampanito, *Pier 45, www.maritime.org/pamphome.htm, tgl. 9– mind. 17 Uhr, $ 12.*

Ein Stück weiter folgen zwei weitere Shoppingkomplexe: **The Anchorage** und die **Cannery at Del Monte Square (19)**, letztere 1906 erbaut und lange Zeit von der Firma *Delmonte* zum Eindosen von Pfirsichen benutzt.

Der **Hyde Street Pier (18)** ist Teil des **San Francisco Maritime NHP**, ein Freilichtmuseum mit historischer Flotte bestehend aus dem Segler „Balclutha", dem Schoner „C.A. Thayer" von 1895, dem Raddampfer „Eureka", dem Schlepper „Hercules" und anderen Booten; sie dürfen mit Ticket an Deck erkundet werden. Informationen allgemein dazu gibt es im Besucherzentrum.
S. F. Maritime NHP, *Hyde Street Pier, www.nps.gov/safr, tgl. 9.30–mind. 17 Uhr, $ 5 für Schiffsbesichtigungen, VC Ecke Jefferson/Hyde St. (499 Jefferson).*

Wendepunkt der Cable Cars

Gegenüber, landeinwärts, liegt der **Victorian Park**. Am dortigen Wendepunkt der Cable Car, dem *Hyde Street Cable Car Turntable*, bilden sich an Wochenenden und Sommerabenden oft lange Schlangen. Im Hintergrund erkennt man dank des weithin sichtbaren Uhrenturms mit Firmenschriftzug den **Ghirardelli Square (20)** (www.ghirardellisq.com). Der Italiener *Domingo Ghirardelli* war während des Goldrauschs nach San Francisco gekommen und hatte begonnen, Schokolade herzustellen. 1893 erwarben seine Söhne eine hier befindliche alte Textilfabrik und erweiterten sie.

Gegenüber liegt unübersehbar das **Maritime Museum (21)**, ein dank auffälliger *Streamline*-Architektur im Stil eines Luxuskreuzers markantes Gebäude. Ausgestellt sind Schiffsteile und Galionsfiguren sowie maritime Memorabilien aller Art, Fotos, Gemälde und Modelle (Polk/Aquatic Park, EG mit Ausst. und Wandbildern tgl. 10–16 Uhr).

info

Alcatraz, der sicherste Knast der Welt

Alcatraz, die „raue Insel der Pelikane“, liegt nur gut 2 km von Fisherman's Wharf entfernt. Bekannt wurde die Gefängnisinsel durch Filme wie „Die Flucht von Alcatraz“ mit *Clint Eastwood*, „*The Bird Man of Alcatraz*“ mit *Burt Lancaster* oder „*The Rock*“ mit *Sean Connery* und *Nicolas Cage*. Lange Zeit unbewohnt, wurde sie Mitte des 19. Jh. als „Fort Alcatraz“ zur **bestgesicherten Befestigung** an der amerikanischen Westküste umfunktioniert. Verteidigungszwecken diente das Fort allerdings nie: Die aufgestellten Kanonen und sonstigen Waffen waren bei der Einweihung bereits veraltet und so wurde die Anlage schon zwei Jahre später zum **Militärgefängnis** degradiert.

1909 bis 1912 ließ man die Insassen selbst einen neuen, noch aufwendiger gesicherten Zellentrakt aus Stahlbeton errichten. Allerdings konnten alle Sicherheitsmaßnahmen die Häftlinge nicht von Fluchtversuchen abhalten: 14 sollen geflüchtet sein, doch von keinem Einzigen ist bekannt, ob er jemals das Festland erreichte. 1934, während Prohibition und Depression, wurde das Gefängnis zum Staatsgefängnis und im selben Jahr gelangte auch jener legendäre Gangsterboss *Al Capone* nach Alcatraz. Das Personal lebte auf der Insel im *Warden's House* oder in den *Officers' Quarters* und es gab Einrichtungen wie Postamt, Schule und Läden.

1963 erloschen die Lichter in Alcatraz für immer, das **Staatsgefängnis** war unrentabel geworden. Sechs Jahre später **besetzten** zunächst fünf, dann weitere 80 Sioux-Indianer, zu-meist Mitglieder des **AIM** *(American Indian Movement)*, die Insel. Sie wollten auf jahrhundertelang begangenes Unrecht an den Indianern hinweisen und zogen nach einigen Monaten friedlich ab.

In 1970er-Jahren wurde die Insel der *Golden Gate National Recreation Area* angegliedert und damit Besuchern zugänglich gemacht. Seither laufen konstant Res-

Alcatraz, einst der sicherste „Knast“ der Welt

taurierungen und seit Kurzem sorgen die wiederhergestellten prächtigen Gartenanlagen für einen bunten Farbtupfer. Nach alten Fotos und Zeichnungen sind die Gärten und ihre Bepflanzung, für die ursprünglich vor allem die Gefangenen zuständig waren, authentisch rekonstruiert.

- **Infos**: www.nps.gov/alcatraz, www.alcatrazcruises.com (Fähren ab Pier 33) sowie www.alcatrazgardens.org (Gärten).

Fort Mason und Crissy Field

Ruhiger wird es, wenn man sich an der Waterfront weiter westwärts, Richtung **Fort Mason** (Marina/Buchanan St., www.fortmason.org), bewegt. Auf dem parkartigen Gelände dieses früheren Militärareals sind mehrere historische Gebäude verstreut und stehen mehrere Baracken westlich des Municipial Pier. In eben diesen sind ein paar kleinere Museen zu Hause: das **Museo Italo-Americano** und die **San Francisco Museum of Modern Art Artists Gallery**, außerdem Kulturinstitutionen, Kunstateliers, Cafés und Lokale, ein Buchladen, mehrere Theater und eine Veranstaltungshalle.

Nobles Wohnen an der Marina

Hier beginnt zugleich die **Golden Gate National Recreation Area/GGNRA** (www.nps.gov/goga). Nach Osten zu geht Fort Mason in einen Grünstreifen am Wasser, Marina Green, über, der es mit dem Presidio verbindet. Grünflächen und Jachthafen dürften dazu beigetragen haben, dass hier ein nobles Wohnviertel – **Marina** – entstand. Der Uferstreifen, der sich von hier aus Richtung Golden Gate Bridge zieht, heißt „**Crissy Field**". Das Erholungsareal wird auch für zahlreiche Veranstaltungen und Aktivitäten genutzt und neben einer Promenade mit Picknickplätzen gibt es ein naturbelassenes Stück Marschland. Interessantes dazu erfährt man im hier befindlichen neuen, „grün-umweltfreundlichen" **Crissy Field Center** (www.parks conservancy.org/programs/crissy-field-center, mit Café).

Im Presidio

Beim **Presidio** handelt es sich um einen seit 1776 existierenden Militärstützpunkt. Gleich an der Westgrenze des Parkgeländes, am Marina Blvd., befand sich bis 2013 das **Exploratorium**. Beliebtes Fotomotiv ist der Bau selbst geblieben, bestehend aus Überresten des **Palace of Fine Arts**, einer antikisierenden Rotunde mit monumentalen Säulen und Gebälk, die 1915 anlässlich der *Pan-Pacific Exhibition* errichtet wurde.

Das Presidio-Areal ist großzügig proportioniert und Auto oder Fahrrad sind günstig. Schöne Aussichtspunkte befinden sich oberhalb der Lyon Street Steps (Broadway/Green, Bus Nr. 45/41), am National Cemetery und am Inspiration Point. Die Lovers' Lane, an der sich verschiedene naturbezogene Kunstwerke aufreihen, zieht sich als Trail durch den Park, eher ein Eukalyptuswald, der einen die Stadt vergessen lässt. Sehenswert im Park ist das **Walt Disney Family Museum**, das über Disneys Leben und über die Entstehung von Comics informiert, schön zum Übernachten ist das neue Inn at the Presidio (www.innatthepresidio.com). Nähere Informationen zum Presidio: www.presidio.gov.

Walt Disney Family Museum, *104 Montgomery St., www.waltdisney.org, tgl. 10–18 Uhr, $ 20, mit Café.*

An der **Fort Point NHS** ist vor allem die ungewöhnliche Perspektive der Golden Gate Bridge sehenswert: Das Fort liegt direkt unter einem Pfeiler der Brücke. Die Anlage, zu der auch ein Leuchtturm gehört, war 1853 bis 1861 von der *US Army* als einzige und erste Artillerie-Befestigung westlich des Mississippi zum Schutz der Bucht erbaut worden.
Fort Point NHS, *Lincoln Blvd./Long Ave., www.nps.gov/fopo, Fr–So 10–17 Uhr, frei.*

Golden Gate Bridge

Das Wahrzeichen der Stadt, die Golden Gate Bridge, ist nur eine von insgesamt fünf Brücken. Für die Einheimischen ist beispielsweise die Oakland Bay Bridge die wichtigste Brücke und zugleich ist sie die verkehrsreichste und älteste. Der Bau der **Golden Gate Bridge** geschah nicht aus ästhetischen Gründen, sondern aus praktischen und profanen Überlegungen: Wegen des ständigen Nebels hatte sich der Fährverkehr als unzuverlässig erwiesen und deshalb machte sich jener Mann, der bereits geplant hatte, die Straße von Gibraltar zu überbrücken, an die Arbeit.

Rote Lady am Goldenen Tor

Der deutschstämmige Ingenieur *Joseph Baermann Strauss* begann im Januar 1933 mit der Konstruktion einer Brücke über die Meerenge namens „Goldenes Tor“. Insgesamt 1.500 Arbeiter wurden rekrutiert, die anfangs, wegen der Gezeiten, nur viermal täglich, je eine Stunde an den Fundamenten arbeiten konnten. Dennoch war der auf felsigem Grund errichtete Nordpfeiler bereits im Mai 1934 fertig. Eröffnet wurde die „**Rote Lady aus Stahl**“, die damals als weltgrößte und längste freitragende Brücke galt, am 27. Mai 1937 im Beisein von Präsident *F. D. Roosevelt* – übrigens sechs Monate später als die gut 13 km langen *San Francisco–Oakland Bay Bridge*.

Die Golden Gate Bridge ist das Wahrzeichen San Franciscos

Golden Gate Bridge in Zahlen

Hauptkabel:	Länge: 2,5 km, Durchmesser: 1 m, Gewicht 24.000 t
Stützpfeiler:	228 m (65 Stockwerke) aus dem Wasser ragend, 31 m unter der Wasseroberfläche
Spannweite:	zwischen den Pfeilern: 1280 m, 67 m über dem Meeresspiegel gelegen
Gesamtlänge:	2.800 m, Breite 27 m (6 Fahrspuren und Fußweg)
Schwingung:	bis zu 6 m
Kosten:	rund $ 33 Mio.

Lincoln Park, Point Lobos und Cliff House

Westlich der Golden Gate Bridge liegt im Lincoln Park der **Palace of the Legion of Honor**, ein Kunsttempel der besonderen Art und Teil der Fine Arts Museums of San Francisco. Der klassizistische Bau samt Kunstwerken ist dem Zuckerindustriellen *Adolph* und seiner Frau *Alma Spreckels* zu verdanken und beherbergt rund 87.000 Objekte, die ein breites Spektrum an verschiedenen Genres und rund 4.000 Jahre Kunstgeschichte abdecken: antike Kunst, mittelalterliche Werke, Gemälde der Niederländer und italienische Renaissance ebenso wie englische Künstler und französische Impressionisten und nicht zuletzt Kunst des 20. Jh. Zum Museum gehören auch ein Café mit Dachterrasse und ein Shop. Dank der malerischen Lage auf dem Landzipfel, wo der Pazifik in die San Francisco Bay fließt, bietet sich vom Parkplatz des Museums, nahe einer Holocaust-Installation von *George Segal*, ein grandioser Ausblick.

Kunsttempel mit 4000 Jahren Kunstgeschichte

Palace of the Legion of Honor, *34th Ave./Clement St., www.famsf.org/legion, Di–So 9.30–17.15 Uhr, $ 10.*

Auch der Blick vom **Cliff House** (www.cliffhouse.com) ist nicht zu verachten. Bei fast jedem Wetter und ungeachtet eisiger Wassertemperaturen sind an der östlich angrenzenden **Ocean Beach** Surfer aktiv und bevölkern Seelöwen und brütende Vögeln die Seal Rocks. Steil hinab führt der Weg zu den **Sutro Baths Ruins**. Ein Preuße gleichen Namens, der mit Silber reich geworden war, hatte hier 1886 das damals weltgrößte Hallenbad mit Süss- und Salzwasser für 1.600 Besucher eröffnet – das wohl weltweit erste „Erlebnisbad“! Das Cliff House war ursprünglich ein Nobelresort und befand sich ebenfalls ab 1881 in Besitz von *Adolph Sutro*, der sogar über eine eigene Eisenbahnlinie Besucher anzulocken versuchte. Mehrmals bei Bränden zerstört, stammt der heutige, renovierte Bau im Kern aus dem Jahr 1909 und ist Teil der GGNRA mit Lokalen und Bar.

Weltweit erstes „Erlebnisbad“

Golden Gate Park

Wo sich heute am Sonntag die San Franciscans bevorzugt erholen, befand sich vor 1871 noch eine unfruchtbare Sanddüne. Der Bürgermeister plädierte für mehr Grün und so entstand zunächst der *Panhandle*, ein schmaler Grünstreifen, ehe *William Hammond Hall* nach dem Vorbild des New Yorker Central Parks einen **vielsei-**

tigen Erholungspark mit Seen und Rasenflächen, Museen und Gartenanlagen, Bühnen, Sport- und Spielplätzen schuf. Was den **Golden Gate Park** (www.golden-gate-park.com) von vielen anderen Stadtparks unterscheidet, ist die Tatsache, dass er neben Freizeitvergnügen auch hochkarätige Kultur bietet.

Moderne Architektur

Im Oktober 2005 machte die Neueröffnung des **de Young Museums** den Anfang für ein neues Kulturzentrum im Park. Den ungewöhnlichen, kupferblechverkleideten, umweltfreundlichen und energiesparenden Bau entwarf das Schweizer Architekturbüro *Herzog & de Meuron*. Er birgt die stadtälteste und größte Kunstsammlung, 1894 ins Leben gerufen: amerikanische Kunst und Kunsthandwerk von der Kolonialzeit bis ins 20. Jh., British Galleries, Volkskunst von allen Kontinenten, antike und ägyptische Kunst. Neben einem Skulpturengarten gibt es ein Museumscafé und einen gut sortierten Shop.
de Young Museum, *75 Tea Garden Dr., http://deyoung.famsf.org, Di–So 9.30–17.15, Fr –20.45 Uhr, $ 10, inkl. Legion of Honor, s. oben, mit Café und Shop.*

Im Herbst 2008 folgte gegenüber die **California Academy of Sciences**, ein Musterbeispiel für „grünes Bauen“ vom Reißbrett *Renzo Pianos*. Beeindruckend im Inneren ist v.a. der **mehrstöckige Regenwald** mit seiner Vogel- und Schmetterlingssammlung und die Ausstellung zu Erdbeben. Im Untergeschoss breitet sich das neu gestaltete **Steinhart Aquarium** mit unterschiedlichen Abteilungen zu Korallenriffs und zur kalifornischen Küstenlandschaft aus, dazu gibt es naturgeschichtliche Abteilungen und das *Morrison Planetarium*. Ungewöhnlich ist das mit regionaler Flora **begrünte, teilweise begehbare Dach**.
California Academy of Sciences, *55 Music Concourse Dr., www.calacademy.org, Mo–Sa 9.30–17, So 11–17 Uhr, $ 29,95.*

Auf dem Dach der California Academy of Science

Direkt am Platz (Music Concourse), um den sich die Museen gruppieren und an dem der Kennedy Drive vorbeiführt, befindet sich der Zugang zum **Japanese Tea Garden**, einem Japanischen Garten mit Pagode, Teehaus und Shop. Größer und vielseitiger ist der **SF Botanical Garden**. Besonders sehenswert sind im Botanischen Garten die Abteilungen *Rock Garden, California Native Plants, der Redwood Nature Trail* und *Succulent Garden*. Eine üppige tropische Pflanzenvielfalt erwartet den Besucher auch im **Conservatory of Flowers**, einem sehenswerten viktorianischen Glashaus mit tropischen Regenwaldpflanzen.

Pflanzenvielfalt

Japanese Tea Garden, *Tea Garden Dr., http://japaneseteagardensf.com, tgl. 9–16.45/18 Uhr, $ 7 (Mo/Mi/Fr vor 10 Uhr frei).*

SF Botanical Garden, *96th Ave./Lincoln Way bzw. ML King Jr. Dr., www.sfbotanicalgarden.org, tgl. 7.30–mind. 16 Uhr, $ 7.*

Conservatory of Flowers, *100 John F. Kennedy Dr., www.conservatoryofflowers.org, Di–So 10–16.30 Uhr, $ 8.*

S.F. Neighborhoods

Haight-Ashbury, Western Addition und Pacific Heights

Das Zentrum der „Blumenkinder", **Haight-Ashbury**, ist noch heute ein lebhaft-verrücktes, buntes Viertel, dessen Herz um Haight und Ashbury zwischen Masonic und Cole Street schlägt. Zu Pilgerstätten entwickelten sich die Wohnhäuser von *Greatful Dead*-Boss *Jerry Garcia* und Sängerin *Janis Joplin*, und wie eh und je ist die **Haight Street** Flanierallee, Ort zum *People Watching* und Treff. Man schmökert in Buchläden, wühlt in Secondhand-Shops nach alten Hippie-Klamotten oder sitzt einfach nur in oder vor einem der zahlreichen Cafés herum.

Haight-Ashbury ist bis heute die Heimat der „Blumenkinder"

Haight-Ashbury ist zusammen mit dem Golden Gate Park entstanden, damals fungierte die Stanyan Street als Hauptachse. In den 1930er-Jahren befand sich hier ein Arbeiterviertel, das erst zum Rückzugsgebiet der Afroamerikaner wurde, ehe in den 1960er-Jahren „Haschbury", die Hippie-Hauptstadt der Welt, aus der Wiege gehoben wurde. Nach dem Niedergang von Flower-Power und Hippies waren es in den späten 1980er-Jahren die *Urban Pioneers*, die die damals preiswert angebotenen viktorianischen Häuschen renovierten und so das Viertel ganz allmählich wieder zu einer gefragten Adresse machten.

Beliebtes Fotomotiv

Ganz in der Nähe in der Nordostecke des Viertels, an der Grenze zu Western Addition, befindet sich der **Alamo Square**. Dort muss man die hübsche Reihe historischer Häuschen vor der modernen Skyline von Downtown fotografieren, um danach beim Bummel durchs Viertel festzustellen, dass es auch andernorts sehenswerte Bauten im *Queen Anne Style* gibt.

Nach dem Stadtplan heißt das ganze Viertel **Western Addition**, bekanntester Teil ist jedoch sein Kern, das sechs Blöcke umfassende **Japantown** mit dem Japan Center an der Geary Street und der sich südlich anschließende **Fillmore District**, berühmt für seine Jazzszene. Western Addition geht nördlich Japantown unmerklich in **Pacific Heights** über. Dort hat sich um Union, Chestnut und Fillmore Streets, in **Cow Hollow**, ein weiteres Trendviertel mit Kneipen, Cafés und Läden herausgebildet.

Mission District und Castro

Der **Mission District**, das Areal um die alte spanische Mission südlich der 14th St., stellt das mexikanische Pendant zum italienischen North Beach oder zu Chinatown dar. Vor allem an der Mission St. zwischen 16th und 24th St. und an der Kreuzung 24th/Mission St., herrscht südländisches Treiben und am 24th Latino Shopping Strip Basaratmosphäre. Straßenhändler, Stände, billige Kneipen und bunte Obst-, Gemüse- und Ramschläden sowie verfallene Kinopaläste prägen das Bild. Gut für einen Imbiss ist z.B. die Mission Market Food Mall (2590 Mission St.). In letzter Zeit mogeln sich vermehrt Gourmetlokale, Boutiquen und (Ketten-)Läden dazwischen und scheint eine Gentrifizierung im Gang zu sein.

Theater in Castro, dem berühmten Homosexuellenviertel

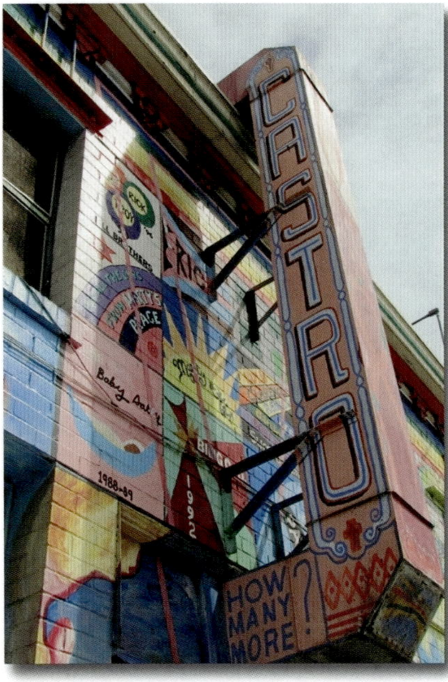

Der Mission District ist auch bekannt für seine rund 200 **Wandmalereien**, die sich auf das ganze Viertel verteilen, konzentriert aber in der **Balmy Alley** (24th St., Trent Ave.–Harrison St., www.balmyalley.com) zu finden sind. Auskünfte dazu, einen Shop und Tourangebote gibt es im **Precita Eyes Mural Arts & Visitor Center** (2981 24th/Harrison St., www.precitaeyes.org/tours.html).

Ein Ruhepol und gleichzeitig die Keimzelle der Stadt ist die strahlend weiße **Mission Dolores**. Sie wird durch eine weitere Hauptachse, die Dolores Street, mit dem spanischen Zentrum und der Market Street verbunden. Die Mission San Francisco de

Asis, wie sie offiziell heißt, war als sechste Mission 1776 von *Junipero Serra* gegründet worden. Der Komplex besteht aus einer prächtigen spanisch-mexikanischen Adobekirche und wird umgeben von Gärten, Konvent, Friedhof und verschiedenen Nebengebäuden. Im Innenhof gibt es eine Ausstellung zur Geschichte der Mission.
Mission Dolores, *3321 16th/Dolores St., http://missiondolores.ypguides.net, tgl. 8–12 und 13–16 Uhr, $ 5.*

Südlich der Market entlang der Castro bis etwa zur 20th Street erstreckt sich **Castro** (www.sfpride.org), das Homosexuellenviertel der Stadt, das allerdings in den letzten Jahren mehr und mehr zum ganz „normalen" Wohnviertel geworden ist. Idealer Ausgangspunkt für einen Rundgang ist die Muni Metro Station an der Ecke Market/Castro Street, an der **Harvey Milk Plaza**. Von hier aus starten auch die interessanten Cruisin' the Castro Tours von *Kathy Amendola* (s. S. 446). *Harvey Milk* war der erste, der sich offen zu seiner sexuellen Neigung bekannte und in ein politisches Amt gelangte. Er wurde 1978 zusammen mit dem damaligen Bürgermeister *Moscone* ermordet, was schwere Unruhen zur Folge hatte. 2010 wurde sein Todestag, der 22. Mai, zum kalifornischen Feiertag erklärt.

Buntes Viertel

Vorbei am **Castro Theatre** (429 Castro St., www.castrotheatre.com) im spanisch-barocken Stil von 1922 geht es zur Kreuzung Castro/18th Street, ins Herz des Viertels bzw. zu den *„gayest four corners of the earth"*. Ringsum beherbergen verschiedenfarbige viktorianische Häuschen aus den 1890er-Jahren Shops, Cafés und Kneipen wie die *Twin Peaks Tavern*. Sehenswert ist das kleine, aber instruktive **GLBT History Museum**, das über die Geschichte der Schwulenszene erzählt.
GLBT History Museum, *4127 18th St., www.glbthistory.org/museum, Mo/Mi–Sa 11–19, So 12–17 Uhr, $ 5.*

Von der Liberty Street – seit jeher eine beliebte Wohnadresse – führen die **Liberty Steps** zu einem lohnenden Aussichtspunkt. Im südlich angrenzenden **Noe Valley** überwiegen *Health Shops*, spirituelle und esoterische Läden, Buch- und Schallplattenläden, Gourmetshops, Kleiderboutiquen und preiswerte Kneipen.

49-Mile Scenic Drive

1938 wurde der 49-Mile Scenic Drive (siehe Umschlagklappe) ins Leben gerufen, eine durch weiß-blaue Schilder mit einer weißen Seemöwe und entsprechende Aufschrift markierte Route, die über fast 80 km an den wichtigsten Sehenswürdigkeiten, Aussichtspunkten und Vierteln vorbeiführt. Sie beginnt und endet an der Kreuzung Van Ness Ave./Hayes St., nahe dem Rathaus. Man muss nicht die gesamte Strecke abfahren, denn v. a. in Chinatown und anderen zentrumsnahen Stadtvierteln verhindert an Werktagen starker Verkehr ein unbeschwertes Vorankommen. Diese Neighborhoods sollte man sich für Stadtspaziergänge aufheben.

- **Infos:** www.sanfrancisco.travel/media/The-49-Mile-Scenic-Drive--A-Brief-History.html.

Reisepraktische Informationen San Francisco

Information

San Francisco Visitor Information Center, *900 Market St./Powell–Market, Hallidie Plaza (UG), Mo–Fr 9–17, Sa/So 9–15 Uhr, im Winter So geschl., www.sanfrancisco.travel. Hotelreservierung, Tickets, Fahrkarten, Broschüren und Pläne; Filiale im Flughafen. ☏ (415) 391-2000.*
California Welcome Center, *Level 2 Pier 39, ☏ (415) 981-1280, www.visitcalifornia.com/California-Welcome-Centers/San-Francisco, tgl. 10–19 Uhr. Informationen zu ganz Kalifornien sowie Computer zur Internetnutzung.*
Golden Gate National Recreation Area (GGNRA), *Crissy Field Center u.a. VCs, Adressen u. Zeiten s. www.visitcalifornia.com/California-Welcome-Centers/San-Francisco, meist tgl. 10–17 Uhr.*

Im Internet:
www.citysearch.com/guide/sanfrancisco-ca-metro – hilfreiche Listen zu Restaurants, Hotels, Bars, Clubs, Einkaufen etc.; www.sfstation.com (v. a. Events und Veranstaltungen), www.sfgate.com (Tageszeitung) oder www.sanfrancisco.com.

Wichtige Telefonnummern & Adressen

Notruf Polizei/Feuer/Ambulanz: *☏ 911*
Polizei: *☏ (415) 553-0123.*
CAA Travel/California State Automobile Association, *160 Sutter St., ☏ (415) 773-1900, www.csaa.com, Mo–Fr 8.30–17.30 Uhr.*

Medizinische Notfälle
Traveler Medical Group/Current Health, *490 Post St., ☏ (415) 981-1102, www.travelermedicalgroup.net. Täglich rund um die Uhr medizinische Hilfe ohne Termin bei verschiedenen Spezialisten.*
Visitors' Medical Services *im Saint Francis Memorial Hospital, 900 Hyde St., Notfälle: (415) 353-6300 (24 Std.), Ärztevermittlung: ☏ 1 (800) 333-1355.*
Urgent Med Housecalls, *2184 Sutter St., ☏ (415) 680-4153, www.urgentmedhousecalls.com; auch Hausbesuche; 1 (800) DENTIST, 24-Std.-Zahnarztvermittlung, ☏ 1 (800) 336-8422.*

Unterkunft

Boutique- und Luxushotels *befinden sich rund um den Union Square bzw. in Nob Hill, im Financial District und an der Market Street, die großen* **Kettenhotels** *liegen v. a. an der Waterfront und entlang der Market Street,* **billige Bleiben** *finden sich v. a. in der Civic Center Area, entlang Post und Sutter Street, außerdem in Teilen von SoMa.* **Preiswerte Motels** *stehen an der Van Ness Ave. und der Lombard St. (v. a. im Bereich der Nr. 1500–1700 bzw. 2000–2300).*
Am preiswertesten ist meist **Buchung im Internet**, *z. B. bei http://de.hotels.com, www.expedia.de/hotel, www.hotelbook.com oder www.quikbook.com.*
Eine **ausführliche Liste** *von „Billigunterkünften“ aller Art mit Beschreibungen, Wertungen und Sofortbuchungsmöglichkeit findet sich unter: www.hostels.com/san-francisco/usa oder www.sfhostels.org (HI-Hostels in San Francisco).*

Extratipp für Ex-Hippies und Sparsame

Gleich nach dem verheerenden Erdbeben und Feuer 1906 wurde es erbaut, 1922 umbenannt in „San Remo" und ab 1971 renoviert und modernisiert. Seither ist das **San Remo Hotel** ein „Klassiker". Die 62 Zimmer sind Musterbeispiele für Alte-Welt- oder Flower-Power-Hippie-Charme. Ohne Telefon oder TV, viktorianisch (altmodisch) eingerichtet, winzig mit Einzel- oder Queen-Size-Betten und im Stil europäischer Pensionen mit WCs und Duschen auf dem Gang. Historische Fotos und Relikte vergangener Zeiten sowie Sitzgruppen und Bücherregale in den Gängen geben dem Hotel eine eigene Gemütlichkeit. Es gibt eine Gäste-Waschmaschine, ein Münztelefon und Kaffee oder Tee in der Lobby, Gratis-Internet, dazu überaus hilfsbereites Personal und ein italienisches Restaurant im Haus. Die Preise beginnen bei $ 89, was für die günstige Lage zu Fishermens Wharf und North Beach, nahe Cable Car und Busstopp, nicht zu toppen ist.
San Remo Hotel (5), 2237 Mason St., ☏ (415) 776-8688, www.sanremohotel.com.

Empfehlenswerte **Hotelketten** *sind:*
Personality Hotels *(Hotel Diva, Union Square, Kensington Park, The Steinhart) fasst relativ kleine „Boutiquehotels" mit individuellem Flair zusammen, die auch in Deutschland günstig gebucht werden können. Infos: www.personalityhotels.com.*
Joie de Vivre *(u. a. Hotel Carlton, Vitale, Kabuki, Del Sol, Tomo, Rex, Phoenix Hotel). Infos: www.jdvhospitality.com.*
Kimpton Group *(u. a. Hotel Monaco, Palomar, Sir Francis Drake, Triton), zumeist Vier-Sterne-Kategorie und etwas teurer. Infos: www.kimptonhotels.com.*

Einzeltipps *(s. Karte in der hinteren Umschlagklappe)*
Hotel Stratford (3), *$–$$, 242 Powell St., ☏ (415) 397-7080, www.hotelstratford.com. Auch in Deutschland buchbares, am Union Square gelegenes preisgünstiges Hotel mit rund 80 Zimmern in vier verschiedenen Kategorien. Inklusive kleinem Frühstück.*
Handlery Union Square Hotel (1), *$$–$$$, 351 Geary St., ☏ (415) 781-7800, http://sf.handlery.com. Hotel mit knapp 300 Zimmern in superzentraler Lage. Mit Pool, Kaffeemaschine, Kabel-TV etc.*
Hotel Metropolis (2), *$$–$$$, 25 Mason/Market St., ☏ 1 (800) 828-6544, www.hotelmetropolis.com. Boutiquehotel mit 104 Zimmern und 5 Suiten auf 9 Stockwerken in ungewöhnlichem Zen-Design.*
Queen Anne Hotel (4), *$$–$$$, 1590 Sutter St., ☏ (415) 441-2828, www.queenanne.com. 49 „historische" Zimmer, in Pacific Heights, nahe Cable Car, inkl. Frühstück.*
Hotel Union Square (6), *$$–$$$, 114 Powell St., ☏ (415) 397-3000, www.hotelunionsquare.com. 131 geschmackvoll-modern eingerichtete Zimmer in historischem Bau nahe Cable Car und Union Square.*

Restaurants

Hayes Valley und v. a. in SoMa sind Viertel, die sich kulinarisch ungeheuer vielgestaltig geben. Multi-ethnische Lokale finden sich auch in Trendvierteln wie Cow Hollow (Union/Chestnut/Fillmore St.) oder Polk Gulch (zwischen Green–Union St.), Seafood-Restaurants um Pier 39, Mexikanisches entlang der Mission Street.. Tipps gibt es beispielsweise unter http://sanfranciscocitysearch.com und www.sanfrancisco.com/restaurants. Hier ein paar Empfehlungen:

Alioto's (8), *8 Fishermans Wharf/Taylor St. Legendäres Seafood-Lokal mit langer Gästeliste, seit 1938 in (sizilianischem) Familienbesitz. Angegliedert: Alioto's Crab Stand (im Freien) und Alioto's Oysteria & Pizzeria im UG.*

Extratipp

Verbena
In schick-gemütlichem Ambiente mit viel dunklem Holz und Wandbildern wird nordkalifornische Küche serviert, wie man sie selten findet. Chefkoch *Sean Bakers*' ungewöhnliche Kombinationen bestehen aus überwiegend biologisch angebauten Zutaten von Kleinproduzenten der Region. Die knapp gehaltene Speisekarte offeriert unterschiedlich große Portionen zum beliebigen Kombinieren und Teilen, darunter viel Vegetarisches. Selbst-Eingelegtes (es gibt im Lokal eine „Pickle Wall“) und ungewöhnliche Gewürze und Saucen spielen eine große Rolle. Die Bar ist gut sortiert (Cocktails/Weine).
Verbena, 2323 Polk St., zw. Green und Union St., ☏ (415) 441.2323, tgl. Dinner, Wochenendbrunch.

Café de la Presse (9), *352 Grant Ave. ☏ (415) 398-2680. Café und Restaurant im Stil eines französischen Kaffeehauses, dazu gehört ein Zeitungsladen. Frühstück. Lunch und Dinner hervorragend, gute Weine.*

Fog Harbor Fish House (10), *Pier 39, ☏ (415) 421-2442. Wohl bestes Lokal am sehr touristischen Pier 39. Toller Ausblick und empfehlenswerte Lobster Mac & Cheese!*

Historic John's Grill (11), *63 Ellis St., ☏ (415) 986-0069. Eines der ältesten Restaurants der Stadt, das u. a. Steaks und Seafood-Gerichten anbietet und in „Der Malteser Falke“ von Dashiell Hammett vorkommt.*

Le Colonial San Francisco (12), *20 Cosmo Place, ☏ (415) 931-3600. Vietnamesische Küche mit französischem Touch ergibt mit Gewürzen und Kräutern geniale Kombinationen. Im OG Cocktails zu Livemusik oder DJs.*

Ozumo Sushi (14), *161 Steuart St., ☏ (415) 882-1333. Authentischer Japaner mit Sushi und Sashimi, Tempura, Hot Pots, Robata-Grill; zugehörige Sake Lounge.*

Alexander's Steakhouse (15), *448 Brannan St., tgl. ab 17.30 Uhr, ☏ (415) 495-1111. Neues amerikanisches Steakhouse mit japanischem Einschlag. In schlicht-modernem Lagerhaus-Ambiente mit offener Küche und eine attraktiver Bar. Allein die Präsentation der Gerichte mit Schwerpunkt Fleisch und Fisch/Meeresfrüchte ist ihr Geld wert, zumal nur qualitativ hochwertige Produkte lokaler Herkunft verwendet werden. Tipp: Festmenü „Omakase“.*

Source (16), *11 Division/Deharo St., tgl. 11–22 Uhr, Wochenendbrunch. Vegetarisch-veganes Imbissrestaurant mit ungewöhnlichem Konzept, in dem internationale Kost, saisonal und möglichst aus organischen Zutaten lokaler Herkunft zubereitet wird.*

Garcon (17), *1101 Valencia St./Ecke 22nd St., tgl. außer Mo. Dinner, (415) 401-8959. Gemütliches französisches Bistro mitten im Mission District, in dem Chefkoch Arthur Wall kreative Gerichte mit saisonalen und lokalen Zutaten zubereitet. Günstiges Tagesmenü (So–Do) zu $37.*

Tipp: **SoMa StrEat Food Park (13)**, *428 11th/Harrison St., www.somastreatfoodpark.com, Mo–Fr 11–15, 17–21, Sa 11–22, So. 11–17 Uhr. „Budendorf“ mit verschiedenen Imbissgelegenheiten.*

Einkaufen

Zu den ausgewiesenen Preisen kommt in San Francisco auf die meisten Artikel noch eine **Sales Tax**, *eine Mehrwertsteuer von 8,75 %. Besonders lohnende Viertel bzw. Straßenzüge sind:*

Union Square *(Sutter/Geary/Powell/Kearny/Post St. und südlich der Grant Ave. bis Market St.): Kaufhäuser und Bekleidungsläden und Designerboutiquen.*

Market Street, *z.B. Levi's Store (815 Market) oder Forever 21 (7 Powell und 2 Stockton, Ecke Market St.), Westfield Shopping Centre (865 Market) oder (zwischen 5th & 6th St.) gerade am Entstehen: Market Street Place (http://marketstreetplace.com).*

Fisherman's Wharf: *Souvenirs und Kitsch, T-Shirts und Kuriosa sowie mehrere Shoppingcenter (Cannery, Ghirardelli Square, Pier 39).*

Chinatown: *an der Grant Ave./Commerce St. chinesischer Kitsch und Souvenirs, Goldschmuck, Seide, Jade, Antiquitäten, an der Stockton St. hingegen authentisch Chinesisches wie Tee, Kräuter und „Drogen" aller Art, Lebensmittel, Haushaltswaren, Mobiliar etc.*

North Beach *(Columbus Ave.): Lebensmittel (italienische Spezialitäten, Kaffee), Boutiquen, Secondhandläden.*

Haight-Ashbury *(Haight St.): Secondhand und Ramsch aller Art, Bücher, Schallplatten, trendige Kleiderläden, ausgefallene Accessoires und Kurioses.*

Hayes Valley *(Hayes/Gough St.): einige hippe Designerboutiquen.*

Castro *(Castro St., Market–19th St.): vergleichbar mit Haight-Ashbury, ausgefallene Läden und Cafés.*

Noe Valley *(24th St., Castro–Church St.): Galerien, Boutiquen, Cafés.*

Cow Hollow *(Union/Fillmore St.): kleine Boutiquen und Läden sowie einige hübsche Lokale.*

Extratipp für Leckermäuler

Chocolatier Blue, benannt nach Chef *Chris Blue*, ist ein winziger Schokoladenladen an der Market Street, doch es wäre schade, ihn zu übersehen. Das Besondere sind die Pralinen, bei denen nur hochwertige Ingredienzien, keine Konservierungsstoffe oder künstliche Aromen, zum Einsatz kommen. Topschokoladen bieten die Basis für kreative Füllungen, sodass jede Praline nicht nur ein Kunstwerk ist, sondern als Aromafeuerwerk quasi im Mund „explodiert". Zu den saisonal wechselnden Sorten gehören z.B. Cotton Candy, Cupcake, Peanut Butter & Strawberry oder Key Lime; es gibt auch Schokotafeln.

Chocolatier Blue, 763 Market St., tgl. 10–21 Uhr, Filiale in Berkeley, 1964 University Ave.

Nightlife

Als **Zentren des Nachtlebens** *gelten neben SoMa das Hayes Valley, Cow Hollow, Potrero Hill/Dogpatch, Polk Gulch und der Fillmore District (Western Addition). In Downtown, rings um den Union Square und vielfach in Hotels, gibt es schicke Bars, während in Haight-Ashbury und in North Beach gemütliche Neighborhood-Treffs und Cafés vorherrschen. Im Mission District umfasst die Palette große Clubs und Diskos, wo nicht nicht nur Hispanic und Mariachi Bands auftreten, sondern Funk, Soul, Jazz, Indie Rock gespielt werden.*

Achtung: **Alkohol** *wird erst ab 21 Jahren (Ausweiskontrolle!) ausgeschenkt und in Clubs sind ein Gedeckpreis (Cover) und ein Getränkeminimum (Minimum Consumption) üblich.*

Infos zum Nachtleben *finden sich u. a. auf www.sanfrancisco.com/nightlife, www.citysearch.com/guide/sanfrancisco-ca-metro/bars_nightlife.html.*
Slim's, *333 11th/Folsom St., www.slims-sf.com. Alteingesessener, klassischer Rockclub mit Tanzfläche.*
Elbo Room, *647 Valencia/18th St., www.elbo.com. Dance Club, laut, aber sehr hip, Bar im UG.*
Purple Onion, *530 Jackson St (Kearny St.–Columbus Ave.), http://purpleonionat kells.com. Live-Acts in Kells Irish Bar.*
San Francisco Supper Club, *657 Harrison St, www.supperclub.com/html/san francisco. Superschicker, ausgefallener Supperclub mit Bar, Tanzfläche, Lokal und DJs.*

Theater

Über Veranstaltungen, Theater- und Kinoprogramm informieren außer den Tageszeitungen und kostenlos ausliegenden Wochenmagazinen **diese Websites***: www.sanfrancisco.travel/events, www.sanfrancisco.travel/arts-culture und www.san -francisco-theater.com.* **Tickets**, *auch zu ermäßigten Preisen für Veranstaltungen am selben Tag (bzw. Matineen am nächsten), gibt es bei:*
TIX Bay Area, *Union Square Pavilion, Powell zwischen Geary und Post St., ☏ (415) 433-7827, www.tixbayarea.com, tgl. 10–18 Uhr. Tickets zum halben Preis ab 11 Uhr tgl. (Liste im Internet).*

Verschiedene Veranstaltungen *finden statt im* **San Francisco War Memorial and Performing Arts Center** *(Van Ness Ave. zwischen McAllister und Hayes St., http://sfwmpac.org), im* **Fillmore Auditorium** *(www.livenation.com/venues/14270/the-fillmore), im* **Yerba Buena Center for the Arts** *(www.ybca.org), in der* **Great American Music Hall** *(www.slimspresents.com) oder im* **Palace of Fine Arts Theatre** *(www.palaceoffinearts.org). Der einzige ganz dem Jazz gewidmete Bau steht ebenfalls in San Francisco:* **SFJazz** *bietet verschiedene Bühnen, Workshops und ein Lokal (www.sfjazz.org).*
Theater *konzentrieren sich auf das Areal um den Union Square (v. a. Powell/Sutter St.), auch um das Civic Center. Broadway-Bühnen in historischen Gebäuden (www.shnsf.com) sind das* **Curran Theatre** *(445 Geary St.), das* **Golden Gate Theatre** *(1 Taylor St.) und das* **Orpheum Theatre** *(1192 Market St.).*

Tipp

Beach Blanket Babylon, 678 Beach Blanket Babylon Blvd. (Green St.), ☏ (415) 421-4222, www.beachblanketbabylon.com. Bunte Burleskenshow im Club Fugazi in North Beach, mit auffälliger Kostümierung und aktuellen Bezügen.

Sport & Freizeit

Der Golden Gate Park bietet zahlreiche Möglichkeiten der Freizeitgestaltung, von Baseball- und Softballfeldern über Tennis- und Golfplätze bis hin zu Rad- und Wan-

derwegen. Die **GGNRA** *(www.nps.gov/goga) ist der größte städtische Nationalpark der Welt und reicht weit über die Stadtgrenzen hinaus. Baker und China Beach nahe Lincoln Park/Presidio sind ideal zum Surfen. Fahrradverleih und Touren gibt es z. B. bei:* **Bay City Bike Rentals and Tours**, *2661 Taylor St. (Fisherman's Wharf), North Point–Beach St., ☏ (415) 346-2453, www.baycitybike.com.*

Zuschauersport

San Francisco Giants *(Baseball), AT&T Park, http://sanfrancisco.giants.mlb.com.* **San Francisco 49ers** *(Football), Levi's Stadium (2014 im südlichen Vorort Santa Clara eröffnet), www.49ers.com. Im Feb. 2016 findet in San Francisco der Super Bowl L (Endspiel im American Football) statt.*

San Francisco Bay Area – BART-Streckennetz

Öffentlicher Nahverkehr

San Francisco verfügt über ein hervorragendes Nahverkehrssystem (MUNI), zu dem historische und moderne Straßenbahnen, Busse und die weltbekannten Cable Cars gehören. BART, das U-/S-Bahn-System, das San Francisco mit anderen Städten an der Bay und dem Internationalen Flughafen verbindet, ist davon unabhängig.
Infos: www.sfmta.com (Karten: www.www.sfmta.com/maps), www.511.org („Bay Area Traffic“) – zu allen Nahverkehrsmitteln.
Fahrpreis einheitlich $ 2, Cable Cars $ 6, günstiger sind **MUNI Passports** *(inkl. Cable Car), z. B. 1 Tag: $ 15, 3 Tage: $ 23, 7 Tage: $ 29. Auch im* **CityPass** *ist ein 7-Tages-MUNI-Ticket enthalten (Infos: http://de.citypass.com/san-francisco/muni-cable-car).*

Es gibt drei **Cable-Car-Linien***:*
- **Powell-Hyde-Linie**, *ab Powell/Market St. über Nob und Russian Hills zur nördlichen Waterfront (Victorian Park).*
- **Powell-Mason-Linie**, *ab Powell/Market zu Bay/Taylor St. bei Fisherman's Wharf.*
- **California Street-Linie**, *California/Market bis Van Ness Ave., durch Financial District, Chinatown und Nob Hill; weniger frequentiert als die beiden anderen Linien.*

Sechs **MUNI Metro Streetcars** *(J-N und T) bedienen von Downtown aus (unterirdisch) die südlichen Stadtteile. Besonders die Fahrt mit der oberirdischen* **Historic F Linie** *entlang Market St. bzw. Embarcadero zur Fisherman's Wharf mit historischen Wagen aus aller Welt lohnt (www.streetcar.org). Mit* **BART** *(www.bart.gov) ist der Preis abhängig von der zurückgelegten Entfernung. Es gibt fünf Linien, die gelbe („Pittsburg/Bay Point“) fährt zum Flughafen, die orangefarbene nach Berkeley und die rote nach Oakland.*

Ausflugsboote & Fähren

Ausflugsboote fahren v. a. von Fisherman's Wharf (Pier 39, 43 1/2) ab, reguläre Fähren (nach Sausalito, Tiburon, Larkspur, Alameda, Oakland und Vallejo) am Ferry Building bzw. Pier 41 bzw. Alcatraz Ferries ab Pier 33. Die wichtigsten Unternehmen sind **Blue & Gold Fleet** *(www. blueandgoldfleet.com),* **Golden Gate Ferry** *(http://goldengate.org) und* **Red & White Fleet** *(www.redandwhite.com). Letztere bieten u. a. folgende interessante Tour an:* **Red & White Fleet Bridge 2 Bridge Cruise**, *Ende Mai–Anf. Sept., ab Pier 43 ½. Mehrsprachige Audioführung, in 90 Min. unter der Golden Gate und der Oakland Bay Bridge hindurch, vorbei an San Franciscos Skyline, rings um Treasure Island, vorbei an Alcatraz und am AT & T Park.*
Adventure Cat Sailing Charters, *Pier 39/Dock J, ☏ 1 (800) 498-4228, www. adventurecat.com. Katamarantouren in der San Francisco Bay, z. B. empfehlenswerte Sunset Cruise mit Getränken und Snacks.*

Touren

Cruisin' the Castro Tours, *www.cruisinthecastro.com, ☏ (415) 255-1821. Interessante Touren durch das Stadtviertel Castro von Kathy Amendola.*
Haight-Ashbury Flower Power Walking Tour, *☏ 1(800) 979-3370, www. haightashburytour.com. 2,5-stündiger Spaziergang durch das „Hippie-Viertel“.*
Hobnob Tours, *☏ (650) 814-6303, www.hobnobtours.com; unterhaltsame Spaziergänge durch Chinatown/Union Square, Nob Hill und Financial District, $ 30.*
Local Tastes of the City Tours, *☏ 1 (888) 258-8687, www.sffoodtour.com. Tom Medin bietet während seiner Walking Touren interessante und unterhaltsame Einblicke in die kulinarische Szene von Chinatown und/oder North Beach. Auch Bustour im Angebot.*

Mission Trail Mural Walks, ☏ *(415) 285-2287, www.precitaeyes.org/tours.html. Verschiedene Walkingtouren im Mission District vorbei an den Wandbildern.*
San Francisco Bay Whale Watching, ☏ *(415) 331-6267, www.SFBayWhale Watching.com. Tagesexkursionen von Biologen begleitet zum Farallones National Marine Sanctuary.*
San Francisco City Guides *(SF Public Library),* ☏ *(415) 557-4266, www.sfcity guides.org. Großes Tourangebot durch verschiedene Stadtviertel gratis.*
Victorian Home Walk, ☏ *(415) 252-9485, www.victorianwalk.com; architektonische Entdeckungsreise durch Pacific Heights und Cow Hollow.*
San Francisco Helicopters, ☏ *(650) 635-4500 oder 1 (800) 400-2404, www.sfhe licopters.com. Verschiedene Hubschrauberflüge.*

Veranstaltungen

Ein detaillierter Veranstaltungskalender ist beim Visitor Information Center (900 Market St.) erhältlich bzw. auf der Webpage www.sanfrancisco.travel/events. Die wichtigsten Veranstaltungen sind:
Ende Jan./Anfang Feb. (je nach Mond): **Chinese New Year Parade and Celebration**, *www.chineseparade.com.*
Mitte/Ende April: **Cherry Blossom Festival/Parade** *in Japantown, http://sfcherry blossom.org.*
Ende April–Anfang Mai: **S.F. Internatonal Film Festival**, *www.sffs.org.*
Um den 5. Mai: **Cinco de Mayo Festival**, *www.sfcincodemayo.com.*
Mitte Mai: **S.F. Bay to Breakers Footrace**, *Marathon, www.baytobreakers.com.*
2. Juni-Hälfte: **S.F. Pride**, *mit Umzug, Film-Festival u.a. Veranstaltungen, www.sfpride.org.*
Anfang Okt.: **Castro Street Fair**, *www.castrostreetfair.org.*
Außerdem stehen im Sommer zahlreiche Veranstaltungen im **Golden Gate Park**, *teils gratis, auf dem Programm. Infos: www.golden-gate-park.com/category/events.*

Flughafen

Der **San Francisco International Airport/SFO** *(www.flysfo.com) liegt rund 24 km südlich der Stadt, bei San Bruno. Sämtliche Terminals in SFO, Parkhäuser, die BART Station sowie das Rental Car Center sind durch eine automatisierte Magnetbahn,* **AirTrain**, *miteinander verbunden. Es gibt zwei Linien:* **Red Line** *(zwischen Terminals, Parkhäusern und BART Station) und* **Blue Line** *(zusätzlich zum Rental Car Center). Der Airport ist einfach und relativ preiswert durch die* **Schnellbahn BART** *an die Stadt angebunden (ab International Terminal Departures/Ticketing Level, Infos unter www.bart.gov), es gibt überdies Shuttlebusse direkt zu verschiedenen Downtown-Hotels.*

Achtung: Brückenmaut

Brückenmaut wird nur stadteinwärts kassiert: die Golden Gate Bridge kostet $ 7 – wobei Bezahlung seit Kurzem nur noch elektronisch (d.h. im Voraus im Internet oder über die **Rental Car Company**, Details s. www.goldengate.org/tolls) möglich ist, Barbezahlung gibt es nicht mehr – die San Francisco–Oakland Bay Bridge $ 4/6 (je nach Tageszeit), alle anderen $ 5.

Ausflüge in die Bay Area

San Francisco überstrahlt alles und die Tourismusindustrie hat es schwer, die jenseits der Bay gelegenen Gemeinden, deren Bevölkerungszahl insgesamt immerhin die von San Francisco deutlich übersteigt, Besuchern schmackhaft zu machen. Drei Ziele bieten sich für Besucher besonders an, zumal sie mit dem öffentlichen Nahverkehr (BART bzw. Fähre) leicht erreichbar sind. Neben **Sausalito** im Norden sind dies die beiden Metropolen auf der Ostseite der Bucht, **Oakland** und **Berkeley** (beide per BART erreichbar). Da als Ausflüge von San Francisco zu verstehen, wurden keine Unterkünfte angegeben.

Hinweis zur Route

Ziele nördlich der Bay, wie Point Reyes, werden, da am besten auf der Weiter- oder Rückfahrt „mitzunehmen",im nächsten Routenkapitel (S. 475) ausführlich vorgestellt.

Sausalito und Marin Headlands

Der spanische Name *saucelito* bedeutet übersetzt „kleiner Weidenhain" und leitet sich von der ersten Ranch des Gebietes, der *Rancho Saucelito*, ab, die 1838 dem in London geborenen *William A. Richardson* vom mexikanischen Gouverneur *José Figueroa* überschrieben wurde. Diese Zeiten sind jedoch längst vorbei, auch die Epoche, in der Sausalito nichts anderes war als ein kleines, idyllisches Fischerdorf. Via Gol-

Blick auf die San Francisco Bay bei Sausalito

San Francisco – Bay Area
1 Mission San Rafael Arcangel
2 Muir Woods National Monument
3 Mt. Tamalpais State Park
4 Sausalito
5 Point Bonita Lighthouse
6 Golden Gate Bridge
7 Cliff House
8 Presidio
9 Fisherman's Wharf
10 Treasure Island
11 San Francisco Zoo
12 Twin Peaks
13 Jack London Square
14 University of California
Benicia
Suitsun Bay
San Pablo Bay
Martinez
China Camp SP
Pinole Point
Point Pinole Regional Park
Tara Hills
San Anselmo
San Rafael
San Pablo
Redwood Regional Park
Richmond
Strawberry
Berkeley
Tiburon
Golden Gate NRA
Sausalito
ALCATRAZ IS.
Golden Gate
Golden Gate NRA
Oakland
San Francisco
Alameda
Redwood Regional Park
Daly City
Castro Valley
San Leandro
San Francisco Bay
Valpert Ridge
South San Francisco
San Lorenzo
San Bruno
Hayward
Union City
San Andreas Lake
San Mateo
Fremont
Hillsborough
Montara Mts.
Coyote Hills Regional Park
El Granada
San Carlos
Half Moon Bay
Redwood City
Golden Gate NRA
Half Moon Bay
Santa Cruz Mountains
Palo Alto
PAZIFISCHER OZEAN
6,2 mi
10 km
N
© igraphic

den Gate Bridge in nur wenigen Fahrminuten und mit der Fähre ebenfalls in kaum einer Stunde erreichbar, hat es sich seit den 1930er-Jahren zu einem beliebten und in letzter Zeit sogar mondänen Vorort mit Boutiquen und Restaurants entwickelt. Die Lage, die Architektur und die Atmosphäre lohnen ebenso wie der Blick von der palmenbestandenen Uferstraße auf die Skyline von San Francisco.

1968er-Stimmung

In den 1960er-Jahren waren die Hippies gekommen, daneben eine Reihe von Freigeistern, Künstlern und sonstigen Kreativen, und sie alle haben den Ort geprägt und die Basis für die legendären **Hausbootsiedlungen** gelegt (www.floatinghomes.org). Viele der Boote wurden aus Baumaterial zusammengeschustert, das bei der Stillegung der Werften nach dem Ende des Zweiten Weltkriegs nicht mehr genutzt wurde. Die heutigen Besitzer haben ihre Boote teilweise zu schwimmenden Villen mit jeglichem Komfort ausgebaut, aber ein wenig ist von der 1968er-Stimmung dennoch übriggeblieben. Die Hausbootsiedlungen sind von der Nähe nur zu besichtigen, wenn man Gast eines Bewohners ist.

Hinweis zur Route

Ein Abstecher nach Sausalito lässt sich mit Fähren (s. unten), mit dem Fahrrad (s. S. 451) oder sogar mit dem Hubschrauber (s. S. 447) unternehmen.

Kommt man mit den Auto über die Golden Gate Bridge, sollte man auf der nördlichen Seite gleich die erste Abfahrt zu einem Aussichtspunkt („Vista Point") wählen und dort erst einmal den Ausblick genießen. Ein weiterer, fast noch besserer Aussichtspunkt befindet sich auf der jenseitigen Straßenseite in den Bergen der **Marin Headlands**, die Teil der **Golden Gate National Recreation Area** sind.

Über die erste Ausfahrt nach Sausalito und Marin Headlands erreicht man zunächst das an der Horseshoe Bay gelegene **Fort Baker**, das nördliche Gegenstück zu Fort Point und wie jenes längst als militärischer Posten aufgegeben. In einigen der alten Gebäude ist das **Bay Area Discovery Museum** untergebracht, das sich vor allem an Kinder und Jugendliche richtet.
Bay Area Discovery Museum, *557 McReynolds Rd., www.baykidsmuseum.org, Di–So 9–17 Uhr, $ 11.*

Leuchtturm

Nach dem Besuch dort, fährt man unter der Golden Bridge hindurch auf die westliche Seite und dann auf der *Conzelman Road* immer höher hinauf ins Marin Headland. Auch diese Seite war einst militärisches Sperrgebiet und lange Zeit nicht öffentlich zugänglich; heute fungiert es als *Recreation Area* und eines der beliebtesten Naherholungsziele. Die Conzelman Road wird ab der Battery 129, einer von vielen aufgelassenen einstigen Wehranlagen, als Einbahnstraße weitergeführt und stößt auf einen Parkplatz, von wo aus man zu Fuß zum etwa 40 m hohen **Point Bonita Lighthouse** gelangt. Der Pfad dorthin mit vielen Stufen und einem Felsdurchbruch, der 1877 in die Felsen gehauen wurde, endet an einer Steilklippe hoch über dem Pazifik.
Point Bonita Lighthouse, *www.nps.gov/goga/pobo.htm, Sa/So/Mo 12.30–15.30 Uhr.*

Zurück auf der Straße, passiert man an der Rodeo Lagoon das **Marin Headlands VC**. Auf der Nordseite der Lagune lohnt ein kurzer Abstecher zum **Marine Mammal Center**, einer Aufzuchtstation für kranke, verletzte und elternlose Walrosse, Robben und Seelöwen.Zurück auf der Conzelman Road, führt die Alexander Avenue als Nebenstrecke direkt ins Zentrum von Sausalito. Dort lohnt abgesehen von einem Bummel entlang der Promenade das **Bay Model**. Es handelt sich um eine 1957 konstruierte verkleinerte Nachbildung der gesamten Bay, in der mit Hilfe von 120.000 l Wasser Strömungen simuliert werden. Besucher können die geografische und geologische Situation der Bucht von erhöhten Plattformen studieren.

Aufzuchtstation für Meerestiere

Marine Mammal Center, *2000 Bunker Rd., Fort Cronkhite, www.marinemammalcenter.org, tgl. 10–17 Uhr, frei.*
Bay Model, *2100 Bridgeway/Spring St., www.spn.usace.army.mil/Missions/Recreation/BayModelVisitorCenter.aspx, Di–Fr 9–16, Sa/So 10–17 Uhr, im Winter So/Mo geschl., frei.*

Reisepraktische Informationen

Sausalito VC, *1913 Bridgeway, ☏ (415) 331-7262, www.sausalito.org. Infostand und kleine Ausstellung am Ferry Terminal, tgl. 10–16/17 Uhr.*
Marin Headlands VC, *Field/Bunker Rd. (Fort Barry), tgl. 9.30–16.30 Uhr, ☏ (415) 331-1540, www.nps.gov/goga/marin-headlands.htm.*
Fähren: **Blue & Gold Fleet**, *www.blueandgoldfleet.com; mehrmals tgl. ab Pier 41 (San Francisco) Fahrt zum Sausalito Ferry Dock und zurück.*

Insel-Ausflüge

Angel Island ist die größte Insel in der Bucht. Heute kann man das autofreie Naturschutzgebiet auf einem rund 8 km langen Rundtrail erwandern, während einer Tram-Tour kennenlernen oder mit dem Fahrrad erkunden. Im 19. Jh. fungierte die Insel als Quarantänestation, dann als Militärstützpunkt im amerikanischen Bürgerkrieg, Internierungslager für Indianer und 1910–1940 erneut als Quarantänestation für asiatische Einwanderer.

• **Angel Island SP**, Tiburon, http://angelisland.org und www.angelisland.com, tgl. 8 Uhr–Sonnenuntergang, VC in Ayala Cove (Fähranlagestelle), Tramtouren, Fahradverleih, Kajak- und Segway-Touren, Naturführungen u.a. v.a. von Mai–Okt.

• **Anfahrt**: **Blue & Gold Fleet**, www.blueandgoldfleet.com, mehrmals tgl. ab Pier 41 in San Francisco.

Leichter erreichbar ist **Treasure Island** (www.sftreasureisland.org) – genau in der Mitte der San Francisco–Oakland Bay Bridge gelegen (I-80 bzw. Bus # 108). Highlight ist der Blick auf die Skyline, dazu findet immer am letzten Wochenende im Monat ein Floh-/Kunsthandwerksmarkt statt.

• **Treasure Island Flea**, www.treasureislandflea.com, Sa/So 10-16 Uhr, $ 3, im Winter unter Dach.

Zwei **Weingüter** befinden sich außerdem auf der Insel: Treasure Island Wines (www.tiwines.net) und VIE Winery (www.viewinery.com).

Oakland

Die längere, ein halbes Jahr früher als die Golden Gate Bridge eröffnete **San Francisco–Oakland Bay Bridge** wurde von *Charles H. Purcell* konstruiert und nach nur dreijähriger Bauzeit am 12. November.1936 dem Verkehr übergeben. Sie galt mit einer Länge von 13,3 km (davon 6,8 km über Wasser) bei Eröffnung als technisches Wunderwerk. Angesichts des Alters, der Erdbebenschäden in der Vergangenheit sowie der Überlastung wurde in den letzten Jahren heftig gebaut: Von der Oakland-Seite wurde die Trasse nördlich der heutigen Konstruktion auf Betonpfeilern höher gelegt, bis kurz vor Yerba Buena Island entstand eine „unechte Hängebrücke" mit nur einem Pylon aus Stahl. Anders als zuvor wurden die Fahrspuren nun statt übereinander nebeneinander angeordnet.

Ausbau der Brücke

Auf den ersten Blick erschließt sich **Oakland** dem Besucher weit weniger schnell als das berühmtere San Francisco. Anstelle pittoresker viktorianischer Häuschen prägen hier hoch aufragende verglaste Bankpaläste und viel Industrie in den Randzonen das Bild. Oakland ist mit rund 400.000 EW die **sechstgrößte Stadt Kaliforniens**; rund 30 % der Bevölkerung sind Afroamerikaner. Mit eigenem Flughafen *(Oakland International Airport)* und wichtigem Hafen zählt Oakland zu den am schnellsten wachsenden Städten Amerikas. Die Rivalität zu San Francisco spürt man besonders deutlich auf sportlichem Gebiet: Im American Football und Baseball geht es heiß her, wenn sich die Lokalrivalen gegenüberstehen.

Mit der Ankunft der *Central Pacific Railroad* 1869 erlebte Oakland einen wirtschaftlichen Aufschwung und lief San Francisco den Rang als Hafenstadt während bzw. nach dem Zweiten Weltkrieg ab, als hier die **Alameda Naval Air & Supply Station** entstand und zahlreiche Afroamerikaner v.a. aus den Südstaaten herströmten, um auf den Werften zu arbeiten. Bis heute spielt die Marine eine wichtige Rolle, ebenso der 1927 entstandene **Port of Oakland**, einer der fünf größten Containerhäfen in den USA und weltweit unter den Top 20.

Besichtigung

Um die Hafenanlagen zu sehen und dazu einen spektakulären Blick auf die Oakland-Bay-Bridge und San Francisco zu genießen, empfiehlt es sich, von San Francisco mit der Fähre (s. S. 450) überzusetzen. Das Boot legt nahe **Visitor Center** und **Jack London Square** (www.jacklondonsquare.com) an, letzteres eine Ehrenbezeugung an Oaklands bekanntesten Einwohner. Besonders sonntagvormittags, wenn Farmers Market ist, lohnt ein Besuch und danach geht man, wie einst der berühmte Autor, der hier den „Seewolf" geschrieben haben soll, zum Drink in Heinhold's First and Last Chance Saloon. Von hier aus verkehrt ein kostenloser Bus, „B on Broadway" durch Downtown bis zum Lake Merritt. In der Innenstadt (BART Station 12th St./City Center) – im Bereich von Broadway und 14th St. beeindrucken allein die Skyline und die moderne Architektur. Das Herz der Stadt schlägt rund um die **City Hall** (14th St.) und Tribune Tower. Erstere war 1914 als erstes Beaux-Arts-Hochhaus westlich des Mississippi erbaut worden. Sehenswert ist hier u.a. das **Paramount Theater** (2025 Broadway, www.paramounttheatre.com) von 1931 im Art-déco-Stil.

Westlich davon schließt sich **Uptown** an, derzeit Mittelpunkt des Nightlifes mit Bars wie dem Diving Dog Brewhouse und Konzerten im Fox Theater. Einige Blocks weiter südlich, an der Washington zwischen 10th und 7th Street erstreckt sich **Old Oakland**, der in den 1870er-Jahren entstandene Kern der Stadt (www.oldoakland.org). Die restaurierten viktorianischen Häuser und Lagerhallen beherbergen jetzt Lokale, Cafés, Galerien und Shops. Östlich geht Old Oakland in **Chinatown** über.

Lake Merritt, ein Salzwassersee östlich von Downtown, der in den 1860er-Jahren angelegt wurde und über das erste Vogelschutzgebiet in Amerika verfügte, gilt als die grüne Lunge und das Wohnzimmer der Stadt. Zunächst lohnt ein Abstecher zur **Cathedral of Christ the Light**, allein wegen der Größe und der sehenswerten Architektur (2121 Harrison St., www.ctlcathedral.org). Am Seeufer steht das **Camron-Stanford House**, ein prachtvoll ausgestattetes viktorianisches Haus von 1876, in dem bis 1967 das Oakland Museum zu Hause war.
Camron-Stanford House, *1418 Lakeside Dr., www.cshouse.org, Touren am 3. Mi im Monat 13–16 Uhr, $ 5.*

Kalifornische Kunst

Das **Oakland Museum of California** (BART Station Lake Merritt) steht heute weiter südlich, hinter der Fassade eines 1969 fertiggestellten Baus von Stararchitekt *Kevin Roche*. Erst kürzlich vergrößert, präsentiert es innen nicht nur eine hochrangige Sammlung kalifornischer Kunst, sondern auch eine einzigartige historische und naturwissenschaftliche Abteilung. Angeschlossen sind ein großer Shop und ein Café.
Oakland Museum of California, *Oak/10th St., www.museumca.org, Mi/Do/Sa/So 11–17, Fr bis 21 Uhr, $ 15.*

Zu den interessanten Vierteln außerhalb der Innenstadt gehört **Rockridge** (BART-Station). Entlang der College Avenue finden sich viele ungewöhnliche Läden und Lokale sowie die Market Hall (nur lokale Produkte).

Reisepraktische Informationen Oakland

Informationen

Visit Oakland, *481 Water St., ☏ (510) 839-9000, www.visitoakland.org.*

Zuschauersport

Die **Oracle Arena** *(http://oraclearena.com) ist Heimat des Profibasketballteams Golden State Warriors (www.nba.com/warriors). Nebenan spielen im O.co Coliseum die beliebten Raiders American Football (NFL, www.raiders.com) sowie die Athletics Baseball (http://oakland.athletics.mlb.com). Der Sportkomplex ist mühelos mit BART (Station Coliseum) erreichbar.*

Essen und Trinken, Einkaufen

Jack London Square, *Broadway/Embarcadero, ringsum Läden und Lokale wie Kincaid's Bayhouse oder Yoshi's Jazzclub & Restaurant sowie Farmers' Market (So.) und Heinold's First and Last Chance Saloon.*
Bourbon & Beef, *5634 College Ave., ☏ (510) 788-4821, www.bourbonbeef.com, BART „Rockridge". An der attraktiven Main Street des Vororts Rockridge mischt Chef Massarweh höchst kreativ lateinamerikanische und kalifornische Einflüsse unter Verwendung von regionalen Bioprodukten. Kleine und größere Portionen sowie geniale Cocktails. Tgl. Dinner, Mo–Fr Lunch, Sa/So 10–15 Uhr Brunch.*

Berkeley

Schöpfer des Central Parks als Architekt

Reverend *Henry Durant* plante in den 1860er-Jahren auf dem Land, wo heute Berkeley liegt, eine Universität in „arkadischer Ruhe und Abgeschiedenheit“. 1866 wurde kein Geringerer als der Landschaftsarchitekt und Schöpfer des New Yorker Central Park, *Frederick L. Olmsted*, mit der Planung des Campus beauftragt, und 1873 nahmen die ersten 200 Studenten, darunter 22 Frauen, ihr Studium auf. Doch anders als geplant, entwickelte sich die Universität in den 1960er- und 1970er-Jahren zum „Berserkerley“, zum **Zentrum politischer und sozialer Revolution**. Heute wird zwar in „**Cal**“, wie die **University of California at Berkeley** kurz genannt wird, noch immer gerne mal gestreikt, in erster Linie gilt sie jedoch als renommiertes Forschungsinstitut.

Der Campanile ist das Symbol der University of California at Berkeley

Das Städtchen **Berkeley** (115.000 EW), dessen Wurzeln ins Jahr 1876 zurückreichen, hat zwei Gesichter: einerseits beschauliche Provinzstadt, andererseits lebhafte, junge Universitätsstadt. Es ist außerdem die Stadt der Verlage und Druckereien, Buchhandlungen und Archive, Cafés und Restaurants, der Subkulturen und skurrilen Typen. Am östlichen Rand von Downtown liegt der **Unicampus** und hier konzentrieren sich die Highlights der Stadt. Damals hatte ein Herr namens *Francis Kittrege Shattuck* die *Southern Pacific Railroad* überzeugt, dass die Eisenbahnschienen über seinen Grund und Boden laufen müssen, und ein Bahnhof war entstanden. Der Campus der **UC Berkeley** (www.berkeley.edu) – mit rund 30.000 Studenten – erstreckt sich östlich der Oxford Street (nahe BART Station „Berkeley“) zwischen Hearst Street und Bancroft Way auf knapp 500 ha Fläche. Das **Infozentrum** an der Sproul Plaza *(King Student Union)* am Bancroft Way im Süden ist idealer Ausgangspunkte für eine Besichtigung.

Berühmt ist das **Sather Gate**, das Tor, an dem die meisten Demos ihren Ausgang nahmen. Guten Überblick bekommt man vom Aussichtsdeck des unübersehbaren **Campanile** oder **Sather Tower**, nach venezianischem Vorbild erbaut und mit 61 Glocken versehen, die dreimal täglich zum Konzert aufspielen. Zu den Sehenswürdigkeiten gehören der **UC Botanical Garden**, eine der größten und vielseitigsten botanischen Anlagen in den USA, und das **Hearst Greek Theatre**, dem antiken griechischen Theater von Epidauros nachgebaut und 1903 als Geschenk von Medienmogul *W. R. Hearst* übergeben. Im **Berkeley Art Museum/BAM** wird vorwiegend moderne Kunst präsentiert, sehenswert ist aber auch die asiatische Sammlung. Das **Phoebe Apperson Hearst Museum of Anthropology** birgt hingegen eine

herausragende anthropologische und archäologische Privatsammlung, die das Spektrum von Kalifornien über Mexiko bis Südamerika und Ägypten abdeckt.
UC Botanical Garden, *Centennial Dr./Strawberry Canyon, http://botanicalgarden.berkeley.edu, tgl. mind. 9–17 Uhr, $ 10.*
BAM, *2626 Bancroft Way, http://bampfa.berkeley.edu, Mi–So 11–17 Uhr, $ 10.*
Phoebe Apperson Hearst Museum of Anthropology, *103 Kroeber Hall, Bancroft Way/College Ave., http://hearstmuseum.berkeley.edu, bis Herbst 2015 wegen Renovierung geschlossen.*

Reisepraktische Informationen Berkeley

Informationen
Visit Berkeley, *2030 Addison St., ☏ (510) 549-7040, http://visitberkeley.com, Mo–Fr 9–17 Uhr.*
UC Berkeley VC, *101 Sproul Hall, Bancroft Way/Telegraph Ave., werktags 8.30–16.30 Uhr, http://visitors.berkeley.edu, auch Campustouren (Mo–Sa 10, So 13 Uhr).*

Restaurants
Gather, *2200 Oxford/Allston St., ☏ (510) 809-0400, tgl. Dinner. Etwa zur Hälfte vegetarische/vegane Gerichte, gesunde, saisonale Küche aus lokalen Zutaten*
Spenger's Fresh Fish Grotto, *1919 4th St., ☏ (510) 845-7771. Fisch und Meeresfrüchte in Perfektion zubereitet, traditionsreiches Lokal, 1888 von einem bayerischen Einwanderer gegründet.*
Venus, *2327 Shattuck Ave./Durant Ave., http://venusrestaurant.net. Preiswert, abwechslungsreich, viel Vegetarisches und hervorragende Sandwiches.*
Chez Panisse, *1517 Shattuck Ave., ☏ (510) 548-5525. Starköchin Alice Waters bietet kalifornische Küche in höchster Qualität und gehört zu den Initiatoren des „Slow Food Movement".*

Ausflug ins Wine Country

In nächster Nachbarschaft zu San Francisco liegen mit **Napa Valley** und **Sonoma County** die bekanntesten und größten Weinanbaugebiete der USA. Wer behauptet, die Amerikaner verstünden nichts von Essen und Trinken, wird speziell hier eines Besseren belehrt. Kalifornien hat sich mittlerweile zur Hochburg der Haute Cuisine und des Weins entwickelt. Die **Weine** zählen weltweit zu den besten und selbst die Franzosen müssen vor den kalifornischen Edeltropfen und ihren innovativen Winzern den Hut ziehen.

Garten Eden

Das **Sonoma County**, nördlich anschließend ans Marin County, gilt wie das parallel weiter östlich verlaufende **Napa Valley** als „Garten Eden" Kaliforniens. Allerdings unterscheiden sich die beiden Regionen, die durch die Weinregion **Los Carneros** im Süden verbunden werden. Zum einen durch die Größe: Das Napa Valley ist ein begrenztes, dicht bebautes Weingebiet, das Sonoma County besteht dagegen aus verstreuten Agrar- und Naturregionen. Was die Beliebtheit angeht, bestehen ebenfalls

Unterschiede: Während sich an Wochenenden die Blechlawinen durchs Napa-Tal wälzen und sich in den *Boutique Wineries* Besucher drängeln, um für viel Geld von edlem Stoff mit großem Namen nippen zu dürfen, gibt sich das Sonoma County eher ländlich-idyllisch und weitläufig. Hochwertige Agrarprodukte, vermehrt aus biologischem Anbau, machten in den letzten Jahren das Sonoma County zum **Aushängeschild für Organic Food** (Bioprodukte).

Besichtigung des Wine Country mit einem Ballon

Hinweis zur Route

Ein Ausflug ins Weinland ist an einem Tag gut möglich, besonders ins Napa Valley, wenn auch angesichts der Fahrtstrecken nicht allzuviel Zeit für Weinproben bleibt. Alternativ böte sich eine Übernachtung in einem der zahlreichen, guten Hotels oder B & Bs in der Weinregion an. Eine Fahrt ins Wine Country könnte mit dem Besuch von Sausalito (s. oben) oder mit der Fahrt von San Francisco Richtung Norden (siehe nächstes Kapitel „Von San Francisco nach Seattle") kombiniert werden.

Eine eintägige **Rundfahrt** könnte wie folgt aussehen: aus San Francisco kommend nordwärts auf dem Hwy. 101 bis kurz vor Novato, wo man ostwärts auf den Hwy. 37 abbiegt. Von diesem zweigt der Hwy. 121 Richtung **Napa** ab. Dann führt der Hwy. 29 Richtung Norden bis **Calistoga** und von dort geht es südwestwärts nach **Santa Rosa** im Sonoma County. Auf dem Hwy. 12 sind das Sonoma Valley und der Ort **Sonoma** schnell erreicht. Anschließend gelangt man auf dem Hwy. 116 nach **Petaluma** und von dort auf dem Hwy. 101 zurück nach San Francisco.

Napa Valley – Die berühmteste Weinregion der Welt

Das 56 km lange und 2 bis 8 km breite Napa Valley gilt als „**World Famous Wine Growing Region**" und als Aushängeschild des kalifornischen Weins. Das Wort *napa* bedeutete in der Sprache der Indianer „Fülle", und tatsächlich sind zwischen den Orten Napa im Süden und Calistoga im Norden nicht nur riesige Anbauflächen, sondern auch eine stetig wachsende Zahl von Weingütern versammelt.

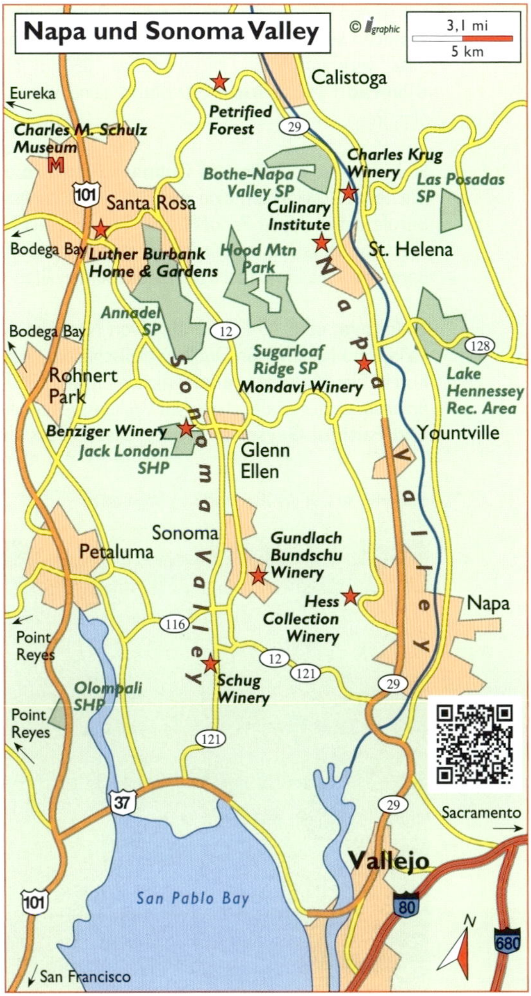

Napa und Sonoma Valley

Die großen drei Städte im County mit seinen rund 140.000 EW sind Napa, St. Helena und Calistoga. **Napa** gilt als „Tor" zum Tal und zum Weinland und ist mit seinen gut 78.000 EW das städtische Zentrum. Das Herz des Tals schlägt allerdings in **St. Helena**, dem wirtschaftlichen Mittelpunkt des Areals, auf dem sich rund 40 Weinkellereien befinden. **Calistoga** im äußersten Norden des Tals gilt wegen seiner Schwefelquellen zu allererst als Kurort.

Historic Downtown Napa wirkt proper, etwas provinziell und verschlafen. Idealer erster Anlaufpunkt ist das Besucherzentrum im **Town Center**, wo es auch Parkmöglichkeiten gibt. Dort liegen Broschüren und Informationen aller Art auf, auch zu den sehenswerten Bauten in der Stadt, die sich um Main Street und im Bereich von Randolph, Coombs und First Street konzentrieren.

Kaum hat man Napa hinter sich gelassen, passiert man auf dem Hwy. 29 das kleine, 1835 gegründete **Yountville**, das

Geschichte des Napa Valley

seinen Namen einem Trapper verdankt, der 1831 hierher gekommen war. Die Topattraktion im Ort ist das **Napa Valley Museum**, das eine Einführung in Kultur und Geschichte des Tales gibt. Vorrangig geht es um die Besiedlung des Napa Valley, den Weinbau, Landwirtschaft, Bodenschätze und Tourismus.
Napa Valley Museum, *55 President's Circle, www.napavalleymuseum.org, Di–So 10–18 Uhr, $ 5.*

Die Nachbarorte **Oakville** und **Rutherford** bieten außer Weingütern keine eigentlichen Sehenswürdigkeiten. Attraktiver ist **St. Helena**, etwa 28 km nördlich von Napa, malerisch im Tal gelegen. Interessant ist hier das **Silverado Museum** zum Leben und Wirken des Schriftstellers *Robert Louis Stevenson* (1850–94) u. a. mit Erstausgaben seiner Werke, Briefen, Manuskripten und Fotos. Der Autor der „Schatzinsel" verbrachte seine Flitterwochen 1880 im Tal.
Silverado Museum, *1490 Library Lane, www.silveradomuseum.org, Di–So 12–16 Uhr, frei.*

Kochausbildung

St. Helena ist auch Sitz des **Culinary Institute of America** (2555 Main St., www.ciachef.edu/california), eine von drei Ausbildungsstätten für Köche und verwandte Berufe neben Hyde Park/NY und San Antonio/TX. Zugehörig sind das gute *Wine Spectator Greystone Restaurant*, ein kleines Museum und ein Shop. Die Institution ist untergebracht im burgartigen Gebäude der alten *Christian Brother Winery* von 1889.

Calistoga, etwa 45 km nördlich von Napa, ist die attraktivste Ortschaft im Napa Valley und bekannt für Quellen, Heilschlamm, Schönheitsfarmen und kleine Resorthotels. Die **Mineralquellen** wurden im Jahr 1860 von dem geschäftsstüchtigen *Sam Brennan* entdeckt, der das erste Wellnesshotel errichtete und sich das Wasser vom **Old Faithful Geyser** beschaffte. Dieser Geysir sprüht im Halb-Stunden-Takt.

Rebgärten so weit das Auge reicht im Napa Valley

Hinweis für Weinliebhaber

Viele größere Weingüter sind im Sommer und Frühherbst meist 10–17 Uhr, in der NS verkürzt bzw. nur an Wochenenden geöffnet. Es gibt manchmal Touren, fast immer Gelegenheit zu Weinproben (meist gegen Gebühr). Zugehörig ist oft ein Laden, in dem Wein, Souvenirs und Zubehör, manchmal auch Feinkost, verkauft werden, und vielfach gibt es einen Picknickplatz.

Im Internet helfen www.winecountry.com oder http://winecountryguide.com bei der ersten Orientierung.

Kalifornische Weine in Deutschland: Auf kalifornische Spitzenprodukte spezialisiert ist: **K & U Weinversand-Weinhalle** in Nürnberg, ☏ (0911) 525153, www.weinhalle.de

TIPP: In San Francisco bietet die **Napa Valley Winery Exchange** (415 Taylor/ Geary St., www.nvwe.com) Topweine kleinerer kalifornischer Produzenten, v. a. aus Napa und Sonoma.

Ebenfalls in die erdgeschichtliche Frühzeit versetzt der **Petrified Forest** an der Verbindungsstraße zwischen Calistoga und Sonoma Valley. Ein kompletter Wald wurde hier vor rund 3 Mio. Jahren bei einem Vulkanausbruch unter Asche und Lava begraben; dadurch wurde das Holz dauerhaft konserviert.
Old Faithful Geyser, *1299 Tubbs Lane, 3 km nördlich Calistoga, www.oldfaithful geyser.com, tgl. 9–17/18 Uhr, $ 10.*
Petrified Forest, *4100 Petrified Forest Rd., www.petrifiedforest.org, HS tgl. 9–19 Uhr, sonst kürzer, $ 10 (Main Trail), $ 16 (Meadow Walk, Sa. 11 Uhr).*

Nördlich von Calistoga, im äußersten Nordwesten des Napa Valley, bietet sich nach etwas anstrengendem Aufstieg (einfacher Weg ca. 8 km) vom **Mount St. Helena** ein fantastisches Panorama. Bei klarer Sicht reicht der Blick bis nach San Francisco und zur Sierra Nevada. Der Berg liegt im **Robert Louis Stevenson SP** (www.parks.ca.gov/?page_id=472), wo der frisch verheiratete Autor 1880 in einer Blockhütte Urlaub machte.

Weingüter im Napa Valley

Eine vollständige Liste aller zu besichtigenden Weingüter würde den Rahmen sprengen, Details gibt es u.a. im Besucherzentrum in Napa bzw. in den dort ausliegenden Broschüren und Magazinen. Besonders beliebte Weingüter sind: *Beaulieu Vineyards, Beringer, Charles Krug, Clos Pegase, Domaine Chandon, Gloria Ferrer, Hess Collection Winery, Robert Mondavi, Niebaum-Coppola Estate Winery, Opus One, Schug Winery, Silver Oak Cellars, Stag's Leap* oder *Sterling Vineyards.*

Übersichten sind zu finden unter:
- http://napavalley.com/wineries
- www.napavintners.com/wineries

Reisepraktische Informationen Napa Valley/CA

Information

Napa Valley Welcome Center, *600 Main St., Napa, ☏ (707) 251-9188, www.visitnapavalley.com. Neues Besucherzentrum (tgl. 9–17 Uhr) in wegweisendem modernen, grünen Bau. Infos, dreidimensionale Karte, Fotoausstellung, Hotelbuchung, Filmvorführungen und Souvenirshop.*

Unterkunft

Calistoga Inn, *$–$$, 1250 Lincoln Ave., Calistoga, www.calistogainn.com. Ein Schnäppchen im Napa Valley, inklusive Fruhstück. Mit Restaurant & Brewery.*

Cottage Crove Inn, *$$$$, 1711 Lincoln Ave., Calistoga, ☏ (707) 942-8400, www.cottagegrove.com. Perfekt zum Erholen nach anstrengender Weintour. 15 Cottages mit Veranda, Küchenzeile, Bad, Kamin und Stereoanlage; abendlicher Käse und Wein sowie Frühstück inklusive.*

Restaurants

All Seasons, *1400 Lincoln Ave., Calistoga, ☏ (707) 942-9111. Kalifornische Bistroküche mit frischen Ingredienzien ohne großen Schnickschnack und zu annehmbaren Preisen. Gute Weinkarte und angegliederter Weinladen.*

Calistoga Inn Restaurant & Napa Valley Brewing Company, *1250 Lincoln Ave., Calistoga, ☏ (707) 942-4101. Im „Biergarten" am Fluss genießt man Tex-Mex-Gerichte oder Deftiges vom Grill, dazu ein Bier aus der eigenen Kleinbrauerei.*

Wine Spectator Greystone Restaurant, *2555 Main St., St. Helena, ☏ (707) 967-1010. Stilvoll in der alten Christian Brother Winery betreibt das Culinary Institute of America ein hervorragendes Lokal.*

Einkaufen

Die meisten Wineries verfügen über Läden mit Weinen und Feinkostartikeln, dazu häufig auch Picknickplätze.

Dean & Deluca, *607 South St. (Hwy. 29), Helena. Diese Filiale des New Yorker Feinkosttempels bietet alles, was man zum Gourmet-Picknick braucht.*

Napa Valley Vintage 1870, *6525 Washington St., Yountville, www.vmarketplace.com. Kleiner Shoppingkomplex mit etwa 40 Shops und Lokalen in historischem Weingut von 1870.*

St. Helena Wine Center, *1321 Main St., St. Helena, www.shwc.com. Unvergleichliche Auswahl an kalifornischen Weinen.*

Weintouren

Napa Valley Wine Train, *☏ 1 (800) 427-4124, www.winetrain.com. Verschiedene Touren im historischen Luxuszug. Zwischen Napa und St. Helena (hin und zurück ca. 60 km) kann man delikat speisen und Weine probieren. Die Eisenbahnlinie war 1864 von Sam Brannan gegründet worden, ab 1885 bis zur Stillegung gehörte sie der Southern Pacific Railroad Company. Seit 1987 zu Weintouren genutzt.*

California Wine Tours, *☏ 1 (800) 294-6386, www.californiawinetours.com. Limousinen-Service – ideal bei ausgiebiger Weinverkostung!*

Weinhochburg Kalifornien

info

Kalifornien ist mit rund 740 Weingütern das **größte und traditionsreichste Weingebiet der USA**. Das Aushängeschild, Napa Valley, geriet durch eine internationale Blindverkostung 1976 in Paris in den Blickpunkt: Damals belegte ein Cabernet Sauvignon von *Stags Leap* den ersten Platz und begründete damit das **hohe Ansehen der Weinregion**, die aus dem eher touristisch aufgeputzten Napa Valley und dem eher ländlicheren, geografisch abwechslungsreicheren Sonoma County besteht.

Die „Großen" im Geschäft, z. B. *Gallo*, *Mondavi* oder *Fetzer*, geben zwar seit den 1960er-Jahren den Ton an, heimsen Auszeichnungen ein, treiben aufwendige Werbekampagnen und unterhalten die attraktivsten Besucherzentren und Shops, doch basiert Kaliforniens aufstrebende Weinszene und deren Zukunft besonders auf den **kleineren Weingütern**. Sie sind meist in Familienhand und hier ist vielfach noch Handarbeit angesagt; die Winzer begutachten und bewirtschaften ihre Weinberge noch selbst.

Diese *Winemaker* verlassen sich nicht auf Computerdaten und modernste Technik, um möglichst gleichförmige Weine zu produzieren, sondern setzen auf **Können und Erfahrung** und auf ein Naturprodukt, das jedes Jahr anders ausfallen kann. Kalifornische Winzer wie *Ric Forman, Jim Clendenen, Doug Nalle, Cathy Corison* oder *Philip Togni* haben sich eine **undogmatische Kombination von Experimentierfreudigkeit, Innovations- und Improvisationsgeschick** bei allem Respekt vor europäischen Traditionen zu eigen gemacht. Selbst im schillernden, von „Megastars" wie *Opus One* oder *Mondavi* geprägten Napa Valley verbergen sich noch genügend kleine Weingüter, deren Tropfen das Herz eines jeden Weinliebhabers höher schlagen lassen.

Napa und Sonoma sind die beiden bekanntesten Weinregionen Kaliforniens, doch in letzter Zeit machen auch Weine aus der Region südlich der Bucht von San Francisco sowie besonders die **Central Coast** zwischen San Luis Obispo und Santa Barbara von sich reden. Daneben werden „edle Tropfen" im nördlichen Mendocino County, in den Sierra Foothills und südlich von San Diego ausgebaut. Die größte Menge, zumeist Massenware, kommt aus dem Central Valley, wo in Modesto mit *Gallo* die größte Winery der Welt zu Hause ist.

Unterwegs im Sonoma County

„**Slonoma**" nennen die Bewohner ihre Region mit ihrer knappen halben Million Einwohnern scherzhaft, denn hier gehen die Uhren langsamer, fahren weniger Touristenbusse, gibt es kaum Staus und die Weingüter sind kleiner und überschaubarer, vielfach in Familienbesitz. Anders als im benachbarten Napa Valley spielen Viehzucht, Gemüse- und Obstanbau und Baumschulen eine gleichberechtigte Rolle.

Biologische Landwirtschaft

Zudem gilt die Region als **Geheimtipp** für gesundheitsbewusste Städter und Gourmets. Mehr und mehr Landwirte haben sich in den letzten Jahren dem *Organic Farming*, dem biologischen Obst- und Gemüseanbau, verschrieben und stellen Bioweine, Marmelade, Käse und Olivenöl her, brauen Bier oder Cidre oder füllen eigenen Honig ab. Sonoma ist längst aus dem Schatten des Napa Valley herausgetreten und hat sich zur eigenständigen Gourmet-Destination entwickelt.

Das Sonoma County erstreckt sich vom Sonoma Valley bis hin zur Pazifikküste. Die städtischen Zentren heißen **Sonoma**, **Glen Ellen**, **Santa Rosa**, **Petaluma**, **Sebastopol**, **Healdsburg** und **Geyserville**. Geografisch und weinbautechnisch dominieren das Russian River Valley und das Alexander Valley die Region. Insgesamt sind **zwölf Weinappellationen** ausgewiesen, in denen *Chardonnay und Cabernet Sauvignon, Zinfandel* und *Pinot Noir* vorherrschen. Anders als im Napa Valley liegen hier die Weingüter nicht entlang einer „Rennstrecke", sondern verstreut in Naturgebieten und Agrarregionen, allerdings gut ausgeschildert.

Berühmter Pflanzenforscher

Von Calistoga in Napa Valley führt die Petrified Forest Road bzw. Calistoga Road hinüber ins westliche Sonoma County und in die zentrale Stadt **Santa Rosa** mit knapp 171.000 EW. Eine der beiden Hauptsehenswürdigkeiten von Santa Rosa ist **Luther Burbank Home & Gardens**. Der Komplex besteht aus Botanischem Garten und Wohnhaus und erinnert an *Luther Burbank* (1849–1926). Dem passionierten Gärtner, Pflanzenforscher, -sammler und -züchter sind mehr als 800 neue Pflanzensorten zu verdanken, darunter ein stachelloser Kaktus und lila Kartoffeln.

Luther Burbank Home & Gardens, *100 Santa Rosa Ave., www.lutherburbank.org, tgl. 8–Sonnenuntergang, Touren $ 7, Haus und Shop Di–So 10–16 Uhr.*

Das zweite Highlight, im Norden gelegen, ist das **Charles M. Schulz Museum**. Es wurde 2002, zwei Jahre nach dem Tod des Schöpfers der „**Peanuts**", *Charles M. Schulz* (1922–2000) eröffnet. Zum Komplex gehören neben dem architektonisch gelungenen Museumsbau ein großer Laden mit Galerie und eine Eishalle. Ausgestellt sind rund 7.000 der 17.800 Strips, die *Schulz* geschaffen hat; sein Studio wurde rekonstruiert und es finden wechselnde Ausstellungen statt. Sehenswert sind die beiden überdimensionalen Kunstwerke des Japaners *Yoshitesu Otani*, eine Holzskulptur namens „Morphing Snoopy" und ein Fliesenmosaik („Tile Mural") im Foyer, bestehend aus 3588 Comic-Strips auf Fliesen.

Charles M. Schulz Museum, *1 Snoopy Place, W. Steele Lane/Hardies Lane, www. schulzmuseum.org, Mo–Fr 11–17, Sa/So 10–17 Uhr, NS Di geschlossen, $ 10.*

Im Schulz-Museum in Santa Rosa sind Charlie Brown, Snoopy und ihre Freunde zu Hause

Wer sich für Spitzenweine interessiert, sollte von Santa Rosa eine Rundfahrt in den Norden unternehmen. Der Hwy. 101 führt zunächst nach **Healdsburg** und von dort ins *Dry Creek Valley*, wo einige der besten Zinfandels produziert werden *(Doug Nalle, Peterson* oder *Gallo of Sonoma)*. Das Tal endet am **Lake Sonoma**, einem Stausee mit Möglichkeit zu Camping, Bootstouren *(Lake Sonoma Marina)*, Picknick, Schwimmen, Wasserski oder Wandern. Zurück geht es nach Santa Rosa über Geyserville und durch das malerische **Alexander Valley**, östlich des Hwy. 101.

Guter Zinfandel

Besuchenswert ist auch das südlich Santa Rosa gelegene kleine Städtchen **Petaluma** (www.visitpetaluma.com), direkt am Hwy. 101. 1858 als Holzstadt gegründet, hat sich Petaluma viel von seinem historischen Charme und seiner alten Bausubstanz bewahrt und genießt heute als Antiquitätenzentrum eine Rolle. Mitten durch Downtown zieht sich der Petaluma River, schön gerahmt von *River Walk* und *Marina*.

Von Petaluma führt der Hwy. 116, auch **Gravenstein Highway**, nach der Apfelsorte genannt, mitten durch große Apfelhaine nordwärts zum beschaulichen **Sebastopol**. Das kleine Städtchen ist einer der nettesten Orte im County und zugleich **Zentrum des Organic Farming**. Im Umkreis des Städtchens, v.a. entlang dem Gravenstein Highway, häufen sich Verkaufsstände mit Obst und Gemüse und finden sich Baumschulen und Selbstpflück-Farmen.

Im Valley of the Moon

Von Sebastopol führt der Hwy. 12 nicht nur zurück nach Santa Rosa, sondern auch weiter hinein ins **Sonoma Valley**. Berühmt geworden ist das Tal durch *Jack London*, der es „**Valley of the Moon**" taufte. Es erstreckt sich im Südosten des County von Santa Rosa über Glen Ellen bis Sonoma.

Abgesehen von Indianern lebten hier schon ab 1809 russische Pelzjäger, die eigentliche europäische Besiedlung begann jedoch erst mit der Gründung der Mission San Francisco de Solano de Sonoma 1823 durch Pater *Jose Altimira*. Eine Episode ließ Sonoma wenig später, 1846, in die Geschichtsbücher eingehen: die **Bear Flag**

Missionsgründung

Weingüter in Sonoma County

Zu den **empfehlenswerten Wineries** der Region zählen jene der Familie *Benziger* bei Glen Ellen, besonders aber ihre *Imagery Estate Winery* (Hwy. 12), mit Kunstgalerie und Erläuterungen zu biodynamischem Anbau. Eine Liste aller zu besichtigender Weingüter im Sonoma County gibt es unter **www.sonomawine.com** oder **www.sonomacounty.com/what-to-do/wineries** sowie in zahlreichen Broschüren. Weitere Namen, nach denen man Ausschau halten kann: *Benziger, Buena Vista, Davis Bynum, Ferrani-Carano Vineyards & Winery, Gundlach & Bundschu, Imagery Etate Winery & Art Gallery, Korbell Champagne Cellars (mit Russian River Brewing Co.), Matanzas Creek, Ravenswood, Rochioli, Topolos oder Viansa Winery & Italian Marketplace.*

Kurze Dauer der Kalifornischen Republik

Revolt. Eine Handvoll Abenteurer hatte die mexikanische Verwaltung entmachtet, *General Vallejo* gefangen genommen und die „Freie Republik von Kalifornien" ausgerufen. Diese hatte nur wenige Wochen Bestand, dann fiel die Region in Folge des mexikanisch-amerikanischen Kriegs an die USA.

Von Santa Rosa erreicht man auf dem Hwy. 12 nach knapp 25 km **Glen Ellen** mit dem *Jack London Village* (Shops und Restaurants). Im nahe gelegenen **Jack London State Historic Park** lebte und starb *Jack London*. Besichtigen kann man die Reste seines *Wolf House*, wo er mit seiner Frau *Charmian Kittredge London* als Farmer und Schriftsteller bis zu seinem Tod 1916 lebte. Als das Traumhaus für $ 80.000 Baukosten im August 1913 kurz vor der Vollendung stand, brannte es ab und *London* wohnte fortan in dem kleinen Cottage.
Jack London SHP, *2400 London Ranch Road, Glen Ellen, www.parks.ca.gov/?page_id=478, Park tgl. 9.30-17, im Winter nur Do-Mo, Museum 10–17, Cottage 12–16 Uhr, $ 8.*

Nördlichste kalifornische Mission

Hauptattraktion im Städtchen **Sonoma** (11.000 EW) ist der **Sonoma State Historic Park**, ein mitten in der Innenstadt gelegenes Konglomerat historischer Bauten. Dazu gehört an der Nordostecke der **Sonoma Plaza** die **Mission San Francisco Solano de Sonoma**, die 1823 gegründete nördlichste kalifornische Mission. Die Kirche von 1827 ist nicht mehr erhalten, dafür eine Kapelle (1840/41) mit kleiner Ausstellung und ein paar Adobebauten aus den 1830er-Jahren. *General Mariano*

Mission San Francisco Solano de Sonoma

Vallejo war 1834 als mexikanischer Militärkommandant nach Sonoma geschickt worden, um die Säkularisierung durchzuführen, die Ureinwohner aus der Obhut der Mission zu entlassen und das Land aufzuteilen. Er gründete das Pueblo von Sonoma und wohnte selbst in *La Casa Grande*, einem der größten und bestausgestatteten Privathäusern Kaliforniens. In den **Sonoma Barracks** *(El Cuartel de Sonoma)* von 1841 waren die mexikanischen Truppen *General Vallejos* untergebracht, die für Ruhe vor den im nahen Fort Ross ansässigen Russen sorgen sollten. **La Casa Grande**, das Privathaus des Kommandanten, um 1840 fertiggestellt, fungierte als Zentrum des gesellschaftlichen und diplomatischen Lebens, zeitweise auch als Schule.
Sonoma SHP, *20 E. Spain St., www.parks.ca.gov/?page_id=479, tgl. 10–17 Uhr, $ 3 für Mission, Barracks, und Vallejos Home, Touren (auch historisches Toscano Hotel) an Wochenenden.*

Die **Sonoma Plaza** (Mission/Barracks/E. Spain St.) gilt als die größte ursprüngliche Platzanlage Kaliforniens; sie wurde schon in den 1830er-Jahren von *General Vallejo* in Auftrag gegeben. Hier konzentriert sich das Leben und im kleinen Park stehen die **Sonoma City Hall** (1908) mit vier identischen Fassaden und das **Carnegie Library Building**. Auf dem Platz davor erinnert eine Bronzestatue mit *Bear Flag* an die 25 Tage als Hauptstadt der „*Independent Republic of California*" 1846. Rund um den Platz, besonders an der East Spain Street, reihen sich nicht nur historische Bauten, sondern auch Restaurants, Läden und die viel besuchte *Sonoma Cheese Factory*.

Historischer Platz

Am Stadtrand liegt am Ende einer hübschen Allee *General Vallejo's Home*, auch „**Lachryma Montis**" (s. oben, Sonoma SHP) genannt. Um 1840 im gotisierenden Stil erbaut, diente es bis zum Tod des Generals 1890 als Wohnhaus für seine 13-köpfige Familie.

Jack London – Abenteurer und Literat

info

Jack London gehört zu den meistgelesenen Schriftstellern der Neuen Welt. Am 12. Januar 1876 in San Francisco geboren, verbrachte London eine ärmliche und unruhige Jugend in zerrütteten Familienverhältnissen. Früh kam er mit Alkohol in Kontakt und machte die Kneipe *First and Last Chance* in Oakland zu seiner „zweiten Heimat". Schließlich kaufte er sich ein Austernboot namens „Razzle Dazzle" und lebte auf diesem mit einem 16-jährigen Mädchen zusammen, ging auf Fischfang und feierte wüste Orgien und Trinkgelage.

Sein Hang zu Depressionen führte zu einem Selbstmordversuch, als er gerade 20 Jahre alt war. Zu Fuß, mit Fischerbooten oder als blinder Passagier auf Güterzügen durchstreifte er den gesamten Westen. Angelockt durch den Goldrausch, zog London hinauf nach Alaska und verbrachte am Klondike einen entbehrungsreichen Winter. Gesundheitlich angeschlagen, bewarb sich der 24-Jährige dann in Kalifornien als Postbeamter.

Gleichzeitig stellten sich erste literarische Erfolge ein und er beschloss, von nun an als Schriftsteller zu leben. Im gleichen Jahr, 1900, heiratete er Bess Maddern.

info

Zwei Dinge bestimmten sein Leben fortan: Frauen und Alkohol zum einen, sein ausgeprägtes Bewusstsein für soziale Ungerechtigkeit andererseits. Er entwickelte sich zur Galionsfigur des Sozialismus, trat der Partei bei und formulierte kompromisslose Hasstiraden auf alles, was nach Kapitalismus aussah. Er legte keinen Wert auf sein Äußeres und wirkte auf Zeitgenossen wie ein Genie, Landstreicher und Sozialist in einer Person.

Nach der Scheidung heiratete London erneut, und seine zweite Frau *Charmian* sollte später jene Biografie schreiben, die 1921 veröffentlicht wurde. Obwohl er als Schriftsteller nun überaus erfolgreich und dazu bodenständiger geworden war, verzichtete er nicht auf ausgedehnte Reisen – z.B. nach Indien, Korea und Europa. Gleichzeitig blieb er aber ein glühender Verehrer der Natur und pries die Schönheit des Valley of the Moon bei Glen Ellen, wo er inzwischen lebte.

Erfolg und Ruhe hinderten ihn nicht, übermäßig zu trinken und sich in die Politik einzumischen. Zu jener Zeit beschloss er alle seine Briefe mit dem Satz „Es lebe die Revolution!". Andererseits trug er unverhohlen seinen Rassismus zur Schau, der letztlich auch zum Bruch mit der Sozialistischen Partei führte. Das war kurz vor 1916, als sein körperlicher Verfall bereits in vollem Gange war. Fettleibig und geplagt von chronischen Leiden wandte er sich mehr und mehr Medikamenten und Alkohol zu. 1916 starb Jack London in Glen Ellen im Alter von nur 40 Jahren – offiziell infolge einer Nierenkolik, aber auch ein Selbstmord durch Drogen wurde nicht ausgeschlossen.

Es ist erstaunlich, wie es London unter diesen Umständen und bei diesem Lebenswandel schaffte, so viel – und so gut – zu schreiben. Auf sein erstes erfolgreiches Werk, die 1900 erschienenen Kurzgeschichtensammlung „The Son of the Wolf", folgten bis zu seinem Tod etwa 50 Bücher. Abgesehen von *Short Stories* befanden sich darunter (verfilmte) Bestseller wie „Der Seewolf", „Wolfsblut" oder „Lockruf des Goldes".

Reisepraktische Informationen Sonoma County/CA

Information

Santa Rosa CVB/California Welcome Center Santa Rosa, *9 4th St., ☏ (707) 577-8674 o. 1 (800) 404-7673, www.visitsantarosa.com, Mo–Sa 9–17, So 10–17 Uhr.*

Sonoma Valley Visitors Bureau (SVVB), *453 1st St. E., Sonoma Plaza, sowie 23570 Arnold Dr. (Hwy. 121), Sonoma, ☏ 1 (866) 996-1090, (707) 996-1090, www.sonomavalley.com, tgl. 9–17 Uhr.*

Sonoma County: *www.sonomacounty.com bzw. http://de.sonomacounty.com (Deutsch), zur Weinszene s. oben.*

Unterkunft

Gaige House Inn, **$$$$**, *13540 Arnold Dr., Glen Ellen, ☏ 1(800) 935-0237, www.gaige.com. Kleine Luxusherberge mit insgesamt 23 Zimmern und spekta-*

kulären (Zen-)Suiten. Haupthaus aus dem 19. Jh. mit Dachterrasse und Gästeküche. Beheizter Pool, Weinstunde am Abend und Gourmetfrühstück inklusive.
The Gables B & B Inn, *$$$, 4257 Petaluma Hill Rd., Santa Rosa, ☏ (707) 585-7777, www.thegablesinn.com. B & B mit persönlichem Flair und geräumigen Zimmern in viktorianischem Haus, umgeben von viel Grün; im Preis sind ein Gourmetfrühstück und Nachmittagstee enthalten.*
Hotel La Rose, *$$$, 308 Wilson St., Santa Rosa, ☏ (707) 579-3200, www.hotel-larose .com. Renoviertes historisches Hotel inmitten des revitalisierten Bahnhofsviertels von Santa Rosa, geräumige Zimmer, ink. Frühstück.*

Restaurants

John Ash & Co., *4350 Barnes Rd., Santa Rosa, ☏ (707) 575-7350. Gerichte aus organischen Produkten der Region sowie saisonale Leckerbissen, im Frühjahr z. B. Lamm oder im Herbst Schweinefleisch mit Feigen und Gravensteiner Äpfeln.*
The Girl & the Fig, *110 W. Spain St., Sonoma, ☏ (707) 938-3634, www.thegirlandthefig.com. Französisch angehauchte Gerichte, für die nur die frischesten und besten Zutaten der Region verwendet werden.*

Einkaufen

*Es gibt gratis die Broschüre „***Sonoma County Farm Trails***" (halbjährlich erscheinend, www.farmtrails.org), die organische Betriebe aller Art listet, außerdem den interessanten Führer in Buchform „***The Organic Guide to Sonoma, Napa and Mendocino Counties***", erhältlich in vielen Läden und Buchhandlungen.* **Farmen** *bieten oft auch Geschenkartikel, Honig oder Kerzen, Soßen, Senf, Olivenöl oder Apfelerzeugnisse zum Verkauf an. Im Sonoma County finden sich außerdem* **Baumschulen** *und* **Spezialgärtnereien**, *aber auch* **Selbstpflückfarmen** *(Beeren, Äpfel, Kürbis).*
Vella Cheese Co., *315 2nd St. E, Sonoma. Bekannt für Jack und Cheddar Cheese.*
Sonoma Cheese Factory, *2 Spain St., Sonoma. Vielbesuchte Großkäserei an der Sonoma Plaza (mit Proben).*
Kozlowski Farms, *5566 Gravenstein Hwy. N, Forestville. Seit 1947 hausgemachte Produkte wie Marmeladen, Chutneys, Senf, Essig und Soßen, dazu Imbiss.*

Märkte

Empfehlenswert sind die Wochenmärkte in den Städten, z. B. der **Sonoma Farmer's Market** *(Depot Park, Fr.vormittags), der* **Healdsburg Farmers Market** *(Vine/North St., Sa. vormittags), der* **Santa Rosa Downtown Market** *(Downtown, Mi.abends), der* **Sebastopol Farm Market** *(Town Plaza, So.vormittags) oder der* **Petaluma Farmers Market** *(Walnut Park, Sa nachmittags, Details und genaue Zeiten s. www.sonoma-county.org/agcomm/farmers_mkts.htm).*

Touren

Getaway Adventures, *☏ 1 (800) 499-2453, www.getawayadventures.com. Radtouren mit Winery-Besuchen, Hiking- und Walking-Touren, aber auch Kanu- und Kajakfahrten im Lower Russian River Valley und in der Tomales Bay.*
Green Dream Tours, *☏ (415) 692-1644, http://greendreamtours.com. Ganztägige Weintouren durch das Sonoma Valley im bequemen Kleinbus mit Abholung vom Hotel inkl. Lunch und Proben in drei Weingütern sowie Tour.*

9. VON SAN FRANCISCO NACH SEATTLE

Überblick

Kaum ein Küstenabschnitt Nordamerikas ist **landschaftlich so dramatisch** wie derjenige zwischen San Francisco und der kanadischen Grenze. Klippen mit einsamen Leuchttürmen, kleine Fischerorte, versteckte Künstlerkolonien, wildromantische Strände, Gelegenheit zur Beobachtung von Walen, Seelöwen und Seehunden und nicht zuletzt jene sagenhaften Riesenbäume, die bis zu 100 m hoch wachsenden *Redwoods*, versprechen ein **unvergessliches Erlebnis**. Es sind hier am *Edge of the Universe* weniger einzelne Sehenswürdigkeiten als vielmehr das Landschaftserlebnis und die Stimmung, die in Erinnerung bleiben.

Faszinierende Küste

Der schmale, wenig erschlossene Pazifik-Küstenstreifen von Nordkalifornien bis Oregon gilt als „**Ecotopia**", als Rückzugsort der „Ökofreaks", die sich dem biologischen Landbau verschrieben haben und sich für die Umwelt einsetzen. Ansonsten setzen sich die **Bewohner** aus Fischern, Ranchern und Holzfällern, Künstlern und Naturliebhabern, Aussteigern und Ex-Hippies zusammen. Zudem spielen das Dienstleistungsgewerbe und der Tourismus eine zunehmend wichtige Rolle.

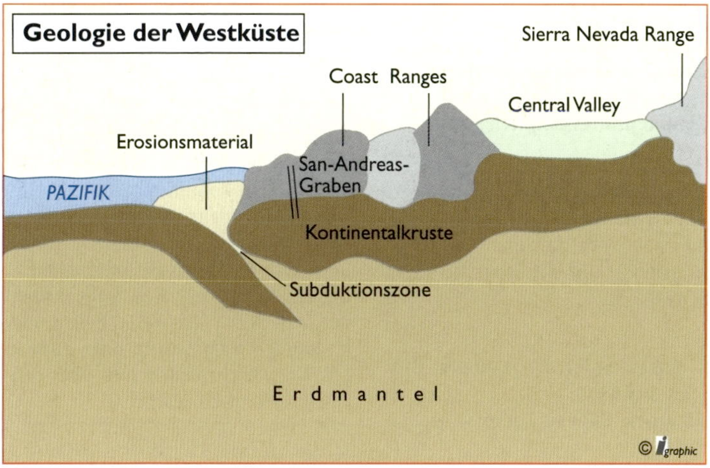

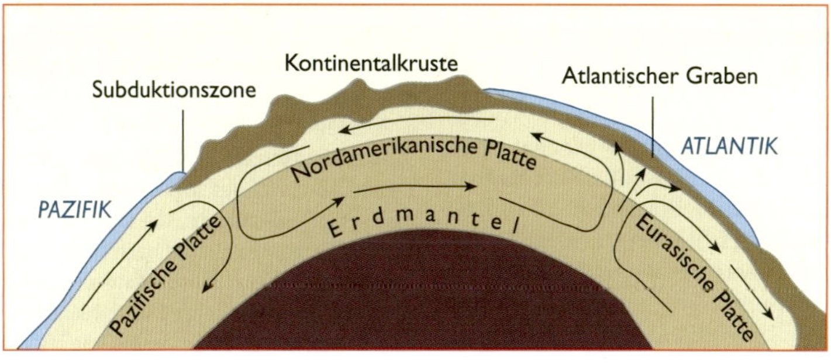

Redaktionstipps

Sehens- und Erlebenswertes

➤ Naturparadies vor den Toren San Franciscos: die **Point Reyes National Seashore** (S. 478).

➤ Die mystische Welt der Redwoods im **Humboldt Redwoods SP** (S. 487), an der **Avenue of Giants** (S. 484) oder im **Redwood NP** (S. 488) kennenlernen.

➤ Ein Kuriosum zwischen Meer und Wäldern: die **Oregon Dunes NRA** (S. 494), z.B. mit **Spinreel ATV & Dunebuggy Rentals** (S. 494), entdecken.

➤ Ein Familienbesuch in den **Sea Lion Caves** (S. 497) und im **Oregon Coast Aquarium** in Newport (S. 497).

➤ „**Beach Combing**" an Oregons Küste – bei Ebbe auf Achat-Suche gehen und Fossilien oder Seesterne finden (S. 490).

➤ Bergauf und bergab durch das „San Francisco des Nordens": **Astoria** (S. 501).

➤ **Heceta Head Lighthouse** (S. 490) oder einen anderen der sieben öffentlichen Leuchttürme Oregons bei **Sonnenuntergang** erleben.

Restaurants

➤ Die Biere der **Rogue Brewery** in Newport (S. 498) wurden schon mehrfach prämiert, inzwischen gibt es auch Whiskey und Gin.

➤ Für Seafood und Fisch prädestiniert: die **Coos Bay Area** (S. 494).

Einkaufen

➤ Steuerfrei einkaufen in den **Lincoln City Factory Outlet Stores** (S. 499).

➤ In der **Tillamook Cheese Factory** Eis und Käse probieren (S. 500).

➤ Schöne Holzschalen u.a. Gedrechseltes gibt es bei **Oregon Connection/The House of MyrtleWood** in Coos Bay (S. 496).

Unterkunft

➤ Das **Mill Casino Hotel** in North Bend (S. 495) hat große Zimmer mit tollem Ausblick und ist ideal für Ausflüge in die Umgebung.

➤ Das **Pacific Reef Resort** in Gold Beach (S. 494) ist ein wenig bekanntes Juwel an der Pazifikküste Oregons.

Auch **Filmemacher** aus Hollywood haben die Vorteile der Szenerie lange erkannt. Unzählige Filme wurden entlang der Küste gedreht, so z. B. Hitchcocks „Vögel", „Jenseits von Eden" mit James Dean, „Einer flog übers Kuckucksnest" oder die Krimireihe „Mord ist ihr Hobby" („Murder, she wrote").

Hinweis zur Route

Ideal wäre es, eine Strecke – Küste oder Inland – nordwärts zu fahren und die andere zurück. Für Reisende, die aus Zeitgründen den Weg nur einmal zurücklegen möchten, empfiehlt sich ein Zickzackkurs, der die sehenswertesten Abschnitte an der Küste und im Inland miteinander verbindet: entlang der Küste nach Eureka, dann ins Landesinnere und über Redding zum Lassen Volcanic NP. Von dort fährt man weiter nordwärts zum Crater Lake NP und über Ashland/Grants Pass und das Tal des Smith River zurück an die Küste. Deren Kontur folgt man bis Lincoln City, um dann wieder einen Abstecher ins Inland, ins Willamette Valley und nach Portland, zu unternehmen. Danach bieten sich zwei Möglichkeiten der Weiterfahrt: über Mt. St. Helens und Mt. Rainier nach Seattle oder zurück ans Meer nach Astoria und über den Olympic NP nach Seattle.

Die Küstenstraße, der Hwy. 101, ist eine Alternative – kaum weniger atemberaubend ist die **Inlandsroute**. Sie folgt der Bergkette der **Cascade Range** durch eine beeindruckende (und noch aktive) **Vulkanlandschaft**. Man folgt dabei einem kleinen Abschnitt des sogenannten **Ring of Fire**, einer Vulkankette, die sich ganz um den Pazifik, von Feuerland nach Alaska und über Japan bis nach Neuseeland zieht. Vulkanlandschaften, riesige Waldareale und Halbwüstenlandschaften sowie die atemberaubende Columbia Gorge und das besuchenswerte Portland gehören zu den Highlights entlang dieser Route.

Hinweis zur Küstenroute

Nördlich der Golden Gate Bridge (US Hwy. 101) biegt man auf den berühmten CA 1 ab und folgt ihm bis Leggett, wo er wieder auf den US Hwy. 101 trifft. Diesem folgt man, fast immer parallel zur Pazifikküste, durch Nord-Kalifornien, Oregon und Washington bis hinauf zur Olympic Peninsula.

Highway to Heaven: die Küstenroute

Bohemian Coast

Jenseits der Golden Gate Bridge, der Weingärten, Obsthaine und Felder, erstreckt sich ein **Naturparadies von herber Schönheit**, mit Steilküsten, einsamen Stränden, dichten Redwood-Wäldern und Vulkanlandschaften. Der meist Küste folgende CA 1, der im Norden zur schmalen zweispurigen Landstraße wird, schlängelt sich unter ständigem Auf und Ab von der Golden Gate Bridge entlang der Pazifikküste nordwärts.

Die Region direkt im Norden von San Francisco wird von einem bunt gemischten Völkchen aus ehemaligen Aussteigern, Ökofreaks, Künstlern und wohlhabenden San Franciscans bevölkert – „**Bohemian Coast**“ nennt man den Streifen daher im Volksmund. Die kleinen Ortschaften wie **Point Reyes Station**, **Marshall**, **Inver-**

ness, **Olema**, **Bolinas** oder **Stinson Beach** haben keine großen Sehenswürdigkeiten zu bieten, vermitteln dafür aber den Eindruck, als seien hier Hektik und Stress noch unbekannt und als würde jede/r jede/n kennen.

Dass gerade **Point Reyes Station** ein **Zentrum der Ökobewegung** ist, signalisieren Naturkostläden, ein *Farmers' Market* (Pt. Reyes Station), Käsehersteller wie *Cowgirl Creamery*, *Point Reyes Farmstead Cheese Company* oder *Straus Family Creamery*, Bäckereien *(Bovine Bakery)*, Weinproduzenten wie die *Pt. Reyes Vineyards*, die *Drakes Bay Oyster Farm* oder die *McEvoy*-Olivenölfarm. Sogar die Unterkünfte unterscheiden sich: Hier nächtigt man nicht in stereotypen Hotels oder Motels, sondern in komfortablen Inns oder Cottages mit Familienanschluss und gesunder Kost, zusammengeschlossen zu *Point Reyes Lodging* (s. unten).

info

Highway to Heaven – Pacific Coast Highway

Der **PCH** beginnt nördlich von San Diego, doch erst ab Malibu, nördlich von Los Angeles, wird die Route ihrem legendären Ruf gerecht. Dicht entlang der Küste schlängelt sie sich nordwärts, schraubt sich hoch in die Küstengebirge, um im nächsten Moment steil auf Meereshöhe abzufallen. Sie passiert endlose Sandstrände und durchquert dichte, dunkle Wälder, führt durch interessante Klein-

Zwischen Himmel und Erde: der Pacific Coast Highway

städte und streift malerische Fischerdörfer. Bis nördlich der San Francisco Bay entspricht der PCH dem CA Hwy. 1, dann dem US Hwy. 101, der der nordkalifornischen sowie der Küste Oregons und Washingtons bis zur Hauptstadt Olympia vor den Toren Seattles folgt.

Muir Woods National Monument

Verlässt man den US Hwy. 101 hinter der Ortschaft Marin City, schraubt sich der CA 1 hinauf in die Küstenberge um den **Mt. Tamalpais**. Der von den *Miwok*-Indianern einst als heilig verehrte Berg und seine nähere Umgebung sind heute als *State Park* geschützt. Eine Vielzahl von Vögeln sowie Hirsche, Rehe, auch harmlose Schlangen, riesige Redwoods und mehr als 750 Pflanzenarten sind hier zu Hause. Für die Bay-Anwohner ist der Park ein Naherholungsgebiet, das v. a. wegen der ausgezeichneten Wanderbedingungen (80 km markierte Trails) geschätzt wird.

Große Bergwaldareale sind als **Muir Woods National Monument** unter Schutz gestellt. Hat man etwas Zeit, sollte man einen Abstecher ins Schutzgebiet unternehmen. Dazu folgt man der **Muir Woods Road** (ab Hwy. 1 ausgeschildert) – sie führt direkt in den Redwood-Wald hinein, der am Südabhang des **Mt. Tamalpais** unter Naturschutz steht. Die außerhalb des Parks auffälligen dichten Eukalyptuswälder sind aufgeforstet, an Stellen, wo die ursprünglichen Redwoods der Säge zum Opfer fielen. Dass die Bäume in einigen Abschnitten verschont blieben, liegt am schwierigen Transport auf der kurvigen Straße. Um weiteren Kahlschlag zu verhindern, kaufte *William Kent* (1864–1928) das Gelände und machte es 1908 der amerikanischen Bundesregierung zum Geschenk – unter der Bedingung, dass es unter Schutz gestellt wird. Er wählte den Namen nach *John Muir*, dem Schriftsteller und großen Naturliebhaber (1838–1914).

Point Reyes Historic Lighthouse

Die **Mammutbäume** *(Sequoia sempervirens*, vgl. S. 486) werden in diesem Park nicht so mächtig wie im Norden, sind aber mit ihren rund 65 m Höhe immer noch eindrucksvoll. Eine Wanderung in die Muir Woods kann am **VC** beginnen, wo man auch Pläne und Broschüren erhält; angeschlossen sind eine Cafeteria und ein Souvenirladen. Ab hier geht es etwa 7 km in den Wald hinein, doch allein der kurze Weg bis zur Brücke bei der **Cathedral Grove** lohnt. Nach Überquerung des Redwood Creek kann man auf der anderen Seite zurücklaufen (insgesamt knapp 3 km). Nach dem Infozentrum verlässt die Muir Woods Road das Schutzgebiet und trifft auf den *Panoramic Highway*, der nach wenigen Meilen wieder auf den Hwy. 1 stößt.

7 km in den Wald

Mount Tamalpais SP, *801 Panoramic Hwy., Mill Valley, www.parks.ca.gov/?page_id=471, tgl. von Sonnenauf- bis -untergang, frei, aber Parkgebühr.*

Muir Woods NM, *Muir Woods Rd., ab Hwy. 101, 11 mi/17 km nördl. Golden Gate Bridge, Stinson Beach Exit, Mill Valley, www.nps.gov/muwo, ☏ (415) 388-2595, tgl. 8 Uhr bis Sonnenuntergang, VC tgl. 9–mind. 17 Uhr $ 7.*

Point Reyes National Seashore

Die Fahrt durch die Küstenbergwälder erreicht an der Küste ihren Höhepunkt. In zahlreichen Kehren nähert sich der CA 1– mit spektakulären Ausblicken – der Pazifikküste am kleinen Ort **Stinson Beach**. Von hier sind es nurmehr wenige Meilen durch dichten Küstenwald zur **Point Reyes Peninsula**. Abgetrennt von der **Tomales Bay**, liegt sie bereits auf der pazifischen Platte. Bei der Bucht handelt es sich um nichts anderes als die Verwerfungslinie des St. Andreas-Grabens.

430 Vogelarten

Die 10 mi/16 km in den Pazifik hinausragende Halbinsel, deren Küste als **Point Reyes National Seashore** den Rang eines Nationalparks innehat, vermittelt das Bild einer sturmgepeitschten, von breiten Sandstränden gerahmten Landschaft mit vielfältiger Flora und Fauna. Allein 430 Vogelarten wurden gezählt, was 45 % aller in Nordamerika beheimateten Spezies entspricht. Vor der Küste ziehen Wale vorbei (www.nps.gov/pore/planyourvisit/wildlife_viewing_whales.htm) und an ihr entlang sind Seelöwen zu beobachten.

Im Jahr 1579 war *Sir Francis Drake* auf der Halbinsel gelandet und hatte das Land für die englische Krone in Anspruch genommen. 1603 erklärte es *Sebastián Vizcaíno* zum spanischen Hohheitsgebiet. Nachdem hier lange Zeit nur *Miwok*-Indianer gelebt hatten, begannen weiße Siedler Mitte des 19. Jh. Viehzucht und Milchwirtschaft zu betreiben, bis der malerische Küstenstreifen **1962 zum Nationalpark** erklärt wurde. In letzter Zeit drängt die Parkverwaltung zunehmend darauf, das Areal komplett als Naturschutzgebiet zurückzugewinnen, und das zieht Diskussionen nach sich: Landwirte – die vermehrt dem Beispiel der *Drakes Bay Farm* folgen, die als Muster-Biobetrieb gilt – und sogar Naturschützer möchten wie bisher **ökologische Landwirtschaft** im Naturschutzgebiet erlaubt wissen. Manche Milchbauernfamilie lebt schon über 100 Jahre auf der Halbinsel. Ihr Argument: Landwirte und Austernzüchter waren lange vor der Parkbehörde da und setzen sich zudem für ökologischen Landbau ein. Inzwischen gilt nämlich die ganze Region in Sachen **biologischer Anbau und Umweltschutz** als führend.

Ein Zentrum ökologischer Landwirtschaft: die Halbinsel Point Reyes

In erster Linie ist Point Reyes ein **unberührtes Naturidyll** mit Pinienwäldern, Felsenkliffs und Sandstränden, grünen Hügeln und Viehweiden – ein

Paradies für Vogelbeobachter, Wanderer, Naturfreunde, Reiter und Wassersportler. Wale lassen sich v.a. von Dezember bis April beobachten. Dann verkehrt auch an Wochenenden ein eigener *Whale Watch Shuttle* vom Parkplatz an *Drake's Beach* (ausgeschildert) zum *Chimney Rock* ($ 5, 9–15 Uhr, alle 20 Min.). Die selten gewordenen *Tule Elk*, eine Rotwildart, die nur in Kalifornien vorkommt und durch ihr helles Fell auffällt, sind im Nordteil des Parks reichlich vertreten.

Das **Bear Valley VC** der National Seashore ist Ausgangspunkt für eine Vielzahl unterschiedlich langer Trails zum Meer; es gibt insgesamt fast 200 km an Wanderwegen. Schön ist der Pfad auf den **Mount Wittenberg** (guter Ausblick!) oder der knapp 1 km lange **Earthquake Trail**. Die Fahrt auf der einzigen Hauptstraße, dem Sir Francis Drake Blvd., führt durch grüne Hügellandschaft vorbei an Kuhweiden und historischen, mit Buchstaben bezeichneten Ranches zum grandios auf einer Felsennadel über dem Pazifik gelegenen **Point Reyes Historic Lighthouse**.

Guter Ausblick vom Mount Wittenberg

Ein Abzweiger geht zuvor zum zweiten Infozentrum ab, dem **Kenneth C. Patrick VC** in der **Drakes Bay**. Ein anderer Pfad führt etwa 2 km vor dem Leuchtturm zum **Chimney Rock**. Um diese kleine Halbinsel führen Wanderwege, von denen man nicht nur den Ausblick auf die Drakes Bay und den Pazifik genießen, sondern auch Herden von Seelöwen und See-Elefanten beobachten kann.

Nordwärts führt die Pierce Point Rd. zum **Tomales Point**, wie der Leuchtturm und Chimney Rock beliebt für Wal- und Seelöwenbeobachtung. Zwischen beiden Punkten reihen sich mehrere Strände aneinander, die wegen starker Winde und Wellengang nur mutige Surfer anlocken. Geschützter sind hingegen die Strände in der **Drakes Bay** im Süden – z. B. Drakes Beach oder der beliebte **Limantour Beach** –, die prädestiniert zum Kayaking sind.

Reisepraktische Informationen Point Reyes

Information

Point Reyes National Seashore, ☏ *(415) 464-5100, www.nps.gov/pore, Zufahrt gratis, mehrere VCs:*
Bear Valley VC, *Bear Valley Rd., tgl. 9–16.30 Uhr, im Sommer länger.*
Lighthouse VC, *Sir Francis Drake Blvd., Fr–Mo 10–16.30 Uhr, Leuchtturm: Fr–Mo 10–16.30 Uhr.*
Kenneth C. Patrick VC, *ab Sir Francis Drake Blvd., Sa/So 9.30–16.30 Uhr, im Sommer Fr–Mo 10–17 Uhr.*
West Marin Chamber of Commerce VC, *60 4th St., Point Reyes Station,* ☏ *(415) 663-9232, Fr–So 11–16 Uhr, www.pointreyes.org.*

Unterkunft

Point Reyes Lodging, *$$–$$$$$. Zusammenschluss von Hotels, Inns und B & B's zwecks Buchung über eine einzige Website:* **www.ptreyes.com**. *Besonders empfehlenswert sind:*

Ferrando's Hideaway Cottages, *$$$$, 31 Cypress Rd., Point Reyes Station, ☏ (415) 663-1966, www.ferrando.com. Zwei romantisch mitten im Grünen gelegene separate Häuschen – Alberti Cottage und Bungalow – mit jeweils eigenen Terrassen, Whirlpool im Freien, voll ausgestatteter Küche, Wohn- und Schlafzimmer. Morgens ist der Kühlschrank mit frischen Eiern von eigenen Hühnern, Obst/Gemüse aus dem Hausgarten, selbstgebackenem Brot, Gebäck und Marmelade etc. gefüllt.*
Inn at Roundstone Farm, *$$$, 9940 Sir Francis Drake Blvd., Olema, ☏ (415) 663-1020, www.roundstonefarm.com. Fünf große, liebevoll gestaltete Zimmer mit Ausblick in einem Ranchhaus mitten in der Natur, gemeinsames Wohnzimmer und Küche, gutes Frühstück.*
HI-Point Reyes, *$, 1390 Limantour Spit Rd., Point Reyes, ☏ (415) 863-1444, www.pointreyeshostel.org, ab $ 25 pro Bett. Das Hostel befindet sich in einer Wilderness Area auf ehemaligem Ranchland und wurde 2010 umgebaut und erweitert. Ruhig und ideal für Wanderer. Neben Gemeinschaftssälen gibt es in einem Neubau Familien-/Doppelzimmer. Check-in ab 16.30 Uhr, mit Küche (Proviant muss selbst mitgebracht werden).*
Backcountry Camping *an der Drakes Bay ist mit Permit möglich. Infos: www.nps.gov/pore/planyourvisit/camping.htm*

Restaurants

Olema Farm House, *$$, 10005 Hwy. 1, Olema, ☏ (415) 663-1264. Seafood, Hamburger, Pasta u. a. bodenständige Gerichte in großen Portionen, lecker und preiswert.*
Stellina, *$$, 11285 Hwy. 1 (Main St.), Point Reyes Station, ☏ (415) 663-9988, http://osteriastellina.com. Christian Caiazzo zaubert in seinem kleinen, gemütlichen Restaurant italienisch-mediterran angehauchte Köstlichkeiten aus teils ungewöhnlichen (regional-saisonalen) Produkten zu günstigen Preisen nach Slow Food-Maximen. Die Kräuter kommen aus dem eigenen Garten, Fr–Mi Lunch und Dinner.*

Einkaufen

Bovine Bakery, *11315 Shoreline Hwy., Main St. Pt. Reyes Station. Hervorragendes Brot und Gebäck, aber auch ein kleiner Imbiss.*
Pt. Reyes Books, *Main St., Pt. Reyes Station. Neue und gebrauchte Bücher, zudem ein Treff der Einheimischen.*
Toby's Feed Barn, *Main St., Pt. Reyes Station. Seit 1942 existierender Familienbetrieb, Lebensmittel und Frischobst-/gemüse. Jeden Sa (Juli–Okt. 9–13 Uhr) Farmers' Market mit großer Auswahl an Bioprodukten der Region; zugehörig ist eine empfehlenswerte* **Coffee Bar**.

Aktivitäten

Five Brooks Ranch, *☏ (415) 663-1570, www.fivebrooks.com, Abzweiger von Hwy. 1, in Olema ausgeschildert. Ranch mit „Pferdehotel", die 1- bis 6-stündige Trail Rides anbietet (auch für Anfänger).*
Point Reyes Outdoors, *☏ (415) 663-8192, www.pointreyesoutdoors.com. Seekajaktouren mit Picknick in der Drakes Estero und Tomales Bay, auch für Anfänger und Kinder geeignet, dazu Spezialkurse für erfahrene Paddler. Außerdem Fahrradverleih, geführte Radtouren und Wanderungen.*

info

Whale Watching – Wenn Wale wandern

Entlang der Pacific Coast gibt es zahlreiche Standorte, von denen der alljährliche Zug der Wale gut beobachtet werden kann. Whale Watching von Whale Overlooks, Whale Walks oder Whale-Watching-Bootstouren sind beliebt, allerdings gehört ein wenig Glück dazu, tatsächlich die mächtigen Tiere vor die Linse zu bekommen.

Am verbreitetsten ist der **Grauwal** *(Gray Whale/Eschrichtius robustus)* aus der Familie der **Bartenwale** *(Mysticeti)*. Mit bis zu 14 m Länge gehört er zu den kleineren Walen, ist sehr hell (blau-weiß) und hat einen überproportional dicken Kopf. Jedes Jahr im späten September verlassen die Tiere die Arktis, bevor ihre Futterplätze in der Beringsee und im Ochotskischen Meer zufrieren, und machen sich auf den über 22.000 km langen Weg entlang der Pazifikküste zur mexikanischen Halbinsel Baja California. An der Westküste lassen sich Grauwale auf der Südwanderung zwischen November und Dezember sehen. In den flachen und planktonreichen Lagunen des kalifornischen Golfes (z.B. Magdalene Bay) bringen die Walkühe ihren Nachwuchs zur Welt. Auf ihrem Weg Richtung Norden kann man sie mit etwas Glück wieder zwischen März und Mai beobachten.

Von Juli bis November wandern **Buckelwale** *(Humpback Whale/Megaptera novaeangliae)* an der Küste entlang. Buckelwale ernähren sich von winzig kleinen Lebewesen (Plankton, Krill, Kleinfische und -krebse), obwohl sie selbst zu den größten der Welt gehören: Bis zu 15 m Länge und 45 t Gewicht erreicht ein ausgewachsenes Tier. Ihren Namen tragen die Säugetiere wegen ihres charakteristischen Schwimmverhaltens, bei dem ihr Rumpf als „Buckel" über der Wasseroberfläche auftaucht und langsam dieser gekrümmte Rücken nach hinten rollt, bis nur noch die Schwanzflosse herausragt.

Auch der **Blauwal** *(Blue Whale/Balaenoptera musculus)*, ebenfalls ein Bartenwal, lässt sich zwischen Juni und November an der Küste sehen. Diese Tiere werden bis zu 30 m lang und sind damit nicht nur die größten Wale, sondern die größten Lebewesen überhaupt. Blauwale können bis zu 175 t wiegen, sind graublau und haben oft einen gelblich gefärbten Bauch.

Außer den genannten Bartenwalen sichtet man in dieser Region auch verschiedene Arten von **Zahnwalen** *(Odontoceti)*. Häufig zu sehen bekommt man die an ihrer kontrastreichen schwarz-weißen Färbung leicht erkennbaren bis zu 10 m langen **Orcas** *(Orcinus orca)*, auch „Großer Schwertwal" genannt und auch (zu Unrecht) als „Mörderwal" *(killer whale)* verschrieen. Eng verwandt mit den Orcas sind die verschiedenen **Delfinarten**. Am häufigsten kommen dabei die *Bottle-Nosed Dolphins (Tursiops truncatus)*, die auffällig mit weiß-grauen Streifen gemusterten *Pacific White-Sided Dolphins (Lagenorphynchus obliquidens)* und der Gemeine Delfin *(Delphinus delphius)* vor. Pott-, Schweins- und Schnabelwale gehören ebenfalls zur Familie der Zahnwale.

Infos: http://pacificwhalewatchassociation.org.

Fort Ross – Russlands kalifornischer Außenposten

Aus anderem Grund bekannt ist das nächstgelegene Fischerdorf **Bodega Bay**: Es war u.a. Drehort des Filmklassikers „*The Birds*" („Die Vögel") von *Alfred Hitchcock*. Allerdings nutzte der englische Regisseur in seinem Thriller zwei Drehorte, nämlich Bodega Bay am Hafen und das einige Meilen entfernte Bodega.

Der Zar schickte seine Russen

Nächste Station ist **Fort Ross**, ein früherer **russischer Außenposten** mit ungewöhnlicher Geschichte. Bereits im 18. Jh. hatte sich der russische Zar für die „Neue Welt" interessiert und 1784 war eine erste feste Siedlung auf Kodiak Island in Alaska entstanden. Mit der Gründung der *Russian-American Company* 1799, die v.a. Pelzhandel betrieb, begann die Kolonisierung von Alaska nach Süden überzugreifen. Um 1806 gelangten die Russen auch in die Bay Area, wo sie mit den Spaniern Handel trieben. Die Errichtung eines Handelspostens lag nahe und der russische Offizier *Ivan Kuskov* wählte den Standort nördlich der Bodega Bay. Er kaufte das Land für etwas Tand den Indianern ab und ließ binnen weniger Wochen 1812 Fort Ross errichten, dessen Name sich vom damaligen Wort für Russland, *Rossiya*, ableitete.

Die erbeuteten Felle wurden z.T. nach Alaska geschickt oder als Tauschobjekte im Handel mit den Spaniern benutzt. Als 1820 Seeotter wegen ihrer begehrten Felle weitgehend ausgerottet waren und der Landbau nicht mehr einträglich war, wurde der Posten 1841 aufgegeben und der Schweizer *Johann August Sutter*, der in Sacramento sein New Helvetia erbaut hatte (S. 420), erwarb das Fort von den Mexikanern.

Die **Befestigungsanlage** wurde im 20. Jh. **originalgetreu wiederaufgebaut** bzw. restauriert. Heute kann man eine kleine russisch-orthodoxe Kirche aus der Mitte der 1820er-Jahre besichtigen, die durch das Erdbeben von 1906 beschädigt wurde. Neben den Baracken für einfache Arbeiter – die meisten russischen Familien lebten zusammen mit den Aleuten und Indianern außerhalb des Forts – gibt es eine Küche, ein zweistöckiges Vorratshaus, das auch als Gefängnis genutzt wurde, eine Zehn-Zimmer-Baracke für unverheiratete Offiziere, die Wohnung des letzten Kommandanten und seiner Familie sowie ein Warenlager, vor 1814 nach Vorbildern aus Alaska erbaut, zu sehen.
Fort Ross SHP, *Hwy. 1, 12 mi/19 km nördl. Jenner, www.parks.ca.gov/?page_id =449, Park Sonnenauf- bis -untergang, VC Fr–So 10–16.30 Uhr, im Winter nur Sa/So, $ 8/Pkw.*

Von der Lost Coast in die Heimat der „Stillen Riesen"

Künstlerkolonie

Weiter geht der Weg an der Küste entlang, vorbei an **Mendocino** – Filmkulisse sowie in den 1960er-Jahren Aussteiger-Geheimtipp und Künstlerkolonie. Zuvor passiert man eine schmale Stichstraße zum **Point Arena Lighthouse**. Der 35 m hohe Leuchtturm von 1906 beherbergt ein kleines Museum. Die kleinen Häuschen der Leuchtturmwärter wurden in ungewöhnliche Nachtquartiere umgewandelt.

Point Arena Lighthouse, *45500 Lighthouse Rd., ausgeschildert ab Hwy. 1, www.pointarenalighthouse.com, tgl. 10–15.30 Uhr, $ 7,50; B&B: ☏ (707) 882-2809, www.pointarenalighthouse.com/lodging.html.*

Fort Bragg, die nächste Station, war einst ein wichtiger Militärposten, der sich zum wichtigen Zentrum der Holzindustrie entwickelt hat. Das Fort wurde 1887 als Wachstation gegründet, um die weißen Siedler vor den angeblich so angriffslustigen Indianern zu schützen. Dabei wollten die Bewohner der *Mendocino Indian Reservation* eigentlich nur ihre Ruhe.

Indianer in Mendocino

Von Fort Bragg lohnt ein Abstecher ins Hinterland und zwar mit dem **California Western Railroad's Skunk Train** (s. unten). Diese **Holzfällereisenbahn** von 1885 legt auf idyllischer Strecke rund 60 km zwischen Fort Bragg (Skunk Depot, Laurel/Main St.) und Willits (299 E. Commercial St.) zurück. Dabei durchquert der Zug ansonsten kaum zugängliche Redwood-Areale, verläuft großteils parallel zum Noyo River und bezwingt die Coastal Range. Der Name *Skunk* (Stinktier) *Train* soll daher rühren, dass ein Zug einst auf einen Haufen Stinktiere gestoßen sein soll, die sich, derart bedroht, heftig zur Wehr setzten.

Nun verlässt der CA 1 die *Lost Coast*, schraubt sich als schmale Serpentinenstraße einige hundert Meter höher durch dicht bewaldetes Redwoodgebiet und endet schließlich bei der Ortschaft **Leggett** am US Hwy. 101. Dieser hält Abstand zur Lost Coast, taucht dafür aber tiefer in die Redwood-Wälder Nordkaliforniens ein. Dort, wo aus dichtem Unterholz gigantische Baumriesen erwachsen, einen urplötzlich dichte Nebelschwaden umfangen und nur diffuses Licht in das dämmrige Grün eindringt, versteht man plötzlich, warum hier indianischen Mythen zufolge Fabelwesen zu Hause sein sollen.

Reisepraktische Informationen Mendocino/Fort Bragg

Information

Visit Mendocino County, *345 N. Franklin St., Fort Bragg, ☏ (707) 964-9010, www.visitmendocino.com.*

Unterkunft

Blair House Inn, *$$$, 45110 Little Lake Rd., Mendocino, ☏ (707) 937-0551, www.blairhouse.com. Viktorianisches B & B mit vier Zimmern. In diesem Haus aus dem Jahr 1888 lebte Hobbydetektivin Jessica Fletcher aus der Fernsehserie „Murder, she wrote" („Mord ist ihr Hobby"), die eigentlich an der Küste von Maine spielte.*
Casper Beach RV Park, *14441 Pt. Cabrillo Dr, 5 km nördl. Mendocino, www.casparbeachrvpark.com, ☏ (707) 964-3306, ab $ 25 (Zelt). Schön am Strand gelegen und mit allem Campingkomfort.*

Restaurants

Café Beaujolais, *961 Ukiah St., Mendocino, ☏ (707) 937-5614. Erstklassige kalifornische Küche, erlesene Weinkarte und eigenes Brot. Für Feinschmecker.*

Mendocino Brewing Ale House, *1252 Airport Park Blvd., Ukiah. Mehrere Fassbiere aus eigener Herstellung, gutes, bodenständiges Essen und Livemusik. Mo–Do 16–18 Uhr Happy Hour.*

Einkaufen

Mendocino Market, *45051 Ukiah St., Mendocino. Gut sortierter Markt mit biologischen Produkten und Erzeugnissen aus dem Umland von Mendocino, prima Käse- und Weinauswahl.*

Touren/Aktivitäten

Catch a Canoe & Bicycles, Too!, *Mendocino, CA 1/Comptche-Ukiah Rd., ☏ (707) 937-0273, www.catchacanoe.com. Veranstalter von geführten Kanu- und Radtouren ins Hinterland.*
California Western Railroad's Skunk Train, *Laurel St., Fort Bragg, ☏ 1 (866) 457-5865, www.skunktrain.com, Reservierung empfohlen. Fahrt mit der historischen Holzfällereisenbahn durch ansonsten unzugänglich Redwoodwälder.*

In den Redwoodwäldern Nordkaliforniens

Auf dem Redwood-Highway

In Nordkalifornien nennt man den US Hwy. 101 zu Recht „**Redwood Highway**", durchquert er doch mehrere Redwood-Schutzgebiete. Im Mittelpunkt steht dabei der **Redwood National Park** zwischen Eureka und Crescent City. Er wird nur durch Stichstraßen und Wanderpfade erschlossen und stellt keine zusammenhängende Fläche dar, sondern bildet ein Konglomerat verschiedener State Parks: **Humboldt Redwoods SP** im Hinterland südlich von Eureka, **Prairie Creek Redwoods SP** nördlich Orick, **Del Norte Coast Redwoods SP** südlich Crescent City und **Jedediah Smith Redwoods SP** östlich der Stadt. Rund 240 km Wanderwege – der **Coastal Trail** als bekanntester – durchziehen den „Urwald" aus Redwoods, Douglastannen, Sitka-Fichten und westamerikanischen Hemlocktannen sowie Farnen, Rhododendren und Beerensträuchern als Unterbewuchs.

Eureka und die Avenue of the Giants

Als Zwerg unter Riesen

Zunächst passiert man das mit 20.000 ha größte Schutzgebiet der Region, den **Humboldt Redwoods State Park**, der zu etwa einem Drittel aus alten Redwoodbeständen besteht. Beeindruckend sind die bis zu 110 m hohen Baumriesen, besonders entlang der parallel zum Eel River verlaufenden **Avenue of the Giants** zwischen Pepperwood im Norden und Garberville im Süden. Angesichts dieser „Giganten" fühlt man sich wie ein Zwerg unter Riesen. In **Leggett** kann man mit dem Auto durch den Stamm des **Chandelier Tree** mit 96 m Höhe und 6,40 m Durchmesser fahren.

Etwa 5 mi/8 km westlich vom US Hwy. 101, im fruchtbaren Eel River Delta, befindet sich der kleine Ort **Ferndale**, der, 1852 gegründet, eine der größten Ansammlungen viktorianischer Häuser in Kalifornien aufweist. Konzentriert an der

Main Street reihen sich farbig bemalte und aufwändig verzierte Hausfronten aneinander, in deren Erdgeschossen sich inzwischen viele Antiquitätengeschäfte, Buchläden und Souvenirshops befinden. Sehenswert ist auch das **Ferndale Museum** (www.ferndale-museum.org).

„Heureka – ich hab's gefunden!" – dieser Ausruf des *Archimedes*, der gerade den Lehrsatz des Auftriebs entdeckt hatte, muss auch den Abenteurern auf der Zunge gelegen haben, als sie in Nordkalifornien Mitte des 19. Jh. Gold fanden. So erklärt sich der Name der Hafenstadt **Eureka** (27.000 EW), jenes Ortes, der die Goldgräber im Hinterland mit allem Lebensnotwendigen versorgte und danach Bedeutung als Fischereihafen und Umschlagort für Holz erlangte. Heute ist Eureka eine Kleinstadt ohne große Attraktionen, doch, auch dank der *Humboldt State University* im benachbarten **Arcata**, mit kulturell vielseitigem Angebot. **Feinschmecker** kennen vielleicht die Austern, denn 90% der kalifornischen Austern stammen aus der Humboldt Bay, dazu werden Shrimps, Krabben, Lachse und andere Fische im Fischerhafen an Land gebracht. Heureka

Sehenswert ist die **Historic Old Town**, die Altstadt, die sich parallel zur Waterfront im Bereich von 2nd und 3rd zwischen C und M Street erstreckt. Die zahlreichen viktorianischen Häuser erinnern noch an die Gründerzeit um 1850. Herausragender Bau und bestes Beispiel für den vormaligen Wohlstand des Ortes als Handelszentrum ist die **Carson Mansion** (2nd/143 M St.). Dieses von 1884 bis 1886 erbaute Haus, das in keiner Architekturgeschichte fehlt, kann leider nur von außen besichtigt werden.

Spaziergang im „Regenwald"

info

Redwoods – Stille Riesen

Als „Dinosaurier" unter den Bäume gelten die Redwoods, die, begünstigt durch das milde, neblig-feuchte Klima der Coast Range, hier bestens gedeihen. Der größte *Sequoia sempervirens* (Küstenmammutbaum) steht im Redwood Creek und ist gut 112 m hoch. Doch nicht nur die Höhe der „Stillen Riesen" beeindruckt, sie können zudem buchstäblich steinalt werden, bis zu 2.000 Jahre, wobei das Durchschnittsalter bei 500 bis 700 Jahren liegt.

Die hohen **Küsten-Redwoods** wachsen heute nur noch in wenigen, geografisch eng begrenzten Regionen, so etwa entlang dem nur rund 2 bis 15 km schmalen Küstenstreifen in Nordkalifornien und Südoregon. Die unterschiedlich hoch gelegenen geografischen Zonen – vom Meeresspiegel bis in knapp 1.000 m Höhe – ließen verschiedene Mikroklimate entstehen, die optimale Bedingungen für eine vielfältige Flora und Fauna bieten.

Wer die Sierra Nevada und die Kings Canyon und Sequoia NPs besucht hat, kann vergleichen: Küsten-Redwoods erscheinen schlanker und höher als ihre Verwandten am Westhang der Sierra Nevada, die *Giant Sequoias (sequoiadendron giganteum).* Diese werden „nur" rund 70 m hoch, erreichen dafür aber leicht 6 m Durchmesser. Sequoias sind wahre **Überlebenskünstler**: Dank ihrer dicken Rinde werden sie durch Feuer und Insekten nur selten ernsthaft geschädigt. Und falls doch, dann wachsen einfach um den Stamm kreisförmig neue Ableger heraus, die das Wurzelsystem des alten Baumes mitbenutzen – eine Besonderheit unter den Nadelbäumen!

Da Redwoods **Flachwurzler** sind und keine Stabwurzeln ausbilden, können v. a. Trockenheit, Erosion und Winde dem Baum gefährlich werden. Die größte Gefahr stellt jedoch der Mensch dar. Bereits in den 1870er-Jahren hatten sich die Eisenbahnbauer des Holzes bedient und nach dem Erdbeben von 1906 in San Francisco wurden mit gestiegenem Bedarf an Baumaterial die Wälder rigoros abgeholzt. Erst seit den 1960er-Jahren regte sich Widerstand: Die von Naturschützern ins Leben gerufene *Save the Redwoods-Liga* organisierte Proteste und 1968 stellte die Regierung schließlich die geringen noch verbliebenen Restbestände unter Schutz. Aufforstungsmaßnahmen haben mittlerweile dafür gesorgt, dass beispielsweise das Humboldt County wieder zu 90 % von Wald bedeckt ist.

In grauer Frühzeit war der Redwood wohl noch ein **Hauptbaum der nördlichen Hemisphere**. Klimaveränderungen hatten dann eine allmähliche Reduktion des Bestandes zur Folge, sodass sich die Bäume heute nur noch auf den Küstenbereich am Pazifik und einige Bergregionen konzentrieren. Als 1769 der spanische Pater Juan Crespi einen ersten Vorstoß in den unbekannten Norden Kaliforniens unternahm, staunte er über die reichlich wachsenden riesigen Nadelbäume, die er *palo colorado* – roter Baum – nannte, woraus später die Bezeichnung „Redwood" wurde.

Im **Fort Humboldt Museum & State Historical Park** steht der 1853 gegründete Militärposten, der Siedler vor Übergriffen der Indianer schützen sollte, mit Unterkünften, Eisenbahn und Ausstellungen zu Militär und Indianern. Auf dem Gelände sind auch historische Eisenbahnen und Gerätschaften der Holzfäller zu sehen.
Fort Humboldt Museum & SHP, *3431 Fort Ave., ab US 101 über Highland St., www.parks.ca.gov/?page_id=665, tgl. 8–17 Uhr, frei.*

Beim nördlich gelegenen **Arcata** zweigt der **Trinity River Scenic Byway** (Hwy. 299 W) ab, der in das Naturland der Shasta Cascade um Redding führt (s. „Inlandsroute", S. 507). Ein Stück weiter nördlich folgt **Trinidad**, ein vormals malerisches Fischerstädtchen, das sich mittlerweile zur beliebten Künstlerkolonie entwickelt hat. Trinidad kann mit Recht von sich behaupten, einen der schönsten Naturhäfen entlang der Pazifikküste zu besitzen.

Schöner Naturhafen

Der 62 m über dem Hafen gelegene Leuchtturm, das **Memorial Lighthouse** (Trinity/Edwards St., www.lighthousefriends.com/light.asp?ID=870, erfreut sich seit der Silvesternacht 1914 besonderer Berühmtheit: Eine riesige Welle türmte sich an der Klippe so hoch auf, dass sie das Licht des Leuchtturms regelrecht ertränkte. Neben dem Leuchtturm und dem **Sumeg Indian Village** – einem nachgebauten Indianerdorf – im nahen **Patricks Point SP** (www.parks.ca.gov/?page_id=417), lohnen vor allem Wanderungen an der **Trinidad State Beach**.

Reisepraktische Informationen Eureka/Ferndale

Information

Humboldt County Visitors Bureau, *1034 2nd St., Eureka, ☎ 1 (800) 346-3482, http://redwoods.info, Mo–Fr 9–17 Uhr.*
Eureka Chamber of Commerce, *2112 Broadway, ☎ (707) 442-3738, www.eurekachamber.com.*
Ferndale Chamber of Commerce, *☎ (707) 786-4477, www.victorianferndale.com.*

Unterkunft

The Eureka Inn, *$$$–$$$$, 518 7th St., Eureka, ☎ (707) 497-6093, http://eurekainn.com. Historisches Hotel von 1922 im Tudorstil, mit 105 luxuriösen Zimmern, beheiztem Außenpool und zugehörigem Restaurant* **Rathskeller**.
The Daly Inn, *$$$$, 1125 H St., Eureka, ☎ (707) 445-3638, www.dalyinn.com. Nicht gerade billiges, aber luxuriöses und elegantes B & B in einem Bau von der Wende 19./20. Jh. mitten in der Stadt. Fünf große, geschmackvoll ausgestattete Zimmer, schöner Garten und hervorragendes Frühstück.*
Gingerbread Mansion, *$$$$, 400 Berding St., Ferndale, ☎ (707) 786-4000, www.gingerbread-mansion.com. B & B in einem Gebäude von 1899 im viktorianischen Stil; elf Zimmer, inkl. Gourmet-Frühstück.*

Restaurant

Die meisten Lokale befinden sich in Historic Old Town Eureka, z. B.:
Avalon, *3rd/G St., ☎ (707) 825-0900, Mi–Fr Lunch, Di–Sa Dinner. Amerikanische Küche perfekt zubereitet, köstliche Gerichte mit lokalem Fisch und Meeresfrüchten.*

Lost Coast Brewery, *617 4th St., www.lostcoast.com. Brauerei mit angeschlossenem Pub, ausgestattet im Stil des späten 19. Jh. Deftige Hausmacherkost zu ordentlichen Preisen und dazu süffige Biere.*

Marie Callender's, *3502 Broadway. Bekannt ist diese über 50 Jahre alte Institution für ihre hausgemachten Backwaren (Pies) und das opulente Frühstück.*

Einkaufen

Eureka Books, *1st St. Ungewöhnlicher Buchladen, in dem man auch Raritäten findet.*

Humboldt Trading Co., *333 1st/E. St. Typische Erzeugnisse aus der Region und kleine Met/Cidre-Produktion namens „Golden Angels Cellars".*

Touren

Humboldt Bay Harbor Cruise, *C St., Eureka, ☎ (707) 445-1910, www.humboldtbaymaritimemuseum.com/madaketmainpage.html. Informative 75-minütige Fahrten (für $ 18) mit einer Fähre von 1910 in der Humboldt Bay, auch Cocktail Cruises.*

Redwood National Park

Der Hwy. 101 quert den Park zwischen dem südlichen Kuchel VC bei Orick und dem nördlichen gelegenen Ort Klamath (etwa 20 mi/32 km). Da jedoch die Straße zur wenig attraktiven Umgehungsstraße ausgebaut ist, wählt man für diesen Abschnitt besser den **Newton B. Drury Scenic Byway** mitten durch den Park. Die Route führt am **Prairie Creek VC**, einem der Besucherzentren, und einigen eindrucksvollen Baumgiganten vorbei. Immer wieder zweigen Wanderwege ab, die tiefer in den Wald hinein und sogar bis zur Pazifikküste führen. Insgesamt gibt es fünf Besucherzentren, wobei das **Kuchel VC** am Hwy. 101 südlich der Ortschaft **Orick** und direkt am Pazifik gelegen das größte und bedeutendste ist.

Verschiedene Sehenswürdigkeiten kann man nur zu Fuß oder in der Hochsaison mit einem Shuttlebus erreichen. Unbedingt gesehen haben sollte man beispielsweise einen der größten bekannten Redwood Trees, den **Tall Tree**, mit knapp 120 m Höhe und 13,5 m Umfang. Der 600 Jahre alte Baum steht im **Tall Trees Grove** am Redwood Creek südlich Orick. Dieser Platz ist über die Bald Hills Road erreichbar, eine Schotterpiste (Permits im Crescent City oder Prairie Creek VC). Vom Trailhead sind es dann rund 2 km zu Fuß zum Tall Trees Grove. Für die ganze Tour mit Bus und Wanderung sollte man etwa vier Stunden einplanen.

Schneller und einfacher ist der kurze Spaziergang zur **Lady Bird Johnson Grove**, ca. 1,5 km vom Parkplatz, der bereits wenige Kilometer nach der Abzweigung der Nebenroute vom Hwy. 101 ausgeschildert ist.

Reisepraktische Informationen Redwood NP

Infostellen

Redwood NP & SPs, *1111 2nd St., Crescent City, www.nps.gov/redw, Park frei. Es gibt fünf VCs:*
Thomas H. Kuchel VC, *Hwy. 101, Orick, Sommer 9–17, Winter bis 16 Uhr, auch für Kinder interessante Redwood-Ausstellung und Rangerprogramme.*
Prairie Creek VC, *ab Hwy. 101, Newton B. Drury Scenic Pkwy. im Süden des Parks, ganzjährig tgl. 9–17 Uhr, Mit Buchladen, Rangerprogrammen, Film, Ausstellungen.*
Hiouchi Information Center, *US Hwy. 199, Hiouchi, nur im Sommer 9–17 Uhr, mit Buchladen und Rangertouren, Film über die Redwoods und Self-Guided Walk.*
Crescent City Information Center, *1111 Second St., Crescent City, Sommer tgl. 9–17, Winter bis 16 Uhr, mit Bookstore.*
Jedediah Smith VC, *US Hwy. 199 (ab Crescent City), Hiouchi, nur im Sommer 9–17 Uhr, kleine Ausstellung.*

Reisezeit

Das pazifische Klima sorgt für **ganzjährig milde Temperaturen** *einerseits und erhebliche* **Niederschläge** *andererseits. Winterlicher Nieselregen und sommerlicher Nebel sind häufig. Die geringsten Niederschläge sind im Frühjahr und im Herbst zu erwarten, allerdings können können dann die Nächte recht kühl werden.*

Wandern u. a. Aktivitäten

Es gibt **Wanderwege** *von einer Gesamtlänge von* **rund 200 km** *im NP. Von fast allen Parkplätzen aus sind Wanderwege ausgeschildert und in den VCs (s. oben) gibt es Infos, Wanderführer und Karten.*

Flüsse, Flussmündungen und Meeresbuchten sind ausgezeichnete Fischreviere und locken Angler von weither an. Redwood Creek, Klamath River und Smith River eignen sich für Kajak- und Floßfahrten unterschiedlicher Schwierigkeitsgrade.
Infos: *www.nps.gov/redw/planyourvisit/outdooractivities.htm*

Extratipp

An Oregons Küste gibt es viele interessante und ungewöhnliche Arten, die Freizeit zu gestalten, z. B. mit der Beobachtung von Walen oder anderen Meeresbewohnern von einem der zahlreichen Aussichtspunkte, beispielsweise Strawberry Hills (S. 497). Die Traumstrände laden zwar nur selten zum Baden ein, dafür aber zum Picknicken, Sandburgenbauen, Drachensteigenlassen oder zum Spaziergang – *Beach Combing* genannt. Die Wahrscheinlichkeit, bei Ebbe schöne Achate zu finden, ist höher, als einen Wal zu sehen, und mit Glück lassen sich sogar Fossilien oder Glasobjekte finden. *Lighthouse Hopping*, der Besuch von Leuchttürmen, ist ideal für Hobbyfotografen. Das Heceta Head Lighthouse ist z. B. bei Sonnenuntergang ein spektakuläres Motiv.

- **Infos** gibt es auf http://visittheoregoncoast.com/activities.

Oregon Coast

Rund 640 km misst der Küstenstreifen Oregons, an deren Kontur sich der US Hwy. 101, der **Pacific Coast Highway**, anschmiegt. Die Route entlang der **Oregon Coast** bildet den vielleicht schönsten Abschnitt der legendären Strecke. Doch die Küste ist nicht nur malerisch, sondern auch gefährlich: Namen wie *Cape Foulweather, Devil's Punch* oder *Devil's Elbow* erinnern an die Ängste der Seefahrer vor dieser unberechenbaren Küste. Riesige Monolithen im Meer, Sanddünen, steile Klippen und Untiefen, Stürme und Brandungen mit bis zu 10 m hohen Brechern bieten ein einmaliges Naturschauspiel. Sie gehören wie Nebelschwaden und Regenschauer, aber auch strahlend blauer Himmel, Sonne und spiegelglatte See an der Pazifikküste zur Tagesordnung. Auch wenn neun Leuchttürme die Seefahrer entlang der Oregon Coast vor Nebel und Sturm warnen, liegen dennoch über 200 Schiffswracks vor der Küste „begraben".

Des Teufels Küste

- **Allgemeine Infos**: www.visittheoregoncoast.com.

America's Wild River Coast

Der Küstenabschnitt zwischen Crescent City (noch in Kalfornien) und der südlichen Oregon Coast wird auch **America's Wild River Coast** genannt. Denn abgesehen von den Redwood-Wäldern, die sich bis nach Brookings (Oregon) hinaufziehen, prägen klare und kaum erschlossene, wilde Bergflüsse diesen zerklüfteten Küstenabschnitt.

Sie sind ein **Paradies für Wassersportler** (Kajak- und Raftingtouren, auch von Outfittern geführt) **und Angler**. Verbreitet ist das Fliegenfischen nach Lachs und *Steelheads*, einer wandernden Regenbogenforellenart. Die Wild River Coast beginnt am Nordrand des Redwood NP am **Klamath River** und endet nördlich bei der Ortschaft Port Orford. Sie umfasst mehrere „wilde" Flüsse wie den **Smith**, **Chetco**, **Pistol**, **Rogue** oder **Elk River**.

Wassersport und Angeln

Crescent City

Erste größere Stadt der Region ist das nahe der Grenze zu Oregon befindliche **Crescent City**. Es wurde 1853 als Goldgräber-Versorgungsstation gegründet und entwickelte sich bald zum bedeutenden Hafen und Zentrum der Holzindustrie. Obwohl damals ein Bauboom einsetzte, ist von der historischen Bausubstanz nicht viel erhalten geblieben: Ein schweres Erdbeben in Alaska, das 1964 Anchorage verwüstete und eine enorme Flutwelle *(Tsunami)* auslöste, traf auch die Kleinstadt mit voller Wucht. Es richtete nicht nur immensen materiellen Schaden an, sondern und forderte zudem elf Menschenleben.

Heute dient das Hafenstädtchen hauptsächtlich als Tor zum **Redwood NP** (s. S. 489). Der älteste und eindrucksvollste Redwood-Bestand befindet sich im östlich gelegenen **Jedediah Smith Redwoods SP** (www.parks.ca.gov/?page_id=413). Um einen Eindruck von den Coastal Redwoods zu bekommen, kann man den nur 1 km langen **Simpson-Reed Discovery Trail** ablaufen, der vom Hwy. 199 abzweigt. Das nur wenige Meilen von der Stadt entfernte und am Highway gelegene **Hiouchi Information Center** (s. S. 489) informiert über die Naturgeschichte der Region, auch hier startet ein kurzer Naturpfad.

Das Crissey Field VC bei Brookings/OR

Oregon's Gold Coast

Auch wenn Oregons Südküste wegen der tropischen Temperaturen „**Banana Belt**" genannt wird, gibt es hier keine Bananen. Dafür ist die Region Hauptproduktionsgebiet für die Zwiebeln der *Easter Lilies,* einer Lilienart. Die warmen Temperaturen gehen auf den *Brookings Effect* zurück: Es handelt sich dabei um einen Föhn, der besonders im Herbst und Winter auftrifft, wenn Winde aus dem Landesinnern (aus Osten also) von den Küstenbergen in das Tal des Chetco River wehen und sich dabei erwärmen.

Landschaftliche Schönheit

Zugleich gehört die Küstenlandschaft im Süden Oregons zu den **schönsten Abschnitten an der Oregon Coast**. Um die kleine Hafenstadt **Gold Beach** breitet sich ein Küstenabschnitt aus, der nicht nur für seine landschaftliche Schönheit, sondern auch für ein breit gefächertes Freizeitangebot, seinen Lachsreichtum und seine Austernfarmen bekannt ist.

☞ Hinweis zur Route

Der Hwy. 199 führt von Crescent City durch malerische Flusslandschaft mit tiefen Canyons am noch ungezähmten Smith River ins Landesinnere. Nach etwa 45 mi/72 km erreicht man das benachbarte Oregon und nach weiteren 40 mi/64 km ist man in Grants Pass und damit im Rogue River Valley (S. 538). Von hier geht es entweder weiter nach Portland (S. 552) oder nach Klamath Falls/Crater Lake (S. 532).

Willkommen in Oregon

Ehe man aber die erste Ortschaft an Oregons Südküste, **Brookings**, erreicht, lohnt sich ein Stopp im **Oregon Welcome Center at Crissey Field**. Hier erhält man nicht nur Broschüren und Infos über den Bundesstaat; das nach ökologischen Aspekten erbaute moderne Center informiert auch über die vor den Toren des Centers liegende Pazifikküste und die dichten Wälder jenseits des US Hwy. 101. Zudem führen von hier aus kurze Trails direkt ans Meer.

Crissey Field SP/Oregon Welcome Center, *14433 US Hwy. 101 (mi 362), Brookings, www.oregonstateparks.org/index.cfm?do=parkPage.dsp_parkPage&parkId=53, Sommer tgl. 8–17 Uhr, sonst Mo–Fr 8.30–16.30 Uhr, mit Café und Shop.*

Bevor man das Städtchen **Brookings** (ca. 6.500 EW) erreicht, passiert man den Hafen, der als **Harbor** einen eigenen Stadtteil bildet und als größter Fischerhafen im Süden Oregons gilt. Zu den Attraktionen von Brookings gehört der **Acalea Park** – besonders schön im Frühjahr, wenn die Azaleen blühen – mit der **Capella by the Sea**, traumhaft oberhalb der Ortschaft gelegen und von dem Filmproduzenten *Elmo Williams* 2009 für seine verstorbene Frau Lorraine in Auftrag gegeben und der Öffentlichkeit als „Ort des Friedens" übergeben. Einen guten Eindruck von den klaren und wilden Bergflüssen der Wild River Coast, der grandiosen Landschaft und Ruhe, vermittelt der **Alfred A. Loeb State Park**, der nicht fern der Stadt flussaufwärts am Chetco River liegt.

Zu Unrecht wird das kleine **Gold Beach** von Reisenden auf dem Hwy. 101 links liegengelassen, dabei lohnt es sich, hier Zeit zu verbringen. Nicht nur der Strand ist traumhaft und wenig überlaufen, hier mündet auch der **Rogue River**, dem man ins kaum erschlossene Hinterland folgen kann. Es gibt Gelegenheit zum Baden, Fischen, Bootfahren und Paddeln. Eine Besonderheit ist das **Mailboating**: Von 1885 an fuhren Postboote den Rogue River hinauf, um den Trappern und Holzfällern ihre Sendungen zu bringen. Heute transportieren die alten Boote Touristen – ein Verkehrsmittel, das den stillen Zauber der Landschaft intensiver erleben lässt als die laut über den Fluss donnernden **Jetboats**.

Eine Fahrt mit dem Postboot

In **Port Orford** geht die Wild River Coast zu Ende. Hier steht der älteste Leuchtturm Oregons und von den Klippen im **Cape Blanco State Park** hat man einen spektakulären Ausblick auf den Pazifik. Der gleichnamige Leuchtturm lotst schon seit 1870 die Schiffe an der felsigen Küste vorbei. Das nahe **Bandon-by-the-Sea** genießt seinen Ruf als „Cranberry-Hauptstadt" Oregons. Der fotogene Leuchtturm **Bandon Lighthouse**, im **Bullards Beach SP** (ca. 3 km nördlich Bandon, ab US 101, tgl. Sonnenauf- bis -untergang, frei) lohnt hier einen Stopp.

Sonnenuntergang am Strand von Gold Beach

Reisepraktische Informationen Wild River & Oregon Gold Coast

Information

America's Wild River Coast: *www.wildriverscoast.com.*
Southern Oregon: *http://southernoregon.org.*
Brookings-Harbor: *www.brookingsharborchamber.com.*
Gold Beach: *www.goldbeachchamber.com, kleines Infozentrum (ab US 101).*
Port Orford: *www.discoverportorford.com.*
Bandon-by-the Sea: *www.bandonbythesea.com.*

Unterkunft

Pacific Reef Resort, *$$–$$$, 29362 Ellensburg Ave. (US 101), Gold Beach, ☏ 1 (800) 808-7263, www.pacificreefresort.com. Gepflegte, grüne Anlage mit Motelbau (DZ) und zweistöckigen Cottages mit voll eingerichteter Küche, Schlaf- und Wohnzimmer sowie Balkon und Terrasse zum Meer. Gute, geschmackvolle Ausstattung, außerdem Innenpool und zugehöriges Frühstück. Exzellentes Preis-Leistungs-Verhältnis!*

Einkaufen

Face Rock Creamery, *680 2nd St. SE (US 101), Bandon. Kleine, feine Käserei mit Laden.*

Restaurants

Sebastian's, *16011 Boat Basin Rd, Brookings (Harbor), ☏ (541) 469-6006. Am Hafen gelegenes Restaurant mit ausgezeichneten Seafood-Gerichten.*
Nor'Wester Steak & Seafood, *10 Harbor Way, Gold Beach, ☏ (541) 247-2333. Lokal mit Hafenblick, in dem Steaks und Fischgerichte kreativ zubereitet werden. Zugehörige gut sortierte Bar.*

Oregon's Bay Area

Die Doppelstadt **Coos Bay-North Bend** nördlich von Port Orford ist der bedeutendste (Holz-)Hafen zwischen Seattle und San Francisco. Bekannt als Oregon's Bay Area, ist die Region ein noch weitgehend unentdecktes Juwel. Das eigentlich Besondere an der Gegend sind die spektakuläre, wild zerklüftete Pazifikküste um **Cape Arago** mit **Shore Acres State Park**, **Cape Arago State Park** und **Sunset Bay State Park** und das reiche indianische Erbe. Ein neues kulturelles Highlight eröffnet Anfang 2015: das **Coos Historical & Maritime Center** (www.cooshistory.org). Hat man Coos Bay in Richtung Norden verlassen, traut man seinen Augen kaum: Endlose Sanddünen, die sich bis zu 150 m hoch auftürmen, erstrecken sich auf rund 50 km zwischen Meer und ausgedehnten Waldgebieten, die großteils als **Siuslaw National Forest** unter Schutz stehen. Die **Oregon Dunes National Recreation Area** bietet Naturgenuss der besonderen Art. Teilweise steht das Gebiet unter Naturschutz, teilweise sind hier die beliebten *Dune Buggy*-Fahrten erlaubt.

Sanddünen ohne Ende

Spinreel, *67045 Spinnreel Rd, ab Hwy. 101 nördl. North Bend, wwwridetheoregondunes.com sowie* **Sand Dunes Frontier**, *83960 Hwy. 101 S, Florence, ☏ (541) 997-3544, www. sanddunesfrontier.com. Beide Unternehmen bieten Touren mit Chauf-*

Fotogen spannt sich die Brücke bei Florence über den Siuslaw River

feur in unterschiedlich großen Gefährten (ATV/Sandrails) durch die Dünenlandschaft, außerdem Verleih von Quads und ATVs.
Oregon Dunes NRA, *US 101, zwischen Coos Bay/North Bend und Florence, VC in Reedsport, 855 Highway Ave., US 101, www.stateparks.com/oregon_dunes.html, tgl. 8–16.30 Uhr, im Winter Sa/So geschl.*

Beschaulicher geht es in **Florence** zu, der „*City of Rhododendrons*" mit einem beliebten *Rhododendron Festival* im Mai. Es handelt sich um einen der **schönsten Fischerorte** an der Oregon Coast mit liebevoll restaurierter Altstadt und sehenswertem historischen Fischereihafen, der **Historic Harborfront** mit Boutiquen, Kneipen und Fischrestaurants. Ganz in der Nähe des Hafens spannt sich eine markante und sehr fotogene Brücke über den Siuslaw River.

Reisepraktische Informationen Florence

Information

Coos Bay VC, *50 Central Ave., www.oregonsadventurecoast.com. Mo–Fr 9–17, Sa/So 11–15 Uhr (nur HS).*
Florence Area Chamber of Commerce, *290 Hwy. 101, ☏ (541) 997-3128, Mo–Fr 9–17, Sa 10–14, So 11–15 (nur HS), www.florencechamber.com.*

Unterkunft

Mill Casino Hotel, *$$-$$$, 3201 Tremont St. (US 101), North Bend, ☏ 1-800-953-4800, www.themillcasino.com. Schön gelegenes Casinohotel der Coquille-Indianer, mit Lokalen und Live-Konzerten sowie Camping.*
Driftwood Shores Resort, *$$$, 88416 1st. Ave., Florence, ☏ (541) 997-8263, www.driftwoodshores.com. Direkt am Pazifik gelegenes Hotel mit Restaurant.*

Restaurants

Beachcomber Pub, *1355 Bay St., Florence. Gemütlicher Neighborhood-Pub, auch Frühstück. Di/Do Steak Night, Sa Prime Rib Dinner Special.*

Bridgewater, *1297 Bay St., Florence. Historischer Bau von 1901, kreative Gerichte mit lokalen frischen Zutaten.*

7 Devils Brewing Co., *247 S 2nd St., Coos Bay, www.7devilsbrewery.com. Carmen Matthews und Annie Pollard haben 2013 die Kleinbrauerei mit Pub eröffnet, in der überwiegend vegetarische Gerichte auf der Speisekarte stehen.*

Die Fülle an lokalem Fisch und Meeresfrüchten machen sich Lokale wie **Shark Bites Seafood Cafe** *(240 S Broadway, Coos Bay) oder das* **Hilltop House** *(93405 Wilsey Ln, North Bend) zunutze.*

Pancake Mill Restaurant, *2390 Tremont St. North Bend. Ideal zum üppigen Frühstück, Pancakes in allen Variationen, dazu hausgemachte Backwaren.*

Einkaufen

The Oregon Connection – The House of Myrtlewood, *1125 S 1st St., Coos Bay, www.oregonconnection.com. Hier werden in Handarbeit aus lokalem Myrtenholz (kalif. Lorbeere) Schüsseln, Schalen, Besteck und dekorative Stücke gearbeitet.*

Nördlicher Küstenabschnitt

Zwischen Florence und Newport wird die Küstenlandschaft wieder vielgestaltiger: Gerahmt vom Pazifik auf der einen und dem undurchdringlich wirkenden **Siuslaw National Forest** (www.fs.usda.gov/siuslaw) auf der anderen Seite und mit dem **Heceta Head Lighthouse** als besonderem Fotospot zeigt die Küste hier ihr schönstes Gesicht.

Unvergessliches Erlebnis: ein Ausritt am Pazifik bei Gold Beach

Bei den **Sea Lion Caves** handelt es sich um eine der größten durch Meereskraft geschaffenen Grotten Amerikas, in denen sich als zusätzliche Attraktion eine Seelöwen-Kolonie aufhält. Nur wenige Meilen weiter, bereits von den Sea Lion Caves aus zu sehen, steht der schon erwähnte meistfotografierte Leuchtturm der Küste, das **Heceta Head Lighthouse**. Es dient auch heute noch der Sicherheit der Seefahrt, sein Leuchtfeuer reicht etwa 30 km weit. Im Wächterhaus befindet sich ein B & B.

Meereskraft schafft Grotten

Sea Lion Caves, *91560 Hwy. 101 N., Florence, www.sealioncaves.com, tgl. mind 9–16 Uhr, $ 14.*

Heceta Head Lighthouse, *92072 Hwy. 101 S, Yachats, www.hecetalighthouse.com, Touren März–Okt. tgl. 11–17 Uhr, $ 3, sonst nur Viewpoint zugänglich. Mit* **Keeper's House B & B**, *$$–$$$, ☏ 1 (866) 547-3696, sechs Gästezimmer im einstigen Leuchtturmwärterhaus neben dem Leuchtturm, mit Gästeküche.*

Um **Cape Perpetua** erstreckt sich ein Naturschutzgebiet mit verschieden langen Wanderwegen. Eine kurze Stichstraße ab Hwy. 101 führt zum **Cape Perpetua/Siuslaw NF VC**, wo es Informationen über die Küste mit ihren vielseitigen Formen und geologischen Einzigartigkeiten gibt, aber auch zum Siuslaw NF im Hinterland. Der Weg zum **Cape Perpetua Overlook** ist ausgeschildert, ebenso ein 30-Kilometer-Loop durchs Hinterland, der in Yachats wieder auf den Hwy. 101 stößt.

Cape Perpetua/Siuslaw NF VC, *Cape Perpetua, 2400 US 101 (ausgeschildert), www.fs.usda.gov/siuslaw, tgl. 10–16 Uhr.*

Vorbei am **Strawberry Hill**, nicht nur wegen der wilden Erdbeeren bekannt, sondern auch wegen der sich auf den Klippen sonnenden Seelöwen, und am **Devil's Churn** („Butterfass des Teufels"), einer tiefen Felsspalte, aus der die Meeresbrandung als gelber Schaum quillt, erreicht man **Yachats**, ein ehemaliges, kleines Fischerdorf, das sich einen eigenen Charme bewahrt hat, obwohl in letzter Zeit auch hier mehr und mehr luxuriöse Inns, exklusive Restaurants und schicke Galerien aus dem Boden schießen.

Oregons traumhafte Pazifikküste

Die kleine Hafenstadt **Newport** (10.000 EW) liegt an einer weit ins Land hineinreichenden Bucht. Hier muss man das **Oregon Coast Aquarium** gesehen haben, eine ungewöhnliche Mischung aus Aquarium, Zoo und Parkanlage. Viele vorbildlich angelegte, großzügig proportionierte Habitate befinden sich im Freien, z. B. Reviere für Seeotter, Robben und Seelöwen sowie Seevögel. Große Aquarien und sehenswerte Wechselausstellungen im Inneren stellen den Lebensraum „Küste" auf instruktive und unterhaltsame Weise vor, dazu gibt es interessante *Behind-the-Scenes*-Touren.

Oregon Coast Aquarium, *2820 SE Ferry Slip Rd., ab US 101, www.aquarium.org, HS tgl. 9–18 bzw. NS 10–17 Uhr, $ 18,95, verschiedene Touren.*

Nahe dem Aquarium, beinahe versteckt unter der gigantischen **Yaquina Bridge**, über die der US Hwy. 101 den gleichnamigen Fluss quert und in die Stadt führt, befin-

Gigantische Brücke

Schöner weitläufiger Strand

det sich in einem alten Hafenlagerhaus die **Rogue Brewery**. Nördlich der Brücke führt eine Straße hinunter zur **historischen Bayfront** von Newport, wo außer einem weiteren Pub der **Rogue Brewery** (748 SW Bay Blvd.) Fischlokale, Imbissstände mit frischem Lachs, Austern und Krabben locken und es nette Läden zum Bummeln gibt. Von hier aus stechen Boote in See, zur Walbeobachtung, zum Angeln oder zu Ausflugsfahrten. Wer eine Pause am Strand einlegen möchte, sollte die nahe **Nye Beach** ansteuern. Der schöne, weitläufige Strand lockte bereits Anfang des 20. Jh. Urlauber an.

☞ Extratipp

In den Pubs der **Rogue Brewery** gibt es leckere Gerichte, weit über Oregon hinaus berühmt sind aber die Biere, die Braumeister John Maier kreiert. Neben dem legendären Dead Guy Ale sind es besonders die dunklen Biere, großteils „Rauchbiere", wie sie in Bamberg zu finden sind, die den Ruhm der Brauerei begründet haben. Daneben werden ungewöhnliche Whiskeys, Rums und Gins destilliert.

Brewer's on the Bay, 2320 OSU Dr., (ab US 101, nahe Aquarium), ☏ (541) 867-3664, www.rogue.com, Brauereitouren tgl. 15 Uhr.

Rogue Ales Public House, 748 SW Bay Blvd., an der Historic Bay Front, mit „Biermuseum".

Rogue House of Spirits, 2122 Marine Science Dr., Mi–So 12–21 Uhr, tgl. Destillerietouren. Hergestellt werden hier Gin, Whiskey und Wodka.

Whale-Watching

Südlich von **Depoe Bay** ankerte an einer Felsnase – **Cape Foulweather** – 1778 der Forschungsreisende *James Cook*, um von dort aus das Hinterland zu erkunden. Sehenswert im Ort selbst ist das **Whale Watching Center**, wo Park Ranger auf

Blick auf die malerische Oregon Coast bei Heceta Head

vorbeiziehende Wale hinweisen und es Informationen zu den verschiedenen Arten gibt. Hauptzeiten sind Mitte Dez.–Jan und Ende März–Juni.
Depoe Bay Whale Center, *US 101, www.oregonstateparks.org/index.cfm?do=parkPage.dsp_parkPage&parkId=183, HS tgl. 9–17 Uhr, Okt./Mai Mi–So 10–16 Uhr frei.*

Der zentrale Ort am nördlichen Küstenabschnitt ist das Hafenstädtchen **Lincoln City**, bekannt für das Outlet Shooping Center (am Hwy. 101), das insofern besonders lohnt, als es in Oregon keine *Sales Tax* gibt. Auch wegen des Hotel- und Motelangebots empfiehlt sich Lincoln City als Zwischenstopp. Hier kann man stundenlang am feinsandigen Dünenstrand entlangspazieren, Krabben fischen, Muscheln sammeln oder durch den **Siuslaw NF** wandern.

Knotenpunkt Lincoln City

Herden von Milchkühen auf großen Weideflächen zwischen Lincoln City und Tillamook verraten es: Hier befindet sich ein Zentrum der Käseherstellung. In **Tillamook** kann man sich selbst davon überzeugen, dass die Amerikaner durchaus etwas von Käse- und Eiscremeproduktion verstehen. Zwei Käsereien (beide am US Hwy. 101) laden dazu ein: die kleine **Blue Heron French Cheese** und die große **Tillamook Cheese Factory**, die auch Touren anbietet.

Hinweis zur Route

Wer nicht weiter der Küste folgen möchte, hat mehrere Möglichkeiten, nach Portland zu gelangen: Nördlich von **Lincoln City** führt der OR 18 ins Landesinnere und nach Überquerung der Küstenberge durch das Wein-, Obst- und Gemüseanbaugebiet Willamette Valley (S. 544) nach Portland. Alternativ erreicht man Portland vom weiter nördlich an der Küste gelegenen **Tillamook** über OR 6 und US Hwy. 26 sowie von **Cannon Beach** über den US Hwy. 26.

Der US Hwy. 101 führt nördlich von Tillamook zurück zur Küste und bietet bis Astoria noch einmal eine breite Palette an Erlebnissen: Fischerorte und Sandstrände, Touristenrummel und verschlafene Buchten, Klippen und Felsen, Wiesen und Marschen. **Bay City** ist ein Zentrum der Austernzucht. Auf einem kleinen Pier wird die Delikatesse fangfrisch günstig angeboten.

Der US Hwy. 101 umrundet diese zerklüftete Bucht und stößt auf **Garibaldi**, ein ehemaliges Holzverarbeitungszentrum und heutiges Hafenstädtchen mit touristischer Infrastruktur. In der folgenden Ortschaft **Cannon Beach** sind die Felsnadeln und der mächtige Felsklotz **Haystack Rock** mitten im Pazifik vor dem Sandstrand beliebte Fotomotive. Mitte Juni schaffen hier „Sandkünstler" während des *Sandcastle Contest* ebenso schöne wie vergängliche Skulpturen, die mit herkömmlichen Sandburgen nichts zu tun haben. Eine weitere Attraktion sind **Winddrachen** *(Paragliding)*, die hier bei ständig wehender Brise die besten Startbedingungen haben.

Sandcastle Contest

Bevor man Astoria erreicht, passiert man das bei den Bewohnern Portlands beliebte **Seaside** und hat vom **Ecola SP** einen weiten Blick über die dramatische Küstenlandschaft mit ihren Stränden und Klippen.

Reisepraktische Informationen Nördliche Oregon Coast

Information

Greater Newport Chamber of Commerce, *555 SW Coast Hwy., ☏ (541) 265-8801, Mo–Fr 8.30–17 Uhr, www.newportchamber.org; siehe auch http://discover newport.com.*
Lincoln City VC, *801 SW Hwy. 101, ☏ (541) 996-1274, www.oregoncoast.org, Mo–Sa 10–16 Uhr.*

Unterkunft

Adobe Resort Motel, *$$$, 1555 Hwy. 101, Yachats, www.adoberesort.com, ☏ (541) 547-3141. Direkt am Pazifik gelegenes Haus mit schönen neuen Suiten mit Whirlpools, eigenes Restaurant.*
Sylvia Beach Hotel, *$$$, 267 NW Cliff St., Newport, ☏ (541) 265-5428, www.sylviabeachhotel.com. Guesthouse mit 20 Zimmern nahe dem Strand unter dem Motto „Literatur". Zugehörig ist das erstklassige Restaurant Tables of Content.*
Inn at Wecona, *$$-$$$, 2945 US 101, Lincoln City, ☏ (541) 994-2984, www.innatwecoma.com. Kleines Hotel mit 63 unterschiedlich großen, gemütlich und modern eingerichteten Zimmern, mit Pool und Sauna sowie inkl. Frühstück.*
Inn at Spanish Head, *$$$$, 4009 SW Hwy. 101, Lincoln City, www.spanishhead.com, ☏ (541) 996-2161. Mehrstöckiges großes Hotel in traumhafter Lage am Pazifikstrand, alle Zimmer mit Balkon und Meerblick, unterschiedliche Größen vom einfachen Bedroom bis hin zur Suite. Angeschlossen sind ein Restaurant, Fitnesszentrum, Spieleraum und Swimmingpool.*
Hallmark Resort at Cannon Beach, *$$$-$$$$, 1400 S Hemlock St., Cannon Beach, ☏ (503) 436-1566, www.hallmarkinns.com. Herrlich am Strand gelegenes Hotel mit verschiedenen Zimmerkategorien sowie Cottages, zudem Whirlpool, Sauna, Swimmingpool und andere Annehmlichkeiten.*

Restaurants

The Drift Inn Historic Pub & Cafe, *124 Hwy. 101 N., Yachats. Kreative Gerichte wie Spinatsalat mit Heilbutt und Livemusik.*
Canyon Way Restaurant & Bookstore, *1216 SW Canyon Way, Newport. Beliebtes und alteingesessenes Restaurant in einem Gebäude von 1910. Ein Buchladen ist angeschlossen.*
Restaurant Beck, *2345 US 101, Depoe Bay, ☏ (541) 765-3220. Der junge Chef Justin Wills kreiiert ausgezeichnete Gerichte – „wildly local cuisine".*

Einkaufen

Tanger Outlet Center, *1500 SE Devils Lake Rd., Lincoln City, ausgeschildert, www.tangeroutlet.com/lincolncity. Outlet-Center mit rund 60 Filialen bekannter Markenhersteller (wie Eddie Bauer oder Columbia). Tgl. 10–18, Fr/Sa –20 Uhr.*
Tillamook Cheese Factory, *4175 US 101, 3 km nördlich der Stadt, tgl. 8–18/20 Uhr, www.tillamookcheese.com. Self-guided Tours (gratis) durch die Käserei; angeschlossener großer Laden mit Imbiss, tolles hausgemachtes Eis und Käseproben.*

Blue Heron French Cheese Factory, *2001 Blue Heron Dr., ab US 101, www.blueheronoregon.com, tgl. 8–20, im Winter 9–18 Uhr. Kleinere Käserei mit ebenfalls guter Auswahl, v. a. Blue Cheese, Feinkostladen und Café.*

Veranstaltungen

Mitte Okt.: **Fall Kite Festival** *mit Workshops zum Drachenbasteln und verschiedenen Wettbewerben, vielfach für Kinder, www.oregoncoast.org/kite-festival/fall-kite-festival.*

Astoria

„*Ocean in view! O! the joy!*" – dieser Eintrag von Captain *William Clark* am 7. November 1805 in die Expeditions-Tagebücher der *Lewis & Clark*-Expedition (s. INFO S. 206) zeigt deutlich die tiefe innere Bewegtheit der beiden Offiziere. Kein Wunder, hatte das Corps doch rund eineinhalb Jahre nach dem Aufbruch von St. Louis im Mai 1804 endlich das Ziel seiner Forschungsreise, den Pazifik, erreicht. Als erste Amerikaner hatten *Lewis* und *Clark* den Nordwesten durchquert und standen nun staunend, ähnlich wie der heutige Besucher, am Mündungsdelta des Columbia River.

Lewis und Clark am Ziel

Noch immer ist der **Columbia River** – der Grenzfluss zwischen Oregon und Washington – ein wichtiger Transportweg und zugleich eine beliebte „Spielwiese" für Freizeitwassersportler. Mit seinen Dämmen sorgt er für die Gewinnung von bis zu 80 % des Stroms im Nordwesten – was nicht unumstritten ist. Umweltschützer und besonders Indianer plädieren für den Abriss einiger der Dämme, um einerseits eine Renaturierung zu erreichen – wie sie teilweise am Missouri bereits realisiert wurde – und es andererseits den Lachsen wieder zu ermöglichen, auf natürliche Weise ihre Laichplätze im Landesinneren zu erreichen. Wegen der künstlichen Leitern an den Dämmen, die den Weg mühsam machen, ist die Zahl der Fische nämlich deutlich zurückgegangen.

200 Jahre Astoria

Von Zähmung spürt man auch heute an der Mündung des größten Flusses an der amerikanischen Westküste nicht viel. Die Stelle ist immer noch in der Seefahrt berüchtigt; an die 2.000 Schiffe sind bei dem Versuch, in den Columbia River einzufahren, bereits gestrandet und gesunken und über

1.500 Seeleute sollen ihr Leben gelassen haben. Kein Wunder, dass die Mündung auch „**Pacific Graveyard**" genannt wird. Probleme bereiten seit jeher mehrere Faktoren: die Tiden-Schwankungen in Ost-West-Richtung und die Nord-Süd-Küstenströmung sowie die teils heftigen Winde, die nicht immer landeinwärts wehen.

Kap der Enttäuschung

Der britische Kapitän *John Meares*, der 1788 als erster Weißer die Bucht erreichte, nannte die Landspitze an der Nordseite der Mündung **Cape Disappointment** – „Kap der Enttäuschung". Er hielt damals die breite Mündung noch für eine weit ins Land reichende Meeresbucht; erst vier Jahre später erkannte der amerikanische Kapitän *Gray* den Fluss und ahnte die Möglichkeiten, die dieser Strom zur Erschließung des Hinterlandes bot. Kein Wunder, dass sich Briten und Amerikaner lange um die Vorherrschaft in der Region stritten, bis man 1846 die Grenze entlang dem 49. Breitengrad zog.

Fort Stevens, an der südlichen Mündungsnase des Columbia River gegenüber Cape Disappointment gelegen, diente zwischen dem Bürgerkrieg und 1950 als Bollwerk gegen vermeintliche Feinde und kann heute besichtigt werden. Nicht weit von hier, am Strand von **Astoria-Warrenton**, legen die Überreste des 1906 gestrandeten Viermasters, der „**Peter Iredale**", Zeugnis von der Unberechenbarkeit der Naturgewalten an diesem Küstenabschnitt ab.

Wahrzeichen der Stadt, die Astoria Column

1811 war **Astoria** als Pelzhandelsstation von Europäern gegründet worden und 2011 feierte man den 200. Geburtstag der Stadt – ein für den nordamerikanischen Westen beachtliches Alter, das Astoria zur „**Oldest American City West of the Rockies**" macht. Nachdem der Pelzhandel an Bedeutung verloren hatte, waren es v.a. die Lage an der Flussmündung, und damit Fischfang und Holzhandel, die die Stadt am Leben hielten. Zahlreiche Gebäude aus dem ausgehenden 19. Jh. zeugen noch heute vom einstigen Wohlstand Astorias. Der wohl beste Ausblick auf Stadt und Umland bietet sich von der fast 40 m bzw. 160 Stufen hohen **Astoria Column** auf dem höchstem Hügel der Stadt, dem Coxcomb Hill. Sie wurde 1926 erbaut und orientiert sich am Vorbild der Trajanssäule in Rom. Die Säule ist mit spiralförmig angeordneten Reliefbildern geschmückt, die Ereignisse von regionaler Bedeutung schildern.

Astoria Column, *Coxcomb Hill, www.astoriacolumn.org, tgl. Sonnenauf- bis -untergang, $ 1 Parkgebühr.*

Sehenswert ist außerdem das moderne **Columbia River Maritime Museum** am Hafen, das einen Überblick über die Schifffahrt auf dem Columbia River und im Pazifik bietet. Ein altes Feuerschiff im Hafenbecken kann ebenfalls besichtigt werden. Entlang dem Columbia River läuft der **Riverwalk** von Pier 39 (Shops und Café) am Maritime Museum vorbei, unter der Brücke hindurch zum Cannery Pier.

Das Leben im späten 19. Jh. führt das viktorianische **Flavel House** vor Augen, erbaut zwischen 1883 und 1887, und im **Heritage Museum** der *Clatsop County Historical Society* in der City Hall geht es um die Lokalgeschichte.

Unübersehbar ist schließlich das moderne Wahrzeichen der Stadt, die **Astoria-Megler Bridge** von 1966, die auf spektakulären 6,5 km langer Fahrt über den Columbia River zum benachbarten Bundesstaat Washington führt. Sie kommt, wie Astoria überhaupt, in mehreren Kinofilmen vor, die hier gedreht wurden, z. B. *The Goonies, Kindergarten Cop, Teenage Mutant Ninja Turtles III* oder *Free Willy I*.

Beliebte Filmkulisse

Columbia River Maritime Museum, *1792 Marine Dr., www.crmm.org, tgl. 9.30–17 Uhr, $ 12, Sharks 3D-Film $ 5 extra.*
Flavel House, *441 8th St., www.cumtux.org, HS tgl. 10–17 bzw. NS 11–16 Uhr, $ 6.*
Heritage Museum, *1618 Exchange St., HS tgl. 10–17 bzw. NS 11–16 Uhr, $ 4.*

Johann Jakob Astor

info

Johann Jakob Astor war eine der ersten großen amerikanischen Unternehmerpersönlichkeiten. 1763 in Walldorf bei Heidelberg geboren, kam er im Alter von 20 Jahren als einer unter zahlreichen **deutschen Emigranten** nach New York. Zunächst versuchte er sich als Musikinstrumentenhändler, wandte sich dann jedoch den Pelzen zu und gründete 1809 ein Pelzhandelsunternehmen. Seine **American Fur Company** legte den Grundstock für seinen späteren Reichtum und seine Bilderbuchkarriere.

Die Pelze verschiffte er in den Fernen Osten und erwarb dort dafür Tee, den er wiederum in New York verkaufte – mit hohem Profit. Astor schaffte es, fast den gesamten Pelzhandel an sich zu ziehen und gründete an strategisch wichtigen Punkten ständig besetzte Stationen. Das so entstandene **Fort Astoria** am Pazifik war 1811 der erste amerikanische Vorposten westlich des Mississippi.

Einen Großteil seines Wohlstands verdankte Astor allerdings der Bodenspekulation, v.a. in Manhattan. Als er 1848 starb, wurde sein Vermögen auf $ 25 Mio. geschätzt; damit war er der reichste Mann der USA. Die Astors entwickelten sich zu einer der gesellschaftlich führenden Familien in der Neuen Welt. 1894 gründete ein Spross dieses Clans in New York das Hotel „Waldorf", benannt nach dem Geburtsort von Johann Jakob. Ein weiteres Familienmitglied ließ daneben das Hotel „Astoria" bauen, und aus der Zusammenlegung der beiden Häuser entstand das weltberühmte „Waldorf=Astoria". Ein tragisches Schicksal hatte ein Ururenkel, Johan Jacob IV., er kam beim Untergang der Titanic (1912) ums Leben.

Lewis & Clark National Historical Park

Vier Monate lang erkundeten im Winter 1805/06 die Teilnehmer der *Lewis & Clark*-Expedition die Region um die Flussmündung. An ihre Entdeckungen erinnert der 2004 eingerichtete **Lewis & Clark NHP**. Er reicht von Cannon Beach/OR im Süden über ca. 65 km bis Ilwaco/WA im Norden und umfasst mehrere historische Sights im Mündungsgebiet des Columbia River.

Historisches Fort Clatsop

Kernstück ist das schon vorher zum Nationalparksystem gehörige **Fort Clatsop National Monument**, der Nachbau des Forts der Expedition mit interessantem Museum und Shop; neu hinzu kamen in Oregon der **Fort to Sea Trail**, die früheren State Parks **Fort Stevens**, **Sunset Beach** und **Ecola**, **Salt Works** im Küstenort Seaside sowie **Netul Landing**. In Washington, jenseits des Columbia River, gehören die ehemaligen State Parks **Cape Disappointment** und **Fort Columbia** sowie **Station Camp** und **Clark's Dismal Nitch** dazu.
Lewis & Clark NHP, *www.nps.gov/lewi, $ 3/Person(1 Woche), mit* **Fort Clatsop NM**, *92343 Fort Clatsop Rd., VC 9–17/18 Uhr; Details zu den anderen Sights: www.nps.gov/lewi/planyourvisit/hours.htm.*

Nachbau des historischen Fort Clatsop

Hinweis zur Route

Von Astoria aus erreicht man auf dem US Hwy. 30 nach 95 mi (152 km) Portland (S. 552). Die Fahrt führt entlang dem Südufer des Columbia River. Dabei passiert man auch die kleine Ortschaft **St. Helens**, berühmt geworden als Drehort der „Twilight"-Filme.

Reiseparaktische Informationen Astoria

Information

Astoria-Warrenton Area Chamber of Commerce, *111 W. Marine Dr., ☏ (503) 325-6311, www.travelastoria.com.*

Unterkunft

Benjamin Young Inn, *$$–$$$, 3652 Duane St., Astoria, ☏ (503) 325-6172, www.benjaminyounginn.com. Schönes B & B in einem Queen-Anne-Wohnpalast von 1888, vier unterschiedlich gestaltete Zimmer.*

Cannery Pier Hotel, *$$$–$$$$, 10 Basin St., ☏ (503) 325-4996, www.cannerypierhotel.com. Hotel in der ehemaligen Union Fish Cannery über dem Columbia River, moderne, geräumige Zimmer mit unvergleichlichen Ausblicken, Spa-Bereich.*

Franklin Street Station B & B, *$$$, 1140 Franklin St., Astoria, ☏ (503) 325-4314, www.astoriaoregonbb.com. Viktorianisches Haus von 1900 mit sechs liebevoll und unterschiedlich eingerichteten Zimmern.*

Restaurants

Pier 11 Feed Store Restaurant & Lounge, *77 11th St., ☏ (503) 325-0279. Das Top-Lokal Astorias in einem umgebauten alten Lagerhaus am Hafen, bekannt für Fischgerichte wie Captain's Platter oder Blue Cheese Halibut.*

Silver Salmon Grille, *1105 Commercial St., ☏ (503) 338-6640. Ein Mekka für Lachs-Liebhaber, dazu gibt es eine gute Auswahl an Oregon-Weinen.*

Fort George Brewery + Public House, *1483 Duane St., www.fortgeorgebrewery.com. Kleinbrauerei mit Kneipe, ausgezeichnete Biere und gutes Essen, u.a. Hausmacherwürste!*

Bridgewater Bistro, *20 Basin St. Gemütliches Lokal in historischem Bau am Hafen: kreative Gerichte (viel Seafood/Fisch) aus lokalen, frischen Zutaten, gute Weinauswahl.*

Einkaufen

Astoria Sunday Market, *12th/Commercial St., http://astoriasundaymarket.com, So 10–15 Uhr, Mai–Okt., außer Frischprodukten auch Kunsthandwerk u. a.*

Touren

Astoria Riverfront Trolley, *www.old300.org, Touren in einer historischen Straßenbahn von 1913 über 4 km entlang Columbia River im Sommer. Tickets $ 1, Tagespass $ 2.*

Southwest Washington Coast

Über die Astoria Bridge erreicht man den Nachbarstaat Oregons, Washington. Der US Hwy. 101 folgt nun der Küstenkontur weiter nach Norden und vorbei an **Chinook** erreicht man den kleinen Fischerort **Ilwaco** mit dem **Columbia Pacific Heritage Museum**. In diesem interessanten Museum geht es v. a. um die *Chinook*-Indianer, Meister der Korbflechterei, um Eroberer *(Corps of Discovery)*, das Leben in der alten Küstenkommune und um die Fischerei- und Holzindustrie. Im angrenzenden alten Güterbahnhof der *Ilwaco Railway & Navigation Company* ist ein 16 m langes Diorama der Long Peninsula 1925 zu sehen, auf dem Freigelände verschiedene Eisenbahnen; nahe liegen der **Discovery Garden** und der **Mariner's Memorial Park**.

Von Ilwaco aus lohnt eine Rundfahrt zum **Cape Disappointment State Park** (Fort Canby SP) mit einem malerisch gelegenen **Lighthouse** und dem sehenswerten **Lewis & Clark Interpretive Center**, Teile des **Lewis and Clark NHP**.
Columbia Pacific Heritage Museum, *115 SE. Lake St., Ilwaco, http://columbiapacificheritagemuseum.org, Di–Sa 10–16, So 12–16 Uhr, $ 5.*
Cape Disappointment SP, *2 mi. südwestl. Ilwaco, www.parks.wa.gov/parks/?selectedpark=cape%20disappointment, HS 6.30–Sonnenuntergang, $ 10/PkW, mit* **Lewis & Clark Interpretative Center**, *tgl. 10–16/17 Uhr, www.parks.wa.gov/stewardship/lewisandclarkcenter, $ 5.*

Endlose Sandstrände

Seaview und **Long Beach** sind die eigentlichen Touristenzentren der Region. Der Strand zählt mit fast 44 km zu den längsten Sandstränden Nordamerikas. In Long Beach befindet sich das **World Kite Museum & Hall of Fame**, das sich ganz den Lenkdrachen widmet. Einsam geht es entlang der **Willapa Bay** (Austern-Region) weiter durch das abgeholzte Hinterland nach **Aberdeen**. **South Bend**, idyllisch an der Mündung des Willipa Rivers gelegen, bezeichnet sich als die „**Hauptstadt der Austernfischerei**". Hingegen leben **Raymond** und noch mehr das 40 km nördlich gelegene **Aberdeen** noch immer vom Holz. Aberdeen war 1884 um eine Sägemühle entstanden und besitzt noch Holzhäuser aus der Zeit.
World Kite Museum & Hall of Fame, *WA 103/3rd St., www.WorldKiteMuseum.com, tgl. 11–17 Uhr, im Winter nur Fr–Di, $ 5.*

Hinweis zur Route

Nördlich von Aberdeen beginnt die Olympic Peninsula. Die Route um den Mt. Olympus und den angeschlossenen Nationalpark ist im Kapitel „Seattle und der Puget Sound", s. S. 174, beschrieben.

Reisepraktische Informationen Southwest Washington Coast

Information

Long Beach Peninsula: *http://funbeach.com.*

Unterkunft/Restaurant

Inn at Harbour Village, $$–$$$, *120 Williams St., Ilwaco, ☏ (360) 642-0087, www.innatharbourvillage.com. Ehemalige Kirche von 1930, neun Zimmer.*
Shelburne Inn, $$$, *4415 Pacific Way (WA 103), Seaview, www.theshelburneinn.com, ☏ (360) 542-2442. Kleines Hotel in historischem Gebäude von 1896 mit 18 Zimmern, erstklassiges Frühstück und zugehöriges* **Shelburne Restaurant & Pub** *– frisch zubereitete Fischgerichte, aber auch sonst interessante Speisekarte.*

Ring of Fire – die Inlandsroute

Hinweis zur Inlandsroute

Die Autobahn I-5 ist die schnellste Verbindung zwischen der San Francisco Bay/Sacramento und Portland bzw. Seattle, doch sind auch reizvolle Umwege und Abstecher möglich. Eine Variante bietet sich ab Krater Lake in Oregon an: der US Hwy. 97 durch die Übergangszone zwischen Kaskadengebirge und dem Columbia Plateau über Bend, Warm Springs und Mt. Hood nach Portland. Hinweise zu weiteren Kombinationsmöglichkeiten gibt es an passender Stelle.

Shasta Cascade, das „etwas andere" Kalifornien

Die **Inlandsroute** von der San Francisco Bay nach Portland/Oregon führt von der Bay über Sacramento zunächst nach Norden. Die Nordostecke Kaliforniens ist nur den wenigsten Besuchern ein Begriff und dabei hat die **Shasta Cascade-Region** – das „etwas andere" Kalifornien – mehr zu bieten als nur Sonne, Strand und Meer.

Redaktionstipps

Sehens- und Erlebenswertes

➤ Vulkane erleben im **Lassen Volcanic NP** (S. 512), in **Lava Beds NM** (S. 530) oder im **Crater Lake NP** (S. 533).
➤ In Redding: **Sundial Bridge** (S. 517) und **Turtle Bay Exploration Park** (S. 517).
➤ Cowboy auf Zeit auf der **Willow Springs Guest Ranch** im Oregon Outback (S. 528)
➤ Eines der besten Western-Museen: das **Favell Museum** in Klamath Falls (S. 532).
➤ Ungewöhnliche **Shakespeare-Aufführungen** gibt es in Ashland (S. 538).

Unterkunft

➤ Mineralquellwasser und Gelegenheit zum Ausspannen gibt's im **Lithia Springs Resort** in Ashland (S. 540).
➤ Für Angler und Naturfreunde perfekt ist das **Weasku Inn** (S. 540) im atemberaubenden Valley of the Rogue.
➤ In traumhaft gelegenen **Kah-Nee-Ta Desert Resort & Casino** übernachten (S. 550) oder Luxus im **Seven Feathers Casino Resort** (S. 540) genießen.

Restaurants

➤ Fassbier und gutes Essen gibt's im **Sierra Nevada** in Chico (S. 509) und im **Deschutes Brewery Public House** in Bend (S. 549).
➤ Zu den besten Lokalen im Süden Oregons gehören das **Smithfield's** und das **Larks Restaurant** (S. 541) in Ashland.

Einkaufen

➤ Ausgezeichneten Blaukäse gibt es in der **Rogue Creamery** (S. 541), lokale Spezialitäten, Weine und Biere bei **Harry & David** (S. 541) und Beerenprodukte in **Pennington Farms** in Grants Pass (S. 541).
➤ Bummeln und eine Kaffeepause einlegen kann man entlang der **Main Street in Ashland** (S. 539) oder im **5th Street Public Market** in Eugene (S. 543).
➤ Weinliebhaber sollten die Weingüter im **Applegate River Valley** (S. 539) oder im **Willamette Valley** (S. 544) besuchen.

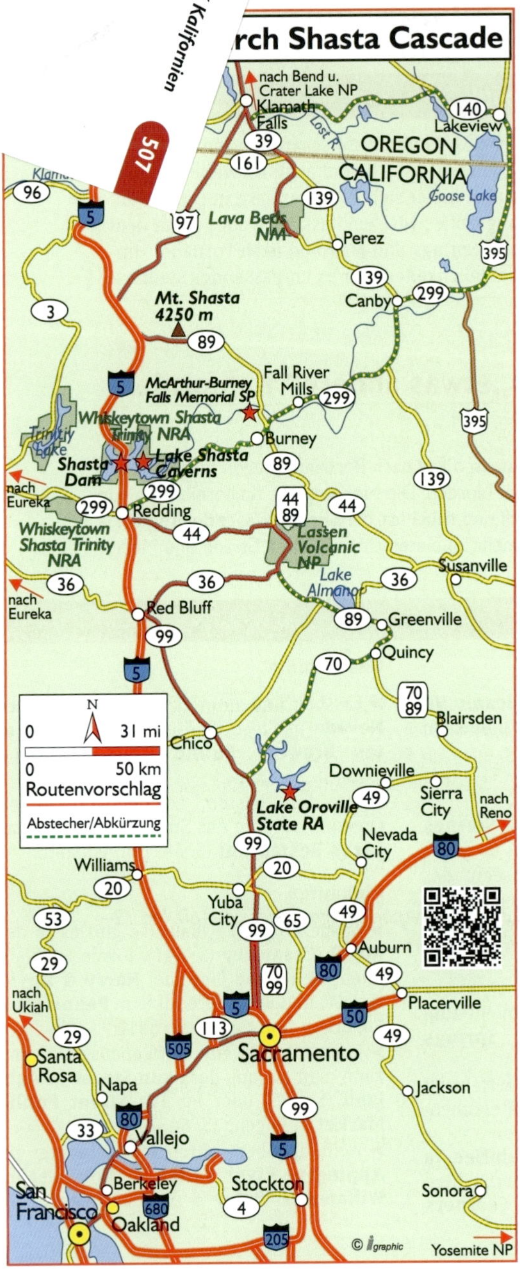

Shasta Cascade erhielt den Namen von der vulkanischen Bergkette, die sich von der Sierra Nevada nördlich von Yosemite Valley und Lake Tahoe bis hinauf in den Nordwesten der USA und nach Kanada erstreckt. Nordöstlich der Golden Gate Bridge und der Weingärten des Napa Valley einerseits, und anschließend an die endlosen Anbauflächen des nördlichen Central Valley um die Hauptstadt Sacramento andererseits, dehnt sich das „Hinterland“ Kaliforniens bis hin zu den Staatsgrenzen von Oregon und Nevada aus – ein **traumhafter Fleck Erde voller Kontraste**: Das Spektrum reicht von Hochgebirgskulissen über dicht bewaldete Mittelgebirge, bizarre Vulkanlandschaften, karge Wüstenregionen und Gletscher bis hin zu warmen Quellen, Wasserfällen – wie den beeindruckenden Burney Falls – und Seen. Kein Wunder, dass diese Region unter Outdoorfreaks und Naturfreunden einen sehr guten Ruf genießt.

Bierbrauer und Cowboys

Erste Station ist die Kleinstadt **Chico** (ca. 86.000 EW), etwa 150 km nördlich **Sacramento** (CA 99) am Rand der Sierra Nevada gelegen. Der Ort ging 1860 aus der riesigen Ranch von General *John Bidwell* hervor, der eine lebenswerte grüne Stadt gestalten wollte. Der **Bidwell Park** gilt mit seinen knapp 1.400 ha als größter Stadtpark westlich des Mississippi und bie-

Highlight für kalifornische Cowboys: das Red Bluff Rodeo

tet über 55 km an Wander- und 40 km an Rad- und Reitwegen, dazu Gelegenheit zum Kanu- und Kajakfahren.

Bidwell – dessen luxuriöses viktorianisches Wohnhaus mit 26 Zimmern, die **Bidwell Mansion**, besichtigt werden kann – war es auch, der 1887 Land und Geld zur Gründung einer neuen Universität, der **California State University Chico**, zur Verfügung stellte. Studenten prägen heute das Bild in der Innenstadt, es gibt eine lebhafte Kneipenszene und hübsche Shops. Die Stadt ist zudem verantwortlich für 20 % der Welt-Mandel-Produktion, die Firma *Blue Diamond Growers* ist in Sacramento zu Hause. Vor allem hat man sich jedoch als „**Bierhauptstadt Nordkaliforniens**" einen Namen gemacht.

Chico verantwortet 20% der Weltmandelproduktion

Bidwell Mansion SHP, *525 Esplanade, www.parks.ca.gov/?page_id=460, Mo 12–17, Sa/So 11–17 Uhr, Touren Mo–Mi 12–16, wochenends 11–16 Uhr, $ 6.*

Extratipp: Sierra Nevada Brewery

Getreu dem Motto Benjamin Franklins – „Bier ist der Beweis, dass Gott uns liebt und will, dass wir glücklich sind" – und basierend auf dem bayerischen Reinheitsgebot, hat sich die **Sierra Nevada Brewery** in wenigen Jahren den Ruf einer Spitzenbrauerei erworben. 1979 hatten die zwei Enthusiasten Ken Grossman und Paul Camusi begonnen, in einer Garage Bier zu brauen und entsprechendes Zubehör an Homebrewer zu verkaufen. Die Nachfrage stieg und eine Brauerei entstand, der Grossman seit 1998 allein vorsteht.

Grossman ist bekannt für sein Qualitätsbewusstsein – die Ales von Sierra Nevada gelten als die besten der Welt – , ist aber auch aufgeschlossen gegenüber moderner Technik. Das zeigt ein Besuch der neuen Brauerei in Chico – durch die es für Besucher auch täglich Touren gibt. Nur so glaubt man den großen Brauereien Paroli bieten zu können. Und in der Tat hat es die Sierra Nevada Brewery mittlerweile geschafft, in ganz USA vertrieben und geschätzt zu werden. Gerade das Pale Ale gehört zu den beliebtesten Bieren im Land.

In dem der Brauerei angeschlossenen Pub mit seinem Biergarten kann man nach einer Besichtigung nicht nur die verschiedenen Biere probieren, sondern auch gute Gerichte aus der Küche genießen.

- **Infos:** www.sierranevada.com.

Reisepraktische Informationen Chico

Information

Chico Chamber of Commerce VC, *300 Salem St., ☏ 1 (800) 852-8570, www.chicochamber.com/visitor, Mo–Fr 10–16, Sa 11–14 Uhr.*

Unterkunft

The Grateful Bed (B & B), *$$$, 1462 Arcadian Ave., www.thegratefulbed.net, ☏ (530) 342-2464. Ungewöhnliches kleines B & B mit vier im antikisierenen Stil gemütlich ausgestatteten Zimmern, einer Veranda zum Entspannen und umfangreichem Frühstück.*

Restaurant/Nightlife

Sierra Nevada Taproom & Restaurant, *1075 E. 20th St., ☏ (530) 345-2739. Zur Brauerei (tgl. Führungen) gehören ein Laden und ein Pub mit großer Bar, an manchen Abenden gibt es Livemusik. Speisekarte mit kalifornischer, mexikanischer und Cajun-Küche, viel vom Grill – und dazu Biere vom Fass.*

Rodeo in Red Bluff

Kalifornien – **Land der Cowboys und Ranches**? Wer am dritten Wochenende im April in das kleine Städtchen **Red Bluff** etwa 60 km nördlich von Chico (CA 99) kommt, erlebt eine Überraschung: Es riecht nach Dung, Countrymusik dröhnt aus den Lautsprechern und so weit das Auge reicht, Cowboyhüte und -stiefel. Über 20.000 Pferdefans versammeln sich seit 1918 regelmäßig zum großen **Red Bluff Round-Up Rodeo** mit Rinder- und Pferdemarkt und allerhand Veranstaltungen – eines der größten Events seiner Art westlich der Rockies. Das zugehörige Museum informiert über die Veranstaltung.
Red Bluff Round-Up Museum, *Tehama District Fairgrounds, 670 Antelope Blvd., www.redbluffroundup.com/museum.html, Do–Sa 13–17 Uhr, frei.*

Gegründet als Goldgräbercamp, musste sich Red Bluff, malerisch über den roten Felsklippen (*Red Bluffs*) am Ufer des Sacramento Rivers gelegen, später damit begnügen, als Versorgungszentrum für die Goldsucher in den Bergen und vor allem für die Farmer im fruchtbaren Sacramento-Tal zu dienen. Die Schiffbarkeit des Sacramento River war dabei ein wesentlicher Faktor.

Die historische Innenstadt hat einer Reihe viktorianischer Häuser zu bieten, von denen das **Kelly-Brigg House Museum** zur Besichtigung offen steht. Außerdem lohnt der nördlich der Stadt gelegene **William B. Ide State Historic Park**, der dem einzigen Präsidenten der nur 22 Tage im Jahr 1846 existierenden „Kalifornischen Republik“ *(California Bear Republic)*, *William Ide*, gewidmet ist und wo dessen Adobehaus zu besichtigen ist und das damalige Leben nachgestellt wird.

1846: 22 Tage „Kalifornische Republik“

Kelly-Brigg House Museum, *311 Washington St., www.kelleyhousemuseum.org, Mai–Sept. tgl. außer Mi 11–15, sonst Fr–Mo 11–15 Uhr, frei, auch Walking Touren durchs Viertel.*

William B. Ide SHP, *Adobe Rd., ab I-5, www.parks.ca.gov/?page_id=458, tgl. 8 Uhr bis Sonnenuntergang, frei, Parken $ 6, Adobehaus und Schmiede nur in HS geöffnet.*

Reisepraktische Informationen Red Bluff

Information

Red Bluff *Chamber of Commerce, 100 Main St., ☏ (530) 527-6220, www.redbluffchamber.com, zur Umgebung siehe auch: www.plumascounty.org.*

Unterkunft

Jeter Victorian Inn, *$$–$$$, 1107 Jefferson St., www.jetervictorianinn.com, ☏ (530) 527-7574. B & B in einem restaurierten viktorianischem Haus von 1881 mit sechs Zimmern und einer Cottage.*

Einkaufen

Olive Pit, *Corning (I-5, Exit 631), südlich Red Bluff (auch via CA 99), Laden und Imbiss der lokalen Olivenbauern-Genossenschaft, in dem Olivenöl, Dips, Saucen und Feinkost, aber auch regionale Produkte verkauft werden.*

Veranstaltung

Red Bluff Round-Up Rodeo, *Mitte April, Tehama District Fairgrounds, 670 Antelope Blvd., Infos: www.redbluffroundup.com.*

Hinweis zur Route

In der östlichen Übergangsregion der Cascade Range zur Hochgebirgskette der Sierra Nevada scheint die Zeit in der Epoche der Pioniere, Goldsucher und Holzfäller stehen geblieben zu sein. Statt den schnellsten Weg ab Red Bluff (CA 36) zum Lassen Volcanic NP zu wählen, lohnt ab Chico der Umweg über den CA 70, den **Feather River Scenic Byway** – eine der schönsten Bergstrecken Kaliforniens. Im Plumas County erreicht man das „Wildwest-Städtchen“ **Quincy**. Die Region ringsum ist kaum bewohnt, die Bergwelt idyllisch. In Quincy stößt man auf den CA 89, der als **Volcanic Legacy Scenic Byway** zum Lassen NP führt.

Lassen Volcanic National Park

Der letzte Ausbruch des fast 3.200 m hohen **Lassen Peak** liegt noch keine 100 Jahre zurück, und gelegentlich aufsteigender Rauch deutet an, dass der Vulkan noch immer nicht erloschen ist. Der Lassen Peak sorgte zwischen 1914 und 1921 für Aufsehen. An die 300-mal sprühte und brodelte der Berg und der **große Ausbruch 1915** bescherte einen Aschepilz von 11 km Höhe. Der Ausstoß an Asche und Bimsstein machte sich im ganzen Umland bemerkbar. Festgehalten wurde das Szenario von dem Fotografen *Benjamin F. Loomis* und ihm zu Ehren entstand ein Museum (s. S. 514).

Hochinteressant, aber wenig frequentiert

Obwohl bereits 1916 zum Nationalpark erklärt, ist der **Lassen Volcanic NP** im Vergleich zu anderen Parks kaum bekannt und wenig frequentiert, und dabei ist er erdgeschichtlich, kulturell und biologisch hochinteressant. Die jahrhundertelangen Vulkanausbrüche haben eine **Landschaft von eigenartigem Reiz** hervorgebracht, die außer dem Lassen Peak weitere Berggipfel, Schlackenkegel, Lavamulden, Fumarolen, heiße Quellen, Wildseen sowie eine vielfältige Tier- und Pflanzenwelt zu bieten hat. Während der Westen durch heiße Quellen, brodelnde Schlammlöcher und ehemalige Vulkankegel geprägt wird, dominiert im kaum erschlossenen Ostteil des Parks Lavalandschaft.

Der **Name des Nationalparks** stammt von dem dänischen Einwanderer *Peder Lassen*, der hier eine Farm baute, nach Gold suchte und später die ersten Siedler nach Sacramento lotste. Lassen war nämlich auch ein Freund des Schweizers *Johann A. Sutter*. 1859 kam *Lassen* bei einer Schießerei ums Leben.

Vulkanausbruch 1915

Die **Pflanzenwelt** des Parks ist vielfältig. Grundsätzlich sind die Hochlagen der Berge kahl, die Baumregionen mit Nadelhölzern, v. a. verschiedenen Kiefern- und Tannenarten besetzt, und in den Tälern sowie an den Seen blühen im Mai/Juni die Wiesen bunt. Interessant ist selbst für weniger botanisch Versierte die **Devastated Area**, ein Gebiet, das beim Vulkanausbruch 1915 vollständig verschüttet wurde und wo sich nun sehr langsam wieder Bewuchs einstellt. An Großtieren sieht man am ehesten Maultierhirsche, wohingegen sich Schwarzbären rar machen. Murmeltiere, Echsen und Hasen leben in den östlicheren Parkregionen.

Hinweis zur Route

Der **Lassen Scenic Byway** (CA 89) – Teil des **Volcanic Legacy Scenic Byway** (www.volcaniclegacybyway.org) zwischen Lassen Volcanic NP und Crater Lake NP – erschließt einen ca. 50 km langen Abschnitt durch den Park. Der östliche, von zahlreichen Seen durchsetzte Teil ist überwiegend nur zu Fuß oder per Pferd erreichbar.

- **Beste Besuchszeit:** Juni-Mitte Sept., Lassen Scenic Byway (CA 89) Ende Okt.–Ende Mai wegen winterlicher Verhältnisse gesperrt.

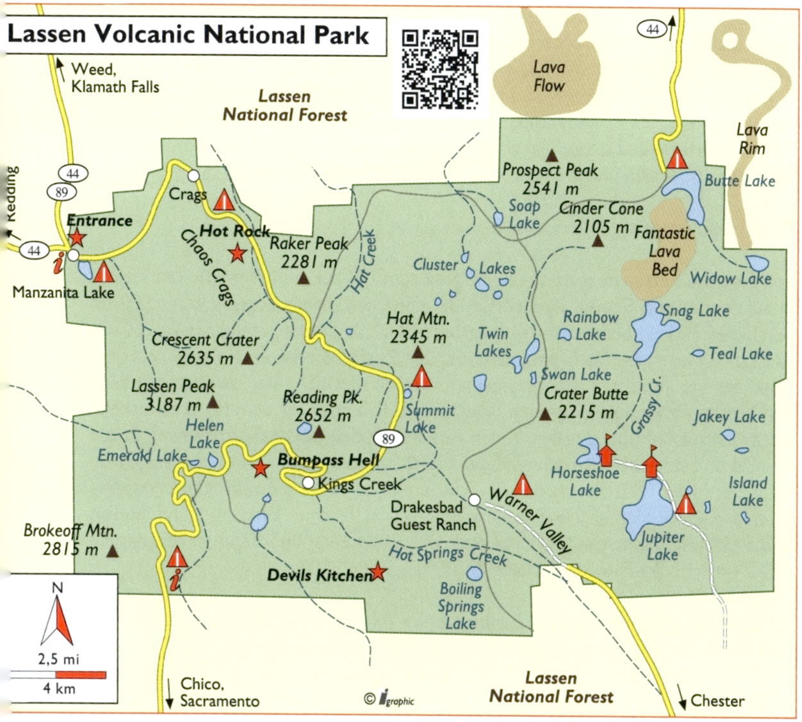

Vulkanologie

Das Vulkangebiet von 446 km² Fläche beschäftigt noch immer ganze Scharen von Wissenschaftlern. In den Verwerfungszonen brodelt es auch heute noch, allerdings handelt es sich nicht um Lava, sondern „nur" um Wasserdampf: Grundwasser kommt mit heißem Tiefengestein in Berührung und steigt auf. Das sichtbare Ergebnis sind heiße Quellen und blubbernde Schlammlöcher, besonders gut erkennbar entlang der **Lassen Peak Road** bei Sulphur Works und am Bumpass Hell.

Beherrscht wird die Region von dem großen Vulkankegel des 3.187 m hohen **Lassen Peak**. Dabei handelt es sich um keinen Vulkan im eigentlichen Sinn, sondern um eine zähe, breiige Lavamasse, die aus dem ursprünglichen, viel gewaltigeren Vulkan, dem **Mount Tehama**, nach oben drang. Dieser ehemals 3.500 m hohe Urvulkan hatte einen Durchmesser von 20 km(!). Wie der Mazama-Vulkan im Crater Lake NP brach der Mount Tehama nach zahlreichen Ausbrüchen in seine entleerte Magmakammer ein und eine riesige Caldera (Kessel) entstand. Dennoch blieben die unterirdischen Kräfte erhalten und ließen immer neue Vulkankegel in der Caldera entstehen.

Riesige Caldera

Propfvulkan

Durch einen dieser Vulkankegel „zwängte“ sich vor über 11.000 Jahren bereits verhältnismäßig kühle Magmamasse und setzte sich wie ein Pfropfen auf den vorhandenen Vulkan – ein sogenannter *Plug Volcano* (Pfropfvulkan) war geboren. Das Gegenstück zu diesen sind die *Composite Volcanoes* (Stratovulkane) – feste, gleichmäßig aufsteigende Berge, die meist um einiges höher sind als erstere. Sie entstanden durch explosionsartige Ausbrüche und die gleichmäßige Ablagerung von erstarrendem Gestein um den Berghang. Mt. Shasta und Mt. Rainier sind Beispiele für diesen Typ.

Parkbesichtigung

Smaragdgrüne Gletscherseen

Von Red Bluff erreicht man den Südzugang zum NP auf dem Hwy. 36. Dort stößt er auf den **Lassen Scenic Byway** (CA 89), der einen großen Bogen von rund 50 km durch den Park in Süd-Nord-Richtung beschreibt. Außerdem stehen etwa 250 km an Wanderwegen zur Verfügung, darunter der **Pacific Crest Trail** (www.pcta.org), einer der berühmtesten Wanderwege im Westen der USA. Der östliche, von Seen durchsetzte Parkteil ist zu großen Teilen nur zu Fuß oder auf dem Pferd erreichbar. Erster Anlaufpunkt bei Einfahrt in den Park von Süden ist das **Southwest VC**, das kleinste und am schönsten gelegene der drei Besucherzentren. Etwas nördlich davon bietet **Sulphur Works** brodelnde Schlammlöcher und schwefelhaltige Wasserdämpfe. Genau hier erhob sich einst der *Mount Tehama*. **Emerald** und **Helen Lake** sind zwei Gletscherseen, die man umrunden kann und deren smaragdgrüne Farbe ein schönes Fotomotiv abgibt.

Zu **Bumpass Hell** und **Cold Boiling Lake** führt ein rund 6,5 km langer Wanderweg. Blubbernde Schlammlöcher, Fumarolen und heiße Quellen lohnen diesen Abstecher, sofern man ein Naturschauspiel wie dieses nicht schon vom Yellowstone NP her kennt. Alternativ bietet sich die Besteigung des **Lassen Peak** an. Für die rund 8 km hin und zurück sollte man genügend Zeit einplanen.

Im Lassen Volcanic NP brodelt es noch an vielen Stellen

Die Straße führt über einen 2.555 m hohen Pass und vorbei **am Summit Lake**. Kurz nach dem kleinen **Hat Lake** beginnt rechter Hand der **Devastated Area Interpretive Trail**, an dem Tafeln gut die diversen geologischen Prozesse erklären. Nahe dem traumhaft gelegenen **Manzanita Lake** befindet sich das Besucherzentrum mit dem **Loomis Museum**, vor dessen Eingang in einem kleinen Steinhaus ein alter Seismograph zu sehen ist. Innen sind *Loomis'* Fotos von der Vulkantätigkeit zwischen 1914 und 1921 ausgestellt, zudem wird die Vulkantätigkeit erläutert. Ein abschließender Spaziergang um den **Manzanita Lake** krönt den Besuch des Parks.

Die Entstehung der Vulkane

info

Die Vulkane der Cascade Range sind parallel zur Küstenlinie angeordnet und bilden einen Teil des sich um den Pazifik ziehenden Vulkangürtels, des **Ring of Fire**. Bei dessen Entstehung spielten Erdplattenverschiebungen eine Rolle, um die es nachfolgend gehen soll:

Die Erdkruste setzt sich aus vielen größeren und kleineren Erdplatten zusammen, deren Bewegung (2 bis 10 cm pro Jahr) unter den Begriff der „**Plattentektonik**" fällt. Erdbeben entstehen, wenn sich Spannungen an Gesteinsgrenzen oder Erdplatten ruckartig abbauen. Je nach Bewegungsrichtung unterscheidet man konvergierende (sich aufeinander zu bewegende) und divergierende (auseinanderstrebende) Plattengrenzen. In ersterem Fall, wenn kontinentale und ozeanische Platten kollidieren, wie es an der Westküste Amerikas der Fall ist, spricht man von „aktivem Kontinentalrand" oder „Subduktionszone". Dabei wird die ozeanische von der kontinentalen Kruste überlagert, nach unten gedrückt oder „subduziert". In einer bestimmten Tiefe beginnt das versenkte Material der ozeanischen Platte unter Druck und Hitze zu schmelzen. Das dabei entstehende Magma steigt in Schwächezonen (Risse, Störungen, Klüfte) an die Oberfläche auf und bildet die typischen Stratovulkane.

Die Entstehung der Kaskaden-Vulkane ist auf die Subduktion der Juan de Fuca-Platte (eine Teilscholle der pazifischen Platte) durch die sich westwärts bewegende nordamerikanische Platte zurückzuführen. Die Juan de Fuca-Platte erstreckt sich von Vancouver Island bis etwa 200 km nördlich von San Francisco, also etwa im Bereich der Cascade Range. Sie wird in einem einheitlichen Winkel von etwa 30 Grad unter die Kontinentale Kruste versenkt. Dadurch lässt sich die Vulkankette der Cascade Range erklären: Sie liegt exakt über der Subduktion, wo in der Tiefe der Schmelzpunkt der ozeanischen Kruste erreicht wird und Magma aufsteigt, die in den Vulkanen der Cascade Range immer wieder ausgestoßen wird. So bestehen die Vulkane aus verschiedenen Schichten vulkanischen Materials unterschiedlicher Eruptionsarten, nämlich aus vulkanischer Asche oder aus ehemals dünnflüssigen bis zähen Laven.

Reisepraktische Informationen Lassen Volcanic NP

i **Information**

Lassen Volcanic NP, *CA 89 (quert den Park in S-N-Richtung), www.nps.gov/lavo bzw. www.lassen.volcanic.national-park.com, tgl. geöffnet, $ 10/Pkw*
Es gibt zwei VCs:
Kohm Yah-mah-nee VC *an der SW-Zufahrt zum Park, CA 89, Dez.–März geschl., Nov. 9–17 (nicht tgl.), sonst tgl. 9–17 Uhr, mit Café und Shop.*
Loomis Museum, Information & Bookstore, *Hwy. 44/SR 89, am Manzanita Lake an der NW-Zufahrt, Ende Mai–Sept. tgl. 9–17 Uhr, Okt. nur Mi–So. Am See befindet sich ein Camper Store. Außer Fotos vom Vulkanausbruch von 1914/15 von B.F. Loomis gibt es auch indianische Korbwaren zu sehen.*

Unterkunft

Von **Redding** *aus lässt sich die Region in Tagesausflügen erkunden (s. unten). An der Grenze zum Lassen Volcanic NP liegt die* **Drakesbad Guest Ranch**, *ein Naturidyll fernab der Zivilisation. Die über 110 Jahre alte Ranch erhielt ihren Namen vom Besitzer E. R. Drake und von der auf dem Grundstück befindlichen heißen Quelle, die bereits von den Indianen geschätzt wurde.*

Drakesbad Guest Ranch, *$$$, Warner Valley Rd., im S des NPs, ab Chester, www.drakesbad.com, ☏ (530) 529-1512, Juni–Mt. Okt. geöffnet. Einzige Unterkunft im Nationalpark, mit Cabins und Bungalows in traumhafter Lage, Ausritte, Wanderungen, aber auch Bäder im warmen Quellwasser sind möglich. Frühzeitig reservieren.*

Im Umland befinden sich zahlreiche Chalets, Lodges und B & Bs, z. B. die **Lassen Mineral Lodge**, *$$ (Hwy. 36, Mineral, ☏ 530-595-4422, www.minerallodge.com),* **The Bidwell House B & B**, *$$$ (1 Main St., Chester, ☏ 530-258-3338, www.bidwellhouse.com),* **Weston House B & B**, *$$$ (Hwy. 44, Shingletown, ☏ 530 474-3738, www.westonhouse.com) oder* **Rimrock Dude Ranch**, *$$ (Hwy. 44/89, Old Station, www.rimrockranch.com, ☏ 530-335-7114).*

Camping

Acht Campgrounds mit einfacher Ausstattung für ca. $ 15; Platz an der SW Entrance Station ganzjährig geöffnet, andere nur Ende Mai/Mitte Juni bis Ende Sept./Anf. Okt. Der größte Platz ist der Manzanita Lake Campground an der Nordzufahrt. Backcountry Camping ist mit Permit erlaubt. Infos: www.nps.gov/lavo/planyourvisit/camping_in_campgrounds.htm bzw. www.lassen.volcanic.national-park.com/camping.htm.

Wandern

Über die vielen Wanderwege (rund 240 km Wegenetz) informiert die im VC erhältliche Broschüre „Lassen Trails", außerdem unter **www.nps.gov/lavo/planyourvisit/hiking_lassen_park.htm**. *Ein 25 km langer Abschnitt des Pacific Crest Trail durchzieht den Park. Empfehlenswerte Trails sind:*

Lassen Peak Trail, *4 km hinauf zur Spitze des Berges. Anstrengend, aber für durchschnittlich Trainierte machbar; gut 4 Std. (8 km H/R).*

Bumpass Hell Trail, *bequemer Weg (ca. 6,5 km gesamt) durch das Areal der heißen Quellen und Fumarolen.*

Devastated Area Interpretive Trail, *Rundweg, weniger als 1 km, lohnend für geologisch und botanisch Interessierte.*

Cinder Cone Nature Trail, *8 km (H/R) langer Weg, der um und auf einen 240 m hohen Seitenvulkan im Osten des Parks führt. Schön, aber ca. 50 km Umweg.*

Extratipp

Im Sommer veranstaltet das **Wild Horse Sanctuary** (www.wildhorsesanctuary.org, ☏ 530-474-5770) – eine gemeinnützige Gesellschaft zum Schutz der Wildpferde – mehrtägige Ausritte in den Süd- und Ostteil des Parks. Während der Geländeritte haben Teilnehmer die Gelegenheit, wilde Mustangherden aus nächster Nähe zu beobachten und den Spuren von Pionieren und Indianern zu folgen. Nach einem erlebnisreichen Tag geht es zurück ins Basiscamp am Vernal Lake.

Redding und Umgebung

Wer **Redding** (91.000 EW), das städtische Zentrum Nordkaliforniens nicht als Standort ausgewählt hat, sollte nach dem Lassen Peak zumindest einen Abstecher (via CA 44) dorthin planen. Der angeblich **heißeste Fleck Kaliforniens** ist idealer Standort für die Erkundung der Region: Im Westen erstreckt sich die Berg- und Seenregion um Trinity und Shasta Lake, im Norden erhebt sich der mächtige Mount Shasta, im Nordosten beginnt die endlose Weite des Great Basin und im Südosten bestimmt der Lassen Peak den Horizont.

Auf den ersten Blick ist Redding eine heiße, staubige und wenig auffällige amerikanische Kleinstadt, wären da nicht zwei ungewöhnliche Attraktionen: der **Turtle Bay Exploration Park** und die **Sundial Bridge**. Kernstück des Turtle Bay Exploration Parks ist das **Museum on and off the River**, ein mehrteiliger Komplex mit sehenswerter naturwissenschaftlicher Abteilung und dem *Visible River* – dem Fluss hinter Glas. Hinzu kommt eine 3-D-Vorführung zur nordkalifornischen Geschichte und es gibt Kunstausstellungen. Beidseitig des Flusses lädt das Feuchtgebiet des Sacramento River zur Erkundung ein. Dazu gehören das **McConnell Arboretum & Gardens** (tgl. 7–19 Uhr), ein durch Rundwege erschlossenes Vogelschutzgebiet mit Botanischem Garten.

„Fluss hinter Glas“

Die Hauptattraktion, die Redding weit über Kalifornien hinaus bekannt gemacht hat, ist jedoch die Brücke vom Museum über den Sacramento River. Kein Geringerer als der weltberühmte spanische Architekt *Santiago Calatrava* – u. a. Planer des Athener Olympiastadions und des *Milwaukee Art Museum* – nahm die Heraus-

Reddings ganzer Stolz: die Sundial Bridge

forderung an, mitten in der Natur ein Kunstwerk zu schaffen. Die strahlend weiße **Sundial Bridge**, eine freitragende Fußgängerbrücke mit Glasboden, durch den man die zum Laichen heraufschwimmenden Lachse beobachten kann, erhielt ihren Namen von dem hohen Tragpfeiler, der auch die Funktion des Zeigers einer Sonnenuhr hat. Er steht an Land, weil Pfeiler im Wasser sich störend auf die Lachse ausgewirkt hätten.

Hängebrücke mit Glasboden

Redding ist zudem stolz auf sein liebevoll restauriertes **Cascade Theatre** (1721 Market St., www.cascadetheatre.org), einen sehenswerten Bau im Art-déco-Stil von 1935 für Konzerte und Theater.

Turtle Bay Exploration Park, *mit* **Museum on and off the River**, *840 Auditorium Dr., ab Hwy. 299W, www.turtlebay.org, tgl. 9–17 Uhr, Mitte Sept–März Mi–Sa 9–16, So 10–16 Uhr, $ 14 (Park, Museum und Turtle Bay's McConnell Arboretum & Botanical Gardens (7–19 Uhr) sowie Forest Camp mit empfehlenswertem* **Café at Turtle Bay.**

Abstecher in die Trinity Alps

Westlich von Redding erstreckt sich die traumhafte Berglandschaft der **Trinity Alps**. 1828 hatte als erster Weißer *Jedediah Smith* die Region besucht. Mit den ersten Goldfunden war es dann mit der Ruhe erstmal vorbei. Nach einer Legende soll ein Pirat namens *Bill English* am Trinity River schon in den 1820er-Jahren eine Menge Gold gefunden haben. Wahrscheinlicher ist jedoch, dass Major *Pierson B. Reading* im Juni 1848 auf einer Sandinsel im Trinity River fündig wurde. Auf jeden Fall entstanden Minen und um diese herum wurden Orte wie **Lewiston** und **Weaverville** gegründet. Interessanterweise befanden sich unter den Goldsuchern auch viele Chinesen, und bis zum Niedergang des Goldrauschs um 1865 waren zahlreiche chinesische Siedlungen entstanden, deren Bewohner später beim Eisenbahnbau Geld verdienten.

Traumhafte Berglandschaften

Der durch die Berge fließende **Trinity River** steht unter Naturschutz und gilt als ideales Gelände für Whitewater-Rafting- und -Kajaktouren. Das ganze Areal um die noch jungen Stauseen ist eine beliebte Erholungsregion und bestens geeignet zum Wandern, Radfahren, Reiten, für Hausbootfahrten und zum Fischen. Die meist schneebedeckten Trinity Alps genießen zudem unter Bergwanderern und Kletterern einen guten Ruf.

Westlich von Redding, am Hwy. 299, befindet sich die **Whiskeytown-Shasta-Trinity National Recreation Area** und in deren Zentrum der **Whiskeytown Lake**, ein 1964 geschaffener Stausee. Er ist kleiner als die beiden anderen Seenareale, **Trinity** und **Shasta Lake**, wird aber seitens vieler Wassersportler heiß geliebt und von Wanderern gern angesteuert. Sein Name geht auf den Whiskey Creek zurück, in den, sehr zur Missbilligung der Minenarbeiter, versehentlich ein Whiskeyfass hineingefallen sein soll. Der See ist Teil des *Central Valley Projects* und versorgt das Central Valley mit Wasser.

Whiskeytown-Shasta-Trinity NRA, *CA 299, www.nps.gov/whis, tgl. von Sonnenauf- bis -untergang, VC tgl. 9–18 Uhr, im Winter 10–16 Uhr, $ 5/Pkw.*

Oberhalb des **Whiskeytown Lake**, 10 km westlich Redding (CA Hwy. 299W), befindet sich **Shasta** oder vielmehr, was aus der Zeit des Goldrauschs davon übrig geblieben ist. Die alten Bauten stehen heute als *State Historic Park* unter Schutz. Seine Blüte erlebte der Ort von 1849 bis 1880 als wichtiger Handels- und Versorgungspunkt für Nordkalifornien und Zentraloregon. Zur Blütezeit waren täglich an die 2.000 Mulis unterwegs, um Minen- und Holzarbeiter der Region zu versorgen. Als die *Central Pacific Railroad* durch Redding gebaut wurde, geriet Shasta in Vergessenheit und verfiel zur *Ghosttown*.

Geisterstadt Shasta

Shasta SHP, *Hwy 299W, www.parks.ca.gov/default.asp?page_id=456, Do–So 10–17 Uhr, $ 3.*

Weaverville (www.weavervilleinfo.com), der Hauptort der Region, liegt weiter westlich am CA 299 und präsentiert sich als etwas verschlafenes Wildwest-Nest. Es birgt im Kern um Main, Court und Mill Street jedoch fast 120 Gebäude aus der Gründerzeit in den 1850er-Jahren. Sehenswert an der Main Street ist neben dem **Court House** von 1856 vor allem der **Weaverville Drug Store**, angeblich die älteste, kontinuierlich betriebene „Drogerie“ im ganzen Westen und seit ihrer Gründung 1854 kaum verändert. Selbst das Sortiment scheint – mit Ausnahme der Souvenirs – dasselbe geblieben zu sein.

An der Main Street befindet sich im Pfarrhaus von 1893 das **Highland Art Center** mit Ausstellungen und Veranstaltungen, nebenan ein kleines **Performing Arts**

Blick auf den Shasta Dam und Lake Shasta

Center für Konzerte und Theater. Eine Besonderheit ist der **taoistische Tempel**, der „Temple of the Forest Beneath the Clouds", der 1874 nach dem Brand des Vorgängers von 1852 errichtet wurde und als ältester kontinuierlich betriebener chinesischer Tempel Kaliforniens gilt. Derselben Familie, die sich um ihn kümmert, ist es zu verdanken, dass die ehemalige Chinatown 1956 zum **Weaverville Joss House State Historic Park** erklärt wurde.
Highland Art Center, *691 Main St./Hwy. 299, www.highlandartcenter.org, tgl. 11–17 Uhr, Wechselausstellungen und Galerien.*
Weaverville Joss House SHP, *Hwy. 299/Oregon St., www.parks.ca.gov/?page_id=457, Do–So 10–17, Touren stündl. 10–16 Uhr, $ 5.*

Hinweis zur Route

Der CA 299 führt entlang dem Trinity River weiter nach Westen an die Pazifikküste bei Eureka – und erlaubt so eine Kombination mit der Küstenroute (s. S. 484).

Netz von Stauseen

Der nördlich von Weaverville gelegene **Trinity Lake** ist der drittgrößte See Kaliforniens mit fast 6.900 ha Fläche und über 22 km Uferlinie. Er ist Teil eines Netzes von Stauseen, die partiell durch Rohre miteinander verbunden sind. Ein Wassertunnel, der **Clear Creek Tunnel** (Durchmesser 5,50 m, Länge 18 km), führt beispielsweise durch den **Lake Lewiston** zum südwestlich gelegenen **Whiskeytown Lake**. Im Laufe des Sommers sinkt der Wasserpegel allerdings meist stark ab und es entsteht am Ufer eine bizarre Felslandschaft aus Steinbrocken, die aussehen, als seien sie vom Himmel gefallen.

Trinity Lake ist weit weniger touristisch geprägt als der nahe Shasta Lake (s. unten). Das kristallklare Wasser ist Lebensraum für viele Fischarten, u. a. des *King Salmon*. Der zentrale Ort der Region heißt **Trinity Center**, er lag einst direkt am Fluss, versank dann im See und entstand am Hwy. 3 neu, wobei einige der alten Bauten hierher versetzt wurden.

Der See liegt mitten in der **Trinity Alps Wilderness** und westlich des Stausees erheben sich die **Trinity Alps**. Das Areal mit gut 200.000 ha steht unter Schutz und bildet das zweitgrößte Naturschutzgebiet Kaliforniens und eines der größten in den USA. Die Gipfel erreichen hier über 3.000 m und sind fast ganzjährig schneebedeckt. Felsen, Gletscher, Canyons, etwa 50 Bergseen und -flüsse, bunte Bergwiesen, aber auch dichte Wälder bieten ideales Terrain für Wanderer.

Reisepraktische Informationen Shasta Cascade

Information

Shasta Cascade Wonderland Association, *I-5 (1699 Hwy. 273, I-5 Exit „Factory Outlets Drive"), Anderson, ☏ (530) 365-7500, www.shastacascade.org); großes Besucherzentrum mit Ausstellungen und vielerlei Informationsmaterial.*

Unterkunft/Camping

Bridgehouse B & B, *$$–$$$, Redding, www.reddingbridgehouse.com, ☏ (530) 247-7177. In Historic Downtown mit Blick auf den Sacramento River gelegenes Cottage von 1930. Es gibt vier geräumige Gästezimmer, Frühstücksbuffet, einen Fitnessraum, WLAN und Kabelfernsehen.*

Hampton Inn & Suites, *$$$–$$$$, 2160 Larkspur Lane, www.reddingsuites. hamptoninn. com, ☏ (530) 224-1001. Dreistöckiges Hotel im spanisch-mediterranen Stil mit guter Ausstattung; 36 der 80 Zimmer sind Studio-Suiten.*

Hilton Garden Inn, *$$$–$$$$, 5050 Bechelli Lane, South Redding, ☏ (530) 226-5111, www.hiltongardeninn.com. George und Silvia King geben diesem empfehlenswerten und günstig gelegenen Hotel einen persönlichen Touch.*

Lakeview Terrace Resort, *$–$$$, Trinity Dam Blvd. (ausgeschildert), in Lewiston, ☏ (530) 778-3803, www.lakeviewterraceresort.com. Sehr schön über dem Lewiston Lake gelegen, mit luxuriös ausgestatteten Cabins, Stellplätze für RVs und Zelte, Bootsverleih.*

Trinity Alps Resort, *$$$, Trinity Alps Rd., ab Hwy. 3 (ausgeschildert), Trinity Lake Center, ☏ (530) 286-2205, www.trinityalpsresort.com. Kleine Wildwest-Stadt mit General Store, Bar und Grill und über 40 Cabins in idyllischer Lage am Stuart Fork River, für je bis zu sechs Personen. Neues kleines Hotel oberhalb des Resorts mit Reithalle und Pferdezuchtstation. Ausritte möglich.*

Am **Whiskeytown Lake** *folgende* **Campingplätze***: Brandy Creek (gratis, aber ohne WCs oder Hook-ups) und Oak Bottom (RV-Camping, Dump Station und Wasser/WCs, auch Zeltplätze mit Feuerstelle). Infos s. www.nps.gov/whis/planyourvisit/whiskeytown-camping.htm.*

Restaurants

Jack's, *1743 California St, Redding. Für diese Steaks wartet man gerne an der langen Bar auf einen der wenigen verfügbaren Tische (keine Reservierung möglich, also Wartezeit einplanen!).*

C.R. Gibb's American Grille, *2300 Hilltop Dr., Best Western Hilltop Inn, ☏ (530) 221-2335. Günstige kalifornische Küche, dazu viele Microbrews.*

La Grange Café, *226 Main St. In einem „Dorf" wie Weaverville ganz überraschend: kreative Küche mit frischem Fisch, Angus-Rind und Bison, alles zu günstigen Preisen.*

Einkaufen

Shasta Outlets, *1699 Hwy. 273, I-5 Exit „Factory Outlets Drive",www. shastaoutlets.com. Verschiedene bekannte Marken unterhalten hier einen Laden mit billiger Neuware (u. a. Eddie Bauer, Gap, Ralph Lauren).*

Hausboote/Aktivitäten

Trinity River Rafting, *Hwy. 299W, Big Flat, ☏ (530) 623-3033 und 1 (800) 307-4837, www.trinityRiverRafting.com. Touren unterschiedlicher Länge und Schwierigkeit.*

Trinity Alps Marina Resort, *Lewiston, ☏ 530 (286) 2282, www.trinityalps marina.com. Die etwas andere Art zu übernachten: auf einem Hausboot auf dem Trinity Lake.*

Shasta Lake und Mount Shasta

Zurück in Redding, führt die I-5, dem Tal des Sacramento River folgend, nach Norden. Bei **O'Brien** durchschneidet die Autobahn die Shasta-Seenregion, Teil der oben erwähnten *Whiskeytown-Shasta-Trinity NRA*. Hier wurde in den frühen 1960er-Jahren mit dem Bau eines Damms der Sacramento River aufgestaut, der nun einen vielarmigen See von knapp 600 km Küstenlinie bildet. Das Wasser des **Shasta Lake** dient nicht nur der Versorgung des Central Valley, sondern ist zugleich eines der Hauptwasserreservoirs Kaliforniens. Der Stausee mit seiner Uferlänge von nahezu 600 km wird vom **Shasta Trinity National Forest** (www.fs.usda.gov/stnf, Picknickplätze, Campsite) umgeben.

Hauptwasserreservoir Kaliforniens

Der **Shasta Dam** (I-5, Shasta Dam Blvd. Exit) ist etwa 180 m hoch und gilt als zweitgrößte Betonkonstruktion der Welt. Vom Damm aus blickt man auf **The Three Shastas** – **Shasta Dam**, **Shasta Lake** und **Mount Shasta** –, wobei im Herbst der Pegel dieses größten Sees in Kalifornien, gespeist von Sacramento, McCloud und Pit River, stark absinkt. Es fehlen oft etliche Meter bis zur Baumgrenze und man hat das Gefühl, der See sei ausgelaufen, was natürlich nicht stimmt. Unter guten Bedingungen ist er über 70 m tief, an der tiefsten Stelle sogar 157 m. Bekannt wurde der See als „**Houseboat Capital of the West**". Es gibt mehrere Bootshäfen, an denen man vom Kanu bis zum Hausboot für 16 Personen alles mieten kann, was schwimmt. Dazu stehen Campingplätze, Unterkünfte und Versorgungseinrichtungen zur Verfügung.

Hausboothauptstadt Shasta Lake

Eine weitere Attraktion der Region sind die **Lake Shasta Caverns**. Man erreicht sie per Boot über einen Seitenarm des Lake Shasta. Der Zugang zu den Tropfsteinhöhlen liegt erhöht über dem Stausee an einem Berghang.
Lake Shasta Caverns, *Shasta Caverns Rd., I-5 Exit „Shasta Caverns", www.lakeshastacaverns.com, Touren Juni–Aug. tgl. 9–16 Uhr alle 30 Min., April/Mai/Sept. stündlich tgl. 9–15 Uhr, sonst 10/12/14 Uhr, $ 24, Schiffsfahrt und Höhlenbesichtigung (Dauer ca. 2 Std.).*

Fährt man weiter auf der Autobahn I-5 nach Norden, tauchen bald westlich die Berge der **Castle Crags** auf. Die Zufahrt zum **Castle Crags State Park** (www.parks.ca.gov/?page_id=454) ist als Exit ausgeschildert und liegt nur 10 km südlich **Dunsmuir**. Eine Straße führt in den Park und zu einem Aussichtspunkt, von dem aus man bis hinüber zum Mt. Shasta und zum namensgebenden **Castle Dome** blicken kann. Das 1984 ausgewiesene Parkareal selbst, westlich und östlich der I-5, ist relativ klein, doch im Westen schließt sich eine große Wilderness Area mit Trails an.

2.000 m hohe Granitsäulen

Als Teil der **Klamath Mountains**, die sich bis hinauf nach Oregon ziehen, entstand die Berglandschaft schon vor 65 Mio. Jahren, ist vulkanischen Ursprungs und besteht aus seltsam anmutenden, bis zu 2.000 m hohen Granitsäulen. Eine artenreiche Flora und Fauna ist in der Region beheimatet: In den Pinien-, Fichten- und Eichenwäldern finden sich über 300 verschiedene Sorten Wildblumen und seltene Tiere wie Steinadler, Kojoten, Berglöwen und Bären.

Auf der Fahrt kann man auch zwei der für die Region typischen Wasserfälle besuchen: Um die **Mossbrae Falls** (I-5, Exit „Dunsmuir Ave.") zu erreichen, ist eine etwa 40-minütige Wanderung vom Parkplatz aus nötig, dafür sind es zu den **Sweetbriar Falls**, 13 km südlich Dunsmuir (I-5, Exit „Sweetbriar"), vom Parkplatz westlich der Bahnlinie nur ein paar Schritte.

Highlight im historischen Örtchen **Dunsmuir** ist das **Railroad Park Resort** (I-5, Exit „Railroad Park", s. unten). Eine Reihe alter, liebevoll renovierter Cabooses, ehemaliger Güterzug-Begleitwagen, gruppiert sich um einen Pool und bildet eine ungewöhnliche Unterkunft (jeder Wagen bildet eine in sich abgeschlossene Wohneinheit). Im Umkreis steht weiteres altes Eisenbahnzubehör und ein größerer Personenwagen fungiert als Restaurant. Es gibt außerdem einen Souvenirladen, der ein Muss für Eisenbahnfreaks ist.

Unterkunft in Güterzug-Begleitwagen

Egal, wo genau man sich in der Shasta-Cascade-Region befindet, den schneebedeckten Gipfel des **Mount Shasta** sieht man überall. Die ganzjährig vorhandene Schneekappe lässt nicht vermuten, dass der knapp über 4.300 m hohe, zweithöchste Berg der Kaskaden zu den höchsten und größten Stratovulkanen der Welt zählt und immer noch aktiv ist. Er verfügt über fünf Gletscher, von denen einer den Sacramento River speist. Magnetisch zieht er Bergsteiger, Wanderer und Kletterer, Skifahrer, Geologen, Botaniker, Fotografen, Literaten und Esoteriker an, aber auch „gewöhnliche" Reisende, die zwar nicht den Gipfel erklimmen, doch zumindest die Aussicht vom Parkplatz am Everitt Memorial Hwy. (Hwy. A10, ab Mount Shasta) genießen möchten.

Nach **Überlieferungen der Pit River Indians** soll der Vulkan zuletzt 1786 ausgebrochen sein, allerdings deuten vereinzelte Rauchschwaden und kleinere Beben an, dass Mt. Shasta nicht „schläft". Nach indianischen Legenden lebt im Inneren ein Stamm kleiner Kobolde, die Wettrennen veranstalten und die Erde damit zum Beben bringen.

Sage der Modoc-Indianer

Wie der Berg entstanden ist, erzählen die **Modoc-Indianer**: Der *Chief of the Sky Spirit* habe einen Felsen durch den verschneiten und wolkenverhangenen Himmel geworfen, damit endlich Sonnenstrahlen durch die Lücke auf die Erde fallen konnten. Als der Chief den wunderschönen Berg sah, beschloss er, sich mit seiner Familie dort niederzulassen. Immer wenn nun einer der Götter einen Holzscheit ins Feuer wirft, spüren die Menschen das als Erdbeben. Die Geologen sind nüchterner: Für sie ist der Mt. Shasta mit seinen vier Kratern einer der Vulkane der Cascade Range, die jederzeit wieder ausbrechen können. Die Gletscher des Berges kaschieren lediglich das glühende Innenleben.

Der einstige Holz- und Minen-Ort **McCloud** am Südabhang von Mt. Shasta, am CA 89 gelegen, ist ein beliebter Standort für Outdoorfans und Skifahrer sowie Ausgangspunkt für Wanderungen auf den Berg. Trotz (sich bislang im Rahmen haltender) touristischer Infrastruktur ist der Ort ruhig und idyllisch. Attraktion ist das historische **McCloud Hotel** (s. unten), das 1915 als einfache Herberge für Holzfäller und Minenarbeiter gebaut und vor wenigen Jahren mit viel Liebe und Sorgfalt renoviert wurde.

Historisches Hotel

Reisepraktische Informationen Shasta Lake Region

Unterkunft

Mount Shasta Resort, *$$–$$$$, 1000 Siskiyou Lake Blvd., ☏ (530) 926-3030, www.mountshastaresort.com. Schön am Fuße des Mt. Shasta (nahe I-5 Exit Central Mt. Shasta) gelegenes Resorthotel mit Golfplatz. Kleine Chalets mit ein bis zwei Zimmern, Küche und offenem Kamin am Lake Siskiyou; Restaurant und weitere 15 Gästezimmer im Haupthaus.*

McCloud Hotel B & B, *$$–$$$, 408 Main St., McCloud, ☏ (530) 964-2822, www.mccloudhotel.com. Die Besitzerfamilie Ogden verwandelte die vormals kleinen, primitiven Zimmer, die ab 1915 an Holzfäller und Minenarbeiter vermietet wurden, in große und luxuriös ausgestattete 13 Gästezimmer und vier Suiten; kleines Restaurant und Garten.*

Railroad Park Resort, *$$–$$$ 100 Railroad Park Rd. (I-5 Exit Railroad Park), ☏ (530) 235-4440 (Caboose Motel), ☏ 235-0420 (Camping) und ☏ 235-4511 (Restaurant), www.rrpark.com. Eine ungewöhnliche Unterkunft: Nächtigen in alten, zu Hotelzimmern umgebauten Güterzug-Begleitwagen (Cabooses).*

Camping

Castle Crags SP, *I-5, 10 km östl. Dunsmuir, www.parks.ca.gov/?page_id=454, ganzjährig geöffnet; auch für RVs, frei.*

Lakeshore East Campground, *am Shasta Lake, www.shastalakecamping.com, ☏ (530) 275-8113. Drei Jurten für max. 5 Personen (Betten, $ 45), auch für RVs geeignet.*

Hausboote

Am **Shasta Lake** *gibt es Gelegenheit zum Anmieten von Hausbooten. Allgemeine Infos gibt es bei der Shasta Cascade Wonderland Association (s. oben), Buchungen sollten möglichst bereits von Zuhause aus erfolgen.*

Seven Crown Resort, *eine von mehreren Hausbootvermietungen am Shasta Lake, mit Bridge Bay Resort, 10300 Bridge Bay Rd (ab I-5, wenige Meilen nördl. Redding), ☏ 1 (800) 752-9669, www.sevencrown.com, Hausboote für 6–16 Pers. ab 3 Tage Mietdauer, ab $ 750.*

Hinweis zur Route

Von Redding aus erreicht man das Lava Beds NM und den Crater Lake NP am schnellsten über I-5 und US Hwy. 97. Wer Zeit hat, sollte von Redding aus den Umweg über das **Oregon Outback** einplanen. Hier erlebt man eine ganz andere Welt, zwischen Hochwüste und Kaskaden-Gebirge, geprägt von Cowboys und endloser Weite. Dazu folgt man von Redding aus dem CA 299 nach Alturas (ca. 145 mi/230 km) und von dort geht es auf dem US Hwy. 395 nordwärts nach Lakeview, dem Hauptort im Oregon Outback (ca. 50 mi/80 km).

Umweg über das Oregon Outback

Der insgesamt rund 480 km lange Hwy. 299 startet an der Küste nördlich von Eureka und folgt dem Trinity River nach **Redding**, das etwa auf halber Strecke liegt. Von dort geht es weiter zur Nordost-Ecke des Staates und ins Great Basin. Die Straße geht auf einen alten Trail zurück, der in den 1850er-Jahren entstanden war, als in den Bergen am Trinity River nach Gold gesucht wurde. Die etwas mühsame Bergstrecke wurde erst in den 1930er-Jahren zum Highway ausgebaut und geteert.

Ehemalige Holzfällerstadt, jetzt State Park

Berühmt ist die Region östlich von Redding, die den Indianern einst heilig war, wegen ihrer Wasserfälle; die sehenswertesten sind die **Burney Falls**. Die Abfahrt zum **McArthur-Burney Falls Memorial State Park** ist kurz vor der Ortschaft **Burney**, einer ehemaligen Holzfällerstadt, ausgeschildert. Einst befand sich hier eine einfache Sägemühle, doch als die Wasserfälle zur Energiegewinnung herhalten sollten, kaufte der Farmer *Frank McArthur* das Land und übergab es dem Staat mit der Auflage, ein Naturschutzgebiet einzurichten. 1925 entstand so **der zweite State Park Kaliforniens** nach dem Yosemite, der später zum Nationalpark wurde.

Hier am Südrand der Kaskaden, mitten im Vulkanland, fließen unterirdisch vier Flüsse zusammen. Das Wasser sickert durch Lava, bis es auf eine darunterliegende undurchlässige Schicht stößt und an dieser entlangfließt auf der Suche nach einem Weg an die Oberfläche. Auf diese Weise entstanden die knapp 40 m hohen **Burney Falls**. Nicht die Höhe ist es, die sie so spektakulär macht, sondern die Wassermassen: Konstant sollen es rund 340 Mio. Liter sein, die gefiltert durch Lavafelsen, sauber und klar, mit gleichbleibenden 15,5 °C herabfallen. Unten bildet sich ein smaragdgrün glitzerndes Becken, aus dem das Wasser in den Lake Britton abfließt.

Willkommen in Lakeview im Oregon Outback

Die Wasserfälle sollen Präsident *Theodore Roosevelt* so beeindruckt haben, dass er sie als „**achtes Weltwunder**" bezeichnete. Um die Schönheit des Parks voll zu erfassen, empfiehlt sich die kurze Wanderung auf dem 2 km langen **Falls Loop**. Er führt von oben, vom Parkplatz, hinunter zum Becken am Fuße des Wasserfalls und durch eine schmale Schlucht wieder zurück.

McArthur-Burney Falls Memorial SP, *Abfahrt ab CA 89 (ausgeschildert), www.parks.ca.gov/?page_id=455, tgl. Sonnenauf- bis -untergang, $ 8/Pkw. Camping: Mai–Sept., WCs, aber sonst wenig Luxus, dafür vielseitiges Freizeitangebot (Bootsverleih, Wasserski, Angeln), s. auch www.burney-falls.com.*

Die **Vegetation** wandelt sich während der Fahrt auf dem CA 299 ganz allmählich zur trockenen Hochwüste. Das Areal östlich der Cascade Range und der beiden die Region dominierenden Berge, Mt. Shasta und Lassen Peak, liegt deutlich höher als jenes westlich, und es regnet hier weniger. Das erkennt man bereits am Baumbestand, der im Gegensatz zum Westen vornehmlich aus Kiefern und nicht mehr aus Tannen bzw. Fichten besteht. Je weiter man nach Nordosten fährt, umso näher rückt das Great Basin. Die kurvenreiche Fahrt auf dem CA 299 jenseits von Burney führt über Bergketten mit traumhaften Ausblicken und durch fruchtbare Hochebenen mit kleinen Ortschaften.

Riesige und kaum besiedelte Region

Die größte Ortschaft, in der Nordostecke Kaliforniens, ist **Alturas**, von hier führt der US Hwy. 395 nach **Lakeview**, Hauptort des **Oregon Outback** (ca. 55 mi/ 88 km). Das Oregon Outback ist eine riesige, kaum besiedelte Region in der Südostecke des US-Bundesstaats Oregon, die weit entfernt von Zivilisation und modernen Zeiten zu sein scheint. Sie erstreckt sich über 20.000 km² in der **Übergangszone** zwischen Cascade Range – die vulkanischen Gebirgskette, die parallel zur Westküste verläuft –, und dem Great Basin, dem Hochwüstenbecken zwischen Kaskaden und Rocky Mountains. Kaum 10.000 Menschen sind hier im Hinterland Oregons, im Dreiländereck zwischen Oregon, Kalifornien und Nevada, zu Hause, allein 2.500 in **Lakeview**. Dafür gibt es mehr als 80.000 *Cow-Calf-Units*, wie man Mutterkühe mit ihren Jungen nennt, dazu Stiere und natürlich Pferde.

Das Oregon Outback ist nicht nur unberührte Natur, es ist das **Land der Cowboys und Rancher** – und das seit über 100 Jahren. Erste Abenteurer hatten sich in der einstigen Heimat der *Paiute*-Indianer in den 1860er-Jahren niedergelassen, etwa 20 Jahre nachdem US-Offiziere wie *John Fremont* oder *William Warner* den entlegenen Landstrich erkundet und kartiert hatten. Die Suche nach Gold erwies sich als wenig lukrativ, dafür entdeckte man aber die gute Eignung des Landes für Rinder- und Schafzucht. Um 1900 sollen allein in Lakeview etwa 75.000 Schafe und 35.000 Rinder jährlich gehandelt worden sein. Noch heute wichtig ist die Rinderzucht, allerdings jetzt vor allem extensiv, nachdem man die verheerenden Folgen der Überweidung für die Landschaft erkannt hat.

„Hanggliding Capital"

„*Wide Sky with Stars*" nennen die Einheimischen Oregons Outback oder auch **„Last Frontier"**. **Lakeview** heißt der kleine geschäftige Hauptort der Region, und hier trumpft man mit dem **Old Perpetual** als Hauptattraktion auf (am nördlichen Ortsrand, ab US 395, ausgeschildert), einem Geysir, der alle 90 Sekunden heißes Wasser in die Luft sprüht und um den herum ein Heilbad entstanden ist. Zugleich bezeichnet man sich stolz als „*Hanggliding Capital*", als Paradies für Drachenflieger, und als Zentrum der „*New Energy Frontier*": Neben Sonnen- und Windenergie beginnt man auch die Bodenwärme zu nutzen, schließlich liegt das *Oregon Outback* mitten in einer immer noch aktiven Vulkanregion.

Der unübersehbare **Abert Rim**, eine sich über fast 50 km erstreckende Geländeabbruchkante, die längste Nordamerikas, war einst durch Erdbeben entstanden. Gleichzeitig sanken andere Teile ab und füllten sich mit Wasser, was inmitten der Hochwüste zahlreiche Seen ohne Abfluss hervorbrachte – deshalb nennt sich der Landkreis auch **„Lake County"**. Das so entstandene Marschland ist ein Paradies für

Oregon Outback: zwischen Bergen und Hochwüste

Vögel auf Migration, für Pelikane und eine Vielfalt von Wat- und Wasservögeln. Für die für die Hochwüsten Nordamerikas so typischen *Pronghorns*, eine Antilopenart, wurde im **Hart Mountain National Antelope Refuge** nahe der Ortschaft **Plush** ein eigenes Schutzgebiet eingerichtet.

Um den Name dieser Ortschaft, nordöstlich von Lakeview, ranken sich Legenden: Ein *Paiute*-Indianer soll beim Pokern statt „Flush" immer nur „Plush" gerufen haben. Den Saloon, in dem man einst zusammensaß, gibt es noch heute. Der **Hart Mountain Store** in der 60-Seelen-Gemeinde wirkt wie eine in die Jahre gekommene Hollywood-Kulisse für einen Westernfilm. Es ist eine unscheinbare Hütte, an der schon so mancher Reisende achtlos vorbeigefahren ist, doch sie bildet das Herz des Ortes und ist Bar, Laden, Kneipe, Treff und Bücherei in einem.

Poker-Plush statt -Flush

Hier ist gerne die Rede von funkelnden „Sonnensteinen", und tatsächlich: Oregons Outback gilt als „**Land of Gems and Minerals**", als „Land der Edelsteine". In der Vulkanregion im Umland von Plush findet man die legendären Sonnensteine („**Plush Diamonds**") – eine Feldspat-Art – und man baut sie in kleinen Minen nahe dem Ort ab. Auch Besucher dürfen nach den durchscheinenden, rotbraun gefärbten, leuchtenden Edelsteinen suchen, die nur hier vorkommen.

Kaum eine Stunde südlich von Plush und östlich von Lakeview liegt mit **Adel** ein weiterer Westernort, in dem die Zeit stehen geblieben zu sein scheint. Nur wenige Menschen leben rings um den **Adel Store**, der seit seiner Eröffnung 1897 kaum verändert scheint. Er wirkt wie ein Museum und bietet ebenfalls alles unter einem Dach: ein Lokal – wo es nur ein täglich wechselndes, dafür umso schmackhafteres und preiswertes Gericht und die besten Pies weit und breit gibt –, eine Bar, an der die Rancher Neuigkeiten austauschen, und einen kleinen Tante-Emma-Laden.

Die besten Pies weit und breit

Hart Mountain National Antelope Refuge, *Plush (von Lakeview über OR 140), www.fws.gov/sheldonhartmtn/hart/index.html, mit kleinem VC am Ende der Zufahrtsstraße*

Hinweis zur Route

Von Lakeview kann man die Gegend über den OR 140 erkunden, der nach Adel führt. Von dort führt eine Nebenstrecke nördlich nach Plush (hier Zufahrt zum Hart Mountain National Antelope Refuge). Zurück nach Lakeview geht es auf dem Country Hwy. 3-13 (Plush Cutoff Rd.) zu OR 140 und US 395.

Reisepraktische Informationen Oregon Outback

Information

Lake County Chamber of Commerce VC, *126 N. E St., Lakeview, ☏ (541) 947-6040, www.lakecountychamber.org.*
Oregon Outback/Lake County: *www.oregonsoutback.com.*
Oregon Outback National Scenic Byway: *www.outbackscenicbyway31.org.*
Southern Oregon Visitors Association (SOVA): *http://southernoregon.org.*

Extratipp: Übernachten auf der Ranch

Keith & Patty Barnhart betreiben eine Guest-Ranch mit zwei Douplex-Cabins ($ 115 mit Frühstück), d. h. vier geräumige und im Westernstil eingerichtete Zimmer mit eigenem Bad. Jedes ist einem anderen Westernkünstler gewidmet: Frederik Remington, C.M. Russell, Charles Schreyvogel und Tim Cox. Gäste können auf dieser Ranch, die weitab von anderen Ranches und Orten mitten in der Natur liegt, die Zeit mit Wandern, Vogel- und Sternenbeobachtung oder Fischen verbringen. Die Teilnahme an Cattle Drives (für erfahrenere Reiter) und Mithilfe bei anderer Rancharbeit ist möglich, außerdem Trail Rides.
Willow Springs Guest Ranch, 34064 Clover Hat Rd., Lakeview, ☏ (541) 947-5499, www.willowspringsguestranch.com, in der HS auch Mittag- und Abendessen, sonst B & B-Betrieb.

Einkaufen/Restaurants

Adel Store, *Hwy. 140 E, Adel. Prima Mittagsmenü und alles, was der Durchreisende braucht.*
Bill & Teresa Black Custom Rawhide Braiding & Horsehair Hitching, *neben Hart Mountain Store, Hogback Rd., Plush, www.billblackbraiding.com. Kunstvoll geflochtene und geknotete Pferdehaar-Accessoires: Hackamores, Zügel, Gürtel u. a.*
Hart Mountain Store, *28229 Hogback Rd., Plush. Zum Eggs & Steak-Frühstück, zum Drink, Einkaufen oder Bücherschmökern.*
Sunstone Store, *gegenüber dem Hart Mountain Store in Plush. Bekannt für geschmackvollen Sunstone-Schmuck und -accessoires. Infos: http:www.plushsunstone.com.*

info

„My Place is horseback ...“ – Cowboys im Oregon Outback

„So you ask how big my place is?... It's bigger than the world outside. My place is horseback – with a cow.“ – Leon Flick, den „Cowboy Poet“ kennt im Oregon Outback jeder. Nicht nur wegen seiner Gedichte und Erzählungen, mit denen er Zuhörer bei Lesungen stundenlang fesselt, nein, Leon ist ein Cowboy wie aus dem Bilderbuch, einer der mal hier, mal dort, tage- oder wochenweise aushilft, ein geschätzter „Cow Puncher“.

Cowboys auf der Willow Springs Ranch im Oregon Outback

„Um als Rancher überleben zu können, brauchst Du mindestens 200 Mutterkühe,“ sagt Keith Barnhart. Da er und seine Frau Patty jedoch nicht nur Rinderzüchter sein wollten, haben sie ihre Willow Springs Ranch von Anfang an als Guest Ranch konzipiert und sich damit ein zweites Standbein geschaffen. Gleichzeitig machten sie ihr Hobby Pferde – sie hatten zuvor Araber gezüchtet und bei Shows vorgeführt – zum Lebensinhalt. Auf ihrem Land grasen 90 Mutterkühe mit Kälbern und vier Bullen. Ihre elf Pferde stehen auch Gästen zur Verfügung.

Im Jahr 2000 erwarben Keith, gelernter Forstwissenschaftler, und Patty, hauptberuflich Jugendbetreuerin und nebenbei Schriftstellerin, ein rund 10 km² großes Stück Land im Hinterland Oregons, nördlich von Lakeview, wo sie nun extensive Viehhaltung praktizieren. Die Rinder verbringen die Wintermonate nahe dem Ranchhaus auf etwa 1400 m Höhe und weiden in den Sommermonaten auf den umgebenden Bergwiesen, wie den Coyote Meadows auf etwa 2.200 m Höhe.

Keith betreibt nicht nur nachhaltige und extensive Rinderzucht, er ist auch Mitglied der „Country Natural Beef Co-op“. Diese Genossenschaft, der umweltbewusste Rancher im ganzen Nordwesten der USA angehören, betreibt Direktvermarktung und legt Wert auf qualitativ hochwertiges Fleisch. Derzeit werden die 14 bis 16 Monate alten Jungtiere, die ausschließlich Gras und kein Mastfutter oder Zusatzstoffe fressen, noch zentral im benachbarten Bundesstaat Washington gesammelt. Allerdings plant die Co-op in Lakeview – einem der bedeutendsten Rinderumschlagplätze in diesem Teil des amerikanischen Nordwestens – eine eigene Schlachterei zu bauen, um so die langen Anfahrtswege zu umgehen.

Wie die Barnharts belegen viele kleine Rancher im Hinterland von Oregon, dass man auch Rinderzucht im Einklang mit der Natur betreiben und zugleich umweltverträglich leben kann. Interessenten können sich davon überzeugen und sogar selbst während eines Aufenthalts einmal „Cowboy auf Zeit“ sein (Infos: s. „Reisepraktische Informationen Oregon Outback“).

Hinweis zur Route

Von Lakeview führt der OR 140 westwärts durch den Fremont National Forest über die westlichen Ausläufer der Cascade Range zur nächsten Station, Klamath Falls. Auch wer nicht die direkte Route von Redding nach Klamath Falls gewählt hat, kann das Lava Beds NM mühelos von Klamath Falls aus erreichen. Der OR 39 führt von dort in das etwa 45 mi (72 km) südlich gelegene NM.

Lava Beds National Monument

Von Mount Shasta führt der **Volcanic Legacy Scenic Byway** weiter nordwärts – zunächst folgt er der I-5 bis Weed, dann dem US Hwy. 97 bis zur Grenze zwischen Kalifornien und Oregon. Von hier quert der CA 161 eine geologisch und historisch interessante Region, in deren Zentrum das **Lava Beds NM** liegt.

Bizzare Landschaft im Lava Beds National Monument

Die Reise führt zunächst durch ein mitten inder Vulkanlandschaft fast unwirklich erscheinendes **Feuchtgebiet**. Zwischen Lower Klamath Lake, Tule Lake und Clear Lake erstrecken sich die **Klamath Basin National Wildlife Refuges**, ein unter Schutz gestelltes Marsch- und Seenland, dessen ökologische Bedeutung als Rast- und Nistort vieler Vogelarten groß ist. Vor allem die selten gewordenen *Bald Eagles* (Weißkopfseeadler) sind hier im Winter zuhauf zu beobachten. Für Zugvögel sind die Seen, die auf Reste eiszeitlicher Gletscher zurückgehen, eine der wichtigsten Raststätten.

Klamath Basin National Wildlife Refuges, *4009 Hill Rd., VC 5 km westlich Tulelake/CA, www.fws.gov/refuge/Lower_Klamath; www.fws.gov/refuge/Tule_Lake, VC Mo–Fr 8–16.30, Sa/So 9–16 Uhr, frei.*

Vom VC der Klamath Basin National Wildlife Refuges ist es auf der Hill Road nurmehr ein Katzensprung zum **Lava Beds NM**. Rund 300 Lavatunnel (Taschenlampe nicht vergessen!), Aschekegel, Geröllwüsten, erstarrte Lavaflüsse und Minivulkane formten hier eine monumentale, erstarrt wirkende, fast unwirkliche Landschaft, die vor einem Jahrtausend noch Zentrum vulkanischer Aktivitäten war. Einen guten Überblick über das Areal erhält man vom etwa 1.616 m hohen **Schonchin Butte**. Zum *Fire Lookout* auf der Bergkuppe, von dem aus Ranger Ausschau nach Waldbränden halten, führt ein nur 2 km langer, dafür aber recht steiler Fußweg von der Zugangsstraße, die an einem Parkplatz endet. Durch diese karge und doch faszinierende Lavalandschaft schlängelt sich auf ca. 20 km der NF Hwy. 10, und von diesem zweigen immer wieder ausgeschilderte Trails ab, die tiefer in das Gebiet hineinführen.

Auf dem **Captain Jack's Stronghold Historic Trail** kurz vor der Nord-Ost-Ausfahrt mit seinem Irrgarten aus Höhlen, Canyons und Felsgebilden kann man sich gut verlaufen. Er erinnert daran, das hier einst die **Modoc-Indianer** zu Hause waren (s. INFO).

Vulkanischer Irrgarten

Vom Lava Beds NM zur nächsten Station, **Klamath Falls**, sind es gerade einmal 45 mi (72 km – zurück über die Hill Road, dann über den OR 39), das bereits im benachbarten Oregon liegt.
Lava Beds NM, *1 Indian Well Headquarters, Tulelake/CA, www.nps.gov/labe, VC an NF Hwy. 10, Sommer tgl. 8–18 Uhr (sonst 8.30–17 Uhr), $ 10/Pkw.*

Der Biggest Little War

info

Als 1864 die US-Regierung die **Modoc-Indianer** aus ihrer Heimat in Nordwesten Kaliforniens in ein Reservat in Klamath Falls, Oregon, umsiedelten, kam es schnell zu Konflikten. Von den dort lebenden Klamath-Indianern nicht eben mit offenen Armen empfangen, hatten viele Modoc Sehnsucht nach der Vulkanlandschaft, und deshalb machte sich drei Jahre später eine Gruppe Indianer auf den Weg zurück in ihre Heimat.

Heilige Bündel an Bäumen erinnern an den Modoc War

Das ging nicht lange gut, denn 1872 erhielt die US Army auf Druck weißer Siedler, die sich die fruchtbaren Regionen um die Seen des Klamath Basin angeeignet hatten, den Auftrag, die Modoc erneut zusammenzutreiben und zurück in das Reservat im Norden zu schaffen. Dieses Mal gaben die Modoc jedoch nicht nach und es kam zu gewalttätigen **Auseinandersetzungen**. Eine Gruppe von 53 Kriegern mit ihren Familien verschanzte sich unter Führung von Kei-into-poses, den die Weißen der Einfachheit halber Captain Jack nannten, auf dem Gebiet des heutigen Lava Beds NM.

Mit großem Geschick und aufgrund ihrer Ortskenntnis konnten sich die Modoc fast fünf Monate in den Lava Beds verstecken. Die Region, in der sie untertauchten und einer Übermacht von Militär Paroli boten, wird „**Captain Jack's Stronghold**" genannt. Bei Friedensverhandlungen töteten die Modoc aus Angst vor Verrat weiße Unterhändler und zogen sich noch weiter zurück. Erst als sich einige der Führer nach Zusicherung von Straffreiheit ergaben und die Armee zu den Verstecken der Modoc führten, gab Kei-in-toposes auf. Aus Rache für den Zwischenfall bei den Verhandlungen wurde ihm und weiteren Modoc-Anführer der Prozess gemacht und er wurde zusammen mit drei weiteren Indianern erhängt. Dieser als „**Biggest Little War**" in die Geschichtsbücher eingegangene Freiheitskampf der Modoc wurde zu einem weiteren **unrühmlichen Kapitel in der amerikanischen Indianerpolitik**.

Oregon High Country

Klamath Falls

Wirtschaftszentrum der südlichen Grenzregion zwischen Oregon und Kalifornien ist das Städtchen **Klamath Falls**. Ein Sägewerk sowie eine technische Universität sorgen für Arbeitsplätze im gut 21.000 EW zählenden Ort. Er ist Ausgangspunkt für Touren in Naturparks wie Lava Beds NM, Klamath Lake sowie Crater Lake NP.

Ursprünglich nannte man den Ort *Linkville*, da er an dem eine Meile langen **Link River** liegt, der **Upper Klamath Lake** und **Lake Euwana** verbindet. Ein kleiner Boom setzte nach der Ankunft der Eisenbahn ab 1909 ein. Viele alte Bauten um die Main Street stammen von 1910 bis 1930. Leider stehen viele heute leer.

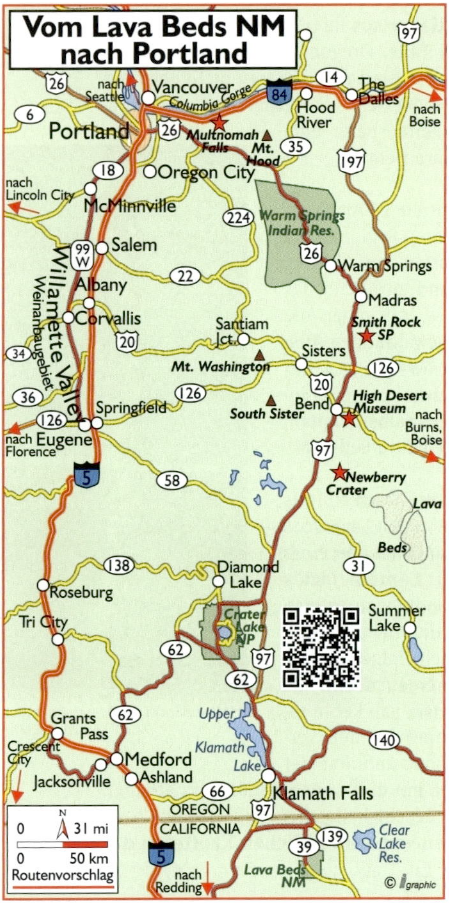

Sehenswert ist neben den historischen Gebäuden und den vielen Wandbildern um die **Main Street** besonders das **Favell Museum of Western Art & Indian Artifacts**. Gegründet wurde das prall mit Präziosen gefüllte Museum von *Gene Favell* (1926–2001) aus Lakeview, der in Klamath Falls ein Textilgeschäft betrieb und Westernkunst sowie indianische Relikte sammelte. 1972 eröffnet, bietet der Bau eine Mischung aus archäologischem Material und Kunstwerken zum Thema Cowboys, Siedler und Indianer.

Das **Baldwin Hotel Museum** im historischen Hotel, das 1908 in einem ehemaligen *Hardware Store* eröffnet wurde, ist Teil des **Klamath County Museum** zur lokalen Kultur- und Naturgeschichte des County.

Favell Museum of Western Art & Indian Artifacts, *125 Main St., www.favellmuseum.org, Di–Sa 10–17 Uhr, $ 10.*

Baldwin Hotel Museum, *31 Main St., Touren Mai–Sept. Mi–Sa 10–16 Uhr, ab $ 5, nur Touren.*

Klamath County Museum, *1451 Main St., Di–Sa 9–17 Uhr, $ 5.*

Reisepraktische Informationen Klamath Falls

Information

Discover Klamath, *205 Riverside Dr., ☏ (541) 882-1501, www.discoverklamath.com.*
Southern Oregon: *www.southernoregon.org.*

Unterkunft/Restaurant

Running Y Ranch Resort, *$$$, 5115 Running Y Rd., ab OR 140 (nördlich Klamath Falls), ☏ (541) 850-5500, www.runningy.com. Lodge, Farm, Golfresort, Spahotel und Feriensiedlung, nur wenige Kilometer nordwestlich Klamath Falls und daher idealer Startort für Erkundungen. Mitten in traumhafter Landschaft gelegene rustikale Lodge mit neu renovierten und komfortabel und modern ausgestatteten Zimmern sowie Suiten mit tollen Ausblicken, zudem ein vielseitiges Outdoorprogramm (Golf, Wandern und Spa-Bereich mit Pool) und mehrere Lokale.*

Touren

Roe Outfitters/FlyWay Shop, *9349 Hwy 97 S, ☏ (541) 884-3825, www.RoeOutfitters.com, Juni–Okt. halb- oder ganztägige Kanutouren, Vollmond-Fahrten, Jagd- und Angeltouren.*

Crater Lake National Park

Von Klamath Falls führt der schon bekannte **Volcanic Legacy Scenic Byway** (US Hwy. 97) weiter nordwärts. Nach rund 40 km zweigt der OR 62 ab, der direkt in den Crater Lake NP hineinführt. Vorbei geht es dabei an der Ortschaft **Fort Klamath**, die 1863–1890 als militärischer Stützpunkt zum Schutz der ersten Siedler vor den *Modoc*-Indianern diente. Heute ist das Fort teilweise wiederaufgebaut und wird während der stattfindenden *Re-enactments* zu neuem Leben erweckt. Ein kleines Museum, die alte Poststation und das Grab von *Captain Jack* gehören ebenfalls dazu.

Ehemaliger militärischer Stützpunkt

Fort Klamath Museum, *51400 Hwy. 62, Chiloquin, www.co.klamath.or.us/museum/Profile%20FKM.htm, Juni–Sept. Do–Mo 10–18 Uhr, Spende.*

Schon die Indianer, die einst um den Crater Lake lebten, sahen in dem intensiv-blauen Vulkansee etwas Mystisches, eine **Schöpfung überirdischer Wesen**. Danach war es *Skell*, der Geist des Himmels gewesen, der den Berg *Mazama*, Heimat seines Konkurrenten *Llao*, Häuptling der Unterwelt, zerstört hatte. Mit Getöse soll der Feuer speiende Berg in sich zusammengestürzt sein und ein riesiges Loch hinterlassen haben: den **Crater Lake**.

Für die Indianer war es ein **heiliger Ort** und man lebte ständig in der Furcht, dass Fremde einmal die herrschende Ruhe stören könnten. Das bewahrheitete sich Mitte des 19. Jhs., als Goldgräber in die Region eindrangen und ihnen Siedler folgten. Damals tauchte erstmals der Name „Crater Lake" auf, und zwar 1869, aus der Feder

Goldgräber störten die Ruhe

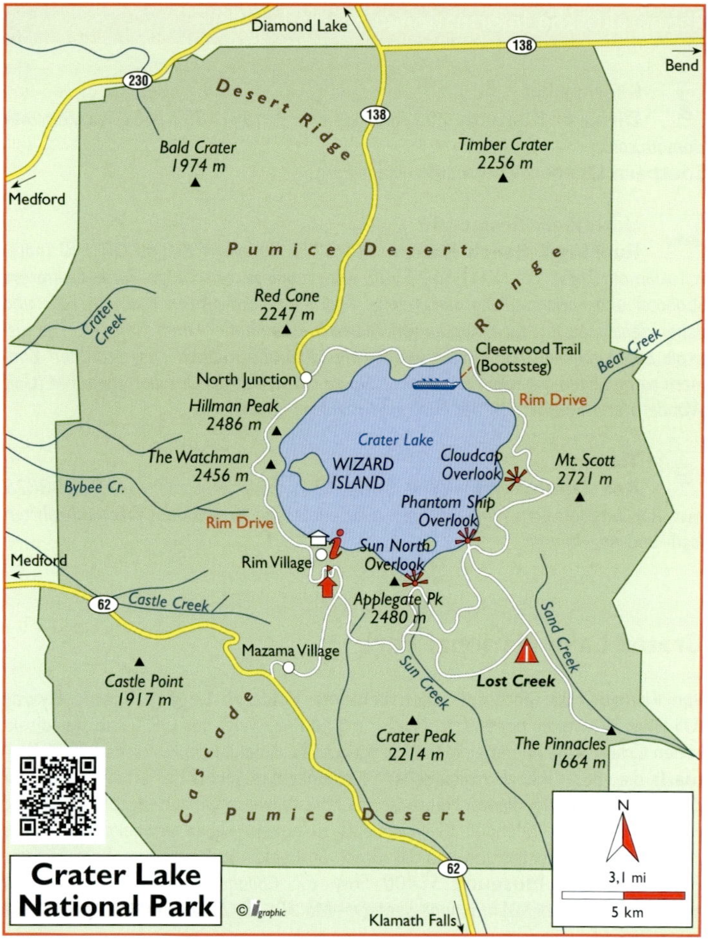

von *James Sutton*, Herausgeber der Tageszeitung „Oregon Sentinel" in Jacksonville, einem kleinen Nest südwestlich des Vulkans, bei Medford.

Gewaltige Eruption

Die Erklärung der Indianer für die Entstehung des Crater Lake war ein Kampf der Götter, der mächtig Staub aufwirbelte. Wissenschaftler bestätigen, dass **der letzte Ausbruch** eines Vulkans vor etwa 7.000 bis 8.000 Jahren eine derartige Wucht gehabt haben muss, dass der Ausbruch des Mount St. Helens, den 1980 die ganze Welt vor dem Fernseher live miterleben konnte, ein vergleichsweise kleines Strohfeuer war: 45-mal stärker soll die Explosion hier gewesen sein; eine mindestens 15 cm dicke Ascheschicht verteilte sich über eine Fläche von 13.000 km². Selbst in drei kanadischen Provinzen konnten noch Aschespuren nachgewiesen werden.

Entstehung und Besonderheiten des Crater Lake

Mittelpunkt des 1902 eingerichteten **Crater Lake NP** und gleichzeitig größte Attraktion ist der fast kreisrunde See mit einem Durchmesser von etwa 5 km und bis zu 537 m Tiefe. Bei dem tiefblauen Gewässer handelt es sich um eine Caldera, um einen eingestürzten Vulkankegel. Ursprünglich befand sich hier ein Berg, der *Mount Mazama*, dessen Höhe auf 3.600 m geschätzt und der eine dem Mt. Rainier vergleichbare Form gehabt haben dürfte. Beim letzten Ausbruch brach der gletscherbedeckte **Vulkan** – der die gleiche Entstehungsgeschichte wie Mt. Rainier, Mt. Olympus, Mt. St. Helens usw. hat – ein und bildete ein tiefes Loch, das sich langsam mit Wasser füllte. Heute erhebt sich im Zentrum des Sees eine kleine Insel, Wizard Island.

Zuletzt 1.000 n. Chr. aktiv

Die langen Bergflanken, auf denen man zum Seerand hinauffährt, sind die Auswurfflanken dieser Eruption, und an der steilen Innenwand der Caldera sind noch die Schlote und Basalte als erstarrte Zeugnisse der Katastrophe zu sehen. Zuletzt war der Vulkan um 1.000 n. Chr. aktiv. Über die Caldera erheben sich im Umkreis einige Berge wie Mt. Scott (2.713 m) im Osten, Hillman Peak (2.486 m) im Westen und Applegate Peak (2.480 m) im Süden. Inzwischen scheint der Mt. Mazama „eingeschlafen“ zu sein, zumindest erwarten Geologen für die nächsten Jahrhunderte keine neuen Eruptionen.

Ob im Sommer oder Winter – der Crater Lake ist immer reizvoll

Eigenartig schöne Kiefern

Die **Vegetation** besteht in niedrigen Lagen aus subalpinen Fichten und Douglasien, auch Zedern kommen vor. An der niederschlagsreicheren Westseite gedeihen sogar Eichen, während die Ostseite einen trockenen, z.T. dürren Eindruck macht. Am Kraterrand kann man die eigenartige Schönheit der von Winterstürmen fantastisch geformten und verkrüppelten Kiefern bewundern, in den Tälern hingegen, teils auch am Krater, fallen im Juni bunte Wildblumenwiesen ins Auge.

Im Hinterland leben Wapiti- und Maultierhirsche, Kojoten, Füchse und Marder. An kleineren Tieren sind Murmeltiere und Stachelschweine verbreitet, doch am interessantesten ist die **Vogelwelt**: Es gibt nahezu 200 Arten, und besonders die Vielfalt und Menge an Raubvögeln (Adler, Habichte und Falken) beeindruckt.

Hinweis zur Route

Der See kann auf dem 52 km langen **Rim Drive** mit dem Auto umrundet werden. Dabei bieten sich atemberaubende Ausblicke, und die Möglichkeit, über den **Cleetwood Trail** am Fuße des Mazama Rock im Nordosten zum Seeufer hinabzuklettern. Dieser Pfad ist mit insgesamt gut 3,5 km nicht sehr lang, doch ziemlich steil. Unten angekommen, besteht die Möglichkeit zur Bootsfahrt mit gemieteten Ruderbooten oder zweistündig auf einem Schiff (beides ab **Cleetwood Cove** am Endpunkt des Cleetwood Trail). Ein 1,5 km langer Trail führt hinauf auf den **Watchman** (2.455 m).

Reisepraktische Informationen Crater Lake NP

Information

Crater Lake NP, *www.nps.gov/crla, $ 10/Pkw; es gibt zwei Besucherzentren:*

Steel VC, *ca. 6 km nördl. OR 62 an der S-Zufahrt, tgl. 9–17, Winter 10–16 Uhr.*
Rim VC, *am Südufer des Sees, Ende Mai–Ende Sept. tgl. 9.30–17 Uhr.*

Besuchszeit

Obwohl der Park über die Südzufahrt ganzjährig geöffnet ist, empfiehlt sich der Besuch zwischen Ende Mai/Anfang Juni und Anfang Oktober, da die Region als eine der schneereichsten Nordamerikas gilt. Der Rim Drive wird bei stärkeren Schneefällen geschlossen, während die südliche Straße (ab OR 62) zum Rim Village meist befahrbar ist.

Unterkunft/Camping

Reservierung und Infos zu Parkunterkünften und Campingplätzen, verwaltet von Xanterra: ☏ 1 (888) 774-2728, www.craterlakelodges.com.

Crater Lake Lodge, *$$$, www.craterlakelodges.com/lodging/crater-lake-lodge. Renovierte historische Unterkunft (1915) direkt an der Caldera, 71 stilvoll eingerichtete Zimmer (teils Seeblick), mit Restaurant, geöffnet Ende Mai–Mitte Okt.*

The Cabins at Mazama Village, *www.craterlakelodges.com/lodging/the-cabins-at-mazama-village, Ende Mai–Anf. Okt. 40 rustikale Zimmer, ca. 10 km vom Rim entfernt.*
Es gibt saisonal den großen **Mazama Campground** *im Süden (200 Plätze, Juni–Anf. Okt., ☏ 1-888-774-2728) und den kleinen, abgelegeneren* **Lost Creek Campground** *im Südosten (16 Zeltplätze, Mitte Juli–Anf. Okt.).*

Restaurants/Einkaufen

Crater Lake Lodge Dining Room, *im Hotel, s. oben, tgl. Mitte. Mai–Mitte Okt.*
Rim Village Cafe & Gifts, *tgl. mind. 10–16 Uhr.*
Annie Creek Restaurant, *Mazama Village, tgl. mind. 8–20 Uhr Ende Mai–Okt. geöffnet.*
Mazama Village Camper Store, *Ende Mai–Anf. Okt. tgl. 10–17, im Sommer länger.*

Wandern & Touren

Die meisten Wanderwege führen steil auf- und abwärts auf die umliegenden Berge bzw. ans Seeufer. Die empfehlenswertesten Trails finden sich unter www.nps.gov/crla/planyourvisit/upload/2010%20Trails.pdf.
Trolley Tours, *http://craterlaketrolley.net, 2-stündige Touren Juli–Mitte Okt., ☏ (541) 882-1896, gut 50 km lange Rundfahrt mit vier Stopps.*

Routenvarianten nach Portland

Vom Crater Lake NP gibt es zwei Routenvarianten nach Portland: Eine führt auf dem OR 62 zunächst westwärts in die „Valleys“ zwischen Cascade und Coast Range nach Medford. Hier in Oregons „Garten Eden“ wird nicht nur Wein, sondern auch Obst, Gemüse oder Nüsse angebaut und werden Käse und andere Feinkost produziert. Um nach Portland zu gelangen, braucht man nur der I-5 weiter nach Norden zu folgen.

Bei der zweiten Routenvariante verlässt man den NP im Norden (OR 232) und stößt gleich nach der Parkgrenze auf den OR 138, der ostwärts zum US Hwy. 97 und weiter ins Outdoorparadies um **Bend** führt. Von dort geht es nordwärts nach Madras und schließlich auf dem US Hwy. 26 vorbei am Mt. Hood nach Portland.

Routenvariante durch Oregons „Garten Eden“

Valley of the Rogue

Auf der Fahrt vom Crater Lake NP nach Westen (OR 62) erreicht man als erste Stadt in den „Valleys“ – hier dem **Valley of the Rogue** – zwischen den Küsten- und Kaskadengebirgen **Medford**, die „Hauptstadt der Birnen“. Hier begannen *Harry & David* 1934 mit dem Versand der *Comice Pears* (Winterbirnen), die einst nur hier und in Chile wuchsen. Heute ist daraus ein Großunternehmen für regionales Obst, aber auch für Feinkost (bevorzugt biologisch produziert und regional) geworden. Medford fungiert wie das nördlich gelegene **Grants Pass** als Sammelort und Verarbeitungszentrum der fruchtbaren Agarregion. Es handelt sich jedoch nicht um ein Central Valley wie in Kalifornien, wo in erster Linie die Masse zählt, vielmehr steht hier die Qualität im Mittelpunkt des Interesses und das Motto lautet „*Buy local, buy Rogue*“.

Hauptstadt der Birnen

Sehenswürdigkeiten im eigentlichen Sinne sind rar, die Orte dienen zum Einkaufen oder als Standort, um das Umland zu erkunden. Da wäre beispielsweise nur wenige Meilen südlich von Medford das kleine Städtchen **Ashland** am Fuße des **Mt. Ashland**. Der Ort ist wegen des **Oregon Shakespeare Festivals** – und zuletzt vermehrt auch als Künstlergemeinde, „Bioidyll“ und beliebter Ruhesitz vieler San Franciscans – weit über die Staatsgrenzen hinaus bekannt. Bevor man eine der

Pennington Farms nahe Grants Pass, bekannt für Beeren und Backwaren

Aufführungen, die auf drei Bühnen stattfinden – moderne, kleine Rundbühne, großes Theater oder Freilichtbühne – ansieht, lohnt ein Bummel entlang der Main Street und ein Dinner in einem der vielen guten Lokale.

Um die Agrarregion um Medford besser kennenzulernen und die Produkte zu testen, sollte man nicht der Autobahn (I-5) folgen, sondern den Umweg über den OR 238 durch das **Applegate River Valley**, ein Nebenarm des Rogue River, einschlagen. Erste Station ist dabei die sehenswerte Ortschaft **Jacksonville**, eine kleine „Westernstadt“, die einem Museumsdorf gleicht. Das Leben spielt sich entlang der Hauptstraße, der California Street, mit kleinen Läden und Lokale ab.

„Westernstadt“ Jacksonville

Der Großteil des Applegate Valley widmet sich heute dem Weinbau; es handelt sich um eine der neuen **Weinregionen** Oregons. Hier wird noch experimentiert; eine Vielzahl verschiedener Sorten wird angebaut, wobei sich derzeit *Viognier* und *Tempranillo* besonderer Beliebtheit erfreuen. Das Klima ist hier sehr wechselhaft, bei einer nur relativ kurzen Hitzeperiode, aber auch so gut wie keinem Frost und Schnee. Derzeit sind in Süd-Oregon fast 90 Weingüter zu finden, darunter zählen zu den besten die **Valley View Winery** oder **Troon Vineyard**. Ein immigrierter Schweizer hatte bereits in den 1850er-Jahren Reben um Jacksonville angepflanzt, die Prohibition beendete dann für lange Zeit den Weinbau und erst in den frühen 1970er-Jahren starteten *Valley View* und *Troon* einen Neubeginn.

Käse der Spitzenklasse gibt es in der Rogue Creamery

Der OR Hwy. 238 führt nach **Grants Pass**, der letzten großen Ortschaft in Süd-Oregon an der I-5. Doch bevor man Richtung Norden weiterfährt, lohnt ein kurzer Abstecher ins **Valley of the Rogue**. Der Abschnitt des Rogue River von Grants Pass zu seiner Mündung in den Pazifik bei Gold Beach gehört zu den „wildesten“ und naturbelassensten Flussabschnitten in Oregon. Es ist ein Paradies für Wassersportler und Angler (verbreitet ist hier das *Fly Fishing*). Kurz nach der Ortschaft Merlin, westlich von Grants Pass, führt die Galice Road entlang dem Fluss zum sehenswerten **Hellgate Canyon**.

Filmfreunde werden diese atemberaubende Schlucht des Rogue River aus Szenen in Western wie „Rooster Cogburn“ mit *John Wayne* und *Katherine Hepburn* kennen. Auch wurde hier der Thriller „The River Wild“ mit *Meryl Streep* und Teile der TV-Serie „Gunsmoke“ mit *James Arness* gedreht. Als Angelerparadies hat den Fluss dagegen der Westernautor *Zane Grey* bekannt gemacht, der in den 1920er-Jahren hier viele Urlaube verbracht hat.

Die Schlucht der Filmstars

Reisepraktische Infos Ashland/Medford/Valley of the Rogue

Information

Ashland Chamber of Commerce & Visitor Bureau, *110 E. Main St., www.ashlandchamber.com, ☏ (541) 482-3486.*
Medford VC, *1314 Center Dr. (I-5 Exit 27), Harry & David Country Village, ☏ 1 (800) 469-6307, http://travelmedford.org, tgl. 9–18, NS Mo–Sa 9–17 Uhr.*
Jacksonville Chamber of Commerce/VC, *185 N. Oregon St., ☏ (541) 899-8118, http://jacksonvilleoregon.org, Mo–Fr 10–17, HS auch Sa/So 11/12–16 Uhr.*
Southern Oregon: *www.southernoregon.org.*

Unterkunft

Ashland Springs Hotel, *$$$–$$$$, 212 E. Main St. Ashland, ☏ 1 (888) 795-4545, www.ashlandspringshotel.com. Im höchsten Bau von Ashland seit 1925, schön renovierte Zimmer mit historischem Flair; zugehörig ist das empfehlenswerte* **Larks Restaurant**.
Morrison's Rogue River Lodge, *$$–$$$$, 8500 Galice Rd., Merlin, ☏ (541) 476-3825, www.morrisonslodge.com. Direkt am Rogue River gelegene Lodge von 1946, Haupthaus (einfache Zimmer) sowie sechs gut ausgestatteten Cabins, Lokal, Shop und Freizeitangebot (Rafting, Wandern, Reiten, Angeln).*
Winchester Country Inn, *$$$–$$$$, 35 S Second St., Ashland, ☏ (541) 488-1113, www.winchesterinn.com. Viktorianisches Haus von 1886, das 19 Gästezimmer bietet, mit Restaurant und Wine Bar.*
Lithia Springs Resort, $$$-$$$$, *2165 W. Jackson Rd., Ashland, ☏(541) 482-7128, www.lithiaspringsresort.com. Romantisches Resort bestehend aus Cottages, eingebettet in Gartenanlagen. Gemütliche, moderne Suiten mit eigenen Jacuzzis, gespeist von der unterirdischen Mineralquelle. Frühstück und Nachmittagstee inkl., dazu gibt es ein Spa.*
Seven Feathers Resort and Casino, *$$-$$$, 146 Chief Miwaleta Lane, Canyonville, ☏ (541) 839-1111, www.sevenfeathers.com. Luxuriöses Casinohotel, betrieben von Umpqua-Indianern. 298 Zimmer, Spa und RV Park.*
Rogue Regency Inn & Suites, *$$, 2300 Biddle Rd. Medford, ☏ (541) 282-2115, www.rogueregency.com. Ideal an der Kreuzung I-5/OR 62 (Crater Lake Hwy.) gelegenes Motel mit geräumigen Zimmern; empfehlenswertes Restaurant.*

Restaurants

Frau Kemmling Schoolhouse/Brewhouse, *525 Bigham Knoll, Jacksonville, http://fraukemmling.com. In dem alten Schulhaus von 1908 führen Hilary Kemm-*

Extratipp

Das **Weasku Inn** ist eine historische Fishing Lodge von 1924, die in den 1930/40ern beliebter Rückzugsort von Hollywood-Stars war. Idyllisch am Rogue River, ca. 15 km außerhalb Grants Pass, gelegen, gibt es Zimmer in der Lodge oder in verschieden großen Cabins.
Weasku Inn, $$$, 5560 Rogue River Hwy., Grants Pass, ☏ 541-471-8000, www.weasku.com, inkl. Frühstück.

ling (Küchenchefin) und Micha Willits (Braumeister) eine typisch bayerische Wirtschaft.

Larks Restaurant, *im Ashland Springs Hotel (s. oben), bringt nach dem Motto „From Farm to Table" lokale Produkte auf den Tisch.*

Smithfield's, *36 2nd St., Ashland, ☏ (541) 488-9948. Hier wird „From Farm to Table" gekocht. Kreative und ungewöhnliche Zubereitungsweisen, vieles aus biologischer Produktion.*

Bootsfahrt auf dem Rogue River

Roux 26, *234 SW 6th St., Grants Pass, www.roux26.com. Im historischen Downtown von Grants Pass gibt's nicht nur gutes (französisches) Essen, sondern auch Livemusik und Kunst.*

Einkaufen

East Main Street *in* **Ashland** *mit Läden wie Book Exchange, Padding Station (allerlei Schnickschnack für Küche und Bad, Mode-Accessoires), Music Loop oder Bloomsbury Books.*

Good Bean Coffee, *165 S. Oregon St., Jacksonville. Gemütliches Kaffeehaus mit Gratis-WiFi, in dem kann man auch frisch gerösteten Spitzenkaffee kaufen kann.*

Rogue Creamery, *311 N. Front St. (OR 99), Central Point (nördl. Vorort von Medford), www.roguecreamery.com, Laden Mo–Fr 9–17, Sa 9–18, So 11–17 Uhr. Seit 1928 in Betrieb und seit 1935 auch Käseverkauf, bekannt für ausgezeichnete Rohmilch-Blaukäse, dazu in kleinerem Umfang Cheddar (etwa 25% der Produktion); im Laden auch Verkauf von Produkten anderer regionaler kleiner Käsereien, Weingüter und Brauereien, alljährlich findet hier das* **Oregon Cheese Festival** *statt.*

Pennington Farms, *11341 Williams Hwy., Grants Pass, www.penningtonfarms.net. Spezialisiert auf ungewöhnliche Beeren (alte, schmackhafte Sorten) aus denen v.a. Marmeladen gemacht werden. Außerdem frische Backwaren, die auch auf Wochenmärkten verkauft werden.*

Harry & David, *1314 Center Dr., Medford, www.harryanddavid.com. 1934 als Birnenladen gegründet, heute ein riesiger Supermarkt für regionales Obst, Feinkost (bevorzugt Bioprodukte aus regionaler Herstellung) sowie lokale Biere und Weine.*

Besuchenswerte **Weingüter** *sind z. B.* **Valley View Winery** *(1000 Upper Applegate Rd., Jacksonville, http://valleyviewwinery.com, mit Laden und Proben) oder* **Troon Vineyard** *(1475 Kubli Rd., Grants Pass, www.troonvineyard.com, mit Laden, Proben und Imbissmöglichkeit).*

Veranstaltung

Oregon Shakespeare Festival, *15 S. Pioneer St., ☏ (541) 482-0448. Von Feb. bis Okt. kommen elf verschiedene Stücke in drei Theatern zur Aufführung. Infos und Tickets: www.osfashland.org.*

Eugene/Springfield

Eugene und die Schwesterstadt **Springfield** bilden mit gut 354.000 EW im Großraum (Lane County) nach Portland das zweitgrößte Ballungszentrum Oregons. Oregonians kaufen hier ein und gehen hier aus, denn schließlich wird das **Kulturprogramm** Eugenes maßgeblich durch die rund 20.000 Studenten zählende **University of Oregon** (http://uoregon.edu) geprägt. Auf dem Unicampus sind zudem zwei Museen vereint: das **Jordan Schnitzer Museum of Art** und das **Museum of Natural and Cultural History**. Letzteres bietet einen umfassenden und fesselnden Einblick in die prähistorische und indianische Vergangenheit von Oregon. Die Hochschule spielt eine wichtige Rolle in der prähistorischen Forschung Nordamerikas und hat im Südosten von Oregon einige sensationelle Funde gemacht, die zu den ältesten Spuren von Menschen in Nordamerika gehören. Auch den historischen Indianern Oregons wird breiter Raum in multimedialen Ausstellungsbereichen eingeräumt.

Hochschulstandort

Jordan Schnitzer Museum of Art, *1430 Johnson Lane, http://jsma.uoregon.edu, Di–So 11–17, Mi bis 20 Uhr, $ 5, mit Café und Shop.*
Museum of Natural and Cultural History, *1680 E. 15th St., http://natural-history.uoregon.edu, Di–So 11–17 Uhr, $ 5.*

Neben Portland hat sich das „grüne Eugene" zu einer **Slow-Food-Metropole** entwickelt. Hier setzen in den letzten Jahren die Landwirte vermehrt auf Bioanbau und zusammen mit den Studenten der lokalen Uni hat sich Eugene als **Zentrum des Organic Farming** etabliert. Schon in den 1980er-Jahren war hier eine Kooperative von Biobauern entstanden, die inzwischen 400 Mitglieder umfasst und zahlreiche Wochenmärkte, Supermärkte und Restaurants zwischen Portland, Salem, Eugene und Bend beliefert. „*Buy Locally*", „*From Farm to Table*" und „*What's in Season*" heißen die Slogans – lokale und saisonale Produkte stehen dabei im Mittelpunkt.

Slow-Food und Bioprodukte

Oregons berühmte Weinregion im Willamette Valley

Einer der Initiatoren ist *Tom Lively*, der mit seinem Bruder die Kooperative **OGC** (Organically Grown Co-op, www.organicgrown.com) gegründet und zu einer lukrativen Firma ausgebaut hat. Zusammen mit seiner Frau *Megas* betreibt er zudem die **Lively Organic Farm** – mit kleinem B & B (s. unten) – am nördlichen Stadtrand von Eugene.

Den Beinamen „grünes Eugene" hat sich die Stadt nicht alleine wegen der Biobauern verdient, sondern auch wegen ihrer Vielzahl an Bäumen. Davon kann man sich im **Hendricks Park** (Summit/Skyline Drive) im Südosten der Stadt überzeugen. Von hier hat man nicht nur einen tollen Ausblick auf die Stadt und das Tal des Willamette River, sondern kann sich auch im Grün mit seiner weltberühmten Rhododendron-Sammlung ergehen.

Weltberühmte Rhododendron-Sammlung

Interessant ist überdies das **Cascades Raptors Center**, wo man einen Einblick in die Welt der Raubvögel der Region erhält. Zudem dient das Center als Rettungsstation für verletzte Vögel.
Cascades Raptors Center, *32275 Fox Hollow Rd., www.eraptors.org, im Sommer Di–So 10–18 Uhr, NS bis 16 Uhr, $ 8.*

Reisepraktische Informationen Eugene

Information

Eugene, Cascades & Coast Adventure Center, *3312 Gateway St, Springfield, ☏ (541) 484-5307, www.eugenecascadescoast.org, tgl. 9–18 Uhr.*
Eugene, Cascades & Coast VC, *74 Olive St., Eugene, ☏ (541) 484-5307, Mo–Fr 8–17 Uhr.*

Unterkunft

The Oval Door B & B Inn, *$$$, 988 Lawrence/10th St., ☏ (541) 683-3160, www.ovaldoor.com. Sechs Zimmer in einem historischen Haus in ruhiger, dennoch zentraler Lage, Melissa McGuire und Nicole Craig sind bemüht um das Wohl der Gäste und zaubern ein leckeres Frühstück.*
Lively Organic Farm Stay, *$$, 600 River Loop 2, ☏ (541) 461-2737, www.vrbo.com/301521. Tom und Megas Lively haben ein kleines Farmhaus zwischen Obstbäumen, Blumen, Wiesen und Anbauflächen für Gäste eingerichtet. Hier kann man sich nicht nur erholen, sondern auch viel über nachhaltige Landwirtschaft lernen und frische Produkte kosten.*

Restaurants/Einkaufen

5th Street Public Market, *296 E. 5th Ave., www.5stmarket.com, Mo–Sa 10–19, So 11–17 Uhr. In die historischen Lagerhallen am ehemaligen Bahnhof sind zahlreiche Läden, Lokale und Cafés eingezogen, z. B.* **Marché** *(ausgezeichnete lokale Küche) sowie* **Marché Provisions** *(Delikatessenladen mit Imbiss).*
Café Soriah, *384 W 13th Ave., ☏ (541) 342-4410. Elegantes, doch gemütliches Lokal, das eine gute Mischung aus lokalen und mediterranen Gerichten serviert.*
Steelhead Brewery, *199 E. 5th Ave., www.steelheadbrewery.com. Kleinbrauerei (Filialen in Burlingame und Irvine/CA) mit Pub mitten in Eugene. Gute Gerichte von Hamburgern, Burgern und Dogs bis hin zu Pizza/Pasta und Steak und dazu frisch gezapfte Biere.*

Willamette Valley

Zum Durchfahren des Obst-, Gemüse, Nuss- und vor allem **Weinanbaugebiets im Willamette Valley**, das sich nördlich Eugene ausbreitet, sollte man nicht die I-5 wählen, sondern den rechts und links des Willamette River, zwischen Eugene und Salem, verlaufenden **Willamette Valley Scenic Drive** (OR 99), genauer: den Hwy. 99 W. Hier reihen sich die meisten Weingüter aneinander. Das Obstangebot hat auch die Cidre-Produktion angeregt, wie 2 Towns Ciderhouse, Carlton Cyderworks oder E.Z. Orchards belegen (Infos: www.nwcider.com). Erste größere Stadt nach Eugene ist **Albany**, das immerhin mit 500 unter Denkmalschutz stehenden Gebäuden im Historical District aufwartet. Im westlich benachbarten **Corvallis** dominiert der Campus der Oregon State University (http://oregonstate.edu).

Für Architekturfans

Salem, die Hauptstadt Oregons mit etwa 158.000 EW, wird beherrscht vom 1938 komplett aus Marmor errichteten **State Capitol**. Deren charakteristische Kuppel bekrönt eine vergoldete Statue als Symbol der ersten Pioniere. Aus dem 19. Jh. stammen das **Asahel Bush House** und die **Deepwood Estate** – beide gefüllt mit Antiquitäten und umgeben von den schönen Gärten des **Bushs Pasture Park**.
State Capitol, *Court/Summer St., Mo–Fr 8–17 Uhr, stündl. Touren 9–16 Uhr, frei.*
Bush House Museum, *600 Mission St. SE, www.oregonlink.com/bush_house, Mi–So 13/14/15/16 Uhr Touren (außer Jan/Feb), $ 6, benachbart:* **Bush Barn Art Center**, *Di–Fr 10–17, Sa/So 12–17 Uhr.*
Deepwood Estate, *1116 Mission St. SE, www.historicdeepwoodestate.org, tgl. außer Di 9–12, NS Mi/Do/Sa 11–15 Uhr, $ 4.*

Mehrere historische Häuser sind auf dem Grund einer früheren Textilfabrik, der Thomas Kay Woolen Mill, im **Willamette Heritage Center at The Mill** zusammengetragen. Eine breite Palette an Kunst diverser Zeiten, Räume und Genres – sehenswert vor allem die *Native American Gallery* – ist im **Hallie Ford Museum of Art**, Teil der **Willamette University**, zu sehen.
Willamette Heritage Center, *1313 Mill St. SE, www.willametteheritage.org, Mo–Sa 10–17 Uhr, Museum $ 6, Gelände frei.*
Hallie Ford Museum of Art, *700 State St., www.willamette.edu/arts/hfma, Di–Sa 10–17, So 13–17 Uhr, $ 6.*

Reisepraktische Informationen Willamette Valley/Salem

Information
Willamette Valley Visitors Association, *http://www.oregonwinecountry.org, mit Adressen und Links.*
Willamette Wineries: *http://willamettewines.com.*
Travel Salem, *181 High St. NE, ☎ (503) 581-4325, www.travelsalem.com.*

Unterkunft
Grand Hotel, *$$$, 201 Liberty St. SE, www.grandhotelsalem.com, ☎ (503) 540-7800. Komfortables Hotel mitten in der Innenstadt, Frühstück inbegriffen.*

Das **Willamette Valley** ist die größte und kühlste Appellation der Weinregion Oregon, sie zieht sich über etwa 160 km von Eugene über Salem bis zum Columbia River bei Portland und ist etwa 90 km breit. Das **Zentrum der Weinregion** erstreckt sich entlang den beiden Highways OR 221 und OR 99W zwischen Salem und Newberg im Norden, in der sogenannten **North Willamette Wine Region**.

An den Landstraßen, vor allem an der OR 221 und OR 99W/18, reihen sich die blauen Hinweisschilder auf Weingüter aneinander. Da es auch zahlreiche hübsche B & B-Häuser und hervorragende Restaurants gibt, ist diese Region perfekt für einen Zwischenstopp auf dem Weg nach Portland.

Blaues Hinweisschild = Weingut

Die Weingärten liegen meist am Fuße der Hügel am Westrand des Tales und dort ist eine ganze Reihe besonderer Lagen entstanden: z. B. die *Red Hills of Dundee* (südwestlich Portland), die *Eola Hills* (nordwestlich Salem) oder die *South Salem Hills*. Im Zentrum der Weinregion befindet sich das Städtchen **McMinnville** im Yamhill County. In dessen Umkreis – **Dayton**, **Yamhill**, **Dundee**, **Newberg** – konzentriert sich ein Viertel aller Weingüter Oregons, unter ihnen die Pioniere *Erath, Eyrie* und *Amity*. Günstige Ausgangspunkte für ausgedehntere Weintouren sind die Orte **McMinnville** und **Newberg**.

„Boys up North" – Weine aus dem Nordwesten

info

1980 staunte die Weinwelt nicht schlecht: Da hatte bei einer Blindverkostung von Pinot-Noir-Weinen aus Frankreich und Oregon der 1975er-Jahrgangswein von **Eyrie**, einem Pionier des Weinbaus in Oregon, die europäischen Weine ausgestochen. Obwohl schon 1917 W. B. Bridgman erstmals europäische Reben im Yakima Valley im Südosten des US-Bundesstaates Washington kultiviert hatte, waren Weine aus dem Nordwesten bis dato kaum gekannt. 1933 wurde das erste Weingut in Oregon, die Honeywood Winery, gegründet, doch so richtig los ging es erst in den späten 1960er-Jahren mit Betrieben wie **Amity**, **Erath**, **Eyrie** oder **Ponzi**. In den letzten Jahren rückte der Nordwesten zunehmend ins Rampenlicht, doch auf dem Weltmarkt sind die Produkte aus Oregon und Washington eine Rarität geblieben, was vor allem an den kleinen Produktionsmengen und an der Tatsache liegt, dass Weinliebhaber im Nordwesten die edlen Tropfen lieber selbst konsumieren.

Oregon und Washington sind zwei Anbauregionen, die unterschiedlicher nicht sein könnten: **Oregon** ist **Pinot-Noir-Land**, die Betriebe sind überwiegend klein und familiär geführt, **Washington** dagegen, mit fast doppelt so großer Rebfläche, ist **vielseitiger und experimentierfreudiger**, aber auch qualitativ weniger beständig.

Die Cascade Mountains trennen **Washington** in zwei unterschiedliche Klimazonen: Im Westen vom Meer beeinflusst, hat das heiße, trockene Klima im Osten eine wüstenartige Landschaft zur Folge, die seit jeher als Kornkammer und Obst- und Gemüsezentrum fungierte. Zentren des Weinbaus sind hier das Yakima und das Columbia Valley. Washington ist nach Kalifornien der zweitgrößte Trau-

zen Lavamassen geprägte Landschaft. Das Gebiet in und um die Caldera lädt zu Freizeitaktivitäten wie Fischen, Bootfahren, Baden, Picknicken, Campen, Wandern und Reiten ein.

Tour durch die Lavaröhre

Zurück auf dem US Hwy. 97 trifft man etwa 15 km weiter nördlich auf die **Lava River Cave**, eine 2 km lange Lavaröhre, durch die mittels Treppen und Rampen Touren möglich sind. Hier ist die äußere Lavamasse erstarrt, während die innere abfließen konnte – vergleichbar den Gegebenheiten im Lava Beds NM in Nordkalifornien. Schließlich passiert man 2 km nördlich, am US Hwy. 97, **Lava Butte** und das VC im Nordabschnitt des Newberry NVM. Eine Straße führt hinauf auf einen kleinen Vulkanschlot (1.510 m), von dem man die Aussicht auf die Cascade Range genießen kann.
Newberry NVM, *www.fs.usda.gov/detail/r6/home/?cid=fsbdev2_026675#nvm, ☏ (541) 383-5700, $ 5/Pkw, mit Lava River Cave Interpretive Site & Trail, $ 5. Es gibt zwei VCs:*
Lava Lands VC, *S. Hwy. 97, ca. 20 km südlich Bend, Mt. Juni–Anf. Sept. tgl. 9–17 Uhr, Mai/Juni Do–Mo, Okt. Sa/So, im Winter geschl. Touren, Ausstellung, Shop und Trails.*
Paulina Lake VC, *Forest Rd. 21 (ab US 97), HS tgl. 10–17 Uhr, Mt. Mai–Mt. Juni nur an Wochenenden, Sept. Do–Mo., Okt.–Mt. Mai geschlossen.*

Bend – Paradies für Outdoorfans

Versorgungszentrum

Das zentrale Versorgungszentrum östlich der Cascades ist das Städtchen **Bend** (ca. 80.000 EW). Bereits an der Ostseite der Kaskaden gelegen, fungiert Bend zum einen als Tor in die Vulkan- und Schneewelt der Berge, zum anderen in die endlose Weite der Hochwüste des Columbia Plateaus im Osten. Eine Menge Outfitter (Outdoor-/Sport-Zubehör, Tourveranstalter), Einkaufszentren wie die liebevoll renovierte **Old Mill**, Holzfabriken und Industrie prägen den ersten Eindruck, doch die Innenstadt mit ihren Boutiquen, kleinen Geschäften, Cafés und Kneipen ist alles andere als verschlafen. Mitten in der Stadt liegt malerisch der **Riverside Park** an einer Biegung des Deschutes River. Von dessen Flussschleife erhielt der Ort auch seinen Namen: „*Farewell Bend*". Dieser Abschiedsgruß soll von einem abreisenden Siedler stammen, ein Postbote soll es später zu „Bend" verkürzt haben.

Das High Desert Museum in Bend

Die Hauptattraktion liegt südlich der Ortschaft (US 97): das **High Desert Museum**. Hier erfährt man alles über die Flora und Fauna der Halbwüste östlich der Cascade Range auf dem sogenannten Columbia Plateau, das sich von Kalifornien über Nevada bis nach Utah und Idaho hinzieht. Doch auch die Geschichte der Indianer und der ersten Siedler, Holzfäller und Goldsucher wird eindrucksvoll und multimedial geschildert. Ein Rund-

gang über das Freigelände führt u. a. vorbei an einem Ottergehege, einer rekonstruierten Sägemühle, einer Ausstellung über die Veränderung der Wälder durch Menschenhand und einer Bühne, auf der regelmäßig Vorführungen stattfinden.
High Desert Museum, *59800 S. Hwy. 97, ca. 5 km südlich von Bend, www.highdesertmuseum.org, tgl. 9–17 bzw. 10–16 Uhr, $ 15 (NS $ 12).*

Reisepraktische Informationen Bend

Information

Visit Bend Welcome Center, *750 NW Lava Rd., ☏ (541) 382-8048, www.visitbend.com, Mo–Fr 9-17, Sa/So 10–16, im Winter So. geschl.*
Central Oregon Visitors Ass. (COVA), *705 SW Bonnett Way, www.VisitCentralOregon.com, ☏ (541) 389-8799, Mo–Fr 8–17 Uhr.*

Unterkunft

Inn of the Seventh Mountain, *$$–$$$$, 18575 SW Century Dr., ☏ (541) 382-8711, www.seventhmountain.com. Großzügig angelegtes Resorthotel mit zwei Schwimmbädern, Whirlpool, Sauna und Sportanlagen (Golf, Tennis etc.). Zudem Wildwasserfahrten und Kanutrips im Angebot.*
McMenamin's Old St. Francis School, *$$$, 700 NW Bond St., Bend, ☏ (541) 382-5174, www.mcmenamins.com/421-old-st-francis-school-home. Ungewöhnliches Hotel in einem renovierten Schulgebäude in Downtown, geräumige 19 Zimmer in ehemaligen Klassenzimmern, mit Pub, Bar und Kino.*
Pine Ridge Inn, *$$$–$$$$, 1200 SW Century Dr., www.pineridgeinn.com, ☏ (541) 389-6137. Kleines Luxus-Inn am Fluss mit 20 unterschiedlichen Zimmern (kleine Suiten).*
Long Hollow Ranch, *$$$–$$$$, ☏ (541) 923-1901, www.LHRanch.com. Rund 20 km nordöstl. von Sisters bzw. Bend gelegene Working und Guest Ranch. Gemütliche Gästezimmer in über 100 Jahre altem, renovierten Haus, mitten in unberührter Naturlandschaft. Man kann beim Viehtrieb dabei sein oder Fliegenfischen.*

Restaurants

Deschutes Brewery & Public House, *1044 NW Bond St. Brewpub der bekannten Kleinbrauerei mit leckerer (preiswerter) Nordwestküche mit lokalen Zutaten, selbstgebackenem Brote und hausgemachten Würste, außerdem Suppen, Salate und prima Käse. Auch Brauereitouren mit Proben (www.deschutesbrewery.com).*
West Side Bakery & Café, *1005 NW Galveston St. Hausgemachte Backwaren und guter Café, dazu eine kleine Speisekarte.*
Bendistillery, *19330 Pinehurst Rd., ☏ (541) 318-0200, Mo–Sa 11–17, So 11–16 Uhr, Touren, Tastings und Shop. Bekannt für hausgebrauten Vodka oder Gin, teils mit Aromen wie Espresso oder Chili.*

Touren

Wanderlust Tours, *143 SW Cleveland Ave., ☏ (541) 389-8359, www.wanderlusttours.com. „Discover What's Around This Bend" heißt der Slogan von Wanderlust, einem kleinen Veranstalter von Höhlen-, Kanu-, Kajak-, Schneeschuh- und anderen Touren, 1993 gegründet von David und Aleta Nissen.*

Warm Springs Indian Reservation

Das nördlich von Bend gelegene **Madras** ist Ausgangspunkt für eine der schönsten Wildwasserstrecken des Nordwestens. Der sogenannte **Deschutes Scenic Waterway** führt auf dem gleichnamigen Fluss bis zum Columbia River. Der Zugang liegt am US Hwy. 26, ca. 16 km nordwestlich der Stadt. Diese Straße führt durch ein schönes, canyonartiges Tal, in dem die Oberkanten der Felswände auffallen: Der Stein steht hier aufrecht wie Palisaden.

Kultur und Geschichte der Indianer

Der US Hwy. 26 bleibt bis zum bereits in der Ferne sichtbaren **Mt. Hood** – dem „**Matterhorn Amerikas**" – Reisebegleiter und quert die **Warm Springs Indian Reservation**, mit 2.600 km² das größte Reservat in Oregon. Das sehenswerte **Museum at Warm Springs** befasst sich mit der Kultur und Geschichte der hier lebenden Indianerstämme, den *Wasco* und *Wanapam* vom Columbia River sowie den *Northern Paiute*, die als die **Confederate Tribes of Warm Springs** (www.WarmSprings.com) organisiert sind. Im Museum wird die größte Sammlung indianischer Artefakte Oregons präsentiert. Nach den Verträgen von 1855, die den Indianern im Oregon-Territorium Reservate zuwies, ließen sich am Fuße des Mt. Hood drei lokale Stämme nieder: Zunächst kamen die *Wasco* und *Wanapam* vom Columbia River, 20 Jahre später gesellten sich *Northern Paiute* aus dem Südosten Oregons dazu. Wirtschaftliches Zentrum ist **Warm Springs**, Hauptbesucheranlaufpunkt des Reservats ist das **Kah-Nee-Ta High Desert Resort & Casino** (ab Warm Springs ausgeschildert).
Museum at Warm Springs, *2189 SR 26, Warm Springs, www.museumatwarmsprings.org, tgl. 9–17 Uhr, im Winter außer So/Mo, $ 7.*

Reisepraktische Informationen Warm Springs

Unterkunft

Kah-Nee-Ta High Desert Resort, *ca. 20 km nördl. Warm Springs, ab US 26 (ausgeschildert), ☎ (541) 553-1112, http://kahneeta.com. Resorthotel in der Warm Spring Indian Reservation in traumhafter Landschaft, auch Tipis als Unterkünfte und zugehöriger RV Park. Reitmöglichkeit, Golf, Spa und andere Freizeitaktivitäten. Gut isst man im zugehörigen* **Chinook Northwest Grille**.

Mt. Hood – Amerikas „Matterhorn"

Schweizerische Ansicht

Der 3.420 m hohe Vulkan **Mount Hood** ist der höchste Berg und zugleich das **Wahrzeichen Oregons**. Er dominiert den Horizont auf nahezu jeder Ansicht von Portland und schon die Siedler, die auf dem *Oregon Trail* unterwegs waren, nahmen den Berg als weithin sichtbare Landmarke wahr. Die Ähnlichkeit des Mt. Hood mit dem Schweizer Matterhorn – v.a. bezüglich der kantigen Spitze – sowie die Tatsache, dass er im Winter, in höheren Lagen auch im Sommer, schneebedeckt ist und als Skigebiet fungiert, hat ihm den Spitznamen „**Amerikas Matterhorn**" eingebracht. Heute sind der Mt. Hood und der ihn umgebende National Forest bei den Städtern ein beliebtes Wochenendausflugsziel; im Sommer besuchen zahlreiche Jugendgruppen die Region. Zum Glück ist das Naturareal so groß, dass trotzdem immer ein ruhiges Plätzchen zu finden ist.

Der rund 10 km lange Abstecher vom US Hwy. 26, dem **Mt. Hood Scenic Byway** (www.byways.org/explore/byways/6140), zur **Timberline Lodge**, einem Berghotel auf knapp 2.000 m Höhe direkt an der Baumgrenze, lohnt. Das altehrwürdige Hotel entstand in den 1930er-Jahren im Rahmen der Roosevelt-' schen Arbeitsbeschaffungsmaßnahmen. Wer möchte, kann den Berg ein Stück hinaufwandern oder bei entsprechenden Witterungsverhältnissen auch Skifahren (Lifte).

Government Camp am Hwy. 26 und am Fuß des Mt. Hood ist ein kleiner, malerisch gelegener Ort, mit zahlreichen Hotels und einigen Lokalen und Läden, zudem idealer Standpunkt für Wanderer oder Skifahrer. Neben dem Skigebiet an der *Timberlone Lodge* befinden sich hier zwei weitere der drei Skigebiete der Region: **Mt. Hood Ski Bowl East** und **West**. Sie gelten seit 1966 als größte *Night Skiing Area* der USA. Schon seit 1928 wird hier Ski gefahren und damit ist Mt. Hood eines der ältesten Skigebiete der USA. Im Sommer verwandelt es sich in den **Summer Adventure Park**. **Infos zum Skifahren**: *www.skihood.com.*

Skiparadies am Mount Hood

Reisepraktische Informationen Mt. Hood

Unterkunft/Restaurants

Collins Lake Resort, *$$–$$$$, 88149 E. Creek Ridge Rd., Government Camp, ☏ (503) 272-3051, www.collinslakeresort.com. Wie in einem kleinen Bergdorf kann man hier zweistöckige Apartments unterschiedlicher Größe mieten.*

Best Western Mt. Hood Inn, *$$$, 87450 Government Camp (US 26), ☏ (503) 272-3205, www.bestwestern.com/mthoodinn. Skihotel mit 56 Zimmern verschiedener Größe und Ausstattung (z. T. mit Kühlschrank und Jacuzzi). Nebenan lässt sich in der* **Mt. Hood Brewing Company** *gut essen und trinken.*

Timberline Lodge, *$$–$$$$, 27 500 Timberline Rd., Timberline, ca. 10 km nördl. US 26 und Government Camp, ☏ (503) 231-5400, www.timberlinelodge.com. Historische Lodge aus den 1930er-Jahren mit 71 Zimmern. Das angeschlossene Restaurant* **Cascade Dining Room** *bietet erstklassige Nordwestküche mit viel Fisch und lokalen Frischprodukten.*
Huckleberry Inn, *88611 E. Government Camp Lp. (US 26), ☏ (503) 272-3325. Zum gleichnamigen Hotel gehörendes kleines Cafe mit exquisitem Frühstücksangebot und Imbiss.*

Hinweis zur Route

Der US Hwy. 26 stellt von Mt. Hood die direkte Verbindung nach Portland her (ca. 1 Std.), ab Government Camp geht es unaufhaltsam bergab. Wer jedoch die **Columbia Gorge** („Route entlang dem Columbia River nach Portland“, s. Kapitel „Die Columbia River Gorge“, S. 191) noch nicht besucht hat, dem sei der Umweg auf dem OR 35 von Government Camp nach Hood River empfohlen.

Portland – City of Roses

Überblick

„Stumptown“

Um **1840** pendelten Händler, Trapper und Indianer zwischen dem bereits existierenden Oregon City und dem Handelspunkt der *Hudson's Bay Company*, Fort Vancouver. Bevorzugt verweilten sie auf halber Strecke nahe der heutigen Burnside Bridge in einer Lichtung und nannten diese „Clearing“. Einige Jahre später wurde ein Siedler namens *William Overton* auf die guten Böden aufmerksam und tat sich mit dem Anwalt *Asa Lovejoy* aus Oregon City zusammen, um einen Claim für eine Siedlung abzustecken. Sie gaben dem Ort den Namen „*Stumptown*“ – wegen der Baumstümpfe. *Overton* lockte wenig später das Gold nach Kalifornien und er verkaufte seine Anteile an den Händler *F.W. Pettygrove*.

Der Wurf des „Portland Pennie“

Dieser, aus Portland/Maine stammend, und *Lovejoy*, ursprünglich aus Boston/Massachusetts, entschieden sich **1851**, die herunterkommende Siedlung zu einer Stadt auszubauen. Als sie sich auf keinen Namen einigen konnten, warfen sie eine Münze, die später als *Portland Pennie* in die Geschichte eingehen sollte: Da *Pettygrove* gewann, oblag ihm die Namenswahl und er entschied sich, die Neugründung nach seiner Heimatstadt zu benennen: „**Portland**“. Dank der geografisch günstigen Lage zu Columbia River und Küste entwickelte sich der Ort bald zur boomenden **Hafenstadt;** als er **1883** an das Schienennetz der **Eisenbahn** angeschlossen wurde, war der Aufstieg unaufhaltsam: Bereits um die Jahrhundertwende hatte sich Portland zur wichtigsten Stadt zwischen San Francisco und Seattle gemausert und Oregon City weit hinter sich gelassen.

Mit der Einrichtung großer Parkanlagen, besonders des Rose Test Gardens im Washington Park im Jahr **1907**, war bald nur noch von „**The City of Roses**" die Rede. Heute ist Portland stolz auf diesen ältesten Rosengarten Nordamerikas, gilt aber auch unter anderen Gesichtspunkten als **Stadt der Superlative**: Hier befinden sich der größte Buchladen der USA *(Powell's City of Books)*, der größte amerikanische Freiluftmarkt *(Portland Saturday Market)*, die zweitgrößte Kupferstatue der Welt nach der Statue of Liberty, die *Portlandia* und der größte Sportartikelhersteller der Welt *(Nike)*.

Mittlerweile nennt sich die Stadt „**City of Books, Beers, Bikes and Blooms**" – kommen doch auf jeweils 3.000 der knapp 600.000 EW im eigentlichen Stadtgebiet ein Buchladen und auf nur 1.200 eine *Microbrewery*! Gerade Letzteres verhalf Portland zu den Beinamen „**Microbrew Capital of the World**" oder „**Munich by the Willamette**" – und das nicht zu Unrecht, bedenkt man, dass es hier über 70 Brauereien und Kneipen gibt.

Portland, dessen Großraum sich über mehrere Anhöhen um Willamette und Columbia River hinzieht, hat viel zu bieten: Neben einer ausgesprochen **vielseitigen Kulturszene** mit hochkarätigen Museen, kleinen Bühnen und Musikclubs besticht es durch das **viele Grün im Stadtzentrum**. Zudem versteht sich die Stadt als Vorreiter in Sachen **Umweltschutz, Energiesparen** und **Nachhaltigkeit**. Der Nahverkehr ist perfekt ausgebaut, das Radwegenetz ist riesig, grünes Bauen und Energiesparen wird in öffentlichen und privaten Bereich forciert. Der **Pearl District** im westlichen Downtown macht außer als Bummelareal (http://explorethepearl.com) auch als **Eco District** von sich reden. Hier liegt das **EcoTrust Building** (721 NW 9th St., www.ecotrust.org), ein Musterbeispiel für grünes Bauen und zugleich Sitz

Redaktionstipps

Sehens- und Erlebenswertes

➤ Die Geschichte der Region dokumentiert das **Oregon History Center** (S. 556).

➤ Das **Portland Art Museum** (S. 556) gehört zu den besten Kunstmuseen im Nordwesten.

➤ Im **Washington Park** (S. 558) kann man gut einen schönen Tag verbringen.

➤ Lokalkolorit schnuppert man bei einem Basketballspiel der **TrailBlazers** (S. 563) oder einem Fußballmatch der **Timbers** (S. 563).

➤ Wegen der guten Akustik ist ein Konzert in **The Grotto** (S. 559) ein Erlebnis – besonders anlässlich des Christmas Festival of Lights.

Unterkunft

➤ Zu den besten Hotels der Stadt gehören **The Nines** oder **The Heathman Hotel** (S. 561).

➤ Das **Vintage Plaza** (S. 561) hat sich ganz dem Motto Wein und Genuss verschrieben.

Restaurants

➤ Ein breites Restaurantspektrum, z.B. **Aviary** (S. 561), bietet der **Alberta Arts District** (S. 559).

➤ Innovative Gerichte in schickem Ambiente bietet das **Bluehour Restaurant** (S. 561).

➤ Zum Nachtisch geht man zu **Papa Haydn** (S. 562).

Pubs & Nightlife

➤ In Portland ist eine Biertour ein Muss! **Brewpubs** (S. 562) gibt es wie Sand am Meer, ebenso verschiedene Touren (s. www.travelportland.com/collection/beer).

Einkaufen

➤ **Powell's City of Books** (links) ist der angeblich größte Buchladen der Welt.

➤ **Niketown** (S. 556) ist der Hauptladen des bekannten Sportartikelherstellers.

Touren & Veranstaltungen

➤ **Portland Walking Tours** (S. 563) bietet interessante Spaziergänge mit Locals durch verschiedene Viertel der Stadt.

➤ Das **Oregon Brewers Festival** (S. 563) Ende Juli ist ein Muss für alle Bierfreunde.

des *Office of Sustainable Development*. Interessant ist auch das **ReBuilding Center** (3625 N. Mississippi Ave., http://rebuildingcenter.org) im Historic Mississippi District im Nordosten der Stadt. In diesem von einer ehrenamtlichen Initiative betriebenen „Baumarkt" kann man gebrauchte Materialien vom Nagel über Möbel und Badewannen bis zu Dachbalken kaufen, die zuvor freiwillige Helfer beim Abriss alter Bauten recycelt haben. Natürlich kann man auch selbst Altmaterialien „entsorgen".

Es sind nicht allein die Sehenswürdigkeiten, sondern vielmehr der **Lebensstil**, der diese Stadt auszeichnet. Portland ist eine der umweltbewusstesten Metropolen der Welt, eine kulinarische Hochburg, ein Brennerei- und Kaffeezentrum und ... das „**neue" San Francisco**. „Keep Portland Weird" ist deshalb der inoffizielle Slogan der Stadt. San Francisco und Brooklyn nehmen für sich den Ruf, „weird" zu sein, etwas „schräg" und verrückt, in Anspruch, doch Portland steht beiden Städten keinesfalls nach, allerdings hängt es seine Andersartigkeit nicht an die große Glocke. Vor allem die Neighborhoods im Osten der Stadt wie Mississippi, Alberta oder Hawthorne sind diesbezüglich Aushängeschilder.

Rundgang durch Downtown

Idealer Startpunkt für die Erkundung der Innenstadt ist der zentrale **Pioneer Courthouse Square (1)**, „Portlands gute Stube" und Treff. Die sich anschließende **Mall** ist eine Fußgängerzone zwischen 5th und 6th Avenue bis zur Jefferson Street mit zahlreichen Shops, Cafés und Restaurants (www.pioneercourthousesquare.org).

Die Skyline von Portland

Portland Downtown
0,62 mi
1 km
Flughafen
The Dalles
3nd Avenue
2nd Avenue
Water Avenue
Pacific Highway
Olympia, Vancouver
Light Rail MAX
Steel Bridge
Burnside Bridge
Morrison Bridge
Hawthorne Bridge
Marquam Bridge
Willamette River
Waterfront Park
Naito Parkway
SW Naito Parkway
OLD TOWN
3rd Ave
4th Ave
CHINATOWN
6th Ave
Broadway
PEARL DISTRICT
10th Avenue
12th Avenue
13th Avenue
14th Avenue
15th Avenue
Astoria, Olympia, Vancouver
18th Avenue
20th Avenue
Marshall St.
Kearney St.
Johnson St.
Irving St.
Hoyt St.
Glisan St.
Flanders St.
Everett St.
Davis St.
Nob Hill
Vista Avenue
King Avenue
St.Clair Avenue
Ash St.
Pine St.
Oak St.
Stark St.
Washington St.
Alder St.
Morrison St.
1st Avenue
4th Ave
6th Ave
Park Ave
Taylor St.
Salmon St.
Main St.
Madison St.
Jefferson St.
Columbia St.
Clay St.
Market St.
Broadway
9th Avenue
12th Avenue
13th Avenue
14th Avenue
18th Avenue
20th Avenue
Burnside Street
Harrison St.
Streetcar
College St.
Jackson St.
Lincoln St.
Sheridan St.
Harbor Way
Salem, Eugene
Hoffman Ave
Clifton Ave
Upper Hall St.
College St.
16th Ave
17th Ave
Elm Ave
Columbia St.
Market Street Drive
Clay St.
Washington
Fairview Drive
Kingston Drive
Knights Drive
Fischer Drive
Cannon Beach
5
405
26
1 Pioneer Courthouse Square
2 Oregon History Center
3 Portland Art Museum
4 Portlandia
5 Niketown
6 Oregon Maritime Center & Museum
7 Portland Saturday Market
8 Powell´s City of Books
9 Oregon Zoo
10 World Forestry Center
11 International Rose Test Garden
12 Japanese Garden
13 Hoyt Arboretum
14 Pittock Mansion
15 Providence Park
16 Moda Center
17 Oregon Convention Center
18 OMSI
Hotels
1 Sentinel Hotel
2 Heathman Hotel
3 Caravan - The Tiny House Hotel
4 The Nines
5 Hotel Vintage Plaza
Restaurants
6 Bluehour Restaurant
7 Aviary
8 Stumptown Café
9 Papa Haydn
10 Paley´s Place
11 Pearl Bakery
© igraphic

Das **Oregon History Center (2)**, das seit 1898 existiert, ist ein großes historisches Museum unter der Ägide der *Oregon Historical Society*, das über Geschichte, Geografie und Kultur des Staates informiert. An der West- und Südwand des ehemaligen *Sovereign Hotels* (Park Ave./Madison St.) – 1923 erbaut und Sitz der *Oregon Historical Society* – schuf der Künstler *Richard Haas* 1989 in Trompel'Oeil-Technik beeindruckende **Wandbilder**: im Westen ist die *Lewis & Clark*-Expedition dargestellt und auf der Südseite geht es um die historische Entwicklung Oregons.

Histori-sches Erbe

Oregon History Center, *1200 SW Park Ave., www.ohs.org, Mo–Sa 10–17, So 12–17 Uhr, $ 11.*

Auf der anderen Seite der Grünanlage, die East und West Park Avenue voneinander trennt und Denkmäler von *Teddy Roosevelt* und *Abraham Lincoln* birgt, befindet sich gleich gegenüber das **Portland Art Museum (3)**. An das Museum, das als **eines der besten Kunstmuseen des Westens** gilt, schließt ein Skulpturengarten und das Northwest Film Center an. Neben einer breiten Palette an permanent ausgestellten Kunstwerken sind die Abteilung zu Kunst und Kunsthandwerk der Indianer sowie die hochkarätigen Wechselausstellungen sehenswert.
Portland Art Museum, *1219 SW Park Ave., www.portlandartmuseum.org, Di–Sa 10–17, So 12–17, Do/Fr bis 20 Uhr, $ 15.*

Die „Portlandia" ist das Wahrzeichen der Stadt

Das **Portland Public Service Building** (1120 SW 5th Ave.) ist ein programmatischer Bau der Postmoderne und wurde von dem Architekten *Michael Graves* 1980 bis 1983 geplant. Davor steht die 11 m hohe **Portlandia (4)** aus gehämmertem Kupfer, die mit ihrem Dreizack in der Hand auf die Passanten herabschaut. Es handelt sich um die zweitgrößte Bronzestatue der USA nach der Freiheitsstatue in New York. In der Nähe liegt **Niketown (5)**, der Hauptladen des berühmten Sportartikelherstellers aus Portland.

Der Rundgang geht weiter zum Willamette River, an dem entlang sich der **Governor Tom McCall Waterfront Park** zwischen Marquam und Steel Bridge erstreckt. Am Flussufer hat man einen herrlichen Blick auf die fünf großen Brücken und das Treiben auf dem Wasser. Ein Kuriosum ist der **Mills End Park** (Front/SW Taylor) mit einem Durchmesser von nur 60 cm, der angesichts seiner „Größe" den Eintrag ins Guinness-Buch der Rekorde geschafft hat.

Um die Taylor Street herum erstreckt sich über sechs Blocks der **Yamhill Historic**

District, Ende des 19. Jh. das wirtschaftliche Herz der Stadt. Heute befinden sich in den Gebäuden kleine Geschäfte, Boutiquen, Kunstgalerien und Restaurants. Der historische **Skidmore District/Old Town** (www.oldtownchinatown.net) schließt sich fünf Blocks weiter nördlich an und zieht sich parallel zwischen Fluss und SW 5th Avenue bis zur Everett Street hin. Auch hier lassen sich gute Restaurants und Kneipen entdecken, und am Abend zieht das Viertel zahlreiche Nachtschwärmer an. Bedeutendste Sehenswürdigkeit ist das **Oregon Maritime Center & Museum (6)** an der Waterfront auf der Höhe der Pine Street. Es wurde im altem *Sternwheeler* „Portland" eingerichtet, der im Film „Maverick" mit *Jodie Foster* und *Mel Gibson* die Kulisse bildete und heute Schiffsmodelle, nautische Instrumente und eine Fotosammlung beinhaltet.

Old Town

Oregon Maritime Center & Museum, *198 SW Naito Pkwy., www.oregonmaritimemuseum.org, Mi/Fr/Sa 11–16 Uhr, $ 7.*

Der **Portland Saturday Market (7)** (1 SW Front Ave.) findet von März bis Weihnachten jedes Wochenende statt. Mit über 300 Händlern und einer Konzertbühne gehört er zu den größten Freiluftmärkten der USA – mit Kitsch und Kunst, Kunsthandwerk, Selbstgebasteltem, Secondhandware, Kuriosem und Unnützem.

Nördlich der Burnside Bridge gelangt man zur **Japanese-American Historical Plaza**, die jenen Japanern gewidmet ist, die während des Zweiten Weltkriegs in den USA in Camps interniert waren. Es schließt sich der kleine **Chinatown District** an, dessen Eingang durch das **Chinatown Gate** (NW 4th Ave./Burnside St.) markiert wird. Einige Blocks westlich befindet sich der **Pearl District**, ein ehemaliges Lagerhausviertel, im Prozess der Revitalisierung. Es gehört inzwischen zu den neuen Nightspots und wartet mit einer Reihe guter Restaurants und Brewpubs (http://explorethepearl.com).

Ein Muss ist ein Besuch von **Powell's City of Books (8)** (Burnside St., NW 10th-11th Ave.). Die Erfolgsstory von *Powell's*, des angeblich **größten Buchladens der Welt**, begann damit, dass *Michael Powell* die Nase voll hatte vom Studieren und kurzerhand in Chicago einen Buchladen eröffnete, der in kürzester Zeit zum Renner wurde. *Michaels* Vater, *Walter*, ein Malermeister in Rente, arbeitete einen Sommer über im Laden mit und beschloss dann, zurück in Portland, 1971 einen eigenen Gebrauchtbuchladen zu eröffnen. Im Nu platzte der Laden aus allen Nähten und *Walter* zog mit seinen Büchern in ein leeres Autogeschäft um, diesmal in besserer Lage am Rand von Downtown. 1979 kam *Michael* nach und begann zusammen mit dem Vater ein ungewöhnliches und bis heute **einmaliges Konzept** umzusetzen: gebrauchte und neue Bücher, Hardcover und Paperback, alles in demselben Regal, in unterschiedlichem Erhaltungszustand und zu verschiedenen Preisen.

Die innerstädtische „Stadt der Bücher"

Ähnlich wie der Pearl District, Yamhill und Old Town sind auch das sich neu entwickelnde **West End**, zwischen Downtown und Pearl District, sowie das westlich der Innenstadt gelegene **Nob Hill** bzw. Northwest Portland (http://nwpdxnobhill.com) zu In-Treffs und Trendvierteln geworden. Um die **23rd Street** zwischen Burnside und Lovesjoy Street liegen Straßencafés, kleine Restaurants, Bistros und Boutiquen.

Trendviertel Nob Hill

Washington Park

Der Washington Park im Südwesten der Stadt wurde wie der Central Park in New York und der Golden Gate Park in San Francisco von *Frederik Law Olmsted* geplant. Zufahrten in das Parkareal, das sich an einen Berghang schmiegt, befinden sich am Hwy. 26 westwärts, an der W. Burnside Street und der Canyon Road (hinter dem Tunnel der Ausschilderung „Zoo" folgen).

Rosengarten mit Panoramablick

Auf dem erhöht gelegenen Gelände befinden sich das **Hoyt Arboretum (13)** mit über 700 Baum- und Pflanzenarten aus aller Welt und der 1888 gegründete **International Rose Test Garden (11)**, der seit 1940 als offizieller Testgarten der *All-America Rose Selection (AARS)* fungiert. Von hier aus bietet sich zugleich ein **fantastischer Panoramablick** auf die Stadt mit dem Mt. Hood und dem Mt. St. Helens im Hintergrund.

Hoyt Arboretum, *4000 SW Fairview Blvd., www.hoytarboretum.org, tgl. 6–22 Uhr, VC Mo–Fr 9–16, Sa/So 11–15 Uhr, frei.*

International Rose Test Garden, *850 SW Rose Garden Way, tgl. 7.30–21, Shop 10–16 Uhr, www.rosegardenstore.org/international-rose-test-garden.cfm, frei.*

„Weird Portland" – die Stadt ist alles andere als normal

Der **Japanese Garden (12)** ist eine meditative, grüne Ruheoase, während der **Oregon Zoo (9)** zu den modernsten und fortschrittlichsten der USA gehört. Das unlängst modernisierte **World Forestry Center (10)** nebenan widmet sich mit dem zugehörigen **Discovery Museum** ganz dem Thema „Wald". Besuchenswerter Zoo

Japanese Garden, *611 SW Kingston Ave., www.japanesegarden.com, Mo 12–19, Di–So 9–19, im Winter Mo 12–16, sonst 10–16 Uhr, $ 9,50.*

Oregon Zoo, *Washington Park, 4001 SW Canyon Rd., www.oregonzoo.org, tgl. 9–18 bzw. im Winter 10–16 Uhr, $ 11,50.*

Discovery Museum, *4033 SW Canyon Rd., www.worldforestry.org, tgl. 10–17 Uhr, $ 9.*

Nördlich des Washington Parks liegt die **Pittock Mansion (14)**, ein für die Erbauungszeit (1909–14) erstaunlich modern und luxuriös ausgestattetes Haus. Es befindet sich im Besitz von *Georgiana* und *Henry Pittock*, dem Gründer der lokalen Tageszeitung „The Oregonian".

Pittock Mansion, *3229 NW Pittock Dr., ab NW Burnside Rd., www.pittockmansion.org, tgl. 11–16/17 Uhr, $ 9,50 (Haustouren), Gelände frei.*

Jenseits des Willamette River

Im Osten von Portland liegen neben Wohnvierteln und Industriearealen auch der Flughafen und einige interessante, derzeit angesagte Neighborhoods mit ausgefallenen Läden und Lokalen, wie der **Hawthorne Boulevard** (www.thinkhawthorne.com), die **Central Eastside** mit der **Distillery Row** (www.distilleryrowpdx.com), der **Historic Mississippi District** (www.mississippiave.com) oder der **Alberta Arts District**. Weithin sichtbar erhebt sich am Fluss das 1996 eröffnete **Moda Center (16)** (One Center Court, Straßenbahn-Stopp) – mit ihren 20.000 Plätzen eines der modernen Wahrzeichen der Stadt und Heimat des beliebten NBA-Teams, der **Portland TrailBlazers**. Das nahe gelegene **Oregon Convention Center (17)** (777 NE Martin L. King, Jr. Blvd.) fällt durch seine Größe und die moderne Architektur auf. Heißgeliebte Basketballer

Etwas südlich, ebenfalls an der östlichen Uferseite, befindet sich in einem auffälligen modernen Gebäude das **Oregon Museum of Science & Industry** (**OMSI**) **(18)**. Es gilt **als fünftgrößtes Wissenschaftsmuseum der USA**, mit OMNIMAX Theater, Murdock Sky Theater (Laser- und Astronomieshows) sowie sechs sehenswerten Ausstellungshallen und der „USS Blueback", ein am Flussufer vertäutes U-Boot der US Navy von 1959.

OMSI, *1945 SE Water Ave., www.omsi.edu, Di–So 9.30–17.30 Uhr, $ 13, OMNIMAX, Lasershows, Planetarium, U-Boot u. a. kosten extra, mit OMSI Cafe.*

Das 1924 gegründete katholische Heiligtum The National Sanctuary of our Sorrowful Mother, kurz **The Grotto** genannt, ist eine Mischung aus Pilgerort und Kloster, Park und Botanischem Garten, Skulpturen- und Meditationsgarten auf zwei Ebenen, die per Aufzug miteinander verbunden sind. Katholisches Heiligtum

The Grotto, *8840 NE Skidmore St., Sandy Blvd./NE 85th Ave., www.thegrotto.org, tgl. 9–mind. 16 Uhr (je nach Jahreszeit), frei, Aufzug $ 3.*

Ausflug nach Oregon City

Oregon City liegt im Süden Portlands, erreichbar auf der OR 99E bzw. dem I-205. Hier endete einst der historische **Oregon Trail** (s. S. 340). Die Stadt fungierte zwischen 1844 und 1864 als **Hauptstadt von Oregon** und war die erste eigenständige Gemeinde westlich der Rocky Mountains. Sie war bereits 1829 von der Hudson's Bay Company gegründet worden, deren lokaler Repräsentant *John McLoughlin* war (s. auch Fort Vancouver).

Ende des Oregon Trails

Neben zahlreichen historischen Gebäuden in der Innenstadt ist das ehemalige **Wohnhaus von McLoughlin** sehenswert. Einen Besuch lohnen auch das **End of the Trail Interpretive Center**, untergebracht in drei überdimensionalen „Planwagen", das **Museum of Oregon Territory** sowie das **Stevens-Crawford Heritage House**.

McLoughlin House, *713 Center St., www.nps.gov/fova/historyculture/mcloughlin-house.htm, Mi–Sa 10–16, NS: Fr/Sa 10–16 Uhr, frei, Ausstellungen und Veranstaltungen.*

End of the Trail Interpretive Center, *1726 Washington St., I-205 Exit 10, www.historicoregoncity.org/HOC, Do–Mo 11–16 Uhr, im Sommer tgl., $ 9.*

Museum of Oregon Territory, *211 Tumwater Dr., Mi–Sa 11–16 Uhr, frei (s. oben).*

Stevens-Crawford Heritage House, *603 6th St., Do–Sa 12–16 Uhr, frei (s. oben).*

Ausflug zum Fort Vancouver NHS

Alter britischer Handelsposten

Schon in **Vancouver**, im benachbarten Bundesstaat Washington auf der Nordseite des Columbia River, liegt **Fort Vancouver**, gut während der Weiterfahrt Richtung Seattle einzuplanen. Das alte Fort wurde 1825 unter britischer Aufsicht errichtet und dann von der *Hudson's Bay Company* unterhalten; bei dem heutigen Komplex handelt sich um eine – allerdings sehr originalgetreue – Rekonstruktion. Das Fort fungierte nicht nur als Handelsposten, sondern auch als Symbol für den britischen Herrschaftsanspruch auf das *Oregon Territory*. Nachdem die Region 1846 endgültig den USA zugeschlagen worden war, blieb das Fort weiterhin eine wichtige Anlaufstelle für Trapper, Naturforscher und die ersten Siedler, die auf dem *Oregon Trail* westwärts zogen. Oberkommandierender des britischen Forts war *John McLoughlin*. Als 1846 die Region an die USA ging, schickten die Briten *McLoughlin* in Pension. Er zog nach Oregon City und wurde amerikanischer Bürger.

Nachgestellte Schlacht am Fort Vancouver

Fort Vancouver NHS, *612 E. Reserve St., I-5 Exit 1C, Vancouver/WA, www.nps.gov/fova, tgl. 9/10–16 Uhr, $ 3.*

Reisepraktische Informationen Portland

Information

Travel Portland Visitor Information Center, *701 SW 6th Ave., Pioneer Courthouse Square, ☎ (503) 275-8355, www.travelportland.com, Mo–Fr 8.30–17, Sa 10–16 Uhr, Mai–Okt. auch So 10–14 Uhr.*
Repräsentant *für D./AU/CH:* **Wiechmann Tourism Services**, *Scheidswaldstr. 73, 60385 Frankfurt/M., ☎ (069) 255-38240, www.traveloregon.de.*

Übernachten

The Sentinel Hotel (1) **$$$$**, *614 SW 11th Ave., ☎ (503) 224-3400, www.sentinelhotel.com. Luxus-Boutiquehotel der Kette Historic Hotels of America in superzentraler Lage, hervorragender Service, geschmackvolle Zimmer, zugehöriges Restaurant.*
The Heathman Hotel (2) **$$$$**, *1001 SW Broadway, ☎ 1 (800) 551-0011, www. heathmanhotel.com. Historisches Top-Hotel nahe Portland Center for the Performing Arts, mit hervorragendem Restaurant im Haus.*
Caravan – The Tiny House Hotel (3) **$$**, *5009 NE 11th Ave., http://tinyousehotel.com, ☎ (503) 288-5225. Kurioses Hotel aus vier zu Hotelzimmern umgebauten Bauwagen im Alberta Arts District.*
The Nines (4) **$$$$**, *525 SW Morrison, ☎ 1-877-229-9995, www.thenines.com. In einem restaurierten, ehemaligen Kaufhaus von 1909 befindet sich auch dieses schicke und modern ausgestattete Boutiquehotel mit Atrium, Lokal, Bar, Bibliothek, modernen Kunstwerken und geschmackvollen Zimmern.*
Hotel Vintage Plaza (5) **$$$–$$$$**, *422 SW Broadway, ☎ (503) 228-1212, www. vintageplaza.com. 107 luxuriöse, geschmackvoll ausgestattete und geräumige Zimmer in historischem Gebäude, ganz dem Motto „Wein und Genuss" verschrieben, mit abendlicher Weinverkostung.*
River Place Hotel, **$$$$**, *1510 SW HarborWay, ☎ (503) 228-3233, www.riverplacehotel.com. Schön am Tom McCall Waterfront Park gelegen, geräumige Zimmer mit tollem Ausblick, Restaurant.*

Restaurants

Infos im Internet: *www.travelportland.com/things-to-do/food-drink.*
Wie in keiner anderen US-Stadt prägen mobile **Imbissstände** *(***Food Carts***) das Bild. Sie sind hier jedoch meist auf leeren Grundstücken und Parkplätzen versammelt, z.B. in Downtown an der Ecke SW Alder/10th Ave. Das Angebot ist vielfältig und ausgezeichnet.*
Bluehour Restaurant (6), *250 NW 13th Ave., ☎ (503) 226-3394, www.bluehouronline.com. Schickes Restaurant mit innovativer Küche.*
Aviary (7), *1733 NE Alberta St., ☎ (503) 287-2400, www.aviarypdx.com. Eines der Toplokale der Stadt mit ungewöhnlichen und kreativen Gerichten aus lokalen Produkten, dazu gute Cocktails. Im Alberta Arts District.*
Jake's Grill *im* **Sentinel Hotel** *(s.o.), ☎ (503) 220-1850. Nordwestküche der Spitzenklasse mit viel Fisch, tollen Desserts und umfassender Weinkarte. Auch ideal zum Frühstück!*
Heathman, *im gleichnamigen Hotel (s. o.), ☎ (503) 790-7752. Sehr elegant, kreative Nordwestgerichte mit viel Fisch/Seafood und mediterranem Touch.*

Stumptown Café (8), *SW 3rd Ave/SW Pine. Hervorragender Kaffee. Einen Block westlich (SW 3rd Ave/SW Ankeny St.):* **Voodoo Doughnut** *(22–10 Uhr!) mit riesiger Doughnut-Auswahl.*
Papa Haydn (9), *701 NW 23rd Ave. Der Topspot für Desserts, traumhafte Torten und anderes.*
Paley's Place (10), *1204 NW 21st Ave., ☏ (503) 243-2403. Großartige Nordwestküche und ausgezeichneter Service. Abends Happy-Hour-Angebote.*
Pearl Bakery (11), *102 NW 9th Ave., www.pearlbakery.com. Beste Bäckerei der Stadt mit Café im Pearl District nahe Powell's.*

Brauereien & Brewpubs

Allgemeine Informationen bietet die kostenlose **Broschüre** *der Oregon Brewers Guild „Microbreweries of Oregon" bzw. die* **Webseite** *www.oregonbeer.org.*

BridgePort Brewing Co., *1313 NW Marshall St. In einer alten Seilfabrik im Pearl District, mit Bäckerei, Restaurant (Pizza aus Bierhefe!) und Bar; bekannt für Ales.*
Lucky Labrador Brewing Co., *915 SE Hawthorne Blvd. In altem restaurierten Lagerhaus vielseitiges (auch vegetarisches) Essen, Livemusik und mehrere Sorten Bier, z. B. Black Lab Stout, Hawthorne's Best Bitter und König's Kölsch.*
Rogue Distillery & Public House, *1339 NW Flanders St., www.rogue.com, So–Do 11–24, Fr/Sa 11–1 Uhr. Brauerei mit Lokal und Laden in alter Molkerei im historischen Pearl District.*
Widmer Brothers Brewing Co., *929 N. Russell St. Im Stil eines alten Münchner Wirtshauses dekoriert, bekannt für deutsche Hausmannskost und unfiltriertes Hefeweißbier; Fr/Sa Touren.*

Einkaufen

Es gibt in Oregon keine Sales Tax und daher lohnt sich das Einkaufen. Die **Galleria** *ist die größte Mall in der Innenstadt, während das* **Lloyd Center** *(2201 Lloyd Center/Grand Ave./NE Weidler) mehr als 150 Läden, einen Kinokomplex und einen Food Court aufweist. Ein neuer Trend In Portland sind edle Lederwaren, wie sie u.a.* **Danner Shoes** *(Union Way/1022 W. Burnside, www.danner.com),* **Tanner Leather** *(1308 W. Burnside, www.tannergoods.com) oder* **Orox** *(450 NW Couch,www.oroxleather.com) anbieten.*
Niketown (5), *930 SW 6th Ave. Großer Sportladen mit Kleidung, Schuhen u. a. Produkten der berühmten Firma.*
Powell's City of Books (8), *1005 W. Burnside St.,www.powells.com. Hier im Stammgeschäft im Stadtzentrum gibt es gebrauchte Bücher aller Preiskategorien neben neuen. Filialen: 40 NW 10th Ave, 3723 SE Hawthorne Blvd., 3747 Hawthorne Blvd. (Home & Garden) und am Flughafen.*
Portland Saturday Market (7), *SW Ankeny St./Naito Pkwy, Sa 10–17, So 11–16.30 Uhr (März–24. Dez.), www.portlandsaturdaymarket.com.*
Columbia Gorge Premium Outlets, *450 NW 257th Ave., Troutdale, östlich Flughafen an der I-84 (Exit 17), www.premiumoutlets.com/outlets/outlet.asp?id=28. Viele bekannte Marken (Eddie Bauer, Calvin Klein, Adidas, Levi's etc.) betreiben hier Fabrikverkaufsläden.*

Nightlife

Die Vergnügungsviertel der Stadt mit Cafés, Lokalen, Musikspots, aber auch Galerien, Shops und Boutiquen, befinden sich im **SE District** *(***Hawthorne Blvd***.), in* **Skidmore/Old Town**, **Pearl District***, um die* **23rd St***. und auf dem* **Nob Hill** *mit einer lebhaften Kneipenszene. Auch der* **Alberta Arts District** *(N. Alberta St.) bietet Einiges.*

Zuschauersport

Portland TrailBlazers *(Basketball-NBA), das heiß geliebte Team (NBA-Meister 1977) spielt in dem zumeist ausverkauften Moda Center, Tickets und Infos: www.nba.com/blazers.*

Portland Timbers *(MLS-Fußball), die seit 2011 in der höchsten Liga spielenden Fußball-Mannschaft, begeistert inzwischen wie die Basketballer die Stadt; die Spiele finden im ebenfalls meist ausverkauften* **Providence Park (15)** *statt, Tickets und Infos: www.portlandtimbers.com.*

Veranstaltungen und Touren

Mt. Mai–Mt. Juni: **Portland Rose Festival**, *www.rosefestival.org, mit Paraden, Veranstaltungen, Ausstellungen und Unterhaltungsprogramm.*

Ende Juli: **Oregon Brewers Festival** *an der Waterfront, www.OregonBrewFest.com*

Anfang August: **The BITE – A Taste of Portland**, *im Tom McCall Waterfront Park, www.biteoforegon.com.*

Portland Walking Tours, *☏ (503) 774-4522, www.portlandwalkingtours.com. Verschiedene interessante Touren, u. a. eine „Underground Portland“-Tour, eine „Roses Gone Wild“-Tour zum Thema Rosen und eine „Chocolate Decadence“-Tour, bei der sich alles um die süße Versuchung dreht.*

Flughafen

Portland International Airport *(PDX), NE Airport Way (via I-84 und I-205 bis Exit 24), www.flypdx.com.*

Vom **Flughafen nach Downtown** *gelangt man am preiswertesten mit der* **MAX-Schnellbahn** *(Red Line, s. unten). Am Flughafen befinden sich Niederlassungen aller großen Mietwagenfirmen.*

Eisenbahn

Union Station, *800 NW 6th Ave., am Nordrand von Downtown, nahe Chinatown, www.amtrak.com. Sehenswerter Bahnhof von 1894, von dem Amtrak-Züge nach Kalifornien, Seattle und Vancouver sowie entlang dem Columbia River und durch Ost-Washington, Idaho, Montana und North Dakota Richtung Chicago verkehren.*

Nahverkehr

Die Stadt ist gut mit öffentlichen Verkehrsmitteln erschlossen. **Tri-Met Transit** *und* **MAX** *(Metropolitan Area Express, http://trimet.org) betreiben Busse und inzwischen* **vier Schnellbahnen/Light Rail** *(Red, Blue, Yellow, Green Line). Das Einzelticket kostet $ 2,50, ein Tagespass $ 5, der Wochenpass $ 26 – gültig für Busse, Light Rail und Streetcar. Die* **Portland Streetcar** *(www.portlandstreetcar.org) verkehrt auf zwei Linien: die NS-Line verbindet South Portland, Downtown und die Pearl und NW Districts, die CL-Line Downtown mit dem Moda Center, Central Eastside und OMSI.*

10. ANHANG

Literaturhinweise

Die nachfolgende Titelauswahl soll Anregungen geben, sich näher mit dem Nordwesten der USA zu beschäftigen bzw. weitere Hintergrundinformationen liefern.

Reiseführer

Für Informationen zu angrenzenden Regionen sei auf die anderen Reise-Handbücher im Iwanowski's Reisebuchverlag verwiesen, die regelmäßig aktualisiert werden:

- Dirk **Kruse-Etzbach**, *Reise-Handbuch USA–Südwesten*
- Margit **Brinke**, Peter **Kränzle**, *Reise-Handbuch USA–Westen*
- Margit **Brinke**, Peter **Kränzle**, *Reise-Handbuch USA–Texas und der Mittlere Westen*
- Karl-Wilhelm **Berger**, *Reise-Handbuch Kanada/Westen*
- Von den Autoren dieses komplett neu bearbeiteten Reise-Handbuchs, Margit **Brinke** und Peter **Kränzle**, liegt außerdem im Reise Know-How Verlag der laufend aktualisierte *CityTrip Plus San Francisco* vor.

Alte Reiseberichte

- Gary E. **Moulton**, *The Lewis and Clark Journals. An American Epic of Discovery* (University of Nebraska Press 2003). Auszüge aus dem Tagebuch der Expedition von 1804–1806
- John Wesley **Powell**, *The Exploration of the Colorado River and its Canyons* (1895). Spannender und mit hochwertigen Stichen illustrierter Bericht der Coloradoerforschung
- Maximilian **Prinz zu Wied**, *Reise in das innere Nordamerika* (1832–1834), Neuauflage 1995. Bericht von der Reise des Prinzen mit dem Maler Karl Bodmer in den Westen in der ersten Hälfte des 19. Jh.

Sachbücher

- Stephen E. **Ambrose**, *Undaunted Courage. Meriwether Lewis, Thomas Jefferson and the Opening of the American West* (1996). Grandiose Einführung in das Thema.
- ders., *Crazy Horse and Custer. The Parallel Life fo two American Warriors* (1975). Untersuchung der Verbindungen zwischen dem Indianerhäuptling und dem Kavallerieoffizier, die in der Little Bighorn-Schlacht aufeinandertrafen.
- Claus **Biegert**, *Seit zweihundert Jahren ohne Verfassung.* 1976: Indianer im Widerstand (1986). Eines der Bücher über Misere und Widerstand in den Indianerreservaten
- ders., *Indianerschulen. Als Indianer überleben – von Indianern lernen* (1985). Faszinierender Bericht über indianische Weltsicht, Kindererziehung und den Willen, die eigene Traditionen und Vorstellungen gegen die moderne Welt zu behaupten
- Dee **Brown**, *Begrabt mein Herz an der Biegung des Flusses* (1970, laufende Neuauflagen). Beeindruckende Schilderung des Schicksals der Indianer zwischen 1860 und 1890.
- Marlene **Deahl Merrill** (Hrsg.), *Yellowstone and the Great West. Journals, Letters, and Images from the 1871 Hayden Expedition* (1999). Bericht über die legendäre Expedition zum Yellowstone, die schließlich zur Ausweisung des ersten Nationalparks führte
- Vine **Deloria Jr**., *Gott ist Rot. Eine indianische Provokation* (1984). Sozialkritische Bemerkungen des Lakota-Sioux-Philosophen zum Verhältnis zwischen Urvölkern und Christen
- ders., *Custer Died for Your Sins. An Indian Manifesto* (1969). Satirisch-politische Schrift zur US-Indianerpolitik sowie zu politischen Organisationen und Aktionen der Indianer

• ders., *Nur Stämme werden überleben* (1976) Anklage gegen den jahrhundertelangen Raubbau an Natur und Umwelt und die Rolle der Indianer
• Rainer **Eisfeld**, *Wild Bill Hickok. Westernmythos und Wirklichkeit* (1994). Hervorragende Fallstudie zum Mythos „Wilder Westen"
• Ian **Frazier**, *Great Plains* (1989). Grandiose Beschreibung der Prärie
• Royal B. **Hassrick**, *Das Buch der Sioux* (1964; dt. 1982). Der Autor beschäftigt sich ausführlich mit Leben, Traditionen und Geschichte der Sioux-Indianer
• Alvin M. **Josephy Jr**. (Hrsg.), *Lewis and Clark Trough Indian Eyes* (2006). Ansichten bedeutender indianischer Autoren und Persönlichkeiten zu den Kontakten zwischen Indianern und Weißen seit der US-Forschungsexpedition durch den Nordwesten vor 200 Jahren
• ders., *The Nez Perce Indians and the Opening of the Northwest* (1997). Immer noch die beste Einführung in die Geschichte des Nordwestens und das Schicksal der Indianer, insbesondere der Nez Perce.
• Bob **Lee**, *Gold, Gals, Guns, Guts. A History of Deadwood, Lead, and Spearfish 1874–1976* (2004). Zur Geschichte Deadwoods.
• Joseph M. **Marshall III**, *The Lakota Way* (2001). Einführung in die Welt der Lakota-Sioux von einem der derzeit bekanntesten Sioux-Autoren
• ders., *The Journey of Crazy Horse* (2004). Lebensgeschichte des legendären Lakota-Freiheitskämpfers aus Sicht der Indianer
• ders., *The Day the World Ended at Little Bighorn: A Lakota History* (2007). Eindrucksvolles Buch zur Geschichte der legendären Schlacht und zur Geschichte der Lakota-Indianer.
• **National Audubon Society** (Hrsg.), *Field Guide to the Rocky Mountain States; Field Guide to the Pacific Northwest; Field Guide to California.* Naturführer zu Fauna, Flora, Geologie
• Robert **Ruby**/John A. **Brown**, *Indians of the Pacific Northwest* (1981). Gute Einführung in die Geschichte der Indianer im Nordwesten.
• Mari **Sandoz**, *Crazy Horse. The Strange Man of the Oglalas* (1942, Neuaufl. 2004). Bestes Buch über den Führer der Sioux sowie über Leben und Traditionen der Oglalas
• Geoffrey C. **Ward**/Dayton **Duncan**, *The West: An Illustrated History* (1996). Kurze und übersichtliche Einführung in die Geschichte des Westens
• Louis S. **Warren**, *Buffalo Bill's America – William Cody and the Wild West Show* (2005). Interessante Einführung zur Bedeutung von Buffalo Bills Show
• Elliott **West**, *The Last Indian War. The Nez Perce Story* (2011). Eindrucksvolle Schilderung der Flucht der Nez Perce 1877 durch den Nordwesten.

Belletristik

• Sherman **Alexie**, *War Dances* (2009) u. a. Titel. Moderner indianischer Autor, dessen Werke gefüllt sind mit indianischem Humor.
• Louise **Erdrich**, *Halbindianerin* (Deutsch/Chippewa) aus North Dakota, schildert in mehreren Romanen das Leben in den Reservaten des Nordwestens, u. a. *Rübenkönigin* (1988), *Liebeszauber* (1990), *Spuren* (1992) oder *Der Gesang des Fidelis Waldvogel* (2003).
• Nicholas **Evans**, *The Horse Whisperer* (1995, deutsch: *Der Pferdeflüsterer*). Die Story beruht auf Eindrücken, die Evans auf der Lonesome Spur Ranch in Montana gesammelt hat.
• Ken **Kesey**, *Last Go Round* (1994). Lesenswerter Roman über die Anfänge des *Pendleton Round-up* und des Rodeos allgemein.
• William **Least Heat-Moon**, *Blue Highways. Eine Reise in Amerika* (1989). Erlebnisse und Reflektionen eines Indianers bei einer Fahrt durch die Vereinigten Staaten.
• ders., *River-Horse: A Voyage Across America* (1999). Lesenswerte Beschreibung einer Bootsfahrt durch die USA von New York nach Oregon.
• Jack **London**, *Martin Eden* (1909). Teils autobiografisches Werk zu den frühen Jahren in der Bay Area

• ders., *River-Horse: A Voyage Across America* (1999). Lesenswerte Beschreibung einer Bootsfahrt durch die USA von New York nach Oregon.

• ders., *Die Fischpiraten.* Hier schildert London das Leben eines Jugendlichen in ärmlichen Verhältnissen in San Francisco

• Amistead **Maupin**, *Stadtgeschichten* (ab 1987). In sechs Bänden erzählt der Autor komisch-tragische Geschichten aus San Francisco.

• Annie **Proulx**. Zahlreiche Kurzgeschichten und Romane der in Wyoming lebenden Bestsellerautorin über das Leben im Westen, z. B.: *Weit draußen. Geschichten aus Wyoming* (1999) oder *Hinterland. Neue Geschichten aus Wyoming* (2005); berühmt wurde die Kurzgeschichte *Brokeback Mountain* durch die Verfilmung im Jahr 2006.

• Thomas **Sanchez,** *Rabbit Boss* (dt. 1995). Fiktive Schilderung der Geschichte einer Indianerfamilie im Gebiet von Lake Tahoe über mehrere Generationen.

• Mark **Twain**, *Roughing it* (1872, *Im Gold- und Silberland* und andere Erzählungen, 1988) und *The Celebrated Jumping Frog of Calaveras County* (dt.: *Der berühmte Springfrosch von Calaveras*). Ironische Erzählungen aus dem Goldgräbermilieu.

• John **Vernon**, *The Last Canyon* (2001). Packende Schilderung von Powells erster Expedition vom Green River (Flaming Gorge) zum Grand Canyon.

• James **Welch**, *Winter in the Blood* (1974, auch in deutsch). Geistreich-satirische Geschichte über die Sinnsuche eines jungen Indianers.

Krimis und Western

Die Liste lesenswerter Krimis *(Mysteries)*, die im Nordwestens spielen, ist ebenso lang wie die der lesenswerten Western. Aus diesem Grund seien hier nur ein paar Namen von Autoren aufgelistet, deren Werke überall erhältlich sind:

• Peter **Bowen** – die Kriminalfälle um Gabriel Du Pré spielen in Montana

• J.C. **Box** lässt seinen Protagonisten Joe Pickett, der in den ersten Bänden noch als Ranger im Bighorn NF in Wyoming tätig ist, packende Abenteuer erleben, die stets etwas mit der Umweltproblematik im Westen zu tun haben.

• James Lee **Burke** hat eine Serie von Krimis mit Billy Bob Holland geschrieben, die in Missoula/Montana spielen, z. B. *In the Moon of the Red Ponies.*

• Margaret **Coel** legt ihre Fälle in die Wind River Reservation in Wyoming.

• Louis **L'Amour** – lesenswert sind u. a. *Hondo, Flint* sowie *Die Abenteuer der Sackett-Brüder* (mehrere Bände) –, Zane **Grey** – u. a. *Riders of the Purple Sage, The Vanishing American* oder *The Thundering Herd* –, Max **Brand** und Elmer **Kelton** gehören zu den besten und produktivsten Westernautoren.

• Marcia **Muller** – Privatdetektivin Sharon McCone löst mit viel Fingerspitzengefühl ihre Fälle in und um San Francisco

• Lauran **Paine**, *Open Range* (1990). Fesselnder Western aus der Zeit des Übergangs von der Viehzucht im weiten, freien Land *(Open Range)* zur Zucht auf abgezäuntem Landbesitz, verfilmt 2003 mit Kevin Costner und Robert Duvall

• Susan **Power** – neben Krimis, die in North Dakota spielen, schreibt die Sioux-Indianerin auch Romane.

• Jack **Schaefer**, *Shane* (1949). Gilt nach Wisters *Virginian* als zweitbester Western der Literaturgeschichte, 1953 verfilmt.

• Owen **Wister**, *The Virginian* (1902). Der erste Western der Literaturgeschichte, ein Klassiker, verfilmt 1929 mit Gary Cooper.

Stichwortverzeichnis

T

Abbildungsverzeichnis

Alle Bilder stammen von **Dr. Margit Brinke**, außer:
Aramark: S. **268**
Buffalo Bill Center of the West: S. **279**
California Tourism: S. **517, 519**
Camp Verde CVB: S. **348, 456, 509**
Cheyenne Area CVB: S. **348**
Columbia Gorge Discovery Center: S. **192**
Explore Minnesota, S. **54**
Fortune PR: S. **449**
fotolia.com: S.**94** (SNEHIT), **124** (ronniechua), **128** (Thorsten Nieder), **130** (tomgigabite), **495** (Jan Carpenter), **537** (dendron)
Idaho Tourism: S. **286, 322**
Joslyn Art Museum Omaha: S. **80**
North Dakota Tourism: S. **82** (J. Lindsey), **205, 285**
NPS National Park Service: S. **560**
Oakland CVB: S. **456**
Orville LaPlante: S. **529**
Red Bluff CVB: S. **509**
Travel Montana: S. **234**
S. Bly: S. **250**
V. Atkinson: S. **283**
Travel Nevada: S. **408**
Travel Oregon: S. **542**
Travel Portland: S. **554, 558**
Up & Away Ballooning: S. **460**
Washington Tourism: S. **37, 152, 157, 268,** J. Marshall: S. **160, 171,** S. Walter: S. **175, 179, 187, 190,** D. Wilson: S. **257, 261, 264**

r Reiseblog
Spezialisten
owski.de/blog
Täglich aktuelle
eisehinweise & Tipps zu
nterkünften, Restaurants,
Aktivitäten...

IWANOWSKI'S REISEBUCHVERLAG

FÜR INDIVIDUELLE ENTDECKER

REISEHANDBÜCHER

Europa
Barcelona und Umgebung ▤
Berlin* ▤
Dänemark*
Finnland* ▤
Irland* ▤
Island*
Liparische Inseln *
Lissabon*
Madeira mit Porto Santo*
Malta, Gozo & Comino* ▤ 🗀
Norwegen* ▤
Paris und Umgebung*
Piemont & Aostatal*
Polens Ostseeküste & Masuren*
Rom* ▤
Schweden* ▤
Tal der Loire mit Chartres*

Asien
Oman*
Peking
Rajasthan mit Delhi & Agra*
Shanghai*
Singapur* ▤
Sri Lanka/Malediven*
Thailand*
Tokio mit Kyoto
Vietnam*

Afrika
Äthiopien* ▤ 🗀
Botswana* ▤
Kapstadt & Garden Route*
Kenia/Nordtanzania*
Mauritius mit Rodrigues* ▤
Namibia* ▤
Südafrikas Norden & Ostküste*
Südafrika* ▤
Uganda/Ruanda*

Australien / Neuseeland
Australien* ▤
Neuseeland*

Amerika
Bahamas ▤ 🗀
Chile mit Osterinsel*
Costa Rica* ▤ 🗀
Florida* ▤
Guadeloupe und seine Inseln
Hawaii*
Kalifornien* ▤ 🗀
Kanada/Osten*
Kanada/Westen*
Karibik/Kleine Antillen*
New York
USA/Große Seen|Chicago* 🗀
USA/Nordosten*
USA/Nordwesten* ▤ 🗀
USA/Ostküste*
USA/Süden*
USA/Südwesten*
USA/Texas & Mittl. Westen*
USA/Westen* ▤

101... - Serie: Geheimtipps und Top-Ziele
101 Berlin* ▤
101 Bodensee ▤
101 China
101 Deutsche Ostseeküste ▤
101 Florida
101 Hamburg ▤
101 Indien
101 Inseln
101 Kanada-Westen
101 London ▤
101 Mallorca ▤
101 Namibia – Die schönsten Reiseziele, Lodges & Gästefarmen
101 Reisen für die Seele – Relaxen & Genießen in aller Welt
101 Reisen mit der Eisenbahn – Die schönsten Strecken weltweit ▤
101 Safaris
101 Skandinavien ▤
101 Südafrika – Die schönsten Reiseziele & Lodges ▤
101 Südengland ▤
101 USA

REISEGAST IN...
Ägypten
China
England
Indien
Japan
Korea
Polen
Russland
Südafrika
Thailand

Neu: Karten per QR-Code gratis downloaden!

* mit Extra-Reisekarte
▤ auch als ebook (epub)
🗀 Karten gratis downloaden

Iwanowski's Reisebuchverlag GmbH • Salm-Reifferscheidt-Allee 37 • D- 41540 Dormagen
Tel: 02133/260311 • Fax: 02133/260334 • E-mail: info@iwanowski.de
www.iwanowski.de • www.facebook.com/Iwanowski.Reisebuchverlag
www.iwanowski.de/blog • www.twitter.com/Iwanowskireisen